KB188319

유럽인의
역사

유럽인의
역사

2

송규범 지음

한울
아카데미

차례

머리말

이 책은 흔히 말하는 서양사 개설서이다. 그런데 지역을 뜻하는 명칭을 피하고 굳이 제목으로 '유럽인'이라는 표현을 쓴 것은 서양사라는 용어가 약간의 오해를 불러일으킬 수 있기 때문이다. 우리는 흔히 서양을 유럽과 더불어 아메리카를 포함하는 말로 사용한다. 그런데 서양사를 유럽과 더불어 아메리카의 역사를 포함하는 용어로 사용한다면, 이는 사실을 왜곡하는 일이 된다. 왜냐하면 '서양사 개설서'에서 아메리카는 콜럼버스의 이른바 '신대륙의 발견' 이후의 아메리카만을 가리키기 때문이다. 유럽인이 이주하기 전의 아메리카는 서양사의 범주에서 원천적으로 배제된다. 그럴 뿐만 아니라, 또한 그 이후라 하더라도 아메리카의 역사는 유럽에서 건너간 유럽인의 이야기일 뿐, 그 땅의 원래 주인인 원주민의 이야기는 아니다. 한마디로 말하자면, 서양사에서의 아메리카는 거의 전적으로 유럽인의 나라인 미국을 의미할 뿐이다.

그런가 하면 이베리아반도는 일찍이 로마제국 시대에 유럽의 역사 무대에 등장했으나, 8세기 초에 무슬림의 지배 아래 들어간 뒤로는 5세기 이상 동안 유럽의 역사에 명함을 내밀지 못했다. 이베리아반도가 유럽 역사에 다시 편입된 것은 이른바 '리콩키스타Reconquista', 즉 기독교도 유럽인이 무슬림을 물리치고 반도를 재정복한 이후부터이다. 『유럽인의 역사』는 이러저러한 사정을 감안하여 붙인 이름이다.

역사는 변화에 대한 설명이다. 이 책을 쓰면서 저자는 시간의 흐름에 따라 일어난 변화를 드러내는 데 특히 많은 신경을 썼다. 물론 그 변화는 저절로 일어나는 것이 아니라 역사적 인물들의 생각과 결단이 만들어낸 결과일 터이다. 정치적 발전을 줄기로 삼아 사회·경제·문화 등 제반 현상을 종합하여 역사 현상이 단절되거나 파편화하지 않도록 나름대로 최선을 다했다. 그러면서 저자는 개설서에서 다룰 법한 역사적 사건이나 인물은 될 수 있는 대로 모두 언급하고, 또한 언급한 사항에는 최소한의 설명을 곁들이려 했다. 그리고 한정된 지면을 가진 개설서의 성격상 어쩔 수 없이 유럽사는 사실상 서유럽사이기 마련이지만, 저자는 제한된 범위에서나마 역사 무대를 서양사의 주변부 취급을 받는 지역까지 확대하고자 했다. 그와 더불어 저자는 또한 원천적인 한계가 있기는 하지만, 일반 개설서에서 역사의 조명을 거의 받지 못한 여성에게도 최소한의 지면이나마 할애하려고 노력했다.

이런 노력의 성과 여부와는 별개로, 어쨌든 그 결과 분량이 엄청나게 늘어났다. 이는 당연히 독자에게 부담으로 남게 되겠지만, 부족한 것보다는 넘치는 것이 더 낫지 않느냐고 변명해 본다. 그 대신 항목마다 세부 주제를 표시해 두었기 때문에, 관심사에 따라 필요 없는 부분은 건너뛰어 읽기로 분량에서 오는 부담을 줄일 수 있을 것이다. 역사 이해에 필수적인 역사 지도나 도해가 분량의 문제 등의 이유로 생략되었는데, 그런 부분은 발달한 검색 기능을 활용함으로써 독자가 충분히 보완할 수 있으리라 믿는다. 한편 20세기는 전체 체계에서 차지하는 비중이 지나치게 큰 느낌이 있다. 그러나 과거의 탐구가 현재를 이해하기 위한 노력의 일환이라면, 현재와 가장 가까운 과거가 상대적으로 후한 대접을 받는 일이 크게 부당하지는 않으리라 생각한다.

흔히 말하듯이 오늘날은 지구촌 시대이다. 게다가 한국은 경제 규모 세계 10위의 문턱에 올라선 경제 대국이 되었다. 동아시아 작은 반도에 갇혀 있는 우물 안 개구리가 되지 않으려면, 시야가 세계를 향해 열려 있어야 한다. 세계가 한국인의 활동 무대가 된바, 서양 문명에 대한 더욱 폭넓은 이해가 요구되는 시점이다. 가진 능력은 생각하지 않고 감당하기 버거운 욕심을 내는 바람에 참으로 오랫동안 저술에 매달려야 했는데, 부족하지만 이 글이 서양 문명을 알고 싶어 하는 독자에게 조금이나마 도움이 되기를 기대해 본다. 끝으로 책의 출간을 위해 애써주신 출판사 관계자 여러분에게 감사의 인사를 드린다.

2022년 3월
송규범

제10장

계몽사상과 절대왕정의 변화

❖

18세기에 들어서면서 유럽 문명은 과학혁명의 성과를 바탕으로 계몽주의의 시대로 접어들었다. 인간 사회를 지배하는 자연법이 존재한다는 확신과 이성을 통해 그것을 발견할 인간 능력에 대한 자신감은 철학과 사회사상을 포함한 유럽 문화 전반에 영향을 끼쳤다. 그 시대는 전통 종교에 대한 무관심의 확산, 물질주의와 세속주의의 성장, 진보에의 낙관적 믿음의 시대였다. 계몽주의가 프랑스를 중심으로 유럽 전역에 퍼져나가면서 문화의 지도력이 이탈리아에서 프랑스로 넘어갔다.

물론 계몽사상은 보편적으로 받아들여지지는 않았다. 프랑스에서 그 새 사상은 귀족과 상층 중간계급에 널리 퍼졌으나, 러시아에서는 일부 귀족에게만 수용되었다. 그리고 계몽사상이 강조한 이성과 자연법의 관념은 예술 분야에서는 크게 영향을 미치지 못했다. 계몽주의와 더불어 분명 합리주의와 세속주의가 크게 성장했지만, 아직은 모든 유럽인의 가슴과 마음을 사로잡은 것은 아니었다. 역설적으로 이성과 세속주의가 전통적 신앙을 대체하기 시작한 것과 동시에, 종교적 감수성이 감리교와 같은 새로운 종교 운동에서, 혹은 미술과 음악에서 분출했다. 그 시대의 가장 빛나는 건축과 음악은 여전히 종교적인 것이었다. 그리고 관념론 철학은 직관이 이성과 마찬가지로 진리에 이르는 본질적인 수단이라고 강조하면서, 인식에 대한 순전히 과학적인 견해에 도전했다.

길게 보면 계몽사상가들은 유럽 사회에 거대한 변화를 가져오는 데 한몫했다. 그들은 기존 체제와 전통적 관행에 이성의 잣대를 들이댔고, 개혁을 통한 인류 진보의 이상을 제시했다. 그들의 사상은 미국혁명과 프랑스혁명에 큰 영향을 미쳤다. 그리고 그들의 이상은 기존 질서를 반대한 혁명가에게만 영향을 준 게 아니었다. 그것은 또한 18세기 유럽 대부분의 나라에서 관료와 귀족 그리고 군주들에게 영향을 주었다. 이들은 그들 나라의 체제의 모순을 깨닫게 되었고, 계몽사상가들이 제시한 개혁안에 맞추어 개혁을 도모했다. 18세기 중·후반기에 특히 중부 및 동부 유럽에서 이른바 '계몽 전제군주'가 나타나 국가의 효율성을 높이기 위한 다양한 개혁을 추진했다. 그러나 그들은 여전히 막강한 힘을 지닌 귀족계급에게 국정을 의존할 수밖에 없었으며, 그런 만큼 개혁은 한계를 지닐 수밖에 없었다.

한편 계몽주의의 본고장인 프랑스에서는 국왕이 개혁에 별 관심을 보이지 않고, 귀족 역시 그들의 특권을 훼손할 개혁에 관심이 없었다. 그들은 파리에서 멀리 떨어진 베르사유 궁전에 파묻혀 백성과는 동떨어진 생활을 영위했다. 국고는 텅 비고, 정부의 효율성은 떨어졌다. 그리하여 지난 세기에 전성기를 구가했던 프랑스 절대왕정은 18세기에 들어 쇠퇴하게 되었다. 그러나 영국은 입헌군주정이 착실하게 발전하고, 정치적 안정 속에서 경제적 번영을 누렸다. 그리고 영국은 지주 귀족 계급과 중간계급 사이에 장벽이 높지 않아서 그만큼 사회적 갈등이 크지 않았다.

18세기에는 전통적 강국이었던 에스파냐와 폴란드가 쇠퇴했다. 그 대신 유럽의 변방이던 프로이센과 러시아가 유럽 중앙 무대에 등장하여 영국, 프랑스, 오스트리아와 함께 5대 강국 체제를 형성했다. 이 다섯 나라는 서로 동맹을 바꾸어가며 여러 차례 전쟁을 벌였으며, 영국과 프랑스는 전쟁마다 번번이 맞서 싸웠다. 영국은 결국 7년전쟁에서 프랑스에 승리하면서 거대한 식민제국을 건설했다. 그러면서 5대 강국은 제1차 세계대전 때까지 유럽의 국제 무대를 지배했다.

1. 계몽주의의 시대: 18세기의 문화

1) 계몽사상

일반적 성격　　18세기의 계몽주의Enlightenment 운동은 무엇보다 지식인들의 알고자 하는 운동이었다. 그들은 과학혁명의 성취에 크게 감동했으며, 인간의 삶을 이해하는 데 과학적 방법을 적용하는 것을 옹호했다. 새로운 과학 사상을 교육받은 계층에게 널리 보급하면서 17세기 과학혁명과 18세기 지식인 사이의 연결 고리 역할을 한 가장 중요한 인물은 베르나르 드 퐁트넬Bernard de Fontenelle(1657~

1717)이었다. 그는 『세계의 다양성에 관한 대화Entretiens sur la Pluralité des Mondes』 (1686)에서 귀족 부인과 천문학자 간의 대화 형식을 빌려 새 천문학 지식을 쉽게 풀어 설명했다. 특히 뉴턴의 세계-기계라는 거대한 체계에 매혹된 지식인들은 세계와 그 안의 모든 것은 거대 기계와 같다고 생각했으며, 뉴턴이 우주를 지배하는 법칙을 발견했듯이 그들도 인간 사회를 지배하는 자연법을 발견할 수 있다고 믿었다. 17세기에 과학혁명의 경천동지할 업적들은 소수의 교육받은 엘리트에게만 영향을 끼쳤다. 그러나 이제 18세기에 그런 사정은 극적으로 바뀌었다. 계몽사상가들은 과학혁명의 새 사상을 대중화하고, 또한 그 사상을 바탕으로 사회를 개혁하는 데 앞장섰다.

한편 존 로크의 인식론 또한 18세기 지식인에게 엄청난 영향을 미쳤다. 그는 인간의 지식과 관념은 모두 후천적인 경험에서 나온다고 주장했다. 로크의 이러한 경험론 철학은 감각을 통해 주위 세계를 경험하는 과정에서 인간이 형성된다는 것을 의미했다. 따라서 만일 좋은 환경이 마련된다면 사람은 변할 수 있고 새로운 사회가 창출될 수 있다는 것이었다. 이러한 생각을 바탕으로 계몽사상가들은 특히 교육을 중요하게 여겼다. 그들에게 가장 큰 죄는 무지였으며, 죄인은 신의 은총이 아니라 이성의 발휘를 통해 구제될 수 있었다. 계몽사상가들은 선교사의 열정으로 새로운 지식이 전파될 수 있도록 교육에 헌신했다. 『백과전서』의 편찬 역시 그러한 사명감의 일환이었다. 그러나 새로운 합리적 사상이 유럽 상층계급 사이에 널리 퍼지기는 했으나, 하층 중간계급과 노동자 및 농민을 포함한 대다수 인구는 기본적으로 새 사상의 세례를 받지는 못했다.

계몽주의의 지식인을 당시 프랑스인들은 철학자에 해당하는 단어인 '필로조프philosophe'라고 불렀는데, 이들은 오늘날 우리가 말하는 전문학자로서의 철학자를 뜻하는 것은 아니었으며, 사실 전문적 훈련을 받은 철학자는 별로 중요한 역할을 하지 않았다. 필로조프들은 문필가·교수·언론인·정치가·경제학자·정치학자·과학자였으며, 무엇보다 사회의 병폐를 분석하고 이성의 원칙에 따라 개혁을 추구하는 사회개혁가요 혁신가였다. 그들은 뉴턴이 밝힌 이성의 빛에 눈부서하며, 그들 자신이 전례 없는 '빛'의 시대에 살고 있다고 생각했다. 새로운 우주의 모습을 엿본 사람들은 스스로를 '빛으로 밝게 된enlightened' 사람으로 생각했고, 열렬히 그 빛을 다른 사람에게 전파하고자 했다. 그들은 귀족과 중간계급 양쪽 모두에서 나왔으며, 하층 중간계급 출신도 더러 있었다. 계몽사상은 진정 국제적이고 세계시민적인 운동이었지만, 그 대표적 인물들은 대부분 프랑스인이었다. 파리는 유럽의 문화 수도였고, 프랑스어는 유럽의 국제어였다.

뉴턴 천문학의 충격에서 헤어난 뒤, 지식인들은 신의 역할의 축소로 인간이 더욱 중요해졌다고 생각했다. 계몽사상가들은 이성의 위대함을 강조하기 시작한바, 인간은 이성을 통해 우주의 신비를 밝힐 수 있다고 믿었다. 그리고 이성의 빛 속에서 인간의 본성은 근본적으로 선하고 어디에서든 똑같은 것으로 보였다. 계몽사상가들은 인간은 선할 뿐만 아니라, 모든 사람은 오직 사람이라는 이유만으로 어떤 자연권을 갖고 있다고 믿었는데, 생명·자유·재산이 대체로 그런 자연권으로 거론되었다. 고대인과 중세 기독교인에게 자연은 불확실하며 때로는 삶을 위협하는 존재였다. 그러나 계몽사상가에게 자연은 규칙적이고 인식 가능한 존재였으며, 사실상 신을 대체했다.

계몽사상가들은 인간사의 죄악을 나쁜 사회제도의 탓으로 돌렸다. 인간은 무지로 인해 개인을 옭아매는 관습과 법 혹은 신앙을 만들었는데, 그런 굴레를 타파하고 불합리한 사회제도를 자연법에 합치하도록 개혁하면 인간에게는 무한한 진보의 길이 열릴 것이라고 믿었다. 그들은 개혁가가 되어 이성의 빛에 따라 사회제도를 개조하려 했다. 극단적인 이성의 사도들은 자신들이 지상의 낙원 길에 있음을 믿어 의심치 않았다. 그들의 눈에는 이제 막 계몽의 시대가 동트고, 인류는 오랜 미신과 무지의 밤에서 벗어나고 있는 것으로 보였다. 그들은 내세의 천국이 아니라 앞으로 다가올 지상의 유토피아를 내다보았다.

필로조프들이 이해한 대로의 진보는 역사상 아주 새로운 관념이었다. 지금까지 사람들이 어떤 더 나은 삶을 그려 보고자 했다면, 그들은 으레 앞보다는 뒤를, 옛 황금시대나 에덴동산을 돌아봤다. 그러나 17세기의 과학이 마침내 그런 옛 사고를 타파하고, 찬란한 미래로 나아가는 길을 가리켰다. 무한한 진보에의 계몽사상가들의 믿음은 그들 가운데 가장 이상주의자에 속하는 콩도르세Condorcet(1743~1794) 후작의 『인간 정신의 진보에 관한 역사적 개관Esquisse d'un Tableau Historique des Progrès de l'Esprit Humain』(1794)에서 가장 훌륭하게 진술되었다. 역사의 진보를 역설한 이 저서는 하필이면 프랑스혁명의 대혼란 속에서 집필되었다. 콩도르세는 지롱드파에 속한 개혁가로서 혁명의 급진 지도자와 알력을 빚었고, 결국 자코뱅파에게 체포되자 자살로 생을 마감했다.

볼테르　　가장 위대한 계몽사상가로 손꼽히는 인물은 프랑수아 마리 아루에François Marie Arouet라는 본명을 가진 볼테르Voltaire(1694~1778)였다. 볼테르는 부유한 중간계급 출신으로 법학을 공부했다. 그러나 그는 귀족을 모욕한 것이 말썽이 되어 영국으로 가게 되었고, 그곳에서 영국의 정치제도와 사상을 공부했다. 그는 몽테스키외처럼 영국의 제도를 높이 평가했으며, 특히 뉴턴의 과학적 성취에 깊이 감동했다. 프랑스로 돌아와 작가가 된 그는 거의 끊임없이 소설·희곡·서한·철학 저술·역사물을 쏟아냈으며, 생전에 이미 글로써 불멸의 명성을 얻었다. 그의 글은 유럽 전역에서 읽혔으며, 가톨릭교를 공격한 탓에 프랑스 궁정의 호의를 얻지는 못했으나, 프로이센의 프리드리히 대왕과 러시아의 예카테리나 2세에게 조언을 하기도 했다. 그는 또한 펜 하나로 한 재산을 일군 최초의 인물에 속하기도 했다.

　볼테르는 필로조프에게 중요한 주제는 다루지 않은 것이 없었으나, 특히 전통 종교를 비판하고 불관용과 싸우는 데 날카로운 필력을 아낌없이 발휘했다. 관용 정신과 더불어 볼테르는 일생에 걸쳐 대다수 계몽사상가가 공유한 이신교deism를 주창했다. 그리고 그는 구체제의 폐단을 개혁하는 십자군의 선봉에 섰는데, 그럴 때 그는 언제나 냉소적 위트를 동원했다. 그의 글 중에서 가장 널리 읽힌 것은 풍자소설인 『캉디드Candide』(1759)였다. 이 소설에서 볼테르는 종교의 편협과 위선, 전쟁의 잔학 행위와 인간에 대한 인간의 비인간적 행위를 공격하고,

자의적 권력에 대한 경멸과 무지와 편견에 대한 혐오를 드러냈다.

정치사상　　종교적 자유든 경제적 자유든 궁극적으로는 제약과 강제의 원천
인 정부에 달려 있다. 그러므로 절대주의를 비판하는 정치 원리는 다른 모든 것
의 기초였다. 샤를 루이 드 몽테스키외Montesquieu(1689~1755) 남작은 첫 저서『페
르시아인의 편지Lettres Persanes』(1721)에서 서유럽을 여행하는 두 페르시아인의
시각을 빌려 프랑스의 제도 특히 가톨릭교회와 절대군주정을 비판했다. 계몽사
상의 주요 내용인 전통 종교에의 공격, 종교적 관용의 옹호, 노예제의 비난, 편
견에서 벗어나기 위한 이성의 사용 등이 이 저서에 담겨 있다.

　정치 문제에 활발하게 참여한 귀족으로서, 몽테스키외는 무엇보다 자유주
의 정치사상의 발전에 커다란 영향을 끼쳤다. 주저인『법의 정신L'Esprit des Lois』
(1748)에서 그는 공화정·군주정·전제정의 세 정부 형태를 비교 고찰했다. 그는
모든 시대와 장소에 적합한 정부 형태는 없다고 하면서, 다만 어떠한 체제에서
든 폭정에 대한 방패막이로 권력을 분립할 장치는 반드시 필요하다고 주장했
다. 몽테스키외는 영국을 이런 원리의 모범으로 생각했다. 영국은 국왕-귀족-
평민이 권력을 나누어 가졌고, 입법-행정-사법 기능이 분립된 체제를 갖춘 나라
라는 것이었다. 그는 권력 분립에 의한 견제와 균형의 원리를 천명함으로써 정
치사상의 발전에 지대한 공헌을 했다. 그 원리는 미국의 헌법 제정에 직접적 영
향을 미쳤다.

　정치사상가 대다수는 정치권력이 재산 소유자에 한정되어야 한다고 주장했
다. 그들은 이것이 무책임한 대중의 수중에서 벗어난 안정된 정부를 확보하는
길이라 믿었다. 그러나 소수의 인사는 민주주의 정부를 옹호했다. 보수적 동료
처럼 그들도 대중의 행동을 두려워했으나, 전제군주정을 더 두려워했다. 그들은
선거를 자의적 정부에 대한 또 하나의 견제 장치로 보고, 참정권 같은 정치적 권
리가 개인의 자유를 궁극적으로 보장해 줄 것으로 믿었다. 계몽사상가들은 바람
직한 정부 형태에 대해서는 생각이 서로 달랐다. 그러나 그들은 한결같이 신수

왕권의 관념을 거부하고, 군주를 국민의 공복으로 혹은 모든 사람의 자연권을 보호할 의무를 진 존재로 여겼다.

경제사상: 자유방임   계몽사상가들은 뉴턴의 과학적 방법으로 인간 생활을 지배하는 자연법을 발견할 수 있다고 믿었으며, 그 결과 그들은 오늘날의 사회 과학에 해당하는 이른바 '인간과학sciences de l'homme'을 발전시켰다. 그들 가운데 중농학파로 불리는 일군의 경제사상가는 특히 경제를 지배하는 자연법을 찾아 냈다고 주장했다. 그 빼어난 지도자는 루이 15세 궁정의 주치의인 프랑수아 케네François Quesnay(1694~1774)였다. 케네를 비롯한 중농학파는 농업을 정부의 통제 아래 두려는 중상주의 정책의 반대에서 출발하여, 자연법에 기초한 포괄적 이론으로 논의를 발전시켰다. 케네는 중상주의적 통제를 인체에서 피의 흐름을 차단하는 것에 비유하면서 경제에의 국가 간섭을 비난했다. 그리고 그는 중금주의를 비판하면서 부의 유일한 원천은 토지라고 주장했다. 왜냐하면, 농업과 광업만이 진정으로 인간의 재산을 덧보태기 때문이라는 것이었다. 또 다른 중농학파 안로베르 자크 튀르고Turgot(1727~1781)는 자유시장에서의 이기적 이윤 추구는 필연적으로 사회 전체에 최선의 이익을 가져온다고 믿었다. 따라서 국가가 정부 규제로 경제적 힘의 자유로운 작용을 가로막아서는 안 되며, 그냥 내버려두어야 한다고 중농학파는 주장했다. 그들의 교의는 이후 자유방임 혹은 레세페르laissez-faire(내버려두라)로 요약되었다.

자유방임 이론의 가장 저명한 대변인은 애덤 스미스Adam Smith(1723~1790)였다. 그는 프랑스를 방문하여 중농학파와 의견을 교환했으며, 그들로부터 개인의 자유와 자연법 그리고 '수동적 경찰'로서의 국가의 역할 등과 같은 관념의 영향을 받았다. 그는 『국부의 본질과 원인의 탐구An Inquiry into the Nature and Causes of the Wealth of Nations』(1776)를 출간했는데, 이 저술은 기업의 자유 혹은 자유방임 경제의 교의를 가장 명료하게 진술한 고전 경제학의 경전이 되었다. 애덤 스미스는 중농학파로부터 자유방임의 관념은 받아들였으나, 토지만이 부의 원천이라는 주장은 거부했다. 그는 그 대신 노동이 원료를 무언가 유용하고 가치 있는 것으로 바꿀 수 있으므로, 국부는 노동에 놓여 있다고 생각했다.

애덤 스미스는 생산의 증대는 주로 노동 분업과 전문화에 달려 있으며, 교역은 전문화를 증진하기 때문에 그 역시 생산을 증대한다고 주장했다. 그런데 그의 견해에 따르면, 교역의 발달은 각자가 얼마나 자유롭게 사적 이익을 추구하느냐에 달렸으며, 각 개인은 사적 이익을 추구할 때 사회적 필요를 조절하는 '보이지 않는 손'의 이끌림을 받는다. 스미스는 국가에 의한 것이든 길드에 의한 것이든, 모든 경제 통제는 교역을 해친다고 믿었다. 그는 국부가 수출 초과 달성, 지금地金의 축적, 타국 경제의 불구화 등에 달렸다는 중상주의적 관념을 비웃었다. 그의 견해로는 교역은 모든 국가에 이익이 되어야 하며, 이는 교역이 자유로울 때 자연히 따라 나오는 것이었다.

개인의 경제적 자유를 강조하는 이론의 발전은 자본주의의 발달에 따른 자연스러운 결과였다. 18세기에는 유럽 자본주의가 차츰 중상주의의 국가 보호와 그에 따른 통제 정책을 성가시게 여기기 시작한 것이다. 그에 따라 경제적 힘의 자유로운 발휘가 최대의 번영을 가져온다는 새로운 경제철학이 발전하기 시작했다. 소수의 급진 사상가가 재산의 재분배라는 개념을 만지작거리기는 했지만, 지배적인 것은 자유로이 작동하는 이윤 동기와 자본주의를 신성시하는 자유방임 교의였다. 이른바 경제 법칙은 수학적으로 증명된 과학의 법칙과 같은 것으로 보였다. 중간계급은 이제 중상주의와 그 위에 구축된 구체제를 불신하고, 기업의 자유를 사실상 중력의 법칙에 맞먹는 것으로 여기기에 이르렀다.

형법의 개혁   영국에서는 법학자 윌리엄 블랙스턴Blackstone(1723~1780)이 혼란스러운 관습법 전체를 합리적으로 체계화하고, 법학 연구를 과학적으로 만들기 위해 노력했다. 그의 『영국법 주해Commentaries on the Laws of England』는 미국의 법체계 발달에도 지대한 영향을 미쳤다. 한편 영국을 뺀 다른 나라에서는 18세기에도 형사 사건에서 자백을 받아내기 위해 갖가지 도구를 이용한 고문이 자행되었다. 처벌 또한 종종 잔인하기 이를 데 없었다. 본보기의 필요 때문에 공개 처형은 기본이었는데, 사형의 경우 귀족은 단순히 참형으로 처형되지만, 하층계급은 형차刑車에 사지가 찢어지곤 했다. 1800년 무렵 영국에는 사형에 해당하는 범죄가 200가지가 넘었다.

부당한 법 집행과 잔인한 처벌에 등골이 오싹해진 일부 계몽사상가는 새로운 사법 체계를 모색했다. 가장 주목할 노력은 이탈리아 계몽사상가 체사레 베카리아Cesare Beccaria(1738~1794)의 『범죄와 형벌Dei Delitti e delle Pene』(1764)에서 이루어졌다. 이 저서에서 베카리아는 형벌은 잔인함의 행사가 아니라 범죄의 예방이 목적이어야 한다고 주장했다. 그는 사형제에도 반대했는데, 사형은 결코 범죄를 저지르는 것을 막지 못하며, 야만을 조장함으로써 사회에 해가 될 뿐이라는 것이었다. 그는 형벌은 어디까지나 범죄의 경중과 균형을 이루어야 하며, 그 균형은 법률로 정해야 한다는 죄형법정주의 사상을 낳았다. 그리하여 그는 근대 형법학의 선구자가 되었다. 18세기가 끝날 때쯤에 이르러 처형과 고문을 반대하는 정서가 커져서 체형과 사형이 줄어들었다. 수형자가 사회 복귀를 위한 훈련을 받는 새로운 유형의 교도소가 야만적 처벌을 대체하기 시작했다.

백과전서파   드니 디드로Denis Diderot(1713~1784)는 수공업자의 아들로서, 작가가 되어 다양한 주제와 언어를 읽고 연구했다. 그가 특히 관심을 가진 주제는 기독교였는데, 그는 기독교를 광신적이며 비이성적이라고 비난했다. 나이가 들면서 그의 기독교에의 공격은 더욱 독해졌다. 디드로는 모든 종교 중 기독교가 가장 나쁘고, 가장 부조리하며, 그 교리는 가장 혐오스럽다고 주장했다. 이러한 추이는 그 자신이 이신교에서 무신론과 유물론적 인생관으로 옮아가면서 나타나는 자연스러운 현상이었다.

디드로가 계몽주의에 끼친 가장 큰 공헌은 장 르 롱 달랑베르Le Rond d'Alembert (1717~1783)와 함께 『백과전서 즉 과학, 예술, 기술에 관한 논증된 사전Encyclopédie, ou Dictionnaire Raisonné des Sciences, des Arts et des Métiers』(1751~1772)을 편찬한 일이었다.

총 28권에 7만 개 이상의 항목을 실어 당대의 지식을 집대성한 이 기념비적 백과사전은 낡은 프랑스 사회를 개혁하기 위한 계몽사상가들의 주된 무기가 되었다. 당대의 필로조프들은 대부분 사전 편찬에 기고자로 참여했는데, 그들은 새 과학의 성취를 소개하고, 종교적 미신을 공격하고, 관용을 옹호하고, 좀 더 나은 세상을 건설하기 위한 사회 각 분야의 개혁 프로그램을 제시했다. 판을 거듭하면서 책값이 극적으로 떨어져 널리 보급되었고, 그 결과 계몽사상은 더욱 널리 퍼져나갔다.

이신교와 무신론　　　계몽주의 시대에 필로조프들에게 널리 받아들여진 종교 사상은 자연종교 혹은 이신교였다. 이신교는 뉴턴의 세계-기계 관념의 바탕 위에 세워진 것인데, 이는 우주를 창조한 기계적 신의 존재를 상정한 것이었다. 이미 오랫동안 시계와 같은 복잡한 자동 기계에 익숙한 사람들에게는 우주 자체가 거대한 기계라고 믿는 것이 어렵지 않았다. 많은 계몽사상가는 시계공이 시계의 작동에 개입할 수 없듯이, 신은 자신이 창조한 세계의 운행에 직접적 개입을 하지 않는다고 생각했다. 신은 단순히 세계가 자체의 자연법에 따라 운행되도록 마련해 두었다는 것이다.

17세기의 위대한 과학자들은 자신의 업적이 신의 영광을 드높여 준다고 믿었으며, 뉴턴의 신은 자연을 감독할 뿐만 아니라 기적도 행할 수 있는 신이었다. 그러나 18세기의 식자들은 똑같은 결론을 다른 방식으로 읽었으며, 점점 더 정통 기독교로부터 등을 돌렸다. 스피노자의 신, 곧 불변의 자연법을 주관하는 비인격적 신이 계몽사상가들 사이에 착실하게 파고들었다. 그들은 과학적 진리가 알려주는 비인격적 신과 계시가 알려주는 기독교의 신이 양립할 수 없음을 깨달았다. 그들은 새 신에게 대수학자, 위대한 엔지니어, 세계-기계의 제작자, 거룩한 시계공 같은 대안적 명칭을 붙였다. 그들은 구원의 수단으로서의 전통 신앙에 아무런 의미도 부여하지 않았으며, 법칙에 따라 자동으로 움직이는 체계에서는 기적이나 신비가 있을 곳이 없었다. 어떤 사상가들은 거룩한 시계공이 세계-

기계의 불규칙한 작동을 고치기 위해 개입할 수 있다고 말하기도 했으나, 많은 이들은 신은 오래전부터 우주의 문제에서 완전히 손을 뗐다고 믿었다. 그들에게는 자연이 교회요, 자연법이 그들의 성경이었다.

이 새로운 종교는 이신교라고 불렸는데, 이는 일찍이 17세기 전반기에 영국 처베리의 허버트Herbert of Cherbury(1583~1648) 경이 구체화한 것이었다. 처베리 경은 이신교를 다른 모든 종교를 아우르는 보편 신앙으로 만들려고 했다. 이신교는 볼테르를 비롯한 여러 계몽사상가와 미국의 프랭클린과 제퍼슨 같은 인사들에게 받아들여졌으나, 일반 사람들에게 전통 종교의 대체물이 되지는 못했다. 그것은 신비, 의례, 정서적 호소력, 도덕적 계율과 훈육 등 그 어느 것도 없었다.

이신교는 18세기 말경에 차츰 과학의 신봉자 사이에서도 호소력을 잃었다. 독일 태생으로 프랑스에 귀화한 폴 앙리 돌바흐Paul Henri d'Holbach(1723~1789) 남작, 클로드 엘베시우스Claude Helvétius(1715~1771), 드니 디드로 같은 좀 더 극단적인 유물론자들은 이신교에서 한 걸음 더 나아갔다. 그들은 우주가 창조되었다고 생각하는 것 자체가 낡은 사고방식이라 생각했다. 그들에게 우주는 언제나 있었고, 또한 언제나 있을 것이었다. 누구는 신이 존재하는지 알 수 없고 알지 못한다면서 회의주의나 불가지론에 빠졌으며, 누구는 신이 없다는 무신론에까지 이르렀다. 그들은 물질 이외에 영혼을 포함한 어떠한 실재도 부정했다. 그러나 이런 극단적 견해를 품은 사상가는 아주 소수에 그쳤다.

후기의 계몽주의: 루소　　계몽주의는 장 자크 루소Rousseau(1712~1778)를 만나면서 새로운 국면을 맞았다. 제네바 태생의 루소는 정규교육을 거의 받지 못하고 독학한 인물이었다. 그는 젊은 시절 여러 직업을 전전하며 프랑스와 이탈리아를 떠돌아다니다가 마침내 파리에 입성하여 디드로의 도움으로 필로조프 집단에 합류했다. 그러한 경력으로 인해 루소는 필로조프들 가운데서 매우 이질적인 존재였다. 계몽주의의 일반적 관념을 공유하기는 했으나, 그는 이성과 과학에 대해 의구심을 품었으며 인간의 정서와 직관을 중요하게 생각했다. 삶의 체

험을 통해 그는 가슴의 욕구가 중요함을 체득했고, 그래서 가슴과 머리, 혹은 감성과 이성 간의 균형을 추구했다. 이러한 연유로 그는 가장 영향력 있는 계몽사상가요 이성의 시대의 대변자임과 동시에, 또한 반계몽주의 철학자요 반합리주의 사상의 옹호자로 평가받았다. 그뿐만 아니라 그는 또한 가슴과 감성의 중요성을 강조함으로써 19세기 초엽에 유럽을 풍미한 낭만주의 운동의 선구자가 되었다.

계몽사상은 프랑스혁명에 크나큰 영향을 끼쳤지만, 다른 어떤 계몽사상가보다 루소의 생각과 말이 혁명 지도자들의 생각과 말을 지배했다. 루소는 『인간 불평등 기원론Discours sur l'Origine et les Fondements de l'Inégalité parmi les Hommes』(1755)과 『사회계약론Du Contrat Social』(1762)에서 기존 질서와 절대왕정에 대해 가차 없는 비난을 퍼부었다. 앞의 저술에서 그는 사회적 불평등의 기원을 사유재산 제도에서 찾았다. 원래 인간은 평등했으나 재산의 사유화가 이루어지면서 평등이 사라졌으며, 법과 정치제도는 사유재산을 보호하기 위해 만들어진 것이기 때문에 절대왕정 체제를 개혁해야 한다고 주장했다.

"인간은 자유롭게 태어났지만, 어디에서나 사슬에 얽매여 있다"로 시작하는 『사회계약론』에서 루소는 개인 자유와 국가권력의 조화를 모색했다. 사회계약설은 계약 당사자와 계약의 조건에 따라 홉스의 경우처럼 절대군주를 옹호할 수도, 로크의 경우처럼 혁명을 정당화할 수도 있다. 그런데 루소의 사회계약은 통치자와 피치자 간에 맺어진 것이 아니라, 한 사회의 전체 구성원끼리 일반의지 volonté générale에 지배되기 위해 맺은 계약이었다. 법과 정부는 일반의지에 따라 수립되는 것이었다. 그러므로 일반의지를 따르는 것이 곧 한 개인이 자신의 참된 의지를 따르는 것이 되며, 이는 이를테면 각 개인은 자유롭도록 강제되어야 함을 의미했다. 루소에 따르면 일반의지란 한 공동체를 위한 최선의 의지이기 때문에, 개인의 자유는 그에게 최선인 것을 따르도록 강제됨으로써 달성되는 것이었다. 그리고 만일 정부가 일반의지를 구현하지 못한다면, 사람들은 당연히 일반의지에 따라 정부를 바꿀 수 있었다.

루소는 또한 계몽주의의 교육에 관한 가장 중요한 작품도 썼다. 그는 인간은 본디 선하다고 믿었으며, 인위적 가식을 걷어내고 인간의 자연, 즉 선한 본성 nature을 회복할 것을 촉구했다. 그는 『에밀Émile』(1762)에서 소설 형식을 빌려 자연인의 교육에 관한 생각을 개진했다. 그는 어린이의 본능적 욕구가 억눌리거나 제약되지 않고 자연스럽게 발현되도록 하는 교육제도가 필요하다고 주장했다. 교육과 관련한 그의 근본적 신념은 한마디로 자연으로 돌아가 자연에서 배우라는 것이었다. 그러나 루소는 자신의 교육 철학을 자식에게도 실천하지 못했다. 태어나자마자 어머니를 잃고 자라면서 아버지의 보살핌을 제대로 받지 못한 그는 그 자신이 자녀 교육의 의무를 내팽개치고, 다섯 자식을 낳는 족족 모두 육아원에 보내버렸다.

계몽주의와 '여성 문제'   몇몇 남성 사상가가 자연권 논의를 여성을 포함하는 데까지 확장할 것을 주장하기는 했으나, 그런 목소리는 아주 소수에 그쳤다. 콩도르세는 여성의 평등을 옹호한 대표적인 계몽사상가였다. 그는 여성은 합리성을 갖추고 있어서 투표권과 공직 담임권을 포함한 완전한 시민권을 누릴 자격이 있다고 주장했다. 볼테르 역시 지적 활동과 관련해서 남자가 할 수 있는 모든 것을 여자도 할 수 있다고 주장했다. 그러나 이런 목소리는 대체로 묻혀버렸다. 일반적으로 남자 지식인들은 여자는 천성적으로 남자보다 열등하다고 주장해 왔는데, 계몽주의 시대에는 남자와 여자 간에 '자연적인' 생물학적 차이가 있다는 점을 근거로 이런 견해가 오히려 강화되었다. 루소의 생각은 그들 대다수를 대변했는데, 그는 여성은 남편과 자식을 보살피는 능력을 기르도록 복종과 양육의 기술을 배워야 한다고 믿었다. 프랑스혁명 이전에 '여성 주제'는 계몽사상가들의 별다른 관심사가 되지 못했다.

그렇지만 여성의 상태를 개선하기 위한 구체적 방안을 제시함으로써 '여성 문제'에의 새로운 인식을 촉구한 것은 여성들 자신이었다. 일찍이 메리 애스텔 Mary Astell(1666~1731)은 『귀부인에게 드리는 진지한 제안A Serious Proposal to the Ladies』

(1694)에서 여성의 타고난 합리성을 근거로 여성이 좀 더 나은 교육을 받을 필요성과 여성의 법적 평등을 주장했다. 이 요청은 즉각적 반향을 불러일으키지는 않았으나, 18세기에 작가인 메리 울스턴크래프트Wollstonecraft(1759~1797)와 역사가 캐서린 머콜리Catharine Macaulay(1731~1791)의 저술에서 메아리를 낳았다.

울스턴크래프트는 『여권의 옹호Vindication of the Rights of Woman』(1792)에서 여성 자신의 자각을 촉구하면서 여성의 교육적·사회적 평등을 주장했다. 그녀는 루소 같은 계몽사상가의 여성관에 담긴 두 가지 모순을 지적했다. 그녀는 여자는 남자에게 복종해야 한다는 주장은 신민에 대한 군주의, 혹은 노예에 대한 소유주의 자의적 권력에 기초한 제도가 틀렸다는 믿음과 상충한다고 말했다. 그녀는 더 나아가 계몽사상은 모든 인간에게는 이성이 내재해 있다는 관념에 기초하는데, 만일 여성에게 이성이 있다면 여성 역시 정치와 경제 그리고 교육에서 남성과 똑같은 권리를 누릴 자격이 있다고 주장했다. 이 저서로 울스턴크래프트는 18세기 영국 최고의 페미니즘 사상가라는 명성을 얻었다. 프랑스에서는 마담 드 퓌지외Madame de Puisieux(1720~1798)와 마담 드 가콩-뒤푸르Gacon-Dufour(1753~1835)를 포함한 여러 살롱 여주인이 여성을 변호하는 책을 썼다.

계몽주의와 살롱　　필로조프의 사회적 배경은 귀족인 몽테스키외에서 하층 중간계급의 디드로와 루소에 이르기까지 상당히 다양했으며, 계몽주의는 어느 한 계급의 독무대가 아니었다. 그렇기는 하나 그것이 주로 호소하려 했던 대상은 명백히 귀족과 대도시 상층 중간계급이었으며, 보통 사람들 특히 농민은 계몽사상의 영향을 거의 받지 않았다. 계몽사상이 중요했던 것은 그것이 유럽의 식자층에게 널리 전파되었다는 점이다. 물론 그 전파 과정에서 저작물의 출판과 유통이 결정적이었으나, 살롱 역시 매우 중요한 역할을 했다.

살롱은 원래 17세기 전반기에 파리의 귀족 여성이 아마추어 작가나 예술가 혹은 비평가로서 작품 활동을 할 때, 주로 그 활동 무대 구실을 했다. 거기서 그녀들은 주로 문학과 같은 고급문화의 토론을 위한 모임을 주최했다. 그러나 프롱드의 난 이후 살롱은 된서리를 맞았다. 프롱드의 난에 관련한 여성들이 빈번하게 살롱을 드나들었는데, 그때의 여성들을 경험한 루이 14세는 여성의 활동을 의식적으로 제한했다. 게다가 왕립 아카데미가 설립되어 예술과 문학을 적극적으로 후원하면서 살롱의 영향은 위축되었다. 그러다가 18세기에 살롱은 영향력이 더욱 커졌다. 살롱은 부호의 도시 저택의 우아한 응접실로서, 계몽사상가와 초대 손님이 모여 세상사를 논하고 때로는 계몽사상을 주제로 담소를 즐겼다. 프랑스의 엄격한 위계 사회에서, 살롱은 작가와 예술가가 귀족과 관료 혹은 부르주아 부호와 함께 어울리는 공간이 되었다.

살롱 운영자는 사회의식과 학식을 겸비한 여성들, 이른바 살롱 여주인salonnière이었다. 그들은 살롱을 통해 정치적 견해를 피력하고, 문학과 예술에 입김을 행사하는 지위를 얻었다. 살롱은 필로조프들을 지원하는 가장 든든한 협력자였으며, 때로는 궁정에서 환영받지 못한 인사들에게 안식처를 제공하기도 했다. 백과전서파가 당국의 탄압을 받을 때, 부유한 부르주아 과부 마리 테레즈 드 조프랭Marie-Thérèse de Geoffrin(1699~1777)은 그들을 살롱으로 초대하고, 작업을 완수하도록 몰래 재정을 지원했다. 유럽의 내로라하는 저명인사들이 앞을 다투어 조프랭의 초대를 받으려 했다. 드팡 후작부인Marquise du Deffand(1697~1780)은 남편을 지방에 남겨 두고 파리에 자리를 잡았다. 그녀는 조프랭 부인과 경쟁하면서 요란하게 장식한 응접실로 몽테스키외와 볼테르를 비롯하여 계몽사상의 거물들을 끌어들였다. 볼테르의 연인인 에밀리 뒤 샤틀레Émilie du Châtelet(1706~1749) 후작부인과 달랑베르를 사생아로 낳은 클로딘 게랭 드 탕생Claudine Guérin de Tencin(1682~1749) 역시 필로조프와 문화계 명사들을 응접하고 그들의 문학 혹은 미술 창작 활동을 후원한 대표적인 살롱 여주인이었다.

살롱은 여성이 운영했지만, 그 명성은 여주인이 끌어들일 수 있는 남성의 평판에 달려 있었다. 그런가 하면 정가와 외교가에서는 여성들이 프랑스 정치에 부당한 영향력을 행사한다는 불평이 일었다. 그 불평이 과장된 것이기는 했지만, 그런저런 연유로 세기말 프랑스혁명기에 살롱은 쇠퇴했다. 살롱 이외에도 계몽사상의 전파 수단은 여럿 있었다. 카페, 독서회, 공공 도서관 등이 사상을 주고받기 위해 모이는 장소 구실을 했다. 계몽사상은 비밀결사를 통해 전파되기도 했다. 가장 유명한 것은 자유석공회Freemason였는데, 런던에서는 1717년, 프랑스와 이탈리아에서는 1726년, 프로이센에서는 1744년에 결성되었다. 자유석공회가 계몽사상에 호의적이었다는 것은 비밀이 아니었다.

계몽사상의 확산　　프랑스의 계몽사상은 유럽 각국으로 퍼져나갔다. 영국의 많은 상류층 인사가 교육을 받으러 프랑스로 갔다. 근대 경제학의 아버지 애덤 스미스, 저명한 회의론자인 데이비드 흄David Hume, 공리주의 창시자 제러미 벤섬Jeremy Bentham 같은 사상가들이 그러했다. 그들뿐 아니라 정치적 급진파인 토머스 페인Thomas Paine도 모두 프랑스 사상의 영향을 크게 받았다. 비국교도를 자처한 메리 울스턴크래프트는 페인과 다른 계몽사상가의 영향을 받았고, 캐서린 머콜리 역시 그러했다. 독일의 대표적 계몽사상가로서 작곡가 멘델스존의 할아버지이기도 한 모제스 멘델스존Moses Mendelssohn(1729~1786)은 종교적 독단을 비판하고 자연종교를 옹호했다. 프로이센, 오스트리아, 러시아, 에스파냐와 같은 공고한 절대왕정 국가에서 계몽사상은 상층계급 사이에 널리 퍼졌다. 필로조프의 개혁 사상은 유럽 전역에 퍼지고 아메리카까지 닿았다. 그들의 글은 에스파냐령 아메리카와 포르투갈령 브라질에서도 널리 읽혔다. 아메리카의 영국 식민지에서는 로크와 필로조프들이 벤저민 프랭클린과 토머스 제퍼슨 같은 인사들에게 잘 알려졌다.

2) 철학과 종교

관념론 철학　　계몽사상가들은 대체로 이성의 힘으로 자연과 인간 사회의 진리를 밝힐 수 있다고 확신하면서, 합리론과 유물론에 기초한 근대적 세계관의 토대를 놓았다. 그러나 1760년께 이후 계몽사상의 차가운 유물론적 경향에 대한 전반적인 반동이 일어났다. 많은 전문 철학자가 점점 더 보편타당한 지식에 이를 가능성에 회의를 느끼게 되었다. 전 세기에 데카르트와 라이프니츠는 우주론과 형이상학의 완전한 체계를 도출해 낼 수 있었다. 그 반면에 데이비드 흄 (1711~1776)은 인간이 이러한 영역에서 어떤 확실성을 이룰 수 있다는 것을 부정했다.

독일 철학자 이마누엘 칸트Immanuel Kant(1724~1804)는 과학의 가치를 이해하고 이성에 헌신하는 한편, 철학을 좀 더 지각 가능한 지위로 되돌려놓아야겠다고 생각했다. 그는 사물의 본질 자체가 인식 불가능하다는 데에 흄과 견해를 같이 했지만, 그러나 감각 지각sense perception이 가능한 대상과 관련해서는 보편적 진리에 도달할 수 있다고 믿었다. 그는 『순수이성 비판Kritik der reinen Vernunft』(1781)을 통해 철학적 관념론의 시대로 들어섰다. 그는 물질계의 지식을 얻기 위한 감각의 역할에 대해 로크에 동의했다. 그러나 그는 감각 경험을 분류하고 해석할 어떤 선험적 관념의 존재를 인정했다. 이런 종류의 본유관념으로는 이를테면 넓이·깊이·아름다움·신 등과 같은 추상적 관념이 있는데, 이런 관념들은 모두 감각을 통해 배운 것이 아니었다. 칸트는 어떤 진리는 물체에의 감각 경험을 통해 얻는 것이 아니라 순수이성을 통해 나온다고 결론지었다. 신의 실존 같은 도덕적이고 종교적인 진리는 과학으로 증명될 수는 없지만, 이성을 가진 피조물인 인간에게는 잘 알려져 있다. 그의 견해에 따르면, 이성은 실재하는 물질의 단순한 해석을 넘어설 수 있었다.

칸트의 철학 체계에서 인간 지성의 최고 형태인 순수이성은 감각 경험에 가까운 만큼 또한 직관에도 근접했다. 그것은 인간 본성에 심어진 어떤 주관적 감각으로부터 비롯하는 것이었다. 신의 관념은 논리적으로 조화를 추구하는 정신의 경향에서 유래하는 것이었다. 그리고 양심은 경험에 따라 발달하거나 뒤틀릴 수 있지만, 그 또한 사람의 생각하는 본성에 그 기원이 있었다. 과학과 별개로 추상적 이성은 도덕적 판단과 종교적 해석의 타당한 원천이었다. 그리하여 칸트는 이성을 신비 종교에 철학적 토대를 마련해 주는 데 사용했다. 이러한 칸트의 사상은 계몽주의의 영향이 상대적으로 미약하고 낭만주의적 관념과 신비주의 신앙에 좀 더 친화적인 문화 풍토의 독일에서 쉽게 받아들여졌다. 칸트는 18세기 계몽주의 철학에서 19세기 관념 철학으로 넘어가는 데서 핵심 역할을 했는데, 그는 18세기 비판철학의 완성자가 됨과 동시에 19세기 유럽 철학 사상을 지배한 독일 관념론 학파의 창시자가 되었다.

관용과 종교적 소수파   세부 사항에서는 생각이 각양각색이었지만, 계몽사상가들은 관용 문제에서는 거의 완전히 의견이 일치했다. 그들은 종교적 자유의 수호자였다. 그에 더하여 그들 대다수는 제도화한 종교의 폐단과 맞서 싸웠다. 교회와 국가를 분리하려는 그들의 투쟁은 절대왕정에 특히 위협적인 것이었다. 많은 통치자는 여전히 구원에는 오직 한 길만 있다고 생각했으며, 신민이 이단이 되어 지옥에 떨어지지 않게 하는 것이 자신의 의무라고 믿었다. 이단 박해는 사라지지 않았으며, 이단자의 화형은 1781년에야 마지막으로 집행되었다.

참으로 역설적이지만, 가톨릭교회 안에서 일어난 주목할 만한 발전의 하나는 종교 탄압의 첨병 역할을 해온 예수회가 거꾸로 탄압의 대상이 된 일이었다. 예수회 수사들은 얀센파 같은 집단을 처형하는 데서 보인 지나친 열정 때문에, 그리고 정치 문제에 개입하거나 국법을 준수하지 않고 벌이는 광범한 상업 활동 때문에, 프랑스와 에스파냐 그리고 포르투갈에서 통치자의 적의를 샀다. 이들 군주의 요구로 1773년 교황은 공식적으로 예수회를 해산해 버렸다. 많은 예수회 수사가 프로이센과 러시아에서 도피처를 찾았다. 예수회는 1814년에 다시 한 번 교황의 공식적 인정을 받을 때까지 이들 나라와 몇몇 다른 나라에서 위장한 채 살아남아야 했다.

유대인은 여전히 괄시받는 종교적 소수파였다. 최대의 유대인 집단인 아슈케나지Ashkenazi(복수형은 Ashkenazim)는 동유럽에서 살았다. 비교적 관용적인 폴란드를 제외하고 유대인은 이동이 제한되고, 토지 소유와 특정 직업의 종사가 금지되며, 부담스러운 특별세금 납부가 강제되고, 주기적인 대중 분노의 표적이

되어야 했다. 그에 따른 약탈과 학살로 인해 유대인 공동체의 생존은 불안정해서 지역 통치자의 호의에 의존하게 되었다. 또 다른 주요 집단은 세파르디였는데, 이들은 15세기에 에스파냐에서 추방되어 온 유대인이었다. 대다수가 튀르크 땅에 이주했으나, 일부는 암스테르담·베네치아·런던·프랑크푸르트 같은 도시에 정착하기도 했다. 이들은 그곳에서 비교적 자유롭게 중세 이래 유대인이 해오던 은행업과 상업 활동을 이어갔다. 특히 중부 유럽에서는 크게 성공한 유대인들이 통치자에게 값진 지원도 제공했다. 그렇기는 하나 이들 유대인조차 기독교도와 격리되고 사회적 적의를 자극했기 때문에 삶이 불안정했다.

몇몇 계몽사상가는 유대인을 새로 받아들이는 것을 찬성했다. 그들은 유대인이나 무슬림도 똑같은 인간이며, 종교와 상관없이 완전한 시민권을 누려야 한다고 주장했다. 그러나 많은 계몽사상가는 유대인 박해를 비난하면서도, 그들에의 적대감을 숨기지 않았으며 그들의 관습을 조롱했다. 많은 유럽인은 유대인이 사회 주류에 동화되기를 바랐으나, 그러나 '유대인 문제'의 근본 해결책은 오직 유대인들이 기독교로 개종함으로써 동화하는 것뿐이라고 생각했다. 계몽 전제군주를 자처한 오스트리아의 요제프 2세는 제한적이기는 하지만 새로운 유대인 정책을 시도했다. 유대인들은 토지 소유와 공공 예배는 제약을 받았으나, 세금 부담에서 벗어나고, 좀 더 많은 이동의 자유와 취업의 기회를 허용받았다. 요제프 2세는 그와 동시에 유대인들이 독일어를 배우고 오스트리아 사회에 더욱더 동화하기를 권장했다.

감리교의 탄생   식자층 사이에 회의주의와 이신교 혹은 자연종교가 퍼져나갔음에도 불구하고, 18세기 유럽인은 여전히 두터운 신앙심을 간직하고 있었다. 가톨릭교와 개신교는 모두 다 기본적으로 보수적 제도로서, 사회의 위계 구조와 특권계급 그리고 전통을 떠받쳤다. 가톨릭 국가든 개신교 국가든, 사제나 목사가 운영하는 기초 교구교회는 여전히 공동체 생활의 중심이었다. 종교 행사를 베푸는 것에 더하여 기초 교구교회는 교구민의 출생·사망·결혼의 기록을 보관하고, 기초 교육을 제공하고, 고아들을 돌보았다.

개신교는 종교개혁 이후 한 세기가 지난 17세기에 국가의 통제를 받는 한편, 좋은 교육을 받은 성직자가 봉직하는 교회 조직으로 확립되었다. 그러면서 개신교는 차츰 관료화하고 종교적 열정을 잃어버렸다. 차가운 합리주의와 이신교의 영향이 퍼져나가고 일부 신학자가 더욱 '합리적' 기독교로 옮아간 영국과 독일에서, 일반 신도들은 오히려 더 뜨거운 종교 체험에 목말라했다. 그런 분위기에서 새로운 역동적인 종교 운동이 태동했다. 그 가운데 가장 중요한 운동은 존 웨슬리Wesley(1703~1791)가 동생 찰스(1707~1788)와 함께 일으킨 감리교Methodism였다. 그들은 17세기 후반기 독일에서 일어난 경건주의의 영향을 크게 받았다. 영국교회 신부인 존은 구원을 얻는 신비 체험을 한 뒤, 그 구원을 모든 영국인에게 전해주기 위한 선교의 대장정에 올랐다. 그는 누구든 신을 체험하고 은총의 문을 엶으로써 구원을 받을 수 있다고 주장했다. 그러자 형식에 갇힌 메마른 영국교회는 이 정서적 신비주의 혹은 종교적 열정을 엉터리 미신이라 비난하면서 반대하고 나섰다.

존 웨슬리는 자신의 깨우침을 전하기 위해 열린 광장에서 대중에게 설교하고, 엘리트주의적인 영국교회로부터 외면 받는 하층계급 특히 신흥 산업도시 빈민에게 호소했다. 그는 카리스마 넘치는 설교로 대중 사이에 거대한 감동의 물결을 일으키고, 때로는 그들에게 뜨거운 내적 체험을 안겨주었다. 그의 추종자들은 처음에는 너무 진지하고 규칙에 얽매인 사람이라는 뜻의 조롱조의 용어인 '메서디스트Methodist'로 불렸는데, 이 용어는 차츰 새 운동의 존경스러운 공식 명칭이 되었다. 그들은 차츰 감리교라는 별도의 조직을 형성했다. 웨슬리는 감리교가 영국교회 울타리 안에 남아 있기를 바랐으나, 그가 죽은 뒤 감리교는 분리되어 독립 종파가 되었다. 감리교는 기독교의 한 중요한 신앙부흥 운동이었으며, 영성 체험의 필요성이 이성의 시대에도 사라지지 않았음을 증명했다.

3) 예술과 문학

오스트리아 빈의 대두　　18세기 유럽 문화에서 하나의 중요한 현상은 빈Wien
이 위대한 문화 중심으로 떠오른 점이었다. 파리가 유럽의 서부 지역에서 차지
했던 위상을 빈은 18세기에 들어서면서부터 차츰 중부와 동남부 유럽에서 차지
하기 시작했다. 오스트리아와 그 지배 아래 있던 헝가리의 귀족들은 미술과 음
악에 관심을 가질 때 주로 이탈리아에서 가르침을 구했는데, 18세기 중엽에야
가까스로 이탈리아의 그늘에서 벗어났다. 빈은 바로크 양식으로 지은 웅장한 궁
전과 교회로 그득했고, 특히 유럽의 음악 수도가 되었다.

　빈을 중심으로 일어난 이 발전은 약 두 세기 전에 프랑스, 그리고 넓게는 서
유럽에서 있었던 문화 발전 양상을 되풀이한 것이었다. 16세기가 시작할 무렵
프랑스인은 18세기 초기 수십 년 동안 오스트리아인이 그랬던 것과 거의 똑같
은 정도로 이탈리아 르네상스의 영향 아래 놓여 있었다. 어느 면에서 근대 유럽
문화의 역사는 이탈리아에서 알프스를 넘어 북으로 처음에는 프랑스로, 그다음
에는 오스트리아로 흘러간 두 거대한 흐름에 의해 비옥해졌다고 할 수 있다. 물
론 이탈리아 모델은 북녘 하늘 아래에서 수용될 때, 지역 상황에 따라 적절하게
변용되게 마련이었다. 그러나 근대 초기 수 세기 동안 유럽 문화가 어느 정도 통
일성을 유지한 것은 유럽 각국이 이탈리아 르네상스에서 공통의 자양분을 섭취
한 덕분이었다. 이탈리아에서 기원했거나 이탈리아에서 자극을 얻은 예술 형식
이 포기되거나 거의 알아볼 수 없을 만큼 변형되었을 때, 유럽 문화의 통일성은
사라지고, 민족 문화 혹은 더 나아가 개인적 예술 형식이 그 자리를 차지했다.

로코코 미술　　18세기에는 다양한 양식의 예술 작품이 쏟아져 나와 그것들을
어떤 범주로 분류하기가 쉽지 않으며, 단지 몇 가지로 느슨하게 일반화만 할 수
있을 뿐이다. 바로크 양식이 18세기까지 이어지는 가운데, 프랑스에서 루이 15
세 시대 귀족층의 취향을 반영하는 새로운 미술 양식이 등장했다. 로코코rococo

로 불리는 이 양식은 장엄함과 역동적 힘을 강조하는 바로크와 달리, 좀 더 경쾌하고 섬세하며 장식성이 강한 것이 특징이었다. 로코코는 바로크 양식을 이어받아 그것을 세련된 장식으로 다듬어 나간 점에서 바로크 후기의 한 현상이라 할 수 있다. 고딕과 바로크라는 용어의 유래가 그러하듯이, 로코코 역시 19세기에 신고전주의 미술가들이 조롱하기 위해 붙인 명칭이었는데, 그 명칭은 장식용으로 쓰이던 조약돌rocaille과 조개껍데기coquille의 두 단어를 합성해서 만든 것으로 알려졌다. 로코코 양식은 르네상스 이래 이탈리아에서 도입된 다른 미술 양식과 달리 프랑스가 만들어 유럽에 전파한 양식이다. 중세 고딕 건축 이후 다시 한 번 프랑스가 유럽의 문화적 경향을 선도하게 되었으며, 이후 파리는 유럽 미술의 중심지로 자리를 잡게 되었다.

바로크 시대에 장엄한 궁전 건축이 유행했던 데 비해, 로코코 양식은 상류계급의 저택이나 살롱을 아름답고 우아하게 꾸미기 위한 실내 장식이나 가구 디자인 같은 영역에서 특히 유행했다. 그것은 엄격한 기하학적 문양을 거부하고, 조개나 꽃과 같은 자연 물체의 구불구불한 곡선을 좋아했다. 회화 역시 그 중요한 기능이 실내 장식이었으며, 로코코 화가들은 주로 밝고 경쾌한 색채로 사랑과 연회 혹은 신화와 같은 귀족 취향의 주제를 즐겨 그렸다. 장 앙투안 와토Jean-Antoine Watteau(1684~1721)는 상류 계층의 쾌락과 사치의 세계를 그리면서 초기 로코코 회화를 이끌었다. 그러나 그런 화폭의 이면에는 와토의 불행한 삶이 반영되어 쾌락과 사랑의 덧없음과 허망함이 묻어 있었다.

와토를 이어 프랑수아 부셰François Boucher(1703~1770)는 '예쁜 것le joli'에 탐닉하는 시대의 취향과 유행을 정확하게 반영한 작품으로 프랑스 로코코 미술의 전성기를 대표했다. 부셰에게 그림을 배운 장 프라고나르Fragonard(1732~1806) 역시 목욕하는 여인이나 연인 등 분방하면서 쾌활한 주제를 미려하게 관능적으로 그렸다. 이들의 작품은 후원자의 경박한 취향과 목적에 맞추어 즐거운 여흥을 제공하는 것 이외의 다른 중요한 기능은 없었다. 로코코는 이탈리아의 조반니 티에폴로Tiepolo(1696~1770) 같은 화가에게 영향을 주었으나, 경박한 취향을 특징으로 하는 로코코는 영국 회화에는 별다른 영향을 미치지 못했다.

로코코는 그 장식적 기능 때문에 바로크 건축과 쉽게 결합할 수 있어서, 18세기에는 바로크-로코코 건축 양식이 발달했다. 이 양식은 궁전과 교회의 건축에 모두 사용되었는데, 이는 18세기의 가장 위대한 건축가로 손꼽히는 발타자르 노이만Balthasar Neumann(1687~1753)의 작품에서 명백하게 드러난다. 노이만의 두 걸작은 남부 독일에 있는 순례 교회인데, 14명의 성자란 뜻의 피어첸하일리겐 Vierzehnheiligen 성당과 뷔르츠부르크Würzburg 주교의 거처인 레지덴츠Residenz 궁전이다. 14명 성자의 성당은 그 시대 최고 걸작으로 여겨지고, 레지덴츠 궁전은 유럽에서 가장 아름답고 균형이 잡힌 궁전의 하나로 평가를 받는다.

신고전주의 시대의 미술   18세기 중엽 이후에는 그리스와 로마 모델의 부활을 추구하는 신고전주의가 로코코의 뒤를 이었다. 회화에서 신고전주의는 17세기의 고전주의 작품과 분리하기 어렵다. 프랑스 최고의 고전주의 화가인 니콜라 푸생Nicolas Poussin(1594~1665)과 그의 제자로서 베르사유 궁전 내부 장식을 지휘한 샤를 르브룅은 일찍이 고대 세계나 신화에서 따온 웅장한 장면에서 질서와 균형을 도모했다. 그런데 신고전주의 화풍은 종종 기성 체제에의 강력한 불만과 비판뿐 아니라 이성과 질서에의 존중심을 표현했다.

그 가장 전형적인 작가는 자크 루이 다비드David(1748~1825)였다. 그는 〈소크라테스의 죽음The Death of Socrates〉에서 그리스-로마 전통에의 존중심을 보여주었으며, 단두대로 가는 마리 앙투아네트Marie Antoinette를 적대감을 담아 표현함으로써 프랑스혁명에 대한 공감을 드러냈다. 국민공회 의원으로도 활동한 그는 나폴레옹 치하에서 '제국 제1의 화가'로서 영향력의 정점에 올랐다. 프랑스에서 신고전주의 회화는 다비드에서 장 오귀스트 도미니크 앵그르Auguste Dominique Ingres(1780~1867)로 이어졌다. 앵그르는 관능적인 여체의 곡선을 나타내기 위해 해부학적 인체 구조를 무시하고 기묘한 느낌을 주는 관능적인 여성 누드화를 그렸는데, 이는 이탈리아 매너리즘 양식의 영향을 보여준다.

영국의 고전주의 화가 조슈어 레널즈Joshua Reynolds(1723~1792)는 한때 궁정화
가로 지내기도 하면서 추상화로 명성을 얻었다. 그는 후한 값을 쳐주는 부자들
을 위해 수백 점의 초상화를 그렸으며, 〈해밀턴 공작부인Duchess of Hamilton〉은 그
의 고전 양식의 전형적 작품이다. 그는 왕립 미술 아카데미Royal Academy of Arts 창
립을 주도하고 그 초대 회장을 지내면서 영국 미술을 이끌었는데, 그는 이탈리
아 르네상스 그림을 회화의 고전적 원천으로 여겼다. 레널즈와 더불어 18세기
영국의 대표적 초상화가였던 토머스 게인즈버러Gainsborough(1727~1788)는 또한 농
부와 전원생활을 주제로 한 풍경화를 그려 영국 풍경화의 발전에 큰 영향을 끼
쳤다. 그는 윌리엄 호가스Hogarth(1697~1764)와도 교류했다. 화가이자 판화가인
호가스는 인간 본성에 대한 날카로운 통찰력과 재치 있고 생생한 표현력으로 시
대의 병폐를 풍자했다. 그는 외국 화가를 숭배하고 제 나라 미술에 열등감을 느
끼는 문화 풍토를 극복하기 위해 분투했으며, 고전주의를 비판하는 논문을 발표
하면서 영국 화풍의 특징을 강조하기도 했다.

18세기 에스파냐를 대표하는 화가는 다비드와 같은 시기를 살았던 프란시스
코 고야Francisco Goya(1746~1828)였다. 그는 궁정화가로서 세 왕의 치세에 걸쳐 궁
정과 귀족을 위한 그림을 그렸으며, 에스파냐 화가로서는 최고의 영예인 수석
궁정화가의 지위까지 누렸다. 그는 82년의 긴 생애 동안 다양한 주제를 프레스
코, 유화, 판화 등의 매체로 다루면서 수없이 많은 작품을 생산했으며, 양식 또
한 로코코에서 고전주의를 거쳐 낭만주의에 이르기까지 자유자재로 넘나들었
다. 고야는 나폴레옹 시대에 프랑스인의 잔혹성을 묘사하는 매우 강렬한 전쟁화
를 몇 점 그렸는데, 그러나 그는 혁명과 전쟁의 격변기에 기회주의적 처신으로
긴 삶을 무탈하게 지낼 수 있었다.

여성 화가　　18세기에는 여성 화가의 수가 늘었다. 그러나 그들은 너무나 전
통적 제약을 많이 받고 대중의 호의에 의존해서, 일관된 양식을 유지하기가 매
우 어려웠다. 그런 가운데 네덜란드 태생의 라헬 라위스Rachel Ruysch(1664~1750)는

단연 빼어난 로코코 화가였다. 그녀는 특히 꽃 정물화로 국제적 명성을 떨쳤으며, 여성 화가로서는 가장 큰 성공을 거두었다. 베네치아 여성 화가인 로살바 카리에라Rosalba Carriera(1675~1757)는 와토의 추종자로서 파스텔 초상화로 인기를 얻었으며, 프랑스의 파스텔 화가들에게 영향을 주었다.

신고전주의는 세 명의 위대한 여성 화가를 낳았다. 엘리자베트 비제-르브룅Vigée-Lebrun(1755~1842)은 프랑스 왕실 초상화가로서 왕비 마리 앙투아네트의 초상화를 30점 이상 그리는 등, 사교계에서 초상화를 그리며 명성을 날렸다. 아델라이드 라비유 귀아르Adélaïde Labille-Guiard(1749~1803)는 마리 앙투아네트의 입김으로 비슷한 연배의 경쟁자인 비제-르브룅과 함께 거의 남성만으로 구성되어 있던 왕립 회화와 조각 아카데미Académie Royale de Peinture et de Sculpture에 회원으로 선출되었다. 그러나 그녀는 아름답고 부유한 비제-르브룅과 달리 남성들의 편견에 시달려야 했다. 안젤리카 카우프만Angelica Kaufmann(1741~1807)은 스위스 태생이었으나 주로 영국과 이탈리아에서 작품 활동을 했다. 카우프만은 역사화로도 유명했지만, 영국인들에게는 초상화로 더 큰 관심을 끌었다. 영국에서 그녀는 미모에 힘입어 사교계에 쉽게 진출하고 조슈어 레널즈와도 교분을 쌓았으며, 레널즈가 1768년 왕립 미술 아카데미를 창설할 때 두 명의 여성 회원 중 한 명으로 창립회원이 되었다. 그녀는 영국에서 초상화로 엄청난 성공을 거두고 거액의 돈을 벌었다.

공예의 발달　　한편 가구, 도자기, 촛대, 갖가지 노리개의 제작과 같은 공예가 귀족계급의 후원 아래 번성했다. 영국의 3대 가구 제작자로 일컬어지는 토머스 치펀데일Chippendale(1718~1779)과 조지 헤플화이트Hepplewhite(1727~1786) 그리고 토머스 셰러턴Sheraton(1751~1806)은 영국 가구의 황금기를 열었으며, 그들이 고안한 양식은 오늘날에도 많은 응접실의 가구에 응용되고 있다. 그리고 프랑스의 세브르Sévres·독일의 드레스덴Dresden·영국의 웨지우드Wedgewood 도자기 제작소도 모두 그 시대에 설립되었는데, 그때 기원한 도자기 양식은 지금도 여전히 우리 곁에 있다.

고전주의 음악   음악 분야에서는 바흐와 헨델과 더불어 바로크가 끝나고 18
세기 후반기에 새로운 양식의 고전주의 음악이 나타나기 시작했다. 선율과 율동
이 단순해지고, 내용보다 형식이 강조되었다. 고전주의자들은 음악은 평온을 해
쳐서는 안 되며, 마음의 균형과 평정平靜을 표현해야 한다고 믿었다. 이 시대의
작곡가들은 청중에게 듣는 즐거움을 제공하려 했으며, 이제 성악보다 기악이 더
높게 여겨지는 시대가 되었다. 근대 관현악단의 섹션section이 18세기에 잘 확립
되었는데, 이때 최초의 중요한 교향곡들이 창작되었다. 그렇지만 가장 대중적인
것은 대체로 작은 실내에서 공연할 수 있는 음악이었는데, 18세기 후반에 확립
된 현악 4중주는 대표적인 실내악이었다.

바흐와 헨델이 18세기 전반기를 바로크 음악으로 풍미했듯이, 세기 후반기는
하이든과 모차르트가 고전주의로 음악계를 혁신했다. 이들의 명성에 힘입어 유
럽의 음악 중심이 이탈리아에서 오스트리아로 옮아갔다. 오스트리아 출신 프란
츠 요제프 하이든Haydn(1732~1809)은 교향곡만도 104곡을 짓는 등, 다양한 종류
의 음악을 믿을 수 없을 만큼 많이 생산했다. 쾌활한 성격의 하이든은 실내악과
관현악의 형식을 완벽의 경지로 끌어올렸고, 그러면서 항구적 호소력을 지닌 작
품들을 창작했다.

볼프강 아마데우스 모차르트Wolfgang Amadeus Mozart(1756~1791)는 여섯 살에 하
프시코드 연주회를 열고 열두 살에 오페라를 작곡한 불세출의 신동이었다. 짧
은 생애 동안 그는 놀라울 만큼 많은 작품을 창작했으며, 고전주의의 명료함과
단아함을 최고의 수준으로 보여주었다. 모차르트는 모든 형식의 음악을 작곡
한 거장이었지만, 특히 오페라에서 음악적 재능을 가장 위대하게 발휘했다. 그
는 불멸의 오페라 작품을 만들어냈는데, 이탈리아어로 노래하는 〈돈 조반니Don
Giovanni〉와 〈피가로의 결혼Le Nozze di Figaro〉 그리고 독일어로 노래하는 〈마술 피
리Die Zauberflöte〉는 오늘날도 인기 있는 오페라이다. 그러나 하이든과 달리 안정

적 후원자를 얻지 못한 그는 천재는 박명하다는 말을 증명이나 하듯 서른다섯 살 나이에 빚을 짊어진 가난뱅이로 삶을 마감했다. 모차르트는 고전주의로 훈련된 18세기 사람이었으나, 그 양식과 그 시대를 모두 넘어선 인물이었다.

영국 문학　　영국에서는 극작가 윌리엄 콩그리브Congreve(1670~1729), 언론인 조지프 에디슨Addison(1672~1719)과 대니얼 디포Daniel Defoe(1660~1731), 풍자작가 조너선 스위프트Jonathan Swift(1667~1745) 등의 작가들이 18세기 전반기에 영국 문단을 이어갔다. 스위프트는 시대에 대한 비판적 시각을 반영하면서 『걸리버 여행기Gulliver's Travels』에서 인간의 편협함을 조롱했다. 시인이자 비평가인 앨릭젠더 포프Alexander Pope(1688~1744)는 『비평론An Essay on Criticism』(1711)으로 고전주의 문학론의 대표가 되었으며, 철학시 『인간론An Essay on Man』에서는 그 시대의 특징인 낙관주의와 과학에의 존중심을 표현했다. 그런 한편 그는 장편 풍자시 『우인열전The Dunciad』에서는 자신이 싫어하던 주변의 작가와 학자 등을 실명으로 등장시켜 신랄하게 조롱했다.

18세기 후반기에는 철학자 데이비드 흄과 역사가 에드워드 기번Gibbon(1737~1794), 사전 편찬자이자 비평가인 새뮤얼 존슨Samuel Johnson(1709~1784)을 비롯한 많은 작가가 풍부하고 다양한 문학작품을 산출했다. 19세기와 20세기에 가장 대중적인 문학이 된 근대소설이 18세기에 주요 문학 형식으로 등장했으며, 새뮤얼 리처드슨Richardson(1689~1761)이 이 새로운 문학 형식의 선구자였다. 간혹 디포의 『로빈슨 크루소Robinson Crusoe』(1719)가 영국 최초의 근대소설로 일컬어지기도 하지만, 헨리 필딩Fielding(1707~1754)이 한 젊은이의 깊은 쾌락과 회한을 그린 『톰 존스Tom Jones』(1749)가 적어도 근대적 기호로서는 최초의 만족스러운 영국 소설이라 할 것이다.

18세기 후반기에는 점점 더 많은 영국 작가가 때 이르게 고전주의에서 낭만주의romanticism로 옮아갔다. 그런 변화는 토머스 그레이Thomas Gray(1716~1771)의 시에서 나타났으며, 제임스 먹퍼슨Macpherson(1736~1796)의 『핑걸Fingal』(1762)과 『테모라*Temora*』(1763) 그리고 토머스 퍼시Percy(1729~1811)의 『남아 있는 잉글랜드 옛 시가*Reliques of Ancient English Poetry*』(1765)의 출판으로 더욱 진전되었다. 스코틀랜드 출신인 먹퍼슨은 그의 시들이 고대 켈트족의 전설적 시인인 오시안Ossian의 게일 어Gael로 된 시를 채록하여 번역한 것이라고 밝혔으나, 실제로는 수집한 옛 시가를 바탕으로 그 자신이 지은 것이었다. 그리고 퍼시의 시집은 먹퍼슨이 오시안을 사칭한 데에 자극을 받아 그가 옛 민간 담시를 수집하여 편집한 것이었다. 이 시들은 독자에게 중세에의 관심을 불러일으키고, 낭만적인 상상의 세계에의 동경을 자아냈다.

영국에서 진정한 낭만주의 문학의 출발을 알린 작품은 두 젊은 시인 윌리엄 워즈워스Wordsworth(1770~1850)와 새뮤얼 콜리지Coleridge(1772~1834)가 함께 펴낸 『서정 민요집*Lyrical Ballads*』(1798)이었다. 이 시집에는 영어 시 중 가장 아름다운 시로 손꼽히기도 하는 워즈워스의 초기 대표 시 「틴턴 수도원*Tintern Abbey*」이 수록되어 있다. 낭만주의의 가장 큰 특징의 하나가 자연의 사랑인데, 이는 특히 워즈워스의 시에서 분명하게 드러났다. 워즈워스는 자연을 직관적으로 관조함으로써 그 신비한 힘을 느낄 수 있음을 강조했다. 콜리지는 「늙은 선원의 노래 *The Rime of the Ancient Mariner*」(1798)와 「쿠블라 칸*Kubla Khan*」(1816)에서 삶의 초자연적이고 이국적인 면모를 탐색했다.

독일 낭만주의 문학　　독일 문학 활동의 부흥은 고트홀트 에프라임 레싱 Gotthold Ephraim Lessing(1729~1781)과 함께 시작되었다. 독일의 대표적인 계몽사상가이기도 한 레싱은 고전주의자로서, 이전의 독일 작가들이 프랑스인을 통해 간접적으로 고전주의를 접하려 했던 것과 달리 직접 그리스인에게서 영감을 얻으려고 애썼다. 그러나 곧 요한 고트프리트 헤르더Herder(1744~1803)와 더불어 낭만주의라는 새로운 사조가 새로운 열정을 지니고 나타났다.

낭만주의는 이성보다 감성의 중요성을 강조한 루소의 사상에 뿌리를 둔 것으로서, 이성의 시대의 차가운 논리에 대한 항의였다. 많은 낭만주의 작가들은 볼테르의 차가운 위트와 풍자 대신, 자신의 가슴이 옳다고 하는 바를 행하는 사람들의 이야기를 감상적이며 정서적으로 표현하고자 했다. 낭만주의는 계몽사상의 영향이 강한 프랑스에서는 프랑스혁명 이전에는 거의 발판을 마련하지 못했으나, 1770년대 독일에서 큰 반향을 불러일으켰다. 그 무렵 독일에서는 사람들의 마음이 민족의 민담과 설화로 향하기 시작했다. 철학자이자 언어학자인 헤르더는 민담과 민족 언어야말로 참된 민족정신을 표현하는 것이라고 믿었다. 그는 프랑스의 합리주의와 세계시민주의에 강하게 반발하면서, 오직 민족의 전통에 깊이 뿌리를 내림으로써만 독일과 다른 나라의 문학도 번성할 수 있다고 주장했다. 그에 따라 헤르더는 독일의 민간전승, 관습, 언어의 열렬한 옹호자가 되었다.

헤르더는 독일 문학의 두 거장, 요한 볼프강 폰 괴테Wolfgang von Göthe(1749~1832)와 요한 프리드리히 폰 실러Schiller(1759~1805)에게 상당한 영향을 끼쳤는데, 이 두 작가의 작품에서 독일 낭만주의 문학은 정점에 이르렀다. 실러는 수필 및 시편과 함께 여러 편의 희곡을 썼다. 실러는 출세작이라 할 희곡 『군도Die Räuber』(1781)에서 정치적 자유에 대한 열망을 표현했는데, 이는 이른바 질풍노도 Strum und Drang 문학의 대표작으로 손꼽혔다. 그는 죽기 한 해 전에 쓴 『빌헬름 텔 Wilhelm Tell』에서는 압제에 맞서 독립을 쟁취하려는 스위스 애국자들의 영웅적 투쟁을 묘사했다.

만년에는 고전주의로 돌아섰지만, 젊은 시인 괴테는 질풍노도 운동에 한몫했다. 그는 사랑, 자연, 죽음에 대한 깊은 관심을 서정시에 담았다. 그런데 무엇보다 『젊은 베르터의 슬픔Die Leiden des jungen Werthers』(1774)은 독일 낭만주의 문학의 진수를 보여주는 작품이었다. 괴테는 이 작품에서 한 소녀를 짝사랑한 끝에 좌절감 속에서 스스로 목숨을 끊은, 한 감수성 예민한 젊은이의 이야기를 다루었다. 그 뒤에 젊은 나이에 질병, 가장 흔하게는 폐병으로 남자 연인을 슬픔에 빠뜨린 채 삶을 마감하는 젊은 여성을 둘러싸고 이야기가 전개되는 수많은 소설과 희곡이 나타났다. 『파우스트Faust』는 괴테 필생의 역작이었다. 1808년 발표된

제1부는 르네상스 시대 전설인 악마와 거래하여 영혼을 젊음 및 권력과 바꾼 파우스트 박사 이야기를 새롭게 다루었으며, 1832년 그의 사후에야 출간된 제2부에서 파우스트의 영혼은 신과 인간을 사랑하고 섬기려 한 덕분에 결국 구원을 받는다.

헤르더, 괴테, 실러는 모두 프랑스 문학이 이전에 독일에서 누렸던 지배적 위상을 일소하려 했다. 프랑스와 영국의 최고 작가들의 작품에 필적할 독일어 문학이 18세기 후반기에 나타났으며, 종교개혁 이후의 오랜 문학적 침체기를 끝장냈다. 그와 동시에 독일 낭만주의 문학의 등장은 독일의 문화적 민족주의, 그리고 궁극적으로는 독일의 정치적 민족주의가 발전할 하나의 조짐이자 그 원인이었다.

여성 문인　여성 문인들은 오랫동안 무시당해 온 재능의 출구를 낭만주의 소설, 특히 여성적 관점과 가사 문제에 강조점을 둔 소설에서 찾았다. 영국과 프랑스에서 수많은 여성 소설가가 등장했다. 프랑수아즈 드 그라피니Françoise de Graffigny(1695~1758)는 『한 페루 여인의 편지Lettres d'une Péruvienne』로 엄청난 성공을 거두었고, 클로딘 게랭 드 탕생Claudine Guérin de Tencin(1682~1749)은 역사소설 『칼레의 포위 공격Le Siége de Calais』을 썼다.

패니 버니Fanny Burney라는 애칭으로 널리 알려진 프랜시스 버니(1752~1840)는 한 젊은 숙녀가 세상으로 진출하는 체험을 다룬 장편 소설 『에벌라이너Evelina』로 찬사를 받았다. 그녀는 그 뒤 줄곧 그와 같은 여성을 주인공으로 한 가정소설만 썼으며, 한 세대 뒤의 제인 오스틴Austen 같은 여성 작가들에게 많은 영향을 끼쳤다. 이들보다 훨씬 전에 영국 최초의 여성 소설가로 여겨지는 애프라 벤Aphra Behn(1640~1689)은 근대소설의 선구적 작품이라 할 『오루노코Oroonoko』를 지었는데, 그녀는 이 작품에서 속아서 영국 식민지 수리남Suriname에 노예로 팔려 온 한 아프리카 왕자 이야기를 통해 노예 문제와 식민주의를 다루었다.

출판업의 발달   18세기에 주목할 현상의 하나가 독서 대중과 출판의 팽창이었다. 프랑스 출판업자는 1750년에 300종의 책을 펴냈는데, 1780년대에는 해마다 약 1600종을 펴냈다. 이 책들은 여전히 소수의 교육받은 엘리트 집단을 대상으로 한 것이 대부분이지만, 일부는 여성과 도시 수공업자를 포함한 새로운 중간계급 독서 대중을 대상으로 한 것이었다. 출판의 성장으로 작가들이 작품으로 생계를 꾸릴 수 있고 부유한 후원자에게 덜 의존하는 게 가능해졌다. 18세기에 출판과 독서의 성장의 중요한 측면 가운데 하나는 일반 대중을 위한 잡지의 발달이었다. 잡지와 더불어 신문이 나타났다. 1702년 런던에서 최초의 일간신문이 인쇄되었으며, 1780년에는 37개 도시에서 자체 신문이 발간되었다.

4) 과학

천문학과 물리학   과학자들은 전 세기의 과학의 성취를 계속 이어갔다. 천문학에서 뉴턴 이후 시대에 획기적 발전을 이룬 인물은 피에르 라플라스Laplace(1749~1827)였다. 프랑스의 뉴턴이라 불리기도 한 라플라스는 혜성의 움직임처럼 명백히 불규칙한 운동 역시 수학적 법칙의 지배를 받는다는 것을 논증했다. 그는 또한 성운설星雲說을 제기하면서 태양이 원래는 가스 덩어리의 성운을 이루고 있다가 응축하면서 행성이 떨어져 나갔다고 주장했다.

전기와 관련해서는 1745년 네덜란드 레이덴Leyden대학에서 처음으로 조악한 수준의 축전지가 발명되었고, 이후 전기 에너지에 대한 실험이 활발하게 이루어졌다. 1752년에는 영국의 아메리카 식민지에서 벤저민 프랭클린Benjamin Franklin(1706~1790)이 열쇠를 매단 연을 날리는 실험으로 번개가 전기임을 증명했다. 이 실험 결과 그는 피뢰침을 발명하여 '번개를 복종시킨 인물'로 이름을 날렸다.

화학   물리학에 뒤처졌던 화학은 18세기에야 발전의 본궤도에 올랐다. 정치적 급진파이기도 한 조지프 프리스틀리Priestly(1733~1804)는 암모니아를 비롯한 여러 화학물질을 발견하고, 일산화탄소를 생성하고, 산화수은에서 산소를 분리해 냈다. 그는 새 기체인 산소를 발견하고도 그 정체를 밝혀내지는 못했으며, 그것을 정확하게 규명하는 과제는 라부아지에에게 미뤄졌다. 헨리 캐번디시Cavendish(1731~1810)는 수소를 발견하고, 수소와 산소로 물을 합성해서 물이 화합물임을 밝혀냈다. 연소 현상의 결정적 연구는 프랑스 과학자 앙투안 라부아지에Antoine Lavoisier(1743~1794)가 수행했는데, 그는 연소가 산소와 타는 물질이 화학적으로 결합하는 이른바 산화 과정임을 증명했다. 그리고 그는 호흡 역시 또 다른 형태의 산화 현상임을 보여주었다. 그런 발견을 거쳐 그는 화학 반응에서 반응 물질의 총질량과 반응 후에 생성된 물질의 총질량은 같으며, 따라서 물질은 소멸하거나 무에서 생성될 수 없다는 질량보존의 법칙을 발견했다. 라부아지에의 과학적 성공에는 아내 마리 안Marie Anne의 협력이 큰 역할을 했다. 그녀는 조수나 공동 연구 수준에서 남편의 주요 실험을 돕고 기록했다. 그리고 남편이 프랑스혁명 때 처형된 뒤, 남편의 연구를 정리하고 편집해서 책으로 출간했는데, 만일 마리의 그런 노력이 없었다면 라부아지에의 연구는 빛을 보지 못했을지 모른다.

생물학과 의학　　　18세기에 생물학은 생명 현상의 새로운 발견보다는 분류법의 발전이 이루어졌다. 이런 경향은 해외에서 발견되어 유럽인이 수집한 수천의 새로운 종species에 대한 대응이었다. 일찍이 존 레이Ray(1627~1705)는 식물과 동물의 분류법을 위한 중요한 기초를 놓았다. 그는 또한 종의 개념에 대한 생물학적 정의를 시도한 최초의 인물에 속한다. 레이에 이어 스웨덴 식물학자 카를 폰 린네Carl von Linné(1707~1778)는 식물의 분류를 체계화했는데, 그의 분류법은 지금도 쓰이고 있다. 한편 프랑스 박물학자 조르주 뷔퐁Georges Buffon(1707~1788)은 비교 해부학을 연구했는데, 서로 다른 종 사이에 닮은 점이 있음을 발견하고 종들이 서로 연관되어 있음을 시사했다. 린네와 뷔퐁은 오늘날도 쓰이고 있는 생물학의 기본 용어와 범주를 확립했다. 근대 생물학에서 가장 혁명적인 명제는 모든 생명은 단순한 유기체에서 진화했다는 진화론인데, 이는 18세기에는 아직 널리 수용되지 못했다. 그러나 뷔퐁과 같은 몇몇 분류학자들은 이미 그런 식의 진화를 추측하고 있었다.

여성 과학자　　살롱 여주인으로서 계몽사상의 형성에도 큰 영향을 끼친 에밀리 뒤 샤틀레 후작부인은 빼어난 과학자이자 수학자이기도 했으나, 과학자로서의 업적은 오래도록 잊히고 주로 볼테르의 정부로 이름을 남겼다. 해부학과 의학계에서도 여성은 활발한 활동을 펼쳤다. 볼로냐대학 해부학 교수 안나 만졸리니Anna Manzolini(1714~1774)는 1000번이 넘게 시체를 해부하고 새로운 해부학적 신체 기관을 발견하기도 했다. 그녀는 예카테리나 2세의 초청을 받아 모스크바를 방문했으며, 러시아 왕립과학학회Russian Royal Scientific Society 회원이 되었다. 프랑스 해부학자 주느비에브 다리옹빌Geneviève d'Arionville(1720~1805)은 의학, 해부학, 생리학에 관해 자신이 직접 그린 도해를 곁들인 논문을 썼다. 영국 작가 메리 워틀리 몬터규Wortley Montagu(1689~1762)는 자신이 천연두를 앓고 난 뒤 자녀에게 인두人痘 접종을 하고 예방접종을 옹호했는데, 그녀의 노력은 나중에 에드워드 제너Jenner에게 도움이 되었다.

2. 정치적 발전

1) 중부와 동부 유럽: 계몽 전제군주정

계몽 전제군주정　　이전 세기의 왕권신수설이 완전히 사라지지는 않았으나, 18세기에는 세속화와 더불어 좀 더 실용적 논의가 지배하게 되었다. 많은 필로조프가 인간이 누릴 자연권을 확립하기 위해서는 계몽된 군주의 지배가 필요하다고 생각했다. 그들에게는 법을 지키고 공정하게 시행하는 강력한 군주만이 필요한 개혁을 수행할 수 있어 보였다. 대중을 불신한 필로조프들은 계몽주의의 원리로 무장한 절대적 통치자가 사회개혁을 위한 최선의 희망이라 믿었다.

18세기 중엽 이후 중부와 동부 유럽에 강력한 군주가 나타나 정력적으로 정부를 개혁하고 국가의 효율성을 높이려고 했다. 그들의 여러 정책은 계몽사상가들의 이념을 적용하려는 것이어서, 그들은 흔히 '계몽 전제군주'로 불렸다. 프로이센의 프리드리히 2세와 러시아의 예카테리나 2세, 그리고 오스트리아의 요제프 2세가 곧 그들이었다. 그들은 행정을 중앙집권화하고, 제도를 전국적으로 통일하고, 역내 무역 장벽을 축소하거나 제거하고, 학문과 예술을 장려하려고 애썼다. 이들은 또한 정도의 차이는 있으나 종교적 관용, 농민 생활의 개선, 교육 기회의 확대와 같은 개혁도 시행하고자 했다. 그와 같은 개혁이 이루어진 것은 다른 지배 엘리트와 마찬가지로 군주 자신이 계몽사상의 영향을 피해 갈 수 없었기 때문이었다. 프리드리히 2세와 예카테리나 2세는 이신교도가 되었으며, 기독교 교리에의 경멸을 숨기지 않았다. 요제프 2세는 가톨릭 신앙을 견지했으나, 계몽사상이 제시한 사회 전망을 열렬히 받아들였다. 이들 새 세대 군주에게는 "내가 곧 국가다"라는 호언장담이 어리석어 보였다. 그 대신 프리드리히 2세가 겸손하게 '국가 제일의 공복'을 자처한 것은 계몽 군주 모두를 대변한 것이었다.

그러나 진정 계몽사상에 근거한 급진 개혁을 추구한 군주는 요제프 2세뿐이었다. 프리드리히 2세와 예카테리나 2세는 계몽주의의 사도로 비치기를 좋아했고, 계몽주의적 개혁에 관심을 표명했으며, 또한 실제로 개혁을 추진하기도 했다. 그러나 그들의 개혁은 기본적으로 제한적일 수밖에 없었다. 사실은 요제프에게조차 권력에의 관심과 기존 체제의 유지가 개혁에 우선했다. 당연하게도 계몽 군주들은 계몽사상을 수용하면서 동시에 자신의 권력을 강화할 방도를 궁리했다. 그들은 자신의 절대 권력을 포기할 생각이 조금도 없었다. 필로조프들은 전쟁을 아무짝에도 쓸모없는 다툼에 인명과 자원을 낭비하는 어리석은 행위라 비난했으나, 계몽 군주들은 이전 군주들 못지않게 군대를 육성하고 열성적으로 전쟁을 벌였다. 게다가 그들은 여전히 막강한 권력을 유지하고 있는 귀족이 버티고 있는 현실적 제약을 무시할 수 없었으며, 자연히 개혁은 대체로 귀족의 이익을 심각하게 무너뜨리지 않을 수준에 머물 수밖에 없었다.

프로이센: 프리드리히 2세　　프리드리히 빌헬름 1세의 아들 프리드리히 2세 (1740~1786)는 젊은 시절 부왕의 스파르타식 훈련에 반발, 예술과 철학에서 일탈을 꿈꾸었다. 프랑스로 도피하려다 붙잡혀 온 그는 함께 도망치려 했던 절친의 참수를 지켜봐야 했다. 이후 그는 혹독한 훈련과 규율을 거쳐 부왕의 기대에 맞추어졌지만, 그 대신 인간적인 공감의 능력을 잃어버렸다. 그 대가로 그는 빼어난 행정가, 마키아벨리적 외교의 달인, 당대의 가장 위대한 군인이 되었다. 대왕의 칭호를 얻은 프리드리히 2세는 참으로 비범한 인물이었다. 다방면에 걸쳐 재능을 타고난 그는 지적 혹은 예술적 활동에 많은 시간을 할애하면서도 국정 전반을 직접 통괄했다. 즉위 첫해에 오스트리아를 공격해서 슐레지엔Schlesien을 차지한 그는 이후 23년 동안 거의 끊임없이 전쟁을 수행했다.

18세기 프로이센의 행정은 그 군대와 더불어 유럽 군주들의 부러움의 대상이었다. 그 효율성과 검소함은 17세기 후반 프리드리히 빌헬름 대선제후 때부터 발전해 온 것이었다. 특히 공직 임명과 승진은 업무 수행에 필요한 지식을 검증하는 필기시험의 합격 여부에 달려 있었다. 이 장치로 프로이센 관리의 전반적 업무 능력 수준은 유럽 다른 나라 관리보다 훨씬 높았다. 국가에의 봉사를 국왕의 첫째 의무라고 생각한 프리드리히 2세는 이들의 도움으로 각종 정책을 성공적으로 추진할 수 있었다. 그는 정부를 마치 효율적인 군대인 것처럼 운영하고, 군 장교에게 요구한 것처럼 문민 관리에게도 마찬가지로 엄격한 규율과 상사에의 복종을 요구했다.

프리드리히 2세는 계몽사상에 정통했고, 자칭 볼테르 찬미자로서 그를 궁정에 초대하여 수년간 머물게 하기도 했다. 그는 '국가 제일의 공복' 혹은 '불행한 사람들의 최후의 피난처'라는 이상적 군주상을 대중화하면서, 일시적으로 필로조프의 개혁 제안을 기꺼이 따르는 것으로 보였다. 그는 사법 체계를 개혁하여 재판 절차를 간소화하고, 고문이나 잔혹한 처벌을 폐지했다. 그리고 그는 언론과 출판에 제한된 자유를, 그리고 종교에는 완전한 관용을 허용했다. 그러나 그는 사회의 각 계급은 각각 특정의 기능을 수행해야 하며, 정부와 군대의 고위직은 귀족이 맡아야 한다고 주장했다. 필로조프들이 농노제에 비판의 목소리를 높였음에도, 국정을 융커에게 의존했던 프리드리히 2세는 사회의 위계질서나 농노제에 손을 댈 수는 없었다. 사실 그는 사회문제에서는 보수주의자로서, 프로이센 사회를 전보다 더 귀족적 사회로 만들었다. 그는 평민이 관료제 안에서 권력을 갖도록 허용한 부왕의 정책을 뒤집고, 귀족이 관료제의 높은 자리를 독차지하도록 했다. 그리하여 프로이센 관료제의 상층부는 세습적 카스트에 가까워졌다.

경제정책에서 프리드리히 2세는 선대의 중상주의 노선을 답습했다. 정부는 공업을 육성하기 위해 보조금을 지급하고 외국에서 수공업자를 들여왔으며, 농업을 위한 보호관세를 시행했다. 그리고 정부는 또한 세입 확보를 위해 왕립 공장을 건설하고 담배와 커피를 국가 독점사업으로 삼았으며, 물가 안정을 위해서 곡물을 수매하고 판매하는 정책도 시행했다. 프리드리히의 경제 통제 정책은 중상주의가 프로이센에서 여전히 잘 작동하고 있음을 보여주는 것이지만, 그와 동시에 그만큼 상인계급의 발달을 더디게 했다.

외교 문제와 관련하여 프리드리히 2세는 신성로마제국 안에서 궁극적 경쟁자는 합스부르크가라고 생각하고, 2대에 걸친 친합스부르크 정책을 폐기했다. 그는 상대적으로 작고 가난한 프로이센의 영토와 인구 그리고 자원을 확대하기로 마음먹었다. 때마침 그가 즉위할 때 황제 카를 6세(1711~1740)가 딸 마리아 테레지아에게 합스부르크제국을 물려주었는데, 프리드리히는 프로이센의 상속권을 내세우며 슐레지엔을 차지해 버렸다. 이 군사행동은 오스트리아 왕위계승 전쟁과 7년전쟁을 불러일으켰다. 7년전쟁에서 프로이센은 국력을 탕진하고 한때 패전의 위기에도 내몰렸다. 그러나 프로이센은 결국 슐레지엔 보유를 굳히고,

유럽 최강국의 반열에 올라섰다. 프리드리히 2세는 이후 23년을 더 통치하면서 주로 내정 개혁과 재건에 진력했다. 그런 중에도 고도의 외교적 술책의 결과, 그는 1772년 제1차 폴란드 분할에 참여하여 프로이센과 브란덴부르크 사이의 폴란드 영토를 획득해서 왕국의 분리된 영토를 좀 더 가까이 통합할 수 있었다. 그는 베르사유 궁전을 본떠서 지은 포츠담Potsdam 궁전에서 치세 말에 프로이센을 유럽 최고 수준의 강대국으로 만들어놓았다고 자부할 수 있었다.

오스트리아: 마리아 테레지아와 요제프 2세　　　합스부르크가의 상속권은 18세기 중엽에 처음으로 여성인 마리아 테레지아Maria Theresia(1740~1780)에게 넘어갔다. 테레지아는 독실한 가톨릭교도로서 프랑스의 필로조프들을 의심의 눈초리로 보았지만, 그들의 사상과 일치하는 개혁을 일부 도입했다. 그녀는 개혁가 하우크비츠Haugwitz 백작을 기용하여 행정, 사법, 군사 등 광범한 분야에서 의욕적으로 개혁을 추진했다. 오스트리아 귀족들은 레오폴트 1세가 죽은 뒤 자신의 영지에서 이전 권력의 상당 부분을 되찾았는데, 다시 그에 대한 국왕의 통제가 강화되고, 농노를 좀 더 인도적으로 대우하도록 하는 조치가 취해졌다. 그리고 독일어가 합스부르크가의 지배 아래 있는 모든 영토에서 유일한 공식 언어로 선포되었다. 모든 계급에 똑같이 적용되는 평등한 형법이 제정되고 고문의 관행이 폐지된 것도, 그리고 징집제도가 도입되고 '테레지아 육군사관학교'가 설립된 것도 이때의 일이었다. 오스트리아는 이러한 개혁의 성과로 유럽 열강의 대열에 함께할 수 있었다.

　그렇지만 오스트리아는 결코 고도로 중앙집권화된 절대주의 국가가 되지는 못했다. 외형적으로 장엄한 광채를 뽐냈음에도, 오스트리아는 단일 민족국가가 아니라 한 명의 지배자를 매개로 결합한 여러 영토의 집합체에 불과했다. 그 영토 안에는 독일인, 체크인, 헝가리인, 크로아트인, 이탈리아인, 세르비아인, 루마니아인, 기타 여러 민족이 할거하고 있었고, 이들 각 민족은 자체의 법과 의회 그리고 정치적 관습이 있었다. 그뿐만 아니라 경제는 거의 전적으로 농업적이었고, 농업은 농노의 노동에 의존했다. 강력한 부르주아지가 성장하지 못한 상황에서 오스트리아의 통치자들은 아직 농노 상태에 있는 농민들의 희생 위에 귀족과 가톨릭교회의 도움으로 통치하려 했다. 이런 상황 때문에 귀족들은 특권을 보전했으며, 그만큼 국왕의 세입은 제한되었다.

마리아 테레지아의 아들 요제프 2세(1765~1790)는 모후와 달리 이상주의자요 계몽사상의 진정한 사도였다. 그는 1765년에 신성로마제국 황제가 되었으나 제위는 허울에 불과했으며, 오스트리아에서는 모후가 1780년 죽을 때까지 권력을 장악했다. 그래서 1765~1780년은 마리아 테레지아와 요제프의 공동통치 기간이었는데, 이는 합스부르크가의 역사상 유일무이한 정부 형태였다. 그 시기에 실권은 모후에게 있었으며, 그래서 요제프의 친정은 10년에 불과했다. 그 치세 10년에는 개혁의 회오리바람이 휘몰아쳤다. 그는 계몽사상의 이상을 현실 적합성을 고려하지 않고 실현하려 했으며, 그래서 거의 평화적 혁명이라 할 만큼의 극적인 변화를 추구했다.

요제프 2세는 계몽 전제군주 가운데 유일하게 농노제를 폐지했다. 그러나 그는 농노의 생계를 위한 실질적 조치는 마련하지 못했다. 그래서 대다수 농노는 이론상 자유인이 되었으나, 예전의 영주에게 갚을 보상금을 마련하지 못해 여전히 농노와 다름없는 처지에 놓여 있었다. 7년간의 의무 학교 교육제도가 도입되었으나, 이 또한 학교와 교사 확보에 따른 재정은 마련되지 않았다. 요제프는 필로조프들의 가톨릭교에의 반감에 공감하면서 교회를 국가에 종속시키고자 했다. 그래서 그는 국가가 성직자 활동을 감독하게 하고, 수백 개의 수도원을 철폐하고, 개신교·동방정교회·유대교 신민에게 종교적 자유를 허용했다. 교회에서 몰수한 재산은 교육으로 돌려지거나, 병원·요양 시설·보육원 등의 설립에 쓰였다. 새 형법이 제정되어 사형제가 폐지되고, 만인의 법적 평등 원칙이 확립되었다.

그러나 요제프 2세의 개혁은 완강한 반대에 부딪쳤다. 특히 다민족 국가인 오스트리아를 단일국가로 통합하려는 시도는 격렬한 반발을 일으켰다. 오스트리아령 네덜란드(벨기에)에서 반란이 일어나고, 헝가리인도 체크인도 반란을 일으켰다. 농민들은 군역의 의무가 부과되자 분노했다. 특권이 훼손되는 것에 분개한 성직자는 요제프에 반대하는 설교를 하고, 귀족은 정부 정책을 훼방할 음모를 꾸몄다. 게다가 때마침 프랑스혁명의 회오리를 만나면서 그의 개혁 정책은 전반적으로 제동이 걸렸다. 의욕과 달리 개혁의 성취가 지지부진한 것에 대해 요제프 2세는 깊은 낭패감을 느꼈다. 그의 개혁은 그가 죽은 뒤 많은 것이 원래대로 되돌려졌고, 그리하여 오스트리아는 별다른 실질적 개혁을 이루지 못한 채 19세기로 넘어갔다.

러시아: 예카테리나 2세   1725년 표트르 1세가 죽은 뒤 서유럽화 정책 지지자와 반대자 간에 격렬한 투쟁이 벌어졌는데, 그런 가운데 그의 계승자들은 서유럽화 정책을 계속 이어갔다. 그 정책은 상류사회에서 차츰 영향이 나타나, 귀족들은 프랑스어와 계몽사상에 친숙해졌고, 복식과 생활 방식이 많이 서유럽화되었다. 표트르 대제 사후 러시아 군주정의 눈에 띄는 특징은 여성 통치자들의 등장이었다. 18세기 남은 기간에 남녀가 각각 네 명씩 차르에 올랐는데, 그러나 남성 차르의 치세 기간은 모두 합해 10년도 되지 않고 거의 전 기간을 여제가 다스렸다.

표트르 대제 사후 1741년까지는 궁정 음모가 난무하고 네 명의 차르가 근위대에 의해 옹립되는 정치적 혼란기였다. 그러나 대외정책에서는 성공적이어서, 러시아는 폴란드 왕위계승 전쟁에 개입하여 폴란드 문제에 대한 러시아의 영향력을 강화했다. 남쪽에서는 튀르크로부터 아조프를 되찾았다. 혼란기에 이어 제위에 오른 표트르 대제의 딸 옐리자베타Elizaveta(1741~1761) 여제는 중앙정부를 공고히 하는 한편, 외교정책에서도 성과를 거두었다. 러시아는 스웨덴으로부터 핀란드 일부를 얻고, 7년전쟁에서 프로이센의 프리드리히 대왕을 궁지에 몰아넣음으로써 서유럽에 러시아의 군사력을 각인시켰다. 그뿐만 아니라 그녀는 계몽사상의 도입을 권장하고, 모스크바대학과 미술 아카데미를 설립했다. 그리고 그녀는 예카테리나 2세의 위대한 치세를 위한 토대를 다져놓았다.

예카테리나 2세Ekaterina II(1762~1796)는 즉위 초에 지위가 매우 불안정했다. 그녀는 독일 귀족 집안 출신으로 엘리자베타 여제의 조카이자 표트르 대제의 외손자인 표트르 3세(1761~1762)와 결혼했는데, 남편이 제위에 오른 지 반년 만에 근위대와 함께 궁정 쿠데타를 일으켜 남편을 쫓아내고 제위를 차지했기 때문이다. 외국인 출신에다 쿠데타로 차르가 된 예카테리나는 프랑스나 프로이센만큼 대내적 지배력을 확립할 수 없었고, 완고하고 다루기 힘든 귀족과 타협할 수밖에 없었다.

예카테리나 2세는 볼테르와 루소를 비롯한 여러 필로조프와 활발하게 서신을 주고받으면서 계몽사상에 깊이 공감했다. 수많은 연인을 둔 그녀는 예술과 문학을 사랑한 감수성 있는 여성이기도 했다. 그녀는 프랑스적인 것은 무엇이든 사랑했으며, 상트페테르부르크는 파리를 닮아 가게 되었다. 치세 초기에 그녀는 계몽주의적 개혁을 추진하고 상당한 사회 진보를 이루었다. 예술가와 작가에게 장려금이 지급되고, 논쟁적 저술의 출판이 허용되고, 도서관·병원·보육원이 설립되었다. 종교 문제에서 예카테리나 2세는 비교적 관용적인 한편, 정교회에의 세속적 통제를 강화했다. 경제정책에서 그녀는 프로이센의 프리드리히 2세보다 덜 중상주의적이었다. 그녀는 무역과 제조업에서 불필요한 규제와 관세를 완화하려고 노력했으며, 그녀의 치세 동안 러시아의 대외 무역과 제조업은 크게 확장되었다.

그러나 예카테리나 2세는 계몽사상의 이상이 러시아에 그대로 적용될 수 없음을 깨달았으며, 계몽사상을 들먹거렸지만 실제로는 보수적이었다. 그녀는 사실 귀족 이외의 어떤 계급에도 따뜻한 관심을 보이지 않았다. 예카테리나 2세는 러시아를 귀족, 시민, 농민, 농노의 네 신분으로 나뉘는 신분 국가로 공고하게 하려 했다. 귀족과 시민은 일정한 권리가 부여되고, 농민은 스스로 삶을 꾸려 나가도록 방치되었으며, 농노는 예속 상태를 벗어나지 못했다. 귀족에게 호의적인 정책으로 일반 농민의 상태는 더욱 나빠졌고, 결국 반란이 일어났다. 까막눈의 카자크인Kazak 에멜리얀 푸가초프Emelyan Pugachev가 표트르 3세를 참칭하면서 카자크인, 농민, 농노를 규합했다. 그가 이끈 농민반란은 1773~1775년 사이에 남부 러시아를 휩쓸었다. 그러나 반란은 진압되고, 푸가초프는 체포된 뒤 고문을 받고 처형되었다. 그리하여 예카테리나 2세 치세기에, 특권을 누리면서 프랑스 문화의 분위기에 젖어 사는 소수의 상류사회와 농민 및 농노의 거대한 대중 간의 거리가 더욱 멀어졌다.

푸가초프 반란을 진압한 뒤 예카테리나 2세는 전국적으로 초등과 중등학교 제도를 도입하는 한편, 지방정부를 재조직했다. 전국이 50개 주로 개편되고, 이는 다시 좀 더 작은 행정단위로 나뉘어 귀족이 선출하는 관리의 지배 아래 놓였다. 그런 방식으로 지방 귀족은 러시아의 일상적 통치를 담당하게 되었다. 그뿐만 아니라 농민반란 이후 귀족의 압박이 심해지자, 예카테리나는 귀족에게 더 많은 사회적·경제적 특권을 부여해 주었다. 귀족들은 세금을 면제받고, 이반 4세 때부터 부과되어 온 국가에의 봉사 의무에서 풀려나고, 자신의 영지에서 더 큰 사법권을 보장받았다. 농노에 대한 영주의 법적 권리가 확대되어, 영주는 때때로 인구의 9할이나 되는 농노를 노예처럼 사고팔았다. 그렇게 시작된 반동은 프랑스혁명 때에 더욱 강화되었다. 1789년 프랑스에서 혁명이 터졌을 때, 여제는 민중 혁명의 망령에 몸서리를 쳤다. 그녀는 검열의 장막으로 혁명의 전염을 막으려 했고, 자유주의자들을 탄압했으며, 반反자코뱅 충성 서약을 거부하는 프랑스 국민을 추방했다. 그리하여 러시아에서는 계몽의 시대가 급작스럽게 종언을 고했다.

대외정책에서 예카테리나 2세는 대단한 성공을 거두었다. 그녀는 이반 4세를 제외하고는 영토를 가장 크게 확장한 통치자였다. 그녀는 튀르크인과 싸우면서 크림Krim반도를 병합하고, 남부에서의 변경을 볼가강을 넘어 카프카스Kavkaz산맥까지 확장했다. 1774년 맺은 쿠추크-카이나르지Kuchuk-Kainarji 조약에서 러시아는 또한 오스만제국 내의 그리스정교도를 보호할 권리를 얻었다. 한편 예카테리나 2세는 서쪽으로는 폴란드에 개입해서 이웃 나라와 함께 쇠퇴하는 폴란드를 세 차례에 걸쳐 분할 점유하면서 그 나라를 지도에서 지워버렸다. 그리하여 러시아는 남쪽에서 부동항을 얻고, 서쪽에서는 프로이센 및 오스트리아와 국경을 맞대게 되었다. 그 결과 러시아는 유럽 문제와 더욱 밀접한 관계를 맺게 되었을 뿐만 아니라, 다른 한편으로 서아시아와 발칸 문제에까지 발을 뻗치게 되었다. 쇠퇴하는 오스만제국에 대한 영향력을 두고 러시아는 오스트리아와 경쟁하게 되었으며, 그다음에는 영국과 경쟁하게 되었는데, 이 경쟁은 1914년 제1차 세계대전이 터질 때까지 이어졌다.

폴란드의 쇠퇴와 소멸　　한때 동유럽의 최강국에 속했던 폴란드는 17세기에 러시아, 스웨덴, 오스만튀르크 등에 영토를 빼앗기면서 쇠퇴하기 시작했다. 그리고 17세기 말엽에 작센 선제후가 폴란드 국왕으로 선출된 이후 거의 70년 가까이 작센 선제후의 지배를 받으면서, 폴란드는 돌이킬 수 없는 쇠망의 길로 접어들었다. 그 첫 왕인 아우구스투스 2세(1697~1706, 1709~1733)는 왕정을 강화하려고 노력했으나, 귀족의 완강한 반대와 러시아의 개입으로 절대군주정을 확립하지 못했다. 두 번째 왕인 아우구스투스 3세(1734~1763)는 작센 공국과 독일 문제에 몰두하는 바람에 폴란드에 별로 신경을 쓰지 못했다.

　작센 지배자의 시대가 끝나고, 폴란드 최고 귀족 가문의 스타니스와프 포니아토프스키Stanisław Poniatowski(1764~1795)가 폴란드 국왕에 선출되면서 러시아의 영향이 크게 증대했다. 포니아토프스키는 한때 예카테리나 여제의 연인이었는데, 여제의 지원으로 국왕에 선출되었기 때문이다. 러시아의 압박이 가해지자 귀족들이 반란을 일으켰으며, 이는 일련의 사태를 거쳐 제1차 폴란드 분할로 이어졌다. 반란 세력이 오스만튀르크에 도움을 요청하자 러시아는 군대를 파견하는 것으로 대응했다. 그 결과 러시아와 튀르크가 전쟁을 벌였고, 러시아의 승리로 전쟁이 끝났다. 그러자 러시아의 성공에 자극받은 오스트리아가 영토상의 보상을 요구했고, 결국 예카테리나 2세와 마리아 테레지아 그리고 프리드리히 2세 사이에 폴란드 분할의 합의가 이루어졌다. 1772년의 이 1차 분할로 폴란드는 영토의 1/3을 세 나라에 빼앗겼다.

이 사태로 충격에 빠진 일부 폴란드인은 프랑스혁명의 자극을 받아 개혁을 추진했다. 그들은 1791년 5월 새 헌법을 채택하는 데 성공했는데, 이는 국왕 선출제를 세습제로 바꾸고 의원의 자유 거부권을 폐지함으로써 왕정을 강화하는 데 목적을 두었다. 이는 유럽 최초의 성문헌법이었다. 그러나 폴란드가 강해지는 것을 바라지 않던 예카테리나는 새 헌법을 반대하는 보수파를 지원하기 위해 군대를 보냈다. 국왕은 혁명에 반대하는 보수파에 굴복하고, 헌법은 폐지되었다. 프로이센도 군대를 보내면서 사태에 개입했다. 그리하여 1793년 제2차 폴란드 분할이 이루어졌는데, 이때 오스트리아는 불참했다. 폴란드인들은 곧 독립을 되찾기 위해 미국 독립전쟁의 영웅이기도 한 타데우시 코시치우슈코Tadeusz Kościuszko(1746~1817)의 영도 아래 봉기했으나, 두 외국 군대에 분쇄되었다. 폴란드는 결국 1795년 오스트리아를 포함한 이웃 3국에 의해 남은 영토마저 완전히 분할되면서 끝내 지도에서 사라지는 운명을 맞고야 말았다.

2) 서유럽 왕국들

프랑스: 절대왕정의 쇠퇴　　　프랑스는 계몽사상의 본고장이었으나 그 시대의 프랑스 군주들은 그것에 별다른 관심을 보이지 않았으며, 귀족계급은 그들의 특권을 침해할 개혁에 강하게 저항했다. 베르사유 궁전의 건축이 완성된 것은 1695년이지만, 프랑스 궁정이 그곳으로 옮겨간 것은 1682년이었다. 그 인공적 환경으로의 철수는 심각한 정치적·사회적·재정적 결과를 가져왔다. 국왕은 더욱더 백성들의 삶에서 멀어지고, 그들의 불만과 불행에 무감각해졌다. 루이 14세는 아첨꾼과 총애를 노리는 자들에 둘러싸였다. 귀족들은 사회적·재정적 특권을 유지하고 엄청난 몫의 토지를 차지하는 한편 기생 계급으로 전락해 갔다.

태양왕의 증손자인 루이 15세(1715~1774)는 다섯 살에 왕이 되었다. 오를레앙Orléans 공 필리프가 섭정이 되어 법적 섭정기인 1723년까지 국정을 맡았지만, 그 이후에도 루이 15세는 정사에는 별 관심이 없었다. 오를레앙 공 이후에는 플뢰리Fleury(1653~1743) 추기경이 사실상 국정을 관장했으며, 플뢰리가 죽은 뒤에야 루이 15세는 비로소 친정을 시작했다. 그러나 국왕은 여전히 지루한 나랏일보다는 여색을 탐하기에 더 바빴다. 자연히 국정은 총신들이 농단했는데, 특히 평민 출신의 잔 앙투아네트 푸아송Poisson은 루이 15세의 애첩이 되어 퐁파두르Pompadour 후작 작위를 얻고 1745~1764년 사이에 국정을 좌지우지했다.

섭정 오를레앙 공은 주로 부르주아에게 행정을 의존한 루이 14세의 정책을 버리고, 상층 귀족이 지배하는 평의회로 기존의 내각을 대체했으며, 그 결과 귀족이 정부에서 이전보다 더 큰 목소리를 내게 되었다. 그리하여 부유한 부르주아들이 계몽사상과 평등 의식에 물들어가던 바로 그 시기에, 루이 15세 치세 아래에서 정부와 군대의 상층부는 점점 더 귀족의 차지가 되었다. 그리고 그 섭정기에 프랑스는 자본주의 발달 과정에서 오는 큰 진통을 겪기도 했다. 스코틀랜드 출신 투기꾼 존 로Law가 당시 영국에서 시도되던 것과 비슷한 흥미로운 실험을 하도록 허락을 받았다. 로는 지폐 발행권을 가진 은행을 설립하고, 그 대신 이 은행은 국가의 채무 상환에 이바지하기로 했다. 그리고 그는 루이지애나와의 무역 독점권을 가진 미시시피 회사를 설립했다. 2년도 채 되지 않아 이 회사 주식은 40배나 뛰었고, 영국에서 이른바 '남해의 거품'이 터진 직후인 1720년 6월에 결국 주가 폭락 사태가 왔다. '미시시피의 거품'이 터지고, 로는 도망가고, 수많은 투자자가 파산하고, 자살 사태가 속출했다. 실패로 끝나기는 했으나, 로의 계획은 경제를 자극했다. 돌이켜 보면 그 사태는 자본주의 시대의 전조이기도 했다.

루이 15세 시대에는 프랑스가 영국과의 식민지 쟁탈전에서 치욕적인 패배를 당하고 식민제국을 빼앗김으로써, 왕실의 위신은 여지없이 무너졌다. 그리고 그에 따라 국내에서는 정치적 긴장이 끊임없이 이어졌다. 특히 정부와 파리 고등법원의 대립이 재발했다. 귀족들은 지난날 국왕에게 빼앗긴 권리를 되찾고자 안달이었는데, 그들의 욕망은 주로 고등법원을 통해 표출되었다. 루이 14세 때 국왕에 순종적이었던 파리 고등법원은 왕의 칙령에 항의하거나 때때로 칙령의 등록을 거부하면서 국왕과 갈등을 빚었다. 파리 고등법원은 칙령이 법원에 등록되기 전에는 법적 효력이 없다고 주장했다. 종교적 갈등도 불거졌다. 루이 14세의 탄압으로 잠잠해졌던 얀센파가 되살아나서 예수회와 투쟁을 벌였다. 파리 고등법원은 대체로 얀센파의 명분을 지지했는데, 반면에 정부는 예수회 편에 섰다. 그러나 나중에 예수회의 독자적 힘과 부가 지나치게 커지자, 정부는 1764년 예수회를 프랑스에서 축출했다.

루이 15세의 재위 기간에 정부 효율성은 꾸준히 떨어졌다. 제도를 개선하려는 노력은 이루어지지 않았으며, 부패하고 타성에 젖은 행정은 때때로 경제의 발목을 잡았다. 그런데도 상공업은 18세기에 계속 빠르게 성장했으며, 이 성장의 결과 중간계급 사이에 정부 행정에 대한 불만이 높아갔다. 그들의 주된 불만은 소수의 귀족과 고위 성직자가 특권을 누린다는 점이었다. 많은 귀족이 국왕에게 연금을 받았으며, 모든 귀족이 여러 세금을 면제받았다. 정부와 군대의 고위직은 귀족의 몫이었고, 승진은 흔히 능력보다는 궁정과의 친분에 좌우되었다. 많은 귀족과 일부 고위 성직자가 베르사유 궁전에서 왕에게 아첨하고 관직과 연금의 은전을 구하면서 경박한 생활을 영위했다.

또 다른 불만도 있었다. 사법 행정은 때때로 변덕스러워서, 국왕은 이유를 제시하지 않고 사람을 체포하고 투옥할 권력이 있었다. 프랑스는 통일된 법체계가 없었다. 중세 말에 왕국으로 통합된 각 지역에는 서로 다른 법과 제도가 많이 남아 있었다. 리슐리외 추기경이 17세기 초에 주지사가 관할하는 주province 단위로 지방행정을 개편하여 어느 정도 행정의 통일성을 확립했다. 그렇지만 중간계급의 비판적인 눈에 주지사는 그들의 보호자이기보다는 압제자였다. 초기에 주지사와 국왕 재판관은 주로 중간계급에서 충원되었고, 정부 공직이 재능 있는 인사에게 개방되었다. 그렇지만 18세기에 이르러 정부 고위관리 집단은 법복귀족이라는 거의 폐쇄적 계급이 되었는데, 이들은 전통적 대검귀족보다 썩 못하지 않은 특권을 누렸다. 중세 장원제도의 잔재는 특히 농민의 불만을 자아냈는데,

그로 인해 농민은 불만에 찬 부르주아 편에 서게 되었다. 복잡한 과세제도와 불공정한 세금 부담은 농민과 도시민 모두의 분노를 샀다. 그리고 정부의 지지부진한 경제 규제 개선은 부유한 시민을 더욱 안달이 나게 했다.

많은 사람의 불만의 목소리는 계몽사상가로 불리는 학자와 저술가를 통해 표출되었다. 그러나 지배 집단은 재정 위기로 인해 정부 체제를 개혁하지 않을 수 없을 때까지 그 목소리에 거의 귀를 기울이지 않았다. 정부가 파산의 벼랑 끝에 내몰린 주된 원인이 막대한 전쟁 비용 때문이었는데, 이는 비합리적인 과세제도와 정부의 낮은 신용으로 인해 비상시에 정부가 필요한 만큼 수입을 확대하지 못한 탓이었다. 새 세금을 부과하려는 국왕의 노력은 국왕 자신의 신하, 특히 고등법원 판사들의 저항에 부딪혔다. 정부는 여론의 지지를 업은 그런 반대를 막무가내로 억누르지 못했다.

프랑스: 개혁의 실패　　1774년 스무 살의 루이 16세는 조부로부터 왕위와 더불어 엄청난 빚더미를 물려받았다. 그는 경건하고 지성적이었으나, 우유부단해서 정부를 장악하지 못했다. 그는 첫 재무대신으로 중농주의자 자크 튀르고를 임명하여 재정 위기 타개의 책임을 맡겼다. 튀르고는 즉시 재정 개혁에 착수했다. 그는 증세도 하지 않고 돈을 빌리지도 않으면서 파산을 막을 방법을 모색했다. 그는 길드의 폐지와 곡물의 자유로운 유통과 같은 자유방임적 조치를 도입하는 한편 조세 개혁을 추진했다. 그는 먼저 세금의 효율적 징수제도를 강구하려 했는데, 이에는 징세 청부업자들이 강력히 반발했다. 그리고 그는 귀족과 성직자의 면세특권을 줄이고 중세의 잔재인 강제 노역을 폐지하는 등, 봉건적 특권을 줄이기 시작했다. 그러자 놀란 특권계급은 국왕에게 튀르고의 해임을 강력하게 요구하고 나섰다.

루이 16세는 무력하게 굴복했다. 그는 불과 20개월 만에 튀르고를 해임하고, 자크 네케르Jacques Necker를 후임 재무대신으로 임명했다. 제네바 출신 은행가였던 네케르는 차입과 긴축 재정으로 급한 불을 끄는 데 성공했다. 그러나 프랑스가 아메리카 독립전쟁에 개입하고 궁정이 재정 지출 감축을 거부하자, 네케르조차 예산의 균형을 맞출 수 없었다. 조세 개혁을 추구함으로써 그 역시 궁정 권력 집단의 격렬한 반대에 부딪혔으나, 네케르는 5년이나 자리를 지켰다. 1781년 네케르가 물러난 뒤 재정난 해결의 과제는 이 인사에서 저 인사로 넘겨졌으나, 때로 시도된 모든 노력은 견고한 기득권 세력에 막혀 좌절되었다. 정부의 재정 위기는 악화 일로로 치달았고, 설상가상으로 미국 독립운동 세력에 보내는 지원금과 직접 영국과 싸운 전쟁 비용으로 국고는 바닥이 났다. 임시변통으로는 위기가 해소될 수 없었으나, 지배계급은 근본적 처방에 필요한 희생을 감수할 생각이 전혀 없었다.

영국: 입헌군주정의 발전　　계몽사상의 본고장인 프랑스가 전제정에서 벗어나지 못하고 동유럽 국가들이 계몽 전제정을 실험하는 동안, 영국인들은 차츰 입헌군주정을 실현해 가고 있었다. 법치의 성장과 의회 정부의 공고화는 역설적으로 초기 하노버 왕들이 탁월한 지배자도 아니고 영국의 통치에 전적으로 관심을 쏟지도 않은 덕분에 촉진되었다.

1714년 앤 여왕이 후사 없이 죽자, 의회는 왕위계승법Act of Settlement(1701)에 따라 스튜어트가의 먼 혈연인 독일의 하노버Hanover 선제후를 국왕 조지 1세George I(1714~1727)로 맞이했다. 조지 1세는 독일 제후로서 영어를 말할 줄 몰랐으며, 아들 조지 2세(1727~1760) 역시 마찬가지였다. 윌리엄 3세가 그랬듯이, 그들의 주된 관심은 조상 대대로 물려받은 대륙의 영토에 있었다. 그들은 기꺼이 영국의 행정을 의회에 맡겼다. 조지 1세는 말을 잘 알아듣지 못했기에 각료회의에 잘 참석하지 않았다. 따라서 각료들은 스스로 회합하고 정책을 결정하기에 이르렀다. 그리고 그들은 집합적으로 내각이라고 불렀다. 국왕은 내각이 결정한 사안을 승인했다. 시간이 지나면서 이런 선례는 구속력을 지니게 되었고, 영국의 왕은 결국 명목상의 국가 원수에 지나지 않게 되었다. 그리하여 국왕은 군림하나 통치하지는 않는다는 전통이 형성되었다.

하노버왕조 첫 두 왕의 치세 동안 수상이라는 직책이 생겨났다. 휘그당의 써 sir 로버트 월폴Walpole(1676~1745)은 여러 해 동안 노련한 정치적 술책과 적절한 뇌물로 의회의 지지를 확보했는데, 그래서 조지 1세와 2세의 돈독한 신임을 얻었다. 두 국왕은 그에게 각료를 선임할 권한을 위임하고, 사후에 그 선임을 재가하기만 했다. 월폴은 1721~1742년 동안 20년이 넘게 그런 독특한 지위를 유지했는데, 그의 그런 지위에 제일 각료prime minister, 즉 수상이라는 칭호가 붙었다. 그의 그런 오랜 경력으로 인해 수상이 각료를 선임하는 관행이 확고한 선례가 되었다. 차츰 국왕이 의회의 다수 정당 지도자에게 내각 구성을 요청하는 것이 통치 원칙이 되었고, 국왕이 '자신'의 각료를 선택할 권한은 형식적인 것에 지나지 않게 되었다. 그리고 월폴은 모든 각료가 한 몸으로 행동해야 하며, 뜻이 다른 개별 각료는 스스로 물러나야 한다고 주장했다. 그리하여 수상이 선임하여 구성한 내각은 잡다한 개별 각료의 집합체가 아니라, 정책에 대해 공동의 책임을 지고 진퇴를 함께하는 집단이 되었다. 그리하여 현실적 필요에 대처하는 과정에서 거의 우연하게도 내각제도가 생겨났다.

당시의 의회는 모든 국민을 대표하는 기관이 아니었다. 하원의원은 각 도시borough와 주shire에서 두 명씩 선출되었는데, 토지 재산을 기준으로 투표권의 자격 조건이 매우 높아서 국민의 극소수만 투표권을 행사할 수 있었다. 그래서 한 선거구의 유권자가 수백 명에 불과한 곳이 허다했으며, 그에 따라 매표 행위가 횡행했다. 게다가 찰스 2세 이후의 인구 변동이 선거구의 의석 배분에 반영되지 않아서, 주민이 거의 없어진 많은 도시가 예전처럼 의원을 두 명 뽑는가 하면, 인구가 대폭 늘어난 새 도시는 의석이 전혀 배당되지 않았다. 그 결과 이른바 부패 선거구에서는 의석이 한 줌의 유권자에 의해 좌우되고, 심지어 호주머니 선거구마저 생겨나 의석이 단 한 명 귀족의 호주머니에 들어 있는 꼴이 되었다. 그리고 그렇게 선출된 의원은 대부분 하급귀족에 해당하는 대지주인 젠트리였다. 그들은 지방에서는 치안판사로서 지방행정을 장악하고, 중앙 무대에서는 하원을 지배했다. 당연직 상원의원인 작위 귀족은 1790년에 220명이었다. 그리하여

18세기 영국의 통치 체제는 형식적으로는 입헌군주정이었지만, 실제적으로는 과두정이었다. 그래서 17세기 중반 무렵에 그토록 역동적이었던 영국의 정치는 조지 2세 치세 말에 이르러 활력을 잃고 무기력해졌다.

정치적 안정을 바탕으로 경제적 번영을 이끌던 월폴은 1842년 수상직에서 물러났다. 그는 평화적 외교정책을 추구하여 상공업의 발전을 도모했으나, 이제 번영을 발판으로 좀 더 적극적이고 호전적인 팽창 정책을 바라는 세력이 늘어났다. 정치가 노老 윌리엄 피트Pitt, the Elder가 그런 세력의 대변자로 등장했다. 그는 해외 제국을 등한시하면서 하노버 문제에 몰두하려는 국왕에게 격렬하게 반대함으로써 의회에서 두각을 나타냈다. 피트는 수상이 되어 북아메리카에서 프랑스-인디언 전쟁을 승리로 이끌었다. 그는 식민제국의 눈부신 성장에 이바지했지만, 1761년 새 국왕 조지 3세에게 파직 당했다.

휘그와 토리의 두 정파는 아직도 느슨하게 결합한 조직으로서, 정파에의 충성은 이념적이기보다는 개인적인 것이었다. 그렇지만 정파의 결속력은 계속 강화되었다. 휘그는 조지 1세와 2세 치세기에 계속 정권을 장악했으나, 조지 3세(1760~1820)가 즉위하면서 권력은 토리에게 넘어갔다. 조지 3세는 영국에서 자랐고, 관심과 정서의 면에서 하노버인이기보다 영국인이었다. 그는 영국의 정치에 진정으로 관심을 가진 최초의 하노버왕조 왕이었으며, 또한 절대왕정의 확고한 신봉자였다. 그는 명목상의 군주에 만족하지 않고 국정에 적극적으로 참여하고자 했다. 그는 사실상 휘그 정객들의 꼭두각시였던 선대의 두 왕이 전혀 주장한 적이 없는 권력을 행사하면서, 토리가 권력을 장악하도록 도왔다. 토리당 각료들은 전에 월폴이 개발한 방법인 통 큰 뇌물과 관직 임명권을 이용하여 불과 몇 년 만에 휘그의 영향력을 무너뜨리고 정부 통제권을 장악했다. 1770년에 이르러 그들은 하원을 그들의 지지자로 채웠다.

조지 3세는 긴 치세의 초기에 의회에서 국왕의 역할을 확립하는 데, 그리고 군림만 하는 게 아니라 통치를 하는 데 꽤 성공했다. 그러나 북아메리카 식민지 정책의 실패와 미국 독립전쟁의 패배로 조지 3세의 적극적 국정 참여가 불신을

받게 되었다. 그러자 그는 1783년 노 피트의 아들 소少 피트Pitt the Younger(1759~
1806)를 수상으로 발탁했다. 24세 나이에 국정을 책임지게 된 피트는 상공업 계
층의 지지를 얻어 죽을 때까지 중간에 몇 년의 공백기를 빼고 거의 20년이나 나
라를 안정적으로 이끌면서 수상 제도와 내각제를 뿌리내리게 했다. 그는 프랑스
혁명이 일어나자 혁명의 국내 파급을 차단하면서 프랑스에 대항하는 대동맹을
조직하고 이끌었다. 한편 조지 3세는 간헐적으로 광증이 발작함으로써 국정을
수상에게 맡기게 되었고, 그리하여 국왕은 군림하되 통치하지 않는다는 선례가
더욱 굳어졌다.

영국: 18세기의 경제와 사회   18세기에 영국은 정부가 비교적 안정되고 보수
화해 가는 가운데 사회와 경제 분야에서는 활력이 넘쳐나고 있었다. 경작지가
확대되고 영농과 목축 방법이 개선되어 더 많은 식량 공급이 이루어졌다. 15세
기에 시작되었던 울타리 치기enclosure 운동이 18세기 후반기에 절정에 다다랐다.
중세 장원의 개방 경지와 공동지가 거의 없어지고, 토지 자산은 울타리나 도랑
으로 둘러싸였다. 울타리 치기로 더 많은 식량 생산이나 목양이 가능해졌다. 그
러나 울타리 치기로 인해 대규모 토지 겸병이 이루어지는 바람에, 영세 자영농
이나 소작농은 농업 노동자로 전락하거나 아니면 도시로 내몰렸다. 그리하여 울
타리 치기 운동으로 공업 발전을 위한 값싼 노동력이 양산되는 한편, 번영하는
대토지 소유자는 산업 투자를 위한 잉여자본을 축적할 수 있었다. 무역과 제조
업 역시 크게 확대되었다. 새 기술의 발명과 운송 수단의 개선에 힘입어 양모,
면직물, 비단, 석탄, 철, 도자기, 유리 등의 생산량이 치솟았다. 더 많은 은행과
로이드 보험회사를 비롯한 보험회사가 설립되어 이런 팽창을 도왔다. 그리하여
영국은 프랑스와의 전쟁에서 승리하여 최강의 식민제국이 되는 한편, 그와 동시
에 산업혁명을 위한 제반 기초를 다지고 있었다.

경제 발전과 더불어 사회가 큰 변화를 겪자, 많은 성직자와 지식인이 사회 비
판에 나서기 시작하면서 인도주의 운동이 활발하게 펼쳐졌다. 1736년에 마법

재판을 금지하는 법이 제정되어 마법 혐의로 사람을 처형하는 사악하고 비인도적인 관행이 끝을 맺었다. 18세기 인도주의 운동 가운데 가장 괄목할 만한 것은 노예제도 반대 운동이었다. 그 결과 영국은 1713년 에스파냐로부터 획득한 아메리카 노예무역권을 1750년에 포기했으며, 1772년에는 한 재판 판결을 통해 영국 국내에서 노예제도가 사실상 폐지되었다. 그러나 영국의 상업적 번영이 상당 정도 노예무역에 의존하고 있었기 때문에 노예무역을 폐지하는 것은 쉬운 일이 아니었다. 그 후 결의에 찬 노예제도 폐지 운동이 전개되었는데, 그 운동은 주로 국교회 복음주의파인 윌리엄 윌버퍼스Wilberforce(1759~1833)가 감리교도와 퀘이커교도 등의 도움을 받아 이끌었다. 그의 노력은 1807년에야 결실을 보아 마침내 영국의 노예무역이 종식되었다. 그러나 아직 영국 식민지에서 노예제 자체는 그대로 남아 있어서, 그와 동료들이 26년을 더 싸운 뒤에야 모든 식민지에서 노예제가 폐지되었다.

　18세기 정치 무대에서 영국과 프랑스의 가장 두드러진 차이점은 상층계급과 중간계급이 수행한 역할이었다. 영국에서 지방정부의 실제 업무는 대체로 주의 젠트리와 도시의 시민이 처리했으며, 중앙정부의 정책은 전반적으로 지주와 상인 계층의 이익을 반영했다. 그에 비해 프랑스의 정부 정책과 행정은 주로 궁정 패거리와 직업적 관료가 장악했는데, 이 두 집단은 모두 일반 백성과 접촉이 거의 없었다. 그리고 프랑스와 달리 영국에서는 귀족과 중간계급 간에 엄격한 장벽이 가로놓여 있지 않았다. 영국에서는 상업과 토지 소유 사이에 매우 긴밀한 연결 고리가 있었던바, 많은 사람이 무역에서 부를 쌓은 뒤 토지를 사서 젠트리로 신분 상승을 했다. 그리고 지주 귀족들은 상공업에 자본을 투자하고 경제활동에 활발하게 참여했다. 그런데 프랑스에서는 가문에 대한 긍지와 상업 활동에 대한 경멸이 귀족계급 사이에 훨씬 깊게 뿌리박혀 있었다. 상공업으로 자수성가한 사람이 선망의 귀족사회로 진입하는 일은 참으로 어려웠고, 어렵사리 진입에 성공한 사람은 서둘러 체면을 구기는 상공업 활동과의 고리를 끊어버렸다. 그 결과 프랑스 귀족계급은 사회에 기생하는 존재로 전락하는 경향이 있었다. 그들은 누리는 특권과 천박함으로 인해 지식인, 혹은 더 넓게는 중간계급의 질시와 공격의 표적이 되었다.

이러한 차이가 프랑스에서는 일어난 혁명이 영국에서는 일어나지 않은 한 요인이 되었다고 볼 수 있다. 그 요인에 영국 감리교의 사회적 영향을 추가할 수 있다. 18세기 말엽에 감리교가 불러일으킨 종교적 열정의 부흥으로 전통적 종교 조직이 새로운 사회 환경, 이를테면 대두하는 공업 도시에 적응할 수 있게 되었다. 감리교는 제도적 권위에의 복종과 직업에의 충실을 가르쳤을 뿐 아니라, 감리교의 주된 지지층인 노동계급의 에너지와 조직력을 종교에의 관심으로 돌리는 효과가 있었다. 더 나아가 일단 프랑스에서 혁명이 터지자, 많은 영국인의 마음속에서 애국심과 보수주의가 같은 것이 되었고, 또한 그것이 정치적 변화에 대한 강력한 제동장치 구실을 했다.

이베리아 왕국들과 스웨덴의 개혁　에스파냐의 카를로스 3세(1759~1788)는 계몽 전제군주였다. 가톨릭교회가 큰 힘을 휘두르는 가운데 그는 교회를 개혁의 장애로 여겼다. 그는 1767년에 포르투갈과 프랑스의 예를 따라 예수회를 왕국에서 쫓아냈다. 6년 뒤 오스트리아조차 예수회를 추방하자 교황은 예수회 교단을 폐지했다. 카를로스 3세는 여러 유능한 대신의 도움을 받아 중앙집권화를 강화하고, 방대한 영지를 기반으로 막강한 영향력을 행사하는 대귀족grandees의 권력을 축소하려고 애썼다. 그는 경제문제에 헌신한 최초의 에스파냐 통치자로서, 산업 장려·도로 건설·통화 개혁 등을 추진하는 한편, 곡물의 관세는 폐지하여 좀 더 자유로운 교역이 이루어지게 했다. 그리고 이전에는 카디스와 세비야에 한정되었던 아메리카 무역이 더 많은 항구에 개방되었다.

에스파냐는 유럽에서는 세력이 기울어지고 있었으나 해외에서의 역할은 아직도 인상적이었다. 에스파냐는 프랑스와 영국의 전쟁에서 매번 프랑스 편에 섰다. 에스파냐는 영국과는 식민지 경쟁을 벌이는 반면에, 프랑스와는 부르봉 왕가를 통해 혈연적 유대를 맺고 있었기 때문이다. 그 덕분에 에스파냐는 북아메리카에서 프랑스-인디언 전쟁이 끝난 뒤, 플로리다를 영국에 잃었으나 방대한 루이지애나를 프랑스로부터 보상받아 1801년까지 보유했다. 카를로스 3세는 아메리카 식민지에서도 개혁을 시행했다. 남북 아메리카에서 마드리드의 통제권을 강화하기 위해 행정구역을 개편하고, 고등교육을 확대하고, 예술과 문학을 장려하고, 이전에 예수회가 맡았던 일을 프란체스코 수도회가 수행하게 했다.

포르투갈에서는 폼발 후작Marquês de Pombal(1699~1782)의 주도로 개혁이 추진되었다. 폼발은 1750~1777년 사이에 나라를 이끌었는데, 1755년 대지진으로 리스본이 크게 파괴되자 그는 도시를 재건하고 재앙에서 살아남은 주민을 박애주의적 방식으로 도왔다. 그는 귀족과 교회의 특권과 싸웠고, 군대를 육성하고, 제조업과 교육을 장려하고, 특히 브라질과의 교역을 증진했다. 이웃 에스파냐와 달리 포르투갈은 친영국 정책을 취했는데, 이는 주로 남아메리카 영토를 두고 계속되는 에스파냐와의 분쟁에서 지지를 얻기 위해서였다. 폼발은 인종 간의 평등을 주장하고 브라질에서 백인과 원주민 간의 통혼을 권장했는데, 이는 에스파냐와 영국의 식민지에서 시행된 관행과는 매우 대조되는 일이었다. 전체적으로 볼때, 폼발의 체제는 포르투갈에 어느 정도 번영을 가져왔지만, 왕국의 쇠퇴를 막지는 못했다.

스칸디나비아에도 계몽 군주의 개혁이 있었다. 스웨덴의 구스타프 3세Gustav Ⅲ(1771~1792)는 자주 프랑스를 방문하고 여러 필로조프와 교류하면서 계몽사상에 감화되었다. 그는 귀족이 누리던 권력을 탈취하고, 고문을 폐지하는 등의 사법제도를 개혁했다. 그리고 그는 세금을 좀 더 공평하게 매기고, 교육을 개선하고, 종교적 관용을 시행하고, 언론의 자유를 보장했다. 그는 의욕적 개혁을 추진하면서 스웨덴의 중흥을 이끌었으나, 불행하게도 암살로 생을 마감했다.

3) 18세기의 국제적 갈등과 세력 균형의 재편

영국과 프랑스의 대결　　18세기가 지나가면서 유럽의 세력 균형은 크게 흔들렸다. 프로이센과 러시아뿐 아니라 오스트리아까지 대단한 군사적 잠재력을 확보했고, 저마다 폴란드와 오스만튀르크가 쇠퇴하면서 생긴 힘의 공백에 유혹을 느꼈다. 영국과 프랑스의 입장에서는 이들 가운데 어느 나라가 더 심각한 위협이며 경계 대상인가를 판단하기가 어려웠으며, 그래서 상황은 복잡해졌다. 게다가 영국과 프랑스가 해외 식민지 경쟁에 몰두함으로써 사태는 더욱 혼란스러웠다. 에스파냐와 포르투갈은 17세기에 쇠퇴했으며, 그 틈을 타서 영국과 더불어 식민제국을 건설했던 네덜란드는 18세기에 유럽 안에서의 전쟁으로 힘을 소진해 버렸다. 이제 궁극적으로 세계적 경제를 육성할 상업제국 건설은 영국과 프랑스의 몫이 되었는데, 그 때문에 두 나라는 치열한 경쟁에 내몰렸다. 미국혁명과 프랑스혁명 때의 전쟁을 포함하여 18세기의 주요 전쟁은 모두 이들 두 강대국이 벌인 대결의 일환이었다.

1730년경에 이르면 빠르게 부와 인구가 늘어나고 있는 프랑스와 영국이 식민지에 대한 야심 때문에 머지않아 충돌하리라는 것이 분명해졌다. 카리브해에서 프랑스의 설탕 생산이 영국을 능가한 한편, 프랑스의 노예무역상들이 위트레흐트 조약에서 영국이 얻은 에스파냐령 아메리카에 대한 노예무역 특권을 위협했다. 두 나라는 북아메리카에서 산발적으로 소소한 싸움을 벌였다. 지구의 반대쪽에서도 두 나라는 인도 남부의 군소 지배자들에 대한 영향력을 얻기 위해 다투었다.

두 나라의 충돌은 1739년 에스파냐령 아메리카에서의 영국 무역권에 대한 갈등으로 시작되었다. 젱킨스라는 영국 선장이 무역을 단속하기 위해 그의 배에 오른 에스파냐 관헌에게 귀를 잘렸다고 영국 의회에서 증언하고, 잘린 귀를 보여주었다. 에스파냐와 영국 사이에 이른바 '젱킨스의 귀의 전쟁War of Jenkins' Ear (1739~1748)'이 터졌고, 그러자 프랑스가 즉각 에스파냐를 지원했다.

오스트리아 왕위계승 전쟁　루이 14세가 죽은 뒤 1740년까지 유럽은 대체로 평화를 유지했다. 그러나 프로이센의 프리드리히 2세가 즉위 첫해에 오스트리아의 영토인 슐레지엔을 점령함으로써 그 평화가 깨어졌다. 신성로마제국 황제 카를 6세가 남자 후사가 없어서 딸 마리아 테레지아에게 제국을 물려주었는데, 상속에 대한 논란을 우려한 그는 사전에 열강으로부터 그의 상속 칙령을 존중한다는 약속을 문서로 얻어냈다. 그러나 프리드리히 2세는 그런 약속을 무시하고 카를 6세가 죽자 즉각 군대를 파견하여 프로이센의 상속 몫으로 슐레지엔을 차지해 버린 것이다. 프리드리히의 이런 행동은 오스트리아 왕위계승 전쟁 Österreichischer Erbfolgekrieg(1740~1748)을 불러일으켰다.

그런데 '왕위계승'이란 번역어는 사실 법적으로 정확한 용어가 아니다. 오스트리아는 왕국이 아니라 대공국이었으며, 당연히 오스트리아 왕위라는 것은 없었다. 마리아 테레지아가 상속받은 것은 오스트리아 대공국과 헝가리왕국 그리고 보헤미아왕국 등 합스부르크가의 영토였다. 그녀는 여성의 왕위계승을 금지하는 프랑크족의 옛 살리 법전Lex Salica에 따라 신성로마제국 황제에 '선출'되지는 못했으며, 정적인 바이에른 선제후가 제위를 차지하여 카를 7세(1742~1745)가 되었다. 다만 그녀는 1745년 카를 7세가 죽은 뒤 남편이 황제 프란츠 1세Franz I (1745~1765)로 선출되게 하는 데는 성공했다.

전쟁이 일어나자 오스트리아의 오랜 적국인 프랑스가 에스파냐와 작센 그리고 바이에른과 함께 프로이센과 한패가 되었다. 그러자 프랑스가 대륙에서 패권을 장악할 것을 두려워한 영국이 네덜란드 및 하노버와 동맹을 맺은 데 이어 1742년 오스트리아와 손을 잡았다. 그리하여 전쟁은 곧장 세계적 규모로 번졌다. 프로이센은 1745년에 이르러 오스트리아를 거의 제압했으나, 전투는 해외의 북아메리카와 인도에서 1748년까지 이어졌다. 이 해에 전쟁에 지친 모든 참전국이 엑스라샤펠Aix-la-Chapelle 조약을 맺어, 슐레지엔을 제외하고 모든 점령지를 반환하기로 하고 전쟁을 종결지었다. 마리아 테레지아는 합스부르크가의 상속권을 국제적으로 인정받았다. 그러나 프로이센은 슐레지엔 반환을 거부함으로써 새로운 전쟁의 불씨를 남겨놓았다.

엑스라샤펠의 합의는 결과적으로 평화를 가져온 것이 아니라 단지 8년의 짧은 휴전을 낳았을 뿐이었다. 그 기간에 영국과 프랑스는 장기적 싸움을 위한 준비를 했다. 복수의 의지를 불태운 마리아 테레지아는 러시아의 엘리자베타 여제와 대(對)프로이센 동맹을 맺고, 또한 스웨덴과 몇몇 독일 국가도 이 동맹에 끌어들였다. 그러나 테레지아의 최대 성공은 무엇보다 합스부르크가의 수백 년 적성국가인 프랑스와 동맹을 맺은 일이었다. 프랑스가 오스트리아의 손을 잡은 것은 동맹국 프로이센의 성공에 불안을 느꼈기 때문이다. 이때 맺은 오스트리아와 프랑스의 우호는 1770년 테레지아의 딸 마리 앙투아네트와 장차의 루이 16세의 결혼으로 이어졌다. 이제 프로이센은 대륙에서 사실상 고립되었는데, 오랜 동맹인 오스트리아가 적국 프랑스와 손을 잡자 영국 역시 외톨이가 되었다. 그래서 외로운 두 나라가 동맹을 맺었다. 오랜 동맹 상대를 서로 교환한 1756년의 이 유명한 '외교 혁명'은 괄목할 만한 또 하나의 세력 균형의 시도였다.

7년전쟁   1756년 오스트리아가 프랑스 및 러시아와 함께 프로이센을 공격함으로써 7년전쟁의 포문을 열었다. 프로이센은 개전 초기에 유럽 최강을 자랑하는 군대로 기선을 제압했으나, 세 강대국을 상대로 궁극적 승리를 거두기는 거의 불가능한 일이었다. 동맹국인 영국은 유럽에서는 대체로 프로이센을 재정적으로 지원하는 데 그치고, 주된 노력은 해외 식민지에서 프랑스와 싸우는 데 집중했다. 그래서 프로이센은 오스트리아, 프랑스, 러시아, 스웨덴, 그리고 작센을 비롯한 대다수 독일 국가 등의 거대한 동맹에 둘러싸여 사방에서 공격을 받고 여러 차례 붕괴의 벼랑 끝에 내몰렸다. 프로이센은 수도 베를린이 두 번이나 오스트리아와 러시아의 군대에 침입을 당하고, 왕국 전역이 전쟁터가 되는 엄청난 고통을 겪으면서 6년을 버텼다. 프로이센을 절체절명의 위기에서 구한 것은 그야말로 행운의 여신이었다. 1761년 러시아의 엘리자베타 여제가 갑자기 죽고, 프리드리히 2세 예찬자인 새 차르 표트르 3세가 프리드리히와 단독으로 강화를 맺고 전쟁에서 빠져나간 것이다. 그러자 스웨덴도 동맹을 떠났고, 영국과 프랑스도 전쟁에 지쳤다. 그리하여 1763년에 모든 교전국 간에 강화가 체결되었다.

프로이센이 유럽에서 세 강대국을 상대로 고군분투하는 사이, 영국과 프랑스는 북아메리카와 인도에서 격렬하게 싸웠다. 1688년 아우크스부르크 동맹 전쟁 이후 전쟁이 터질 때마다 프랑스와 영국은 매번 반대편에 서서 싸웠는데, 그 결정적 전쟁이 7년전쟁이었다. 북아메리카에서 프랑스는 오하이오Ohio 계곡으로 몰려들기 시작하는 영국인에 대비하여 점령지를 요새화하고 인디언 부족들과 동맹을 체결했다. 그래서 미국 역사에서는 이 전쟁을 프랑스-인디언 전쟁French and Indian War이라 부르는데, 이 전쟁은 7년전쟁보다 2년 전에 이미 시작되었다. 이 전쟁에서 프랑스가 패함으로써 북아메리카에서 벌어진 프랑스와 영국의 오랜 식민지 쟁탈전은 영국의 승리로 끝났다. 인도에서는 군사적 천재 로버트 클라이브Clive가 등장하여 인도에서 영국의 패권을 확립했다. 영국 동인도회사 소속인 클라이브는 1757년 플라시Plassey 전투에서 약 3000명의 소부대로 열 배가 넘는 프랑스와 벵골Bengal 태수의 군대를 쳐부수었다. 남인도의 퐁디셰리가 프랑스의 핵심 거점으로 남아 있었으나, 이로써 인도는 사실상 영국의 독무대가 되었다.

유럽에서의 전쟁을 종결한 후베르투스부르크Hubertusburg(1763) 조약은 프로이센과 러시아의 강대국 지위를 확인하고, 동유럽에서 새 외교 질서를 마련했다. 모든 점령지가 반환되었으나, 프로이센은 슐레지엔을 지키고 엄청난 위세를 얻었다. 러시아는 별다른 승리를 거두지 않고도 표트르 1세 때 얻은 군사적 명성을 되찾았다. 오스트리아는 위신이 깎이고 군사적 위세를 잃었지만, 명성은 그럭저럭 유지했다. 그리하여 1763년 이후 중부 및 동부 유럽의 프로이센·오스트리아·러시아와 서유럽의 프랑스·영국이 유럽 5대 강국으로 우뚝 섰고, 이 대열은 1918년까지 그대로 유지되었다. 18세기 후반기의 진정한 패자는 오스만튀르크와 폴란드였다. 폴란드는 1772년 영토의 상당 부분을 동유럽 3대 강국에 빼앗겼으며, 1790년대에 일어난 두 차례의 추가 분할로 지도에서 완전히 지워졌다. 한편 오스만튀르크는 크림반도와 우크라이나를 러시아에 빼앗겼다.

7년전쟁이 유럽에 미친 영향보다 훨씬 더 중요한 것은 영국과 프랑스의 식민지 경쟁에 미친 영향이었다. 프랑스-인디언 전쟁을 끝낸 파리 강화로 영국은 위트레흐트 조약에서 얻은 것보다 더 많은 것을 얻은 데 비해, 프랑스는 식민제국의 희망이 거의 무너졌다. 프랑스는 미시시피강과 애팔래치아Appalachia산맥 사이의 광활한 땅과 세인트로렌스 계곡 일대를 영국에게 잃었다. 프랑스의 동맹 에스파냐 역시 영국에 플로리다를 양도하고, 그 대신 프랑스로부터 루이지애나를 보상받았다. 프랑스는 서인도제도의 섬들도 대부분 영국에 넘겼다. 그리고 프랑스는 인도에서 퐁디셰리를 비롯한 몇몇 교역 기지를 지키기는 했으나, 그것을 요새화하거나 지역 지배자들과 정치적 유대를 유지하는 것은 금지당했다. 한편 영국 동인도회사는 인도에서 벵골 지배를 공고히 하고, 콜카타Kolkata를 둘러싼 지역에서 세금을 징수할 권리를 얻었다. 파리 조약으로 영국과 프랑스의 식민지 경쟁은 사실상 끝났다. 영국은 북아메리카와 인도에서 프랑스를 밀어내고 세계에서 제일 크고, 가장 부유하고, 가장 강력한 제국을 건설하게 되었다.

유럽의 해외 개척 활동　　18세기에 유럽인들은 세계 구석구석을 탐험하고, 이주민을 보내고, 지배 영역을 확장했다. 더 나은 교역로의 탐색, 원료 확보와 교역 증대의 욕망, 더 많은 식민지에의 탐욕, 과학적 호기심 등이 기독교 전파의 열정과 어울려 이 운동에 동기를 부여했다. 그리고 개선된 해운과 더욱 정확해진 항해 도구 덕분에 해외 개척은 더욱 촉진되었다.

　러시아인들은 시베리아 북부 해안 지역을 탐사했다. 표트르 대제가 파견한 덴마크인 비투스 베링Vitus Bering(1680~1741)은 북태평양의 아시아와 아메리카 해안을 탐험했다. 그는 알래스카와 시베리아 사이의 베링 해협을 발견하고, 러시아의 모피 상인이 알래스카로 침투할 길을 닦아놓았다. 덴마크인들이 그린란드에 식민지를 건설하는 동안, 영국인들은 지구 여러 곳으로 뻗어 나갔다. 그들은 인도와 북아메리카에서 프랑스인을 몰아내고, 남부 페르시아로 상업적 침투를 개시했다. 지리적 탐험의 관점에서 아주 성공적이었던 것은 제임스 쿠크Cook(1728~1778) 선장의 세 차례에 걸친 남태평양 항해(1768~1779)였다. 그때 쿠크 선장은 있으리라 짐작되어 온 거대한 남극 대륙이 존재하지 않음을 증명하고, 오스트레일리아와 뉴질랜드 및 다른 태평양 여러 섬의 해안 지도를 그렸다. 그 결과 영국은 오스트레일리아와 뉴질랜드를 차지했고, 1788년 시드니Sydney에 첫 정착촌을 건설하기 시작했다.

남북 아메리카에서도 유럽인의 정착지가 많이 늘어났다. 에스파냐 선교사들이 상캘리포니아Upper California로 침투하여 해안을 따라 선교구를 설립하고, 1776년 샌프란시스코를 건설했다. 남아메리카에서 에스파냐의 식민은 라플라타강 Río de la Plata 이남 지역에 집중되었는데, 이곳은 나중에 아르헨티나가 되었다. 한편 영국의 13식민지는 앨러게니Allegheny산맥과 미시시피강 사이의 지역으로 침투하기 시작했다.

유럽인의 아프리카와 아시아로의 팽창은 상대적으로 덜 장엄했다. 네덜란드인들은 케이프타운Cape Town의 식민지에서 조금씩 내륙으로 들어갔다. 흥성과 쇠퇴를 오가는 페르시아는 외세, 특히 러시아와 영국의 침투에 노출되었다. 중국과의 상업적 접촉은 여전히 제한적이어서 광둥 항만 유럽 상인에게 개방되었다. 그러나 문화 측면에서는 청나라와 유럽 간에 상당한 교류가 있었다. 예수회 선교사들은 중국에 유럽의 과학과 기술을 전해주는 한편, 돌아오는 선교사와 상인들이 중국의 사상과 제도를 유럽에 소개했다. 중국 문화는 유럽 지식인들의 상상력을 사로잡았다. 볼테르 같은 계몽사상가는 유교의 가르침을 찬양하고, 중국에서는 유가와 같은 지적 엘리트가 통치하는 체제가 잘 작동하고 있다고 주장했다. 로코코 미술 역시 중국의 미학적 문양의 영향을 받았다. 파리와 런던의 부호들은 중국의 자기와 옻칠 가구 혹은 족자로 저택 실내를 장식했다. 중국식 탑과 정원이 복제되고 그림자놀이가 대중화했다. 중국은 그리하여 유럽 계몽주의에 큰 영향을 주었다.

3. 사회 변화와 경제 발전

1) 사회 변화

사회의 계층 구조   중세 때 확립된 유럽의 사회구조는 18세기까지도 존속했다. 사회적 지위는 여전히 부와 경제적 능력보다는 주로 세습된 신분에 따라 결정되었다. 계몽사상가들이 특권에 기초한 불변의 사회질서는 사회 진보에 장애가 된다고 주장하면서 이 전통적 신분 구조를 공격했으나, 그것은 쉽게 사라지지 않았다. 서로 다른 사회 집단은 유럽 곳곳에서 구별되는 전통 복장으로 쉽게 식별되었다.

유럽 구체제의 최상층에는 공식적 지배계급인 성직자와 귀족이 있었다. 이 두 특권계급은 모두 합해서 유럽 전 인구의 2~3%에 불과했으며, 그들 중에서도 진짜 부와 권력을 누린 특권층은 5000 가문 정도에 지나지 않았다. 귀족은 면세 특권을 비롯한 온갖 특권을 누렸으며, 군대와 정부의 고위직도 독점하다시피 했다. 특히 프로이센 같은 몇몇 나라에서 관료 기구는 귀족적 가치를 반영했다. 게다가 귀족은 거의 모든 나라에서 지방의 삶을 통제하는 한편, 중부와 동부 유럽의 귀족들은 농노에 대해 절대적 지배권을 행사했다. 귀족의 권리는 흔히 토지에 딸린 것이었으며, 따라서 토지 매입이 귀족사회로 진입하는 길이 될 수도 있었다. 그리고 정부 관직의 획득 역시 종종 귀족의 지위를 얻는 수단이 되었다.

프랑스는 18세기 귀족 체제의 전형을 보여주었다. 교회는 나라 전체 토지의 약 10%를 보유하면서 막대한 수입을 거두어들였다. 그 돈의 일부는 교육이나 자선 혹은 사회사업 등에 쓰였으나, 그 대부분은 10만 명 남짓의 성직자 중 1할쯤의 고위 성직자, 특히 123명의 주교와 28명의 대주교의 수중에 들어갔다. 몇몇 고위 성직자의 수입은 말단 성직자의 1만 배에 달했다. 귀족은 인구가 40만 명 가까이 되었는데, 그 가운데 1000 가문쯤만이 베르사유와 연이 닿아 이런저런 직책을 얻었다. 귀족들은 각종 사회적 특권을, 특히 면세 혜택을 누렸다. 그리고 그들은 토지의 25%가량을 보유하면서 소작농으로부터 수많은 관습적 지대를 징수했다. 그들 중 많은 사람은 작위나 관직을 사서 귀족이 된 이른바 법복 귀족이었다.

특권 귀족의 아래에 있는 평민은 법적 차별을 받고, 각종 세금을 부담했다. 그들 중 80~85%는 농민이었는데, 농민들 간에는 지역에 따라 폭넓은 차이가 있었다. 가장 중요한 구분은 법적으로 자유로운 농민과 그렇지 못한 농노였다. 영국, 북부 이탈리아, 저지방, 에스파냐, 프랑스의 대부분 지역, 서부 독일의 일부 지역의 농민은 자유농민이었다. 그러나 법적으로 자유롭다고 해서 그 농민이 봉건적 부담에서 완전히 벗어난 것은 아니었다. 서유럽의 소토지 소유 농민이나 임차농 역시 각종 부담에서 벗어나지 못했다. 지방 귀족들은 중세 이래의 영주권을 그대로 보유하고 있어서, 농민들은 그들이 설치한 제분소와 빵 굽는 화덕 혹은 포도 압착기를 이용하고 사용료를 내야 했다. 그리고 에스파냐의 안달루시아, 포르투갈, 남부 이탈리아, 시칠리아의 일부 자유농민은 러시아와 동부 독일의 농노보다 더 절망적인 빈곤 속에서 살았다.

도시 거주민은 네덜란드와 영국 그리고 이탈리아 일부 지역을 제외하면 18세기에도 여전히 아주 소수였다. 프랑스에서는 18세기가 끝날 무렵에도 여섯 명 중 한 명만이 인구 2000명 이상의 도시에서 살았다. 그때 유럽 최대 도시 런던은 인구가 100만 명쯤이었으며, 파리는 55만 명 남짓이었다. 인구 10만 이상의 도시는 12개국에 20개쯤 있었는데, 나폴리, 리스본, 모스크바, 상트페테르부르크, 빈, 암스테르담, 베를린, 로마, 마드리드 등이 그러했다. 도시의 최상층부는 도시 지배권을 장악한 소수의 대상인과 금융업자가 차지했다. 그 밑으로는 중간계급의 상층인 관직 보유자, 은행가, 상인, 부유한 임대 소득자, 법률가를 포함한 중요한 전문직 등이 있었다. 이들 아래로 수공업자와 상점주 등의 소부르주아지 혹은 중간계급 하층이 자리했으며, 도시 사회의 밑바닥에는 간신히 생존을 유지하는 궁핍한 노동 대중이 있었다.

도시 인구의 20~40%를 차지하는 이들 빈민은 대부분 농촌 빈곤의 산물이었다. 인구가 증가하면서 농산물 가격이 오르자, 귀족들이 농민을 쥐어짜서 더 큰 이윤을 얻으려 했다. 특히 대륙에서 일부 귀족은 옛 장원의 영주권을 되살리고 강화하는 한편, 다른 귀족은 정반대로 농민의 중세적 권리를 제거하고 임금노동 으로 그들의 영지를 경작했다. 어느 쪽이든 농민은 삶의 막다른 길로 내몰렸고, 결국 그들 중 많은 사람이 도시로 흘러들어 가서 도시 빈민층을 형성했다. 그 과 정에서 일부 사람들은 빈민 수용시설에 수용되기도 했다. 빈민 부랑자를 통제하 기 위해 영국에서는 교구 구빈원, 프랑스에서는 걸인 수용소를 운영했다. 18세 기 말엽에 영국의 구빈원에는 대략 10만 명이, 프랑스 걸인 수용소에는 23만 명 이 수용되어 있었다.

가족과 결혼　　가족은 여전히 사회 조직의 기본단위로 기능했다. 사람들은 전 통적 관념대로 가족을 남편이 아내와 자녀를 지배하는 가부장적 제도로 생각했 다. 특히 상층계급은 가족을 구성원 개인의 이익보다 집단적 이익이 더 중요한 공동체로 여겼다. 부모, 특히 아버지는 여전히 가족의 이해관계를 고려해서 자 녀의 배우자를 선택했다. 18세기 사회는 여성에게 특히 억압적이었으며, 그들 의 전반적 상황은 오히려 뒷걸음쳤다. 상류사회 여성은 어느 정도 처지가 나아 지기는 했으나, 대두하는 자본주의 안에서 모든 여성은 일할 기회가 줄어들었 다. 여성은 남성보다 평균 5년 정도 일찍 죽었는데, 이는 특히 20%에 이르는 높 은 출산 사망률 탓이 컸다.

　신혼부부는 대체로 독립 가구를 꾸렸다. 이미 중세 때 시작된 이 핵가족은 특 히 서북유럽에서 일반적 형태가 되었다. 자신의 독자적 가구를 꾸리는 데 필요 한 자금을 모으기 위해 일반 평민은 매우 늦게 결혼을 했는데, 서북유럽에서 평 균 결혼 연령은 남자가 27~28세, 여자는 25~27세였다. 만혼으로 출산율이 제한 되었다. 출산은 대체로 자연현상에 따라 통제된 것으로 보인다. 신혼부부는 결 혼 1년 안에 첫아이를 낳고, 이후 두세 살 터울로 아이를 낳아 가족 평균 자녀 수는 다섯 명 정도였다.

출산율은 인구 증가의 중요 변수로 보였는데, 그러나 그 가능성은 제한적이었다. 15~44세의 가임 여성 절반쯤이 결혼하지 않았기 때문이다. 게다가 18세기 말엽에 이르러 특히 프랑스와 영국의 상류계급 사이에 자녀 수를 제한하기 위해 인위적 산아제한이 이루어졌는데, 질외사정이 당시에 가장 흔히 쓰인 산아제한 방법이었다. 프랑스 귀족계급의 경우, 자녀의 수가 17세기 후반에 평균 여섯 명에서 18세기 전반에 세 명으로, 그리고 18세기 후반에는 두 명으로 줄었다. 이런 수치는 귀족이 다른 계층 사람들보다 더 이른 나이에 결혼한다는 점을 고려하면 더욱 의미가 크다.

비효율적 행정   행정의 비효율성은 다양한 형태가 있었다. 아직도 각국의 법체제는 다양한 지역 관습과 봉건적 유습 그리고 국왕 칙령의 복잡한 혼합물이었다. 도량형뿐 아니라 화폐도 때로는 한 나라 안에서 이웃 지방 간에 서로 달랐다. 정부 기구의 권한도 중복되어 행정과 재판에서 혼선이 일어났다. 이러한 일반적 상황은 프랑스에서 가장 잘 드러났다. 매관매직이 세입의 주요 원천일 정도로 성행했으며, 민의의 반영이라는 면에서 영국 의회에 비교할 만한 기구가 없었다. 신분회가 마지막으로 소집된 것이 1614년의 일이었다. 정부는 예산안도, 세부 회계도, 과세액 사정의 표준도 없이 주먹구구식으로 예산을 운용했다. 지역마다 법체계가 달라 지방정부는 더욱 혼란스러웠다.

18세기 유럽 군주들은 사치스러운 궁정 생활로 너나없이 부채에 시달렸는데, 특히 어마어마하게 늘어나는 군사비 때문에 재정적 어려움이 더욱 가중되었다. 부채는 상업적으로 가장 앞선 영국에서도 심각한 문제였다. 1700년 영국의 국가 부채는 1300만 파운드였는데, 프랑스와의 식민지 쟁탈전 등으로 부채는 기하급수적으로 치솟아 1782년에는 2억 3200만 파운드가 되었다. 경제적으로 번영하던 영국은 이 엄청난 짐을 어느 정도 감당할 수 있었으나, 프랑스는 훨씬 더 심각했다. 루이 14세의 잦은 전쟁으로 상황이 매우 나빠진 프랑스는 1720년대와 1730년대에 플뢰리의 평화적 외교정책과 군사비 삭감으로 재정적 재앙을 피했다. 그러나 1742년 이후 프랑스는 주요 전쟁을 연거푸 치르느라 적자가 착실히 불어났다. 1780년 프랑스는 세입의 절반 이상을 이자 갚는 데 써야 했으며, 전체 지출은 수입을 훨씬 초과했다. 프랑스는 1715~1785년 사이에 세금이 세 배나 늘었다. 그에 따른 평민의 과중한 세금 부담은 프랑스 구체제에 가장 심각한 위협이 되었다.

구체제에의 위협   위기에 내몰린 농민들은 생존에의 위협에 봉기로 맞섰다. 18세기 유럽에서 73회의 농민반란이 일어났다. 그중 가장 유명한 것은 러시아의 푸가초프 반란이었다. 도시 노동자는 보통 농민보다 더 공격적이었다. 저임금과 주기적 실업으로 고통받는 그들은 자주 폭동을 일으켰으며, 특히 런던과 파리가 그러했다. 그러나 그런 폭동은 그냥 폭동에 그쳤을 뿐 정치적으로는 별 의미가 없었다. 노동자들은 때로 조직화했으나, 그 조직은 허약했고 지도력을 갖추지 못했다.

구체제에 대해 좀 더 위협적인 것은 중간계급이었다. 그들은 구체제의 결함을 잘 알고 있었으며, 정치적으로 좀 더 공격적이었다. 그들은 정부에 돈을 빌려주고 무거운 세금을 부담했으나, 정치권력에서는 배제되었다. 프랑스에서도 영국에서도 중간계급은 부를 가졌으나 그에 걸맞은 정치적 발언권은 갖지 못했으며, 능력은 있으나 사회적 인정은 받지 못했다. 그들의 불만은 끔찍한 고통보다는 주로 기대가 충족되지 못한 데서 나왔다. 한동안 그들은 토지와 관직의 매수, 상층 신분과의 결혼, 사회적 기여에의 보상 등 여러 경로로 신분을 상승시킬 수 있었다. 신분 상승의 기회가 열려 있는 한, 계층 이동은 개인의 노력과 경쟁의 문제였다. 그러나 차츰 구체제가 고착되고 상층부의 자리는 한정되었다. 그런데 더 많은 중간계급이 사회적 사다리를 기어오르려 할 때, 바로 그 지점에서 야심에 찬 중간계급 탈락자는 그 체제에 위험한 적대자가 되었다.

이들 못지않게 군주정 체제에 위협적인 존재는 체제 내부의 귀족이었다. 유럽 여러 나라의 귀족들은 구체제가 흔들리는 가운데 특권적 지위를 유지하기 위해, 혹은 더 많은 부와 권력을 가질 욕망으로 변화에 완강하게 저항했다. 그들은 자신에게 세금을 부과할지 모를 개혁을 두려워했으며, 중간계급의 영향력에 맞서 싸우려 했다.

2) 경제 발전

상업자본주의의 성장　18세기의 사회는 변화의 속도가 너무나 빨라 그 과정 자체가 특이한 현상으로 느껴졌다. 그 변화의 일차적 요인은 활력이 넘치는 자본주의 경제였다. 인구 증가로 시장이 팽창했으며, 천문학적 수준에 이른 정부의 상품 수요 또한 상공업의 발달에 촉진제 역할을 했다. 전에 없이 방대한 규모의 군대는 산더미 같은 식량과 의복 그리고 무기의 수요를 낳은 것이다. 브라질에서 금광과 다이아몬드광이 발견되어 유럽의 물가 상승을 자극하고, 1730년대 이후 유럽 기업을 고무했다. 물가가 오르자 노동자들은 생활비의 압박을 받고, 고정된 지대를 받는 귀족이나 지주들 역시 어려움을 겪었다. 그러나 자본주의적 투자자들은 물가 상승의 득을 톡톡히 보았다.

유럽 경제 번영의 가장 분명한 지표는 국제무역이었다. 서유럽과 동유럽 간의 무역이 착실하게 증가했을 뿐만 아니라, 동방과의 무역은 규모가 더욱 커서 오스트리아와 프로이센에서도 영국과 네덜란드의 동인도회사를 본뜬 회사가 설립되었다. 18세기 초엽만 하더라도 대양 무역보다는 유럽에서의 역내 교역이 훨씬 큰 비중을 차지했다. 그러나 대양 무역이 빠르게 증가하는 데 비해 유럽 역내 무역은 상대적으로 조금씩 늘어날 뿐이었다. 프랑스의 경우 1716년 유럽 역내 수출은 전체 수출의 75%였는데, 1789년에는 50%로 줄어들었다. 그 대신 대양 무역이 대륙을 서로 연동하면서 빠르게 발달했다. 예를 들자면, 영국 상선이 영국 공산품을 아프리카에 수출하고, 거기서 공산품과 교환한 노예를 서인도나 버지니아로 운송했으며, 그곳에서 노예는 경매에 부쳐졌다. 영국의 배는 그런 다음 아메리카에서 설탕과 담배, 기타 고가 상품을 싣고 유럽으로 돌아왔다.

중상주의 정책과 밀무역   기업이 번창하면서 중상주의 체제가 흔들렸다. 18세기 군주들은 중상주의적 규제를 시행하는 데 많은 어려움에 부딪혔다. 17세기에 상인과 은행가들은 가톨릭교회 및 봉건귀족과 싸우는 데 국왕과 이해관계가 맞았기 때문에 중상주의 정책을 받아들였다. 그러나 경제력이 커지고 이윤을 얻을 기회가 많아지면서 자본가들은 국가의 통제가 성가시게 느껴졌고, 할 수 있는 한 국가가 설정한 법적 한계를 벗어나고 싶어 했다.

18세기에 중상주의 정책의 발전과 성공은 동부와 서부 사이에 큰 차이가 있었다. 프로이센과 러시아에서 경제 개혁은 국가 통제를 통해 이루어졌고, 비교적 좋은 성과를 거두었다. 정부가 서유럽에서 수입한 수공업자들은 그 두 나라에서 경제를 발전시키는 데 크게 이바지했다. 그러나 프랑스에서는 정부의 제조업 규제가 엄청난 저항을 불러일으키기도 했다. 1770년 날염 옥양목의 가내수공업 생산을 중단시키려 한 정책이 그 대표적인 사례이다. 그러자 옥양목 날염업자들이 격렬하게 반발했고, 뒤따른 처형으로 1만 6000명 이상이 죽었다.

중상주의 정책은 국내 공업 분야보다는 해외 무역에서 더 큰 어려움에 빠졌다. 엄청난 이윤을 보장하는 무역의 통제는 광범한 밀무역을 부추겼다. 어떤 정부도 이를 효과적으로 단속할 해군력이나 다른 수단을 갖지 못했다. 게다가 무역을 규제할 기관이나 관리가 부패해서 단속이 제대로 이루어지지 못했다. 그리하여 불법적 무역이 취약한 규제망을 뚫고 성행했으며, 복잡한 상업 관련법을 무력화했다. 사실상 유럽 대륙 모든 해안이 밀수업자들로 북적거렸다.

영국은 프랑스나 에스파냐보다 밀무역을 좀 더 성공적으로 통제했지만, 단속 활동으로 거두는 세입 효과보다는 드는 비용이 오히려 더 많았다. 18세기 후반에 영국 정부는 아메리카 식민지의 무역을 더욱 엄격하게 통제했다. 중상주의적 정책이 강화되자 밀수업자들이 영국 해안을 거의 접수하다시피 했다. 밀무역은 아메리카 식민지에서는 거대 사업이었으며, 18세기에 합법적 무역을 넘어섰다. 1750년 보스턴 무역의 절반은 영국의 법을 어겼고, 1770년 이전에 영국 식민지 전체에서 소비된 차의 80%는 관세 없이 수입되었다. 담배 또한 상당한 양이 영국에 불법적으로 운송되었다.

밀무역과 긴밀하게 결부된 또 다른 불법적 사업은 해적질이었다. 해적질 역시 중상주의 정책으로 인해 부추겨졌다. 17세기에 서인도제도에서 성장한 해적 단들은 18세기에 들어서서 서부 잉글랜드에서 밀수업자와 서로 협력했다. 18세기에 영국 해군이 카리브 해적단을 소탕할 때까지 해적질은 노예무역 및 밀무역과 더불어 이윤 두둑한 해양사업으로 번창했다.

농업의 발달   인구 증가로 식량 수요가 늘어나자 농업에의 관심이 부쩍 높아졌다. 농업의 붐은 영국에서 가장 전형적으로 일어났지만, 프랑스 일부 지방과 저지방 그리고 프로이센 등 여러 나라에서도 일어났다. 그에 따라 자본이 농업에 투입되고, 영농 방법과 기술이 개량되었다. 어디서든 자본주의적 농업은 효율성과 이윤을 강조했고, 농촌 공동체의 전통적인 협업이나 예속 노동과는 들어맞지 않는 영농 방식을 요구했다. 그래서 영농 기술의 혁신은 옛 장원의 규제가 무너진 지역에서 가능한 일이었는데, 따라서 일찍이 장원제가 소멸한 영국이 그 혁신의 주역이 되었다.

영국에서는 특히 네 명의 인사가 영농 방법의 개량에 앞장섰다. 제스로 털 Jethro Tull(1674~1741)은 파종기를 발명했으며, 찰스 타운전드Charles Townsend(1674~1738) 자작은 흙에 석회를 섞고 순무와 클로버를 곡물과 돌려짓기하는 농법을 도입했다. 이 농법은 16세기에 네덜란드에서 처음 개발된 것인데, 타운전드가 노퍽크 지방에서 강력하게 권장하여 전국으로 보급했다. 타운전드의 농법은 지력을 회복하는 데 탁월한 효과가 있었다. 순무와 클로버 혹은 자주개자리alfalfa 같은 콩과 식물은 뿌리에 군생하는 박테리아 활동으로 토양의 질소 함유량과 비옥도를 높일 수 있었다. 그 결과 토지 일부를 놀리는 중세의 삼포제 농법이 폐기되었으며, 이는 곧 경작지 증가의 효과를 가져왔다. 새 작물은 지력을 회복해 주었을 뿐만 아니라, 가축의 겨울철 사료로도 쓰였다. 그리하여 농민은 일 년 내내 가축을 기를 수 있게 되었으며, 또한 더 많은 가축으로 얻은 똥거름을 지력을 유지하는 데 이용할 수 있었다.

한편 로버트 베이크웰Bakewell(1725~1795)은 교잡육종법을 통해 가축의 크기를 획기적으로 키우고, 젖소의 우유 생산량을 크게 늘렸다. 그리하여 1700년께 평균 무게가 170kg에 불과하던 황소가 1786년에는 380kg이나 되었다. 품종 개량으로 육류 공급의 양만 늘어난 게 아니었다. 역축의 크기와 힘이 엄청나게 커진데다가 새 사료 작물로 겨울에도 계속 사육할 수 있게 됨으로써, 쟁기질 방식에도 변화가 생겼다. 중세에는 여러 농가의 역축을 모아야 할 수 있던 쟁기질이 이제 한 농가 단독으로도 가능해졌기 때문이다. 소뿐만 아니라 돼지, 양, 닭 등도 육종이 진행되었다. 오늘날 널리 알려진 가축 품종 중 상당수가 이때 육종한 것이다. 그리고 아서 영Arthur Young(1741~1820)은 열정적인 신농법 전파자로서, 유럽 곳곳을 돌아다니면서 새로운 영농 기술을 널리 선전했다. 이들이 이룩한 농업 근대화로 생산성이 뚜렷하게 향상하고, 이로 인해 팽창하는 인구의 부양이 가능해졌다.

식량 증산에는 아메리카에서 수입된 감자와 옥수수 같은 작물도 한몫했다. 그것들은 1700년 이전에는 대량으로 재배되지 않았지만, 18세기에 들어와 널리 재배되었다. 감자는 독일과 저지방, 그리고 특히 아일랜드에서 기본 식품이 되었다. 아일랜드는 영국인 지주의 압박으로 수많은 농민이 한 뙈기의 한계지 marginal land에 의존해 생계를 이어가야 했던 곳이었다. 감자는 비교적 적은 노력으로 많은 양을 수확할 수 있었다. 게다가 그것은 고탄수화물과 고칼로리에 비타민 A와 C가 풍부한 식품이었으며, 겨울을 나기 위해 보관하기에도 쉬웠다.

새 영농 기술의 도입에는 많은 자본 투자와 토지의 완전 통제가 필요했다. 마을 주민이 관습적 권리를 가지고 있는 공유지와 경작지가 지조strip 단위로 흩어진 곳에서는 새 방식으로 경작할 수 없었다. 그래서 자본주의적 지주들은 매입, 소송, 사기, 입법 등 온갖 방법으로 토지를 옛 장원적 제약에서 해방하려고 애썼다. 그들은 특히 개방 경지에 울타리를 쳐서 토지를 겸병하고자 했다. 그래서 일찍이 15세기 말엽에 시작된 울타리 치기 운동은 18세기 후반에 농업 개량의 열정이 몰아치는 가운데 절정에 이르렀다. 그것은 영국에서 가장 널리 시행되었는데, 자본가 지주인 젠트리가 의회를 지배하는 영국에서는 1760~1800년 사이에 2000개의 울타리 치기 법이 제정되었다. 그 결과 젠트리들은 드넓은 농장을 조성하여 마음껏 새 작물과 새 영농 기술을 체계적으로 실험하면서 농업 개혁을 추진할 수 있었다. 그 대신 울타리 치기의 희생자인 수많은 농민이 조상 대대로 살던 토지에서 밀려났다. 그들 가운데 많은 사람이 일자리를 찾아 때마침 일어나고 있던 산업혁명의 현장인 신흥 도시로 흘러들어 갔다.

농업 혁신은 네덜란드와 영국을 중심으로 이루어졌으며, 유럽의 동쪽으로 갈수록 전통적인 영농 방식이 좀 더 많이 남아 있었다. 프랑스에서는 정부가 중요한 납세자인 소농들의 권리와 재산을 보호하기 위해 지주들이 옛 장원에 울타리를 치려는 노력을 제약했다. 그래서 프랑스에서는 영국보다 개방 경지와 공동지가 훨씬 더 일반적이었다. 그리고 오스트리아와 폴란드는 19세기 중엽까지, 러시아는 1917년까지도 장원적 협동 경작이 지배적이었다.

제11장

정치 혁명과 경제 혁명

❖

미국 독립선언서에는 로크와 계몽사상가들의 자유주의 이념이 녹아 있다. 미국 혁명의 직접적 계기는 재정적 및 경제적 불만에 있었지만, 더 깊은 원인은 식민지 인들이 품고 있던 정치적 신념과 이상에 있었다. 새 정치사상의 세례를 받은 식민 지인들은 실천적이고 이론적인 지식으로 무장하고 식민지 반란의 진로를 이끌었 으며, 마침내 역사적으로 독특한 새 정치체제를 창건하는 데 성공했다. 미국 독립 전쟁은 아메리카의 식민지가 처음으로 유럽의 식민 모국을 축출하고, 국민주권에 기초한 공화국을 수립한 혁명이었다. 그런 성취를 통해 미국혁명은 유럽 여러 나 라에 혁명의 희망과 본보기가 되었고, 특히 1789년의 프랑스혁명에 직접적 영향 을 미쳤다.

프랑스혁명은 근대 정치 혁명의 고전적 모델이었다. 그것은 구체제가 파괴되고, 군주가 아닌 국가에의 충성과 인간의 자유와 평등 그리고 대의제도 등의 개념에 기초한 새 질서가 창출된 전환점으로 여겨져 왔다. 프랑스혁명은 자유주의의 이상 을 진전시켰을 뿐 아니라, 프랑스의 정치·사회·경제 질서에 엄청난 변화를 가져왔 다. 나아가 그것은 서양 역사의 흐름에서 하나의 거대한 분수령이었던바, 1917년 러시아혁명이 일어나기까지 서양 세계에 그와 같은 충격을 끼친 대변혁은 없었다. 그러나 혁명의 이상이 모두 다 실현되지는 못했다. 1776년 미국에서 엄숙하게 선 포되고 1789년 프랑스에서 호소력 있게 반복된 '모든 사람'의 권리는 가난한 사람 과 여성 그리고 몇몇 소수 인종에게는 허용되지 않았다. 몇몇 역사가가 프랑스혁 명을 '민주 혁명'이라 부르기도 하지만, 그보다는 정치권력이 지주 귀족으로부터 자유주의적 부르주아지에 넘어간 혁명이라 말하는 것이 좀 더 적절할 듯하다.

18세기의 많은 전쟁에서 대체로 패전의 쓰라림을 맛보았던 프랑스 군대는 혁명 의 열정에서 새로운 힘을 얻어, 거의 전 유럽이 뭉친 연합군에 맞서 거듭 놀라운 승 리를 거두었다. 근대에 들어와 한 인물로서 나폴레옹만큼 자신의 시대에 결정적 영향을 미치고 역사의 항로를 크게 틀어놓은 사람은 별로 없을 것이다. 나폴레옹은 프랑스군을 이끌고 유럽을 석권함으로써 대륙 전역에 프랑스혁명의 이념을 전파했다. 그의 정복으로 유럽의 정치 지형이 크게 바뀌고 입헌주의와 근대 민족주의가 성장하게 되었다. 그뿐만 아니라 그의 외교정책은 아메리카의 역사에도 심대한 영향을 미친바, 여러 식민지에서 독립운동이 일어나도록 자극했다.

역사가들은 오랫동안 유럽 근대사는 두 거대한 변혁, 즉 프랑스혁명 및 산업혁명과 더불어 시작되었다고 생각해 왔다. 프랑스혁명과 뒤이은 나폴레옹 전쟁이 유럽의 정치 구조를 극적으로 개혁하는 동안, 산업혁명은 덜 급격하기는 하지만 유럽의 경제와 사회의 구조를 더욱 근본적으로 탈바꿈시켜 놓았다. 산업혁명 기간에 유럽은 농업과 수공업에 기초한 노동 집약적 경제에서 공장제 기계공업에 기초한 자본 집약적 경제로 옮아갔다. 산업혁명은 성숙하는 데 반세기도 더 걸리기는 했지만, 그 사회 사람들의 일상적 삶을 온통 바꾸어놓은 점에서 진정 혁명적이었다. 시골에서 공업 도시로 인구가 몰려들고, 오랜 농촌 사회가 근대의 산업사회로 바뀌었다. 공산품이 간단한 도구를 이용하여 소규모로 생산되던 체제에서 동력 기계로 대량 생산되는 체제로 바뀌었다. 대량 생산으로 물질생활은 풍요로워지고 교통혁명으로 세상의 지리적 거리는 가까워졌다. 새로운 사회 계급인 산업자본가와 노동계급의 등장으로 지주와 소작농이라는 전통적 사회관계는 근본적으로 바뀌었다. 산업혁명은 가히 신석기시대의 농업혁명에 견줄 만한 것이었다.

1. 미국혁명

1) 독립으로 가는 길

영국의 아메리카 식민지　　아메리카 식민지의 초기 정착민은 대다수가 스튜어트왕조의 종교 정책을 피해 온 청교도들이었고, 왕정복고 때는 그에 반대한 무리의 정치적 반대파가 아메리카로 도망쳐 왔다. 명예혁명 뒤에는 박해를 받던 많은 가톨릭교도가 주로 메릴랜드Maryland로 이주했다. 그들은 차츰 원주민을 몰아낸 뒤 대서양 연안에 13개 식민지를 건설했다. 그중에서 조지아Georgia는 뒤늦게 1733년에야 건설되기 시작했으며, 식민지 이름은 특허장을 내어준 조지 2세에서 나왔다. 식민지 인구는 18세기에 급격히 늘어났다. 1700년에 22만 명 정도에 불과하던 유럽 이주민이 혁명이 일어날 무렵에는 열 배 정도로 급증했으며, 흑인 인구는 같은 기간에 2만 명에서 57만 명으로 폭증했다.

18세기에 식민지의 산업 구조는 북부와 남부가 크게 달랐으며, 중부는 그 중간 형태를 띠고 있었다. 북부의 뉴잉글랜드 지역에서는 대체로 직물공업, 철물공업, 조선업, 어업 등을 중심으로 상공업이 발달했다. 그와 달리 남부 식민지들은 기본적으로 '플랜테이션plantation'이라 불리는 대농장에서 담배와 염료용 식물 등을 재배하는 농업지대였다. 농장주들은 부족한 노동력을 메꾸기 위해 흑인 노예를 동원했다. 그리고 중부 식민지에서는 조선업 및 철물공업과 밀 재배 중심의 농업 등 여러 산업이 함께 발달했는데, 플랜테이션은 발달하지 않았다.

각 식민지는 자체의 의회가 있었으며, 영국은 처음부터 식민지에 폭넓은 자치를 허용했다. 그러나 식민지 정착민들이 점점 더 강력한 자치권을 요구하자 영국 왕은 한때 특허장을 거두어들이기도 했다. 찰스 2세는 1684년 매사추세츠의 특허장을 취소했다. 그러나 명예혁명 이후 식민지에서 특허장에 의한 통치가 재확립되고, 정착민들은 전보다 더 큰 정치적 독립을 되찾게 되었다. 이런 식민지 정책은 18세기에도 이어졌으며, 영국의 휘그 과두정 지도자들은 긴급한 정치 현안에 몰두하면서 식민지인에게는 자신의 문제를 스스로 처리하도록 상대적 자유를 부여했다. 이러한 자치의 경험은 식민지 발달에 매우 중요한 요인이었다. 한편 식민지인들에게는 존 로크의 천부인권을 바탕으로 한 계약 사상이 널리 퍼졌다.

영국의 식민지 정책의 변화   그러나 7년전쟁 이후 영국의 식민지 정책은 크게 바뀌었다. 18세기의 전쟁은 전과는 비교할 수 없을 만큼 큰 비용이 들었다.

1763년 7년전쟁의 종결로 영국과 프랑스는 오랜 식민지 쟁탈전을 끝냈지만, 그 과정에서 두 나라는 엄청난 빚더미를 떠안게 되었다. 영국은 그 전쟁 동안 부채가 대략 두 배로 늘어난 데다가, 이제 정부는 크기가 세 배로 늘어난 제국을 경영해야 했다. 북아메리카 식민지만 하더라도 그 행정과 보호에 드는 비용이 이전보다 다섯 배로 늘었다. 그래서 영국은 무역 규제와 세금 징수의 고삐를 바짝 조이기 시작했다. 게다가 전쟁이 끝나자마자 이른바 폰티악 반란Pontiac's Rebellion (1763~1766)이 일어났다. 승리한 영국군이 정복군처럼 위세를 부리자 원주민들이 추장 폰티악을 중심으로 분기하여 전쟁을 일으킨 것이다. 아메리카 원주민은 영국과 프랑스 양쪽 편에서 싸운 경험이 있어서 쉽게 제압되지 않았으며, 식민지의 서북 변경 지역은 거의 무정부 상태가 되다시피 했다. 이 광활한 땅에 질서를 회복하는 일은 오래고 비용이 많이 드는 과정으로 보였고, 그와 관련하여 영국 본국과 식민지 신민 간에 이해관계가 크게 벌어졌다.

1763년 이후 조지 3세의 정부는 아메리카 식민지에 대한 포괄적 계획을 수립했다. 영국은 식민지인이 애팔래치아산맥 너머로 진출하는 것을 금지하고, 원주민 문제는 영국 감독관의 책임 아래 두고, 변경의 치안 유지를 위해 영국군의 항구적인 요새를 구축하고, 밀수를 단속하고, 아메리카 해역에 영국 함대를 파견하고, 아메리카 항구에 영국인 세관원을 임명하고, 의회가 식민지에 새로운 세금을 부과하게 했다. 1764년의 설탕세법Sugar Act은 설탕과 포도주를 비롯한 몇몇 상품의 관세를 인상했다. 이듬해의 인지세법Stamp Act은 대학 졸업증서에서 신문에 이르기까지 사실상 모든 문서에 영국 정부의 인지를 붙이도록 요구했다. 같은 해의 통화법Currency Act은 식민지에서의 지폐 발행을 금지했다. 본국 정부의 이런 포괄적 정책은 식민지 전역에서 거센 항의를 불러일으켰다.

영국의 아메리카 식민지 정책의 변화는 단순히 식민지 상황 때문만은 아니었다. 그것은 본국의 정치적 변화와도 무관하지 않았다. 조지 3세는 두 선왕과 달리, 단지 군림하는 것에 그치는 것이 아니라 실제 적극적으로 통치하려 했다. 그는 하원에서 휘그의 강력한 지위를 무너뜨리고 영향력을 장악하는 데 성공했다.

그의 통치 권력의 직접적 행사는 즉위 후 20년쯤 이어졌는데, 이 기간은 곧 아메리카 식민지의 불안정과 반란의 시기이기도 했다. 조지 3세는 철 지난 절대주의 정책을 식민지까지 확대함으로써, 계몽사상의 세례를 받고 자치의 전통을 발전시켜 온 식민지인의 저항을 불러온 것이었다.

식민지인의 저항　파리 조약 이후 캐나다와 플로리다에서 프랑스와 에스파냐 세력이 모두 사라진 마당에, 식민지인들은 영국 군대의 보호가 필요하다고 생각하지 않았다. 그들은 치솟는 제국 유지 비용을 충당하려는 본국 정부의 세금 부과와 무역 통제를 혐오했다. 이제 그들에게 본국의 주둔군은 수호자나 평화 유지자가 아니라 압제자로 여겨졌다. 밀수를 단속하고 관세 징수를 강화하는 조치에 대해 상공업자들은 영국의 중상주의 정책에 지배되고 착취당하고 있다고 느꼈다. 지난날 상습적으로 관세를 회피해 온 식민지인들이 이제 새 과세에 단호하게 저항했다. 그들은 또한 7년전쟁 때 프랑스의 동맹이었던 아메리카 원주민들이 차지하고 있는 서부의 땅을 점령하려 했다. 그런데 본국이 애팔래치아산맥 서부로의 이주를 금지하자, 식민지인 사이에 분노가 널리 퍼졌다. 그들은 영국이 새 땅을 얻을 기회를 박탈하고 특권 귀족을 위해 토지를 독점하려 한다고 의심했으며, 토지 투기꾼은 그 정책을 자유 기업 원리의 위반이라고 비난했다.

　설탕세법이 식민지인의 분노에 불을 댕겼다. 이때까지 식민지인들은 식민지 의회가 부과한 지역 세금 이외에는 거의 세금을 내지 않았다. 그들은 신문과 소책자를 통해 "대표 없이 과세 없다"는 원칙을 천명하면서, 그들의 의사가 반영되지 않은 과세에 반대했다. 이듬해의 인지세법은 훨씬 더 격렬한 반발을 불러일으켰다. 매사추세츠와 뉴요크의 식민지 의회는 그 법을 '폭정'이라 비난했으며, 뉴요크에서 열린 '인지세법 회의'는 국왕에게 그 법의 폐지를 청원했다. 여러 곳에서 군중의 항의 소동이 일어났으나, 더욱 효과적이었던 것은 영국 상품 불매 운동이었다. 그러자 영국의 무역업자들이 의회에 그 세금의 폐지를 청원했다.

의회는 1766년 그 법을 폐지했으나, 그와 함께 영국 의회가 식민지와 관련되는 법을 제정할 권리가 있음을 천명했다. 이론상 의원은 개별 선거구를 대표하는 것이 아니라, 전국 혹은 제국 전체의 이익을 대표했기 때문이다.

인지세법을 폐지한 의회는 곧 다른 과세 조치를 입법했다. 새 재무상 찰스 타운전드Charles Townshend 주도로 도료, 종이, 납, 포도주, 차에 관세를 부과하는 이른바 타운전드 제법이 제정되었다. 그리고 지정된 항구에 배심원 없이 재판하는 해사 법정admiralty court을 설치해서 모든 무역을 규제하는 법도 마련되었다. 이에 주로 밀수업자를 중심으로 한 보스턴 상인들이 격렬하게 항의 시위를 벌였다. 영국 상품 불매운동을 창고의 과잉 재고를 줄일 기회로 생각한 도매상들이 이들에게 합류했다. 과격 지도자 새뮤얼 애덤스Samuel Adams가 보스턴 거리에서 반영 감정을 선동했는데, 1770년 3월 5일 군인들이 군중에게 발포하여 다섯 명이 사살되었을 때 반영 감정은 극에 달했다. 그사이 상인들은 영국 상품 수입을 거부하기로 합의하여 수입이 절반으로 줄어들었다. 영국 의회는 보스턴 학살 바로 그날 차를 제외하고 나머지 관세를 폐지했다.

식민지인의 분노가 잠시 가라앉았다. 그런데 신임 수상 노스North 경이 의회를 설득하여, 경영이 어려워진 동인도회사가 아메리카 항구로 실어온 차의 관세를 2/3나 줄이도록 했다. 그러면 동인도회사는 밀수업자보다 차를 더 싼 값에 팔 수 있었기 때문에, 밀수업자들은 다시 정치적 급진주의에 호소했다. 동인도회사 차는 대다수 항구에서 거부되었다. 그런데 보스턴에서는 1773년 12월 새뮤얼 애덤스를 중심으로 한 애국 급진파 '자유의 아들들Sons of Liberty'이 원주민으로 위장하고 항구에 정박한 동인도회사 배에 실려 있는 차를 모조리 바다에 쏟아부었다. 몇 날 며칠이고 차가 우러나와 보스턴 앞바다는 온통 홍찻물이 되었고, 이를 본 시민들은 한판의 거창한 다과회가 열렸다고 쑥덕거렸다. 이 이른바 '보스턴 다과회Tea Party'에 대해 영국 정부는 찻값을 변상할 때까지 보스턴항을 폐쇄하고, 매사추세츠 식민지에 자치를 허용한 특허장을 취소하고, 매사추세츠의 각 도시가 법 시행을 위해 파견되는 군대 주둔비를 부담하게 하는 등 일련의 강경한 법으로 거칠게 대응했다. 식민지인들은 이 법들을 도저히 '용납할 수 없는 법들Intolerable Acts'이라고 부르면서 반발했다.

아메리카 독립 전쟁   과세 분쟁은 점점 높아가는 식민지인의 적대감이 표출된 하나의 사례에 지나지 않았다. 식민지인은 처음에는 불만의 시정을 요구했으나, 차츰 자신의 운명을 스스로 책임져야겠다고 생각하기 시작했다. 그들은 영국의 중상주의가 그들의 경제 발전을 가로막고 있음을, 식민 체제 아래에서 그들의 전반적 삶이 영국의 제국적 목적에 종속되어 있음을 깨달았다. 행동과 대응 행동으로 양쪽의 입장이 확실해지고 감정이 고조되었다. 식민지인 중 소수는 여전히 영국에 충성스러웠으나, 대다수는 돌아올 수 없는 지점으로 가까이 가고 있었다. 그들은 명예혁명의 상속자를 자임하면서, 영국의 왕과 의회를 폭군으로 보았다.

보스턴 위기는 혁명적 분위기로 흘러갔다. 매사추세츠는 '용납할 수 없는 법들'을 '아메리카인을 노예화하려는 정부의 사악한 시도'로 규정하고, 누구도 그 법에 복종하지 말 것을 촉구했다. 1774년 9월에 필라델피아Philadelphia에서 제1차 대륙회의가 개최되었다. 조지아를 제외한 12개 식민지 대표가 참석한 대륙회의는 본국과의 모든 교역을 단절할 것을 결의하고, 영국의 압제를 비난하면서 무장 저항을 위한 계획을 수립했다. 폭발적 상황이 보스턴을 둘러싼 가운데, 이듬해 4월에 마침내 영국 정규군과 매사추세츠 민병대 간에 첫 무력 충돌이 벌어졌다. 보스턴 인근 렉싱턴Lexington과 콩코드Concord에서 식민지 주민 여덟 명과 영국 병사 293명이 죽었다. 거기서 울린 총성은 미국혁명의 시작을 알리는 나팔 소리가 되었다. 본국 정부와 식민지의 갈등은 내란으로 이어지고, 결국은 식민지의 완전한 분리로 나아갔다. 그러한 결과는 식민지인이 처음부터 계획한 것도, 예견한 것도 아니었다. 전쟁이 벌어지자 식민지인은 독립을 원하는 대다수 애국파patriots와 본국과의 긴밀한 이해관계를 가진 20% 정도의 충성파loyalists로 갈라졌다. 애국파의 주도자들은 주로 상인과 밀수업자 그리고 대지주 등 영국의 새 정책으로 크게 손해를 볼 사람들이 많았다.

렉싱턴 사태 다음 달인 1775년 5월 제2차 대륙회의가 열렸다. 대륙회의는 민병대를 식민지 정규군으로 개편하고, 버지니아 민병대 장교 조지 워싱턴 Washington(1732~1799)을 최고 사령관으로 임명했다. 대륙회의는 이듬해 7월에 모든 식민지가 영국 국왕에의 충성 의무에서 벗어난 '자유롭고 독립된 국가들'임을 천명하면서, 공식적으로 아메리카 식민지들의 독립을 선언했다. 그로써 본격적인 독립전쟁이 시작되었다. 워싱턴 장군은 초기에 수적으로 열세에다 재정 부족으로 군수품 조달이 제대로 안 된 군대를 이끌고 그야말로 생존을 위한 방어전을 치렀다. 그의 군대는 식민지 간의 차이에 따른 내부 갈등도 이겨내야 했다. 시련은 1777~1778년의 황량한 겨울에 절정에 이르렀는데, 이때 기진맥진한 아메리카군은 추위와 굶주림 그리고 탈영으로 거의 해체될 지경이 되었다.

전쟁의 전환점은 1777년 10월에 왔다. 식민지 군대는 뉴요크시와 필라델피아를 점령한 영국군을 뉴요크주의 새러토가Saratoga에서 쳐부수었다. 그것은 식민지 군대가 거둔 최초의 뜻깊은 승리였다. 이 승리로 국제 정세에 일대 변화가 일어나고, 영국은 유럽 경쟁국들의 강력한 동맹에 직면하게 되었다. 1763년의 치욕 이후 호시탐탐 설욕의 기회를 엿보던 프랑스가 이 승리에 고무되어 아메리카와 공식적으로 동맹을 맺고 1778년 영국에 전쟁을 선포했다. 프랑스는 사실 개전 초기부터 장병과 무기를 아메리카에 지원했으며, 새러토가 전투의 승리 역시 프랑스 무기에 힘입어 얻은 것이었다. 그다음 해엔 에스파냐가 영국에 선전포고했다. 네덜란드인들 또한 아메리카와의 무역을 살리기 위해 이들 나라의 뒤를 따랐다. 식민지 군대는 용감히 싸우고 혹독한 곤경을 견뎌냈지만, 이들 외국의 지원이 없었다면 승리하기 어려웠을 것이다.

1781년 아메리카와 프랑스의 연합군은 해상을 장악한 프랑스 함대의 도움을 받아 버지니아의 요크타운Yorktown 전투에서 승리하고 영국 사령관 콘월리스 Cornwallis 경의 항복을 받아냈다. 요크타운 전투는 마지막 전투가 되었다. 영국은 이 패배를 당한 지 2년 뒤에 맺은 파리 조약에서 식민지의 독립을 인정하고,

1763년 프랑스에서 빼앗은 애팔래치아에서 미시시피강에 이르는 땅의 지배권을 신생 독립국에 넘겼다. 이로써 대서양 연안에서 미시시피강에 이르는 광대한 땅이 신생 독립국의 영토가 되었다. 애국파에 맞섰던 완강한 충성파는 재산 몰수와 가혹한 대우의 위험에 처하자, 약 6만 명이 캐나다로 도망갔으며 영국으로 돌아간 사람도 더러 있었다. 그들이 떠남으로써 신생국의 내부 갈등은 상당히 완화되었다. 한편 파리 조약에서 에스파냐는 7년전쟁 때 영국에 빼앗긴 플로리다를 되찾았으며, 프랑스 역시 잃은 영토 일부를 되찾았다.

2) 국가의 건설

독립선언　　전쟁이 진행되는 동안 정치 지도자들은 새로운 국가를 건설하는 과업을 진행했다. 1776년 초에 출간된 토머스 페인(1737~1809)의 『상식*Common Sense*』은 대중의 열정에 불을 지르고 대륙회의가 영국과의 단절을 결심하는 데 큰 영향을 미쳤다. 명민한 혁명의 선전가 페인은 계몽사상의 언어를 사용해서, 아메리카가 영국에 종속되는 것은 이성에 반하는 일이라고 주장했다. 그는 나중에 프랑스와 영국의 급진파를 도왔고, 그리하여 근대 최초의 국제 혁명가가 되었다. 미국의 독립은 1776년 7월 4일에 공식적으로 선언되었다. 사실 제2차 대륙회의가 이룩한 가장 위대한 업적의 하나는 새로운 국가의 창건을 표방하면서 독립선언서를 채택한 일이었다.

　　토머스 제퍼슨이 주도하여 작성한 독립선언서는 첫머리에서 계몽주의의 자연권 개념을 바탕으로 모든 사람이 평등하게 창조되었다는 것, 창조주로부터 어떤 불가양의 권리를 부여받았다는 것, 그 권리에는 생명·자유·행복의 추구가 포함되어 있다는 것 등을 자명한 진리로 명시했다. 그리고 선언서는 그러한 권리를 보장하기 위해 정부가 수립되었으며, 어떤 정부든 이런 목적을 방기하면 국민은 그런 정부를 무너뜨리거나 바꿀 권리가 있다는 것 또한 자명한 진리라고 주장했다. 이는 곧 존 로크의 이론을 더욱 간결하고 명료하게 표현한 것이었다.

제퍼슨의 이 길지 않은 선언서는 인간의 존엄성과 자유주의 원칙 그리고 사회 진보를 믿는 사람들에게 하나의 영감으로 남아 있다.

연방 규약   독립전쟁이 벌어진 뒤 식민지들은 각각 독립국가state로 전환하고 자체의 헌법을 기초했다. 그러자 공동의 행동을 위해 이 국가들을 어떤 형태로 통합할 것인가 하는 문제가 긴급 현안으로 떠올랐다. 식민지인들은 대체로 강력한 중앙집권적 권력에 대한 경계심과 식민지를 독자적으로 운영해 온 경험 때문에 개별 국가의 완전 독립을 선호했다. 강력한 중앙정부를 가진 통일 국가를 수립하려는 열의가 별로 없는 가운데, 대륙회의는 1778년 결국 각국을 느슨하게 묶는 연방 규약Articles of Confederation을 제정하는 데 그쳤다. 각 나라가 1781년 최종 비준한 연방 규약은 13개 주권국가가 연방의회에서 각각 한 표를 행사하고, 중요한 결정은 9개국의 동의로, 그리고 규약의 수정은 만장일치로 가결하도록 규정했다. 연방의회는 전쟁과 강화를 결정하고 군대를 유지할 권한이 있으나, 과세권이 없어서 이런 기능을 수행하기 위해서는 재정적으로 각 국가에 의존해야 했다. 전쟁이 진행되면서 군인과 가난한 민간인 사이에 급진주의가 뚜렷하게 나타났는데, 이 체제는 상층계급이 지배하는 중앙정부로부터 자유를 지키려는 급진주의 세력의 뜻이 반영된 것이었다. 이러한 민중의 급진주의는 각 국가의 정부에서 좀 더 분명하게 드러났다. 각국의 헌법은 대체로 입법·사법·행정 권력의 분립 요구를 반영하고, 언론·출판·종교의 자유를 보장했다. 투표의 재산 자격 요건이 상당히 완화되고, 11개 국가에서는 교회와 국가의 유대를 단절했다.

헌법의 제정   1780년대 전후 상황에서 연방 규약은 심각한 문제점이 드러났다. 너무나 많은 권력이 각국에 배분되어 있어서 연방 정부는 외국과 통상 조약을 협상하는 데서, 적절한 군사력을 유지하는 문제에서, 국내 경제 발전을 추진하는 데서, 혹은 국내 치안을 유지하는 데서 심한 어려움에 빠졌다. 각국이 서로 대립하는 동안 병사들과 민간인들은 밀린 임금과 연금 혹은 토지 등을 요구했다. 워싱턴과 앨릭잰더 해밀턴Alexander Hamilton을 비롯한 연방주의자들은 분열과 무질서가 연방의 존립을 위협한다고 생각하고 규약의 개정을 촉구하고 나섰다. 그들의 노력으로 각국 대표들이 연방 규약을 개정하기 위해 1787년 5월 필라델피아에 모였다. 그 대표들은 기본적으로 재산의 보호와 연방 정부의 강화에 관심을 집중했으며, 이 목표를 위해 규약 개정을 포기하고 새로 헌법을 제정하는 작업에 착수했다. 그렇게 해서 필라델피아 회의는 제헌의회가 되었다.

제헌의회는 우선 중앙정부의 권력과 각 국가, 즉 연방에 편입될 주state의 권력 사이에서 균형을 잡기 위해 노력했다. 그 결과 헌법은 화폐 발행·관세 부과·국군의 보유·대외 통상 정책·외교 등을 연방 정부의 고유 권한으로 규정하고, 국군 통수권을 대통령에게 부여했다. 그리고 헌법은 그 외의 다른 많은 국가 기능을 주 정부의 관할 아래 둠으로써, 중앙집권적 이해와 지방분권적 욕구를 절충했다. 그리고 헌법은 입법부를 양원제로 하여 상원에서는 각 주에 두 명씩 동등한 의석을 할당하고, 하원은 각 주에 인구수에 비례하여 의석을 배분했다. 그리고 하원 의석 배분을 위한 인구수를 산정할 때, 노예 보유 주는 노예 수의 60%를 인구에 산입할 수 있게 되었다. 큰 주와 작은 주의 이해관계는 그런 방식으로 조정되었다.

완성된 헌법은 국민주권 사상을 구현하고, 몽테스키외가 주창한 삼권분립 및 견제와 균형을 기본 원리로 삼았다. 그에 따라 상하 양원으로 구성되는 의회는 법을 만들고, 대통령은 집행부 수장으로서 법을 집행하고, 법원은 법을 해석하는 기능을 맡았다. 한편 대통령은 의회에서 통과된 법을 거부할 수 있고, 의회는 대통령을 탄핵할 수 있었다. 법을 해석하는 법원의 권한은 나중에 헌법 자체를 해석하는 것으로 확대되었고, 그리하여 연방 대법원은 의회가 제정한 법의 헌법 합치 여부를 판단할 권한을 얻었다. 필라델피아 제헌의회 대표 대다수는 투표권에 재산 자격을 두기를 바랐으나, 정치적으로 현실적이지 않다는 이유로 포기했다. 그렇지만 그들은 상원의원과 대통령의 직접선거를 피함으로써 민주주의에 대한 불신을 드러냈다.

어렵게 마련된 헌법은 비준도 험난한 과정을 거쳤다. 이른바 연방주의자들이 지배한 제헌의회는 연방 규약의 수정 관련 조항을 무시하고 각 주의 주민에 직접 비준을 호소했다. 비준을 반대하는 반연방주의자들은 주민에 호소하는 데에서 연방주의자들의 논리에 밀렸다. 격렬한 여론전 끝에 개인 자유와 권리의 보장을 추가할 것을 약속함으로써 연방주의자들은 가까스로 9개 주의 동의를 확보했으며, 헌법은 1788년 7월 공식적으로 채택되었다. 이로써 13개 식민지는 각각 독립국가로 갈라지지 않고 단일 국가 안에 결합하여 아메리카 합주국合州國, United States of America을 건설했다. 연방주의자들은 헌법 제정 과정에서 승리를 거둔 뒤 10년 이상 미국 정치를 지배했다. 조지 워싱턴이 1789년 초대 대통령으로 선출되었으며 한 차례 연임했다. 그의 행정부는 높은 관세 정책을 채택하고, 연방은행을 설립하고, 전쟁 중에 발행한 채권을 액면가로 상환했다. 워싱턴은 연임 후 3선을 사양하고 스스로 물러났는데, 그 선례는 이후 대통령들의 불문율이 되었다.

헌법은 개인 권리의 침해에 대비한 보호 규정이 있었음에도, 지나치게 강력한 중앙정부에의 두려움이 계속 표명되었다. 그래서 1791년에 개인 권리 보장의 약속에 따라 1차로 10개 수정 조항이 헌법에 추가되었다. '권리장전'이라 불리는 이 수정 조항은 종교·언론·출판·집회의 자유, 무기 소지의 권리, 부당한 수색과 체포에 대해 보호받을 권리 등을 보장했다. 그렇게 해서 급진파는 나름의 성과를 거두었다. 그러나 '권리장전'이 마련되었지만, 연방주의자와 반연방주의자의 정책적 갈등은 쉽게 해소되지 않았다. 해밀턴이 이끄는 연방주의자들은 강력한 중앙집권적 재정 계획을 추구한 반면, 토머스 제퍼슨과 제임스 메디슨Madison이 이끄는 반연방주의자는 중앙집권화가 개인의 자유에 미칠 부정적 영향을 두려워했다. 이 분열은 외교정책에서 연방주의자가 친영국, 반연방주의자가 친 프랑스적이었기 때문에 더욱 심해졌다.

미완의 과제　　많은 유럽 지식인이 미국혁명을 계몽사상의 정치적 이상의 구현으로 보았다. 그러나 미국인은 독립을 쟁취했으나, 표방했던 미국인의 자유와 권리는 미완의 과제로 남았다. 헌법이 비준되었을 때 남자 일곱 명 중 한 명만 투표권을 가졌다. 종교적 요구 사항과 재산 자격 제한으로 소수의 엘리트만 국정에 참여할 수 있었다. 여성과 아프리카계 미국인 그리고 토착 원주민은 원천적으로 참정권에서 배제되었으며, 완전한 시민적 평등과 자유가 부인되었다. 많은 여성이 여러 방법으로 혁명의 성공에 힘을 보탰다. 누군가는 희곡과 소책자를 써서 반영 감정을 북돋우고, 누군가는 신문 발행을 통해 혁명의 대의를 전파했으며, 그리고 많은 여성이 영국 상품 불매운동을 조직했다. 수많은 여성이 전투 지원 업무를 수행했으며, 직접 전투에 참여한 여성도 있었다. 그러나 여성들은 그 희생에도 불구하고 새로운 권리나 특권을 거의 얻지 못했다. 2대 대통령 존 애덤스의 부인 애비게일 애덤스Abigail Adams와 혁명의 선전가 머시 워런Mercy Warren은 전쟁 기간에 온건한 여성주의를 공개적으로 표명하고, 여성의 정치적 및 법적 평등을 위한 활동을 펼쳤다. 그렇지만 싹트기 시작한 여성운동에 대한 전반적인 무관심 속에서 여성 참정권 운동은 좌절되었다.

여성과 마찬가지로 아프리카계 미국인들 역시 독립전쟁 기간에 중요한 역할을 했다. '모든 사람'의 자유와 평등이라는 독립선언서에 함축된 목표는 남부 농장주, 즉 흑인 반란을 끊임없이 두려워 한 사람들의 이익에 반하는 것이었다. 이 두려움 때문에 많은 자유 흑인이 인지세법에의 항의를 지지했음에도 흑인들은 처음에는 군 복무를 금지당했다. 그러나 영국이 노예 신병에게 자유를 약속한 데다 백인 자원 입대자가 줄어들자, 대륙회의는 흑인을 징모하기 시작하면서 그들에게 자유를 약속했다. 합법적으로 충원되기 전에도 흑인 병사들은 이미 렉싱턴과 콩코드에서 용감하게 싸웠고, 이후에도 모든 주요 전투에 참여했다.

최남방Deep South을 제외한 지역에서는 강력한 흑인해방운동이 독립전쟁 동안과 그 직후에 전개되었다. 10만 명 이상의 노예가 캐나다와 영국의 피난선 등으로 도망쳤는가 하면, 노예와 자유인을 포함한 많은 흑인이 혁명의 언사를 활용하여 자유와 평등을 청원했다. 그러한 청원을 지지하는 백인의 수가 늘어났다. 그 결과 각 주는 노예무역을 제한하거나 폐지했다. 많은 노예 소유주가 남부에서조차 그들의 노예를 해방했으며, 여섯 주는 노예제를 폐지했다. 매사추세츠의 자유 흑인들은 1783년 투표권을 얻었는데, 다른 몇몇 주들도 이 선례를 따랐다. 그러나 이러한 성과들은 그대로 유지되지 못했으며, 자유를 약속받은 많은 흑인이 이전의 주인에 의해 다시 노예 신세로 되돌려졌다. 노예제를 금지하는 법이 곧이곧대로 시행되지 않았으며, 북부 주에서조차 해방은 법적으로 수십 년씩이나 지연되었고, 그래서 1801년에 뉴요크·뉴저지·펜실베이니아에 아직도 3만 5000명 이상의 노예가 있었다. 1790년대에 제헌의회 논쟁과 목화 재배에 새 자극을 준 조면기의 발명으로 촉진된 보수적 반동으로, 남부에서는 노예제를 옹호하는 정서가 확고해졌다. 1790년대 이후 미국 노예들은 혁명 이전보다 '모든 사람'의 권리로부터 더 멀어졌다. 이러한 불의는 이후의 비극적인 유혈의 내전을 낳은 궁극적 원인이었다.

미국 인권의 또 다른 부끄러운 현실은 토착 아메리카인의 문제였다. 1700년에서 1763년 사이에 백인 정착민 수천 명이 애팔래치아산맥 서쪽의 아메리카 원주민 지역으로 쏟아져 들어갔다. 그 결과 유혈의 전란이 벌어지고, 양측의 야만적 잔학 행위가 자행되었다. 대다수 원주민 부족들은 독립전쟁 기간에 영국인에게 보호를 기대하면서 미국인과 맞서 싸웠고, 결국 전후에 영토를 미국인에게 빼앗겼다. 그들은 미국 정부와 오랜 협상 끝에 수많은 조약을 맺고 더 많은 양보를 해야만 했다.

그런데 백인 토지 투기꾼과 이주민의 물결이 서쪽으로 밀려들면서 모든 조약 문서가 휴지 조각이 되었다. 원주민들은 절망적인 저항을 시도했다. 그들의 오하이오 동맹이 1794년 8월 폴른 팀버스Fallen Timbers 전투에서 분쇄되었고, 비슷한 시기에 남부에서는 체로키Cherokee 연합이 무너졌다. 18세기 마지막 20년 사이에 미시시피 동부의 모든 원주민 부족의 인구가 절반 가까이 줄어들었다. 북아메리카 원주민의 수를 정확히 추산하는 것은 어렵지만, 유럽인의 정착 이전에 캐나다에는 대략 20만 명, 미국에는 85만 명이 살고 있었던 것으로 짐작된다. 그런데 전체적으로 볼 때 백인들이 퍼져나가는 과정에서 원주민의 수는 절반 정도로 줄었다.

2. 프랑스혁명

1) 혁명의 서막

구체제   중세 이래 프랑스 국민은 법적으로 세 신분으로 나뉘어 있었다. 제1신분인 성직자는 전체 인구 2700만 명 중 10만 명 남짓이었는데, 그들은 전체 토지의 10% 정도를 교회 재산으로 소유하고 있었다. 교회가 5년에 한 번 국가에 '자발적' 기부금을 바치는 대신, 성직자는 주요 직접세인 타유taille를 면제받았다. 그들은 귀족 가문 출신으로 귀족과 이해관계를 공유하는 고위 성직자와 대체로 가난한 평민 출신의 기초 교구 성직자로 뚜렷하게 나뉘었다. 제2신분은 귀족이었는데, 40만 명을 넘지 않은 그들은 토지의 25%쯤을 차지했다. 그들 역시 중세 귀족의 후손인 전통적 대검귀족과 관직 보유를 기반으로 귀족 반열에 오른 신흥 법복귀족의 둘로 나뉘었는데, 18세기에 부유한 부르주아에서 법복귀족으로 신분 상승한 가문이 대략 6500개 가문을 헤아렸다. 귀족들은 정부·군대·교회의 고위직을 독차지하는 한편, 군주의 자의적 권력 행사에 저항하면서 그들의 특권을 지키거나 확대하려 했다. 그들의 대표적 특권은 면세, 특히 타유 면제의 특권이었다.

제3신분은 평민으로서, 이들은 사실상 인구의 거의 전부였다. 인구의 거의 전부인 만큼, 평민은 직업과 교육 수준 혹은 부의 정도에서 매우 큰 차이가 있었다. 전체 인구의 80% 이상인 농민은 단연 제3신분의 최대 집단이었다. 그들은 토지의 40%쯤을 소유했는데, 그들 중 절반가량은 토지가 거의 없거나 전혀 없었다. 대다수 농민의 삶은 고달프기 그지없었다. 몇몇 오지를 제외하고 농노제는 거의 사라졌으나, 농민은 여전히 지역 영주에게 여러 봉건적 의무를 지고 있었다. 그들은 무겁게 짓누르는 조세에, 그리고 지주 귀족들이 장원의 낡은 각종 공조貢租를 강화하려는 시도에 분개했다. 인플레와 이따금 찾아오는 경제적 침체 역시 도시 빈민과 더불어 가난한 농민을 괴롭혔다. 특히 1787년과 1788년의 연이은 흉년은 대다수 농민의 삶을 짓눌렀다. 고난 속에서 그들은 기존 질서의 어떠한 변화도 현재보다 나은 결과를 가져오리라고 느꼈다. 보통은 행동에 굼뜬 그들이지만, 농민들은 이제 변화를 위해서라면 무언가 역할을 할 태세가 되어 있었다.

제3신분을 구성하는 또 다른 집단은 도시의 수공업자와 상점주 그리고 임금 노동자들이었다. 도시는 18세기에 빠르게 성장하기는 했으나, 90%가 주민이 1만 명 이하였으며, 인구 5만 이상 도시는 아홉 개에 불과했다. 18세기에 물가는 임금보다 빠르게 올랐으며, 그 결과 도시 주민의 구매력은 떨어졌다. 그들의 경제적 불만이 프랑스혁명에서 파리 시민이 중요한 역할을 한 요인이었다. 이들 계층 위에는 인구의 8% 정도인 부르주아지 혹은 중간계급이 자리하고 있었다. 이 집단에는 상인과 은행가 그리고 산업가가 속해 있었는데, 이들은 통상과 금융 그리고 제조업을 장악하고 1730년 이후의 경제적 번영에서 가장 큰 이득을 보았다. 전문 직업인 법조인, 관직 보유자, 의사, 작가 등도 이 집단에 속해 있었다. 이들 부르주아는 토지의 25%가량을 소유했는데, 많은 부르주아가 토지 매입을 통해 사회적 위상을 확립하려 했다.

중간계급은 그들 나름의 불만에 차 있었다. 그들은 귀족보다 사회적·정치적으로 불평등한 대우를 받는 데 대해 반발했다. 그들은 정부의 혼란과 임박한 파산을 개탄하고, 특권계급의 행태를 조롱하고, 궁정 추문에 야유를 보냈다. 그러나 많은 사람이 낡고 경직된 사회질서와 특권에 기초한 절대주의 체제에 좌절하고 실의에 빠지기보다, 불만스러운 현실은 바꾸어야 하고 바꿀 수 있다고 생각했다. 그들은 부조리한 현실을 비판하고 개혁의 전망을 제시한 계몽사상에 매료되었다. 미국혁명의 사례는 그들의 생각이 옳다는 것을 확인해 주는 것으로 보였다. 계몽사상에 매료된 사람은 부르주아만이 아니었다. 귀족 중에서도 특히 부르주아와 한 뿌리인 일부 법복귀족과 많은 하급 성직자 역시 부르주아와 인식을 같이했다.

재정 위기　1774년 왕위에 오른 루이 16세는 지성적이었으나 정치적 결단력이 모자랐다. 우유부단하고 정치적 판단이 미숙한 국왕은 낭비벽이 심하고 정치적 식견도 없는 왕비 마리 앙투아네트에 휘둘리면서 신하들을 소외시켰다. 이 궁핍한 지도력 때문에 먼저 권력 최상층부 내의 불화가, 그다음에는 폭력적 군중 소요가 유발되었다. 루이 16세의 치세기 동안 선왕대에서 물려받은 재정 적자가 꾸준히 증가했다. 그 결과 프랑스가 아메리카 식민지 편에서 영국과의 전쟁에 끼어들었을 때 정부는 이미 거의 파산 지경이었으며, 전쟁의 모험으로 1780년대에는 재정이 완전히 무너졌다.

재정 위기를 타개하기 위해 재무대신 칼론Calonne은 1786년 토지세 과세를 포함한 재정 개혁을 추진했으나, 법복귀족의 아성인 파리 고등법원에 가로막혀 실패했다. 그 전에도 여러 차례 대신들이 새 세금을 제안했을 때, 사법기관인 고등법원이 칙령을 등록하기를 거부함으로써 정부의 노력을 좌절시켰다. 말하자면 법원이 왕령을 법정에서 구속력 있는 법령으로 인정하기를 거부한 것이다. 재정 개혁이 좌초하자, 칼론은 이듬해에 160여 년 만에 국왕 자문 기구인 명사회 Assemblée des notables를 소집해서 도움을 청했다. 그러나 주로 저명한 귀족과 고위 성직자로 구성된 명사회는 협조를 거부했다. 칼론은 결국 특권 세력의 반발을 이기지 못하고 자리에서 밀려났으며, 곧이어 명사회 역시 해산되었다. 텅 빈 국고를 채울 유일한 방법은 세금을 거두는 것인데, 이제 새로운 세금을 거둘 수 있는 유일한 방법은 신분회의 동의를 얻는 방법뿐이었다.

그러나 이 무렵 프랑스는 정부의 재정 상태뿐 아니라 전반적 경제 상황 역시 좋지 않았다. 프랑스는 지난 반세기 동안 전반적으로 경제가 성장했으나, 그와 동시에 주기적인 경제 위기가 발생했다. 1787년과 1788년에는 연이어 흉년이 들고, 그에 따라 제조업도 불황을 겪었다. 1788년 여름에 기근이 널리 퍼지고 곳곳에서 식량 폭동이 일어나는 한편, 신분회를 소집하라는 요구가 곳곳에서 터져 나왔다. 8월에 결국 1789년 5월에 신분회를 소집한다는 포고령이 내렸다. 170여 년 만의 신분회 소집 소식에 민중들의 기대가 한껏 부풀었다. 왕이 새 세금을 원한다면 무언가 대가를 제공하리라 여겨졌기 때문이다.

신분회의 소집과 국민의회의 탄생   1614년 이후 한 번도 소집된 적이 없는 신분회의 소집이 결정되자, 그것이 어떤 방식으로 운영되는지가 뜨거운 쟁점이 되었다. 신분회는 전통적으로 각 신분 대표가 따로 회합하고 독자적으로 표결했는데, 이는 성직자와 귀족에게 결정적으로 유리했다. 평민들은 그런 방식에 강력히 반대했다. 표결 방식은 미결로 남긴 채, 결국 정부는 제3신분 대표의 수가 다른 두 신분 대표를 합한 수와 같아야 한다는 데 동의했다. 그 결과 두 특권 신분 대표는 관례대로 각각 300명가량, 그리고 평민 대표는 600명쯤이 할당되었다.

1789년 봄 열광적인 흥분 속에서 성직자, 귀족, 평민의 유권자들은 각기 자신의 대표를 뽑기 위한 선거에 참여했다. 제3신분의 유권자는 직접세인 타유를 내는 25세 이상의 남성으로서, 모두 합해 430만 명 정도였다. 선출된 제3신분 대표들은 대부분 도시 출신이며 2/3가 법률가들이었다. 선거 과정에서 각 선거구의 유권자들은 그들의 대표에게 시정을 요구할 각종 불만 사항을 담은 진정서 cahiers를 작성했다. 평민 대표들에게 넘겨진 이 진정서는 근본적 개혁을 요구하는 광범한 여론을 반영한 것으로서, 그것은 또한 평민 대표들이 스스로 다짐한 철저한 개혁의 명분이기도 했다. 그러나 루이 16세는 의원들에게 재정 문제에 국한하여 토의할 것을 주문했다.

워싱턴의 대통령 취임으로 미국혁명의 대단원의 막이 내려진 지 닷새 뒤에 프랑스혁명의 막을 올릴 신분회가 소집되었다. 5월 5일 베르사유에서 신분회가 열리자, 제3신분 대표는 전통적 방식의 신분별 표결이 아니라 머릿수 표결을 주장하고 나섰다. 신분별 표결은 안건이 2 대 1로 두 특권 신분의 뜻대로 처리되기 마련이었기 때문이다. 이 쟁점을 놓고 몇 주 동안 논쟁이 벌어지는 사이에 일부 성직자가 제3 신분회에 가담했다. 6월 17일 제3 신분회는 자신이 국민 전체의 진정한 대표임을 자처하면서 스스로를 국민의회Assemblée nationale로 선언하고, 다른 신분 대표들에게 국민의회에 합류할 것을 촉구했다. 이 선언은 최초의 비합법적 행동이었다. 귀족은 거부했으나, 성직자는 하급 성직자 중심으로 그 초청에 호응했다. 이러한 기류에 불안감을 느낀 국왕은 6월 20일 국민의회의 회의장을 폐쇄했다. 그를 본 제3신분 대표들 사이에 반항의 정신이 솟아났다. 그들은 인근의 실내 테니스장으로 이동, 그곳에서 헌법을 제정할 때까지 해산하지 않을 것을 엄숙히 맹세했다. 이 '테니스장의 선서'는 혁명의 싹이 트는 과정에서 중요한 고비였다. 제3신분 대표들은 국왕이 그들을 해산할 권력을 사실상 부정하고, 절대왕정에 종지부를 찍을 헌법을 제정할 의사를 명확히 한 것이다.

루이 16세는 신분별 회합과 표결을 고수하려 했으나, 성직자와 귀족의 대표들이 개별적으로 평민 대표 모임에 참석하기 시작했다. 사태의 통제력을 상실한 국왕은 6월 27일 어쩔 수 없이 국민의회를 승인하고, 성직자와 귀족에게 평민 대표와 합류할 것을 권고했다. 그리하여 170여 년 만에 되살아난 신분회는 두 달도 존속하지 못하고 영원히 역사 속으로 사라지고, 국민의회가 그 자리를 대신하게 되었다. 헌법 제정을 목표로 천명한 국민의회는 7월 9일 명칭을 제헌국민의회Assemblée nationale constituante로 바꾸었다.

2) 국민의회: 부르주아적 국면

구체제의 해체와 인권선언　　국민의회 수립 선언과 더불어 대표들은 본격적으로 혁명적 과정에 들어섰다. 일부 궁정 세력은 그렇게 호락호락 굴복하려 하지 않았으며, 천성이 우유부단한 루이 16세는 이들과 좀 더 자유주의적인 인사들 사이에서 오락가락했다. 7월에 국왕은 결국 약 2만 명의 병력을 베르사유 근교에 집결시키기 시작했고, 국민의회를 강제 해산하려 한다는 소문이 나돌았다. 이런 의구심은 작년 8월, 7년 만에 재등용된 자유주의 성향의 재무대신 자크 네케르가 1년도 채 되지 않은 7월 11일 해임되자 더욱 커졌다. 파리 각 선거구를 대표하는 임시 위원회가 국민의회를 지키고 치안을 유지하기 위해 국민방위대 Garde nationale를 조직할 것을 시민에게 촉구하고 나섰다.

7월 14일 성난 파리 군중들이 국민방위대를 무장시킬 무기를 탈취하기 위해 왕립 무기고가 있는 요새이자 감옥으로도 이용된 바스티유Bastille로 몰려갔다. 몇 시간의 포위 공격과 수많은 사상자를 낸 유혈 사태 뒤 바스티유는 함락되었다. 승리한 군중은 수비대장을 비롯한 수비대를 학살하고, 그들의 머리를 잘라 창끝에 매달고 거리를 돌아다녔다. 감옥에는 위조범 다섯 명과 정신이상자 두 명밖에 없었다. 그렇지만 바스티유는 전제정치와 구체제의 가시적인 상징이었고, 그 함락은 급속도로 커지는 민중의 저항을 명확하게 보여주었다. 시민의 폭동에 국왕은 경악했다. 이튿날 그는 국민의회 회의장에 나타나 네케르를 재무대신에 재임명했음을 알리고, 군대에 베르사유 철수를 명했다. 파리 민중이 바스티유를 함락한 날은 이후 혁명 기념일이 되었다. 그 사건을 계기로 파리 민중이 처음으로 정치 무대에 본격적으로 등장했다. 파리의 시 정부가 무너지고, 중간 계급이 장악한 파리 코뮌commune이 파리 시정을 인수했다. 이때부터 파리 코뮌은 미국 독립전쟁의 영웅 라파예트Lafayette 후작을 사령관으로 하는 국민방위대도 조직하면서 권력의 중심이 되었다. 파리 코뮌은 도시 군중의 지지를 받아 종종 국왕과 심지어 국민의회도 그들의 뜻에 따르도록 압박할 수 있었다.

파리 사태의 소식이 전해지자 지방 여러 도시에서 민중 봉기가 잇따랐다. 많은 도시에서 옛 통치 기구가 장악력을 잃고 새로 결성된 혁명 조직이 권력을 장악했다. 농촌에서는 농민들이 영주에 대항하여 반란을 일으켰다. 파리에서 일어난 엄청난 사태의 소식에 자극을 받은 그들은 영주에게 반란을 일으켜 지대와 각종 봉건적 공조의 납부를 거부했다. 한편 귀족들이 농민을 공격하기 위해 불량배를 모집하고 있다는 둥, 외국 군대가 곧 침입해 온다는 둥, 흉흉한 소문이 들불처럼 번지면서 7월 하순과 8월 초 사이에 '대공포'가 농민들을 사로잡았다. 농촌 지역은 혼란에 빠졌다. 대공포가 엄습한 가운데 농민들은 곳곳에서 장원청을 약탈하고, 그들의 봉건적 의무가 적혀 있는 봉건 문서를 불태우고, 때로는 귀족을 살해하기도 했다.

폭력적 농민 봉기 사태에 직면한 국민의회는 농민의 성난 민심을 달래기 위해 무언가 극적인 조치를 취할 필요가 있음을 깨달았다. 그 결과 8월 4일 밤, 국민의회는 극적인 개혁을 단행했다. 그 운명적인 날 국민의회는 밤을 새워가면서 진행한 회의에서 마침내 십일조·농노제·장원적 의무·봉건적 특권·불평등한 세금·관직 매매 등을 비난하고, 봉건제도를 폐지할 것을 엄숙하게 선언했다. 1000년을 유지해 왔던 봉건제도가 일몰과 새벽 사이의 불과 몇 시간 사이에 사망 선고를 받은 것이다. 그다음 며칠 사이에 국민의회는 이 선언을 입법화했다. 그런데 그 법령은 봉건제도를 완전히 폐지한다고 규정했지만, 사실 그것은 과장이었다. 그것은 영주의 봉건적 권리의 유상 폐지를 규정했기 때문이다. 농민은 국민의회가 귀족에게 봉건적 공조의 철폐에 대한 변상 조치를 마련할 때까지 계속 공조를 바쳐야 했다. 그리고 그 법령은 실질적 효과도 별로 없었다. 대다수 지역에서 농민들은 계속 그들의 의무를 기록한 문서를 파괴했으며, 이전에 지고 있던 봉건적 공조를 바치기를 거부했기 때문이다. 어쨌거나 봉건제도는 시간이 지나면서 실질적으로 사라졌다.

이제 국민의회는 원래의 과업인 헌법 제정 작업에 눈을 돌릴 수 있었다. 이 과업은 어렵고 힘든 일이었으나, 주요 자유주의적 원칙에 대해서는 폭넓은 공감대가 형성되어 있었다. 그 산물이 8월 26일 채택된 「인간과 시민의 권리 선언Déclaration des droits de l'homme et du citoyen」이었다. 이 '인권선언'은 국민의회가 자신의 정치 원리를 정의하고 진로를 설정한 것으로서, 앞으로 제정할 헌법의 전문 구실을 할 것이었다. 그 선언은 인간의 자유, 재산, 안전, 압제에의 저항 등을 불가양의 자연권으로 규정했다. 재산은 공공의 안전을 위한 경우가 아닌 한 침해할 수 없는 신성불가침의 권리이며, 세금은 오직 공동체의 동의에 의해서만 부과되어야 했다. 그리고 모든 시민은 자유롭고 법 앞에서 평등하며, 자격 요건을 갖추면 누구나 공직을 맡을 수 있어야 했다. 이로써 귀족의 특권이 폐기되었음이 재확인되었다. 시민의 평등과 재산권의 강조는 그 선언의 부르주아 지향성을 여실히 보여주는 것이었다. 수많은 사람이 권리선언에서 표명된 혁명의 이상을 열렬히 옹호하고 나섰다. 자유·평등·형제애라는 용어가 입에서 입으로 빠르게 퍼져나가고, 새 통치 체제의 구호처럼 사용되었다. 필로조프들이 한 세대 이상 설파해 왔던 계몽주의 원리가 마침내 실현되는 것처럼 많은 사람이 느꼈다.

그러나 루이 16세는 인권선언과 개혁 법령들을 공포하지 않고 미적거리면서, 이웃 나라 군주들에게 은밀하게 지원을 구했다. 유약한 국왕에게 막강한 영향력을 미치는 왕비는 오빠인 오스트리아 황제 요제프Joseph 2세에게 지원을 호소했다. 10월 5일 드디어 왕가를 지원하기 위해 플랑드르의 군대가 도착하자, 왕가에 대한 불신이 깊어졌다. 게다가 일시적으로 식량 부족 사태가 발생하자 여론이 급속히 나빠졌다. 마침내 약 6000명의 여인이 일부는 이것저것으로 무장한 채 국민방위대를 대동하고 빵을 요구하면서 베르사유로 몰려갔다. 대표단이 국왕을 만났고, 국왕은 파리에 더 많은 빵을 공급할 것을 약속했다. 다른 여인들은 국민의회 회의장에 난입하여 회의를 중단시켰다. 다음 날은 여인들이 궁전으로 몰려갔다. 혼란과 약간의 유혈 폭력 사태 뒤, 여인들은 살해한 근위병의 머리를 꿴 미늘창을 높이 치켜들고 국왕 가족의 마차를 에워싼 채 "제빵사, 제빵사 마누라, 제빵사 아들을 다시 데려가고 있다"라고 노래 부르면서 파리로 돌아왔다. 며칠 뒤 국민의회도 파리로 돌아왔다.

국민의회의 개혁 조치　　파리로 돌아온 이후 국민의회에 미치는 파리 시민의 힘은 증대했으며, 루이 16세의 태도 역시 큰 변화를 겪었다. 그는 혁명의 수인 신세가 되었다고 느끼기 시작했으며, 개혁에의 초기 공감이 모두 사라졌다. 무력감에 빠진 그는 국민의회의 법령들을 승인하는 한편, 은밀하게 파리를 탈출하고 혁명을 전복할 계획을 꾸몄다.

한편 국민의회는 국민방위대를 통해 집행할 계엄령을 선포함으로써 어느 정도 정치적 안정을 되찾았다. 그다음 2년 동안 국민의회 지도자들은 계몽사상에 입각하여 정치제도 전반을 재조직하려 했다. 그들은 대다수가 중간계급 출신 법률가와 소수의 귀족이었기 때문에, 변화를 추구했지만 또한 단호하게 질서를 유지하고 재산을 지키고 그들의 이익을 증진하고자 했다. 그래서 그들은 자신의 목표를 달성해 감에 따라 점점 더 보수화했다. 천명한 목표는 헌법 제정이었으나, 국민의회는 긴급하게 대처해야 할 위기 상황 때문에 이 과업에만 몰두할 수 없었다. 가장 절박한 위기는 역시 재정 문제였다. 국민의회는 이 문제를 해결하기 위해 1789년 11월 교회 토지를 몰수하기로 하고, 이를 담보로 새 지폐 아시냐assignat를 발행했다. 아시냐 발행은 단기적으로 재정 위기 타개에 매우 효과적이었다. 그러자 차츰 담보 토지의 가치를 훨씬 넘어서는 액수가 발행되었으며, 나중에 국외로 도피한 귀족의 토지를 몰수했을 때도 그러했다. 그 결과 아시냐의 가치는 폭락했으며, 1795년에 이르러서는 마침내 휴지 조각이 되었다.

이 재정적 응급조치는 두 가지 중요한 결과를 가져왔다. 통화 팽창은 상응하는 물가 상승을 의미했고, 이는 특히 도시의 임금소득자에게 타격을 주었다. 이 사실은 파리 무산대중의 혁명적 열정을 부추기는 자극제로 작용했는데, 이들은 자신의 고통을 혁명의 적들이 은밀히 꾸민 음모 탓으로 여겼다. 이 점은 파리를 포함한 대도시들이 급진주의의 주요 거점이 되는 요인이 되었다. 또 하나의 훨씬 더 장기적인 결과는 토지 몰수와 매각으로 인한 재산의 광범한 이전이었다. 처음에 몰수 토지의 상당량은 주로 중간계급 투기꾼에게 매각되었는데, 이들은 그 땅을 조금씩 농민에게 되팔았고, 그래서 농민들은 프랑스 토지의 대부분을 소유하게 되었다. 그 결과 그때부터 1940년대까지 프랑스는 압도적으로 소농의 나라가 되었다. 혁명이 진행되는 동안에는 토지의 이전이 농민의 다수를 혁명의 대의에 묶어두는 효과를 가져왔다. 그들은 구체제로의 복귀가 새로 얻은 땅의 원상회복을 뜻하는 게 아닐까 두려워했기 때문이다.

가톨릭교회는 구체제의 중요한 대들보였기 때문에 개혁의 핵심 표적이었다. 국민의회는 교회 토지 몰수에 반발하는 가톨릭 농민들을 회유하기 위해 십일조의 폐지를 의결했다. 그리고 몇몇 의원은 국가교회의 완전 폐지를 주장하기도 했으나, 국민의회는 1790년 7월 '성직자 민사기본법Constitution civile du clergé'을 제정하여 교회를 국가의 지배 아래 두는 것으로써 교회와의 관계를 정리했다. 이 법은 모든 성직자를 국가로부터 봉급을 받는 공복으로 만들고, 대주교구를 폐지하고, 주교구의 수를 대폭 줄이고, 수도원은 그냥 해체했다. 무엇보다 급진적인 것은 앞으로 모든 사제와 주교 그리고 교회 관리를 해당 지역의 시민이 선출하도록 한 조치였다. 이는 곧 개신교도, 유대인, 자유사상가들도 가톨릭교 성직자 선출에 목소리를 낼 권리를 갖게 되는 것을 의미했다. 대다수 가톨릭교도는 아연실색했다. 그리고 11월에는 모든 성직자가 성직자 민사기본법에 충성을 서약하는 것이 의무화되었는데, 그러나 주교 일곱 명과 성직자 절반 정도만 서약에 응하고 나머지는 모두 서약을 거부했다. 선서를 거부한 사제들은 교구에서 추방되고 박해를 받았다. 그 반년쯤 뒤, 교황은 성직자 민사기본법을 비난하고 법 제정자를 파문했다. 그 결과 성직자들은 선서파 성직자와 비선서파 성직자로 갈라지고, 독실한 교도들은 혁명을 지지하기가 어려워졌다. 이 사태로 프랑스 사회는 심각한 분열을 겪게 되고, 특히 농민들이 혁명을 불신하는 계기가 되었다.

국민의회의 경제정책은 중간계급의 지지를 얻는 것에 초점이 맞춰졌다. 그래서 국민의회는 국채 보유자에게 몰수한 교회 토지와 외국으로 도망간 귀족의 토지를 매각한 자금으로 그 상환을 보증해 주었다. 산업 규제와 길드가 폐지되고, 모든 수공업이 개방되었다. 그리고 르샤플리에법Loi de Le Chapelier(1791)으로 노동자의 결사와 파업이 금지되고, 임금은 개인 간의 계약으로 정해지게 되었다. 외국 무역에는 몇 가지 규제가 남아 있었지만, 국민의회는 중농주의자와 애덤 스미스의 주장을 바탕으로 경제 규제를 자유 경쟁으로 대체했다. 그리고 국민의회는 여성의 몇몇 희망을 꺾어버린바, 이혼의 자유와 여성 시민권 혹은 여성 교육 등의 탄원은 대체로 무시되었다.

새 국가의 건설: 헌법 제정　국민의회는 2년간의 지루한 논쟁 끝에 마침내 1791년 9월 초에 프랑스 최초의 헌법 제정 작업을 완료했다. 1791년 헌법은 입헌군주정과 임기 2년의 단원제 의회를 채택했다. 국왕은 각료를 선임하고, 외교관과 군 장교를 임명할 권한을 가졌다. 그리고 그는 의회가 제정한 법을 일시 거부할 수 있으나 막을 수는 없으며, 의회를 해산할 수도 없었다. 게다가 국왕은 합법적으로 폐위될 수 있었다. 새로 설치되는 입법의회에는 예산 통제권, 각료를 탄핵하거나 책임을 물을 권리, 최고 사법권 등이 부여되었다. 그리하여 국왕은 명목상의 우두머리가 되었으며, 입법의회는 사실상 주권적 권력을 갖게 되었다.

지방정부는 획기적으로 개편되고 분권화되었다. 이전의 모든 지방행정단위가 폐지되고 전국이 획일적으로 도département-군arrondissement-코뮌commune의 3단계 행정구역으로 재조직되었으며, 각급 지방정부는 중앙정부의 감독을 받지 않는 선출직 관리의 책임 아래 놓였다. 그리고 행정 및 사법 조직과 교회 교구 등이 모두 새 행정구역에 일치하도록 조정되었다. 사법 개혁도 이루어져, 고등법원이 폐지되고 성직자처럼 법관도 선거로 선출되었다. 뒤이은 사태로 헌법이 사실상 폐기되었으나, 이때 이루어진 행정 개편은 오늘날까지 유지되고 있다.

1791년 헌법에서는 인권선언에서 천명되었던 평등과 형제애의 의미가 상당한 정도로 제한되었다. 성직자와 귀족의 특권적 지위가 폐지되었고, 그런 의미에서 모든 시민은 평등해졌다. 그러나 또 다른 면에서 평등은 확립되지 않은바, 시민은 '능동 시민'과 '수동 시민'의 두 계급으로 나뉘었다. 능동 시민은 일정 수준 이상의 직접세를 내는 25세 이상의 남자 시민으로서, 그들에게만 투표권이 주어졌다. 선거권이 없는 남자 시민과 더불어 모든 여성은 '수동 시민'이 되었다. 게다가 민주주의의 충격을 줄일 완충 장치로 간접선거제도가 도입되었다. 대략 400만 명 남짓 되는 능동 시민은 선거인단만 선출할 뿐이었고, 이들 선거인단이 입법의회 의원과 선거구의 행정관리 및 법관을 선출했다. 선거인단이 되려면 더 높은 재산 자격 요건을 갖추어야 했는데, 해당 인구는 5만 명쯤에 불과했다. 당연히 의원이나 관리가 되기 위해서는 훨씬 더 높은 재산 자격이 필요했다. 1791년 헌법이 수립한 정치체제는 결국 철저하게 부유한 가문이 지배하는 체제였으며, 사실상 금권정치체제였다.

3) 급진주의로의 이동

급진주의의 대두   온건한 자유주의자들이 주도하는 국민의회는 사회의 양극단을 동시에 만족시킬 수는 없었다. 루이 16세의 동생 아르투아Artois 백작을 비롯한 많은 귀족과 고위 성직자가 이웃 나라로 도망가서 외국 정부에 프랑스 사태에 개입하기를 요청하는 한편, 국내에 남아 있는 왕당파를 혁명에 저항하도록 부추겼다. 반대편 극단에 있는 대도시 노동자들은 국민의회가 이끄는 정부의 편에 설 이유가 없었다. 르샤플리에법은 노동자의 결사를 금지하고, 치안을 어지럽히거나 파업을 위협하는 행동을 가혹하게 처벌했다. 게다가 아시냐의 통화 팽창으로 물가가 오르고, 늘 그렇듯 임금노동자가 고통을 겪었다.

파리 노동자들의 불만은 하층 중간계급도 어느 정도 공유했는데, 이들은 능동 시민이 되기 위한 재산 자격을 충족하지 못한 사람들이었다. 그들의 불만은 급진적인 지식인과 전문가의 정치 클럽을 통해 표출되었는데, 이들은 혁명이 그 목표에 다다르기 전에 멈춰 섰다고 느꼈다. 그런 클럽 중 가장 영향력이 큰 것은 1789년 결성된 자코뱅Jacobin 클럽이었다. 여러 분파가 느슨하게 모인 이 클럽에는 의사 출신의 언론인인 장 폴 마라Marat(1743~1793), 법률가로서 대단한 웅변가인 조르주 자크 당통Georges Jacques Danton(1759~1794), 역시 법률가로서 루소의 열렬한 추종자인 막시밀리앙 로베스피에르Maximilien Robespierre(1758~1794) 같은 저명한 혁명 지도자들이 포진해 있었으며, 그 외에도 많은 열정적 젊은이가 혁명의 첫 2년 동안 혁명가로 두각을 나타냈다.

당통과 마라는 1790년 4월 코르들리에Cordelier 수도원을 근거지로 한 정치 클럽을 결성했으며, 로베스피에르는 1791년 상대적으로 보수적인 회원들이 떠난 뒤 자코뱅 클럽의 주도권을 장악했다. 자코뱅 수도원 자리를 회합 장소로 했던 이 정치 클럽은 각 지방에 지부 조직을 꾸리고, 서신 교환과 순회 조직가를 통해 지부를 효율적으로 관리했다. 나중에 자코뱅이 권력을 장악했을 때, 지방의 클럽은 지방정부의 기능을 일부 접수하고 지방 관리를 세심하게 감시했다. 자코뱅 클럽과 코르들리에 클럽은 1790년 봄 이후 파리에서 대중의 불안 심리를 자극했는데, 망명 귀족들이 혁명에 퍼붓는 비난과 이에 맞장구친 외국 왕당파들의 행동 때문에 불안은 더욱 증폭되었다. 국민방위대의 온갖 노력에도 파리 군중의 움직임과 농촌의 소요가 치안을 위태롭게 했다. 그런 가운데 루이 16세가 온건 개혁 세력의 입지를 허무는 치명적 실수를 저질렀다. 1791년 6월 그는 가족과 함께 오스트리아로 탈출하려다가 도중에 들켜서 파리로 압송된 것이다. 국왕에 대한 불신이 더욱 깊어지고, 상황은 더욱 험악해졌다. 자코뱅 선동가들이 국왕의 폐위를 주장했으며, 국민방위대는 군중에 발포하여 사상자가 발생했다. 그 결과 파리 시민의 불만이 팽배해졌다.

입법의회　　이런 어수선한 분위기 속에서 1791년 9월 30일 국민의회가 스스로 해산하고, 이튿날 새 의회인 입법의회Assemblée législative가 개원했다. 가을 동안 입법의회는 국내외적으로 매우 불안정한 상황에 놓여 있었다. 망명에 실패한 뒤 국왕은 혁명을 더욱 혐오하게 되었으며, 계속 외국의 지원 세력과 은밀히 내통했다. 중간계급 투자자들은 아시냐의 가치가 20%나 떨어지는 데 놀랐고, 도시 하층민은 생활비 상승으로 고통을 받았으며, 농민들은 아직도 봉건적 공납이 폐지되지 않는 데 대해 분노했다. 무엇보다 방데Vendée와 그 이웃 지역에서 가톨릭 농민들이 산발적으로 반혁명 봉기를 일으키기 시작했다.

　사회의 분열과 불안은 당연히 입법의회에 반영되어서 의원들은 크게 세 집단으로 나뉘었다. 라파예트 등이 1791년 7월 결성한 퓨양파Feuillants는 입헌군주정을 지지하면서 헌법이 성공적으로 뿌리내리기를 원했다. 그동안 정치 지형은 착실하게 왼쪽으로 이동해서, 국민의회에서 좌파였던 입헌군주정파는 이제 입법의회에서는 온건 우파가 되었다. 좌파인 지롱드파Girondins는 군주정을 불신하고 공화정을 선호한 한편, 파리의 폭력적 군중을 불신하면서 점진적이며 합법적인 변화를 추구했다. 그들은 프랑스 서남부의 지롱드 지방 출신이 다수여서 그렇게 불렸다. 그리고 의원 절반가량은 이 양 파 어느 쪽에도 속하지 않으면서, 사안에 따라 이쪽저쪽을 오가는 중도파였다.

처음에는 푀양파가 입법의회의 주도권을 잡았으나, 불과 몇 개월 만에 지롱드파가 다수의 지지를 확보했다. 루이 16세는 여러 차례 거부권을 행사해서 의회의 입법 행위를 지연시켰는데, 그로 인해 왕이 새 정부의 성공을 원치 않는다는 의구심과 군주정에의 불신이 커졌다. 이런 상황은 중도파를 푀양파에서 지롱드파로 기울게 하는 요인이 되었다. 지롱드파는 또한 국제 정세의 득을 보기도 했다. 절대왕정 체제를 유지하고 있는 이웃 나라 군주들이 혁명의 불길이 그들 나라에 번지지 않을까 불안하게 지켜보는 가운데, 오스트리아 황제와 프로이센 국왕이 1791년 8월 필니츠 선언Pillnitzer Deklaration을 통해 프랑스 군주정을 구하기 위해 유럽이 무력으로 개입할 것을 요청했다. 필니츠 선언으로 구체화한 외부 세력의 개입은 이후 혁명 내부의 급진주의를 고무하거나 혹은 분열을 부추기면서 혁명의 진로에 깊게 영향을 끼쳤다. 지롱드파는 이 위협에 맞서 혁명을 구하기 위한 전쟁을 호소했는데, 그들은 정서적 호소로 중도파를 끌어들여 입법의회의 주도권을 장악할 수 있었다.

1792년 2월 오스트리아와 프로이센이 동맹을 맺고 완고한 반동주의자 프란츠 2세가 3월에 오스트리아의 제위 계승자가 되자(실제 즉위는 7월에 이루어짐), 정세는 전쟁으로 한 걸음 더 가까워졌다. 루이 16세와 왕비는 이제 그들을 자유롭게 해줄 전쟁에 기대를 걸었고, 지롱드파는 정부에 대한 통제권을 장악했다. 전쟁을 호소한 지롱드파와 달리 좀 더 급진적인 자코뱅파는 전쟁에 소극적이었다. 그들은 전쟁으로 인해 혁명이 저지되고 어려운 사람들에 대한 정부의 경제 지원이 중단될 것을 우려했다. 프랑스는 결국 1792년 4월 20일 오스트리아에 전쟁을 선포했다. 이로써 23년이나 이어질 기나긴 전쟁의 시대가 막을 올렸다.

급진 세력의 득세　프랑스가 전쟁을 선포했을 때 보통 사람들은 전반적으로 의기양양했으며, 전국을 휩쓴 애국적 열정은 지롱드파의 든든한 정치적 자산이 되었다. 그러나 애국적 열정이 승리를 가져다주지는 않았다. 실제 전투가 벌어지자, 훈련도 제대로 받지 못한 프랑스 신병들은 오스트리아령 네덜란드(벨기에)의 침략을 받고 혼비백산하여 퇴각했다. 국민은 실망에 빠졌다. 그런데 침략군을 지휘한 프로이센의 브라운슈바이크*Braunschweig* 공이 7월에 만일 프랑스 왕가가 해코지를 당한다면 파리를 완전히 파괴해 버리겠다고 위협했을 때, 프랑스의 대중은 왕이 적과 내통하고 있다고 믿게 되었다. 국왕에 대한 불신과 비난이 쏟아졌다. 이를 계기로 급진주의가 민족주의와 결합하게 되었으며, 대중들은 좌절에서 벗어나 오히려 결연하게 전쟁 의지를 다졌다.

가두시위가 되살아나고, 당통은 위압적 목소리로 국왕을 프랑스의 반역자라고 비난하면서 분노한 거리의 군중을 사로잡았다. 결국 '8월 봉기'가 일어났다. 8월 10일 남녀 가릴 것 없이 흥분한 파리 군중이 궁전으로 몰려가 국왕 가족을 폭행하고, 스위스 근위병을 학살하고, 경내를 약탈하며 돌아다녔다. 군중의 지원을 업고 파리 코뮌은 파리시의 자치정부를 수립했다. 군중의 외침과 압박 속에서 입법의회는 왕권을 정지했으며, 따라서 입헌군주정이 작동할 수 없게 되었으므로 새로운 헌법을 제정할 국민공회의 소집을 결정했다. 그리고 혁명의 열기가 고조되는 가운데, 외부의 적과 맞서기 전에 먼저 내부의 적을 제거해야 한다는 목소리가 높아졌다. 고조된 분위기 속에서 난폭한 군중들은 9월 초에 왕당파 혐의자와 혁명을 거부하는 사제들이 갇혀 있는 감옥을 습격하여 수많은 사람을 즉결 처형했다. 악명 높은 '9월의 학살'이 자행된 것이다. 고삐 풀린 폭력의 광풍이 프랑스를 휩쓸었고, 반혁명 혐의자 학살은 그 뒤로도 전국에서 산발적으로 자행되어 모두 합해 2000명가량이 희생되었다.

'8월 봉기'를 계기로 혁명은 좀 더 급진적인 단계로 접어들었다. 부유한 부르주아가 뒷전으로 밀려나고, 일반 민중이 혁명의 주도 세력으로 등장했다. 이들은 스스로를 자랑스럽게 퀼로트를 입지 않는 사람이라는 뜻으로 상퀼로트*sans-*

culottes라 불렀는데, 그럼으로써 그들은 퀼로트라는 반바지를 입는 상류층과는 다른, 통바지를 입는 평민의 독자적 정체성을 확인했다. 그리고 상퀼로트를 기반으로 좀 더 급진적인 지도자가 전면에 등장했다. 그들의 압력 아래 입법의회는 혁명 이전의 지주들에 대한 모든 변상을 폐지하고, 농민을 비롯한 토지 매입자에게 완전한 법적 소유권을 부여했다. 또 다른 급진적 개혁은 결혼의 세속화와 이혼의 합법화였다. 이 조치들은 혁명이 이룬 중요하고 항구적인 변화인바, 토지 소유 양상과 가족의 법적 관계를 바꾸어놓았다.

4) 국민공회와 자코뱅의 지배

공화정 수립과 국왕의 처형   1792년 9월 21일 새로운 제헌의회인 국민공회 Convention nationale가 소집됨으로써 입법의회의 역할은 끝났다. 국민공회가 개최되기 바로 전날, 활력을 회복한 군대가 프랑스 북부 발미Valmy에서 프로이센군을 물리쳤다. 그것은 혁명군이 거둔 귀중한 첫 승리였다. 그동안 오스트리아와 프로이센의 군대가 계속 진격하면서 프랑스는 위기에 몰렸으나, 이 승리를 계기로 혁명군은 조금씩 공세로 전환했다. 혁명군은 오스트리아령 네덜란드를 침공하고, 라인란트와 사르데냐의 몇몇 공국을 점령했다. 혁명군은 점령한 곳 어디서든 혁명 체제를 수립했으며, 종종 점령 지역 주민의 호응을 얻어 그렇게 할 수 있었다. 승리로 의기양양해진 국민공회는 각 나라의 전제정 전복 노력을 지원할 것이며, 자유와 평등을 거부하고 군주와 특권계급에 협력하는 자는 적으로 대접할 것임을 천명했다. 이로써 혁명파들은 전면적인 이데올로기전을 개시했다.

한편 국민공회는 개원하자마자 서둘러서 왕정을 폐지하고, 이튿날인 9월 22일 공화정을 선포했다. 이로써 프랑스는 중세 이래의 오랜 왕정에서 벗어나 처음으로 공화정 시대를 맞이하게 되었다. 공회가 그다음 당면한 첫 문제는 국왕 처리 문제였다. 공회는 12월에 루이 16세를 재판에 넘겼다. 지롱드파는 국왕에 관대한 처분을 내릴 것을 주장했으나, 처형을 주장하는 자코뱅파가 간발의 차이로 표결에서 승리했다. 당통과 로베스피에르 그리고 마라 등이 이끄는 자코뱅 급진파가 확실하게 상승 기류를 탔다. 그러나 이 뜨거운 쟁점을 놓고 갈라진 지롱드파와 자코뱅 급진파 사이에는 상호 불신과 적의의 씨가 뿌려졌다. 루이 16세는 반역 혐의로 사형을 선고받고 1793년 1월 21일 처형되었다.

국왕의 처형은 국내에서 반혁명 세력을 강화하는 한편, 유럽 모든 나라가 프랑스에 등을 돌리는 결정적 요인이 되었다. 영국, 오스트리아, 프로이센, 에스파냐, 네덜란드, 사르데냐가 1793년 3월에 제1차 대對프랑스 동맹을 결성했다. 연합군은 곧 벨기에와 독일에서 프랑스군을 몰아내고, 더 나아가 여러 곳에서 다시 프랑스 국경을 침입했다. 몇몇 프랑스 장군이 적군에 투항하는 사태도 벌어졌다. 이어지는 군사적 위기에서 국민공회는 병사 30만 명을 징집하기로 하고 각 지방정부에 책임량을 할당했다. 공화국의 전쟁상인 라자르 카르노Lazare Carnot (1753~1823)는 모든 계층에게 진급을 개방하고 군대를 재조직했다. 그의 노력에 국민이 애국심으로 반응하여 어렵사리 군사적 안정을 회복했다.

지롱드와 자코뱅의 정파 투쟁　　국민공회 의원은 원칙적으로 남자 보통선거로 선출하게 되었으나, 실제로 선거에 참여한 사람은 유권자의 1할 정도에 불과했다. 그래서 공회는 입법의회처럼 대체로 법률가와 전문 직업인 그리고 자산가가 지배했다. 그렇지만 국민공회의 정치 지형은 확실하게 왼쪽으로 이동했다. 지롱드파는 입법의회에서 급진파였는데, 공회에서는 보수파가 되었다. 자크 피에르 브리소Jacques Pierre Brissot(1754~1793)가 그 가장 뛰어난 지도자였다. 계몽사상가 콩도르세 후작과 샤를 프랑수아 뒤무리에Charles François Dumouriez(1739~1832) 장군이 지롱드파와 결합했다. 지롱드파는 부유한 중간계급의 대변자로서, 하층 노동자들을 불신하고 자신과 같은 전문직과 상인 계층 출신이 지배하는 공화국을 수립하기를 열망했다. 그들의 공화국은 자유방임 경제정책을 추구하고, 지방정부가 광범한 권한을 갖는 연방 공화국이었다.

국민공회에서 급진파는 자코뱅파였는데, 그들은 지롱드파보다 수가 적었으

나 로베스피에르와 라자르 카르노 그리고 루이 드 생쥐스트Louis de Saint-Just(1767~
1794) 같은 열정적이고 유능한 인물들이 이끌고 있었다. 이들은 민중의 덕성과
능력을 신뢰하고, 파리를 중심으로 고도로 중앙집권화한 민주공화국을 꿈꾸었
다. 중도파는 공회 회의장에서 가운데 낮은 곳에 자리하여 평원파로 불렸는데,
자코뱅파는 자리가 왼쪽 높은 곳에 있어서 산악파Montagnards라는 별칭을 얻었
다. 자코뱅파는 1792년 정식 명칭을 '헌법의 벗 협회Société des amis de la constitution
에서 '자유와 평등의 벗 자코뱅 협회Société des Jacobins, amis de la liberté et de l'égalité'로
바꾸었다.

국민공회는 프랑스 전역에 대한 통치권을 확립하지 못했다. 1792년에 그랬던
것처럼, 외부의 위협 때문에 1793년 봄철에 국내 위기가 절정으로 치달았다. 브
르타뉴Bretagne와 방데에서 가톨릭 농민들이 국왕의 처형에 분노하고 공화국의
군대 징집에 반발하면서 반란을 일으켰다. 그들은 농민군을 결성하여 왕당파 망
명객의 지도를 받고 영국 선박의 지원을 받아, 끈질기게 게릴라전을 벌이면서
공화국의 안정을 위협했다. 한편 파리에서는 폭도들이 국민공회 회당에 난입하
여 식료품 가격 상승에 항의하고 물가 통제를 요구했다. 그에 따른 조치가 4월
에 국민공회에서 격노파Enragés의 주도로 추진되었는데, 이들은 급진적 언론인
자크 에베르Jacques Hèbert(1755~1794)가 이끄는 자코뱅 극단파였다. 그 결과 5월에
지롱드의 반대에도 불구하고 최고 가격법이 제정되었다.

국민공회는 국내의 위기에 대처하기 위해 몇몇 중요한 기구들을 설치했다.
3월에 반혁명 용의자를 색출하여 처벌하기 위해 특별법정인 혁명재판소Tribunal
révolutionnaire가, 4월에는 일상 행정 업무를 처리하고 치안을 유지하기 위해 공안
위원회Comité de salut public가 창설되었다. 이 두 기관은 지난해인 1792년 9월 경찰
조직으로 창설된 보안위원회Comité de sûreté générale와 더불어 공포정치를 이끄는
핵심 기관 역할을 했다.

자코뱅파가 주도한 이러한 조치들은 결국 강력한 중앙집권적 정책을 의미했
는데, 불가피하게 지방분권을 지향하는 지롱드파의 반발을 불러올 수밖에 없었

다. 양 파 간에 치열한 투쟁이 전개되었으며, 갈등은 5월 말에 절정에 이르렀다. 마침내 지롱드파가 마르세유·리옹·보르도·툴롱Toulon 등지에서 봉기를 획책하자, 파리 코뮌의 자코뱅 좌파는 5월 31일 무장 폭도를 동원하여 공회로 난입했다. 그들은 6월 2일 공회에서 지롱드파 지도자들을 축출했다. 이로써 지롱드파는 몰락하기 시작하고 자코뱅파가 국민공회를 장악했다. 프랑스 전역에서 공회가 권력을 장악한 곳은 어디에서든 지롱드파는 체포되든가 아니면 지하로 숨어들었다. 공포정치의 막이 오른 것이다. 공화정 초기에 지롱드파는 국내 안정을 도모하고 밖으로 혁명전쟁 수행에 진력했다. 그러나 1793년 4월 지롱드파 장군 뒤무리에가 오스트리아군에 투항한 뒤 지롱드파는 입지가 무너지기 시작했다. 전쟁터에서 혁명군이 후퇴하고 국내에서는 반혁명 세력이 커가고 있을 때, 지롱드파의 정책은 사태 극복에 충분하지 못했다. 공화국을 지키기 위해서는 과감하고 영웅적인 조치가 필요했는데, 자코뱅만이 그런 조치를 수행할 수 있었다.

자코뱅 독재와 공포정치　국민공회는 이제 자코뱅파의 독무대가 되었다. 지롱드파가 숙청된 뒤, 공회는 서둘러 헌법 작성을 완료하고 6월 24일 공포했다. 이 1793년 헌법은 공화정과 성인 남자 보통선거에 의한 단원제 의회 등의 규정을 담고 있었다. 그러나 이 헌법은 공포정치로 인해 전쟁이 종결될 때까지 시행이 무기한 연기되었다가, 자코뱅파의 몰락으로 결국 폐지되는 운명을 맞았다.

자코뱅파의 권력 독점은 7월 13일 마라가 한 여성 지롱드 동조자에게 살해된 뒤 더욱 공고해졌다. 마라는 존경받는 혁명 지도자였는데, 그의 뜻밖의 죽음에 거리의 사람들은 격분했다. 반지롱드 정서가 들끓는 가운데 공안위원회와 혁명재판소의 위원이 교체되어 자코뱅파가 두 기구를 장악했다. 자코뱅파는 이 두 기구를 통해 엄혹한 독재와 공포정치를 시행했다. 특히 12명 위원으로 구성된 공안위원회에 권력이 집중되었는데, 7월 이후에는 당통을 이어 로베스피에르가 위원회를 이끌었다. 공안위원회 산하 위원회가 각 지방 행정단위마다 설치되었다. 이들 지방 위원회는 복종을 강요하고, 이웃을 이용하여 이웃을 밀고하게 하고, 아들이 아버지에게 불리한 증언을 하게 했다. 반역 혐의자는 혁명재판소에서 재판을 받았고, 그 대다수는 사형 선고를 받고 즉결 처형되었다.

9월에는 반혁명 용의자를 단속하는 '용의자법'이 제정되었는데, 이 법은 비록 자유를 해치는 짓을 하지 않아도, 자유를 위해 아무것도 하지 않는 사람을 반역자로 규정했다. 10월에 브리소를 비롯한 몇몇 지롱드 지도자들이 처형되었는데, 그해 말에 이르러 공회를 이끌던 자코뱅 자신이 지롱드처럼 비판을 받는 처지에 놓였다. 자크 루Jacques Roux가 이끄는 격노파가 극단적 평등주의를 호소하면서, 자코뱅이 진정으로 혁명적이지 않다고 비판하고 나선 것이다. 이들은 부자들의 더 많은 희생을 요구했다. 그러나 이견을 용납하지 않는 자코뱅 지도자들은 이듬해인 1794년 1월 격노파 지도자들을 체포, 처형했다.

그러나 이로써 왼쪽에서의 비판이 끝나지는 않았다. 에베르파가 부자를 비난하는 목소리를 높이면서 자코뱅을 미온적이라고 비난했다. 그뿐만 아니라 에베르파는 파리의 많은 교회를 '이성의 사원'으로 바꾸어놓으면서 혁명을 철저한 무신론 쪽으로 몰아가려고 했는데, 이들의 극단적인 탈기독교 운동은 자코뱅파에게 큰 부담이 되었다. 그와 동시에 오른쪽에서도 비판의 목소리가 터져 나왔다. 당통을 비롯한 관용파는 혁명이 지켜졌으므로 더 이상의 유혈이 필요 없다고 믿고, 공포정치를 끝내고 혁명재판소의 권력을 줄이라고 주장했다. 성공적인 전쟁 수행으로 외적의 위협이 사라지고, 그에 따라 공포정치의 주요 명분도 없어졌다는 것이었다. 그러나 자코뱅 지도자들은 공포정치의 고비를 늦추려 하지 않았다. 그 결과 에베르파가 1794년 3월에, 당통과 관용파가 4월에 체포되고, 유죄 판결을 받고, 단두대에 올랐다.

자코뱅에 처형된 사람이 얼마나 되는지는 추산하기 어렵고, 테러에 겁먹은 사람들에 의해 대단히 과장되기도 했다. 1793년 9월에서 1794년 7월 사이에 4만~5만 명이 희생되었다는 주장도 있지만, 추정컨대 약 2만 5000명의 희생자가 달구지에 실려 광장에 끌려와 기요틴guillotine에 올려졌을 것이다. 그러나 로베스피에르에게 이 참극은 단지 일시적으로 치러야 할 희생에 불과했다. 전쟁과 국내의 비상 상태가 지나가면 이른바 '덕德, vertu의 공화국'이 올 것이며, 그곳에서는 인권이 온전하게 실현될 것이기 때문이었다. 그곳은 부패하지 않고 전적으로 헌신적인 시민들이 순수하고 공화적인 삶을 실천하며, 건전한 제도와 교육으로 비할 바 없는 행복이 보장되는 나라였다. 그러나 로베스피에르가 설정한 덕의 기준에 미칠 것을 자신하지 못하는 많은 공회 의원이 두려움에 떨었다. 결국 지롱드파와 에베르파 그리고 당통파를 차례로 삼킨 광적인 테러는 1794년 여름에는 마침내 로베스피에르 자신을 포함한 대다수 자코뱅 지도자를 집어삼켰다. 그와 함께 '덕의 공화국'의 꿈도 사라졌다.

국민 총동원령 　자코뱅파는 독재와 테러를 통해 상당히 효율적으로 전쟁을 수행했고, 전쟁 수행을 위해 인적 및 물적 자원을 총동원했다. 국민공회는 1793년 8월에 국민 총동원령을 내려 18~40세의 모든 남성이 군 복무를 하게 했다. 이 정책으로 80만 대군이 양성되었는데 이는 유럽 역사상 최대 규모의 상비군이었다. 프랑스 혁명군의 창설은 근대 민족주의의 형성에서 하나의 중요한 계기가 되었다. 이전에 전쟁은 정부나 왕조 간에 직업 군인으로 이루어진 비교적 소규모 군대끼리 싸웠다. 그러나 프랑스의 새 군대는 '국민'의 정부가 창설한 것이며, 이 군대의 전쟁은 이제 전체 '국민'의 전쟁이었다. 그렇지만 왕조 전쟁이 국민의 전쟁이 되었을 때, 전쟁의 만행과 무절제는 더욱 늘어났다. 이전의 전쟁에서도 무고한 민간인이 희생을 당했으나, 이제는 때때로 끔찍스러울 정도의 대학살이 자행되었다. 프랑스혁명 시대의 전쟁은 근대 세계의 총력전total war으로 가는 문을 열었다.

경제정책과 다양한 개혁 　자코뱅파는 공식적으로는 자유 기업을 이상으로 믿었지만, 광범한 전시 통제 경제체제를 운용했다. 정부 기관이 노동을 징발하고 산업을 넘겨받아, 대량으로 군복·무기·의료 물품·장비 등을 생산하도록 지도했다. 파리에서만 258개 철물 공장에서 하루에 1000개의 포신을 만들었다.

독점 상인과 투기꾼에 대한 비난이 일고 식량 폭동이 일어나자, 공회는 생활필수품에 대한 최고가격제·식량 배급·고정 임금 등을 시행하는 한편, 은행 지급 준비금이나 시장 수요와 관계없이 화폐를 발행했다. 정부는 또한 모리배를 처벌하고, 망명 귀족의 재산을 가난 구제에 쓰고, 토지를 농민에게 직접 매각하고, 옛 영주에 대한 모든 보상적 의무에서 농민을 벗어나게 해주었다.

국민공회는 또한 법률의 체계적인 법전화를 시작하고, 무상 공교육제도를 위한 계획을 수립했다. 공회는 이를 시행할 시간을 얻지는 못했으나, 이는 나중에 나폴레옹 체제에서 완성되었다. 일상생활과 관련해서도 많은 변화가 일어났다. 상류층 복장인 퀼로트, 머리 가루를 뿌린 가발, 보석 장식 등 신분을 상징하는 일체의 물품이 금지되었다. 신분을 나타내는 칭호도 폐지되어, 사람들은 그저 '시민'으로만 불렸다. 그리고 과학 아카데미와 협력해서 미터법을 제정하여 지방마다 달라 혼란스러운 도량형을 통일했는데, 이는 혁명이 전 세계에 남긴 항구적인 유산이 되었다.

새로운 질서를 창출하기 위한 노력의 일환으로 국민공회는 다양한 탈기독교 정책을 추진했다. 공회는 달력을 개혁하여 새로 혁명력革命曆을 제정했는데, 한 달은 열흘이 한 주인 3주로 나뉘고, 각 달에는 안개의 달brumaire이나 열熱의 달 thermidor처럼 기후나 계절을 반영하는 새 이름이 주어졌다. 그리고 혁명력은 남은 5일을 연말에 몰아 혁명 축제일로 삼았다. 새 달력에서는 공화국의 새 시대가 열린 날인 1792년 9월 22일이 기원 원년의 첫날이 되었으며, 일요일과 기독교 축제일이 모두 없어졌다. 한편 가톨릭교에 대한 강한 반발이 일어나, 많은 교회가 폐쇄되고 성상이 파괴되었다. 교회에 대한 불신과 반감은 또한 하느님의 숭배 대신에 이성의 숭배 형태로 나타났다. 이성의 축제가 조직되어, 젊은 여성이 이성·덕성·의무 등의 살아 있는 상징 역을 맡았다. 1794년에는 '최고 존재의 숭배Culte de l'Être suprême'를 위한 대대적인 제전이 조직되었다. 최고 존재의 숭배는 로베스피에르가 수립하고자 한 덕의 공화국에서 가톨릭교를 대신할 종교였다.

식민지 노예제와 여성 문제　　혁명 초기에 평등을 열망하는 분위기 속에서 노예제에 관한 논의가 활발하게 벌어졌다. '흑인의 벗 협회La Société des amis des noirs'라는 단체가 노예제 폐지를 주장하고 나섰지만, 설탕 농장에서 노예 노동으로 엄청난 이윤을 올리고 있던 생도맹그의 프랑스 식민자들은 식민지에서의 노예제 폐지를 반대했다. 히스파니올라섬 서쪽 절반인 생도맹그는 프랑스가 1697년 에스파냐로부터 넘겨받은 곳으로서, 프랑스가 남아메리카에서 보유한 유일한 식민지였다. 그곳은 카리브해역의 유럽 식민지 가운데 가장 부유한 지역이었는데, 18세기 말 그곳 인구 대부분은 흑인이거나 물라토였다. 이곳에서 흑백 혼혈인 물라토들이 1791년 5월 자신들 역시 '인권선언'의 적용을 받는 프랑스 시민이라고 주장하면서 백인들에게 무장봉기를 했다가 진압되었다. 그 뒤를 이어 흑인 노예들이 8월에 프랑스혁명의 이상에 고무되어 백인 농장주에 반란을 일으켰다. 전체 50만 명의 노예 중에 10만 명 이상이 반란에 가담했는데, 해방 노예인 투생 루베르튀르Toussaint L'Ouverture(1743~1803)가 탁월한 지도력을 발휘하면서 이들을 이끌었다. 이듬해 본국에서 진압 병력을 파견하자 반란 세력은 에스파냐와 동맹을 맺었으며, 투생은 에스파냐 장교 계급을 받았다. 만성절萬聖節이라는 특이한 이름을 가진 투생은 이때부터 틈새를 뜻하는 루베르튀르라는 이름을 하나 더 사용했다.

그런데 1793년 영국군이 개입하여 수도 포르토프랭스Port-au-Prince를 점령하자, 국민공회는 이듬해 2월 흑인 노예를 회유하기 위해 식민지에서 노예제를 공식적으로 폐지했다. 이에 흑인 노예 세력은 프랑스에 충성을 맹세하고 영국군을 몰아내는 데 힘을 보탰다. 투생은 총독을 도우며 탁월한 행정가로 변신했다가 마침내 생도맹그의 실질적 지배자가 되었으며, 1798년에는 협상을 통해 남아 있던 영국군을 철수시키고 수도를 탈환했다. 그러나 나폴레옹이 프랑스의 통치자로 등장하자, 식민지에서는 본국 정부가 노예제를 되살리려는 것이 아닌가 하는 의구심이 커졌다. 이에 대응하여 투생은 1801년에 본국과 상의 없이 식민지 자체의 헌법을 제정해서 공포했다. 그러자 나폴레옹은 진압군을 파견했으며, 투생은 군사적 열세를 극복하지 못하고 결국 1802년 5월 항복했다. 프랑스로 압송된 투생은 이듬해 감금 상태에서 건강 악화로 최후를 맞이했다.

투생이 항복한 이후에도 남은 병사들은 열세를 무릅쓰고 영웅적인 전투를 이어갔으며, 프랑스군이 낯선 지형과 풍토병인 황열병에 시달리며 세력이 약해진 틈을 타서 그들을 쳐부수었다. 프랑스군은 결국 1803년 말에 철수했으며, 승리한 생도맹그 흑인들은 1804년 1월 1일 라틴아메리카 최초의 독립국, 아이티공화국을 수립했다. 산이 많은 땅이라는 뜻의 아이티공화국은 세계 최초의 흑인공화국이 되었다는 점에서 중요한 의미가 있지만, 아이티 혁명은 다른 식민지의 연쇄적인 흑인 노예 혁명으로 이어지지는 못했다. 게다가 프랑스는 1804년 편찬한 『나폴레옹 법전』에서 식민지에 노예제도를 다시 도입하도록 규정했다.

불행하게도 혁명적 여성들은 생도맹그 흑인 노예만큼 성공을 거두지는 못했다. 일찍이 인권선언은 중요한 쟁점 하나를 제기했다. 그것은 인간과 시민의 평등한 권리라는 이상은 여성에게도 적용되는가 하는 문제였다. 극작가 올랭프 드 구주Olympe de Gouges는 여성을 정치적 권리에서 배제하려는 데 대해 강력히 항의했다. 그녀는 인권선언의 용어들을 그대로 흉내 내서 '여성과 여성 시민의 권리 선언'을 작성했는데, 이 글에서 그녀는 여성은 남성과 똑같은 권리를 모두 다 가져야 한다고 주장했다. 그러나 정치적으로 의식화한 여성들은 대부분 혁명의 일반 원리에 사로잡혀 있어서 젠더gender 문제에는 거의 주의를 기울이지 않았다. 처음에 그들은 급진 자코뱅의 지지자로 환영을 받았으나, 이는 자코뱅이 권력을 장악할 때까지였다. 그 뒤 자코뱅은 혁명적 여성들을 말썽꾼으로 여겼다. 1793년 10월 이후 국민공회는 헌법 위반을 항의하려는 일단의 여성에 귀를 기울이기를 거부하고, 여성 단체를 탄압하고 지도자를 투옥했다. 그런 가운데 당시의 관점으로는 과격한 여권론자였던 구주는 결국 정치적 희생자가 되었다. 정치적으로 지롱드파에 속했던 그녀는 공포정치 시절에 "여성이 단두대에 오를 권리가 있다면 의정 단상에도 오를 권리가 있다"고 절규하면서 단두대의 이슬로 사라졌다. 자코뱅 입법자들은 여성을 위한 정책으로는 여성의 교육과 의료보호 그리고 재산권 등을 개선하는 선에서 그치고, 여성에게 남성과 동등한 정치적 권리를 부여하는 것은 거부했다.

5) 테러의 종식과 보수 반동

테르미도르 반동   1794년 여름에 마침내 급진 혁명에 대한 보수 반동이 찾아왔다. 군대가 승세를 잡고 곳곳에서 승전보를 전해 왔는데, 이런 군사적 성공은 곧 공포정치가 이제 더는 혁명의 목표를 달성하는 데 필요하지 않다는 것을 의미했다. 그런데도 로베스피에르는 모든 혁명의 적을 제거해야겠다는 집념에 사로잡혀 여전히 '덕의 공화국' 이념을 고수하며 단호하게 공포정치를 이어갔다. 그럼으로써 권력의 정점에 있던 바로 그때, 그는 많은 동료 의원을 소외시켰다. 그가 사회적 평등과 정의를 성취하기 위해 '일반 의지'에의 자발적 복종을 요구했을 때, 여러 현실적인 동료 정치가들은 그의 정신 상태를 의심하고, 다른 동료들은 자신이 다음번의 제거 대상이 되지 않을까 불안에 떨었다. 그래서 그들은 로베스피에르를 제거하는 데 의기투합했다. 1794년 7월 27일, 혁명력 테르미도르 9일에 로베스피에르는 공회에서 탄핵 당했으며, 파리 상퀼로트가 그를 구할 움직임을 보이자 공회는 이튿날 로베스피에르를 20여 명의 측근과 함께 서둘러 처형해 버렸다. 테르미도르 반동이 일어난 것이다.

로베스피에르가 몰락하고 테르미도르파가 공회의 주도권을 장악함으로써 혁명은 결정적 전환점을 맞았다. 급진적 국면으로의 진전 대신 혁명의 조류는 썰물을 타기 시작했다. 자코뱅 클럽은 폐쇄되고, 쫓겨났던 지롱드파 의원들이 복권되었다. 공안위원회에 집중되었던 권력은 축소되고, 이듬해에는 혁명재판소가 폐지되었다. 경제 규제 조치가 폐지되고 자유방임 정책이 되살아났으며, 가톨릭교회가 공공 예배를 재개하는 것이 허용되었다. 공회는 또한 여성의 공회 회당 참석을 금지했는데, 이는 여성의 정치적 영향이 무도장과 살롱 혹은 침실에 한정되었던 시절로 되돌아갔음을 상징했다. 추방당한 지롱드파, 망명 귀족,

비선서파 사제들이 프랑스로 돌아오면서 파리의 정치는 다시 거리에서 엘리트들의 응접실로 옮겨졌다. 파리 바깥에서는 1795년 여름 무장한 반동 백색 테러리스트가 시골을 돌아다니면서 자코뱅을 색출하고 살해했다. 혁명의 이상주의가 시들고, 곳곳에서 개혁의 열망과 애국적 열정이 보수적 냉소주의에 밀려났다.

테르미도르 반동과 더불어 혁명은 반환점에 이르렀는데, 이 시점에서 돌이켜 보면 혁명의 항구적인 성과는 대부분 혁명의 초기 국민의회가 존속했던 2년 반의 기간에 성취되었음을 주목할 필요가 있다. 그 기간에 구체제에서 내려온 거의 모든 제도가 전복되었고, 다시는 되살아나지 못했다. 이후의 정치적 혁신을 이끌 이념인 자유주의, 민족주의, 민주주의가 그 시기에 명료하게 표명되었다. 뒤이은 좀 더 급진적인 단계의 혁명은 어떤 의미에서는 삽화에 지나지 않았다. 물론 국민공회와 공안위원회는 엄청난 일을 해냈다. 그들은 혁명군을 창설하여 외적으로부터 혁명을 지켰다. 만일 외적에 패했다면 반혁명 세력이 혁명을 뒤엎고, 옛 군주정 체제를 다시 수립했을지 모른다. 그렇지만 1794년 이후 반동이 찾아왔을 때, 로베스피에르가 꿈꾸었던 '덕德의 공화국'은 거의 아무것도 남지 않게 되었다.

총재정 체제의 수립: 반동의 공고화　　전선은 안정되었으나, 테르미도르파가 이끄는 국민공회는 국내의 안정을 확립하기가 쉽지 않았다. 5년 동안의 뜨거운 흥분 속에서 정서적으로 고갈된 많은 시민은 무관심과 냉소주의에 빠졌다. 테르미도르파는 혁명이 충분할 만큼 이루어졌다고 생각하고 현실에 안주하려 했는데, 이 때문에 좌우 양쪽의 불만을 샀다. 왼쪽에서는 생활고에 시달리는 상퀼로트의 반란과 식량 폭동이, 그리고 오른쪽에서는 왕당파의 백색 테러가 번갈아 일어났다. 그러자 공회는 치안을 위해 군대를 끌어들였고, 젊은 포병 장교 나폴레옹 보나파르트Napoléon Bonaparte가 효율적으로 시위대를 진압하고 치안을 유지했다. 나폴레옹은 1795년 왕당파의 쿠데타로부터 공회를 지킴으로써 '공화국의

구원자'라는 명성을 얻었다. 그때부터 파리 민중은 정치적 문제에서 주도적 역할을 하지 못했다.

이러한 상황에서 국민공회는 서둘러 1795년 8월에 '혁명력 3년의 헌법'을 채택하고 총재정Directoire이라는 새 통치 체제를 수립한 뒤 스스로 해산했다. 11월 초에 출범한 총재정은 1799년 11월까지 존속했다. 새 체제는 500인회와 원로원으로 된 양원제 입법부와 원로원이 선출하는 다섯 명의 총재Directeur로 구성되는 집행부로 이루어졌다. 양원의 의원은 광역 행정단위인 도의 선거인단에 의해 선출되었으며, 이들 선거인단은 또한 세금을 내는 성인 남자에 의해 선출되었다. 이들 유권자는 상당한 재산 소유자로서, 그 수는 1791년 헌법의 절반 수준인 2만~3만 명에 지나지 않았다. 총재정은 결국 상층 부르주아지가 지배하는 체제가 되었다. 승리한 부르주아에게 이제 세상은 그들의 세상이 된 듯 보였다. 그들의 자유주의 원리와 정치적 지배력이 헌법으로 보장되었다. 거추장스러운 봉건적 재산권과 귀족의 지위 및 특권이 말끔히 사라졌다. 복잡하고 혼란스러운 전통적 행정제도는 통일된 행정 체제로 대체되었다. 수공업 길드와 노동조직이 폐지되고 중상주의적 규제가 철폐됨으로써 기업의 자유가 향상되었다.

총재정 정부는 명백하게 보수적이며 반민주적이었으나, 왕당파에 대해서도 적대적이었다. 부르봉왕조의 복귀는 교회와 왕당파의 토지를 원상회복할 것인바, 그 토지는 대부분 혁명기 동안 부유한 자본가들이 매입했다. 그리고 혁명에 참여했거나 루이 16세의 처형에 찬성표를 던진 정객들은 토지를 매입한 자본가들보다 왕정복고를 훨씬 더 두려워했다. 그리하여 총재정 정부는 좌우 양쪽에서 정적의 반발에 직면했다. 오른쪽에서는 군주정 부활을 꿈꾸는 왕당파가 계속 소요를 벌였고, 왼쪽에서는 계속되는 경제적 어려움 때문에 자코뱅 재집권 희망이 사라지지 않고 되살아났다.

한편 총재정 정부는 애국적 혁명 열기를 되살리기를 기대하면서 국민공회의 군사정책을 이어갔다. 혁명 정신이 고양된 가운데 총동원령으로 조직된 프랑스 군대는 승리를 거듭했다. 1793~1795년 사이에 이들 혁명군은 국내의 반란을 진압하는 한편, 외국 침략자를 성공적으로 물리쳤다. 그들은 잃어버린 영토를 모두 되찾고, 벨기에를 병합하고, 더 나아가 라인강-알프스산맥-피레네산맥에 걸친 지역을 점령하여 2년 만에 루이 14세가 꿈꾸었던 '자연적 국경'을 확보했다. 1795년 에스파냐와 프로이센이 전쟁에서 이탈했다. 네덜란드는 프랑스 보호하의 공화국이 되었다. 이제 영국과 오스트리아 그리고 사르데냐만 대프랑스 전선에 남았다. 그러나 국내에서는 좌우 양쪽에서 얻어맞으면서 경제문제에 대한 속시원한 해결책을 찾지 못한 한편, 물려받은 전쟁을 계속 수행하고 있는 총재정정부는 권력을 유지하기 위해 점점 더 군부에 의존했다. 이는 결국 1799년에 쿠데타를 불러왔다.

바뵈프의 봉기　　한편 총재정은 치안 불안과 부패로 불신을 받은 데다, 아시냐의 가치 하락과 전쟁 비용의 증가로 심각한 재정 위기를 맞았다. 광범한 경제침체 속에서 파리 빈민이 고통에 신음하는 가운데, 이상주의의 마지막 불꽃이 일다가 사그라졌다. 프랑수아 노엘 바뵈프François-Noël Babeuf(1760~1797)는 급진 언론인이자 계몽주의 정신의 신봉자로서 혁명에서 유토피아를 기대했었다. 혁명의 성공을 위해 그는 세속적 부와 가족을 희생했다. 아내와 자녀들은 그가 1795년 이전에 감옥을 들락날락하는 동안 굶주림의 고통을 겪었다. 로베스피에르 추종자였던 바뵈프는 나중에 로베스피에르를 평등 원리의 배신자라 비난했다. 그는 정치적 평등뿐 아니라 경제적 평등을 주장했다. 바뵈프에 따르면, 자유는 부자가 빈민을 착취하는 한 불가능하다. 해결책은 공화국이 효율적 생산과 재화의 공평한 분배를 보장하는 '평등자들의 사회'여야 했다. 그러나 그의 맹아적 사회주의는 시대와는 너무나 어울리지 않았고, 그의 미숙한 봉기는 사전에 드러나 1796년 5월 진압되었다. 바뵈프는 유죄 판결을 받고 단두대에서 사라졌지만, 이후 그는 사회주의의 향수 어린 상징이 되었다.

6) 프랑스혁명의 전파와 의의

혁명의 전파　　프랑스혁명이 이룬 초기의 성취에 유럽과 아메리카의 많은 사람이 열광했다. 그들은 그 사태를 새 시대의 도래로 보고 환호했다. 영국인 에드먼드 버크Edmund Burke(1729~1797)가 『프랑스혁명에 관한 성찰Reflections on the Revolution in France』(1790)에서 혁명이 전통적 제도를 파괴한 것을 개탄하자, 토머스 페인은 『인간의 권리The Rights of Man』(1부 1791, 2부 1792)에서 이를 비판하면서 혁명을 옹호하고 나섰다. 페인의 책은 버크의 책보다 열 배나 더 많이 팔려 나가며 엄청난 파급효과를 일으켰다. 그리고 페인은 프랑스로 가서 프랑스 시민이 되었고, 국민공회 의원까지 되었다.

한편 유럽 여러 나라에서 프랑스혁명의 예를 따르려는 시도가 일어났는데, 그 열의의 정도는 대체로 그 나라의 중간계급의 정치적 역량에 달려 있었다. 네덜란드에서는 연방통령인 오라녀 공 빌럼 5세와 계몽사상가들의 이상을 받아들인 자유주의 집단 사이에 갈등이 있었는데, 이 갈등은 프랑스혁명 초기에, 특히 전쟁이 터진 이후 더욱 깊어졌다. 프랑스군이 1795년 봄 네덜란드를 점령했을 때, 친프랑스적 자유주의 세력은 빌럼 5세를 쫓아내고 바타비아 공화국Batavian Republic(1795~1806)을 수립했다.

혁명 초기에 프랑스에 대한 우호적 감정은 독일의 라인란트 지역에서 특히 강했다. 여기에서 사람들은 헌법을 요구하고, 나아가 프랑스와의 동맹을 요구했다. 그러나 유럽 다른 지역에서와 마찬가지로 막상 프랑스군이 절대왕정의 압제에서 인민을 해방한다는 명분으로 실제 쳐들어왔을 때, 주민의 감정은 양면적이었다. 혁명군이 해방자로 왔는지, 아니면 정복자로 왔는지를 판별하는 것은 매우 어려운 일이었다. 교황 국가와 스위스도 비슷한 경험을 했다. 로마에서는 공화정과 혁명 프랑스에 호의적인 분위기가 강했는데, 1796년 프랑스군에 점령당한 이후 프랑스의 위성국가인 로마 공화국(1798~1799)이 잠시 세워졌다. 그렇지만 많은 이탈리아 자유주의자는 외부에서 강요된 자유의 이점에 대해 의심하기 시작했다. 스위스의 대다수 칸톤에서는 프랑스혁명 발발 이후 민중 소요가 급속하게 퍼졌다. 그러나 제네바에서만 1792년에 과두 정부가 무너졌다. 나중에 프랑스는 군사적 지배를 확대하면서 스위스에 헬베티아 공화국Helvetian Republic(1798~1803)을 수립했다.

혁명이 진전하고 그 결과 프랑스가 팽창함에 따라 그에 대한 외국의 태도도 바뀌었다. 처음에 환호했던 많은 사람이 공포정치에 충격을 받고 혁명에서 뒷걸음쳤다. 혁명 프랑스의 태도 역시 변했다. 처음에 프랑스인들은 대부분의 정복 지역에 헌법에 기초한 중앙집권적 국가를, 사회적·정치적·법적 평등을 지향하는 반半자치공화국을 수립했다. 그렇지만 그들은 차츰 직접적 지배권을 강화하고, 결국에는 특히 1806년 이후 노골적으로 정복지를 합병하려 했다. 게다가 나폴레옹은 프랑스에서 제국 체제를 확립한 뒤 그들이 세운 공화국을 다시 왕국으로 되돌리고, 그 대부분을 그의 친척들이 다스리게 했다.

프랑스혁명의 의의　혁명이 낳은 나폴레옹 독재가 단적으로 증명하듯이 프랑스혁명은 단기적으로는 실패였다. 혁명이 끝난 뒤의 프랑스는 자유도, 평등도, 형제애도 확립하지 못했다. 여성이 얻은 변변찮은 법적 성과마저 나폴레옹 치하에서 뒤집혔다. 경제적인 면에서 혁명은 재앙에 가까웠다. 도로는 훼손되고, 빈민 구제는 줄어들고, 해외 무역은 감소하고, 산업 성장은 더뎌졌다. 군 장교, 관료, 토지를 소유한 중간계급, 대도시 상인, 소수의 전문직을 제외하면 1796년의 시점에서 국민은 대부분 20년 전보다 살기가 더 나빠졌다. 가장 실망스러운 것은 혁명이 그 이상을 배반하고 국민 사이에 냉소와 환멸을 심어놓았다는 점이다.

그러함에도 불구하고 혁명은 위대한 변화를 이뤄냈다. 그것은 농노제와 봉건적 특권을 폐지하고, 인종차별을 줄이고, 획일적인 지방정부 제도를 확립하고, 나폴레옹 법전에서 완성된 법률 개혁을 시작하고, 식민지의 노예제도를 폐지하고, 미터법을 도입하고, 도시화를 촉진했다. 입헌 정부의 이상이 프랑스인의 마음속에 뿌리를 내렸다. 게다가 프랑스의 혁명군은 자유주의, 입헌주의, 나아가 민주주의의 씨를 해외에 뿌렸다. 혁명이 그 시대에 가져온 가장 두드러진 결과는 낡은 질서를 뒤흔들거나 뒤집어엎었다는 점이다. 아일랜드에서 폴란드에 이르기까지 이전과 똑같은 것은 아무것도 없었다.

서양의 자유주의자들에게 혁명의 장기적 결과는 단기적 영향보다 훨씬 더 긍정적으로 보였다. 19세기의 처음 10년 동안 많은 이상주의자는 계몽사상이 한때 밝게 비추었던 창문에 어두운 커튼이 쳐진 것을 보았다. 그렇지만 이 커튼은 일시적인 것일 뿐이었다. 프랑스인의 상상력에 불을 질렀던 해방의 철학은 유럽에 널리 퍼져나갔다. 1817년 영국 노동계급 개혁가들은 모자에 프랑스혁명의 삼색기를 달았다. 19세기 유럽의 모든 자유주의 운동은 프랑스혁명으로부터 무언가를 빌려왔다. 또 하나의 장기적 결과는 똑같이 중요했으나, 바람직하지만은 않은 것이었다. 자코뱅 공화정은 광적이고 전염성이 강한 애국심을 낳았다. 이 애국심이 계몽사상의 독선적 이상주의와 결합했을 때, 그것은 많은 근대 민족에게 전형적인 것으로 보이는 불관용의 잔인한 민족주의를 낳았다.

3. 나폴레옹 시대

1) 나폴레옹의 등장

나폴레옹 보나파르트　　나폴레옹 보나파르트(1769~1821)는 코르시카Corsica에서 태어났는데, 그 섬은 그가 태어나기 불과 몇 달 전에 제노바에서 프랑스로 지배권이 넘어갔다. 피렌체의 하급 귀족이었던 아버지는 열 살의 나폴레옹을 브리엔Brienne의 소년 사관학교에 보냈다. 나폴레옹은 거기에서 파리 육군 사관학교를 거쳐 열여섯 살에 포병 소위로 임관했다. 프랑스혁명이 일어났을 때, 스무 살의 나폴레옹은 변방의 별 볼 일 없는 가문과 구체제의 제약 때문에 장래가 그리밝지 않은 하급 장교였다. 그러나 10년 뒤 그는 프랑스의 지배자가 되었다. 혁명은 나폴레옹이 명석한 두뇌, 탁월한 지도력, 불타는 출세욕을 발휘할 무대가 되었다.

어릴 때부터 독서광이었던 나폴레옹은 고전을 즐겨 읽고 계몽사상가들의 저술을 탐독하면서 끊임없이 배웠다. 그는 변방 코르시카 출신으로서, 프랑스의 어떠한 특정 정파와도 얽히지 않으면서 국외자의 관점에서 자신의 이익을 추구했다. 그는 처음에 1789년의 인사들에게, 다음은 자코뱅에게, 나중에는 총재정 인사들에게 접근했다. 그는 운명의 고삐를 결코 손에서 놓치지 않으면서, 목표에 도움이 된다면 그 어떤 선택이든 마다하지 않았다. 나폴레옹은 스스로 위대한 일을 성취할 운명을 타고났음을 믿어 의심하지 않았다. 그는 어마어마한 양의 에너지를 지니고 있었으며, 타고난 운명을 위해 거의 잠을 자지 않으면서 끊임없이 일했다.

나폴레옹의 군사적 성공　　나폴레옹은 혁명 과정에서 망명 사태로든 자코뱅의 숙청으로든, 옛 귀족 장교 집단이 대거 제거되어 빈자리가 많이 생긴 상황의 득을 보면서 재빨리 출세의 길에 올랐다. 그는 1795년 왕당파 봉기를 진압하라는 명을 훌륭하게 완수함으로써 두각을 나타냈다. 이듬해에 총재정 정부는 오스트리아와 싸울 세 원정군 중 가장 작은 군대의 지휘권을 나폴레옹에게 맡겼다. 두 주력군은 라인강을 건너 오스트리아를 공격하는 길에 올랐고, 나폴레옹 군대는 주의를 따돌리기 위한 작전으로 알프스를 넘어 이탈리아로 진격했다. 그런데 계획과는 달리 주력군이 거의 아무런 성과도 거두지 못한 데 비해, 나폴레옹 군대는 일련의 전투에서 연이어 눈부신 승리를 거두었다. 나폴레옹은 먼저 사르데냐군을, 그다음 오스트리아군을 쳐부순 다음, 북이탈리아를 가로질러 진격하면서 베네치아를 탈취하고 빈으로 향했다. 이에 오스트리아는 강화를 요청했다. 1797년 그는 정부의 훈령도 없이 캄포 포르미오Campo Formio 조약을 맺고, 오스트리아로부터 벨기에와 롬바르디아를 양도받은 뒤 영웅으로 귀국했다. 불과 몇 년 전만 해도 코르시카의 촌뜨기였던 나폴레옹은 이제 파리 사교계의 총아가 되었다.

1797년 이후에 프랑스와 전쟁을 계속하고 있는 나라는 함대의 호위를 받는 영국뿐이었다. 나폴레옹은 1798년 전반기에 영국 침공을 검토한 끝에 해협을 건너는 일이 불가능하다고 판단하고, 영국의 식민지 체계를 공격함으로써 영국 경제에 타격을 가할 계획을 세웠다. 그의 작전은 이집트를 침공하고, 오스만제국의 취약점을 드러내고, 그리고 그곳에서 인도를 공격하는 것이었다. 총재정의 정객들은 이 원대한 계획에 감동하는 한편, 점점 인기가 치솟는 나폴레옹이 멀리 출타하는 것에 안도했다. 나폴레옹은 지중해에서 영국 함대를 피해 이집트에 상륙, 7월에 알렉산드리아와 카이로를 함락했다. 그러나 영국의 호레이쇼 넬슨 Horatio Nelson(1758~1805) 제독은 프랑스 함대를 발견하고, 8월 1일 이를 아부키르 Aboukir에서 격침했다. 나폴레옹 군대는 이집트와 시리아에서 오스만튀르크 군대를 상대로 여러 차례 싸워 이겼으나 그뿐이었다. 보급선이 끊긴 나폴레옹 군대는 오도 가도 못한 채로 이집트에서 발이 묶였다.

그사이 영국은 1798년 말에 오스트리아와 러시아를 끌어들여 제2차 대프랑스 동맹을 결성했다. 이듬해에 연합군은 이탈리아와 스위스에서 프랑스군을 격퇴했고, 다시 한 번 프랑스 국경을 위협했다. 연합군의 반격을 받아 이탈리아의 전세가 역전되고 국내 상황이 혼란스럽다는 소식을 접한 나폴레옹은 1799년 8월 군대를 버려둔 채 비밀리에 파리로 돌아갔다. 이집트 상황은 보통 패배로 여겨질 만한 것이었으나, 그는 오히려 열광적인 환영을 받았다.

2) 나폴레옹의 지배

브뤼메르 쿠데타와 집정관정의 수립   프랑스는 밖으로는 제2차 대프랑스 동맹의 군사적 위협에 직면해 있고, 안으로는 인플레로 경제가 무너지는 어려움을 겪고 있었다. 난국을 헤쳐 나가기 위해서는 좀 더 강력하고 단호한 지도력이 필요해 보였으나, 총재정은 이런 국가적 위기에서 무능함만 드러냈다. 그런 상황에서 다양한 정파가 나폴레옹에게 손을 내밀었다. 나폴레옹은 마침내 1799년 11월, 안개의 달인 브뤼메르 18일에 쿠데타를 감행하여 총재정을 무너뜨리고, 자신을 제1 집정관으로 하는 집정관정Consulat을 수립했다. 그 칭호는 그가 고대 로마공화정에서 따온 것이었다. 새 체제는 새로 제정된 헌법으로 확립되었는데, 거의 모든 권력이 세 명의 집정관 중 제1 집정관인 나폴레옹의 수중에 집중되었다. 그는 군대를 통수하고 내정과 외교를 모두 통괄할 뿐만 아니라, 모든 법안을 제안했다. 복잡하게 조직된 의회는 이 법안을 수용하거나 거부할 권한만 있었다. 나폴레옹은 12월에 사상 최초로 국민투표라는 절차를 통해 새 체제에 대한 국민의 의사를 물었다. 유권자의 절반 정도가 참여한 투표에서 반대표는 무시해도 좋을 만한 수에 불과했다. 이렇게 해서 나폴레옹은 그 뒤에 쿠데타를 통해 집권한 독재자가 쿠데타의 정당성을 얻는 수법의 선례를 마련해 주었다.

집정관정을 수립한 나폴레옹은 국민이 새 체제를 압도적으로 지지함으로써 보여준 그에의 신뢰에 신속히 보답했다. 그는 1800년 이탈리아를 침략하여 오스트리아 군대를 물리치고 다시 이탈리아를 점령했다. 오스트리아는 1801년 강화를 맺었으며, 러시아는 진작 전쟁에서 물러났다. 신성로마제국에서는 나폴레옹의 승인 아래 영방국가들이 서로 영토를 재조정하거나 통합하는 작업이 진행되었으며, 그 결과 영방국가 수가 2/3 이상 줄어들었다. 그 과정에서 나폴레옹은 독일 국가들에 상당한 영향력을 획득했다. 영국 역시 1802년 3월 프랑스와 아미앙Amiens 조약을 맺었다. 이로써 제2차 대프랑스 동맹은 무너지고, 1792년 이래 처음으로 프랑스는 모든 전쟁터를 평정했다. 유럽에 평화가 찾아왔다.

프랑스 제국의 탄생　　한편 프랑스는 나폴레옹 치하에서 차츰 경찰국가가 되었다. 검열·비밀경찰·밀정·정치 재판이 경찰국가의 특징이 되었으며, 정치 재판으로 수백 명이 처형되고 수천 명이 추방되었다. 또한 의회는 무의미한 고무도장으로 전락했다. 혁명이 수립한 자유가 심각하게 훼손되었지만, 모든 계급의 법 앞의 평등과 애국심의 형제애가 유지되고 강화되었다. 그리고 치안이 확립되어 프랑스는 도로를 여행하는 것이 안전한 나라가 되었다. 국민은 나폴레옹에게 감사하는 마음으로 1802년에 나폴레옹이 종신 집정관이 되는 것을, 1804년에 제위에 오르는 것을 기꺼이 받아들였다. 나폴레옹은 1804년 12월 스스로 황제임을 선포했다. 나폴레옹은 정당성을 얻기 위해 또다시 찬반을 묻는 국민투표 카드를 꺼내 들었고, 프랑스 국민은 또다시 거의 만장일치로 친위 쿠데타를 승인해 주었다. 이로써 공화정은 종말을 고하고 제정이 탄생했다. 전제정치를 끝장내기 위해 군주의 목을 친 지 10년 남짓 만에, 프랑스인은 구체제의 전제군주보다 훨씬 더 독재적인 황제를 맞이하게 된 것이다.

나폴레옹 체제의 국내 정치　　혁명 10여 년의 급진적 변화로 세상은 달라졌다. 정치권력은 이제 신이 아니라 국민에서 나왔다. 국왕 대 귀족, 귀족 대 부르주아, 지주 대 소작농, 가톨릭교도 대 개신교도 간의 옛 갈등이 부자 대 빈자의 좀 더 보편적인 갈등으로 대체되었다. 실용적 전략가로서 나폴레옹은 프랑스를 재건하기 위해 구체제 인물이든 혁명 인사이든 가리지 않고 기용했다. 그는 과거를 묻지 않았다. 그는 정치적 대사면을 선언하고, 망명 귀족들을 불러들였다. 아주 다양한 배경의 인물들이 나폴레옹 체제에서 하나의 역할을 했다. 나폴레옹이 새 체제에 참여하고 싶어하는 사람에게 요구한 것은 단 한 가지, 오직 충성뿐이었다. 대체로 모든 계급이 그의 체제에서 혜택을 보았지만, 주된 조력자이자 혜택을 누린 자는 부르주아였다.

　나폴레옹은 강력하고 중앙집권화한 근대적 행정 기구를 발전시킴으로써 관료 구조를 합리화하는 작업을 추진했다. 지방 자치정부는 폐지되고, 중앙정부가 임명하는 도지사를 비롯한 유급 관리가 지방을 다스렸다. 사법 기구 역시 중앙집권화했다. 그리고 관료 조직이든 군대이든 승진은 오직 증명된 능력에 따라 이루어졌다. 총동원령으로 소집된 군대는 새 국가 체제의 가장 좋은 사례의 하나였다. 승진과 성공이 혈통이나 특권에 있지 않았기 때문에, 군대는 새로운 사회구조의 득을 보았고, 또한 그것을 보존하고 확장하려 했다. 군대는 혁명으로 해방된 프랑스 국민의 위대한 힘을 가장 잘 보여주었다. 한편 관리들의 수뢰와 투기가 강력하게 단속되고, 투명하고 효율적인 과세 제도에 기초를 둔 안정적 재정 정책이 확립되었다. 나폴레옹이 1800년 설립한 프랑스 은행은 3년 뒤 화폐 발행권을 갖게 되고, 19세기 중엽 이후 차츰 중앙은행의 기능을 하게 되었다.

국내 정책에서 나폴레옹은 혁명의 어떤 성과는 보전했으나, 또 어떤 것은 파괴하기도 했다. 자유와 평등이 법전에는 규정되어 있지만, 나폴레옹 치하에서 실제로는 크게 훼손되었다. 나폴레옹은 국가에의 봉사에 대한 보상으로 레종 도뇌르légion d'honneur 훈장을 제정하고, 새로운 형태의 '제국 귀족'을 창출했다. 그는 3263명의 귀족을 만들었는데, 60%쯤이 군 장교였고, 나머지는 중앙 및 지방 관료 출신이었다. 제국 궁정은 루이 14세 시대의 추억을 떠올리게 하는 화려한 의식과 허세로 둘러싸였다. 그리고 중앙 경찰 기구가 창설되어 모든 큰 도시의 치안을 유지하고, 체제의 적을 감시하고 색출했다. 수많은 신문이 폐간되고, 출판에 대한 엄격한 검열로 비판 의견이 공개적으로 표명되지 못했다. 개인 우편물조차 경찰이 열어 보았다. 정당한 절차 없이 정치적 구금과 투옥이 자행되었다. 이제 자유, 평등, 동포애 대신 질서와 안정이 새로운 구호가 되었다.

가톨릭교회는 혁명의 가장 강고하고 화해하기 어려운 적이었다. 그러나 나폴레옹은 혁명 정부의 종교 정책으로 가톨릭교도와 혁명 세력 사이에 생긴 깊은 불신과 분열을 해소할 필요를 느꼈다. 그는 1801년 비오Pius 7세 교황과 정교화약政敎和約, Concordat을 맺고 교황청과 화해했다. 그 전해에 이탈리아를 점령했던 나폴레옹은 이 화약으로 교황에게 교황 국가의 지배권을 되돌려주고, 가톨릭교회가 프랑스 국민 대다수의 종교임을 인정했다. 그 대신 교황은 국가의 주교 지명권을 인정하고, 프랑스 교회가 혁명 중에 몰수당한 재산에 대한 권리를 포기했다. 이 포기에 대한 보상으로 국가는 성직자에게 봉급을 지급하기로 했다. 화약의 결과 가톨릭교회와 정부 간의 적대 관계가 청산되었다. 그와 동시에 교회 토지를 매입한 사람들은 그것을 잃을지도 모른다는 불안에서 벗어났다. 이 화약은 1905년까지 효력을 유지했다.

나폴레옹은 또한 교육의 중요성을 깨닫고 교육제도 개혁을 추진했다. 그는 국가가 자체의 학교를 통해 젊은이를 교육해야 한다고 믿었으며, 종교가 시민의 형성 과정에서 주된 힘으로 작용하는 것을 허용하려 하지 않았다. 그는 국민공회가 수립한 국민교육제도를 위한 종합 계획을 시행에 옮겨, 전국적으로 초등학교, 중등학교, 기술 훈련을 위한 특수 교육기관 등의 대중 교육 체제를 수립했다. '프랑스 대학교'가 이 전체 체제를 통제했는데, 이 대학교는 교육기관이기보다 교육을 감독하는 행정 기관이었다. 그러나 나폴레옹은 생전에 대중 교육이 자리를 잡게 할 시간도 자원도 갖지 못했다.

내정 분야에서 나폴레옹이 이룬 최고의 치적은 법령의 체계적 법전화였다. 혁명 이전에 프랑스는 수백 개의 독자적인 지방 법체계가 있었는데, 국민공회가 이를 개혁하여 전국적으로 통일된 법체계를 수립하려고 시도하다가 완성을 보지 못했다. 게다가 혁명으로 엄청난 양의 새 법령이 도입된 터라, 법전을 집대성할 필요성이 시급해졌다. 이에 나폴레옹은 유능한 법률가들을 동원하여 5대 법전으로 그 과업을 완성했는데, 그 가운데 가장 중요한 것은 1804년에 편찬한 포괄적인『민법전Code civil des Français』이었다. 1807년『나폴레옹 법전Code Napoléon』으로 개칭된 이 법전은 모든 시민의 법 앞의 평등, 종교적 관용, 농노제와 봉건제도의 폐지, 재산권의 보호 등 혁명이 이룩한 중요한 성과들을 세세하게 명문화했다.

그렇지만 이 법전은 시민권과 재정적 활동 그리고 이혼 등의 분야에서 여성을 열등한 지위로 떨어뜨렸다. 혁명의 급진 단계에서 제정된 법률은 이혼 절차를 쉽게 하고, 자녀에 대한 아버지의 권리를 제한하고, 자녀가 공평하게 재산을 상속받게 했다. 그런데『나폴레옹 법전』은 이런 법들을 무효화했다. 아버지의 가족 통제권이 되살아나고, 여성의 이혼 조건은 남성보다 훨씬 불리했다. 여성이 결혼하면 그녀의 재산은 남편의 통제권으로 넘어갔다. 그리고 그 법전은 노동조합과 파업을 불법화하여 고용주의 이익을 보호해 주었다.『나폴레옹 법전』

은 고대의『로마법대전』에서 영감을 받은 것이면서 그에 비견되는 것으로서, 프랑스뿐 아니라 프랑스 군대가 정복한 모든 지역에서 시행되었으며, 이후에 많은 나라에서 근대적 법전의 기초가 되었다.

3) 나폴레옹과 유럽

나폴레옹의 군사적 성공　　나폴레옹 시대는 전쟁으로 점철되었다. 그는 안으로 평화와 질서 그리고 번영을 가져온 한편, 밖으로는 팽창 정책을 추구했다. 혁명 이념의 상속자로서 새 질서를 유럽 전역에 확장할 사명감과 개인적 영광을 추구하려는 야망이 그의 마음속에서 결합했다. 그리하여 그는 전 유럽을 지배할 웅대한 꿈을 키웠다. 프랑스 군대는 우월한 성능의 이동식 대포와 강력한 화약을 보유했다. 나폴레옹은 유능한 지휘관들을 믿고 책임을 맡겼으며, 모진 규율이 아니라 보상과 유인책으로 부하의 충성을 끌어냈다. 그의 군대가 가진 가장 큰 자산은 나폴레옹 자신이었다. 그는 전쟁 수행 과업에서 빛나는 군사적 천재를 발휘하고 불굴의 의지를 보여주었다. 그는 자신의 안전을 고려하지 않고 엄청난 위험에 자신을 드러내면서 직접 병사를 이끌고 전투에 참여했다.

　나폴레옹의 천적은 영국이었다. 영국은 1803년 아미앙 조약을 맺은 지 1년 남짓 만에 조약을 파기하고 프랑스에 선전포고했다. 영국은 나폴레옹이 루이지애나와 생도맹그에서 프랑스 제국을 재건하려 한다고 의심했다. 그뿐만 아니라 프랑스는 네덜란드와 스위스 그리고 이탈리아에 꼭두각시 국가를 세우고 있었다. 영국이 선전포고하자 나폴레옹은 오랫동안 영국 본토를 침공할 준비를 하고, 1805년 도버해협 부근에 병력을 집결했다. 이에 대항하기 위해 영국은 1805년 4월 오스트리아·러시아·스웨덴을 끌어들여 제3차 대프랑스 동맹을 맺었다. 동맹이 결성되자 나폴레옹은 영국 침공을 보류하고 방향을 동쪽으로 틀었다. 1805년 10월 그는 울름Ulm 전투에서 오스트리아군에 대승을 거두었다. 그러나 울름 전투 하루 뒤 트라팔가르Trafalgar곶 앞바다에서 프랑스-에스파냐 연합 함대가 넬슨 제독이 지휘하는 영국 함대에 참패했다. 트라팔가르 해전의 참패로 바다를 지배하려는 꿈은 산산조각이 났지만, 나폴레옹은 대륙에서는 혁혁한 승리를 이어갔다. 그는 12월 황제 즉위 1주년에 아우스터를리츠Austerlitz 전투에서 오스트리아와 러시아 연합군을 쳐부수었다. 패배한 오스트리아는 다시 한 번 프랑스와 강화를 맺고 동맹에서 이탈했다. 이듬해에 이르러 동맹은 사실상 무너졌다.

아우스터를리츠 전투 이후 나폴레옹은 유럽 지도의 개편에 박차를 가했다. 그는 유럽의 지도를 이리저리 뜯어고쳤으나, 그가 몰락한 뒤 그 지도는 무용지물이 되었다. 그렇지만 독일의 영토 변경은 좀 더 항구적인 것이 되었다. 나폴레옹은 1806년 7월 독일 서남부 16개 영방국가를 통합하여 라인 연방Rheinbund을 결성하고, 자신의 보호 아래 두었다. 이후 라인 연방에는 오스트리아와 프로이센을 제외한 신성로마제국 거의 모든 영방국가가 가맹했다. 그런 다음 나폴레옹은 프란츠 2세 황제를 설득해서 제국을 해체했다. 프란츠 2세는 황제 칭호를 그대로 보유했으나, 합스부르크 황가의 세습 영토만을 지배하는 오스트리아 제국의 첫 황제 프란츠 1세가 되었다. 이로써 이미 오래전에 유명무실한 존재가 되기는 했으나, 천년의 유구한 역사를 지닌 신성로마제국이 반혁명적 보수 반동 황제를 마지막으로 역사 속으로 사라졌다.

라인 연방을 통해 프랑스의 패권이 중부 독일까지 확장하자, 지금까지 중립을 지켜왔던 프로이센이 아연 긴장했다. 위협을 느낀 프로이센이 1806년 10월에 라인 연방을 공격하며 전쟁에 뛰어들었고, 이에 영국과 러시아 등이 호응하면서 제4차 대프랑스 동맹을 결성했다. 그러나 나폴레옹은 프로이센을 예나-아우어슈테트Jena-Auerstedt 전투에서 궤멸시키고, 나아가 국왕이 버리고 도망간 수도 베를린을 무혈 입성했다. 나폴레옹은 베를린에서 대륙체계Système continental를 수립하고, 유럽 모든 나라에 영국과의 교역을 금지하는 칙령을 내렸다. 이 대륙 봉쇄령은 영국과 유럽 대륙 간의 무역을 차단함으로써 그 '상점주들의 나라'를 경제적으로 파멸시키려는 조치였다.

그런 다음 나폴레옹은 이듬해 6월 프리틀란트Friedland 전투에서 프로이센-러시아 연합군을 쳐부수고, 7월에 틸지트Tilsit에서 러시아 황제 알렉산드르Aleksandr 1세 및 프로이센 국왕 프리드리히 3세와 각각 조약을 체결했다. 나폴레옹은 알렉산드르 1세에게 러시아가 대륙봉쇄에 참여하고 영국을 상대로 프랑스와 동맹을 맺을 것 등의 비교적 가벼운 조건을 제시했다. 이 조약으로 유럽 양대 지상 강국인 프랑스와 러시아가 유럽 판도를 사실상 양분했다. 그러나 프로이센이 맺은 조약은 참으로 굴욕적인 것이었다. 프로이센은 군대 병력을 4만 3000명 규모로 제한하고, 어마어마한 배상금을 물고, 지난 세기 말 폴란드 분할 때 강탈한 땅을 내어놓아야 했다. 이로써 프로이센은 영토 절반이 날아갔는데, 나폴레옹은 이 땅과 오스트리아에서 떼어낸 땅을 합해 바르샤바 대공국을 건설했다. 모욕을 당한 프로이센 국민은 분노했고, 복수를 다짐했다.

1808년 초에 이르러 나폴레옹은 프랑스를 루이 14세가 꿈꾸었던 것보다 훨씬 더 크고 강한 나라로 만들어놓고, 프랑스 주위를 그의 혈육이 통치하는 많은 위성국가로 둘러쌌다. 오스트리아와 프로이센 그리고 러시아는 프랑스의 동맹국이 되었다. 이제 유럽에서 나폴레옹에 맞설 나라는 오직 하나, 섬나라 영국뿐이었다. 영국의 해상 세력은 프랑스가 대륙을 완전히 지배하는 데 최대의 걸림돌이 되었다. 영국의 경제가 대륙체계 때문에 어려움을 겪었지만, 그 피해가 결정적이지는 않았다. 대륙체계는 프랑스가 대륙의 전 해안선을 통제, 단속할 수 있을 때 효과가 있는 것인데, 그것은 현실적으로 거의 불가능한 일이었다. 오히려 영국은 그동안 경제 발전에 박차를 가하고 있었던바, 영국인은 함대의 방벽 뒤에서 안전하게 산업화의 초기 단계를 통과하면서 점점 더 많은 양의 공산품을 쏟아내고 있었다. 그뿐만 아니라 영국은 근동 지방과 라틴아메리카에서 새 시장을 얻음으로써 대륙 무역의 피해를 벌충했다. 참으로 1810년 무렵 영국의 수출은 최고 수준에 이르렀다.

유럽의 연쇄 혁명　　나폴레옹이 군사적 목표를 달성함에 따라 작은 혁명들이 연쇄반응을 일으켰고, 이는 이후 시대에 심대한 영향을 미쳤다. 나폴레옹은 그의 힘이 미치는 모든 곳에서 법 앞의 평등, 종교적 관용, 경제적 자유 등을 포함한 혁명의 이념을 전파하려고 애썼다. 그는 프랑스인이 직접 통치하는 곳에서는 나폴레옹 법전과 개혁된 행정 관행을 시행했다. 많은 나라에서 낡은 사회제도와 통치 구조가 무너지고, 귀족과 성직자가 특권을 잃었다. 정부와 사회의 구조가 프랑스를 모델로 개혁되었고, 많은 인구가 혁명 사상에 친숙해졌다. 그래서 그는 많은 곳에서 사람들을 전제정의 굴레에서 풀어준 해방자로 환영받기도 했다. 그의 몰락 이후 그가 불러일으킨 많은 변화가 복고 정부에 의해 훼손되었을 수 있다. 그러나 그 변화는 1848년에 이르러서는 유럽 대부분의 나라에서 자유주의 전통으로 열매를 맺었다.

나폴레옹이 전해준 혁명 사상과 개혁 사례는 양날의 칼이었다. 각국의 지배자들은 프랑스의 예를 따라 개혁을 추진했으며, 스스로 힘을 길렀다. 패배의 아픔을 겪은 프로이센은 대대적인 개혁을 단행하여 국가의 모습을 일신했다. 특히 나폴레옹의 궁극적 몰락을 가져온 가장 중요한 요소는 프랑스가 유럽 모든 국민 사이에 불러일으킨 민족주의의 열정이었다. 민족주의는 혁명기에 프랑스인들이 다른 나라에 맞선 형제애와 연대를 강조한 데서 생겨났다. 이 정치적 신조는 공동의 언어, 종교, 역사, 민족적 상징 등을 바탕으로 한 독특한 민족 정체성을 내세웠다. 프랑스의 민족주의 정신은 혁명기와 나폴레옹 시대에 대규모 군대를 가능하게 한 주요 요인이었다.

그러나 나폴레옹이 혁명의 원리를 프랑스 너머로 전파함으로써 민족주의 역시 자연스럽게 전파되었다. 프랑스인은 두 가지 방식으로 유럽에 민족주의를 불러일으켰다. 그들은 민족주의가 무엇이고 각성한 민족이 무엇을 할 수 있는지를 보여주었다. 그리고 그들은 자신이 정복자가 됨으로써 다른 민족의 민족주의적 적대감과 증오심을 부추겼다. 이제 많은 유럽인이 나폴레옹을 해방자가 아니라 정복자로 보았고, 그가 '해방한' 사람들은 프랑스가 낡은 형태의 전제정을 새 형태의 전제정으로 바꾸었을 뿐이라는 사실을 깨닫기 시작했다. 바르샤바 대공국을 제외한 나머지 유럽은 프랑스가 씌운 굴레에 저항했다.

민족주의 감정이 나폴레옹의 입지를 허물어뜨린 곳은 다른 어디보다 에스파냐와 프로이센이었다. 포르투갈과 에스파냐가 대륙봉쇄령을 제대로 이행하지 않자, 나폴레옹은 1807년 10월 포르투갈을 침략하고, 이듬해 6월에는 에스파냐 국왕을 내쫓고 형을 왕좌에 앉혔다. 이는 그의 씻을 수 없는 실책이었다. 에스파냐 민중이 들고일어났으며, 이웃 포르투갈 민중도 그들에 합류했다. 나폴레옹은 '반도 전쟁Guerra peninsular'이라는 힘겨운 싸움을 해야 했다. 영국의 원정군과 군수품의 지원을 받은 에스파냐와 포르투갈인들은 끈질기게 게릴라전을 전개했다. 이 반도 전쟁은 20만~30만 명의 프랑스 대군을 5년 이상 꼼짝달싹하지 못하게 반도에 묶어놓았고, 프랑스 재정을 마르게 했다. 에스파냐와 영국은 보조를 맞추어 나폴레옹의 최종 몰락까지 프랑스 점령군과 맞서 싸웠다. 에스파냐 침략은 또한 라틴아메리카에서 일련의 봉기를 촉발했는데, 이는 근대 라틴아메리카 역사의 탄생이라는 결과를 낳았다.

독일에서도 전 지역에 걸쳐 민족주의 물결이 거세게 일고 해방전쟁을 위한 길이 준비되었다. 특히 틸지트 조약에 충격을 받은 프로이센은 일대 개혁을 단행했으며, 그 이후 독일의 많은 민족주의자가 프로이센에 지도력을 기대하기 시작했다. 프로이센만의 민족주의가 아니라 독일 민족주의 정신이 함양되기 시작한 것이다. 프로이센의 개혁가들은 프랑스혁명의 자유주의 원리의 많은 부분을 법제화했다. 1807년 수상 카를 폰 슈타인Stein 남작은 10월 칙령으로 농노제를 폐지하면서 개혁의 시동을 걸었다. 그는 이어서 근대적 도시 자치제를 수립하고, 중앙 행정 기구를 개편하여 관료제를 정비했다. 슈타인이 나폴레옹에게 쫓겨난 뒤, 그를 이은 카를 아우구스트 폰 하르덴베르크Karl August Fürst von Hardenberg는 길드의 독점권을 폐지하고 영업의 자유를 확립하는 등 경제적 자유주의 정책을 추진했다. 유대인 해방도 이루어졌다. 그러나 융커의 재판권과 면세권 등이 온존하고 농노해방도 불완전한 상태에 그치는 등, 프로이센의 개혁은 근대 국가와 사회로 탈바꿈하는 데는 뚜렷한 한계를 안고 있었다.

한편 샤른호르스트Scharnhorst는 하르덴베르크의 지원을 받아 프랑스식 징병제도를 도입하여 프로이센 군대를 근대적 군대로 개혁했다. 그뿐만 아니라 나폴레옹이 프로이센 군대를 4만 3000명 수준으로 제한했지만, 베를린 당국은 속임수로 이 제약을 무력화했다. 한 부대가 훈련을 받자마자 예비군으로 편성되고, 새부대가 훈련을 받기 위해 소집되었다. 이런 방법으로 프로이센은 27만 병력의 군대를 건설했다. 교육을 민족주의 운동의 수단으로 삼은 지식인들은 이런 노력을 지지했다. 교육 개혁은 빌헬름 폰 훔볼트Wilhelm von Humboldt가 주도했다. 그는 초등학교-김나지움-대학교로 이어지는 3단계 학제를 도입하여 근대적 교육제도의 기틀을 확립했으며, 그가 1810년 설립한 베를린 대학은 민족주의 운동의 든든한 보루가 되었다.

오스트리아는 프로이센에 맞먹는 개혁을 이뤄내지 못했다. 합스부르크의 다민족 다국어 제국에서는 민족주의가 통합의 힘으로 작용할 수 없었기 때문이다. 그 결과 개혁은 대체로 군사 분야에 한정되었다. 1809년 오스트리아는 군대 개편 작업을 완료하고 다시 한 번 나폴레옹과 맞섰다. 오스트리아는 두 번의 힘든 전투에서 프랑스에 큰 손실을 입혔으나 결국은 강화를 하고 영토를 떼어주어야 했다. 1810년에는 빛나는 전통의 명가인 합스부르크 황가가 황녀 마리 루이즈Marie Louise와 벼락출세한 프랑스 통치자와의 결혼에 동의했다. 그러나 이 정략결혼은 단지 프랑스 황제와 합스부르크가 간의 느슨한 결합에 지나지 않았다.

러시아 원정: 패망의 길　　1810년 무렵에 이르러 나폴레옹은 그의 지배의 기초가 흔들리고 있음을 느꼈다. 그 무렵 영국을 경제적으로 굴복시키려던 대륙체계는 실패임이 드러났다. 그것은 영국에 결정적 충격을 주지 못하면서 동맹국의 불만만 자아냈다. 에스파냐 사태는 프랑스 자원을 고갈시켰다. 러시아는 대륙봉쇄령으로 인해 경제적 어려움을 겪다가 결국 대륙체계를 이탈했으며, 그 때문에 프랑스와의 동맹에 심각한 균열이 생겼다. 1810년 말경에 이르면 프랑스와 러시아는 이미 각각 전쟁 태세를 갖추어놓고 있었다. 알렉산드르 1세가 점점 더

믿을 수 없는 동맹임이 드러나자, 2년간의 준비 끝에 나폴레옹은 1812년 6월 마침내 60만이 넘는 대군을 동원하여 러시아 침공을 감행했다. 그러나 러시아 원정은 결국 그의 최종적 몰락을 재촉하는 재앙이 되었다.

프랑스군은 광대한 러시아 영토를 거침없이 진격했는데, 그럴 수밖에 없는 것이 수적으로 크게 열세인 러시아군이 거의 정면으로 대적을 하지 않았기 때문이다. 나폴레옹의 승산은 러시아군과 빨리 접전하여 신속하게 쳐부수는 데 달려 있었다. 그러나 러시아군은 계속 광대한 영토 안으로 후퇴했다. 그들은 프랑스군이 이용할 수 있는 것은 모두 파괴하는 이른바 초토화 작전을 폈고, 그러면서 진격하는 프랑스군을 끊임없이 괴롭히고 보급선을 위협했다. 신임 미하일 쿠투조프Mikhail Kutuzov 장군이 지휘하는 러시아군이 9월 7일 모스크바 서남쪽 약 110km 지점에 있는 보로디노Borodino에서 마침내 후퇴를 멈추었다. 그동안 장거리 이동 과정에서 집단 탈영과 질병 등으로 프랑스군의 수가 많이 줄어서 양쪽 군대의 수가 비슷해졌다. 총 25만 명가량의 전투원 중 양쪽을 합해 10만 명 가까운 사상자를 낸 이날의 대혈전은 확실한 승패를 가리지 못했다. 쿠투조프는 더 이상의 희생을 피해 다시 후퇴했고, 프랑스군에게는 모스크바로 가는 길이 다시 열렸다.

프랑스군은 모스크바를 점령하는 데 성공했다. 그러나 러시아는 항복을 거부했다. 9월 14일 프랑스군이 마침내 모스크바에 입성했을 때, 그 도시는 불타고 있었다. 도시의 3/4이 불에 타 폐허가 된 모스크바에서 나폴레옹은 차르의 항복을 기다리며 헛되이 다섯 주를 보냈다. 북쪽으로 640km 떨어진 상트페테르부르크에 있는 차르로부터는 감감무소식이었다. 겨울이 다가오고 첫눈마저 내리자, 나폴레옹은 결국 퇴각 명령을 내렸다. 나폴레옹 군대는 모스크바를 버리고 여름에 왔던 길을 되돌아갔다. 그들은 유격대, 굶주림, 살을 에는 추위 그리고 쿠투조프의 추격군에 시달리며 매일 수천 명씩 쓰러졌다. 12월에 가까스로 원정의 전진기지였던 바르샤바 대공국으로 돌아온 원정군은 떠날 때의 1/6도 되지 못했다.

나폴레옹의 몰락   나폴레옹의 러시아 원정 실패에 유럽 여러 나라는 크게 고무되어 다시 대프랑스 동맹을 결성했다. 1812년에는 러시아만 홀로 프랑스에 맞섰는데, 1813년에는 프로이센과 오스트리아가 '해방전쟁'을 전개했으며 영국도 가세했다. 웰링턴Wellington(1769~1852) 공 휘하의 영국군이 에스파냐인들을 도와 프랑스군을 반도에서 몰아내는 싸움을 하는 동안, 연합군은 프랑스군을 서쪽으로 내몰았다. 1813년 10월 프랑스군은 '제국민의 전투-Battle of the Nations'로 불리는 라이프치히Leipzig 전투에서 결정적 패배를 당했다. 라이프치히 전투 이후 나폴레옹 제국은 급속하게 무너졌다. 1814년 초에 연합군은 라인강을 넘어 프랑스 안으로 침입하기 시작했으며, 3월 말에는 드디어 파리를 함락했다. 그사이 영국군은 피레네를 넘어 프랑스를 침략했다. 파리 함락 2주 뒤 나폴레옹은 제위에서 물러나고, 고향인 코르시카 옆의 작은 섬인 엘바Elba의 주권을 양도받았다. 나폴레옹은 5월에 엘바에 도착하여 군대와 궁정을 완비한 소국을 세웠다.

승리한 연합국들은 프랑스에 왕정을 되살리고, 루이 16세의 동생 루이 18세에게 프랑스 왕위를 넘겨주었다. 그러나 부르봉 복고왕조는 국민의 지지를 거의 받지 못했다. 전후 문제 처리를 위해 빈에서 외교 회의가 열렸으나, 협상은 순조롭게 진행되지 못했다. 연합국들은 폴란드와 작센 문제로 분열 직전까지 가는 듯 보였다. 연합국들이 빈에서 논란을 벌이는 사이 나폴레옹은 이듬해 2월 비밀리에 프랑스 해안에 상륙, 열렬한 환영을 받으며 3월 20일 파리에 입성했다.

나폴레옹은 다시 권력을 장악하고, 전승국들에 자신은 오직 프랑스만 지배하기를 바란다는 전갈을 보냈다. 그러나 전승국들은 즉각 상호 견해 차이를 묻어두고 나폴레옹을 완전히 몰락시키기로 결의했다. 6월 18일 웰링턴 공은 벨기에의 워털루Waterloo 마을에서 프로이센군의 지원을 받아 격전 끝에 나폴레옹 군대를 쳐부수었다. 40대 중반의 나폴레옹은 이미 전성기의 나폴레옹이 아니었으며, 20년 넘게 누려온 프랑스의 군사적 우위 역시 사라졌다. 무엇보다 프랑스는 온 유럽을 상대로 영구히 이길 수는 없었다. 연합국은 즉각 나폴레옹을 남대서양의 황량한 섬 세인트 헬레나St. Helena로 보내버렸다. 나폴레옹은 그 섬에서 1821년 삶을 마감했다.

　나폴레옹은 1799년에 혁명의 막을 내렸으나, 어떤 의미에서 그는 혁명이 낳은 인물이기도 했다. 사실 그는 '혁명의 아들'을 자처하기도 했다. 처음에 그는 프랑스혁명이라는 사태를 통해 군부에서 혜성처럼 등장했으며, 그다음 프랑스의 최고 권좌에 오를 수 있었다. 나폴레옹은 한때 "내가 혁명이다"라고 말하기도 했으며, 끊임없이 프랑스인들에게 혁명의 유익한 성과의 보존이 자신의 덕분임을 상기시켰다. 나폴레옹은 역사의 무대에서 사라졌다. 그러나 그는 유럽에 새 질서의 씨를 심었으며, 대륙은 결코 이전과 같을 수 없었다.

영국과 러시아　프랑스뿐 아니라 유럽 다른 나라도 혁명 이전 상태로 되돌아가는 것이 불가능했다. 그러나 영국과 러시아만은 혁명의 영향을 크게 받지 않았다. 영국에서는 강고한 보수주의가 지배층을 사로잡았으며, 전쟁이 오래 끌면서 영국인의 애국심은 기존 제도의 수용 및 혁신의 거부와 같은 것이 되었다. 그리하여 토지 귀족과 부유한 상인계급의 정부 통제가 공고해졌으며, 노동자와 농민 사이에 있던 산발적 불만은 쉽게 제어되었다. 나폴레옹 전쟁은 영국에 또 다른 중요한 결과를 가져왔다. 증대하는 군수품 수요로 엄청난 시장이 형성되었으며, 전쟁으로 인한 인플레이션으로 산업가들은 막대한 이윤을 챙겼다. 그 덕분에 영국은 산업화가 진전되었으며, 대륙 국가들이 전쟁으로 피폐해진 반면에 영국은 오히려 부와 생산성이 향상되어 상공업이 다른 나라보다 훨씬 앞서게 되었다.

　러시아는 프랑스혁명의 사상적 충격을 아주 미미하게 받았을 뿐이었다. 1812년의 전쟁으로 강력한 민족 감정이 형성되었으나, 인구 대다수는 교육을 받지 못해서 혁명 사상의 다른 요소의 영향은 거의 받지 않았다. 그렇지만 서유럽과 접촉한 경험이 있는 소수의 군 장교와 빈 체제에서 러시아에 병합된 폴란드에 혁명 사상이 스며들었다. 19세기 러시아의 혁명 전통은 이들 집단에 그 뿌리를 둔 것이었다.

4) 나폴레옹 시대의 아메리카

아메리카 자의식의 형성　미국이 독립국가를 건설한 뒤에는 조금씩 달라지기는 했으나, 18세기 말까지도 유럽인은 아메리카를 독자적 실체로 보지 않았다. 정치가와 경제인들은 아메리카를 단순히 유럽의 부속물로 여기는 경향이 있었다. 지식인들에게 아메리카는 '고상한 야만인'의 거주지에 지나지 않았다. 그리고 그곳으로 이주한 사람들은 해외에 사는 유럽인으로 여겨졌다.

아메리카인들 중 영국의 북아메리카 13개 식민지 정착민들만 유럽인과 구별되는 독자적 의식을 형성했다. 이는 그들이 라틴아메리카와 달리 그들만의 종교 공동체를 형성했으며, 자치정부를 수립하여 자신의 문제를 스스로 꾸려간다는 감정을 키울 수 있었던 덕분이었을 것이다. 에스파냐와 포르투갈의 식민지에서는 정부 관리와 좋은 집안 출신의 크리오요criollo 등 부유하고 정치적으로 활발한 집단은 스스로를 유럽인으로 느꼈다. 이들과 달리 인디오, 흑인, 물라토, 메스티소 등은 독자적 정체성을 형성할 기회가 거의 주어지지 않았다.

그런데 프랑스혁명과 나폴레옹 시기에 새로운 태도가 발전했다. 아메리카 주민들은 자신의 독자적 정치의식과 정체성을 형성하고, 서양 사회에서 자신의 목소리를 내기 시작했다. 라틴아메리카에서 이 민족적 각성은 빠르게 이루어지지는 않았다. 라틴아메리카의 '해방자libertador' 시몬 볼리바르Simon Bolívar(1783~1830)는 식민지 주민들에게 에스파냐인이 아니라 라틴아메리카인이라고 생각하라고 설득하는 데 애를 먹었다. 미국에서도 오랫동안 영국과의 유대감이 강하게 남아 있었지만, 곧 아메리카는 유럽과의 관계에서 동등하며 독자적이라는 인식이 확립되었다. 이러한 인식은 제임스 먼로Monroe 대통령의 1823년 먼로 독트린Monroe Doctrine에 반영되었다. 먼로는 유럽 열강의 정치제도는 근본적으로 아메리카와 다르다는 점을 분명히 하면서, 유럽 열강이 보수적인 유럽 정치제도를 라틴아메리카 공화국에 부과하려는 시도에 대해 경고하는 동시에 미국 또한 유럽 문제에 개입할 의사가 없다고 선언했다.

미국의 발전　　　유럽이 오랜 전쟁과 전후의 재조정 작업으로 버둥거리는 동안, 미국은 큰 변화를 겪었다. 신생국 미국은 유럽에서 혁명전쟁이 일어날 때까지 프랑스와 긴밀한 관계를 유지했는데, 전쟁이 일어나자 중립을 선언했다. 1790년대에 미국과 영국의 관계가 개선되기 시작했을 때, 프랑스는 미국의 해운업에 대해 사실상 전쟁을 벌였다. 미국은 영국과 프랑스의 갈등 속에 휩쓸리게 되면서 상당한 상업상의 손실을 보았다. 그러나 미국은 큰 득을 본 것이 하나 있었던바, 나폴레옹이 1803년 루이지애나를 미국에 팔아버린 것이다. 이 땅 매입으로 미국은 영토가 하루아침에 두 배가 되었다. 미국은 재빨리 지역적 권리를 보장해 주는 바탕 위에 새로운 주들을 연방에 받아들이는 방법을 발전시켰다.

신생국으로 출발할 때만 하더라도 미국은 민주국가가 아니었다. 첫 대통령 선거 때 선거권을 가진 사람은 성인 남자 일곱 명 중 한 명에 불과했다. 그런 상태에서 서부의 광활한 땅은 미국의 민주화에 긍정적 영향을 미쳤다. 헌법이 비준되기 전에도 수천 명의 개척자들이 애팔래치아산맥을 넘어 서부로 갔는데, 그곳에서는 노력하는 만큼 땅을 얻을 수 있었고 누구나 동등했다. 19세기 내내 서부는 새로운 자유주의 운동의 원천이었던바, 그 운동은 보수적인 동부에 영향을 미쳤다. 19세기 초기까지 민주주의는 느리게 성장했다. 1791년 버몬트Vermont가 남자 보통선거제를 채택한 주로 연방에 가입했고, 이듬해에는 켄터키가 그 선례를 따랐다. 그러나 테네시, 오하이오, 루이지애나는 제한선거제를 가지고 연방에 가입했다. 그렇지만 1817년 이후에는 노예를 제외하고 남자 선거권에 재산 자격 제한을 가하고 연방에 들어온 주는 없었다. 이들 주에서 대부분의 공직은 선출되었고, 공직 보유에의 제약은 없었다. 그와 더불어 민주주의는 빠르게 성장했다.

미국의 경제성장 또한 속도가 빨랐다. 전쟁의 혼란과 경제 봉쇄 때문에 유럽 공산품 수입이 어려워진 미국은 재빨리 공업화를 추진했다. 공업의 발전으로 도시 노동자가 양산되고, 이는 곧 민주화의 진전을 위한 정치적 압력으로 작용했다. 1800년 대통령 선거에서 연방당Federalist Party이 패하면서 미국은 영국의 보수적 정치 전통의 주류에서 더욱 멀어졌다. 토머스 제퍼슨과 그의 민주공화당 Democratic-Republican Party은 독립 초기에 정계를 지배했던 금융 및 상업 집단에 대립하여 농업 계층과 서부 변경 주민의 이익을 증진하기 위해 노력했다. 제3대 대통령이 된 제퍼슨(1801~1809)은 서부의 공공 토지를 상대적으로 가난한 농민에게 매각할 것을 권장했으며, 공공 교육을 확대하려 애썼다. 유럽이 점점 더 보수화할 때 미국은 민주공화당의 제퍼슨과 후임 대통령 아래에서 더욱 자유주의 쪽으로 나아갔다. 유럽 자유주의자들은 제퍼슨과 후임 대통령의 정책에 매혹된 반면에, 보수주의자들은 미국 민주화의 진전에 놀라고 그 산업 성장과 영토 확장을 우려의 눈으로 보았다.

그리고 이 시기에 대다수 미국인은 민족적 유대 관계를 단단하게 다졌다. 특히 1812년 영국의 침략을 받고 수도 워싱턴이 불타는 사태를 겪으면서 민족의식이 크게 고양되었다. 이 피침은 미국 역사상 전무후무한 것이었다. 미국의 성장과 성취에서 얻은 긍지 또한 민족의식의 고양에 한몫했다. 그리고 민족주의는 연방 정부가 강화되어야 한다는 생각을 확산했다. 뉴잉글랜드의 상업적 이익집단의 강한 지방주의와 주권州權 강화 주장에도 불구하고, 연방 정부의 권력은 더 커졌다. 연방 육·해군이 상당히 강화되었고, 연방 대법원의 위상이 확립되었다. 연방 대법원의 권위와 위상을 확립하는 데는 존 마셜Marshall의 역할이 매우 컸다. 그가 1801~1835년 사이 연방 대법관으로 일하는 동안, 연방 대법원은 의회 입법의 위헌 여부를 판단할 권한을 가진 국가기관으로 확립되었을 뿐만 아니라, 주 법정과 주 의회의 행위를 구속하는 권한을 확보하게 되었다. 존 마셜의 노력에 힘입어 연방 대법원은 국민적 통합을 위한 구심점의 하나가 되었다.

라틴아메리카 혁명　　계몽사상가들의 저술은 라틴아메리카에도 혁명 정신을 불러일으켰으며, 미국의 예도 자극을 주었다. 게다가 에스파냐가 계속 무역을 제약하는 데 대한 경제적 불만 역시 식민지 주민의 반란 의식을 부추겼다. 그러나 라틴아메리카인이 자치 혹은 독립운동에 나선 데에 직접적 자극이 된 것은 나폴레옹의 에스파냐 정복에 따른 혼란이었다. 나폴레옹이 1808년 에스파냐에서 국왕 페르난도 7세(1808~1833)를 몰아내고 친형 조제프를 왕위에 앉힌 것이 계기가 되어, 에스파냐 식민지 전반에서 봉기가 일어났다. 봉기는 처음에는 쫓겨난 페르난도 7세를 그들의 왕으로 추대하는 방식으로 일어났으며, 식민지에는 본국에서 온 피난민이 넘쳐났다. 그러나 식민지 주민들은 곧 자신의 독자적 운명이 있다는 생각을 품기 시작했다. 특히 유럽 혈통이지만 아메리카에서 태어난 크리오요들은 본국에서 온 에스파냐인인 이른바 '반도인peninsulares'에 비해 이등 시민 취급을 받는 데 대해 분개했다. 사실 크리오요가 보기에는 식민지에서의 복무 기간이 끝나면 에스파냐로 돌아가는 반도인은 뜨내기에 지나지 않았다. 그런데 이제 그들은 본국의 정치적 혼란 속에서 반도인을 몰아내고 해방된 식민지의 지배자가 될 가능성을 보았다.

이런 상황에서 카리스마 넘치는 지도자 볼리바르가 나타났다. 부유한 크리오요 출신인 그는 에스파냐에서 유학하고 프랑스와 미국을 여행한 뒤 1807년 고향 베네수엘라로 돌아왔다. 고향에 돌아온 볼리바르는 1810년부터 남아메리카 해방운동에 뛰어들었다. 그는 처음에 에스파냐 군대에 여러 차례 패했다. 그러나 1814년 왕위를 되찾은 페르난도 7세가 자유주의를 억압하려 하자, 식민지인들의 독립 열망은 더욱 강렬해졌다. 이에 볼리바르는 영국과 아이티공화국의 도움을 받으며 오래 투쟁한 끝에 1819년 마침내 콜롬비아를 해방하고, 1821년에는 카라카스Caracas에 입성하여 베네수엘라의 해방을 확정했다. 그는 곧 남아메리카 전체를 아우르는 대콜롬비아Gran Colombia 공화국의 구상을 선포하고, 공화국의 대통령으로 추대되었다. 이때부터 그는 '해방자'로 불렸다. 볼리바르는 이어서 1822년에 에콰도르를 해방하고 이어 페루로 진격했다. 호세 데 산마르틴José de San Martín(1778~1850)에게서 페루 해방운동의 지휘권을 물려받은 그는 몇 년에 걸쳐 지배 계층인 크리오요의 저항을 분쇄한 뒤에야 비로소 독립을 확립할 수 있었다. 페루의 고지대인 알토Alto 페루는 1825년 볼리바르라는 국명으로 독립하고 그를 대통령으로 선출했다(이후 국명은 볼리비아로 바뀌었다). 이제 1825년 무렵에는 에스파냐의 남아메리카 식민지 거의 전부가 식민 지배에서 벗어났다. 에스파냐 식민제국을 해방한 볼리바르는 미국처럼 이 모두를 아우르는 연방국가인 대콜롬비아 건설을 꿈꿨지만, 각 국가 간의 분열로 그 꿈은 그의 죽음과 함께 사라졌다.

볼리바르가 남아메리카 북부에서 해방전쟁을 벌이는 동안, 남부에서는 호세 데 산마르틴 장군이 같은 과업을 수행하고 있었다. 아르헨티나 주둔 에스파냐 군인의 아들로 태어난 산마르틴은 어릴 때 본국으로 돌아가 그곳에서 성장한 뒤 군인이 되었다. 그러나 그는 1812년 아르헨티나로 돌아와 1810년부터 해방전쟁을 벌이던 혁명군에 투신하고, 2년 뒤 혁명군 사령관이 되어 1816년에는 드디어 아르헨티나 독립을 달성했다. 이후 그는 안데스산맥을 넘어 칠레로 진격하여 에스파냐군을 연이어 격파하면서 1818년 칠레 독립도 쟁취했다. 그는 이어서 칠레 함대를 이끌고 에스파냐 식민제국의 중심인 페루의 수도 리마Lima에 상륙하여 에스파냐군을 물리치고 1821년에는 페루 독립을 선언했다. 그러나 이듬해 볼리바르가 페루로 진격해 오자, 마르틴은 충돌을 피해 그에게 해방운동의 지휘권을 넘기고 페루를 떠났다.

멕시코 혁명은 가장 곡절을 많이 겪었다. 멕시코에서 처음 혁명의 불길을 댕긴 인물은 크리오요 출신 사제인 미겔 이달고Miguel Hidalgo(1753~1811)였다. 그는 1810년 9월 16일 독립을 외치는 연설을 하면서 봉기를 일으켰다. 그가 지휘한 혁명군은 10월 말 멕시코시티 외곽까지 진격했으나, 이듬해 진압군에 저지되고 흩어졌다. 이달고는 체포되어 7월에 반역죄로 처형당했다. 그의 봉기가 독립으로 직접 연결되지는 않았으나, 9월 16일은 '외침의 날Dia del Grito'로 불리면서 멕시코의 독립 기념일이 되었다. 이달고의 대의는 메스티소 출신 사제 호세 마리아 모렐로스José Maria Morelos(1765~1815)가 계승했으나, 그 역시 뜻을 이루지 못하고 1815년 총살당했다. 이후 독립운동은 소강상태에 들어갔다가 1819년부터 게릴라전이 전개되었는데, 아구스틴 데 이투르비데Agustin de Iturbide가 1821년 혁명군 지도자로 추대되었다. 그는 원래 독립운동을 진압하던 에스파냐군 대령이었으나, 본국에 반기를 든 인물이었다. 그는 곧 에스파냐와 협상을 벌여 9월에 마침내 멕시코의 독립을 달성했다. 그는 이듬해 멕시코 제국 수립을 선포하고 스스로 황제 아구스틴 1세로 즉위했다. 그러나 멕시코 제국은 불과 열 달 만에 공화파의 반란으로 공화국으로 바뀌고, 쫓겨난 아구스틴 1세는 유럽으로 망명했다.

중앙아메리카에는 다섯 소국이 생겼다. 그곳에서는 자유주의 정신에 물든 크리오요들이 중심이 되어 1821년 9월 중앙아메리카의 독립을 선언했는데, 그러자 가톨릭 보수주의자들이 멕시코를 끌어들였다. 아구스틴 1세는 군대를 보내 1822년 중앙아메리카를 정복하고 멕시코에 통합했다. 그러나 이듬해 그가 몰락하면서 그 지역은 멕시코로부터의 독립과 중앙아메리카연방의 결성을 선언했다. 이듬해 제정된 헌법은 과테말라, 온두라스, 니카라과, 엘살바도르, 코스타리카 등으로 구성된 연방제와 노예제의 폐지 및 가톨릭교회의 특권 인정 등을 규정했다. 그러나 연방은 지주와 사제를 중심으로 한 보수 세력과 자유주의 세력 간의 갈등, 그리고 연방 회원국 간의 알력 등을 극복하지 못했다. 연방 결성 15년 만에 결국 탈퇴가 시작되었고, 1841년 중앙아메리카연방은 완전히 해체되어 다섯 나라로 갈라졌다. 그 뒤에도 제국주의 세력에 맞서 싸우기 위해서는 뭉쳐야 한다는 여론이 일어서, 이를 바탕으로 여러 차례 연방을 재건하려는 시도가 있었으나 모두 실패로 돌아갔다.

브라질의 독립   포르투갈의 식민지인 브라질의 독립은 좀 색다른 방식으로 이루어졌다. 포르투갈은 정신병을 앓고 있는 여왕 대신 왕자 동 주앙Dom João이 섭정으로 통치하고 있었는데, 그는 1807년 프랑스군이 침략하자 브라질로 천도했다. 주앙은 여러 자유주의 개혁을 시행하고, 1815년에는 포르투갈과 브라질 연합왕국을 선포하여 브라질의 국가적 자부심을 한껏 드높였다. 그 덕분에 브라질에서는 에스파냐 식민지에서와 같은 본격적인 독립운동이 일어나지 않았다. 1816년 어머니가 죽고 포르투갈 국왕 주앙 6세가 된 그는 나폴레옹 몰락 이후에도 브라질에 남아 있다가, 1821년에야 아들 동 페드루Dom Pedro에게 브라질 섭정을 맡기고 포르투갈로 돌아갔다.

국왕이 돌아오자 포르투갈 의회는 브라질을 식민지 지위로 되돌리기로 결의했다. 이에 브라질인들이 격분하는 가운데 동 페드루는 포르투갈로 돌아오라는 본국의 요구를 거부하고 이듬해 9월 브라질의 독립을 선포했다. 1824년 3월 제국 체제를 수립하는 헌법이 제정되고, 이듬해 5월 정식으로 브라질 제국이 탄생했다. 이로써 브라질은 피 한 방울 흘리지 않고 페드루 1세를 황제로 하는 독립 제국이 되었으며, 이 제국 체제는 1889년 공화국이 선포될 때까지 유지되었다.

라틴아메리카 신생국의 정치적 문제   전반적으로 라틴아메리카 독립운동은 근본적 문제에 직면했다. 신생 독립국은 유럽의 예를 따라 군주정을 채택할지, 아니면 미국을 따라 공화국을 수립할지를 결정해야 했다. 산마르틴은 군주정을 지지한 반면에, 볼리바르는 확고한 공화주의자였다. 그다음으로 수립할 국가의 규모도 문제였다. 볼리바르는 라틴아메리카 전부는 아니더라도, 적어도 남아메리카 북부를 통합한 국가의 창설을 기대했다. 그러나 결국 20개의 개별 국가가 생겨났다. 혁명 지도자들 간의 견해 차이, 열악한 소통 환경, 안데스산맥 같은 지리적 장벽 등이 분열의 요인으로 작용했다. 게다가 지역 간의 인종적 차이도 컸다. 그뿐만 아니라 영국은 라틴아메리카에서 거대 강국이 출현하는 것을 바라지 않았기 때문에, 정치적 분열 쪽으로 영향력을 행사했다.

대다수 신생국은 수십 년 동안 정치적 불안정과 외세의 경제적 침탈로 인해 좌절을 겪었다. 미국과 달리 자치 경험이 전혀 없이 전제정의 지배 아래 있다가 공화국으로 독립한 신생국들은 나라를 제대로 운영하는 일에 매우 서툴렀다. 독립운동을 주도한 크리오요들은 통치 경험이 없었고, 다양한 이익집단을 조정할 정치적 타협 능력이 부족했다. 그들 앞에는 또한 강력한 전통적 제도, 높은 문맹률, 널리 퍼져 있는 사회적 불만, 허약한 중간계급 등과 같이 쉬 해결할 수 없는 문제들이 놓여 있었다. 그들은 결국 군벌인 카우디요caudillo에게 권력을 잃었으며, 카우디요들은 혼란 속에서 권력투쟁을 벌였다. 혁명과 군사 쿠데타 그리고 독재가 반복되었다.

라틴아메리카 혁명의 사회경제적 결과　라틴아메리카 혁명의 결과는 북아메리카와는 사뭇 달랐다. 라틴아메리카는 훨씬 더 가난했고, 게다가 분열했다. 에스파냐와 포르투갈 대신 영국이 재빨리 신생 국가들의 경제를 지배했다. 수많은 영국 상인이 몰려들고, 투자자들이 특히 광산에 자본을 쏟아부었다. 옛 무역 양상이 되살아났다. 라틴아메리카는 유럽과 미국에 원료와 식량을 공급했기 때문에 밀, 담배, 설탕, 커피, 양모, 모피 같은 물품의 수출이 눈에 띄게 증가한 것과 동시에 면직물 같은 소비재의 수입이 증가했다. 원료 수출과 완제품 수입이라는 무역 양상은 유럽과 미국의 라틴아메리카 지배를 보장하는 것이었다.

　한편 주로 '반도인'이 운영해 온 라틴아메리카의 가톨릭교회는 독립혁명으로 박살이 났다. 독립혁명가들은 대체로 반교권주의자였으며, 그래서 그들은 새로 수립한 자유주의 체제 아래에서 교회가 보유한 방대한 토지를 몰수하고 교회의 권력과 사회적 역할을 대부분 박탈했다. 성직자와 재산이 엄청나게 줄어든 채 재조직된 교회는 모든 형태의 자유주의를 반대했으며, 그렇게 함으로써 크리오요 엘리트 중 좀 더 보수적인 인사들의 보호를 얻기 위해 필사적으로 노력했다. 그런데 교회의 위축으로 인디오들의 상황은 더욱 어려워졌다. 교회 토지는 인디오가 유럽의 경제적 및 기술적 지배에 직접 노출되는 것을 막아주는 방파제 구실을 해왔기 때문이다. 이제 새 지주들은 자신들에게 더욱 유리하도록 인디오 공동체의 노동력을 재조직하고, 비생산적인 사람과 메스티소들을 토지에서 몰아냈다. 이런 현상은 몇몇 나라에서 이런저런 형태로 오늘날까지 계속되고 있다. 게다가 교회가 이전에는 교육과 사회복지를 전담했는데, 교회의 그런 기능이 없어진 뒤 그것을 대신할 아무런 대안도 마련되지 않았다. 국정을 장악한 지배 계층은 교회를 대신하여 학교와 육아원을 운영하고 하층민을 구제하는 등의 일에는 거의 관심이 없었다. 그리하여 라틴아메리카 빈민의 참상은 19세기 내내 오히려 더 심해졌다.

4. 산업혁명

영국에서 18세기 후반기에 시작된 산업혁명은 공업 생산의 비약적 팽창을 가져왔다. 석탄과 증기 같은 새로운 에너지원과 동력원이 기계를 돌리는 데 수력과 풍력을 대체했으며, 복잡하고 정밀한 기계는 사람과 동물의 노동력 사용을 극적으로 줄이면서 생산성을 높였다. 산업혁명으로 인간은 자연을 지배할 수 있다는 과학혁명의 바탕에 놓여 있는 가정이 증명되는 것처럼 보였다. 물질적 환경을 인간에게 이익이 되도록 합리적으로 이용함으로써, 사람들은 전에 없는 수준의 물질적 번영을 이룩할 수 있었다. 그러나 공장의 발달로 그 소유자나 경영자는 노동자를 훨씬 더 엄격하게 통제할 수 있게 되었으며, 육체 노동자는 노동시간을 스스로 조정할 자유를 잃어버렸다. 노동은 비인간화되고, 노동자들은 자신의 노동에서 소외되고 기계에 예속되었다.

공업이 기계화하고, 광업이 땅속 깊이 파 들어가고, 주요 도시들이 기차로 연결되면서 영국은 앞으로 세계적으로 일어날 산업화의 선례가 되었다. 19세기 중엽에 영국의 공업 생산성과 기술 진보는 단연 독보적인 것이었다. 그 덕분에 영국은 19세기 중엽에 이르러 세계에서 가장 부강한 나라가 되었다. 그러나 영국은 그 지위를 오래 지키지 못했다. 19세기 후반기에 산업혁명은 놀라운 속도로 유럽 대륙과 북아메리카로 퍼져나갔다.

1) 영국의 산업혁명

산업혁명의 배경　　산업화는 왜 영국에서 시작되었나? 여러 요인과 상황이 영국에서 합쳐져서 산업혁명을 낳았다. 그 가운데 하나가 18세기에 이루어진 농업의 눈부신 발달인데, 그 덕분에 식량 생산이 큰 폭으로 증가했다. 영국의 농업은 이제 더 적은 노동과 비용을 들여 더 많은 사람을 부양할 수 있게 되었다. 보통의 영국 가정도 소득 대부분을 식량 구입에 쓰지 않을 수 있었기에 공산품을 살 구매력이 있었다. 그와 동시에 18세기 후반기의 급격한 인구 증가로 성장하는 새 공업을 위한 충분한 노동력이 마련되었다. 그뿐만 아니라 영국에는 공업 발달에 필수적인 석탄과 철광석 같은 광물 자원이 풍부했다.

영국은 엄청난 자본이 소요되는 기계와 공장에 투자할 자본이 이미 준비되어 있었다. 영국에는 효율적인 중앙은행과 잘 발달한 신용 제도가 있었으며, 식민지 무역과 선대제 수공업에서 나오는 이윤을 축적한 상업 자본가들이 있었다. 초기 공장 소유자들은 많은 경우 상인과 선대제 가내수공업을 통해 자본을 축적한 기업가들이었다. 그들은 창의력이 있었고, 이윤을 얻기 위해서는 기꺼이 모험도 감수하려는 자세를 갖추고 있었다. 산업화는 어떤 새로운 것에 도전해 보려는 기업가들이 없이는 시작할 수도, 성장할 수도 없었다. 18, 19세기 영국에는 그런 모험 정신으로 무장한 수많은 기업가가 있었으며, 탄력성 있는 사회·정치제도가 그들의 사업을 뒷받침해 주었다. 대륙과 달리 영국의 엘리트 집단은 산업의 새로운 틀 안에서 부를 추구했다. 그들은 또한 중간계급 및 노동자의 요구를 어느 정도 수용함으로써 아래로부터의 혁명의 위협을 미연에 방지했다.

영국은 또한 원래 수로가 풍부한 데다, 17세기 중엽 이래로 도로 개선과 운하 건설에 공적 혹은 사적으로 많은 투자가 이루어졌다. 1780년에 이르면 주요 산업 중심지는 모두 도로와 하천 혹은 운하로 연결되어서, 영국은 유럽의 다른 어떤 나라보다 더 나은 교통망이 갖추어졌다. 그리고 영국은 공산물을 팔 시장을 이미 확보해 놓고 있었다. 18세기에 전쟁과 정복 과정에서 영국은 주요 경쟁국인 네덜란드와 프랑스를 희생시키면서 방대한 식민제국을 건설한 것이다. 자국의 공업을 보호하려는 유럽이 아니라 아메리카와 아프리카 그리고 동양에 넓은 시장이 있었기 때문에, 영국은 프랑스와의 전쟁과 나폴레옹의 대륙봉쇄 때에도 어려움을 헤쳐 나갈 수 있었다. 그곳의 사람들이 원했던 것은 값비싼 물품이 아나라 튼튼하고 값싼 의류였는데, 기계로 생산되는 영국의 면직물은 이 요구를 만족시켰다. 게다가 영국은 또한 잘 발달한 상선단을 보유하고 있어서 세계 어느 곳이든 상품을 실어 나를 수 있었다.

면직물 공업의 기계화와 증기기관   산업혁명은 면직물 공업에서 시작되었다. 영국은 그 전에 이미 전통적인 선대제 가내수공업 방식을 통해 값싼 면제품 생산에서 앞서가고 있었는데, 면직물 공업은 1770년대와 1780년대에 자동 기계의 도입과 더불어 산업혁명의 첫발을 내디딘 것이다. 그것의 기계화는 솜에서 실을 뽑는 공정과 실 가닥으로 천을 짜는 공정의 효율성의 불균형에서 촉발되었다. 그래서 면직물 공업의 성장은 팽창하는 시장의 요구에 부응하기 위해 방적공과 직조공이 벌인 따라잡기 경쟁의 결과였다. 일찍이 1733년에 존 케이Kay가 발명한 나는 북flying shuttle 덕분에 직조 공정의 속도가 빨라져서, 직조공은 직물을 이전보다 두 배나 생산할 수 있었다. 그래서 면사 공급이 크게 달리게 되었다. 그러자 1765년 무렵 제임스 하그리브스Hargreaves가 한꺼번에 여덟 가닥의 면사를 뽑아낼 수 있는 다축 방적기인 제니 방적기spinning jenny를 발명함으로써 면사 생산량이 획기적으로 늘었다. 그 서너 해 뒤 리처드 아크라이트Arkwright는 수력으로 움직이는 방적기를 발명했는데, 그의 수력 방적기는 수동식인 제니 방적기보다 더 튼튼한 실을 자을 수 있었다. 아크라이트는 1770년대에 이 기계를 설치한 공장을 세웠고, 곧 다른 기업가들이 그를 따라 이곳저곳 계곡이나 유속이 빠른 강 근처에 공장을 짓기 시작했다. 그리고 1779년에는 새뮤얼 크롬프턴Samuel Crompton이 제니 방적기와 수력 방적기를 결합하여 뮬mule 방적기를 발명했다.

이렇게 여러 방적기의 발명으로 면사 생산 능력이 급격히 향상하자, 이번에는 직조 능력이 뒤처지게 되었다. 그러자 에드먼드 카트라이트Edmund Cartwright가 1785년에 역직기power loom를 발명하여 직조 과정을 기계화했으며, 이로써 직조 능력이 방적 능력을 따라잡게 되었다. 그렇게 방적공과 직조공이 서로 앞서거니 뒤서거니 하면서 방직공업을 획기적으로 발전시켰다. 영국의 면직물 생산 능력이 획기적으로 향상하자, 이번에는 솜의 공급이 크게 달리게 되었다. 솜은 대부분 미국에서 수입되었는데, 솜에서 씨를 발라내는 일이 더뎌 미국 남부의 면화 농장은 영국에 솜을 충분하게 공급하지 못했다. 이 문제는 미국 발명가 일라이 휘트니Eli Whitney가 1793년 조면기繰綿機를 발명함으로써 해결했다. 이 기계로 한 사람이 50명 몫의 일을 해낼 수 있었다. 조면기의 발명으로 면직물 공업과 관련한 기계의 발명은 일단락되었는데, 그 과정은 참으로 '필요는 발명의 어머니'임을 보여주었다.

면직물 기계는 18세기 말까지도 대부분 나무로 만들어졌는데, 그 세기 끝 무렵에야 증기기관과 금속 부품이 점점 더 많이 쓰이게 되면서 야금술의 발달이 면직물 공업에 영향을 미치기 시작했다. 기계 장치는 사람이나 동물의 힘으로는 움직일 수 없어서, 그것을 움직일 동력이 필요했다. 초기에는 동력으로 흐르는 물의 힘이 이용되었는데, 그러나 그것은 공장의 입지 조건을 크게 제약했다. 그 단점을 보완한 것이 증기기관이었다. 증기기관은 1710년께 토머스 뉴커먼Newcomen이 발명하여 탄갱에 고인 물을 퍼내는 데 쓰였는데, 기계가 조악하고 정밀하지 못해서 매우 비효율적이었다. 그런데 1760년대 후반에 제임스 와트Watt가 그 성능을 획기적으로 개선하는 데 성공했다. 이후 그는 1782년에 피스톤의 왕복 운동을 회전 운동으로 바꿔주는 로터리rotary기관을 개발해서 증기기관이 기계를 움직이는 데 쓰일 수 있게 했다. 그 결과 증기기관은 공장의 주된 동력원이 되었다. 증기기관은 석탄을 연료로 사용했기에 공장을 산간 계곡에 지을 필요가 없어졌으며, 그 대신 석탄의 원활한 공급 여부가 공장의 입지 선정에 주요 요인이 되었다. 이러한 연유로 탄전 지대가 차츰 영국뿐 아니라 유럽에서 주요 공업 중심지가 되었다.

기계의 발명이 곧장 그 산업의 전면적 기계화로 이어진 것은 아니다. 영국에서 수동 직기가 기계에 밀려 조금씩 사라지기 시작한 것은 1815년 이후의 일이며, 기계가 수동 직기를 완전히 대체한 것은 그로부터 한 세대도 더 지나서였다. 면직물 공업의 기계화가 이루어지면서 면제품 생산이 폭발적으로 증가했다. 기계를 사용한 방적공은 200명의 수공업 방적공이 하던 일을 해치웠다. 그리고 사람이나 말과 달리 증기기관과 기계는 지칠 줄을 몰랐다. 영국은 기계화 이전인 1760년에 1100톤의 솜을 수입했다. 이후 솜의 수입량이 1787년에 1만 톤으로 늘었으며, 1840년에는 16만 6000톤 그리고 1850년에는 22만 2000톤으로 폭증했다. 그리하여 금액으로 따져 면직물이 영국에서 가장 중요한 공산품이 되었다. 이 무렵에 이르면 면공업 노동자는 대다수가 기계가 설치된 공장에서 일했다. 인도의 가장 값싼 노동도 양과 질에서 영국과 경쟁할 수 없었다. 1784년 1미터에 12실링쯤 하던 면직물 가격이 1833년에는 1실링쯤으로 뚝 떨어졌다. 값싼 면직물 덕분에 가난한 영국인 수백만 명이 속옷을 입을 수 있게 되었다. 속옷은 오랫동안 부자들의 전유물이었던바, 지금까지는 그들만이 값비싼 리넨으로 된 속옷을 입을 수 있었다.

광업과 제철공업의 발달　　증기기관을 이용한 기계공업의 발전은 필연적으로 석탄공업과 제철공업의 발달을 가져왔다. 석탄의 연간 생산량은 1700년에서 산업화가 시작될 무렵인 1770년까지 70년 동안 300만 톤에서 620만 톤으로 대략 두 배쯤 늘어나는 데 불과했다. 그리고 1790년에도 760만 톤에 불과하던 채탄량이 1830년에는 3000만 톤, 1848년에는 무려 5000만 톤에 이르렀다. 이 무렵 영국의 석탄 생산량은 전 세계 생산량의 2/3를 차지했다. 그 과정에서 석탄과 철광석을 더 효율적으로 캐는 채광 공정이 개발되었다. 증기기관이 발명된 것도 탄갱의 물을 퍼내는 문제와 관련이 있었다. 석탄을 많이 캐내면서 탄갱이 더욱 깊어졌고, 그에 따라 갱내에 고인 물을 퍼낼 필요가 커졌기 때문이다. 한편 석탄이 나무와 숯을 대신해서 연료로 쓰임으로써 오랫동안 빠르게 진행되던 삼림의 황폐화가 멈추게 되었다.

　영국은 석탄과 더불어 철광석 매장량이 풍부했다. 그러나 철 생산의 기본 공정은 중세 이래 18세기가 시작될 무렵까지 거의 바뀌지 않았으며, 여전히 목탄에 절대적으로 의존했다. 그러다가 18세기 초에 제철업자 에이브러햄 다비Abraham Darby가 석탄에서 나오는 코크스cokes를 이용해서 철광석을 녹이는 새로운 제련법을 고안했다. 코크스 용광로의 개발로 제철공업에 박차가 가해졌다. 그러나 다비가 만든 무쇠는 부서지기 쉽고 가공성이 부족했다. 좀 더 정밀하고 튼튼한 기계나 증기기관을 만들기 위해서는 무쇠보다 훨씬 더 견고한 쇠를 만들 수 있어야 했는데, 그 일이 가능하게 된 것은 1780년대 중반에 와서의 일이었다. 이때 헨리 코트Henry Cort가 무쇠에 함유된 불순물을 제거하는 교반법攪拌法과 압연법壓延法을 개발하여 양질의 연철을 대량으로 생산하는 길을 열었다. 이로써 제철공업에 붐이 일어났다. 1740년에 1만 7000톤에 불과하고, 1780년에도 7만 톤을 넘지 못하던 영국의 철 생산량이 1840년대에는 연간 생산량이 200만 톤에 달했다. 1852년에는 그것이 거의 300만 톤에 이르렀는데, 이는 나머지 전 세계의 생산량을 합친 것보다 더 많았다.

1850년대에는 효율적 강철 생산으로 영국의 금속 시장 지배력은 한층 강화되었다. 헨리 베세머Bessemer가 1855년 연철보다 훨씬 더 단단하고 전성展性이 뛰어난 강철을 더 빠르고 싸게 생산하는 공정을 개발했다. 베세머 제강법의 효율성이 워낙 뛰어나서 1856~1870년 사이에 영국의 강철 가격이 절반으로 떨어졌다. 그러나 베세머 제강법으로는 유황과 인이 제거되지 않아서 유황과 인을 함유한 철광석으로는 고품질의 강철을 생산할 수 없었다. 이 문제는 1878년 시드니 길크라이스트 토머스Sidney Gilchrist Thomas가 유황과 인을 제거하는 염기성 제강법을 개발함으로써 해결했다. 이 혁신은 유럽 대륙에 매우 큰 영향을 미쳤다. 로렌Lorraine에는 인을 함유한 철광석이 매우 풍부하게 매장되어 있었는데, 그것이 이제 강철 생산에 쓰일 수 있게 되었기 때문이다. 로렌의 철광석과 루르Ruhr의 석탄으로, 1894년에 이르면 독일이 유럽에서 강철 생산의 선두 주자가 되었다. 이제 강철은 최고의 강도가 요구되는 분야에서 철을 대체하게 되었다.

교통과 통신의 발달　산업혁명은 면직물 공업의 기계화와 더불어 시작되었지만, 교통 혁명이 함께 일어나지 않았다면 아마 그것은 세상을 바꾸어놓는 혁명으로 발전하지는 못했을 것이다. 영국은 기계의 발명과 함께 광범한 교통망과 운송 수단을 구축하는 데도 성공했다. 그 결과 값싸고 빠른 운송으로 상품 가격이 하락하고, 그에 따라 시장이 성장했다. 이 수요 증가로 더 많은 공장과 기계가 필요해졌으며, 이런 선순환으로 산업은 지속적 성장이 가능해진 것이다.

일찍이 1759~1761년에 브리지워터Bridgewater 공작은 자신의 워슬리Worsley 영지의 탄전에서 맨체스터에 이르는 10km 거리의 운하를 건설함으로써 수상 운송의 거보를 내디뎠다. 그 운하로 그의 석탄 가격이 반값으로 떨어졌다. 이후 정부의 강력한 지원에 힘입어 1830년까지 전국이 거의 6400km의 물길로 촘촘하게 연결되었다. 육로도 크게 개선되었다. 1815년까지만 해도 도로는 움푹 파인 진흙 길이어서 봄의 해동기와 가을 우기 동안은 마차가 제대로 다닐 수 없었다. 그 무렵 토목기사 존 머캐덤McAdam이 잘게 쪼갠 돌을 길바닥에 촘촘히 깔고 다져 도로를 포장하는 머캐덤 공법을 개발했다. 1750년대에 런던에서 셰필드까지 250km를 마차로 여행하는 데 나흘이 걸렸는데, 포장도로 덕분에 28시간으로 단축되었다.

그러나 교통 혁명의 총아는 역시 철도였는데, 이는 고품질의 쇠와 증기기관 덕분에 가능한 일이었다. 1804년 리처드 트레비식Trevithick이 남부 웨일스의 산업용 철도에 최초의 증기 기관차를 운행했는데, 그것은 시속 8km로 광석 10톤과 사람 70명을 운반했다. 훨씬 더 나은 기관차가 이를 이은 것은 한참 뒤였다. 조지 스티븐슨Stephenson과 그 아들이 1830년 만든 기관차 로켓Rocket호가 리버풀과 맨체스터 사이에 깔린 51km의 철도를 두 시간 만에 주파했다. 이후 20년 안에 기관차의 속도는 시속 80km에 이르렀는데, 이는 당시에는 믿을 수 없는 속도였다. 신생 산업이 경제적으로도 성공적임이 드러나자 곧장 철도 건설 붐이 일었고, 1840년에 3800km, 10년 뒤에는 거의 1만 2800km 가까운 철도가 전국을 종횡으로 누볐다. 18세기 전반기에 런던에서 에든버러까지 마차로 여행하는 데 보름이 걸렸는데, 이제 1850년대에 기찻길이 열림으로써 12시간이면 갈 수 있었다. 도시 안에도 철도가 건설되었는데 런던은 1860년대에 최초로 지하철을 건설했으며, 대륙에서는 1896년에 부다페스트가 가장 먼저, 그리고 1900년에는 파리가 그 뒤를 따랐다.

교통 못지않게 통신 역시 우편 업무의 확장과 전신의 발명으로 혁명적 발달을 보았다. 1840년 롤런드 힐Lowland Hill이 영국에서 처음으로 우표를 도입하여 근대적 우편제도를 수립했다. 이를 본받아 다른 나라도 곧 우편제도를 도입했고, 1875년에는 국제 우편협정이 체결되어 국제적으로 값싸고 믿을 수 있는 우편 서비스가 이루어지게 되었다. 한편 미국인 새뮤얼 모스Samuel Morse는 1837년 모스 부호와 전신기를 발명하고, 1844년에 이를 이용하여 최초로 워싱턴과 볼티모어 간의 송신에 성공했다. 1851년에는 영국과 대륙을 연결하는, 그리고 1866년에는 대서양을 가로지르는 해저 케이블이 깔렸다. 19세기 말에 이르면 교통과 통신의 비약적 발달로 차츰 공간적 거리는 더는 소통에 심각한 장애가 아니게 되었다. 세계는 점점 더 작아졌다.

공장제도　　일의 논리상 기계의 발명 다음에는 공장 설립이 뒤따랐다. 이곳저곳 널리 흩어져서 이루어지던 공업 활동이 기계가 설치된 공장으로 집중되었다. 좁은 의미에서 산업혁명은 소규모 가내수공업 체제에서 대량 생산의 공장제 기계공업 체제로의 일대 변혁이라 할 수 있다. 그런 의미에서 공장은 산업혁명의 가시적 상징으로서, 기계에 맞추어 노동을 조직하는 주된 수단이었다. 동력으로 움직이는 기계의 확산과 더불어 공장이 공업 조직의 지배적 형태가 되었으나, 그 과정은 매우 느리고 더뎠다. 수세공과 가내 생산은 오랜 시간에 걸쳐 아주 천천히 사라졌다. 공장제가 직물공업과 야금공업에서 다른 분야로 확산한 것은 대체로 1830년 이후였다.

공장은 상당한 자본이 투자된 것이고, 따라서 이윤을 극대화하기 위해서는 기계를 최대한 놀리지 않고 돌려야 했다. 그래서 공장제도는 처음부터 노동자들에게 새로운 유형의 규율을 요구했다. 노동자들은 정해진 시간에 맞추어 일해야 했고, 기계가 움직이는 한 그에 따라서 움직여야 했다. 그런데 산업화 이전의 노동자들은 꽉 짜이고 틀에 박힌 일에 전혀 익숙하지 않았다. 농사일은 언제나 불규칙했다. 농민은 농번기에 눈코 뜰 새 없이 일하다가, 농한기에는 몇 날 몇 주 동안이나 빈둥거리기 일쑤였다. 선대제에 의한 농촌 공업에서도 집에서 일하는 방적공이나 직조공은 사나흘 밤을 새워가며 일해서 한 주일의 주문 물량을 끝낸 뒤에는, 다음 주의 주문을 받을 때까지 빈둥거리며 쉬었다.

그래서 산업혁명 초기 공장주들이 당면한 과제는 단순하고 반복적인 일을 규칙적으로 하도록 노동자들을 길들이는 일이었다. 공장주들은 엄격하고 세세한 작업 규율을 만들고, 노동자들에게 그 이행을 강요했다. 노동자는 단 몇 분을 지각한다든가 하는 수많은 사소한 규율 위반에 벌금을 물어야 했고, 주취와 같은 심각한 비행으로는 해고를 당했다. 그것은 위험한 기계 주위에서 사고를 초래할 수도 있기 때문이었다. 공장주는 어린아이들의 규율은 매질로 잡았다. 19세기가 지나가면서 새 규율에의 어려운 적응 과정을 거쳐서야 제2세대, 제3세대 노동자들은 시간에 맞춘 정규적 노동을 자연스러운 생활 방식으로 여기게 되었다.

길게 보면 산업화로 노동자의 생활수준이 나아지고 육체노동의 짐이 가벼워졌음은 두말할 나위 없다. 그러나 산업화 초기 공장노동자들의 노동 상태는 참으로 비참했다. 노동시간은 한 주 6일에 하루 12~16시간이었으며, 점심과 저녁을 위해서는 고작 반 시간이 주어졌다. 고용의 안정성도 최저임금도 물론 없었다. 면직물 공장은 어둡고, 덥고, 습하고, 먼지가 폴폴 날아다녔으며, 그곳에서 일하는 노동자는 젊을 때 이미 폐가 망가지기 일쑤였다. 카를 마르크스는 1844년에 잠시 맨체스터에 머문 적이 있었는데, 그때 그는 면직물 공장에서 일하는 노동자들의 비참한 생활 상태를 보고 큰 충격을 받았다. 탄광 노동 역시 참혹하기는 마찬가지였다. 랭커셔 탄광에서는 여섯 살 여자 어린이가 석탄 수레를 끌었다. 낙반, 폭발, 가스 같은 위험은 일상생활의 일부였다. 높이 1미터 정도의 좁은 갱도에서 석탄 수레를 기다시피 끌다 보면 몸은 뒤틀리고 폐는 망가졌다.

초기 공장과 탄광에는 값싼 노동력인 여성과 어린이가 많이 고용되었다. 어린이는 산업화 이전에도 허드렛일을 도우면서 가정 경제에서 한몫을 담당했다.

그렇지만 산업혁명에서 어린이는 더욱 체계적으로 착취당했다. 네댓 살 어린이들은 섬세한 손동작을 살려 끊어진 실을 잇거나 작은 몸으로 기계 밑에 기어들어 흩어진 솜을 긁어모았다. 무엇보다 그들은 값싼 노동력이었다. 1830년에 여성과 18세 이하 청소년이 면직물 공장 노동의 2/3나 차지했다. 그런데 어린이의 노동 착취에 대한 비난 여론이 높아지자 1833년 공장법이 제정되어 9세 미만 어린이의 고용이 금지되고, 13세 이하 어린이의 하루 노동시간이 8시간으로 제한되었다. 그 빈자리는 주로 여성이 메웠는데, 미숙련공인 그들의 임금은 남성의 절반에도 미치지 못했다. 탄광에서도 어린이와 여성의 보호조치가 이루어져서, 1842년의 탄광법Coal Mines Act으로 열 살 미만 소년과 모든 여성의 탄광 고용이 금지되었다. 산업화의 뒷세대는 1세대 노동자들이 치른 희생의 득을 보았다. 사용자들은 차츰 길게 보면 더 나은 작업 환경에서 건강하고 만족스러워하는 노동자를 통해 더 많은 이윤을 얻을 수 있다는 것을 깨닫게 되었기 때문이다.

2) 산업화의 확산

유럽 대륙의 산업화　　영국에서 일어난 산업화는 19세기 유럽 다른 나라에 아주 느리게 퍼져나갔다. 대륙에서 가장 먼저 산업화한 나라는 벨기에와 프랑스 그리고 독일의 일부 국가였는데, 이들 나라는 나폴레옹 전쟁 말기에 산업화의 초기 단계를 경험하고 있었다. 그리고 1850년 무렵에 자국 시장에서 영국 상품과 경쟁할 수 있는 나라는 아직 벨기에뿐이었다. 이 나라는 산업화에 호의적인 정부 정책, 좋은 운송망, 정치적 안정과 같은 요인으로 어느 정도의 성공을 거두었다. 그러나 사회체제가 억압적이고 중간계급이 제대로 성장하지 못한 동유럽에서는 1850년까지도 산업혁명이 첫발을 떼지 못했다.

프랑스의 경우는 산업화 이전의 공업이 경제가치로 따졌을 때 영국과 거의 비슷했다. 그런데 프랑스 공업은 비단과 도자기 같은 고급 품목에 특화하는 경향이 있었다. 이는 프랑스 궁정의 사치품 수요를 반영하는 것이기도 하고, 영국처럼 풍부한 석탄과 철의 매장량이 없는 탓이기도 했다. 그리고 프랑스의 경제 정책은 중요한 면에서 영국과 달랐다. 영국에서는 이미 사라진 옛 길드 규제와 중상주의 정책의 각종 규제가 프랑스에서는 많이 남아 있었다. 중상주의적 보호 정책이 이전에는 공업의 발달을 도왔을 것이나, 영국이 급속한 성장을 이룩하던 바로 그 18세기 후반기에는 오히려 신기술의 개발과 도입에 장애가 되었다. 네덜란드를 제외하고 유럽 다른 나라들도 프랑스와 사정이 대체로 비슷했다.

　대륙의 나라들은 영국보다 산업화에 불리한 여건이 많았지만, 그 대신 후발 주자의 이점도 있었다. 앞서간 영국에서 선진 기술과 관행을 그냥 도입하면 되었기 때문이다. 정부와 기업이 산업 기밀을 배우기 위해 관리와 대표를 영국에 파견했다. 물론 영국 정부와 제조업자들은 기술 독점을 유지하기 위해 애썼다. 1825년까지 영국의 숙련공은 해외로 나가는 것이 금지되었고, 1842년까지 중요한 기계류와 부품의 수출이 금지되었다. 그러나 이런 조치가 완벽하게 이행되지는 못했다. 이미 1825년에 적어도 2000명의 영국 숙련 기계공이 대륙에 있었고, 영국의 장비가 팔리고 있었다. 그뿐만 아니라 그때도 산업 스파이가 있었고, 그들이 일부 산업 비밀을 캐내기도 했다. 무엇보다도 대륙의 경쟁자들은 첨단 공장으로 시작함으로써, 생산성이 떨어지는 낡은 공장을 가진 영국을 종국에 가서는 넘어설 수 있었다.

　대륙에서 먼저 산업화를 접한 나라들에서도 면직물 공업이 중요한 역할을 했는데, 그러나 제철과 광업 같은 중공업만큼 중요하지는 않았다. 면직물 공업에서는 기계화와 함께 전통적인 수공업 방식이 끈질기게 남아 있었다. 그래서 대륙에서는 면직물 공업보다는 기본적으로 광업과 야금업에서 증기기관이 쓰였다. 이들 나라는 19세기 중엽 무렵에는 기술적 독립을 이루었으며, 특히 프랑스와 독일은 엔지니어와 기계공을 육성하기 위해 광범한 분야의 기술학교를 설립했다.

　또한 대륙의 산업화에서는 영국과 달리 정부가 중요한 역할을 담당했다. 대륙의 대다수 국가에서는 정부가 경제문제에 중요한 역할을 하는 데 익숙해 있었다. 그래서 정부는 기술 교육의 비용을 대고, 발명가와 외국 기업가에게 장려금을 주고, 수입하는 외국 산업 장비에 관세를 면제하고, 때로는 공장에 재정을 지원하기도 했다. 장기적으로 이에 못지않게 중요한 것은 정부가 직접 나서서 도로와 운하의 건설, 하천의 준설, 철도 건설 등의 비용을 상당 부분 떠맡았다는 점이다. 1850년에 이르러 독일과 벨기에는 국내 철도망을 어느 정도 갖추었다.

특히 독일의 정부 전통은 영국과 확연히 달랐다. 프로이센의 관료제는 프리드리히 대왕 시절 이래 그 효율성으로 유명했다. 그래서 독일에서 1850년 무렵 산업혁명이 본격적으로 진행되기 시작했을 때, 프로이센 관리들은 매우 적극적인 역할을 했다. 프로이센은 1819년 이래 독일 국내의 관세 장벽을 낮추기 위해 애써왔는데, 마침내 1834년에 18개 영방국가가 참여하는 관세동맹Zollverein을 출범시켰다. 관세동맹은 이후 1844년까지 오스트리아를 제외한 독일 대다수 국가가 가입했는데, 그리하여 독일 안에서 여러 나라 간의 재정적 장벽이 허물어지고 사실상 자유무역 시장이 형성되었다. 상품이 관세 없이 자유롭게 유통됨으로써 가격이 낮아지고 교역이 촉진되었다.

그리고 영국 산업화 정책에서는 거의 고려 대상이 아니었던 군사적 고려가 프로이센 정부 당국자의 마음속에는 언제나 자리 잡고 있었는데, 그것은 특히 철도 건설에 영향을 미쳤다. 독일 군부는 병력과 군수품을 수송하는 데에서 철도의 유용성을 깨달았고, 군부의 의견은 철도 건설을 설계하는 데 중요한 역할을 했다. 철도는 대부분 사기업이 건설했지만, 1914년 이전에 노선을 대부분 국가가 소유하고 운영하게 되었다. 이로써 정부는 전체 경제에 대한 강력한 조종간을 가지게 되었으며, 그래서 철강공업을 육성하기 위해 로렌의 철광석을 루르의 탄전 지대로 운송하는 운임을 다른 화물과 다르게 책정하기도 했다. 철도 건설 계획과 운영을 국가가 통제한 덕분에 독일 철도는 시설의 중복 투자 없이 유럽에서 가장 효율적인 체계를 갖추었다.

대륙에서 철도 부설은 영국과 거의 비슷한 시기에 시작되었다. 벨기에가 앞장서고 프랑스와 독일이 뒤따랐는데, 1870년에 이르러 서유럽은 꽤 촘촘한 철도망으로 뒤덮였다. 그 뒤 30년 동안 동유럽과 발칸반도 그리고 러시아에서 철도 건설이 활발하게 이루어졌다. 1903년에는 태평양 해안의 블라디보스토크Vladivostok까지 달리는 시베리아 횡단 노선이 완성되었다. 철도 건설의 결과는 참으로 심대했다. 사람과 가벼운 물품뿐 아니라 철광석과 석탄 같은 대량의 화물도 육상 운송이 가능해졌다. 이전에는 국지적으로만 개발되던 오지의 철광과 탄광 지역이 번영하는 공업 지대가 되었다. 철도를 통해 사람의 이동과 교류가 빈번해짐으로써 국민적 결속과 통합도 강화되었다.

한편 대륙의 산업화 과정에서 공격적 경영을 추구하는 은행 가문이 이곳저곳에서 나타났다. 이들은 나폴레옹 전쟁기 동안 정부에 대부를 제공하여 얻은 이윤으로 사세를 확장했다. 그들은 철도와 같은 신산업에 투자하고, 정부 및 주요 자본가와 함께 협업했다. 특히 로트쉴트Rothschild 가문은 스위스의 많은 은행가와 더불어 대표적인 금융업자였다. 은행업은 급증하는 자본 수요에 부응하기 위해 장기적인 자본 수요는 투자은행 설립으로 대처하는 한편, 단기 신용의 필요를 충족하기 위해서는 새로운 제도를 수립했다.

미국의 산업화   1800년까지만 하더라도 미국은 농업국이었다. 인구 10만 이상의 도시는 하나도 없었고, 노동자 일곱 중 여섯은 농부였다. 그러나 이후 60년 사이에 인구가 500만에서 3000만으로 폭증해서 영국보다 훨씬 더 많아졌다. 그들의 거의 절반이 애팔래치아산맥 서쪽에 살았다. 주의 수가 16개 주에서 34개 주로 배 이상 늘었으며, 인구 10만 이상 도시가 아홉이나 되었다. 노동자 중 농부는 절반에 지나지 않았다. 그 60년 사이에 미국은 농업 중심의 소규모 공동체 사회에서 산업화하고 도시화하는 나라로 탈바꿈했다. 미국도 유럽 대륙처럼 공산품을 처음 생산한 기계는 영국에서 도입한 것이었다. 영국인 이민자 새뮤얼 슬레이터Samuel Slater가 1790년 로드 아일랜드Rhode Island에 최초로 수력 방적기를 설치한 직물 공장을 세웠다. 이후 1813년에는 영국의 것을 복제한 역직기 공장들이 세워지고 있었다. 그 이후 곧 미국인은 영국의 기술적 발전을 따라잡거나,

분야에 따라서는 앞서 나가기도 했다.

동부 지역에서 점점 늘어나는 공장의 노동력은 주로 뉴잉글랜드의 농촌에서 왔다. 미국은 수공업자의 수가 많지 않은 반면에 농업 인구는 급속하게 팽창하고 있었다. 그래서 동북 지역에서 농업 인구는 농지에 비해 크게 웃돌았는데, 이 남아도는 인구 중에서 남성을 중심으로 한 일부는 서부로 간 한편, 다른 대다수 여성은 뉴잉글랜드에 새로 생긴 직물 공장과 신발 공장에서 일자리를 찾았다. 큰 직물 공장 노동력의 80% 이상이 여성이었다. 공장주들은 아동 노동을 이용하기 위해 특히 많은 아이가 딸린 가족을 선호했다. 1830년대와 1840년대에 농촌의 출산율이 떨어져 노동력 자원이 부족할 위험에 처했을 때는 유럽 이주민, 특히 가난하고 특별한 기술도 없는 영국인과 아일랜드인이 공장의 노동력을 메웠다.

영국과 달리 미국은 워낙 큰 나라였다. 처음에 미국 경제는 교통 체계가 갖추어지지 않아 발전에 제약을 받았으나, 이는 차츰 극복되었다. 수천 킬로미터의 도로와 운하가 동서를 연결하며 건설되었다. 기선이 오대호와 대서양 해안, 하천을 운항했다. 미국에서도 교통 체계 발달에서 가장 중요했던 것은 역시 철도였다. 1830년에 160km로 시작해서 1860년에는 4만 3000km 이상의 철길이 광대한 미국을 누볐다. 이러한 교통 혁명으로 미국은 초기 산업화의 중심인 동부 지역 공산품을 위한 거대한 단일 시장이 되었다.

기선은 1807년에 처음 만들어졌는데, 그해에 로버트 풀턴Fulton(1765~1815)이 클러몬트Clermont호를 제작하여 허드슨강에서 운항하는 데 성공했다. 기선은 처음에는 강이나 운하와 같은 안전한 물길에서 단거리를 항해하는 데 그쳤다. 기선의 기계 장치가 조악하고 석탄이 너무 많이 소모되어 연료의 재공급 없이는 장거리 항해가 불가능했기 때문이다. 그러나 1838년에 돛과 증기기관을 복합한 배가 대서양을 2주 만에 횡단했다. 그 후 1850년에는 대서양 횡단과 그보다 짧은 해양 항해에서는 기선이 여객과 우편을 운송하는 일에서 범선을 밀어냈다. 그렇지만 기선은 1870년께까지는 엔진과 석탄이 너무 많은 공간을 차지해서,

장거리 화물 운송에는 여전히 범선이 더 적합했다. 1870년에야 엔진이 개량되고 석탄 소모가 줄어들었다. 더 중요한 것은 1839년에 철제 선체, 1879년에 강철 선체가 도입되어 선박이 엄청나게 커졌다. 이 개량으로 드넓은 화물 공간이 생기고, 대륙 간 화물 운송은 기선의 몫이 되었다.

1860년에 이르면 미국은 산업국가의 길 위에 올라 있었다. 미국은 평등한 경제적 기회에 기초하여 사회적 계층 이동이 활발한 나라라는 신화에의 믿음이 점점 커졌다. 그러함에도 불구하고 현실적으로 도시 인구의 상위 10%에 해당하는 최고 부자들이 부의 70~80%를 차지했다는 것 또한 엄연한 사실이었다. 어쨌든 미국은 1890년 무렵에 이르면 독일처럼 막강한 공업국으로 우뚝 섰다.

산업화의 지체　　서부 및 중부 유럽과 미국은 1870년 이전에 산업혁명을 이루었다. 독일은 1870년에 이미 영국과 경쟁하는 일류 공업국이 되었다. 그리고 세기가 끝날 무렵에 독일의 공업은 거의 모든 분야에서 영국을 넘어서서 공업 생산 능력과 조직 면에서 유럽 최고였다. 그러나 1870년까지도 산업혁명은 나머지 세계로 확산하지는 않았다. 동부 유럽조차 산업화는 중부보다 훨씬 뒤늦었다. 예를 들어 러시아는 1890년계 꽤 큰 규모로 공업화를 시작했으나, 제1차 세계대전이 일어난 1914년에도 여전히 압도적으로 농업국에 머물고 있었다. 산업화를 이끌 주역인 중간계급이 크게 성장하지 못했으며, 변화를 두려워한 차르 체제는 곡물과 목재 같은 원료를 수출하면서 공산품은 수입하는 것으로 만족했다. 러시아는 19세기가 끝날 때까지 산업화의 본궤도에 오르지 못했다.

자본 축적이 이루어지지 못한 발칸반도의 나라들은 실질적인 의미에서 자국 경제 발전의 주체가 되지 못했다. 그곳은 반쯤은 식민지 같은 지역으로서, 광업을 비롯한 다른 공업 그리고 철도 부설에의 투자 자본은 대부분 외국에서 왔다. 외국 자본가들은 언제나 해당 정부로부터 각종 이권을 얻어낼 수 있었는데, 그 이권은 최대의 이익을 투자자에게 보장하는 데 초점이 맞추어져 있었다. 1914년 이전의 러시아도 어느 정도는 그러했다.

산업화를 이룩한 유럽 국가들은 그들이 지배한 세계 다른 지역에서 의도적으로 기계공업의 발달을 막는 정책을 추구했다. 인도가 그 좋은 예이다. 인도는 18세기에 수제 면직물의 세계 최대 수출국에 들었다. 그런데 19세기 전반기에 인도의 넓은 지역이 영국 동인도회사의 지배 아래 떨어지자, 공장에서 대량 생산한 값싼 면직물이 들어왔고, 곧 수천 명의 인도 면직물 공업 노동자가 일자리를 잃었다. 영국은 인도인들이 원료를 수출하고 영국의 제품을 사도록 유도했다. 1850년대에 인도에서 밧줄의 원료인 황마 섬유와 직물을 만드는 공장이 세워지기는 했지만, 자본의 부족과 영국 제품의 수입 때문에 인도 기계공업은 제대로 발달하지 못했다. 인도는 급속히 산업화한 유럽 국가들이 어떻게 식민지에 산업혁명의 확산을 막으려 했는지를 보여주는 아주 좋은 사례이다.

3) 산업혁명과 함께 진행된 사회적 현상

새로운 사회 계급의 출현　　산업자본주의의 발달로 전통적 중간계급에 새 집단 하나가 추가되었다. 새로운 제조업 집단이 등장하여 차츰 상인을 밀어내고 중간계급의 지배적 지위를 차지했다. 이들 산업자본가는 공장을 건설하고, 기계를 사들이고, 예민한 감각으로 새로운 시장을 개척했다. 그런데 19세기 중엽에 이르면 적어도 영국에서는 산업혁명을 점화한 전통적 종류의 기업가는 물러나고, 새로운 산업 귀족이 그들을 대체하고 있었다. 이 새 세대의 기업가들은 주로 부친이 이룩한 사업을 물려받은 자식들로서, 은행이나 공장 혹은 광산을 운영하면서 큰 부를 축적했으며, 이를 바탕으로 전통적 지주 엘리트의 패권에 도전했다. 지주 엘리트는 오랫동안 상업자본 세력의 위협을 받아왔으나 무너지지 않았는데, 새 산업자본가는 상대하기에 너무 벅찼다. 새 부르주아들은 대농장을 사들이고 사회적 지위를 얻으면서 정치권력을 추구했으며, 궁극적으로는 옛 특권 엘리트와의 사이에 놓인 장벽을 허물어뜨렸다.

한편 노동계급에서도 새로운 종류의 노동자인 산업 노동자가 나타났다. 이들 산업 노동자는 전통적인 노동자와 달리 시간이 지나면서 차츰 강한 계급의식을 형성했다. 산업자본가들은 한편으로 지주 엘리트와의 사이에 있는 장벽을 허물어뜨리려는 것과 동시에, 그들 아래에 있는 산업 노동자에 대해서는 견고한 담장을 쌓으려고 애썼다. 산업 노동자들은 그들의 이익을 지키기 위해 부와 영향력을 확대하는 산업자본가에 맞서 싸웠다. 그러나 19세기 전반기의 공장노동자들은 나중에 산업 프롤레타리아를 형성하긴 했지만, 아직은 영국에서도 노동계급의 다수가 되지는 못했다. 1851년의 조사 통계에 따르면, 농업 노동자가 180만 명이고 가사노동자가 100만 명인 데 비해, 직물공업노동자는 81만 명에 불과했으며, 그나마 그중 1/3은 여전히 작은 작업장이나 가내에서 일하고 있었다.

이들 전통적 수공업자들은 한때 기계화라는 시대의 추세에 폭력으로 맞섰다. 주로 잉글랜드 북부와 미들랜드Midlands의 숙련 직조공들이 1811~1812년에 집중적으로 기계가 그들의 생계를 위협한다고 여기고 닥치는 대로 방직기계를 파괴했다. 그들은 정체가 불분명한 네드 러드Ned Ludd라는 인물을 내세워 스스로 러드파Luddite를 자처했다. 러드파의 기계파괴운동이 기계화의 대세를 멈추게 할 수는 없었으나, 군대도 그들을 추적하여 잡아낼 수 없을 만큼 지역민들이 그들을 지지하고 보호해 주었다. 한편 공장노동자들은 더 나은 임금과 노동조건을 얻기 위해 노동조직을 결성하기 시작했다. 정부가 결사 금지법으로 막았으나, 많은 새로운 산업에서 숙련노동자들이 노동조합을 결성했다.

노동조합운동 산업혁명 초기에 노동자의 운명은 고용주의 손안에 놓여 있었다. 일자리를 찾는 노동자가 넘쳐나서 고용주는 일손을 걱정할 필요가 없었으나, 노동자는 일자리를 잃으면 굶주리는 외에 다른 대안이 없었다. 그러므로 19세기 초까지도 임금과 노동시간에 대한 협상이 없었다. 그것은 고용주가 일방적으로 정했고, 노동자는 단지 그것을 받아들이거나 말거나 할 수 있을 뿐이었다. 그래서 고용주와 협상하거나 정부 정책에 영향을 미치기 위해서는 집단행동이 노동자에게 하나의 가능성으로 떠올랐다. 그러나 노동조합을 조직하려는 그들의 시도는 고용주와 정부의 공동 행동으로 가로막혔다. 노동조합은 법정에서 대체로 불온 단체로 취급되었고, 거의 모든 나라에서 노동자의 결사는 법으로 금지되었다. 영국에서는 1799년과 1800년에 결사 금지법Combination Acts으로, 프랑스에서는 1791년 르샤플리에법으로 노동자 결사가 불법화되었다. 영국의 법이든 프랑스의 법이든 형식상으로는 결사 일반을 금지한 것이었지만, 그것은 언제나 노동자 결사에만 적용되었을 뿐 고용주의 결사에는 적용되지 않았다.

초기 노동조합운동은 그야말로 고난에 찬 역정이었다. 영국에서는 이후 1824년과 1825년에 결사 금지법이 폐지되고 노동조합 결성이 허용되었으나, 그 활동이 세세하게 제한되었다. 초기 노동조합운동은 사회주의의 영향을 많이 받았는데, 사회주의자 로버트 오언은 1834년 최초로 노동조합의 전국 조직을 결성했다. 그는 노동조합을 사회 전체를 혁신할 수단으로 생각했다. 그러나 그 기구는 고용주들의 방해로 결국 무너지고 말았다. 19세기 후반기에는 덜 야심적이지만 좀 더 성공적인 노동조합이 생겨났다. 그것은 업종에 따라 조직되었으며, 주로 협상과 파업을 수단으로 더 나은 노동조건과 임금을 확보하는 데 노력을 집중했다. 영국에서 노동조합은 1871년의 노동조합법으로 마침내 합법화되어 법적 지위를 인정받았으며, 1875년에는 평화적인 피케팅picketing의 권리도 확보했다.

대륙에서는 사회주의가 영국보다 노동계급의 마음을 더 강하게 사로잡았다. 1860년께까지 노동자 조직들은 크게 중요한 세력이 되지 못했다. 그리고 19세기 말에 가까워질 때까지 노동조합은 끊임없이 그들을 탄압하고 불법화하는 정부 권력에 맞서 싸워야 했다. 이런 투쟁을 거치면서 대륙의 노동조합은 좀 더 정치적 색채를 띠게 되었다. 그들의 다수는 특히 독일에서 마르크스주의 깃발 아래 모였으며, 사회주의 정당을 지지했다. 그렇지만 마르크스의 교의가 재해석되고 경쟁 노동조합이 지배적인 마르크스주의 노동조합에 맞서 등장하면서, 노동조합의 혁명적 열정이 조금씩 식어갔다. 그와 동시에 정부의 노동에 대한 적대감도 차츰 완화되었다. 프랑스에서는 1864년에 르샤플리에법이 완화되어 결사에 대한 형벌이 금지되었으며, 1884년에는 그 법이 폐지되어 노동조합이 합법화되었다. 독일이 1890년 그 뒤를 따랐고, 러시아조차 1906년 노동조합을 합법화했다.

과학적 농업　유럽의 인구는 19세기 내내 급속히 증가했는데, 그런데도 유럽은 1870년 무렵까지는 대체로 식량을 자급자족할 수 있었다. 식량의 자급자족은 새 작물, 화학비료, 개량된 경작 방법, 개량된 종자와 종축種畜의 선택, 개선된 윤작, 이 모든 요소가 결합하여 식량 증산이 이루어진 덕분이었다. 새 작물 두 개가 식량 증산에 중요한 역할을 했다. 감자는 아메리카에서 전해진 뒤 수백 년 동안 흉한 생김새 때문에 '악마의 식물'로 배척을 받고 주로 가축 사료로 쓰였다. 그러다가 프로이센의 프리드리히 2세가 치세 말기에 기근을 해결하기 위해 감자 재배를 적극 권장하면서 독일에서 널리 보급되었는데, 나폴레옹 전쟁기 동안에 유럽 모든 지역에서 중요한 식품이 되었다. 감자는 특히 곡물 소출이 낮았던 독일, 폴란드, 러시아에서 잘 자랐다. 사탕무 역시 나폴레옹 전쟁 때 보급되어 19세기 후반기에 널리 전파되었으며, 특히 독일에서 일급 작물이 되었다. 사탕무는 설탕을 산출할 뿐 아니라, 설탕이 추출되고 남은 것은 값진 가축 사료가 되었다.

화학비료와 개량된 농기구 역시 농산물 증산에 한몫했다. 독일 화학자 유스투스 폰 리비히Justus von Liebig는 1840년 식물 성장에는 특별한 화학물질이 필요하다는 사실을 발견했다. 토양의 비옥도는 재배하는 작물과 관계없이 적절한 시비施肥로 유지할 수 있음이 밝혀지고, 그의 노력의 결과 19세기 후반기에 화학비료가 널리 쓰이게 되었다. 1845년 발명된 배수 토관으로 효율적 배수가 가능해져서 쟁기질로 두둑을 높일 필요가 없어졌다. 미국인 사이러스 머코믹Syrus McCormick이 발명한 말이 끄는 수확기 덕분에 곡물 수확의 효율성이 괄목할 만큼 높아졌다.

영농 기술의 개량은 유럽 전역에서 고루 이루어진 것이 아니다. 영국·독일·

네덜란드·벨기에·덴마크는 모두 농업기술 개량의 선두에 섰으나, 서유럽의 라틴 국가는 여러 사회적 장애 때문에 이런 기술 향상을 온전히 공유하지 못했다. 프랑스에서는 완고하고 보수적인 농민, 이탈리아와 에스파냐에서는 농업기술이나 그 개량에는 관심이 없는 부재지주가 걸림돌이었다. 북유럽에서는 감자가, 동유럽 남부 지역에서는 옥수수가 그 지역의 식량 자원으로 추가되었으나, 과학적 영농 기술은 채택되지 못했다. 러시아에서는 오랜 관행인 경작지 놀리기가 20세기가 될 때까지 계속되었고, 발칸반도와 오스트리아-헝가리의 많은 지역 역시 그러했다. 러시아와 루마니아가 19세기 중엽 이후 서유럽에 상당한 양의 밀을 수출한 것은 사실이지만, 그것은 농업기술의 향상 때문이 아니라 목초지와 삼림이 개간되어 경작지가 늘었기 때문이었다.

19세기에 인구가 급속히 팽창했으나, 과학적 영농과 토지의 효율적 이용으로 이를 충분히 감당할 수 있을 만큼 식량 증산이 이루어졌다. 그런데 과학적 영농과 토지의 효율적 이용으로 전통적 토지 보유 형태의 변화가 뒤따랐다. 서유럽 거의 전역과 동유럽 일부 지역에서 산재했던 지조들이 한데 합쳐지고, 판에 박힌 장원 농업 방식이 무너지고, 그래서 개개의 농부가 자유롭게 원하는 작물을 심게 되었다. 보유지의 통합은 어려운 일이었는데, 누군가는 통합에 따르는 토지 교환으로 손해를 보았다고 주장하고 나서기 마련이기 때문이었다. 그러나 각국 정부는 한 마을에서 일정 수의 주민이 요구하면 보유지의 통합을 강제할 수 있는 다양한 법을 제정했다. 1914년에 토지 사용에의 공동체 통제가 남아 있는 곳은 러시아와 발칸반도의 일부 국가뿐이었다.

보유지가 통합되면서 대조되는 두 형태의 농업 조직이 생겨났다. 영국과 독일 동북의 프로이센 지역에서는 수백 에이커의 대농장이 토지 보유의 지배적 형태가 되었다. 영국에서 보유지 통합을 입법화한 의회는 대토지 보유자에게 대단히 우호적이었다. 그 결과 산업혁명기에 많은 소농이 토지를 떠나 신흥 공업 도시로 몰려가거나 대농장의 농업 노동자가 되었다. 독일 동북부에는 대규모 농장이 중세 말기에도 있었고, 1945년에 이르기까지 그곳의 특징으로 남아 있었다.

그렇지만 유럽 다른 지역에서는 상황이 소농에게 좀 더 유리했다. 오스트리아의 경우는 정부가 건장한 농민을 군사력과 사회 안정의 원천으로 보고 농민을 보호했다. 이탈리아와 지중해 지역에서는 지주가 대부분 부재지주로서 농지를 통합하거나 농법을 혁신하는 데는 관심이 없고, 소작농에게 지대를 거두는 것으로 만족했다. 프랑스와 저지방에서는 프랑스혁명이 결정적 영향을 미쳐서 대부분 토지의 완전한 소유권이 소농에게 넘어갔다. 독일 서남부 국가들에서도 1848년 이후 정부 정책으로 비슷한 소유권 이전이 일어났다.

인구 증가   유럽의 인구는 18세기에 뚜렷하게 증가하기 시작했으며, 갈수록 증가 속도가 빨라졌다. 유럽 인구는 1700년에 1억 2000만 명쯤이었는데, 1750년에는 1억 4000만 명, 1800년에는 1억 8700만 명, 그리고 1850년에는 2억 6600만 명으로 늘었다. 그리고 1900년에는 4억 명을 훨씬 넘어서서 한 세기 전보다 두 배 이상 늘었다. 그동안 해외로 이주한 4000만 명쯤을 빼고도 그러했다. 인구 증가는 유럽 모든 지역에서 균일하지 않았다. 1650~1800년 사이의 잉글랜드의 인구는 500만 명에서 900만 명으로, 러시아는 1700만 명에서 3600만 명으로 두 배쯤 늘었는데, 프랑스는 2100만 명에서 2800만 명으로 느는 데 그쳤다. 이전에는 인구가 줄어들었던 지역도 다시 늘었는데, 같은 기간에 에스파냐는 750만 명에서 1100만 명으로, 그리고 이탈리아는 1100만 명에서 1900만 명으로 늘었다. 19세기에는 인구가 더욱 가파르게 증가하여, 그 한 세기 동안 잉글랜드와 러시아는 서너 배, 그리고 독일은 두 배 남짓 늘었는데, 그러나 프랑스는 44%밖에 증가하지 않았다.

인구 증가가 산업화와 직접 관련이 있었던 것은 아니다. 러시아의 인구 증가는 농업 사회 상태에서 일어났으며, 동부 및 남부 유럽과 1845년까지의 아일랜드 역시 대체로 그와 같았다. 경제적 기회의 증가가 19세기 유럽 인구 증가의 유일한 요인이었던 것도 아니다. 아일랜드와 같은 일부 지역에서는 생활수준이 떨어졌음에도 인구는 오히려 늘었다. 19세기 유럽 인구의 급속한 증가는 전염병과 기아, 그리고 전쟁으로 인한 사망이 현저하게 줄어든 영향이 컸다.

의학 지식과 의술의 발달로 19세기가 지나가면서 천연두·이질·티푸스·디프테리아diphtheri를 비롯한 많은 감염병이 예방되고, 일부 나라에서는 거의 박멸되었다. 일찍이 영국 의사 에드워드 제너Jenner(1749~1823)는 1796년 우두牛痘 접종에 성공하고 이후 천연두 예방접종을 널리 보급했다. 그 뒤 19세기에는 많은 질병이 세균과 바이러스 같은 병원체의 감염으로 발생한다는 사실이 밝혀졌으며, 이로써 예방접종과 철저한 살균 및 공중위생을 통해 전염병을 효율적으로 통제하는 일이 가능해졌다. 1850년대 중반에는 천연두 예방접종이 유럽 많은 나라에서 의무화되었다. 이러한 의학의 발달로 유럽 모든 나라에서 사망률이 뚜렷하게 하락했다. 출산율은 전과 같이 계속 높았기 때문에 인구는 19세기 내내 전례 없이 빠르게 증가했다. 세기 끝 무렵에 가서야 영국과 독일 같은 나라에서 출산율이 떨어지고, 그 결과 인구 증가 현상이 완화되었다. 프랑스의 출산율은 훨씬 먼저 떨어졌으며, 그래서 이웃 나라만큼 인구가 증가하지 못했다.

늦은 18세기에 영국에서 일어난 농업혁명의 확산으로 식량 공급이 전반적으로 증가한 것도 사망률을 줄이는 데 한몫했다. 일부 예외 지역을 제외하고 기아는 적어도 서유럽에서는 사라졌는데, 아일랜드의 기근 사태는 19세기 최대의 재앙이었다. 아일랜드는 서유럽에서 가장 억압받는 지역이었다. 압도적 다수인 가톨릭 농민은 대다수가 부재지주인 영국인 개신교도의 토지에 소작을 부치면서 극심한 빈곤 속에서 살았다. 그들은 주로 감자를 재배했는데, 감자는 영양이 풍부하고 재배하기 쉬웠으며 단위면적당 생산량이 곡물의 세 배나 되었다. 감자를 주식으로 살아가던 그들은 1780~1845년 사이 인구가 400만 명에서 800만 명으로 두 배나 늘었다. 그런데 1845년 여름에 감자에 균상종菌狀腫이 번져 모두 말라죽었다. 그와 함께 시작된 '대기근'으로 인구가 결딴났다. 그해부터 5년 동안 100만 명 이상이 굶주림과 질병으로 죽고, 10년 동안 200만 명이 영국과 미국으로 이주했다. 유럽 모든 나라 가운데 아일랜드만 19세기에 인구가 줄었다.

도시의 성장과 도시 생활　　아일랜드의 경우에서 보듯이, 인구 과잉의 전통적인 해소 통로는 이민이었다. 그러나 이민보다 더 흔한 것은 가난에 쫓긴 농촌 주민이 일거리를 찾아 도시로 이주하는 일이었다. 그래서 유럽의 19세기는 곧 급속한 도시화의 시기였다. 인구 증가와 더불어 유럽 각 나라 안에서는 대대적인 인구 이동이 일어났다. 특히 탄전 지대를 중심으로 인구가 모여들어 19세기 전반기에 공업 도시가 극적일 만큼 성장했다. 18세기의 도시는 여전히 공업 중심지이기보다는 행정과 상업 혹은 수공업의 공간이었으며, 그래서 공업 도시는 19세기 현상이었다.

1850년에 이르면, 특히 영국과 벨기에에서 도시는 빠르게 제조업과 공업의 장소가 되고 있었다. 1800년에 영국은 인구 100만 명의 유럽 최대 도시 런던 외에 5만~10만 명 도시가 여섯 개 있었다. 그런데 50년 뒤 런던 인구는 235만 명으로 대폭 증가하고, 10만 명 이상 도시가 아홉 개, 5만~10만 명 도시가 18개가 되었다. 특히 산업혁명의 본고장인 맨체스터는 인구가 폭발적으로 증가하여, 1750년에 주민 2만 명이었던 소도시가 한 세기 뒤에는 인구 40만 명이 넘는 대도시가 되었다. 이제 19세기 중엽에는 영국의 인구 절반이 도시에서 살았는데, 이는 인류 역사에서 전례가 없는 일이었다.

도시 인구는 대륙에서도 큰 폭으로 증가했다. 1800년과 1850년 사이에 파리 인구는 55만 명에서 100만 명으로, 10만 명 남짓이던 리옹과 마르세유가 각각 17만 7000명과 19만 5000명으로 늘었다. 오스트리아에서 인구 10만 명이 넘은 유일한 도시인 빈은 같은 기간에 24만 7000명에서 44만 4000명으로 늘었으며, 독일의 베를린은 17만 3000명에서 42만 명으로 늘었다. 19세기 후반기에 급속하게 산업화를 겪었던 독일은 20세기로 넘어서면서 인구 5만 명 이상 도시가 73개로 증가했고, 1910년 베를린 인구는 207만 명으로 늘어 빈을 조금 앞섰다. 19세기 말경에 인구 70%가 농사를 짓는 농업국 러시아조차 인구 10만 명 이상 도시가 17개나 있었으며, 상트페테르부르크는 1800년 22만 명이던 인구가 1910년에는 190만 명이 되었다.

신석기 농업혁명 이래 1만 년 동안 보통 사람들은 땅을 갈면서 살았다. 1800년까지만 해도 유럽 주민의 8~9할은 농사를 짓고 1~2할만 상공업으로 생계를 유지했다. 그런데 20세기 말엽에는 그 비율이 완전히 역전되어 농업에 종사하는 인구는 1할을 넘지 못했다. 그리하여 산업화로 인해 사람들은 농업적 생활 방식에서 도시적 생활 방식으로 내몰렸다. 농민이 자신의 기준에 맞추어 농번기에는 밭에서 일하고 농한기에는 선대제에 의한 농촌 공업에 종사하는 느슨한 옛 방식이 서서히 사라지고, 그 자리에 빡빡한 공장제도에 결박된 도시 생활이 들어섰다.

　　도시의 급속한 성장은 여러 사회문제를 낳았다. 19세기 전반기에 도시는 양적으로 팽창했으나, 많은 주민의 생활 상태는 비참했다. 이는 물론 오랜 세월 동안 지속해 온 유럽 도시의 상태였다. 그러나 문제가 좀 더 심각한 것은 그 비참한 정도가 더욱 심해졌을 뿐 아니라, 엄청나게 많은 인구가 그런 비참한 상태에 놓이게 되었다는 점이었다. 도시 가운데는 노동자들이 다닥다닥 늘어선 누추하고 비좁은 집에서 살고, 변두리에는 장인들과 하층 중간계급이 줄지어 선 작은 집에서 살았으며, 부유한 중간계급은 교외의 널찍한 독립 주택에서 살았다. 도시의 위생 상태는 소름이 끼칠 정도였다. 영국에서는 19세기 전반기에 대다수 도시에서 사망자가 출생자 수를 넘어섰으며, 그런데도 도시가 유지되고 성장한 것은 농촌 지역에서 끊임없이 인구가 유입한 덕분이었다.

　　도시 주민의 비참한 생활 상태는 곧 사회의 안전에 대한 명백한 위협이 되었다. 그런데 하수 처리와 상수도 같은 문제가 처음에는 정부의 고유한 역할 범위에 든다고 여겨지지 않았다. 그러나 도시의 절박한 현실 때문에 차츰 그런 태도가 바뀌었으며, 그 위험성을 깨달은 중간계급은 개혁의 필요성을 느꼈다. 그들 중 에드윈 채드위크Edwin Chadwick(1800~1890)는 대도시 지역의 빈곤과 불결의 문제를 해결하는 데 매진했다. 구빈위원회Poor Law Commission 서기로서, 그는 3년간 노동자들의 생활 상태를 조사한 끝에 1842년 보고서를 출간했다. 보고서에서 채드위크는 극도로 열악한 비위생적 환경 때문에 여러 종류의 전염병과 풍토병 그리고 기타 질병이 발생한다고 지적하고, 효율적인 하수도와 상수도 시설을 중심으로 한 근대적 위생 제도를 수립할 것을 권고했다. 근대 유럽 도시의 공중보건의 핵심은 깨끗한 식수 공급과 하수 처리였다. 채드위크의 보고서를 바탕으로 1848년 공중보건법Public Health Act이 제정되고, 이 법에 근거하여 국민보건원National Board of Health이 설치되었다.

제12장

이데올로기의 시대

❖

1815년 열린 빈 회의는 오스트리아 외상 메테르니히를 중심으로 보수 반동 체제를 수립했으며, 강대국들은 유럽의 협조 체제를 통해 그 체제를 유지하려 했다. 그러나 그 체제는 변화의 세력을 무시함으로써 궁극적 실패의 요인을 내장하고 있었다. 빈 체제는 1820년대 내내, 그리고 1830년과 1848년에 자유주의와 민족주의 세력의 도전을 받았다. 1848년에는 유럽 전역에서 민중들이 자유주의 혁명을 통해 자유주의적 헌법과 정부 개혁을 이뤄냈다. 그러나 그 성공은 화려하지만 짤막한 단막극에 지나지 않았다. 혁명 세력이 단결을 유지하지 못하면서 곧 구체제가 다시 사태를 장악했다. 민족주의 운동 역시 일시적 성공 뒤 민족들 상호 간의 분열로 거의 아무것도 이루지 못했다. 그나마 그때까지 성공한 민족주의 운동은 모두 원심적 유형, 이를테면 이민족이나 식민 모국의 지배에서 벗어나는 유형의 것이었다. 그러나 그 시기에 이탈리아와 독일의 민족주의 운동처럼 갈라진 여러 나라를 단일의 민족국가로 통일하려는 구심적 유형의 것은 의미 깊은 성과를 거두지 못했다.

프랑스혁명의 저 유명한 3대 구호, 자유·평등·형제애는 19세기 언어로는 자유주의·사회주의·민족주의로 번역할 수 있을 것인데, 이는 19세기에 유럽인의 충성심을 끌어낸 3대 정치운동이었다. 구체제의 옹호자들은 대체로 자신의 고유한 정치 프로그램이 없었고, 그래서 조금씩 혁명 이념의 일부를 받아들이거나 그에 적응할 수밖에 없었다. 보수 집단은 3대 혁명 이념 중 형제애 곧 민족주의에 가장 큰 매력을 느꼈다. 1850년께 이후 민족주의는 점점 더 세력이 커졌고, 특히 중부 유럽에서는 자유주의를 밀어내고 사회주의를 무너뜨리려 했다.

자유주의는 영국을 제외하고 대륙에서는 전반적으로 뒷걸음쳤다. 1848년 혁명을 고비로 상대적으로 평화적 해결책과 이상주의적 조화를 모색한 시대가 가고, 무력과 현실 정치의 시대가 왔다. 정치가들은 정치 이론이나 이상주의를 무시하고, 국가 목표를 달성하기 위해 윤리나 도덕의 훼손도 상관하지 않고 물리적 힘을 행사하려 했다. 프랑스에서는 안정과 번영을 구하기 위해 자유를 다소간 희생시키면서 루이 나폴레옹의 제2제정 시대를 맞이했다. 이탈리아와 독일의 민족주의 운동에서도 자유주의자와 낭만적 이상주의자가 목적 달성을 위해서는 전쟁도 마다하지 않는 냉엄한 현실 정치가에게 밀려났다. 이탈리아의 카보우르와 독일의 비스마르크는 냉혹한 현실 정치를 통해 민족 통일을 달성했다.

독일과 이탈리아에서 민족주의가 최종적 승리를 거두었으나, 그러나 그것은 자유주의와 결합한 민족주의가 아니었다. 게다가 오스트리아와 러시아 그리고 오스만제국의 수많은 소수민족은 민족국가라는 목표를 달성하지 못했다. 그와 같은 시기에 대서양 맞은편에서 미국인은 노예제와 주권州權 문제로 갈등을 겪다가 결국 타협보다 내전에 호소했다. 그러나 미국인은 그 시련을 극복하고 국민적 통합을 달성했으며, 그 뒤 무서운 속력으로 경제 발전을 이루면서 강대국의 면모를 갖추어 나갔다.

19세기 유럽의 문화사는 일목요연하게 서술하기가 무척 어렵다. 18세기만 하더라도 유럽 문화는 아직 다소간 통일성이 있었다. 계몽사상은 세계시민적이며 민족적 장벽을 뛰어넘었기 때문이다. 그런데 19세기에 들어와 그런 문화공동체가 무너졌다. 세기가 시작할 때 낭만주의는 거의 모든 나라의 문학과 미술을 풍미했다. 그러나 낭만주의 운동이 문학과 예술 혹은 사상 분야에 특별히 배양해 놓은 민족적 혹은 개인적 표현의 다양성 때문에, 그 이후 19세기 유럽 문화의 발달에 관해서는 일반적 진술이 거의 불가능하다. 낭만주의는 19세기 중엽 이후 사실주의로 대체되고, 이후 많은 사조와 유파가 나타났다 사라졌다.

철학에서는 관념론이 밀려나고 실증주의와 과학 숭배가 그 자리를 차지했다. 종교적·정신적 감정이 퇴조하고 물질주의와 심지어 무신론이 밀려들었다. 인간 본성의 선함에의 믿음은 다윈의 진화론이 뜻하는바, 인간의 이기적 속성과 다투어야 했다. 프롤레타리아 세력의 성장 속에서 사회문제에 대한 유토피아적 해결책은 포기되고 마르크스주의가 사회주의의 대세가 되었다.

1. 반동과 혁명

1814년 9월 유럽의 수많은 왕국과 제후국 군주들이 부인과 외교 고문들을 거느리고 오스트리아 제국의 수도 빈에 모여들었다. 그들을 맞이한 프란츠 1세는 끊임없이 화려한 무도회와 사치스러운 연회 그리고 사냥 대회를 베풀면서 빈객들을 환대했다. 물론 그들이 춤과 연회만 즐겼던 것은 아니다. 각국 대표들은 한 세대 동안 유럽을 혼란에 빠뜨린 혁명과 전쟁의 뒷수습을 위해 머리를 맞대었으며, 1815년 6월 나폴레옹이 워털루에서 최종 몰락하기 직전 마침내 합의에 이르렀다. 국왕과 지주 귀족 등 전통 지배 세력은 자국 안에서 지배권을 다시 장악하는 한편, 국제적으로 보수 체제를 재건하려 했다. 몇몇 국가는 혁명을 분쇄하기 위해 다른 나라 내정에 개입하고 군사력을 사용하기도 했다.

그렇지만 유럽 세계는 변했으며, 쉬 옛 체제로 돌아가려 하지 않았다. 새 이데올로기, 특히 프랑스혁명의 소용돌이 속에서 자라난 자유주의와 민족주의는 1815년에 잠시 위축되기는 했으나, 억누르기에는 그 힘이 너무나 강력해졌다. 반동 체제에 저항하는 세력들이 1820년대와 1830년대에 반란과 혁명을 일으켜 주기적으로 유럽을 흔들었고, 1848년에는 마침내 광범한 혁명을 일으켰다. 그러나 몇몇 혁명은 성공적이었으나 많은 경우 그렇지 못했으며, 아직 구질서가 우세해 보였다. 그렇기는 하지만 1850년에 이르면 구질서의 날이 다 찼음이 분명하게 드러났다. 프랑스혁명과 산업혁명으로 새롭게 등장한 세력들이 더는 과거로 돌아가는 것을 불가능하게 했다. 해가 가면서 결국 보수 세력은 밀려나고, 그와 맞섰던 세력은 성장하여 뚜렷이 구별되는 세 부류, 곧 부르주아 자유주의자와 민족주의자 그리고 사회주의자로 갈라서게 되었다.

1) 빈 체제와 메테르니히 시대

보수주의　　　여러 세대 동안 과학과 이성, 평등과 민주주의를 강조하는 사람들은 전통과 감성, 권위와 귀족정을 강조하는 사람들과 반대편에 서왔다. 나폴레옹 몰락 이후 보수주의자들은 모든 전선에서 활력을 되찾았다. 특권과 구질서의 수호자에게 승리가 돌아가고, 계몽사상의 이상은 혁명과 전쟁의 현실 속에서 빛이 바랬다. 혁명의 이상에 공감했던 많은 사람도 이제 이상을 실현하는 데 드는 값비싼 대가 때문에 뒷걸음질쳤다. 수십 년의 혼란과 소용돌이 뒤에 보수주의자들은 질서와 안정을 요구했다.

보수주의 관점의 가장 탁월한 대변자는 영국의 사상가요 정치가인 에드먼드 버크였다. 프랑스혁명을 지켜보던 그는 사태의 진전에 경악했다. 혁명의 바탕에 깔린 원리를 반대하면서, 그는 그런 이념이 영국에도 번질 것을 두려워했다. 그의 『프랑스혁명에 관한 성찰』은 19세기 유럽 보수주의의 기초가 되었다. 버크는 혁명 지도자들이 품고 있던 자연법 교의를 공격했다. 그는 영국인의 자유는 역사의 불 속에서 천천히 단련된 것이며, 세대에서 세대로 전해져 온 유산이라고 주장했다. 그 유산은 결코 모두에게 평등하지 않았다. 국왕과 귀족 기타 사회 집단은 각자에게 전해져 온 그 나름의 특권과 자유를 누릴 권리가 있었다. 이러한 논리로 버크는 귀족정에의 믿음을 표현하고, 평등의 이름으로 합법적 특권을 간섭하려는 시도를 공격했다.

버크는 또한 이성에 지나치게 의존하는 것을 경고하면서, 전통 속에 축적된 지혜를 훨씬 더 중하게 여겼다. 그리고 그는 개인주의 경향을 비난하면서, 개인을 더 큰 유기체인 사회의 한 부분으로 생각했다. 경건한 국교도로서 그는 원죄 교리를 고수했으며, 계몽사상이 견지한 인간의 선성과 진보에의 믿음을 거부했다. 그렇다고 버크가 모든 변화를 거부한 것은 아니었다. 그는 폭력적 혁명으로 정부를 전복하는 것은 경계했지만, 점진적인 개선은 거부하지 않았다.

당시 풍미하던 낭만주의 사조와 독일 철학자 게오르크 빌헬름 프리드리히 헤겔Georg W. F. Hegel(1770~1831)의 관념론 역시 보수주의적 국가 개념의 발전에 한몫했다. 낭만주의자들이 민족의 과거와 역사를 중시하듯이, 보수주의 사상가들은 중세에서 영감을 찾으면서 국가를 그 자체로 하나의 실체라고 믿었다. 그들은 국가가 사회계약을 통해 인위적으로 형성된 정치 조직이 아니라 오랜 역사를 거쳐 자연스럽게 형성된 살아 있는 신화요, 개개 시민의 단순한 집합체가 아니라 서로 긴밀하게 결합한 하나의 유기체라고 믿었다. 보수주의자들은 헤겔의 관념론에서도 입맛에 맞는 요소를 찾아냈다. 헤겔은 시민들은 국가와 떨어져서 홀로 존재할 수 없고, 한 민족의 일원으로서만 자신의 진정한 정체성을 가질 수 있다고 주장했다.

19세기 전반기 보수주의자 대다수는 정치적 권위에의 복종을 중시하고, 조직된 종교가 사회질서에 매우 긴요함을 믿고, 혁명적 변혁을 증오하고, 시민적 자유와 대의 정부의 요구 혹은 민족주의적 열망을 받아들이기를 꺼렸다. 그들에게는 공동체의 발전과 번영이 개인의 자유와 권리에 우선했다. 1815년 이후 보수주의 정치철학은 세습 군주, 정부 관료제, 지주 귀족, 가톨릭교와 개신교의 지지를 받았다.

빈 회의　　　빈 회의der Wiener Kongress에는 유럽의 크고 작은 거의 모든 나라가 참석했지만, 실제 회의는 승리를 이끈 주역인 오스트리아, 영국, 프로이센 그리고 러시아의 4대 강국을 중심으로 진행되었다. 패전국인 프랑스는 이들 나라와 동등한 발언권을 가질 수 없었다. 그러나 프랑스 대표로 참석한 외상 샤를 드 탈레랑Charles-Maurice de Talleyrand은 네 나라의 틈새를 파고들면서 조금씩 발언권을 확보하여 프랑스의 이해관계를 반영할 수 있었다. 그는 원래 나폴레옹 체제에서 외상으로 활약한 인물이었다. 그러다가 나폴레옹이 몰락하자 그는 재빨리 말을 갈아타고 부르봉가의 복위를 전승국에 설득했고, 루이 18세는 즉위 뒤 곧장 그 공에 대한 보답으로 탈레랑을 자신의 외상에 임명했다.

빈 회의를 주재한 인물은 개최국 외상 클레멘스 폰 메테르니히Klemens von Metternich(1773~1859) 후작이었다. 각국 대표들은 대체로 보수주의적 견해를 공유했으며, 특히 회의를 이끈 메테르니히는 그 시대 보수주의의 상징이었다. 그는 나폴레옹이 권력의 정점에 있을 때, 나폴레옹과 오스트리아 황녀 마리 루이즈의 결혼을 주선하는 기민함을 발휘한 적도 있었다. 나폴레옹의 러시아 원정 참패 뒤 메테르니히는 그에게 확실히 등을 돌렸고, 전쟁이 끝난 뒤 동맹국을 설득하여 평화 회의를 빈에서 개최한 노련한 외교관이었다. 이후 그는 30년 동안 지칠 줄 모르게 나폴레옹이 퍼뜨린 혁명의 씨앗을 없애기 위해 온 힘을 다 바쳤다. 그가 유럽 국제 외교를 주도한 그 시기는 흔히 메테르니히 시대로 불린다.

빈 회의의 대표들은 무엇보다 유럽의 시계를 1789년 이전으로 되돌려 놓고 싶어 했다. 그들은 할 수만 있다면 혁명과 전쟁이 몰고 온 모든 변화를 없었던 것으로 하고, 그 이전의 구질서를 회복하려고 했다. 그래서 그들은 신성한 정통성의 원리를 표방하면서 각국의 정통 왕조의 복위 방침을 결정했다. 그에 따라 에스파냐, 나폴리, 사르데냐, 네덜란드 등에서 나폴레옹에게 쫓겨났던 왕가가 속속 왕좌로 돌아왔다. 그러나 헝클어진 국경을 원래대로 되돌려 놓는 일은 그 자체로 매우 어려운 과제였을 뿐만 아니라, 빈 회의는 또한 나폴레옹을 무너뜨리는 데 한몫한 강대국의 영토적 이해관계를 조정하지 않을 수 없었다. 그래서 그들은 보상의 원칙과 세력 균형의 원리에 따라 유럽의 지도를 재작성했다. 한쪽 영토를 잃은 주요 국가는 해당 주민의 의사와는 전혀 상관없이 다른 영토로 보상받았다. 이때 작성된 유럽 지도는 약간 수정되기는 했으나 반세기 동안 유효하게 남아 있었다.

신성로마제국은 수백 개에 이르는 영방국가를 되살리는 것이 불가능했다. 그래서 나폴레옹이 1806년 결성한 라인 연방을 바탕으로 35개 군주국과 4개 자유 도시를 결합한 느슨한 독일 연방Deutscher Bund이 창설되었다. 그 가운데 오스트리아와 프로이센이 양대 강국이었고, 다른 나라들은 크기가 천차만별이었다. 독일 연방은 집행부를 갖추지 못해 아무런 실질적 힘이 없었다. 연방은 유일한 중앙 기구로 프랑크푸르트에 각국 대표로 구성된 연방의회를 두었는데, 그것이 어떤 결정을 내리기 위해서는 모든 회원국의 동의가 필요했다. 오스트리아는 연방 의회 의장국으로서 독일 연방의 지도적 지위를 차지했으며, 메테르니히는 수십 년 동안 연방 대부분의 나라에 대해 막강한 영향력을 행사할 수 있었다.

이탈리아는 메테르니히가 말했듯이 여전히 하나의 나라가 아니라 단지 '지리적 표현'에 지나지 않았다. 그곳에는 북부에 사보이아 왕가가 지배하는 사르데냐왕국, 남부에 나폴리와 시칠리아를 합한 두 시칠리아 왕국, 중부의 교황 국가, 오스트리아 황제 친척이 지배하는 몇몇 소공국, 그리고 롬바르디아와 베네치아 등 모두 아홉 나라가 수립되었다. 그런데 마지막 두 나라는 오스트리아 제국의 직접적 지배 아래 들어갔고, 이탈리아는 전반적으로 오스트리아의 지배 아래 놓이게 되었다. 그에 따라 이탈리아의 모든 나라에는 자유주의적이거나 민족주의적인 감정을 철저하게 근절하려는 극도로 반동적인 정부가 들어섰다.

한편 빈 회의 대표들의 좀 더 큰 관심은 프랑스가 다시는 침략 전쟁을 벌이지 못하도록 그 주위에 튼튼한 방파제를 세우는 일이었다. 그 결과 프랑스 북쪽에는 공화국이었던 네덜란드가 이제 왕국이 되어 오스트리아령 네덜란드인 벨기에를 병합했다. 동남쪽에서는 사르데냐가 제노바를 병합하여 강화되었으며, 동쪽에서는 원래 '엘베 이동'의 나라이던 프로이센이 라인란트의 방대한 영토를 병합하여 프랑스 변경까지 바짝 다가오게 되었다.

전쟁 중에 나폴레옹 편에 섰던 폴란드와 작센은 가혹한 대가를 치러야 했다. 폴란드를 통째로 삼키려는 러시아의 야욕을 영국이 막아서고, 작센 전부를 병합하려는 프로이센을 오스트리아가 견제했다. 프랑스는 그 틈을 이용해서 입지를 넓혔다. 어렵고 오랜 협상 끝에 러시아와 프로이센은 폴란드와 작센의 영토에 대한 요구를 줄였으며, 그 선에서 세력 균형이 이루어졌다. 18세기 말 이웃 세 나라에 의해 지도에서 지워졌던 폴란드는 그 일부가 나폴레옹에 의해 바르샤바 대공국으로 회생했으나, 빈 회의에서 다시 소멸하는 비운을 맞았다. 오스트리아는 벨기에를 양보하고 폴란드를 잃은 데 대한 보상으로 롬바르디아를 되찾고 베네치아도 차지했다. 스웨덴은 핀란드를 러시아에 넘기는 대신 덴마크로부터 노르웨이를 얻었다. 덴마크는 그 보상으로 독일의 소국 라우엔부르크Lauenburg를 얻었다. 그리고 영국은 몰타Malta를 비롯하여 해외 이곳저곳에서 작은 식민지들을 차지했다.

이와 같은 영토 조정은 그 시기 성장해 가던 민족주의 감정과는 아주 상충하는 것이었다. 그러나 1815년의 강화 이후에 유럽에서는 1854년에 크림전쟁이 일어날 때까지 큰 전쟁이 없었다. 이 오랜 상대적 평화는 빈 체제의 성공을 말해 주는 것일 수도 있겠으며, 그에 더하여 23년에 걸친 대량 살상 전쟁의 시련을 겪은 열강이 평화를 지키기 위해 좀 더 협력적 태도를 견지한 덕분이기도 할 것이다.

신성 동맹과 4국 동맹　　빈 회의 대표들의 또 다른 중대 관심사는 새로 구축한 체제를 유지하는 문제였다. 자유주의와 민족주의 운동이 잠시 위축되기는 했으나, 그들은 그것이 사라지지 않고 성장할 것임을 잘 알고 있었다. 보수적 특권계급과 특히 다민족 국가의 지배자들은 그 운동이 매우 위험한 것임을 느꼈다. 그래서 그들은 한데 힘을 모아 그 운동에 대처하기로 합의했다. 이를 위해 러시아 황제 알렉산드르 1세 주도로 러시아, 프로이센, 오스트리아의 세 군주는 1815년 9월 신성 동맹Holy Alliance을 체결했다. 그들은 신성한 기독교 원리에 따라 정부를 운영할 것이며, 어떤 경우라도 해체될 수 없는 형제애의 유대로 결합하여 신앙과 평화를 지킬 것에 합의했다. 이후 알렉산드르 1세의 초청을 받은 유럽 모든 군주는 그와 같은 고답적이고 관념적인 원리는 실제 국제 정치에서는 별 쓸모가 없을 것이라 느꼈지만, 그의 비위를 거스르지 않으려고 동맹에 참여했다. 그러나 로마 교황은 개신교와의 관계를 이유로, 영국 국왕은 그 규정을 이행할 헌정적 권력이 국왕에게 없다는 이유로, 오스만제국 술탄은 기독교 이념을 받아들일 수 없다는 이유로 거절했다.

　평화를 지키기 위한 좀 더 현실적인 기구는 오스트리아, 러시아, 프로이센, 영국이 11월에 맺은 제2차 파리 조약으로 결성한 4국 동맹Quadruple Alliance이었다. 네 나라는 정기적으로 만나서 빈 체제를 유지하기 위해 국제 문제를 논의하고 필요한 공동 행동을 취하기로 합의했다. 4국 동맹은 3년 뒤에 프랑스가 가입하여 5국 동맹Quintuple Alliance으로 확대되었는데, 이는 일종의 유럽 최초의 집단 안보 체제로서 흔히 유럽의 협조Concert of Europe로 불렸다. 유럽의 협조 체제의 창설을 주도하고 이끈 인물은 메테르니히였는데, 그는 혁명적 소요의 재발을 막기 위해 보수 세력을 강화하고, 기존 질서를 위협할 것처럼 보이는 자유주의나 민족주의 세력은 언제 어디서든 억압하기 위해 진력했다. 그 체제 아래에서 자유주의와 민족주의 운동은 19세기 중엽까지 지하로 내몰렸다.

반동과 저항: 1820년대　　오스트리아 제국은 수많은 민족이 황제를 연결 고리로 느슨하게 결합해 있었으며, 제국을 지배하고 있는 독일인은 전체 인구의 20%에 불과했다. 그래서 제국을 유지하기 위해 재상 메테르니히는 무엇보다 각 민족의 자유주의적 개혁의 요구와 민족주의의 열망을 억눌러야 했다. 그러기 위해 그는 군대와 경찰의 힘을 동원하고 가톨릭교회의 영향력을 활용했다. 그러는 한편 그는 독일 연방의 다른 나라에도 자유주의적 혹은 민족주의적 요구를 억압하도록 압박했다. 그는 유럽의 경찰 수장을 자임했으며, 그의 첩자가 도처에서 불온한 낌새를 찾아다녔다. 그런데 메테르니히 체제는 정작 독일 연방에서 가장 먼저 도전을 받았다.

1817년 10월 예나Jena대학 학생조합인 부르셴샤프트Burschenschaft가 바르트부르크Wartburg에 각지의 대학생을 초청하여 라이프치히 전승 4주년과 종교개혁 300주년 기념 축제를 열었다. 바르트부르크는 루터가 은신하며 성서를 번역했던 유서 깊은 종교개혁 도시였다. 축제에서 학생들은 보수적 군주를 비판하고 독일 통일을 요구하는 연설을 했으며, 반동적 서적을 불살랐다. 그 항의의 기운은 각 지역 부르셴샤프트를 통해 퍼져나갔다. 이에 오스트리아와 프로이센 정부는 과격 자유주의자와 민족주의자의 체포에 나서고, 경찰이 요주의 인물을 감시했다. 메테르니히는 그런 다음 1819년 연방의회를 설득하여 카를스바트Karlsbad 법령을 제정케 했는데, 이 법령은 학생조합과 정치 클럽을 불법화하고 정부가 모든 대학 강의를 감시할 수 있게 했다. 그리고 출판물 검열이 강화되고, 불온한 학생과 교수가 대학에서 쫓겨났다.

러시아에서도 소요가 일어났다. 알렉산드르 1세(1801~1825)는 계몽사상의 영향을 받으면서 자란 인물로서, 할머니인 계몽전제군주 에카테리나 2세의 계승자를 자처했다. 치세 초기에 그는 혁신가들을 중용하고 일련의 자유주의적 개혁을 단행했다. 검열이 완화되고, 정치범이 사면되고, 자유로운 해외여행이 허용되고, 폭넓은 교육 개혁이 이루어졌다. 그러나 자유주의적 개혁은 알렉산드르 1세 자신의 권력 기반을 무너뜨릴 수도 있었다. 러시아의 차르는 이론상 막강한 권력을 가졌으나, 현실적으로는 국정 운영을 보수적 귀족에 의존할 수밖에 없었다. 게다가 아버지와 할아버지가 귀족에게 살해되었다는 사실도 그를 조심스럽게 했다. 그는 결국 나폴레옹 격퇴 이후 개혁에서 물러나고 반동으로 돌아섰다. 차르가 개혁을 미적거리자 전쟁 때 프랑스혁명의 자유주의 사상의 영향을 받은 젊은 장교와 자유주의 귀족이 비밀결사를 조직하고 입헌주의와 농노제 폐지를, 더 나아가 토지개혁과 공화주의를 주장하기도 했다.

알렉산드르가 죽고 완고한 보수 반동 성향의 동생 니콜라이 1세Nikolai I(1825~1855)가 제위를 계승하게 되자, 이들 비밀결사는 12월 대관식 때 상트페테르부르크에서 봉기를 일으켰다. 그러나 봉기는 사전에 누설되어 채 하루도 버티지 못했다. 지도자들은 처형되고 나머지는 수백 명이 시베리아로 유배되었다. 12월에 봉기를 일으킨 이들은 12월당, 데카브리스트Dekabrist라 불렸다. 이후 러시아에서는 30년 동안 자유주의적 개혁 운동이 힘을 쓰지 못했다. '철의 차르'로 불린 니콜라이 1세는 데카브리스트 난 이후 치세 내내 노골적으로 보수 반동 노선을 확고히 했다. 그는 군대에 가혹한 규율을 강요하고, 관료사회를 통제하고, 비밀경찰을 강화하고, 자유주의 사상의 확산을 차단하고자 노력했다. 언론과 출판이 검열을 받았을 뿐 아니라, 학생 활동과 교과과정도 감시 대상이 되었다. 그리하여 그의 시대에 약 15만 명의 '위험' 분자가 시베리아로 추방되었다. 당연하게도 지식인 계층인 인텔리겐치아intelligentsia 사이에 강한 불만이 일었으나, 차르의 철권통치는 1848년 유럽을 휩쓴 혁명의 물결도 막을 수 있을 만큼 강력했다. 국외에서도 니콜라이 1세는 혁명을 압살하는 데서 투사로 행동했다. 그는 1830

년의 폴란드 반란을 분쇄하고, 7월 혁명 때 프랑스에 군대를 보낼 준비도 하고 있었다. 다만 그리스 독립전쟁의 경우에 그는 혁명에의 혐오보다 외교적으로 반 튀르크적 고려를 더 중시했다. 러시아는 영국 및 프랑스와 함께 오스만튀르크와 싸웠고, 그리스인이 독립을 얻는 것을 도왔다.

좀 더 격렬한 혁명은 이탈리아와 에스파냐에서 일어났다. 프랑스의 지배 아래 광범한 개혁이 도입되었던 이탈리아에서는 복위한 군주들이 시계를 다시 전제정으로 되돌렸다. 시민적 권리는 억압되고, 귀족은 이전에 누리던 각종 특권을 되찾고, 자코뱅주의의 의심을 받는 사람들에 대해 백색 테러가 가해졌다. 나폴레옹에게 추방당하고 오래 감금 생활을 했던 교황 비오 7세(1800~1823)는 로마에 돌아오자 구체제를 복원했다. 그는 1773년에 해산되었던 예수회를 재승인하고, 종교재판소와 금서 목록을 되살리고, 자유주의와 합리주의의 위험에 맞서 싸우라고 성직자들을 독려했다. 에스파냐에서도 비슷한 반동이 일어났다. 완고한 페르난도 7세가 복위한 뒤에 에스파냐 자유주의자에게는 진보의 상징이었던 1812년 헌법이 폐기되고, 예수회가 다시 교육을 장악하고, 종교재판소가 다시 설치되었다. 가톨릭교회가 극단적 보수주의를 부추겼다. 에스파냐에서 가톨릭교회는 전반적으로 19세기 후반까지 극히 보수적인 성격을 유지했다.

이러한 반동의 시도는 결국 광범한 불만과 소요를 불러일으켰다. 에스파냐 정부가 남아메리카 식민지의 독립운동을 진압하기 위해 군대를 파견하려 하자, 1820년 1월 1일 파병군의 지휘관 중 한 명인 라파엘 델 리에고Rafael del Riego를 중심으로 군대가 반란을 일으켰다. 이를 이어서 전반적 혁명이 에스파냐를 뒤흔들었고, 3월에 페르난도 7세는 폐기한 1812년 헌법을 부활시켜야 했다. 에스파냐 자유주의자들의 성공에 자극을 받아 6월에 비밀결사인 카르보나리Carbonari(숯 굽는 사람)를 중심으로 나폴리에서도 혁명이 일어났다. 19세기 초에 유럽 여러 지역에서 정치적 자유와 자치를 위해 싸울 목적으로 소규모 비밀 조직들이 결성되었는데, 나폴리에서 처음 결성된 카르보나리는 그런 비밀결사의 모델격이었다. 이탈리아 전역과 국외에도 지부를 설치한 카르보나리는 외세의 지배를 끝내고 이탈리아 민족의 통일을 도모하려 했다. 혁명 세력의 기세에 눌린 페르디난도 Ferdinando 1세는 자유주의적 헌법을 약속했다. 승리한 나폴리의 혁명 세력은 이어 북쪽 사르데냐왕국으로 진격해서 1821년 3월 자유주의적 개혁을 이루었다.

그러자 오스트리아와 러시아가 사태의 진전에 놀랐다. 곧 유럽의 협조 체제가 가동되었다. 5국 동맹은 그해 말 트로파우Troppau(체크의 오파바Opava)에서 의정서를 채택하고, 열강은 혁명 세력이 장악한 나라를 다시 동맹으로 되돌려 놓을 권리가 있다고 선언했다. 영국은 다른 나라의 내정에 개입하는 것이 동맹의 의도가 아니라고 주장하면서 강력히 항의했다. 이어 1821년 1월에서 5월 사이 지금의 슬로베니아 수도 류블랴나Ljubljana인 당시 오스트리아령 라이바흐Laibach에서 열린 회의에서 오스트리아의 파병이 결의되었다. 이에 따라 오스트리아는 1821년 2월 나폴리에 침입하여 봉기를 진압하고 이어 4월에는 사르데냐에서도 사태를 진압했다. 이로써 카르보나리의 혁명은 실패하고 이탈리아에 옛 질서가 회복되었다.

그런 다음 1822년 10월에는 열강이 에스파냐 혁명에 대처하는 방안을 논의하기 위해 이탈리아 베로나Verona에 모였다. 영국이 강력히 반대했으나, 프랑스가 사태 진압을 강경하게 주장했다. 프랑스는 결국 1823년 4월 에스파냐에 군대를 파견하여 페르난도 7세에게 완전한 권력을 되찾아주었다. 리에고는 반역죄로 처형되었다. 이 에스파냐의 혼란은 남아메리카 식민지에는 엄청난 호기가 되었다. 식민지인들은 나폴레옹 시대부터 전개해 오던 해방전쟁을 본국의 혼란을 틈타 성공적으로 마무리할 수 있었다. 1825년까지는 남아메리카의 식민지들은 모두 독립을 획득했다.

에스파냐와 이탈리아에서 일어난 반란의 진압은 영국이 반대하는 가운데 유럽의 협조 체제가 거둔 성공의 정점이었다. 열강이 남아메리카 독립전쟁에 개입하여 에스파냐 국왕의 권위를 회복하는 문제를 논의할 때 영국은 반대했다. 영국은 유럽의 남아메리카 개입을 경고하는 공동선언을 미국에 제의했으나, 먼로 대통령은 거부했다. 먼로는 그 대신 그러한 움직임에 대해 1823년 먼로 독트린을 통해 단독으로 경고하고 나섰다. 1821년 그리스인이 오스만튀르크에 일으킨 반란을 영국 자유주의자들이 열렬하게 지원하자, 동맹국과의 협조에 대한 영국의 관심은 더욱 약해졌다. 1820년대 중반에 이르면 유럽의 협조 체제는 대체로 오스트리아와 러시아 두 나라의 동맹으로 위축되어, 메테르니히가 의제를 제시하고 러시아가 유럽의 무장 경찰로 행동하는 모양새가 되었다.

그리스 독립전쟁   특히 그리스의 독립전쟁은 유럽의 협조 체제를 심각하게 흔들어놓았다. 400년간이나 무슬림의 지배를 받아오던 기독교도 그리스인이 1821년 오스만제국에 반란을 일으켰다. 유럽 열강은 초기에 그리스에 대해 매우 적대적이었다. 그러나 그리스 혁명은 전 유럽에서 영국 시인 바이런을 비롯한 낭만주의자들을 흥분시켰으며, 1824년 의용병으로 참전한 바이런이 전사하자 모든 그리스적인 것에 대한 열정이 더욱 뜨겁게 달아올랐다. 그리스는 유럽 문명의 발상지가 아니던가! 영국의 또 다른 낭만파 시인 퍼시 셸리는 "우리는 모두 그리스인이다. 우리의 법률, 우리의 문학, 우리의 종교, 우리의 예술은 그리스에 뿌리를 두고 있다"라고 외쳤다. 에스파냐와 이탈리아의 혁명을 진압했던 5국 동맹은 난처한 처지에 놓였다.

그리스인과 튀르크인은 서로 수만 명씩 죽여 가며 전쟁을 계속했다. 그러나 그리스 본토가 점령되는 등 1825년까지도 그리스의 독립은 희망이 없어 보였다. 그러나 그해에 즉위한 차르 니콜라이 1세는 반도의 편에 서지 말라는 메테르니히의 조언을 무시하고 전쟁 개입을 준비했다. 그는 정교도 그리스인을 지원한다는 명분으로 쇠퇴하는 오스만제국의 발칸반도 영토에 대한 탐욕을 채우고 싶어 했다. 프랑스의 샤를 10세는 그리스 사태를 그의 명예를 얻을 기회로 삼고 싶었다. 그리스인에 대한 자유주의적 및 종교적 유대감을 느끼던 영국과 프랑스는 러시아가 승리의 열매를 독식할까 우려하여, 결국 그리스 독립 세력의 편에서 사태에 개입했다.

1827년 마침내 영국, 러시아, 프랑스의 세 나라 연합 함대가 선전포고도 없이 펠로폰네소스반도 앞바다 나바리노Navarino에서 오스만-이집트 연합 함대를 쳐부수었다. 이듬해에는 러시아가 오스만제국에 선전포고하고 발칸반도를 침략했다. 1829년 오스만튀르크는 결국 항복했다. 아드리아노플Adrianople 조약으로 러시아는 몰다비아Moldavia와 왈라키아Walachia를 보호령으로 차지했으며, 오스만제국은 러시아, 프랑스, 영국 세 나라에 그리스의 운명을 맡겼다. 1830년 세 나라는 그리스가 독립 왕국임을 선포했으며, 2년 뒤 그리스에 새 왕조가 수립되었다. 그러나 신생국의 국경은 매우 제한되어서, 최상의 곡물 생산지와 북부 그리스 그리고 크레타를 비롯한 많은 섬이 제외되었다. 그래서 그리스 문제는 다음 세기에 여러 차례 다시 쟁점으로 떠올랐으며, 키프로스는 지금껏 분쟁의 소지를 안고 있다. 어쨌거나 그리스 혁명은 오로지 강대국들이 스스로 지지했기에 성공한 것이며, 자유주의와 민족주의가 승리를 거두었으나 그로 인해 보수 지배가 크게 훼손된 것은 아니었다.

2) 변화의 이데올로기: 자유주의, 민족주의, 사회주의

자유주의: 정치적 측면　　1815년 이후 보수 세력이 유럽을 지배한 가운데 현상을 타파하려는 개혁 운동 또한 꾸준히 전개되었다. 그 개혁 운동이 표방한 중요한 이념의 하나가 자유주의였다. 자유주의는 그 형성 과정에서 18세기의 입헌주의와 합리주의 그리고 계몽사상 등의 영향을 많이 받았다. 그것은 사람은 존엄한 존재로서 가능한 한 외부의 권위와 제약, 특히 정부의 자의적 권력에서 벗어나야 한다는 기본적 신념에 토대를 두었다.

　　정치적 영역에서 자유주의자는 무엇보다 인간의 기본적 권리로 시민적 자유civil liberties를 중요하게 여겼다. 이 자유에는 모든 사람의 법 앞의 평등, 집회·언론·출판의 자유, 자의적 체포로부터의 자유 등이 포함되었다. 종교적 관용에 더하여 대다수 자유주의자는 국가와 교회의 분리를 옹호했다. 그리고 많은 자유주의자가 전제정을 막기 위해 정부 권력이 제한된 입헌군주정과 성문헌법이 필요하다고 믿었다. 구체적인 정치제도와 관련해서 많은 자유주의자는 각료가 국왕보다 의회에 책임을 지는 의회 정부, 입법부가 집행부의 권력을 견제하는 기능을 가진 제도를 옹호했다. 19세기 전반기의 자유주의자는 제한 선거권을 옹호했다. 모든 사람이 동등한 시민적 자유를 누릴 권리가 있으나, 동등한 참정권을 가져서는 안 되었다. 투표하고 관직을 수임할 권리는 오직 일정한 재산 자격을 갖춘 사람에게만 주어지는 것이었다.

정치철학으로서의 자유주의는 투표권을 확대하여 지주 계급과 권력을 공유하고자 한 부르주아 혹은 중간계급과 결합했으며, 자유주의는 기본적으로 중간계급의 이데올로기였다. 이들은 자신의 경제력에 걸맞은 정치권력을 얻기 위해, 여전히 유럽 거의 모든 나라에서 권력을 독점하고 있는 지주 귀족과 싸웠다. 다른 한편 그들은 그 권력을 하층계급과 공유할 생각은 조금도 없었다. 부르주아들은 보편적 권리라는 교의를 내세워 지주 귀족과 평등한 지위를 확보하려고 싸우면서도, 하층계급이 그들과 평등한 지위에 오르는 것은 원치 않았다. 그 시기 자유주의자들은 결코 민주주의자가 아니었다.

그런 면에서 자유주의와 절대주의의 충돌은 타협할 수 없는 두 적대자 간의 선명한 투쟁은 아니었다. 자유주의적 중간계급은 귀족의 세습적 특권과 정치적 절대주의에 반대했지만, 그에 못지않게 혁명적 독재와 사회적 무질서 역시 싫어했다. 이 때문에 모든 혁명은 온건파가 주도권을 장악함으로써 시작했으며, 이들은 혁명에 한계를 설정하려 애썼다. 그래서 중간계급 혁명가들은 그들이 풀어놓은 세력에 놀라서 결국 기존 지배 세력과 타협하는 것으로 끝을 맺었으며, 그 결과 원래 폐지하려 했던 체제를 적절한 수준에서 개혁하는 데 그치고 말았다.

국왕과 귀족으로 말할 것 같으면, 자신의 특권과 권력을 내던지려 할 만큼 이상주의적인 사람은 아무도 없었다. 특히 프랑스혁명이 격렬한 변화를 몰고 온 뒤, 그들의 본능적 반응은 자유주의를 힘으로 억압하는 것이었다. 그렇기는 하지만 그런 본능은 다른 여러 고려 사항에 밀리기도 한바, 그들은 종종 자유주의적 개혁을 수용하거나 나아가 지원하기까지 했다. 일부는 18세기 계몽전제군주처럼 자신의 권력에 영향을 주지 않는 선에서 변화에 공감했고, 다른 일부는 혁명보다는 차라리 개혁이 더 낫다고 느꼈으며, 또 다른 일부는 한 번 전복되었다가 권력을 되찾은 대가로 변화를 감수하지 않을 수 없었다. 게다가 지배계급은 아무리 보수적일지라도, 경쟁국보다 자기 나라를 더 효율적이고 부강한 나라로 만들 필요성을 무시할 수 없었다. 동유럽의 농노제 폐지와 19세기의 몇몇 위대한 개혁은 사실 군주가 자발적으로 이룩한 것이었다.

자유주의: 경제적 측면　　　자유주의자들은 경제활동과 관련해서는 고전 경제학에 기초를 둔 자유방임 정책을 옹호했다. 그들은 국가는 개인의 경제활동을 간섭하지 말아야 하며, 경제는 수요와 공급의 원리가 작동하는 시장 기능에 맡겨야 한다고 믿었다. 국가의 기능은 국가의 방위와 치안의 유지 그리고 공공시설의 구축과 같은 최소한의 기능에 한정되어어 했다. 자유주의자들은 사회의 발전과 번영은 개인 간의 공정한 경쟁을 통해 이루어지며, 정부의 규제보다는 사리를 추구하는 개인 간의 경쟁이 사회에 더 유익하다고 주장했다. 지난 세기 애덤 스미스의 주장은 계몽사상의 낙관론을 반영했는데, 그러나 19세기 고전 경제학자들은 노동계급과 관련되는 한 조금 더 어두운 전망을 제시했다.

토머스 맬서스Thomas Malthus(1766~1834)와 데이비드 리카도Ricardo(1772~1823) 같은 고전 경제학자들은 인구 법칙이나 임금 법칙을 내세우면서, 정부가 자연법을 거스르면서 인도적 견지에서 가난한 자를 돕거나 임금 문제에 개입해 봤자 아무런 소용이 없다고 주장했다. 식량 공급이 어느 정도 제한된 데 비해 인구는 급속히 늘어나는 상황을 주목한 맬서스는『인구 원칙론*An Essay on the Principle of Population*』(1798)에서 인구는 기하급수적으로 느는데 식량 공급은 산술급수적으로 늘기 때문에, 인류는 불행과 파멸의 운명을 피하기 위해서는 산아제한이 필요하다고 주장했다. 리카도는『경제학과 과세의 원리*Principles of Political Economy and Taxation*』(1817)에서 노동자의 임금은 생계를 유지하는 데 필요한 최저 수준에서 결정된다는 이른바 임금 철칙설을 내세웠다.

이들 고전 경제학자에게 경쟁은 어쩔 수 없이 낙오자를 낳을 것이지만, 그것은 사회가 발전하는 과정에서 어쩔 수 없이 감수해야 할 희생에 불과했다. 그래서 임금노동자에게 고전 경제학은 '우울한 과학'이 되었다. 그렇지만 그것은 정반대로, 산업자본가에게는 저임금을 유지하고 고이윤을 추구하며 정부 규제를 배제하려는 노력에 고상한 명분을 제공해 주었다. 산업자본가들은 그들에게 불리한 정부 통제를 폐지하고 그들의 이익에 부합하는 정책을 끌어내는 데 대체로 성공했다.

영국에서 경제적 자유주의는 산업혁명의 본거지인 맨체스터에서 특히 열정적으로 주창되었다. 맨체스터학파의 대표 격인 리처드 코브던Cobden에게 자유방임은 단순히 자유무역뿐만 아니라 개인 간 계약의 자유를 의미했고, 이 자유는 노동조합에 의해서도 산업 독점에 의해서도 방해되어서는 안 되는 것이었다. 코브던은 자유무역이 영국의 번영뿐 아니라 국제적 평화를 가져온다고 믿었고, 국내와 국외를 막론하고 정부 통제를 반대한 그는 제국주의를 끝낼 것을 제안하고 식민지의 자치를 주장했다.

자유무역을 핵심으로 한 경제적 자유주의 이론은 특히 산업 경쟁력에서 우위를 차지한 영국의 이상이 되었다. 그러나 대륙의 자유주의자들에게 좀 더 전형적이었던 것은 독일 경제학자 프리드리히 리스트Friedrich List(1789~1846)의 사상이었는데, 그는 경제적 자유가 개인들에게는 혜택을 주지만, 미국과 독일처럼 아직 산업 발달이 초기 단계에 있는 나라에는 해롭다고 믿었다. 그래서 리스트는 국내 경제에서는 자유방임을, 해외 무역에서는 보호관세를 시행할 것을 제안했다.

자유주의는 정치 분야에서든 경제 분야에서든 영국에서 가장 전형적으로 발전했는데, 19세기 전반기에 자유주의 이론을 현실에 맞게 발전시키는 데 한몫한 인물은 공리주의 혹은 철학적 급진주의를 창시한 제러미 벤섬(1748~1832)이었다. 그는 사회제도는 그것이 제공하는 행복의 총량에 따라 평가해야 한다고 주장했으며, 자유는 행복의 전제 조건이기 때문에 정부의 역할은 개인이 최대의 자유를 누리도록 하는 것이라고 믿었다. 그래서 그에게는 최대 다수의 최대 행복이 곧 선이었으며, 그것을 확보하기 위해서라면 국가의 간섭도 용인되는 것이었다. 이로써 벤섬은 자유방임의 원리로부터 한 발짝 물러섰다. 그의 공리주의 철학은 산업혁명으로 야기된 많은 사회문제를 해결하고 사회 개혁을 추진하는 데 중요한 지침이 되었다.

정부가 사회 및 경제 분야에 얼마만큼 개입해야 하느냐가 이 시기 유럽 대다수 나라에서 아주 심각한 쟁점으로 떠올랐다. 그에 대한 대답은 완전한 자유방임에서 적극적 국가 개입에 이르기까지 견해의 차이가 매우 넓은 폭에 걸쳐 있었다. 이와 관련하여 존 스튜어트 밀Stuart Mill(1806~1873)은 나이가 들어가면서 아버지 제임스 밀로부터 물려받은 공리주의의 영향에서 벗어나, 자유주의를 산업화 시대의 요구에 부응할 수 있게 수정함으로써 19세기 자유주의의 가장 빼어난 대변자가 되었다. 개인의 자유에 관한 고전적 진술로 여겨지는 『자유론On Liberty』(1859)에서 밀은 개인의 견해와 감정의 절대적 자유를 옹호하면서, 이것은 정부 검열과 다수의 횡포로부터 보호되어야 한다고 주장했다. 그러나 그는 산업에서 기업가와 노동자의 이해관계가 반드시 일치하지는 않는다는 점을 지적하고, 기업가의 행동이 노동자를 해칠 때는 국가가 불의를 시정하기 위해 개입해야 한다고 주장했다. 밀은 인도주의는 이윤보다 더 중요하다고 지적하면서, 국민의 경제활동에 정부가 개입해서는 안 된다는 자유주의 이론에 이의를 제기했다. 그는 개인의 자유는 절대적이 아니라 좀 더 넓은 사회적 이익 아래 놓여야 한다면서, 정부가 조세 정책을 통한 부의 재분배, 노동자의 권익 향상, 노동 환경의 개선 등을 도모할 것을 권고했다. 그리하여 그는 냉혹한 자유 경쟁 원리를 신봉하는 자유주의에 따뜻한 연민의 정신을 불어넣었다.

밀은 또한 그 시대에는 드물게 여성 권리를 적극 옹호함으로써 자유주의가 페미니즘을 품는 데도 한몫했다. 1867년 선거법 개혁 법안에 여성 참정권을 포함하려는 노력이 실패했을 때, 그는 『여성의 종속에 관하여On the Subjection of Women』를 출간했다. 이는 부인 해리어트 테일러Harriet Taylor와 함께 쓴 것인데, 여기서 그는 한 성sex이 다른 성에 법적으로 종속되는 것은 잘못된 일이라고 주장했다. 그가 보기에 여성과 남성의 차이는 본성의 차이가 아니라 사회적 관행에 기인하는 것으로서, 같은 교육을 받으면 여성은 남성만큼 성취할 수 있었다. 이 저술은 19세기 여권운동에서 중요한 역할을 했다.

밀을 징검다리로 삼아 자유주의는 20세기에 상당한 변모를 겪었다. 자유주의는 여전히 개인 자유의 가치를 존중하지만, 오늘날의 자유주의자는 부의 양극화를 최소화하는 데, 기업과 노동이 누리는 거대한 권력의 균형을 잡는 데, 천연자원과 환경을 보전하는 데에서 정부의 적극적 역할을 옹호한다. 오늘날의 자유주의는 또한 사회보장제도를 통해 사회적 약자를 돕는 데, 혹은 인종·성·소수 집단 등의 차별을 반대하는 데에서 국가의 개입을 옹호한다.

민족주의: 문화적 측면　　19세기에 민족주의는 자유주의보다 좀 더 강력한 변화의 이데올로기였으며, 나라 이름이라기보다 아직도 땅 이름에 지나지 않는 이탈리아와 독일에서는 특히 그러했다. 민족주의는 민족이 공동의 혈통·제도·전통·언어·관습 등을 가진 공동체라는 자각에서 형성되었는데, 그러한 면에서 민족주의는 낭만주의의 영향 또한 많이 받았다. 낭만주의자는 계몽사상의 세계시민주의에 반발하면서, 그들 민족의 저 먼 과거와 오랫동안 잊힌 세계, 특히 계몽사상가들이 폄훼한 중세 세계에 많은 관심을 기울였다. 그들은 흐릿한 기억 속의 과거를 미화하고, 비록 상상 속의 과거라 할지라도 그 과거를 향수 어린 시선으로 바라보았다. 그래서 유럽 각 민족의 낭만주의자들은 그들 민족의 고유한 문화적 뿌리를 찾아 역사·민간전승·민족 언어·신화 등을 탐구했는데, 그런 노력을 통해 민족 정체성 확립에 이바지하고 문화적 민족주의의 발달을 도운 것이다. 낭만주의는 합리주의의 본고장인 프랑스보다는 특히 관념론 철학의 본고장인 독일에서 활짝 꽃을 피웠으며, 낭만적 민족주의 역시 그러했다.

독일에서는 프랑스의 군사 점령이 불러일으킨 반프랑스 감정이 높아지는 가운데 시인과 극작가들은 많은 민족주의적 작품을 써냈다. 그들은 독일 풍경의 아름다움을 찬미하고, 중세 독일의 민중 영웅들의 영웅적 행위를 칭송하고, 독일의 민족적 덕성을 찬양했다. 역사가들 역시 민족주의적 열정에 사로잡혔다. 독일과 프랑스의 역사가들은 그들 나라의 과거에 관한 방대한 문헌을 수집하기 시작했다. 프랑스 역사가 쥘 미슐레Jules Michelet(1798~1874)는 프랑스 민중의 영광을 기리기 위해 방대한 분량의『프랑스의 역사*Histoire de France*』를 저술했다. 요한 드로이젠J. Droysen(1808~1884)과 하인리히 폰 트라이치케Heinrich von Treitschke(1834~1896)와 같은 프로이센의 민족주의 역사가들은 독일의 역사를 호엔촐러른 왕조의 운명적 지도력과 관련지어 이해하면서, 역사가의 의무는 국민에게 민족주의를 교육하는 것이라고 언명했다. 19세기에 국가 건설을 위해 애쓰던 동부 및 동남부 유럽의 민족들, 이를테면 폴란드인, 체크인, 헝가리인, 남슬라브인, 기타여러 민족 가운데서 역사가와 문헌학자 혹은 민속학자들은 민족적 각성을 촉구하고 통일과 독립의 열망을 불러일으키는 데서 한몫을 단단히 했다.

문화적 민족주의는 낭만주의 시대 음악가들에게도 영향을 끼쳤다. 나라를 잃은 폴란드인 프레데리크 쇼팽Frédéric Chopin(1810~1849)과 오스트리아인의 지배를 받는 헝가리인 프란츠 리스트Franz Liszt(1811~1886)는 민중적 선율을 사용하고 민족 정서에 호소하는 작품을 작곡했다. 음악가들은 종종 민족적 찬가의 작곡을 요청받거나 민족의 전쟁 승리를 찬양하고 싶은 충동을 느꼈다. 독일의 민족주의 작곡가 리하르트 바그너Richard Wagner(1813~1883)는 〈니벨룽의 반지*Der Ring des Nibelungen*〉에서 게르만주의를 신성시했다.

민족주의: 정치적 측면　　독일의 위대한 관념론 철학자 프리드리히 헤겔에 의하면, 한 국가나 민족은 민족정신Volksgeist이 있는데, 이는 그 민족을 다른 민족과 분리하면서 민족의 발전을 안내한다는 것이다. 국가는 구성원과의 관계에서 전권을 가진 것으로 여겨졌으며, 그 기능은 합리주의자가 주장하듯 개인에 봉사하는 게 아니었다. 시민은 유기체인 국가의 한 부분으로서 그것에서 분리되어 독자적으로 존재할 수 없으며, 한 민족의 일원으로서만 자신의 진정한 정체성을

가질 수 있었다. 이러한 헤겔의 국가관은 낭만주의가 그랬듯이, 한편으로 보수주의에 영향을 미친 것과 동시에 독일 민족주의 형성에도 크게 영향을 주었다. 사실 많은 경우에 보수주의는 민족주의를 그 핵심 이념으로 삼고 있으며, 양자는 많은 면에서 서로 겹쳐진다. 헤겔은 특히 그의 시대의 프로이센이 정신적 유기체로서의 국가의 최선의 사례라고 믿었다. 그가 보기에 프로이센은 개인이 각자 최대한으로 성장할 수 있도록 민족의 정체성과 구조를 적절한 비율로 배합한 국가였다. 헤겔의 이러한 프로이센의 이상화는 대다수 낭만주의자가 공감하지는 않았으나, 독일이 아직 수십 개 조각으로 나뉜 시기에 민족 통일의 방향에 강력한 영향을 미쳤다. 그것은 20세기에 그토록 엄청난 재앙을 가져온 독일의 우월성과 독특성에의 믿음의 시작이었다. 그와 동시에 20세기에 전체주의의 등장과 더불어, 독재자들은 전능한 국가의 건설을 뒷받침하기 위해 헤겔을 재해석했다.

구체적인 정치 이데올로기로서의 민족주의는 프랑스혁명의 부산물이었는데, 그것은 개인들의 일차적인 정치적 충성이 민족 공동체에 바쳐지기를 요구했다. 그런 민족주의는 프랑스혁명 이전까지는 변화를 위한 민중적 세력이 되지 못했다. 그때부터 민족주의자들은 무엇보다 우선 각 민족은 자신의 독립된 정부를 가져야 한다고 믿게 되었다. 그리하여 독일과 이탈리아 같은 분단 민족은 하나의 중앙정부를 가진 민족국가 안에서 통일되기를 희구했다. 헝가리와 체크 같은 예속 민족은 다민족 제국 안에서 소수 독일인에게 지배받기보다는 자신의 자치 정부를 수립할 수 있기를 원했다.

그래서 민족주의는 19세기 유럽의 국제 정치 상황에서는 기존의 정치체제를 전복할 위협적 요소를 안고 있었다. 이는 곧 민족주의는 근본적으로 급진적이었음을 의미했다. 통일 독일이나 통일 이탈리아는 곧 1815년 빈에서 수립된 세력 균형을 파괴하는 것이었다. 마찬가지로 독립 헝가리 국가는 오스트리아 제국의 붕괴를 의미하는 것이었다. 많은 나라가 다민족 국가였음을 염두에 둔다면, 왜 보수주의자들이 민족주의의 급진적 위협을 그토록 억압하려 했는지는 너무나 자명했다.

그와 동시에 19세기 전반기에 민족주의는 자유주의와 긴밀하게 결합했다. 대다수 자유주의자는 민족주의적 열망을 품고 있었으며, 개인의 자유는 오로지 자신의 정부를 가진 민족 안에서만 온전히 누릴 수 있다고 믿었다. 그리고 민족적 열망 또한 자유주의의 한 형태였던바, 빈의 지배에 대한 이탈리아인의 항거, 튀르크인 상전에 대한 그리스인의 봉기, 네덜란드를 상대로 한 벨기에인의 독립 투쟁, 이 모두가 자유주의 정신에서 나온 것이었다. 자유주의적 민족주의자 주세페 마치니Giuseppe Mazzini(1805~1872)는 민족의 목표는 인류에 봉사하기 위한 것이며, 독립된 민족이 개인의 자유와 평등을 증진해 줄 것이라고 믿었다. 그렇지만 실제로는 독립과 통일을 통한 민족 번영의 추구는 종종 자유를 축소했다. 민족주의는 쉽게 국가주의가 될 수 있었으며, 실제 독일에서 그렇게 되었다. 민족주의 역사가 트라이치케는 개인의 첫째 의무는 국가에의 복종이라고 선언했다. 이 영향력 있는 베를린대학 교수는 독일이 규율, 통일, 지배력을 추구할 때 그것을 학문적으로 뒷받침했다.

초기 사회주의　　19세기 전반기에 빈민가, 공장, 광산 등에서 만연한 비참한 참상으로 인해 사회주의라는 또 다른 이데올로기가 생겨났다. 프랑스혁명의 평등 이상에 고무되고 산업화 초기의 고난에 시달린 노동계급은 사회주의가 그들이 추구하는 가치와 목표를 가장 잘 표현한다고 생각했다. 초기 사회주의자들은 사회관계에서 평등의 이상이 확립되기를 원했으며, 경쟁이 아니라 협동이 사회를 지배하는 원리가 되어야 한다고 믿었다. 그들은 자유방임적 자본주의 체제와 사유재산제도를 비난하고, 점진적이고 평화적인 방법으로 생산수단을 공적으로 소유할 것을 주장했다. 그들은 또한 인간의 본성은 선하며, 사회가 적절하게 조직되기만 하면 전쟁도, 범죄도, 정부도 없는 행복한 세상이 되리라고 믿었다. 나중에 카를 마르크스에게 초기 사회주의자들이 추구한 그런 세상은 비현실적 꿈에 지나지 않았고, 그래서 그는 그들에게 '공상적utopean 사회주의자'라는 경멸의 딱지를 붙였다.

최초의 빼어난 공상적 사회주의자는 백작 출신 앙리 드 생시몽Henri de Saint-
Simon(1760~1825)이었다. 그는 역사는 신학적 단계와 형이상학적 단계를 거쳐 왔
으며, 이제 과학에 기초한 미래 사회를 조직할 때가 왔다고 믿었다. 이 새로운
사회에서는 생산수단을 국가가 소유하고, 생산계급 특히 과학자와 '산업인les
industriels'이 중요한 역할을 할 것으로 여겨졌다. 생시몽은 그 사회에서는 각자가
능력에 따라 일하고 사람이 사람을 지배하는 일이 없는 평등 사회가 될 것인데,
그 새로운 사회는 설득을 통해 평화적으로 실현되어야 한다고 주장했다. 그는
자신의 학설을 '새로운 기독교'라 불렀다. 그의 사회주의적 견해는 『새로운 기독
교Nouveau Christianisme』(1825)에서 완전하게 개진되었는데, 다소 상충하기도 하고
혼란스럽다. 생시몽은 이 저서에서 박애주의적 동기를 강조했다. 그의 사상은
이후 그의 사도들에 의해 생시몽주의로 발전했는데, 존 스튜어트 밀은 생시몽주
의의 핵심을 국가가 모든 재산을 소유해야 하며, 공동체의 생산물은 똑같이 분
배되는 게 아니라 각자가 행한 노동에 따라 차등적으로 분배되어야 하며, 재산
상속은 폐지되어야 한다는 것으로 정리했다.

샤를 푸리에Charles Fourier(1772~1837)는 생시몽과는 사뭇 다른 접근법을 취했다.
그는 당대 프랑스 자본주의의 모순을 비판하고, 협동적이며 조화로운 미래 사회
를 꿈꿨다. 그는 중앙집권적 경제 통제 관념을 반대하면서, '팔랑스테르phalanstè
re'라는 수많은 단위 공동체로 구성된 이상 사회의 건설을 제안했다. 팔랑스테르
는 400가구 규모로 이루어진 마을로서, 협동과 직업의 전문화에 기초한 자급자
족적 농촌 공동체였다. 팔랑스테르는 농장과 공장 외에도 학교와 시장 및 여러
공공시설을 갖추었다. 이 모든 것은 공동체의 재산이며, 노동과 분배를 규정하
는 규율은 '각자가 자신의 능력에 따라, 그리고 각자 자신의 필요에 따라'였는데,
이 구호는 나중에 마르크스주의자가 이어받았다. 잉여 산물은 팔랑스테르끼리
물물교환으로 서로 바꿀 것이었다. 푸리에의 체제에서는 국가가 필요 없었다.
그의 제안은 프랑스에서는 별다른 호응을 얻지 못했으나, 미국에서는 실제로 몇

몇 팔랑스테르가 건설되었다. 그러나 그 실험은 모두 허망하게 실패로 끝났다. 그는 초기 사회주의자 가운데 가장 '공상적'이었다.

영국의 위대한 공상적 사회주의자 로버트 오언Owen(1771~1858)은 무일푼의 상점 점원으로 시작하여 영국 최대의 면직물 공장 소유주가 된 입지전적 인물이었다. 그는 자신이 소유한 스코틀랜드 뉴래너크New Lanark의 면직물 공장노동자들 사이에 만연한 빈곤, 무지, 부도덕 등의 실상을 목격하고 충격을 받았다. 그는 상황을 바꾸기로 마음먹고 뉴래너크에 모범적 공장과 공동체를 설립했다. 그는 이에 만족하지 않고 산업 질서 전체를 개혁하고자 했다. 다른 공장 소유주에게 자신의 뉴래너크의 예를 따르도록 설득했으나 실패한 뒤, 그는 푸리에의 팔랑스테르와 비슷한 소규모 공동체를 조직할 것을 제안했다. 성공한 산업자본가로서, 오언은 인간이 협동적 환경에서 살게 된다면 자신의 선한 본성을 드러낼 거라 믿었다. 영국에서의 노력이 여의치 않자, 오언은 1825년 미국 인디애나Indiana주 에번즈빌Evansvill 인근에 대지를 매입하고, 추종자 900명과 함께 이주해서 뉴하모니New Harmony라는 자급자족적 협동 공동체를 건설했다. 그러나 그가 전 재산을 쏟아부은 그 실험은 공동체 내부 갈등으로 2년도 채 버티지 못하고 결국 좌초하고 말았다. 거의 빈털터리가 된 오언은 1828년 영국으로 돌아와 1834년의 전국노동조합대연합Grand National Consolidated Trades Union 결성을 주도하는 등 노동운동에 헌신했다.

대다수 공상적 사회주의자는 인간 본성에 대한 이상주의적 견해를 갖고 있어서, 사회 조직의 본질을 제대로 파악하지 못했다. 그들이 건설하려던 이상적 공동체는 인간은 본성적으로 선하며 서로 돕고 사랑하는 존재라는 믿음에 기초했다. 그 실험의 기본 전제가 비현실적이어서 그들은 실패할 수밖에 없었다. 그들은 생산과 분배의 집단적 통제를 옹호하면서, 억압받는 사람들을 위한 국가 간섭의 필요성을 부인했다. 그러나 노동조건이 나빠지는 한편 기업가들의 힘이 점점 커지면서 사회주의는 자코뱅주의와 결합하고, 국가의 역할에 기대를 걸기 시작했다. 그래서 1840년대에 일부 사회주의자는 견고한 부르주아 세력을 극복하기 위해, 국가를 고용주들의 막강한 권력을 제어하고 사회정의를 확보할 수단으로 바라보았다. 1848년 2월 혁명 때 루이 블랑Louis Blanc은 국가가 국민에게 일할 권리를 보장해야 한다고, 정부가 실업 구제를 위해 국민 공장을 짓고 생산과 분배를 감독해야 한다고 주장했다.

카를 마르크스   마르크스주의의 기원은 카를 마르크스Karl Marx(1818~1883)와 동료 프리드리히 엥겔스Friedrich Engels(1820~1895)가 공동 집필하여 1848년 프랑스 2월 혁명 전날 발표한 『공산당 선언Manifest der Kommunistischen Partei』으로 거슬러 올라간다. 마르크스 사상의 기본 골격이 처음으로 그 모습을 드러낸 것이다. "지금까지의 모든 사회의 역사는 계급투쟁의 역사이다"라고 주장하는 그 선언은 근대 유럽사에서 가장 영향력 있는 정치 논설의 하나가 되었다.

이 선언에 따르면 역사는 생산수단을 소유한 착취 계급과 그렇지 못한 피착취 계급 간의 끊임없는 투쟁을 통해 발전해 왔다. 중세의 지배계급이었던 봉건계급은 새로 떠오르는 중간계급 혹은 부르주아지에 밀려날 수밖에 없었다. 부르주아지가 지배권을 잡자, 그들의 사상이 시대의 지배적 견해가 되었으며 정부는 그 도구가 되었다. 정부는 산업자본가와 그 동맹자의 이익을 반영하고 보호하게 된 것이었다. 부르주아가 봉건사회의 폐허에서 승자로 떠올랐으나, 그들은 이제 다시 한 번 새로운 계급투쟁에 직면해야 했다. 그들은 이번에는 대두하는 프롤레타리아, 즉 산업 노동계급과 맞서야 했다. 『공산당 선언』은 그 투쟁은 매우 격렬할 것인데, 결국은 프롤레타리아가 그들의 주인인 부르주아를 전복할 것이라 예언했다.

마르크스는 루터교로 개종한 유대인 가정에서 태어났다. 그는 베를린대학에서 수학할 때 헤겔 철학에 관심을 쏟았고, 청년헤겔학파로 알려진 인물들과 교유하면서 그들의 정신적 지도자가 되었다. 그 후 그는 예나대학에서 철학박사 학위를 받았으나, 교수의 꿈을 접어야 했다. 반동적 프로이센 체제에서 청년헤겔학파에게는 대학 강단이 허용되지 않았기 때문이다. 1842년 그는 《라인 신문*Rheinische Zeitung*≫ 편집진에 들어갔으나, 이듬해에 정부 비판 기사로 인해 편집장직에서 쫓겨나고 신문도 곧 폐간되었다. 직장을 잃은 마르크스는 결혼한 뒤 10월에 파리로 이주했다. 파리에서 그는 피에르 조제프 프루동Pierre Joseph Proudhon과 루이 블랑 등 노동자들에게 큰 영향을 주고 있던 사상가들과 친분을 쌓았는데, 무엇보다 그의 인생에서 중요한 사건은 평생의 동지 엥겔스와의 운명적 만남이었다. 영국에서 아버지의 방직공장을 경영하던 엥겔스가 1844년 8월 파리를 방문함으로써 두 사람의 역사적 교유가 시작되었다.

마르크스의 파리 시절은 그리 오래가지 못했다. 프로이센의 압력을 받은 프랑스는 마르크스를 추방했고, 그는 1845년 2월 브뤼셀로 옮겨갔다. 프로이센 정부가 그곳에서도 그를 추방하려 하자, 그는 결국 12월에 프로이센 국적을 포기하고 이후 죽을 때까지 무국적자로 살았다. 그런데 1848년 혁명의 회오리바람이 부는 가운데 벨기에 정부는 마르크스에게 추방령을 내렸고, 그러자 그는 독일로 돌아가 노동자 조직을 결성하는 일을 하면서 혁명의 성공을 위해 힘을 보탰다. 그러나 1849년 혁명이 무너진 뒤 '외국인'인 마르크스는 독일에서 추방당했다. 쫓겨난 그는 프랑스를 거쳐 최종적으로 런던에 정착했으며, 그곳에서 남은 삶을 보냈다.

영국에서 마르크스는 국제적 노동계급 운동을 조직하는 데 열정을 바쳤다. 그는 노동계급 운동의 국제적 성격을 강조했으며, 그리하여 유럽에서 고조되어가던 민족주의 운동의 대척점에 서게 되었다. 1864년 런던에서 그는 엥겔스와 함께 최초의 노동자 국제 조직인 국제노동자협회International Working Men's Association 창립을 주도했다. 흔히 인터내셔널로 불린 이 협회 활동을 통해 그는 각국에 혁명적 노동자 정당을 창설하기를 기대했다. 그러나 다양한 계통의 사회주의 세력과 노동조합과 같은 노동자 단체가 규합된 인터내셔널은 내부 이견을 이겨내지 못했다. 인터내셔널은 1872년까지 여섯 차례 대회를 열었으나 별다른 성과를 거두지 못했다. 게다가 1871년 파리 코뮌 사태 이후 정부의 탄압이 심해지고 마르크스와 무정부주의자 바쿠닌 간의 심각한 노선 투쟁 등이 겹쳐, 인터내셔널은 활동을 중단했다가 1876년 결국 해산하고 말았다. 이후 1889년 제2인터내셔널에 이어 여러 차례 인터내셔널이 조직되면서 이때의 것은 제1인터내셔널로 불리게 되었다.

과학적 사회주의: 마르크스주의　　마르크스는 국제 노동운동에 헌신하는 한편, 영국 박물관에 파묻혀 역사와 경제학 연구에 진력했다. 경제적으로 무능했던 그는 가난에 내몰려 자식 셋을 잃는 고난을 겪으면서 저 위대한 『자본Das Kapital』을 집필했다. 자본주의를 분석한 그 저서는 세 권으로 이루어졌는데, 제1권(1867)은 그의 생전에 출간되었으나 제2권(1885)과 제3권(1894)은 사후에 엥겔스가 펴냈다. 『자본』에서 마르크스는 모든 경제적 가치는 인간의 노동으로 생산되며, 자본가가 부당하게 이 가치의 일부를 착복한다고 주장했다. 그리고『자본』에 따르면 자본주의 체제에서는 끝없는 경쟁 속에 끊임없이 탈락자가 생겨 자본가의 수는 줄고 프롤레타리아의 수는 늘어나며, 이는 결국 자본주의의 전복으로 이어지게 마련이었다. 말하자면 자본가들은 스스로 제 무덤을 파고 있다는 것이다.

　마르크스는 그의 철학의 핵심을 헤겔에게서 빌려왔다. 그는 헤겔의 역사 변증법을 받아들였는데, 그러나 관념이 역사의 기본 동력이라는 생각은 거부했다. 그 대신 그는 한 사회의 하부 구조인 경제적 구조, 즉 생산력과 그에 따른 생산양식이 한 특정 사회의 주된 결정 요인이라고 보았다. 그래서 그는 한 시대의 생산양식이 변하면 상부 구조인 정치체제와 전반적 이데올로기 구조가 변한다고, 바꾸어 말하자면 의식이 인간 존재를 결정하는 것이 아니라 인간의 사회적 존재가 그의 의식을 결정한다고 믿었다. 이로써 그는 헤겔을 거꾸로 뒤집어엎은 셈이 되었다. 마르크스에 따르면 한 시대의 지배적 생산양식은 기술이 일정 수준으로 발전하면 더는 작동하기 어려워지면서 새로운 생산양식으로 대체된다. 그러므로 역사 발전은 곧 생산양식의 변화에 따라 이루어진다. 인류 역사는 네 주요 단계를 거쳐 왔는데 아시아적, 고대 노예적, 중세 봉건적, 근대 자본주의적 생산양식이 그것이다.

엥겔스는 나중에 흔히 역사적 유물론이라고 하는 마르크스의 경제결정론의 경직성을 완화하려 했다. 엥겔스는 마르크스가 말하고자 했던 것은 경제적 요소가 유일한 것이 아니라 가장 강력하고 기본적이며 결정적이라는 것이었다고 해명했다. 그러나 마르크스는 경제적이며 역사적인 불가피성으로 인해 자본주의가 무너지고 프롤레타리아가 궁극적으로 승리한다는 것을 증명하려 했는데, 다양한 요인의 영향을 인정하면 결국 경제결정론과 '과학적' 사회주의의 의미는 그만큼 퇴색하게 마련이다.

마르크스에 따르면 사회혁명은 새 생산양식이 기존의 법과 사회적 관계를 무너뜨릴 때 일어난다. 혁명의 주역은 새 계급으로서, 그것은 시간이 지나면서 지배계급이 된다. 그리하여 근대에 들어와 부르주아 계급이 자유주의 혁명을 일으켜 귀족을 역사의 뒤안길로 몰아내고 새로운 자본주의 체제를 수립했다. 그러나 귀족에게 시간이 다했듯이, 부르주아 계급도 끝날 시간이 닥쳐왔다. 팽창하는 과학기술의 잠재력이 자본주의 구조 안에서는 실현될 수 없게 된 것이다. 자본주의 생산양식은 갈수록 심각해지는 불황의 타격을 받아 종말을 향해 비틀거리며 가고 있다. 변증법에 따라 옛 체제는 이미 그 체제를 타도하고 새 질서를 건설할 계급을 탄생시켰다.

마르크스는 변증법적 과정의 마지막 단계인 프롤레타리아트Proletariat와 부르주아지의 충돌은 프롤레타리아트의 승리로 끝난다고 예언했다. 프롤레타리아는 그의 표현을 빌리자면 '부르주아지 자신을 파괴하는 씨앗'이었다. 이 승리로 역사의 계급투쟁은 끝날 것이며, 프롤레타리아는 옛 질서를 해체하고 생산수단을 접수하기 위해 잠정적으로 프롤레타리아 독재를 수립할 것이다. 그런 다음 궁극적으로는 인간에 의한 인간의 착취가 사라지고 무계급 사회인 공산주의 사회가 도래할 것인데, 그곳에서는 부르주아의 착취 도구인 국가 또한 사라질 것이며 자발적 조직이 생산을 계획하고 실행할 것이다. 그리고 개인들은 능력에 따라 일하고, 필요에 따라 분배받을 것이다.

마르크스는 초기 사회주의자들의 생각을 감상적이고 유토피아적이라고 치부하고, 역사와 경제 연구를 통해 도출해 낸 그의 이론을 과학적이라 자부했다. 실제 마르크스의 과거 분석은 상당한 정도로 과학적 타당성을 지녔다. 그러나 이미 20세기 공산주의 국가의 실패에서 드러났듯이, 그의 미래의 전망은 너무나 비현실적이고 낭만적인 것에 지나지 않았다. 마르크스가 죽은 뒤 한 세대 사이에 그의 사상은 유럽 노동운동을 지배하게 되었으나, 또한 그에 대한 서로 다른 해석을 낳았다. 그의 예언대로 자본주의가 19세기 말이나 20세기 초에 무너졌더라면 추종자들 간의 분열은 심하지 않았을 것이다. 그러나 자본주의 체제는 그가 예상했던 것보다 훨씬 더 견고하고 적응력이 있었다. 다양한 개혁 입법과 노동조합의 활동으로 자본주의가 오히려 강화되고, 부의 분배가 개선되고, 노동자의 생활이 개선되었다. 부자는 더 부유해졌지만, 가난한 자가 더 가난해지지는 않았다. 19세기의 마지막 30년 동안 산업국가에서 노동자의 실질임금이 50%나 증가했다.

마르크스 사후 사회주의 노동자 대다수는 혁명보다는 기존 체제와 화해하려 했다. 마르크스주의 계열의 일부는 준법주의와 점진주의를 경멸하면서 강경 노선을 고수했으나, 더 큰 집단은 마르크스주의 교의가 수정되어야 한다고 믿었다. 수정주의자들은 폭력 혁명의 불가피성을 부정하고, 공산주의 사회로 가는 길을 훨씬 길게 그리고 다르게 잡았다. 그들은 민주주의, 의회 제도, 계급 협동 등을 더 많은 개혁을 이룰 수단으로 강조했다. 독일 사회주의자 에두아르트 베른슈타인Eduard Bernstein(1850~1932)은 이런 견해의 대표적 주창자였다. '사회민주주의적'이라는 용어는 1890년 이후 유럽 정치에서 대부분의 노동자 정당에 적용될 수 있다. 그 정당들은 마르크스의 상속자들 가운데 수정주의 노선을 대표하며, 혁명 노선은 오직 실질적 대의 정부가 없어서 평화적이며 합법적인 방법으로는 변화를 끌어내지 못하는 동유럽 나라에서만 의미가 있었다. 혁명적 마르크스주의자가 최초로 사회주의의 일대 승리를 이룩한 것은 자본주의 발전이 뒤처진 러시아에서였다.

3) 1830년 혁명

7월 혁명　　1830년은 유럽이 혁명으로 물든 해였다. 빈 회의의 결정에 따라 프랑스 왕위에 오른 인물은 처형된 루이 16세의 동생 루이 18세였다(왕당파는 1795년 죽은 루이 16세의 어린 아들을 루이 17세로 셈했다). 망명객으로 살면서 영국의 체제를 경험했던 루이 18세는 혁명이 이룩한 변화와 어느 정도 타협하는 것이 필요하다고 느꼈다. 그는 중간계급을 달래고 지지를 결집하기 위해 나폴레옹 법전을 받아들이고 입헌군주정을 규정한 헌법을 승인했다. 헌법은 국왕이 임명하는 상원과 아주 제한된 선거권으로 선출된 하원의 양원제를 두었다. 시민의 법적 평등, 재산의 불가침성, 종교의 자유 등이 보장되었으며, 검열법도 완화되고 언론의 자유가 확장되었다. 혁명기에 몰수된 귀족과 교회의 토지를 매입한 사람들의 재산권 역시 존중되었다. 한편 루이 18세는 신수 왕권으로 다스리고 있음을, 각료는 그에게만 책임을 진다는 점을 분명히 했다. 게다가 그는 혁명의 삼색기에 대한 혐오감을 드러내고 부르봉 가문의 백색기를 다시 채택할 것을 주장했다. 중도파가 으레 그렇듯이 양 극단의 가운데를 조심스럽게 헤쳐 나가려던 그는 양쪽에서 공격을 받았다. 극우 왕당파는 중간계급에 너무 많은 것을 내어주었다고 공격한 한편, 자유주의자와 급진파는 국왕이 충분할 만큼 앞으로 나아가지 않는다고 비판했다.

그러나 루이 18세가 1820년 이후 늙고 병약해지자 권력을 잃고, 동생 아르투아Artois 백이 이끄는 극우 왕당파가 권력을 장악했다. 아르투아 백은 유럽의 군주들에게 프랑스혁명을 분쇄하도록 촉구한 망명 귀족들의 지도자였다. 망명 귀족을 중심으로 한 이들 극우 왕당파는 토지 이익집단에 유리하게 선거권을 더욱 제한하고, 새로운 검열법을 제정했다. 이러한 반동적 경향은 완고한 아르투아 백이 왕위를 물려받아 샤를 10세(1824~1830)가 되었을 때, 그 짧은 치세의 특징이었다. 샤를 10세는 정치적 균형을 유지하는 데 조금도 신경을 쓰지 않았으며, 시대의 변화를 전혀 받아들이지 않으면서 가능한 한 구체제를 되살리려고 애썼다.

그는 교육과 정치에 대한 가톨릭교회의 영향력을 강화하고, 혁명기에 토지를 몰수당한 이전의 귀족에게 그 보상으로 연금을 지급하기로 했다. 게다가 1829년에는 극단적인 왕당파 내각이 구성되었다. 샤를 10세의 전반적인 반동 정책은 결국 자유주의적 중간계급을 중심으로 광범한 분노를 자아냈다. 그리하여 1830년에 이르러 프랑스는 다시 한 번 혁명의 벼랑 끝에 섰다.

샤를 10세는 1830년 5월 정부에 비판적인 의회를 해산하고 새로 선거를 시행했으나, 새 의회는 반정부 세력이 더욱 강화되었다. 그러자 국왕은 7월 25일 막 선출된 의회를 다시 해산하고, 언론 검열을 더욱 강화하고, 이미 지나치게 제한적인 투표권을 더욱 제한하는 칙령을 공포했다. 마침내 파리 민중과 언론이 들고일어났다. 그들은 파리의 좁은 길에 바리케이드를 치고 군대와 대치했다. 샤를 10세는 "영국 왕처럼 다스리느니 차라리 나무나 베겠다. …… 왕좌와 교수대 사이에 중간 길은 없다"라고 호기롭게 말했다. 그러나 그는 3일 만에 중간 길을 택해 영국으로 도망가고, 온건한 입헌군주정파가 권력을 잡았다. 상층 중간계급과 지주 계층을 대변한 그들은 공화정을 요구하는 목소리가 터져 나오기 전에 재빨리 샤를 10세의 4촌인 오를레앙가의 루이 필리프 공을 새 국왕으로 옹립했다. 그리하여 이른바 7월 왕정이 탄생했다. 이로써 유럽 자유주의 세력은 가장 뜻깊은 승리를 거두었다.

루이 필리프Louis Philippe(1830~1848)는 부르봉 가문의 일원이었음에도 프랑스혁명 때 혁명의 편에 서서 싸웠던 인물이었다. '시민 왕'을 자처한 새 국왕은 단호하게 부유층의 이익을 지지하고, 부르주아 복장을 착용하는 등 부르주아 이미지를 부각하기 위해 애썼다. 그는 부르봉가의 백색기 대신 혁명의 삼색기를 채택했다. 그러나 그는 일관되게 상층 부르주아와 지주의 이익을 옹호하면서 중간계급과 노동자를 정치 무대에서 배제하는 정책을 추구했다. 투표권자가 두 배로 늘었으나, 여전히 3200만 명 인구 중 극소수인 20만 명 정도에 불과했다. 노동자들은 정부가 그들의 이익을 무시한다고 항의했다. 정부는 개혁의 요구를 무시하고 불만 세력을 통제할 수 있었다. 그러나 고요한 표면 아래에서 심각한 압력이 형성되고 있었으며, 1848년에 이르러 7월 왕정은 결국 위기에 빠졌다.

혁명의 확산　파리 민중의 함성은 유럽 곳곳에서 메아리를 일으켰다. 먼저 브뤼셀에서 프랑스어를 쓰는 가톨릭교도들이 7월 혁명 직후 빈 체제에 항의하며 봉기했다. 빈 회의는 벨기에를 네덜란드 왕국에 합쳤으나, 그 조치는 양국 간의 종교적·언어적·경제적 차이를 무시한 것이었다. 벨기에인은 네덜란드어 외에 프랑스어와 독일어를 함께 쓰고 가톨릭교도로서 주로 농민과 노동자인 데 비해, 네덜란드인은 네덜란드어를 쓰고 개신교도로서 장사꾼과 뱃사람이었다. 네덜란드 정부는 군대를 동원했으나 봉기를 진압하지 못했다. 오스트리아는 벨기에 민족주의의 분출을 막으려 했으나, 내부의 민족주의적 위협 때문에 그러지 못했다. 한편 영국과 프랑스는 사태에 개입하여 벨기에를 지원했다. 벨기에인은 그 도움을 받아 네덜란드 군대를 몰아낸 뒤, 11월에 독립을 선언하고 자유주의 헌법을 채택했다. 이후 그들은 1831년 여름에 독일의 소군주 작센-코부르크-고타Sachsen-Coburg und Gotha 가문의 레오폴트 공을 국왕으로 선출하고 입헌군주정을 수립했다. 신생국은 8년 뒤 국제적 지위를 확립하고 영세 중립국이 되었다.

브뤼셀에 이어 이탈리아에서도 봉기가 일어났다. 이탈리아에서는 자유주의와 민족주의 세력이 대체로 비밀결사인 카르보나리를 중심으로 활동했는데, 그들은 혁명의 분위기에 힘입어 1831년 파르마Parma와 모데나Modena 그리고 교황 국가에서 오스트리아의 지배에 맞서 혁명을 일으켰다. 그러나 군사력을 갖추지 못한 그들의 혁명은 메테르니히가 동원한 오스트리아군에 쉽게 무너지고 말았다. 독일과 에스파냐 그리고 포르투갈 등지에서도 봉기가 일어났으나 이탈리아와 마찬가지로 무력으로 진압되었다.

폴란드인들 역시 파리 봉기에 자극을 받았다. 변화의 바람을 타고 그들은 11월에 바르샤바를 중심으로 자유주의와 민족주의의 이념으로 러시아 니콜라이 1세의 압제에 항거했다. 그러나 그들은 내분을 겪었고, 인구의 절대다수인 농민의 지지를 얻지 못했다. 열 달의 저항 끝에 결국 이듬해 9월 바르샤바가 러시아군에게 함락되고, 외부의 도움을 전혀 받지 못한 폴란드 혁명 세력은 결국 러시아 군대에게 완전히 분쇄되었다. 반란을 진압한 니콜라이 1세는 폴란드의 자치권을 없애고 직할 체제를 강화했다. 수만 명의 자유주의 지식인과 민족주의자가 해외로 망명했다. 굳이 폴란드 봉기의 성취를 든다면, 니콜라이 1세가 네덜란드 왕을 돕기 위해 파견하고 싶어 했던 군대를 6개월이나 묶어두고, 그래서 벨기에 혁명을 구하는 데 도움이 된 점이었다.

프랑스 7월 혁명은 자유주의자들이 주축이었으나, 그 성공에 고무되어 일어난 다른 곳의 혁명은 자유주의적 민족주의가 핵심 세력이었다. 그런데 프랑스 외에 항구적 성공을 거둔 곳은 벨기에뿐이었다. 유럽의 서부와 동부의 차이가 다시 한 번 확인되었다. 서부에서는 온건한 자유주의라면 민중의 광범한 지지를 끌어낼 수 있었다. 그러나 동부에서는 아직 자유주의와 민족주의가 널리 확산하지 못했으며, 그 운동을 견인할 중간계급이 너무나 취약했다. 폴란드 봉기의 실패를 마지막으로 1830년의 혁명적 열기는 가라앉고, 유럽의 협조 체제는 흔들리기는 했으나 여전히 건재했다. 이후 1848년까지 러시아와 오스트리아는 서로 손잡고 변화를 원하는 정치 경제적 압력을 그럭저럭 억누를 수 있었다. 그러나 그해에 다시 한 번 혁명의 물결이 전보다 더욱 도도하게 대륙을 휩쓸었고, 마침내 빈에서 구축된 구조를 무너뜨려버렸다.

영국의 개혁　　7월 혁명은 바다를 건너 영국에도 영향을 미쳤으나, 영국은 적절한 개혁으로 혁명의 위기를 넘겼다. 영국은 1815년 이후에도 여전히 의회를 장악한 지주 귀족이 지배했다. 휘그당이 신흥 산업자본가 계급의 지지를 받기 시작했지만, 휘그당이나 토리당 모두 여전히 지주 계급이 지배하고 있었다. 1830년까지는 대체로 토리당이 집권했는데, 그들은 1815년에 지주 귀족의 농업적 이익을 보호하기 위해 곡물법Corn Law을 제정했다. 이 법은 외국 밀의 수입에 높은 관세를 부과해서 값싼 외국 밀의 수입을 제한했는데, 그로 인해 **빵** 값이 비싸져서 가뜩이나 힘든 노동자들의 삶은 더욱 어려워졌다.

영국은 산업혁명을 겪으면서 일찍이 없었던 정도로 사회적 지도가 바뀌었다. 농촌 인구는 줄고 도시 인구는 급격히 늘었으며, 런던 외에 요크나 브리스틀 같은 전통적 도시를 제치고 신흥 맨체스터나 버밍엄이 가장 큰 도시로 성장했다. 사회구조는 바뀌고 있었고, 부의 중심이 토지에서 공장과 산업시설로 옮아가고 있었다. 그러나 영국의 정치체제는 이러한 변화를 전혀 반영하지 못했다. 산업 자본가들은 막강한 경제적 영향력을 행사하고 있었으나 정치적 발언권이 없었으며, 수십만 인구의 신흥 산업 대도시에는 아무런 의석도 할당되지 않았다. 잉글랜드 의회는 주로 농촌 주와 옛 도시에 거주하는 40만 명쯤의 유산자만을 대변했을 뿐이다. 그런데도 지배 세력은 이런 터무니없는 정치 구조와 선거제도를 고칠 마음이 조금도 없었다.

그러나 전후의 경기 침체로 고통을 겪던 도시와 농촌의 노동자들은 사회적 불만 사항의 시정과 선거권 확대를 요구하기 시작했다. 이런 요구는 대체로 평화적 청원의 형태를 취했지만, 때로는 폭동이 일어나고 일단의 급진파가 사회 전복을 기도하기도 했다. 집권 토리당은 군대를 동원해서 폭동을 진압하고, 법과 질서를 내세우며 일련의 압제적 법을 제정했다. 인신보호법은 정지되고, 공공집회가 제한되고, 검열이 강화되었다. 전후의 암울한 상황에서 잇따라 일어난 소요와 그에 대한 탄압은 1819년 8월의 이른바 '피털루의 학살Massacre of Peterloo'에서 최악의 상태로 나타났다. 선거제도 개혁을 요구하기 위해 맨체스터의 성피터 광장St. Peter's Fields에 운집한 군중의 평화적 집회를 군대가 강제해산하면서 11명이 죽고 수백 명이 다쳤다. 민중에 대한 정부군의 이 승리는 워털루 승리에 빗대어 '피털루'라는 야유를 받았으며, '피털루'는 오래도록 민중의 가슴 아픈 기억으로 남았다.

그러나 사회가 어느 정도 안정을 되찾은 1822년 이후에는 토리당 내의 자유주의적 세력과 일부 휘그당이 주도하여 타협과 점진적 개혁의 길로 나아갔다. 1824년에는 결사 금지법이 폐지되어 노동조합의 결성이 허용되고, 수많은 범죄에 대해 사형이 폐지되는 등 가혹한 형법이 인도주의적으로 개정되고, 1829년에는 가톨릭교도해방법Catholic Emancipation Act이 제정되어 가톨릭교도에게 정치적 권리가 부여되었다. 급진주의가 사그라들자, 보수주의자들은 변화에 대한 공포에서 벗어나 1830년 시작된 개혁의 시대를 위한 길을 닦았다. 대륙에서 혁명의 광풍이 불어오자 다시 선거법 개혁의 열망이 달아올랐다. 지배계급 사이에 개혁이 무산되면 혁명이 올 것이라는 공포가 커졌다. 부유한 산업 중간계급의 요구가 더는 무시될 수 없었다. 지배계급은 어느 정도의 양보와 개혁이 혁명보다 낫다는 것을 깨달았다.

개혁의 저지를 의무로 생각한 토리당의 웰링턴 공이 결국 권좌에서 밀려나고, 개혁에 적극적인 휘그당이 집권했다. 그러나 귀족원이 개혁 법안에 완강하게 반대했다. 국왕이 법안 가결에 필요한 만큼의 귀족을 새로 임명하겠다고 위협한 끝에, 1832년 의회는 마침내 선거법 개혁 법안을 통과시켰다. 이로써 영국은 자유주의적 개혁으로 혁명의 위기를 넘겼다. 이 제1차 개혁법Reform Act으로 참정권의 재산 자격 기준이 낮춰져 상층 중간계급이 투표권을 얻게 되었으며, 그 결과 잉글랜드의 남성 유권자 수가 대략 66만 명으로 65%쯤 늘어났다. 그리고 86개 부패 선거구가 폐지되거나 의석 하나가 줄고, 그 의석이 중부와 북부의 신흥 도시에 배분되었다. 그러나 농업 및 산업 노동자는 말할 것도 없고 하층 중간계급과 수공업자는 여전히 투표권이 없었다.

그런 한계가 있음에도 불구하고, 1832년의 개혁은 영국 헌정사에서 그 의미가 매우 컸다. 부유하고 교육받은 산업자본가가 나라를 다스리는 일에 지주 계급과 합류했다. 그리하여 개혁된 의회는 1830년대와 1840년대에 많은 개혁을 이뤄냈다. 1833년 영국의 식민지 전 지역에서 노예제가 폐지되었으며, 노동 환경과 시간을 규제하는 일련의 법이 연이어 제정되었다. 영국의 정치체제는 아직 민주주의와는 거리가 멀었다. 그러나 의회가 다양한 분야의 자유주의적 개혁을 통해 사회적 갈등을 조금씩 해소한 결과, 1848년 혁명의 광풍이 다시 한 번 대륙을 휘몰아칠 때도 영국은 이번에도 혁명을 피할 수 있었다.

미국의 발전　　이 시대 미국에서는 1828년 앤드루 잭슨Andrew Jackson(1829~ 1837)이 대통령에 당선됨으로써 미국 정치에 새로운 시대가 열렸다. 그 무렵 미국의 주는 대부분 백인 남자 보통선거를 허용하는 좀 더 민주적인 서부 주들의 선례를 뒤따랐고, 1828년 선거는 민중의 참여가 대폭 증가했다. "귀족들을 타도하라"를 선거 구호로 내걸었던 잭슨 대통령은 대중 민주주의 정치를 도입했다. 전통적 재산 자격 제한이 없어짐으로써 1830년대에 선거권은 성인 백인 남성 거의 모두에게 확대되었다. 1830년의 영국에서처럼 노동자들이 더 나은 노동조건을 얻기 위해 조직화하기 시작했고, 윌리엄 로이드 개리슨 Lloyd Garrison이 1829년 시작한 노예제 폐지 운동은 몇몇 반노예제 협회의 결성과 더불어 전개되었다.

잭슨은 서부가 만들어낸 최초의 대통령이요, 워싱턴 이래 대학 교육을 받지 않은 최초의 대통령이요, 빈곤 속에서 태어난 최초의 대통령이었다. 그의 재임기는 이른바 '잭슨 반란Jacksonian revolt'이 일어난 기간이었는데, 그것은 하층계급의 반란이요, 귀족적 동부 해안 지방의 지배에 대한 서부의 반란이었다. 그 기간에 민주주의 원리가 승리함으로써 미국 정치발전의 방향이 확정되었다. 누구나 미국 시민이라는 자격 하나만으로 어떠한 공직도 맡을 수 있다는 생각이 뿌리를 내렸다. 정부는 공립학교 제도를 확장하여 교육 기회를 늘렸으며, 교육 기회가 늘자 계급 장벽이 덜 중요해졌다. 정권을 잡거나 유지하는 일이 점점 더 유권자의 필요를 충족시키는 것과 결부되었다.

민주주의의 성장과 더불어 영토도 확장되었다. 1803년 프랑스로부터 루이지애나를 사들여 하루아침에 영토가 두 배가 된 미국은 1840년대에 다시 영토를 크게 늘렸다. 1844년 미국은 오리건Oregon을 요구하면서 영국과 영토 분쟁을 벌였고, 2년 뒤 위도 49도를 경계로 삼는 데 합의함으로써 오리건이 미국의 영토가 되었다. 그리고 미국은 1845년에는 멕시코의 지배에서 벗어나 독립을 선언한 텍사스를 병합함으로써 이듬해 멕시코와 전쟁을 벌이게 되었다. 1848년의 평화협정으로 멕시코는 캘리포니아와 텍사스에 대한 모든 권리와 그 두 지역 사이의 땅을 미국에 빼앗겼다. 그리하여 대서양 연안에서 시작한 미국이 19세기 중반에 태평양까지 이르게 되었다.

4) 1848년 혁명

프랑스의 2월 혁명　7월 왕정의 주요 각료에는 두 명의 역사가가 있었다. 자유주의적 군주주의자 루이 아돌프 티에르Louis Adolphe Thiers는 민주화의 진전과 적극적 외교정책을 주창했다. 보수주의자 프랑수아 기조François Guizot는 평화와 현상 유지를 바랐다. 1840년대에 주도권을 잡은 기조는 자유주의적 혹은 사회적 개혁의 압력이 커지는데도 반대파와의 타협이나 화해를 일절 거부했다. 그는 참정권 확대의 요구에는 "부자가 되라"고 응수했다. 7월 왕정은 주주의 이익만을 위해 운용되는 주식회사와 같다는 비난을 들었다. 부패와 추문이 끊이지 않았다. 정부에 대한 불만이 쌓이는 가운데 1846년부터 유럽이 전반적으로 불경기를 맞았다. 흉작으로 인한 농업 위기가 산업 전반의 불경기로 번져, 번영을 이끌던 철도 건설이 중단되고 광업과 제철공업도 덩달아 어려움에 빠졌다. 민심은 극소수의 부자만을 위한 정부에서 멀어졌다.

쌓인 불만은 결국 1848년 2월 파리에서 일련의 연회를 통해 터져 나왔다. 자유주의자와 사회주의자들은 연회를 열고, 정부에 부패의 척결과 선거제도의 개혁을 압박했다. 22일에 대규모 연회가 계획되자 정부는 이를 막으려 했고, 이에 맞서 파리 민중은 바리케이드로 시가지를 봉쇄했다. 1830년의 사태가 되풀이되었다. 군대는 민중과 맞서기를 거부했고, 파리 시민에게 쫓겨난 '시민 왕'은 24일 런던으로 망명했다. 승자들은 다시 군주정파와 공화정파로 갈라졌는데, 이번에는 공화정파가 주도권을 잡아 임시정부를 수립하고, 남자 보통선거에 의한 제헌의회 선거를 요청했다.

1848년 혁명에는 1830년에는 없던 새로운 세력이 나타났다. 그동안 대륙에서는 산업혁명이 빠르게 진행되었고, 그에 따른 부와 인구의 변천으로 혁명적 열망이 새로운 추진력을 얻었다. 점점 성장하는 노동자 집단을 대변하는 사회주의 운동이 좀 더 평등한 사회라는 비전을 제시하며 주류의 자유주의적 혁명운동에서 떨어져 나왔다. 7월 왕정을 타도하기 위해 중간계급과 노동자는 손을 잡았으나, 일단 권력을 장악하자 곧장 온건파와 급진파로 갈라졌다. 중간계급을 중심으로 한 온건파는 기존 사회질서를 유지한 가운데 정치 개혁을 추진하기를 원한 반면, 노동자를 배경으로 한 급진파는 사회경제적 혁명을 바랐다. 임시정부의 주도권은 온건파가 장악하고, 급진파는 사회주의자 루이 블랑을 포함해 단 두 명만 정부에 참여할 수 있었다. 그러함에도 임시정부는 민중의 압력 아래 보통선거제와 국민 작업장 건설을 포함한 일련의 급진적 법령을 제정했다. 그러나 민중의 급진주의에 놀란 온건파는 혁명의 완전한 통제권을 다시 장악하려 했다. 성인 남자 거의 전원이 참여한 4월 말의 제헌의회 선거에서 온건 공화파는 900석 중 800석을 차지하는 압승을 거두었다.

승리한 온건파는 사회혁명에 제동을 걸고, 6월에 루이 블랑이 주도하여 설립한 국민 작업장을 해체해 버렸다. 10만 명 정도를 고용하는 국민 작업장은 국가가 모든 노동자에게 '일할 권리'를 보장할 수단으로 기획된 것이었다. 그러나 하는 일이 고작 낙엽 긁어모으기나 구덩이를 팠다가 다시 메우는 따위의 것이었고, 그 비용은 정부에 큰 재정 부담이 되었다. 게다가 수도 인근에 노동자가 대거 운집하는 것이 불안 요인으로 작용하자, 정부는 결국 작업장을 해체한 것이다. 이에 노동자들이 '6월의 날들'로 알려진 폭동을 일으켰다. 처음으로 노동자와 부르주아 간에 계급 전쟁이 벌어진 것이다. 노동자들은 혁명의 상징으로 붉은 깃발을 올렸는데, 이는 붉은 기가 프롤레타리아트의 상징으로 사용된 첫 사례였다. '빵 아니면 탄알'을 외치면서 노동자들은 다시 바리케이드를 쌓았으나, 공포정치 이후 가장 유혈이 낭자한 전투에서 수천 명의 노동자가 빵 대신 탄알을 받았다. 23~26일의 '6월 봉기'는 그렇게 끝났다. 아직 노동자가 부르주아를 상대로 맞대결을 벌이기에는 너무나 역부족이었다.

'6월의 날들'은 반동의 시대를 불러왔다. 수천 명의 급진파가 투옥되거나 식민지 알제리로 추방되고, 사회 전복을 방지하는 엄중한 법이 제정되었다. 11월에는 강력한 권력을 가진 입법부와 행정부를 규정한 공화국 헌법이 비준되었다. 새 헌법은 남자 보통선거로 선출되는 4년 임기의 대통령과 3년 임기의 750명 의원으로 구성되는 단원제 의회를 두었다. 12월에 대통령 선거가 치러졌는데, 난데없이 등장한 낯선 인물인 루이 나폴레옹 보나파르트Louis Napoléon Bonaparte가 당선되었다.

루이 보나파르트는 저 유명한 황제 나폴레옹의 조카였다. 그는 소규모 음모가와 1836년과 1840년 두 차례 가벼운 소동으로 끝난 쿠데타를 시도한 적이 있는데, 이후 오랫동안 미국과 유럽 각지를 떠돌며 망명 생활을 했다. 그는 1848년 영국의 차티즘 시위 때는 런던에서 순경으로 복무하면서 신분을 숨긴 채 살고 있었다. 그는 선거 때 파리에 나타나 나폴레옹이라는 이름으로 선풍을 일으키고, 그 이름 덕에 압도적인 득표로 대통령이 되었다. 공화파 후보자들은 아주 미미한 득표를 하는 데에 그쳤다. 이는 새 공화국의 운명을 말해 주는 듯했는데, 역시 제2공화국은 매우 단명했다. 나폴레옹은 삼촌이 그랬던 것처럼 4년 뒤 공화정을 무너뜨리고 제정을 수립했다.

독일의 3월 혁명   1830년에 그랬던 것처럼, 1848년에 프랑스는 또 한 번 유럽 전역에 혁명의 불길을 지폈다. 그 불길은 곧장 중부와 남부 유럽으로 번졌다. 그곳에서 자유주의적 요구는 민족주의적 열망과 결합했다. 독일 곳곳에서 개혁과 통일을 요구하는 집회가 열렸다. 프로이센에서는 중간계급과 국왕 간에 긴장이 높아지고 노동자들의 경제적 불만이 쌓여, 혁명을 위한 풍요로운 터전이 마련되어 있었다. 3월 15일 베를린에서 민중이 바리케이드를 세우자, 우유부단한 프리드리히 빌헬름 4세(1840~1861)는 유혈 사태보다 양보를 택했다. 그는 새 헌법을 제정하고 독일 통일을 위해 노력할 것을 약속했다. 프로이센의 이러한 사태 발전 소식을 접한 독일의 다른 나라 지배자들도 한결같이 입헌 정부 수립과 자유주의적 개혁에 동의하고, 특히 통일에 이바지할 것을 약속했다. 그에 따라 각 나라에서 통일 독일의 헌법을 제정할 독일 국민의회의 대표를 뽑는 선거가 남자 보통선거로 치러졌다.

5월 18일 독일 연방의 수도 프랑크푸르트에서 국민의회Nationalversammlung가 소집되었다. 39개 회원국에서 580여 명의 대표가 참석했는데, 대다수가 법률가, 교사와 교수 그리고 관리와 의사 등 기본적으로 중간계급이었다. 의회는 통일 독일의 헌법을 제정할 의지를 천명했으며, 이에 독일 민중의 통일 열망은 절정에 이르렀다. 그러나 의원들은 여러 난관에 부딪혔다. 통일 독일의 정치체제를 놓고 공화정파와 입헌군주정파가 대립했다. 방대한 비독일 영토가 있는 오스트리아 처리 문제는 또 다른 장애물이었다. 이른바 대독일주의와 소독일주의가 날카롭게 맞섰다. 제국을 창건했을 때 그 제관을 빈의 합스부르크가에 바치느냐 아니면 베를린의 호엔촐러른가에 바치느냐도 난감한 문제였다.

프랑크푸르트 의회는 해가 다 가도록 논쟁을 벌이느라 시간을 허비했다. 쇠는 달구어졌을 때 두드려야 하는데, 의원들은 끊임없이 토론하면서 결국에는 결정적 행동을 취할 기회를 놓쳐버렸다. 그사이 보수주의자들은 차츰 봄날에 휘몰아쳤던 혁명의 충격에서 벗어나 통치자 주위로 결집하기 시작했다. 프로이센의 프리드리히 빌헬름 4세는 군대가 충성을 견지하고 농민들이 정치 문제에 별 관심을 보이지 않자 자신감을 되찾았다. 오스트리아에서 반동의 승리가 확실해지자, 베를린을 떠나 피신해 있던 그는 군대를 이끌고 수도로 입성, 의회를 해산하고 보수 체제를 재건했다.

반자유주의 세력이 밀려오는 중에도 프랑크푸르트 의회는 작업을 계속했고, 오랜 논란 끝에 마침내 이듬해 3월 말 소독일주의에 기초한 통일 독일제국의 헌법을 작성했다. 헌법은 미국의 연방제와 영국의 의회제도를 결합한 자유주의적 헌법으로서, 황제가 입법부의 조언을 받고 각료는 의회에 책임을 지도록 규정했다. 제국의 제관이 프로이센의 프리드리히 빌헬름 4세에게 바쳐졌는데, 그렇지만 그는 제한된 권력을 가진 입헌군주의 제관을 거절했다. 프랑크푸르트 의회는 그들이 기초한 헌법을 지배자들이 받아들이도록 강제할 아무런 실질적 수단이 없었다. 제국은 공중에 뜨게 되었고, 하릴없는 의원들은 각자 고향으로 돌아갔다.

프로이센에서 보수 지배에 저항하는 소요가 계속되었으나 결국 진압되었다. 수천 명에 이르는 자유주의자들이 외국으로 도망가고, 그 가운데 다수는 미국으로 이주했다. 이후 프리드리히 빌헬름 4세는 혁명적 상황이 다 지나가자, 1850년 고도로 보수적인 헌법을 공포했다. 자유주의적 방식으로 통일을 달성하려던 프랑크푸르트 국민의회의 노력은 참담한 실패로 끝났으나, 하나의 소득이 있다면 통일 독일 국가의 건설은 프로이센의 지지나 후원 아래에서만 가능하다는 사실이 확인되었다는 점이다. 프랑크푸르트 국민의회의 실패 뒤, 독일 민족주의자들은 통일을 이룰 힘을 가진 국가로 프로이센에 기대를 걸기 시작했다.

합스부르크 제국　　　급속하게 산업화하고 있는 세계에서 메테르니히의 권력은 후진적 체제에 의존하고 있었다. 수도 빈 인근 지역과 보헤미아 정도만 중간계급이 있었다. 아직도 인구 대다수가 농민이었는데, 그들은 대체로 헝가리에서처럼 무력한 농노이든가, 아니면 시간의 절반과 소출의 2/3를 지주에게 바쳐야 하는 궁핍한 소작농이었다. 정부는 전제적이고, 주로 귀족을 대변하는 지방 의회는 거의 아무런 권한도 없었다. 사회, 정치, 경제의 제반 구조는 1848년 불어온 변화의 바람에 극히 취약했다.

2월 혁명 소식이 빈, 부다페스트, 프라하에 전해지자 개혁가들은 베를린에서처럼 즉각 변화의 열망을 분출했다. 빈에서 대학생과 노동자가 가두시위를 벌였다. 그 시위는 곧 폭동으로 번졌고, 40년이나 유럽 정치를 주무르던 메테르니히는 재상직에서 물러나 런던으로 도망갔다. 유산계급을 중심으로 한 혁명 세력이 빈을 장악하고 자유주의적 헌법을 제정할 제헌의회 소집을 요구했다. 부다페스트에서는 민족주의적 자유주의자 코슈트 러요시Lajos Kossuth(1802~1894)가 합스부르크 제국의 낡은 관료제를 공격하면서 헝가리의 자치를 요구하고 나섰다. 코슈트의 지도력 아래 헝가리 자유주의자들은 시민권 보장, 농노제 폐지, 귀족 특권의 타파 등을 규정한 매우 자유주의적인 헌법을 마련했다. 프라하에서는 체크인들이 자치정부를 요구하기 시작했다. 페르디난트 1세(1835~1848) 황제는 이들의 요구를 들어주고 양보할 수밖에 없었다. 그는 오스트리아에 헌법을 약속하고, 헝가리의 개혁을 수용했으며, 체크인에게도 헌법과 자치를 약속했다.

그러나 여름으로 접어들면서 분위기가 급변했다. 빈에서는 혁명 세력의 강경파와 온건파가 분열하고, 중간계급은 노동계급의 사회혁명 가능성에 위기를 느꼈다. 독일인과 체크인 민족주의자들이 서로 다투기 시작하고, 슬라브인과 루마니아인이 헝가리로부터의 독립을 요구하자 헝가리인들은 이들을 탄압하기 시작했다. 예속 민족의 분열로 전열을 재정비할 시간을 번 빈의 보수주의자들은 이전의 지배권을 되찾기 위해 '분열시켜 지배하기' 전술을 구사했다. 6월에 오스트리아 군대는 프라하의 반란을 진압하고 보헤미아 전역을 군사적으로 통제했다. 프라하는 결국 항복하고, 보헤미아 자치 왕국의 희망은 사라졌다.

헝가리는 오스트리아를 상대로 자치를 위한 싸움을 하는 한편, 자신들의 지배 아래에 있는 크로아티아인과 세르비아인 같은 소수민족의 자치 요구는 단호하게 거부했다. 이에 항의하여 크로아티아 지도자 반 옐라치치Ban Jelacic(1801~1859) 백작의 지휘 아래 남 슬라브인들은 헝가리인을 공격했다. 오스트리아 정부는 이 상황을 이용하여 옐라치치를 제국의 장군으로 임명했다. 헝가리인을 공격한 데 이어, 옐라치치는 빈으로 불려 와 10월에 수도를 장악하고 있던 자유주의자들을 굴복시켰다. 연말에 유약한 페르디난트 1세가 물러나고 조카 프란츠 요제프 1세(1848~1916)가 제위를 계승했는데, 그는 헝가리인에게 양보한 조치들을 폐기하기 시작했다. 이에 격노한 헝가리인이 이듬해 4월 독립 공화국을 선포하고 코슈트를 국가 수반으로 선출했다. 오스트리아는 단독으로는 힘이 부치자 러시아에 도움을 요청했고, 헝가리 사태의 불똥이 러시아 지배 아래 있는 폴란드에 튈 것을 우려한 니콜라이 1세는 대군을 파견했다. 여름에 이르러 코슈트는 유럽의 모든 정치적 난민의 피난처 구실을 하던 런던으로 망명하고, 헝가리 혁명은 비극적 결말을 맞았다.

오스트리아 제국은 1849년 8월에 이르러 다시 한 번 사태를 평정했다. 새 황제는 권력을 다시 빈에 집중시킨 헌법을 제정하고, 자유주의자들의 대의제 의회와 책임 내각제 요구는 입에 발린 말로 달래었다. 혁명 과정에서 농노제의 최종적 폐지와 같은 몇몇 항구적 개혁이 이루어졌다. 그러나 중간계급과 피지배 민족들의 열망을 만족시킬 혁명이 실패함으로써, 제국은 궁극적 해체를 가져올 요인을 해소하지 못했다.

이탈리아 혁명   1830년의 혁명이 실패하자 이탈리아 통일 운동은 새로운 방향을 모색했는데, 주세페 마치니가 나타나 그 운동의 한 축을 떠맡았다. 그는 유럽에서 가장 괄목할 낭만주의적 민족주의자였다. 그는 1830년에 카르보나리가 피에몬테-사르데냐왕국에서 일으킨 혁명이 실패한 뒤, 그에 연루되어 6개월간 감옥살이를 했다. 그는 소수의 비밀결사 중심의 혁명을 반성하고, 혁명이 진정 성공하려면 일반 민중에 토대를 두어야 한다고 생각했다. 석방된 뒤 그는 마르세유로 망명해서 1831년 이상주의에 기초한 '청년 이탈리아Giovine Italia'라는 민족주의 단체를 조직했다. 이 단체는 민주적인 통일 이탈리아 공화국 창건을 목표로 했다. 젊은이들이 열렬히 호응하여 이탈리아 각지에 조직이 결성되었다. 마치니는 1834년에는 '청년 유럽Giovine Europa'도 창설했는데, 이는 다른 나라에서도 결성되고 있던 비슷한 이상주의적 운동 단체, 이를테면 청년 스위스, 청년 아일랜드, 청년 폴란드, 청년 노르웨이 등과 국제적 연대를 도모하고자 한 느슨한 조직이었다.

이른바 신교황파Neo-Guelfi가 통일 운동의 또 한 축을 형성하고 있었는데, 이들은 교황 주재 아래 현존하는 모든 왕국과 공국의 연방을 추구했다. 마치니파의 급진주의를 두려워한 온건 부르주아는 이 방책을 지지했다. 한편 군주주의자, 온건한 반교권주의자, 기타 자유주의자들은 오스트리아를 물리치고 이탈리아를 통일할 유일한 세력으로 사르데냐왕국과 카를로 알베르토Carlo Alberto(1831~1849) 국왕에게 희망을 걸었다.

통일 운동의 꿈은 1848년에 현실로 다가오는 듯 보였다. 파리와 빈의 혁명 소식이 전해지자 이탈리아반도 곳곳에서 동시다발적으로 봉기가 발생했다. 이미 1월에 나폴리에서 시작한 혁명운동이 북쪽으로 확산하면서 민중들은 외국 지배와 전제적 통치의 종식을 요구했으며, 지배자들은 자유주의적 헌법을 약속했다. 메테르니히가 쫓겨난 소식이 전해진 뒤 밀라노인들은 오스트리아 지배자를 축출하고 임시정부를 수립했으며, 베네치아인은 독립을 선언하고 공화국을 수립했다. 이에 호응하여 사르데냐의 카를로 알베르토 국왕은 자진해서 새 자유주의 헌법을 허용하고, 오스트리아에 전쟁을 선포했다. 민족주의 열망이 고조된 가운데 나폴리와 교황 국가가 사르데냐를 돕기 위해 지원군을 보냈다. 반도에서 전제적 정부는 거의 사라졌다. 그러나 유럽 다른 곳에서처럼 자유주의와 민족주의의 승리와 개혁은 반동의 물결에 빠르게 쓸려나갔다. 비오 9세 교황은 가톨릭 국가 오스트리아와의 전쟁을 꺼려 결정을 번복했다. 나폴리에서는 5월에 혁명이 무너지고 파견되었던 지원군이 소환되었다. 오스트리아는 결국 7월에 홀로 남은 사르데냐 군대를 격파하고 이탈리아 북부에서 지배권을 되찾았다. 통일 운동의 첫 단계는 실패로 끝났다.

그러나 로마 시민들이 지지부진한 개혁에 불만을 품고 그해 말에 다시 봉기했고, 교황은 도망갔다. 자유주의자들은 이듬해 2월 마치니를 수반으로 하는 로마 공화국을 수립했다. 혁명 기운이 되살아나자 알베르토는 오스트리아에 전쟁을 재개했다. 그러나 사르데냐는 다시 한 번 패했고, 알베르토는 장남 비토리오 에마누엘레 2세Vittorio Emanuele II(1849~1861)에게 왕위를 넘기고 물러났다. 이후 보수 세력이 차츰 이탈리아 전역에서 지배권을 되찾았다. 교황의 구조 요청에 프랑스는 군대를 보냈다. 마치니와 주세페 가리발디의 지휘 아래 로마인들은 두 달을 버텼으나 1849년 7월 결국 항복했다. 로마로 돌아온 교황은 1878년 죽을 때까지 모든 자유주의 대의와 이념에 강고하게 맞섰다. 곧이어 오스트리아는 베네치아를 공격하여 굴복시켰다. 1849년 8월 말경에 이르면 이탈리아는 다시 조용해졌다. 오직 사르데냐만 자유주의 헌법을 지킬 수 있었으며, 그 왕국은 비록 패했으나 이후 이탈리아 통일의 희망으로 떠올랐다.

영국: 차티즘 운동과 곡물법 폐지   1830년의 선거법 개혁 운동 때 노동자들은 부르주아와 손잡고 함께 싸웠으나, 열매는 부르주아가 독점하고 그들은 빈손이었다. 이후 노동자들은 참정권은 그들 자신의 힘으로 쟁취해야 함을 깨닫고 독자적으로 정치개혁 운동을 전개했다. 그들은 1838년에 남자 보통선거, 동등한 선거구, 비밀투표, 매년 선거, 의원의 세비 지급, 그리고 의원 피선을 위한 재산 자격 제한의 폐지 등 여섯 개 조항이 담긴 인민헌장People's Charter을 마련하고, 이를 입법화하기 위한 차티즘 운동Chartist Movement을 조직했다. 그들은 1839년과 1842년 두 차례 의회에 입법을 청원했으나 거부당했다. 그러다가 1848년 대륙에서 혁명의 바람이 불어오자, 그들은 다시 4월에 런던 케닝턴 광장Kennington Common에서 입법 청원서를 제출하기 위한 대규모 군중집회를 열었다. 2만 5000명가량이 모였는데, 이를 저지하기 위해 1만 명의 경찰과 군대가 동원되었다. 청원서가 의회에 제출되기는 했으나, 그냥 무시되고 말았다. 그리고 그것을 마지막으로 차티즘 운동은 사그라졌다. 그러나 비록 차티즘 운동이 입법이라는 목적을 이루지는 못했으나 완전히 실패한 것은 아니었다. 그 운동의 진정한 의미는 그것이 수백만 노동계급을 일깨워 조직화하고 전에는 없던 계급의식을 불러일으켰다는 데 있다. 게다가 그 운동의 요구 사항은 19세기 말에 이르러 매년 선거를 제외하고 모두 실현되었다.

19세기 중엽에는 영국의 무역 정책에서 중요한 개혁 하나가 이루어졌다. 영국은 압도적인 산업 경쟁력을 바탕으로 자유무역 정책을 강화해 왔는데, 특히 1832년의 선거법 개혁으로 정치적 발언권을 얻은 산업자본가의 영향이 커지면서 경제적 자유주의는 더욱더 지배적 정책이 되었다. 이제 1815년에 제정된 곡물법은 산업화한 영국 경제에 더는 어울리지 않게 되었다. 게다가 이 법은 치솟는 빵 값 탓에 도시 노동자의 원성의 대상이 되어 왔다. 리처드 코브던을 중심으로 한 자유무역론자들이 줄기차게 곡물법 폐지 운동을 펼쳤으나, 토리당은 보호

관세와 곡물법을 고수했다. 그러나 그런 정책을 재고해야 할 상황이 발생했다. 1845년과 1846년에 아일랜드에서 연이어 혹심한 흉년이 들어 수십만 명이 굶어 죽는 사태가 벌어졌다. 이 사태로 해외에서 값싼 곡물을 수입할 필요가 절실해 졌다. 토리당 지도자 로버트 필Peel은 당내의 극심한 반대와 당의 분열을 무릅쓰고 마침내 1846년 6월 곡물법을 폐지했다. 곡물법의 폐지는 영국에서 자유무역 정책의 승리를 상징했다. 값싼 원료와 식량의 수입은 장기적으로 영국 경제의 번영에 디딤돌이 되었다. 1830년 때처럼 영국은 일련의 개혁으로 1848년에 다시 한 번 혁명의 소용돌이를 피할 수 있었으나, 여전히 빈부가 극단적 대조를 이루는 사회상을 드러내고 있었다.

1848~1849년의 유럽　　1848년 1월 나폴리에서 시작하여 혁명적 소요가 유럽 곳곳에서 일어났다. 이탈리아와 독일의 대다수 국가, 프랑스, 오스트리아 제국 등지에서 일어난 주요 혁명들은 일시적으로 성공을 거두었다. 아일랜드, 영국, 에스파냐, 포르투갈, 폴란드, 스위스는 소규모 소요나 봉기를 겪었다. 한편 벨기에, 네덜란드, 덴마크는 통치자의 시의적절한 양보로 혁명의 불길을 피했다. 여러 지역의 혁명적 사태는 서로 비슷하게 진행되었다. 봉기는 대체로 1848년의 5월까지 일어났고, 6월 이후는 점차 보수 세력이 혁명 세력을 제압해 갔다. 1849년 봄에 많은 지역에서 2차 봉기가 일어났는데, 이 역시 몇 달 사이에 분쇄되었다. 1848년 혁명이 체제를 바꾸는 데 성공한 것은 프랑스 7월 왕정의 전복이 유일했다. 그러나 그것 역시 혁명가들이 희망했던 세상을 가져오지 못하고 제국 창건으로 귀결되었다.

　혁명이나 봉기 과정에서 자유주의적 중간계급은 보수적 지배 세력에 맞서 싸우면서 참정권 확대와 시민적 권리 등의 정치적 변화를 요구했다. 그 요구의 수준은 중간계급의 힘과 사회 발전의 정도에 따라 다르기 마련이었다. 프랑스에서는 남자 보통선거와 나아가 공화국 수립의 강력한 요구가 있었다. 아직 헌법이 없는 프로이센에서는 부르주아들이 제한된 헌법과 좀 더 공평한 대표성을 가진 의회로 만족했다. 이들과 달리 하층계급은 주로 사회경제적 향상을 기대했다. 농노와 소작인은 장원적 제약의 폐지를 주장했고, 도시 노동자는 노동시간의 단축과 임금 인상 혹은 고용 보장을 요구했다. 일부 공산주의자들은 생산수단의 사적 소유제의 폐지를 요구하고 경제적 평등을 설파했다. 한편 여러 지역에서 민족주의적 열망이 강렬하게 표출되었다. 오스트리아의 지배 아래 있는 밀라노, 헝가리, 보헤미아는 독립을 얻고자 했으며, 독일과 이탈리아 같은 분단국가는 단일한 민족국가로 통합하려고 했다.

자유주의, 사회주의, 민족주의의 세 가지 지향은 항상 함께하는 것이 아니었고, 그것들 간의 알력은 혁명이 실패한 한 요인이 되었다. 자유주의적 중간계급은 사회적 평등주의에 놀라 곧 보수 세력 편으로 돌아서고, 심지어는 그들이 요구했던 정치적 자유의 확대마저 포기했다. 이러한 자유주의와 사회주의의 분열은 프랑스에서 분명하게 드러난 사태였다. 카를 마르크스와 프리드리히 엥겔스는 1848년 『공산당 선언』을 발표하고, 이후 국제 사회주의 혁명운동에 헌신했다. "한 유령이 유럽을 떠돌고 있다, 공산주의라는 유령이"로 시작하는 그 선언은 "프롤레타리아가 혁명으로 잃을 것이라고는 사슬뿐이요, 얻을 것은 세계이다. 만국의 프롤레타리아여 단결하라"라는 선동적 문장으로 끝을 맺었다. 국제 사회주의가 중요한 정치적 요소가 된 것은 여러 해 전이었으나, 1848년 이후로 자유주의와 사회주의의 이상 간에 잠재되었던 적대감이 분명하게 드러났다. 마르크스주의의 국제주의에도 불구하고 진정 국제적임이 드러난 것은 반혁명이었다. 자유주의자와 노동자는 단결하지 않았지만, 보수주의자와 반동 세력은 단결했다.

독일과 이탈리아의 중간계급이 어느 정도 자유주의를 포기하고 민족 통일 달성에 집중한 데는 급진적인 사회혁명 사상의 등장이 어느 정도 영향을 미쳤다. 마찬가지로 독일과 이탈리아의 많은 자유주의적 민족주의자들은 민족 통일을 위해서는 자유주의와 강력한 보수 군주정 중 어느 것이 더 나은가 하는 문제에 직면했다. 그들은 결국 통일을 위해서는 자유주의적 혁명이 아니라, 이를테면 프로이센과 사르데냐와 같은 현존하는 군주국가의 힘에 의존할 수밖에 없다는 것을 느꼈다. 그러한 깨달음은 적어도 잠정적으로는 혁명가들이 지금껏 키워왔던 자유주의적 열망의 포기를 의미했다. 많은 사람이 민족 통일이 먼저여야 한다고 느꼈으며, 자유주의 개혁은 기다릴 수 있다고 믿었다.

2. 민족주의와 현실 정치

1848년 자유주의와 민족주의 세력의 혁명은 권위주의 정부가 유럽 거의 모든 곳에서 지배력을 재확립하면서 대체로 실패했다. 그러함에도 한 세대 만에 혁명이 추구했던 목표의 많은 것이 달성되었다. 이탈리아와 독일에서 민족 통일이 이루어졌고, 많은 나라에서 비록 겉치레에 불과하기는 했으나 입헌적이고 의회주의적인 체제가 수립되었다.

그렇기는 하지만 이러한 목표는 자유주의적 민족주의자가 아니라 새 세대의 보수주의적 지도자에 의해 달성되었다. 이들은 '현실 정치Realpolitik'의 실천자임을 자랑스러워했다. 새로운 유형의 보수적 지배자들은 대외적 영광을 거두기 위해 군대와 힘의 정치power politics를 이용했다. 그들은 또한 내정에서 보수적 목적을 달성하기 위해 자유주의적 수단을 구사하는 것을 망설이지 않았다. 민족주의는 1848~1849년에 혁명운동으로는 실패했다. 그러나 뒤이은 시기에 이들 새 지배자들은 통일 국가 건설을 위해 다양한 방법을 찾아냈다. 그 가운데 가장 성공한 인물은 프로이센의 오토 폰 비스마르크로서, 그는 독일 통일을 달성하기 위해 교활한 외교 술책과 전쟁을 마다하지 않았다.

1) 프랑스와 나폴레옹 3세

제2제정의 수립   루이 나폴레옹이 1848년 제2공화국 대통령에 선출된 뒤에도, 많은 사람이 그를 오직 이름 하나만으로 출세한 별 볼 일 없는 인물이라고 깎아내렸다. 그러나 나폴레옹은 매우 영리하고 야심만만한 인물로서, 특히 당대 민중 세력이 원하는 바를 예리하게 포착했다. 대통령이 되자마자 나폴레옹은 권력에의 야망을 분명하게 드러냈는데, 그는 여러모로 20세기 독재자의 원형으로 비칠 정치적 수단을 구사했다. 이를테면 그는 모든 반대 세력을 탄압하는 한편, 성직자·부르주아·노동자·농민 등 다양한 집단을 만족시키려 노력함으로써 민심을 얻으려 했다. 그는 1850년 이후 유럽에 등장한 새 세대의 보수적 지배자 가운데 대표적 인물로서, 권위주의적 정부가 어떻게 자유주의와 민족주의 세력을 이용할 수 있는지를 동시대인에게 잘 보여주었다.

나폴레옹은 3년 동안 끈기 있게 민심을 얻으려 노력했고, 그를 바탕으로 재선에 도전하려 했다. 그러나 국민의회가 대통령 단임제를 규정한 헌법의 개정을 거부하자, 그는 1851년 12월 2일 군대를 동원해서 쿠데타를 일으켜 의회를 해산하고 정부 통제권을 장악했다. 그는 그해 말 자신에게 독재 권력을 부여하는 헌법을 마련하고, 현대 독재자가 즐겨 써먹는 수법인 국민투표에 부쳤다. 프랑스 국민은 95% 이상의 찬성으로 헌법을 비준했다. 민심을 확인하고 자신감을 얻은 그는 이듬해에 이번에는 제정을 재건할지를 국민에게 물었고, 지난 투표 때보다 더 많은 찬성표를 얻었다. 그는 나폴레옹 1세가 황제에 즉위한 날을 택하여 1852년 12월 2일 황제 나폴레옹 3세에 즉위했다(나폴레옹 1세가 1815년 6월 워털루 패전 뒤 양위한 아들을 나폴레옹 2세로 셈했다). 이로써 프랑스에서 두 번째 제정이 수립된바, 프랑스의 정치적 회전목마는 대혁명 때처럼 왕정-공화정-제정의 제자리 바퀴를 다시 한 번 돌게 되었다.

제2제정은 명백히 권위주의적 정부였다. 나폴레옹 3세는 군대, 경찰, 문민 관리를 직접 통제했다. 오직 그만이 법안을 상정하고, 전쟁을 선포할 수 있었다. 입법부가 대의 정부의 겉모습을 갖추었는데, 의원은 남자 보통선거로 선출되고 임기가 6년이었다. 그러나 그들은 법안을 발의할 수도, 예산에 손을 댈 수도 없었다.

제2제정의 내치　　나폴레옹 3세의 치세 첫 5년은 엄청나게 성공적이었다. 프랑스는 그동안 경제적 번영을 누렸는데, 그것은 유럽 전반에서 이루어진 번영의 덕분이기도 했으나 나폴레옹 자신의 경제정책 또한 크게 한몫한 결과였다. 나폴레옹은 국민경제를 진흥하기 위해 정부 자원을 적극 활용했으며, 산업 성장을 확대하기 위해 많은 조치를 시행했다. 철도, 도로, 운하, 항만 등의 건설을 촉진하기 위해 정부가 보조금을 지급했다. 프랑스의 기간 철도망이 나폴레옹 3세 치세기에 완성되었고, 철 생산이 세 배로 늘어난 데서 드러나듯이 산업이 급속하게 팽창했다. 그는 또한 도시 계획가 조르주 오스망Georges-Eugène Haussmann 남작의 감독 아래 수도 파리의 개조 사업을 야심 차게 추진했다. 비좁은 시가지와 옛 성벽의 중세적 파리가 사방으로 확 트인 대로, 큼직한 건물들, 공공 광장, 지하 배수 체계, 새 공공 상수도, 가스등 등을 갖춘 오늘날 모습의 파리로 탈바꿈했다. 제국 수도의 위용을 갖춘 파리는 미관상의 목적뿐 아니라 정치적 혹은 군사적 목적에도 이바지했다. 폭이 넓은 도로는 혁명가들이 바리케이드를 치는 것이 매우 어렵거니와, 폭동이 일어났을 때 군대가 신속하게 사태를 통제하기가 훨씬 쉬웠다.

경제적으로 번영을 누렸음에도, 1860년을 기점으로 정부 정책에 대한 반대가 심해졌다. 산업가들은 관세를 대폭 삭감하는 영국과의 무역 협정을 못마땅하게 생각했고, 노동자들은 여전히 노동조합을 불법화한 데 대해 화가 났다. 자유주의자들은 권위주의에 분개했으며, 가톨릭 성직자들은 이탈리아 정책 때문에 체제에서 멀어졌다. 전반적으로 프랑스인들은 외교적 영광이 시들자 정부에 실망을 느끼게 되었다. 민심이 싸늘해지자 나폴레옹은 1867년 무렵부터 조심스럽게 권위주의 체제를 자유주의 체제로 바꾸어가기 시작했다. 그는 노동조합을 합법화하고 파업권을 허용함으로써 노동계급에 다가갔다. 언론의 자유가 확대되고 공공집회가 허용되었다. 그리고 그는 약간의 정치 개혁도 추진하여 입법부에 예산 통제권을 부여하고, 내각이 어느 정도 의회에 책임을 지도록 했다.

자유화 정책에도 불구하고 황제의 인기는 계속 떨어지고, 반대 세력은 점점 더 커졌다. 1869년 총선거에서 공화파를 비롯하여 반대 세력이 대거 진출하자, 나폴레옹은 1870년 5월에 새 헌법을 마련하여 국민투표에 부쳤다. 그 헌법은 입법부에 법안을 발의하고 예산을 심의하는 권한을 부여하는 등 '자유주의 제정' 체제를 도입하는 것이었다. 나폴레옹은 또 한 번 뜻깊은 정치적 승리를 거두었다. 그렇지만 그 승리는 단명했다. 1870년 9월 프랑스가 프로이센과의 전쟁에 패함으로써 제2제정은 명을 다했다. 파리 시민이 곧장 임시정부를 수립하고 공화국을 선포했다.

제2제정의 외교정책   나폴레옹 3세는 프랑스를 유럽의 중심축으로 만들고 싶어 했다. 외교정책이 그의 궁극적 몰락의 계기가 되었으나, 초기에 그는 외교 정책으로 프랑스에 영광을 안겨주었다. 특히 그는 오스만제국 문제에 개입하면서 일어난 크림전쟁Crimean War(1853~1856)에서 러시아에 빛나는 승리를 거두었다. 17세기까지만 해도 오스만제국은 유럽 동남부를 지배했으나, 1699년의 카를로비츠Karlowitz 조약으로 그곳의 많은 영토를 오스트리아에 빼앗겨 크게 위축되었다. 게다가 1783년에는 크림반도를, 1812년에는 베사라비아Bessarabia를 러시아에 빼앗겨 오스만제국의 영토는 더욱 줄어들었다. 19세기 초에 이르러 오스만제국은 뚜렷하게 쇠퇴의 길로 접어들었다. 민족주의 봉기가 일어나 1817년에 세르비아가 독립해서 공국을 창건했고, 1830년에는 그리스가 떨어져 나갔다. 도나우강 지역의 몰다비아와 왈라키아는 1829년 러시아의 보호령이 되었다.

19세기 중엽의 오스만제국은 '유럽의 환자'로서, 유럽 외교의 주체가 아니라 대상으로 전락했음이 분명해졌다. 발칸반도에 대한 오스만제국의 지배력이 크게 약해지자 유럽 여러 나라가 그 영토에 관심을 가지기 시작했으며, 특히 이웃에 있는 러시아는 노골적으로 그 영토에 눈독을 들였다. 그런데 나폴레옹 3세가 오스만제국으로부터 팔레스타인의 기독교 성지를 관리하고 기독교도를 보호할 권리를 획득하자, 1853년 러시아의 니콜라이 1세는 이를 문제 삼으면서 오스만제국에 성지와 정교도를 보호할 특별한 권리를 요구했다. 오스만제국이 이를 거절하자, 러시아는 보호령인 몰다비아와 왈라키아를 점령하고 오스만제국의 흑해 함대를 격침했다. 협상으로 분쟁이 해결되지 않자 오스만제국은 10월 러시아에 선전포고했다. 러시아가 발칸반도로 세력을 확장하도록 내버려둘 수 없다고 생각한 영국과 프랑스가 오스만제국의 요청을 받아들여 이듬해 3월 러시아에 전쟁을 선포하고 크림반도를 공격했다. 크림전쟁이 터진 것이다.

동맹국의 군사적 우세와 차르 군대의 비효율성으로 러시아는 궁지에 몰렸다. 양쪽의 끔찍한 인명 손실이 있고 난 다음, 1855년 9월 세바스토폴Sevastopol 요새가 함락되자 러시아는 화평을 구했다. 1856년 3월에 체결된 파리 조약에서 러시아는 베사라비아를 포기하고 흑해 해역의 중립화와 비무장화를 받아들였다. 몰다비아와 왈라키아 두 공국은 오스만제국의 자치령이 되었다가 1861년 합쳐져서 연합 공국이 되었으며, 그 뒤 연합 공국은 루마니아 공국으로 이름을 바꾸고 1878년에는 마침내 완전한 독립을 얻었다. 루마니아 공국은 1881년 루마니아 왕국이 되었다. 크림전쟁으로 러시아의 발칸 진출은 잠시 멈추게 되었으나, '유럽의 환자'가 야기한 문제는 그대로 남았다. 나아가 발칸반도의 수많은 민족은 더욱더 자치 혹은 독립의 열망으로 불타오르게 되었다.

크림전쟁은 오래 유지되어 온 유럽의 세력 관계를 깨뜨리고, 유럽의 협조 체제를 사실상 무너뜨렸다. 여태까지 빈 체제를 유지하는 데 긴밀하게 협력해 온 러시아와 오스트리아는 이제 적대국이 되었다. 전쟁 때 오스트리아가 러시아를 도와주려 하지 않았기 때문이다. 패전의 굴욕을 당하고 군사력의 한계를 드러낸 러시아는 이후 20년 동안 내정에 치중하느라 유럽의 국제 무대에서 물러났다. 참혹한 전쟁에의 여론 악화로 영국 역시 대륙 문제에서 발을 뺐다. 오스트리아는 중립을 지킨 대가로 열강 중에 아무런 우방도 없이 외톨이가 되었다. 이런 국제 상황에서 이탈리아와 독일의 통일이 가능했다.

나폴레옹 3세는 크림전쟁을 통해 러시아의 야욕을 제지하고 유럽 열강 사이에서 조정자 역할을 자임할 수 있었다. 그는 1859년 이탈리아 통일 운동에도 개입하여 오스트리아와 전쟁을 벌였고, 그 성과로 이탈리아의 사보이아, 곧 사부아Savoie와 니스를 병합했다. 그러나 그는 그 전쟁으로 진퇴양난에 빠졌다. 그는 이탈리아인들이 교황 국가 대부분을 신생 이탈리아 왕국에 병합하는 것을 허용하는 대신 교황에게는 도시 로마를 지켜줌으로써 이탈리아 민족주의자와 국내 가톨릭교도 모두를 만족시키기를 기대했다. 그러나 그는 결국 양자 모두의 지지를 잃게 되었다.

이 시기 프랑스는 영국과 더불어 중국에서 상업 세력권을 확보하기 위해 노력했으며, 또한 인도차이나에 상업적·종교적·군사적 침투를 개시하여 결국 그 지역을 장악했다. 프랑스인은 남태평양에서는 타히티Tahiti에 국기를 꽂고, 서아프리카에서는 세네갈강을 따라 내륙으로 침투했다. 나폴레옹 3세의 외교정책은 그렇게 1850년대까지는 대체로 성공적이었으나, 1860년대에는 거의 실패의 연속이었다. 특히 그의 멕시코에서의 모험은 치명적 실책이었다. 오래 내란에 시달린 멕시코가 1861년 채무불이행을 선언했는데, 그는 이를 침략의 구실로 삼았다. 마침 미국은 남북전쟁에 휘말려 있어서 개입할 여유가 없었다. 그는 4만 명의 대군을 동원하여 멕시코를 침략했으며, 1864년 멕시코 제국을 수립하고 오스트리아의 프란츠 요제프 황제의 동생 막시밀리안Maximilian 대공을 황제로 앉혔다. 이는 명백히 터무니없는 짓이었다. 미국의 지원을 받은 멕시코 민중의 저항에 부딪혀 나폴레옹 3세는 결국 군대를 철수했다. 게다가 1867년 막시밀리안이 멕시코 애국파에게 총살당함으로써 그의 위신은 크게 손상되었다.

나폴레옹 3세는 유럽에서도 잘 해나가지 못했다. 그는 폴란드의 친구를 자처했으나, 러시아와 프로이센이 1863년의 폴란드 봉기를 탄압했을 때 수수방관했다. 그는 매번 비스마르크의 교묘한 외교 책략에 놀아났다. 그는 상황을 오판하여 잠재적 동맹인 오스트리아가 프로이센에 분쇄되는 것을 방관했다. 비스마르크는 프로이센이 오스트리아와 싸워 세력을 확대할 경우, 프랑스는 라인란트 지역에서 그 보상을 얻을 수 있을 것이라 암시함으로써 나폴레옹 3세의 우호적 중립을 확보했던 것이었다. 그러나 나폴레옹 3세는 프로이센-오스트리아 전쟁 뒤 라인란트에서 아무런 보상도 얻지 못했다. 무엇보다 그는 1870년 준비도 안 된 채 프로이센과의 전쟁에 돌입하는 바람에 끝내 몰락하고 말았다.

2) 이탈리아의 통일

사르데냐왕국과 카보우르　　1850년대까지도 오스트리아는 여전히 이탈리아 반도를 상당 부분 지배했다. 1848~1849년 혁명의 실패를 겪은 뒤, 마치니파와 신교황파의 통일 방안은 신뢰를 잃었다. 사르데냐왕국은 두 번이나 오스트리아에 도전했다가 쓴맛을 보았으나, 점점 더 이탈리아 통일의 구심점으로 떠올랐다. 젊은 국왕 비토리오 에마누엘레 2세는 부왕이 허용한 자유주의 헌법을 고수했다. 반도 서북부의 피에몬테를 주축으로 한 작은 왕국이 통일의 지도력을 발휘하기에는 역부족으로 보이기도 했으나, 국왕이 1852년 카밀로 디 카보우르Camillo di Cavour(1810~1861) 백작을 수상으로 발탁하면서 상황은 달라졌다. 카보우르는 개인 신문 ≪일 리소르지멘토*Il Risorgimento*≫를 발행하면서 통일의 대의를 설파한 야심만만한 인물이었는데, 부흥이라는 뜻의 리소르지멘토는 곧 이탈리아 통일 운동을 의미하게 되었다. 수상이 된 카보우르는 산업을 장려하고 경제를 발전시켜 정부의 재정을 튼튼하게 하고, 그 재정을 군비 확장에 투입했다. 그는 헌법을 존중함으로써 이탈리아 자유주의자들의 지지뿐 아니라 영국의 호의도 얻었다.

카보우르는 내정을 개혁하는 것과 동시에 외교 활동도 강화했다. 그는 크림 전쟁에 참전하여 나폴레옹 3세의 지지를 확보했다. 그 반면에 모호한 중립을 지켰던 오스트리아는 전쟁의 양쪽 당사국 모두의 불신을 샀다. 전쟁이 끝난 뒤, 1858년에 그는 프랑스 황제와 비밀협정을 맺었다. 그들은 오스트리아가 전쟁을 일으키면, 프랑스가 군대를 지원하여 사르데냐가 오스트리아를 롬바르디아와 베네치아에서 몰아내는 것을 돕고, 사르데냐는 그 대가로 프랑스에 사보이아와 니스를 양도하기로 합의했다. 이듬해 4월 사르데냐의 도발에 자극을 받아 오스트리아가 사르데냐를 침공하자, 나폴레옹 3세는 재빨리 지원군을 보냈다. 사르데냐-프랑스군이 침략해 온 오스트리아를 물리치고 롬바르디아에서 몰아냈다. 그러자 사르데냐의 성공에 자극받아 이탈리아 중북부의 파르마, 모데나, 토스카나의 민족주의 지도자들이 자국 정부를 무너뜨리고 사르데냐와의 통합을 요청했다. 나폴레옹 3세는 이탈리아의 구원자요 해방자로 환호를 받았다.

그런데 바로 이 시점에서 나폴레옹 3세는 베네치아 침공을 눈앞에 두고 느닷없이 일방적으로 오스트리아와 휴전하고 강화를 맺었다. 그는 프로이센이 라인 강기슭에 병력을 동원하는 것을 우려하고, 또한 이탈리아 중북부 나라들의 혁명적 움직임이 교황 국가에 영향을 미칠 것에 신경이 쓰인 것이었다. 카보우르는 프랑스의 배신에 격분했으나, 어쩔 수 없이 전쟁을 멈출 수밖에 없었다. 프랑스와 오스트리아의 협정에 따라 롬바르디아가 사르데냐에 귀속되었고, 그 반면에 중북부 이탈리아에서는 쫓겨난 지배자들이 제자리를 되찾았다. 그러나 1860년 초에 이들 나라는 모두 국민투표를 거쳐 사르데냐와 통합하는 길을 택했다. 그리고 사르데냐왕국은 왕조의 본거지인 사보이아와 니스를 프랑스에 내주는 대신, 프랑스군이 보호하고 있는 로마를 제외한 나머지 교황 국가의 영토를 전부 점령했다.

주세페 가리발디와 반도의 통일　　한편 이탈리아 남부에서는 통일의 새로운 지도자가 나타났다. 마치니 추종자인 풍운아 주세페 가리발디Giuseppe Garibaldi(1807~1882)가 1000명의 자원병으로 구성된 이른바 붉은 셔츠대Camicie rosse를 조직하여 1860년 시칠리아섬에 상륙했다. 그곳에서는 이미 부르봉가 국왕에 대해 봉기가 일어나고 있었다. 가리발디는 7월 말 부르봉 왕가를 축출하고 시칠리아 대부분을 평정했다. 8월에 붉은 셔츠대는 본토로 건너가 반도를 북진했으며, 9월 초에 두 시칠리아 왕국의 수도 나폴리를 함락했다. 그런 다음 가리발디는 로마를 점령할 준비를 했다. 이때 프랑스의 군사 개입을 우려한 카보우르는 서둘러 나폴리에 군대를 파견했다. 그는 가리발디를 설득했다. 공화주의자 가리발디는 남부 이탈리아에 공화국을 건설할 꿈이 있었으나 그 꿈을 접었다. 헌신적인 애국자로서, 그는 통일의 대의를 위해 정복한 땅을 사르데냐왕국에 넘기고 명예롭게 은퇴했다. 그리하여 1860년 11월에 이르러 교황 치하의 로마와 오스트리아 치하의 베네치아를 제외하고 이탈리아 전역이 사르데냐에 병합되었다. 1861년 3월 사르데냐 정부는 마침내 이탈리아 왕국 창건을 선포하고, 에마누엘레 2세는 통일 이탈리아 왕국의 첫 국왕이 되었다. 사르데냐의 기회주의는 비판을 받기도 했으나, 카보우르는 현실 정치의 기본을 터득하고 십분 활용했다. 통일의 주역 카보우르가 과로로 기가 쇠해 숨을 거둔 것은 그 석 달 뒤였다.

새 통일 왕국이 선포되었으나, 통일은 아직 완성되지 않았다. 베네치아는 여전히 오스트리아의 지배 아래 있었고, 로마는 교황이 프랑스군의 지원을 받아 독자적으로 지배하고 있었다. 오스트리아든 프랑스든 신생 이탈리아가 상대하기에는 버거운 존재였다. 이 미완의 과업을 간접적으로 완성하게 한 것은 프로이센 군대였다. 1866년의 오스트리아-프로이센 전쟁에서 이탈리아는 프로이센의 동맹이 되었다. 이탈리아는 오스트리아군에 패했으나, 프로이센이 전쟁에 승리한 덕분에 베네치아를 수복할 수 있었다. 그다음 1870년에 프로이센-프랑스 전쟁이 터지자 나폴레옹 3세는 프랑스군을 로마에서 소환했고, 이탈리아는 9월에 수월하게 로마를 합병했다. 그 뒤 로마는 이탈리아 왕국의 새 수도가 되었다. 삶의 대부분을 망명객으로 떠돌면서 끊임없이 조국의 통일 운동에 헌신했던 마치니는 비록 그의 자유주의 이상은 실현되지 않았으나, 1870년 통일된 이탈리아에 돌아올 수 있었다.

이탈리아는 1848년 이후 22년 동안 다섯 차례 전쟁을 치르며 마침내 통일을 달성했다. 그러나 곧장 니스, 사보이아, 코르시카Corsica, 달마티아Dalmatia 해안 그리고 남부 티롤Tyrol 등지의 이탈리아어를 쓰는 사람들이 외국의 지배 아래 사는 한 통일이 완료되지 않았다는 주장이 제기되었다. 이러한 이른바 '미수복 이탈리아Italia irredenta' 문제는 이후 이탈리아 정치의 중요한 요소로 남게 되었다. 그리고 1929년까지 이탈리아 정부는 영토 상실을 인정하지 않으려는 교황과 다투었다. 그리하여 교황과의 갈등이 이탈리아 정치에서 또 하나의 핵심 사안이 되었다.

3) 독일의 통일

1850년대의 독일   독일의 통일 과정은 여러모로 이탈리아의 경우와 닮았다. 두 경우 모두 한 나라가 오스트리아 세력을 성공적으로 제거하면서 다른 나라를 합병하는 과정을 거쳤다. 그러나 아주 중요한 면에서 차이가 있는데, 이탈리아가 비교적 자유주의적인 단일 국가가 된 데 비해, 독일은 권위주의와 연방주의에 기초한 제국이 되었다.

독일을 구성한 나라들은 1840년대부터 꾸준히 서로 가까워졌다. 철도망의 확충, 여러 나라에 지부를 둔 산업 및 금융기관, 관세동맹으로 촉진된 교역의 증가 등으로 상호 결속이 강화되었다. 특히 관세동맹은 1834년 프로이센이 주도하여 이웃 여러 나라와 처음 결성했는데, 1844년까지는 오스트리아를 제외한 대부분의 나라가 가입하여 경제적 장벽이 제거되었다. 프로이센 정부는 오스트리아를 제외하고 관세동맹을 바탕으로 북독일 국가들의 연방을 결성하려 했다. 그러자 1850년 11월 차르 니콜라이 1세는 러시아, 프로이센, 오스트리아 세 나라의 올뮈츠 회동을 주선했다. 세 나라가 체결한 올뮈츠 협약Olmützer Punktation은 프리드리히 빌헬름 4세에게 그 계획을 철회하도록 강요하고, 1815년 빈 회의에서 결정된 오스트리아 중심의 독일 연방을 재확인했다. 분노에 떤 프로이센은 '올뮈츠의 굴욕'에 대한 복수를 다짐했다.

1850년대 프로이센의 정치적 분위기는 매우 억압적이었다. 프리드리히 빌헬름 4세가 1850년 공포한 헌법은 극히 보수적인 것으로서, 권력을 국왕 수중에 집중시켰다. 하원의 선거는 세 단계로 나뉜 선거권자에 의한 간접선거였는데, 부자에게 지극히 유리했다. 그렇기는 하나 프로이센 정부는 빈 정부와 비교하면 훨씬 근대적이고 효율적이었다. 프로이센은 공교육을 유럽 다른 어느 나라보다 더 많은 시민에게 확대했다. 한편 프로이센은 엄청난 산업 발전을 이루면서 그에 상응하여 군사력을 증강했다. 그 반면에 오스트리아는 꾸준히 쇠퇴의 길을 걸었다. 귀족과 군부 그리고 성직자의 변함없는 지배 아래에서 오스트리아는 예속 민족들과 화합할 아무런 효과적인 조치도 마련하지 않았으며, 산업도 거의 발전하지 않았다.

비스마르크와 통일 전쟁　　독일 통일 운동은 빌헬름 1세(1861~1888)가 프로이센 국왕이 되면서 새로운 전기를 맞았다. 그는 이미 1858년부터 정신이상 증세를 보인 형 프리드리히 빌헬름 4세의 섭정으로 실권을 장악하고 있었다. 그는 헌법을 좀 더 포용적으로 해석하면서 자유주의자와 온건파에 발언의 숨통을 틔워 주었다. 그러는 한편 빌헬름 1세는 군사력 증강을 시도했다. 그러나 의회는 헌법이 자유주의적으로 개정되고 의회에 군대 통제권이 어느 정도 부여되지 않는 한, 군대 개혁을 위한 재정을 마련해 주기를 거부했다. 한편 이 무렵 이탈리아에서 벌어진 사태는 독일에 크나큰 영향을 미쳤다. 대對프랑스전의 패배와 롬바르디아의 상실은 오스트리아의 힘이 쇠약해져 간다는 명백한 증거였다. 이탈리아 왕국의 창건은 또한 독일 민족주의자들이 열렬히 따르고 싶은 실례가 되었다.

오래도록 의회와 다투던 국왕은 꽉 막힌 정국을 돌파하기 위해 1862년 3월 프랑스 주재 대사 오토 폰 비스마르크Otto von Bismarck(1815~1898) 백작을 새로 수상에 발탁했다. 그는 작센의 융커 가문에 루터교 집안 출신으로서, 이미 1850년부터 외교 업무에 종사하면서 호엔촐러른 왕가에 충직하게 헌신해 온 인물이었다. 그는 1848년 통일 운동의 실수는 연설과 다수결로 문제를 결정하려 한 것이었다고 비판했다. 새 수상은 의회에서 행한 취임 연설에서 "독일은 프로이센의 자유주의가 아니라 그 힘을 기대하고 있습니다. …… 시대의 큰 문제는 연설과 다수로 결정되는 것이 아니라 …… 쇠와 피로 결정되는 것입니다"라고 확언했다. 비스마르크는 프로이센은 군주가 지배해야지 의회가 지배해서는 안 된다고 선언하고, 일부 시끄럽게 떠드는 자유주의자들을 투옥했다. 그리고 그는 의회의 동의 없이 세금을 거두고 군대를 개혁했다. 이후 1866년까지 그는 의회를 무시하고 통치했다. 그는 적극적 외교정책을 폈고, 이는 전쟁과 통일로 이어졌다.

전쟁을 통한 통일에 성공했기 때문에 비스마르크는 흔히 무모한 호전주의자로 여겨지기도 하지만, 그는 정치적 도박사가 아니라 냉철한 기회주의자였다. 그는 무력은 최후에 사용할 카드임을, 무력은 외교의 주인이 아니라 종복으로 이용되어야 함을 잘 알고 있었다. 그는 철저한 현실주의자요, 현실 정치와 권력 정치의 19세기 최고 달인이었다. 그는 통일로 향한 길을 한 걸음씩 신중하게 밟아 나갔다. 1863년 폴란드인이 러시아에 반란을 일으켰을 때, 유럽 대다수 나라가 폴란드 편에 섰다. 그러자 비스마르크는 이 기회를 이용하여 러시아를 지원하고 우호적 관계를 확보했다. 그의 첫 전쟁은 주민 다수가 독일인이지만 덴마크의 지배 아래 있는 슐레스비히Schleswig와 홀슈타인Holstein 두 공국의 지배권을 두고 벌인 대對덴마크전이었다. 그는 오스트리아를 끌어들여 1864년 2월 덴마크에 선전포고했다. 맥없이 무너진 덴마크는 두 공국을 양도했고, 프로이센은 슐레스비히를, 그리고 오스트리아는 홀슈타인을 차지했다. 그러나 비스마르크는 감언이설로 나폴레옹 3세의 우호적 중립을 확보하고 베네치아 병합을 기대한 이탈리아를 끌어들인 뒤, 오스트리아가 전쟁을 일으키도록 부추겼다. 1866년 6월 두 나라는 전쟁에 돌입했다.

독일 연방의 대다수 나라가 오스트리아 편에 섰다. 많은 유럽인이 오스트리아의 승리를 예상했으나, 그들은 1860년대에 프로이센이 추진한 군사 개혁의 효과를 간과했다. 7월에 쾨니히그레츠Königgrätz에서 오스트리아군은 결정적 패배를 당했다. 프로이센은 7주 만에 오스트리아를 굴복시키고 홀슈타인을 빼앗아 '올뮈츠의 굴욕'의 한을 풀었다. 프로이센은 메테르니히가 구축해 놓은 독일 연방을 해체하고 마인Main강 북쪽의 나라들을 재편할 권리를 얻었으며, 하노버를 비롯하여 마인강 이북 몇몇 나라는 합병했다. 패전국 오스트리아는 이제 독일 문제에서 배제되었다.

비스마르크는 1867년 북부 독일의 21개 나라를 프로이센이 전적으로 지배하는 북독일연방Norddeutscher Bund으로 개편했다. 북독일연방은 주민을 직접 대표하는 제국의회Reichstag와 각 회원국의 군주를 대표하는 연방 참의원Bundesrat의 양원제 의회를 두고, 연방 의장은 프로이센 국왕이 겸임하면서 연방군과 외교정책을 통제했다. 마인강 이남의 네 나라는 연방의 바깥에 남아 있었으나, 대체로 가톨릭국가인 이 나라들은 그 대신 프로이센과 군사협정을 맺어야 했다. 한편 프로이센의 군사적 성공은 내정에서 권위주의의 승리와 자유주의자들의 침묵을 가져왔으며, 의회는 비스마르크의 탈법적 세금 징수를 소급해서 합법화했다.

프랑스-프로이센 전쟁과 독일제국의 탄생　　비스마르크는 1866년에 이르러 주요 목표를 대부분 달성했으나, 아직 그에게는 프랑스를 손보는 일이 남아 있었다. 프랑스가 바로 이웃에 강대한 독일이 출현하는 것을 안보의 잠재적 위협으로 여기기는 하겠지만, 왜 비스마르크가 굳이 프랑스를 굴복시킬 필요가 있다고 생각했는지는 분명하지 않다. 사실 1870년의 프로이센-프랑스 전쟁은 뚜렷한 쟁점이 없는 전쟁이었다. 어느 쪽도 상대국과 영토상의 심각한 분쟁이나 혹은 그 비슷한 다른 분쟁이 없었다. 아마도 전쟁의 유일한 이유라면 비스마르크가 그것을 원했고, 나폴레옹 3세가 기꺼이 그에 응했다는 것이다.

　　그 무렵 나폴레옹 3세는 심각한 국내 여론을 반전시킬 외교적 승리에 목말라 있었다. 그는 대對오스트리아전에서 승리한 프로이센에 우호적 중립을 지킨 자신의 몫을 기대했으나, 비스마르크는 냉정하게 거절했다. 오히려 비스마르크는 룩셈부르크와 벨기에를 탐내는 나폴레옹의 야심을 영국에 알렸다. 크림전쟁을 치른 프랑스는 러시아의 지원을 기대할 수 없었고, 이탈리아 또한 우호적 관계가 아니었다. 비스마르크는 독일 남부 네 나라가 반프랑스 공동 전선에 합류하도록 유도했다. 1870년의 프랑스는 외톨이였다. 이제 프랑스가 전쟁에 뛰어들도록 비스마르크가 유인하는 일만 남았다.

　　그때 비스마르크에게 호기가 찾아왔다. 1868년 에스파냐에서 혁명이 일어나 반동적 여왕 이사벨 2세가 쫓겨났는데, 혁명 정부는 1870년 프로이센 왕가의 레오폴트 공에게 2년 동안 비어 있던 왕위를 제안했다. 프랑스의 강력한 반대로 레오폴트는 물러날 뜻을 밝혔으나, 프랑스는 엠스Ems로 대사를 보내 빌헬름 1세의 확약을 받으려 했다. 엠스에서 휴가를 보내던 왕은 확약을 거부하고 비스마르크에게 이 사태를 알리는 전문을 보냈다. 비스마르크는 이 전문을 프랑스 대사가 프로이센 국왕에게 무례하게 굴고 국왕 역시 그 모독을 되갚아 주었다는 인상을 풍기도록 손질해서 언론에 흘렸다. '엠스의 전보'에 독일인과 프랑스인 모두 격분했다.

1870년 7월 발끈한 프랑스가 먼저 전쟁을 걸었으나 프로이센 군대의 적수가 되지 못했다. 남부 독일의 나라들이 프로이센과의 군사동맹을 존중하여 대對프랑스 전쟁에 가담하고, 이탈리아 왕국 역시 프로이센 편에 섰다. 프로이센군은 철도를 이용해서 개전 며칠 만에 프랑스 국경으로 이동했는데, 프랑스는 병력 집결에만 몇 주가 걸렸다. 프로이센군은 프랑스 국경 안으로 진격하여 초반 접전부터 프랑스군을 쳐부수었고, 9월 1일 스당Sedan에서 결정적 승리를 거두었다. 참패한 나폴레옹 3세는 항복하고, 황제와 더불어 10만 명 가까운 병사가 포로가 되었다. 1871년 봄까지 전쟁이 공식적으로 종결되지는 않았지만, 승패는 전쟁 개시 두 달 만에 스당 전투로 사실상 결판이 났다.

전쟁이 미처 끝나기도 전에 독일 남부 네 나라가 북독일연방을 대체할 신생 제국에 합류했으며, 이로써 통일 과업이 완료되었다. 1871년 1월 18일 프랑스의 위대함의 상징인 베르사유 궁전 거울의 방에서 프로이센 국왕 빌헬름 1세는 독일제국의 탄생을 선포하고 그 첫 황제 즉위식을 거행했다. 독일의 통일은 프로이센 군주정과 군대의 힘으로 달성되었다. 인구 1600만 명의 나라였던 프로이센이 이제 4100만 명의 인구를 가진 독일제국, 유럽에서 러시아 다음으로 큰 나라가 되었다. 자유주의자들 역시 통일을 환호한바, 그들은 자유보다 통일이 우선인 현실을 받아들였다. 프로이센이 통일의 지도력을 행사한 것은 신생 독일 국가의 발전 과정에서 자유주의적이며 입헌주의적 가치보다 권위주의적이고 군국주의적인 가치가 승리할 것임을 의미했다. 풍부한 산업 자원과 막강한 군사력을 보유한 그 신생 국가는 대륙의 최강국이 되었다. 새 독일의 힘을 두려워한 유럽 지배자들은 마음이 불편했다. 영국 수상 글래드스턴은 "세력 균형이 완전히 무너졌다"라면서 노골적으로 불편한 심기를 드러냈다.

4) 러시아의 발전

알렉산드르 2세의 내정 개혁   19세기에 러시아는 대외적으로 빠르게 팽창했다. 1813년 페르시아로부터 아제르바이잔Azerbaijan과 동부 조지아Georgia를 빼앗고, 1828년에는 동부 아르메니아Armenia도 합병했다. 그리고 발칸반도로 진출할 기회를 꾸준히 노려온 러시아는 그리스 독립전쟁에 개입한 뒤, 1829년에 오스만제국과 아드리아노플 조약을 맺고 몰다비아와 왈라키아를 보호령으로 차지했다.

한편 유럽에서 러시아는 나폴레옹을 물리친 위세에 힘입어, 오스트리아와 함께 빈 체제를 수호하는 핵심적 역할을 맡아왔다. 1848년 혁명의 회오리가 전 유럽을 휘몰아칠 때도 러시아는 그 바람을 맞지 않았다. 그러나 크림전쟁의 참패에 러시아인은 큰 충격을 받았다. 절대 권력의 겉모습에 가려진 체제의 결함이 고스란히 드러났으며, 완고한 보수주의자에게도 러시아가 서유럽 강국에 형편없이 뒤처져 있음이 눈에 보였다. 전쟁 막바지에 패전의 굴욕감을 느끼며 눈을 감은 니콜라이 1세에 이어 제위를 계승한 알렉산드르 2세(1855~1881)는 부왕의 반동 정치의 결함을 깨달았다. 그는 자유주의자는 아니었지만, 러시아의 패배는 유럽의 정치적·사회적 발전에 보조를 맞추지 못한 데 그 원인이 있다고 생각했다. 그는 먼저 국가 체제를 정밀하게 점검했다.

새 차르 정부는 대학 진학을 자유롭게 하고, 검열법을 완화하고, 외국 여행 제한을 폐지했다. 이런 조치들은 새로운 자유주의자 세대를 육성하고 차르 체제에 비판적인 새로운 여론을 형성하는 데 한몫했다. 그러나 러시아의 발목을 잡는 가장 부담스러운 문제는 농노제였다. 수천만 농민이 토지와 지주에게 예속된 것은 명백하게 부조리하고 잘못된 제도였다. 그들은 시민권도 없고, 재산도 가질 수 없고, 지주 귀족에게 무거운 지대를 바쳐야 했다. 그러함에도 그 개혁은 오랜 시간이 걸렸으며, 알렉산드르 2세는 1861년 3월에야 농노해방 칙령을 공포할 수 있었다. 이 칙령으로 농노들은 재산을 소유할 수 있게 되었으며, 법정에 제소할 권리도 갖게 되었다. 그렇기는 하지만 해방의 실질적 혜택은 매우 제한적이었다. 정부가 모든 농지의 절반가량을 지주로부터 매입해서 농민에게 제공했으나, 알짜배기 땅은 대체로 지주가 보유했다. 농민들은 먹고살기에 적절한 크기의 좋은 경작지를 갖지 못했는데, 그런 상황은 19세기 후반기에 농민 인구가 급격히 늘어남으로써 더욱 나빠졌다. 인구가 늘고 새 세대가 생겼지만, 그에 상응하여 토지가 늘지는 않았다.

그렇다고 농민이 완전히 자유로워진 것도 아니었다. 정부는 농민에게 제공한 토지에 대해 지주에게 보상을 해주었는데, 농민이 이를 49년간 장기 할부로 정부에 갚아야 했다. 그 납부의 보장 조치로 농민은 마을 공동체인 미르mir에 예속되었으며, 미르가 주민의 보상금 납부를 책임졌다. 그래서 아주 실질적인 의미에서 보자면, 농민이 경작하고 있는 토지를 개개 농민이 아니라 미르가 소유한 셈이었다. 미르는 보상금 납부를 책임졌기 때문에 농민이 토지를 떠나는 것을 허락하지 않으려 했다. 그리하여 농노해방은 결국 서유럽처럼 자유로운 토지 소유 농민이 아니라 대체로 낡은 농사 방식을 그대로 따르는, 토지에 굶주리고 불행한 농민을 낳았다.

한계가 있기는 했으나, 농노해방은 19세기 러시아 내정의 역사에서 가장 중요한 사건이었다. 군대, 사법제도, 지방행정 등 많은 분야에서 그에 따른 개혁이 이루어졌다. 1864년에는 지방 의회인 젬스트보zemstvo가 설치되었는데, 이로써 온건한 수준의 지방자치가 가능해졌다. 이는 농노제 아래에서 지주 귀족이 행사하던 치안권과 사법권이 소멸한 데 따라, 지방행정을 재조직할 필요에서 이루어진 개혁이었다. 젬스트보는 재정, 교육, 기아 구제, 도로와 교량의 유지 등을 포함하여 폭넓은 지방행정 사항을 관장할 권한이 주어졌다. 그리고 같은 해에 사법제도가 개혁되어, 정규 지방 법정이 설치되고 법 앞의 평등 원칙을 수용한 법전이 마련되었다. 엄격한 언론 검열 역시 어느 정도 완화되었다.

한번 개혁의 고삐가 풀리자, 개혁의 열망은 통제의 수준을 벗어났다. 개혁가들은 더 빠르고 더 많은 변화를 원했고, 보수파는 차르의 시도가 러시아의 근본 체제를 허문다고 보고 그에 반대하고 나섰다. 그런데 1866년에 차르 저격 사건이 발생하자, 개혁 군주를 자임하던 알렉산드르 2세는 개혁의 의욕을 잃어버렸다. 1870년에 이르러 개혁이 중단되자 사회적 갈등과 불만의 수준이 높아졌다. 1881년 결국 알렉산드르 2세가 테러 조직에 암살되자, 강력한 반동이 다시 찾아왔다. 계승자인 알렉산드르 3세(1881~1894)는 개혁에 등을 돌리고 전통적인 억압 정책으로 돌아갔다.

지식인 논쟁　　19세기 러시아 지식인 사회의 지적 풍토는 서유럽과는 사뭇 달랐다. 통제와 억압 속에서도 니콜라이 1세와 알렉산드르 2세 시대에 흔히 인텔리겐치아라 불리는 지식인들이 나타나 러시아 사회의 개혁과 관련하여 다양한 논쟁을 펼쳤다. 그 가운데 가장 뜨거운 논란을 불러일으킨 주제는 러시아를 서유럽화해야 하느냐, 아니면 러시아 고유의 정체성을 지켜야 하느냐 하는 것이었다. 이 문제는 사실 일찍이 표트르 대제 치세 이래 제기된 것이었다. 친서유럽파는 서유럽 국가의 자유주의 체제를 받아들여 러시아를 서유럽의 일원으로 만들어야 한다고 주장했다. 그 반면에 친슬라브파는 서유럽의 모방을 단호히 거부하고, 고유한 러시아 정신과 러시아 농민의 원초적 덕성을 찬미했다. 그들은 서유럽 문명을 부르주아적이고 물질주의적인 것이라고 비난했다. 소설가 표도르 도스토예프스키는 이 집단의 빼어난 일원이었다.

그러나 많은 개혁가와 혁명가는 슬라브주의와 서유럽주의의 양극 사이에서 왔다 갔다 했다. 인텔리겐치아의 선구자라 할 알렉산드르 게르첸Aleksandr Gertsen(1812~1870)은 젊은 시절 열정적 자유주의자에다 열렬한 프랑스 찬미자로서, 농노해방과 정부의 자유주의적 개혁 그리고 언론의 자유 등을 주창했다. 그러나

중년기에 영국과 프랑스에서 망명 생활을 할 때, 그는 서유럽 방식에 환멸을 느끼고 슬라브주의로 돌아서는 한편, 특이하게 그것을 무정부주의와 결합했다.

한편 일부 인텔리겐치아는 반동적 전제정치에서 벗어나지 못하는 러시아 현실에 좌절했다. 그들은 1850년대에 러시아의 모든 전통적 가치와 권위를 철저하게 부정하는 허무주의에 빠졌다. 그러나 1860년대와 1870년대에 젊은 대학생들을 중심으로 허무주의에서 벗어나 농민에게서 희망을 찾으려는 움직임이 일어났다. 이들 이른바 인민주의자Narodniki는 농민을 계몽함으로써 러시아를 근본적으로 변혁하기를 기대했다. 그들은 '인민 속으로'라는 구호와 더불어 더 나은 신사회의 전도사로서 농촌으로 들어가 농민을 깨우치는 계몽 활동을 벌였다. 그러나 그들의 노력은 큰 성과를 거두지 못했다. 그들은 농민과 농촌 생활의 실상을 제대로 이해하지 못했다. 농민들 또한 그들의 노력을 의심쩍게 생각했고, 오랜 마을 공동체 생활을 고수하려 했다.

인민주의자의 낭만적 기대가 물거품이 되자 일부 좌절한 젊은 이상주의자들은 폭력으로 돌아섰다. 그들은 폭력을 통한 사회혁명을 추구하면서 1879년 인민의 의지Narodnaya Volya라는 폭력 조직을 만들고, 요인 암살 활동을 벌였다. 인민의 의지는 몇 차례 시도 끝에 1881년 3월 마침내 알렉산드르 2세를 암살하는 데 성공했다. 그러나 그들은 대중에 뿌리를 내리지 못했으며, 혁명운동의 주류는 마르크스주의자들에게 넘어갔다.

러시아의 다양한 혁명운동은 매우 특이하고 흥미롭다. 그러나 19세기에 러시아에서는 아주 소수만이 급진적 사상을 접했을 뿐, 거의 대다수 인구는 교육의 혜택을 받지 못한 무지한 농민이었다. 압제적 차르 정부에의 불만은 물론 널리 퍼져 있었다. 그러나 그것의 조직적 표현은 아주 소규모 집단, 주로 지식인에 한정되었는데, 이들은 경찰의 엄중한 감시와 처형이나 시베리아 유형이라는 위험을 무릅썼던 사람들이었다.

5) 영국의 번영

빅토리아 중기: 경제적 번영　빅토리아 여왕Victoria(1837~1901) 시대에 영국은 대륙에서 떨어져 있는 지정학적 요인 덕분에, 오래도록 밖으로 평화를 누렸을 뿐만 아니라 안으로도 정치적 안정을 누렸다. 전반적 안정 속에서 영국은 1840년대 후반부터 장기적인 경제적 호황기로 접어들었다. 곡물법 폐지로 빵 값이 크게 떨어진 1846년 이후 노동계급의 불만과 소요는 수그러들었다. 1848년 대륙에서 혁명의 소용돌이가 휘몰아쳐도 영국에서는 미미한 반향 이상은 일어나지 않았다. 1850년 이후 대대적인 철도 건설을 중심으로 유럽 경제가 전반적으로 번영했는데, 번영을 주도한 영국에서는 그 번영의 열매 일부가 노동계급의 몫으로 돌아갔다. 노동자의 실질임금은 1850~1870년 사이 25% 이상 올랐다. 정부의 공장 규제, 인도주의적 입법, 기타 산업주의의 조정 등도 산업 노동자들이 체제에 순응하는 데 한몫했다. 그에 따라 사회적 긴장과 갈등도 완화되었다.

19세기 중엽에 이르러 영국은 세계 최초의 공업국으로서 '세계의 공장'이 되었다. 영국은 세계의 석탄과 공산품 절반을 생산하고, 규모 면에서 면직물 공업 하나만으로 다른 모든 유럽 국가의 공업과 맞먹었다. 1851년의 대박람회는 그것을 증명해 주었다. 이 세계 최초의 산업박람회는 런던의 수정궁Crystal Palace에서 열렸는데, 철과 유리만으로 만들어진 거대한 구조물인 수정궁은 그 자체가 영국 공학기술의 상징이었다. 대박람회는 산업혁명이 이룩한 성과를 보여주는 10만 품목에 달하는 공산품을 선보이면서 영국의 번영을 세계만방에 과시했다. 6개월 동안 600만 명이 수정궁을 찾았다.

빅토리아 중기: 정치적 안정　1850년대에는 이전 시기의 사회적 긴장이 누그러지고 1860년대에는 그런 평온한 기운이 더욱 뚜렷해졌다. 사회경제적 변화에 따른 긴장이 저변에 깔려 있기는 했으나, 빅토리아 중기의 영국은 정치적 소요가 별로 없이 질서와 균형이 잡힌 사회였다. 정계는 신랄한 논쟁을 벌였지만, 타

협을 통해 착실하게 필요한 개혁을 이루어나갔다. 영국인은 세계 속에서의 그들의 위상에 대한 민족적 자부심을 한껏 누렸는데, 그 시대적 정신은 빅토리아 여왕 개인의 삶에 잘 투영되었다. 그때까지의 영국 역사에서 가장 오래 재위한 여왕은 빼어난 의무감과 책임 의식으로 그 시대정신을 반영했다. 여왕의 가족은 엄격하고 절제된 생활로 군주정에 대한 신뢰를 높이 끌어올렸으며, 그리하여 궁정 생활의 규범이 영국인의 생활 전반에 큰 영향을 미쳤다.

빅토리아 시대에 영국은 크림전쟁으로 큰 희생을 치르기도 했다. 그 전쟁은 나폴레옹 전쟁 이후 영국이 40년 만에 대륙에 군대를 보낸 전쟁이었고, 또한 이후 제1차 세계대전 발발까지 60년 동안 영국은 유럽 전쟁에 뛰어들지 않았다. 정부가 내세운 전쟁 개입 명분은 러시아가 영국의 인도 식민지 경영을 위협하는 것을 저지해야 한다는 것이었다. 영국은 크림전쟁에서 승리했음에도 애버딘Aberdeen(1852~1855)은 수상직에서 물러나야 했다. 40년 지속한 평화로 전쟁 준비가 전혀 안 된 군대의 비참한 실상이 고스란히 드러나고, 전쟁으로 25만 명의 목숨이 희생되어 여론이 나빠졌기 때문이다. 게다가 그 사망이 대부분 질병에 의한 것이었다. 그 전쟁터에서 플로렌스 나이팅게일Florence Nightingale(1820~1910)이 보인 헌신적인 활동은 영국인을 감동케 했고, 그 정신은 국제적십자라는 매우 중요한 기구의 창설로 이어졌다.

빅토리아 중기에 지주인 젠트리와 중간계급은 제휴하여 정부를 지배하면서 하층계급을 적절히 통제했다. 그들은 보수당과 자유당을 통해 유럽에서는 보기 드문 효율적인 양당제를 발전시켰다. 1850년대와 1860년대 전반은 1846년의 곡물법 폐지 파동으로 토리당이 분열한 덕분에 대체로 자유당이 집권했다. 비교적 정치적 안정을 누린 그 시대에 중요한 정치적 쟁점의 하나는 참정권의 확대 문제였다. 그러나 중간계급은 정치개혁이 충분히 이루어졌다고 믿었으며, 생애 마지막 10년 동안 수상을 역임한 헨리 존 템플 파머스턴Temple Palmerston(1784~1865) 경의 자유당 정부는 이런 견해를 반영했다. 그러나 파머스턴 시대가 지나가면서, 성인 남자 여섯 명 중 한 명 정도밖에 갖지 못한 참정권을 좀 더 확대하라는 사회적 압력이 높아졌다. 영국 지배계급은 노동자들이 체제에 순응하는 태도를 보이자 안도하고 경계심을 늦추었으며, 그런 분위기에서 1867년 보수당이 주도하여 참정권을 확대하는 개혁이 이루어졌다.

6) 미국: 내전과 재통일

노예제도　　미국과 러시아는 전반적 역사는 서로 전혀 달랐으나, 19세기 중반에 한 가지 제도를 공유했다. 그 두 나라는 서방세계에서 대규모 노예 인구(러시아 농노는 사실상 노예와 다름없었다)를 여태까지 보유한 특이한 나라였다. 영국의 북아메리카 식민지에 흑인 노예가 처음 나타난 것은 1619년 제임스타운에서였는데, 그 뒤 수십 년 동안 그들의 지위가 명확하지 않다가 1660년 이후에는 여러 식민지에서 노예제가 법으로 규정되었다. 처음에는 계약을 맺은 백인 하인들이 대농장 노동력의 중요 부분을 차지했으나 차츰 아프리카 노예들로 대체되었다. 1790년 미국에 백인 인구가 300만을 넘어갈 때 아프리카계 미국인이 75만 명쯤이었다. 미국혁명 기간에 노예제를 반대하는 정서가 높아지고 여러 주에서 노예제를 금지하는 법이 제정되기도 했으나, 1790년대 이후 특히 남부에서는 노예제가 더욱 공고해졌다.

　미국과 라틴아메리카 노예의 지위에는 차이가 있었다. 미국의 노예는 법적으로나 도덕적으로 아무런 권리가 없는, 소유주의 한 조각 재산에 지나지 않았다. 그러나 라틴아메리카에서는 로마법과 가톨릭교의 전통 때문에 노예들은 법적 인격과 도덕적 지위가 인정되었다. 노예가 자유를 얻는 일 또한 라틴아메리카에서는 미국만큼 어렵지 않았다. 1860년 무렵 브라질에서 자유 흑인이 노예보다 두 배 많았던 반면, 미국에서는 흑인 노예 수가 자유 흑인보다 여덟 배 많았다. 게다가 흑인과 백인이 엄격하게 갈라진 미국과 달리, 라틴아메리카에서는 세계 사상 최대의 인종 혼합이 이루어져 인종적 긴장과 갈등이 그만큼 누그러졌다.

　19세기 중엽에 미국은 노예제 문제로 국민 통합이 점점 위기에 놓이게 되었다. 그런데 노예제가 미국 남부와 북부 간의 갈등의 초점이 되었지만, 갈등의 좀 더 근본적 원인은 남북이 서로 이질적 사회로 발전해 왔다는 점이었다. 북부는 공업과 도시가 발달하고 민주주의적인 데 비해, 남부는 농업과 농촌 위주였으며 귀족적인 대농장주들이 지배했다. 그리고 북부는 높은 관세 장벽, 새 철도 건설에의 정부 지원, 서부의 개척과 정착에 대한 관대한 조건 등을 요구했으나 남부는 이에 강력히 반대했다.

남부의 면화 재배 중심의 경제와 사회구조는 아프리카 흑인 노예의 착취에 기초하고 있었다. 남부 경제에서 면화 재배가 차지하는 중요성은 그 생산량에서 명백하게 드러나는데, 이는 상당 부분이 영국 산업혁명의 영향이었다. 1810년에 남부는 면화 17만 8000꾸러미에 1000만 달러어치의 면을 생산했는데, 1860년에는 450만 꾸러미에 2억 4900만 달러어치를 생산했다. 1850년에 남부의 면 93%를 노예가 생산했다. 1808년 신규 노예 수입이 금지되었으나, 노예 인구는 극적으로 늘어나 1860년에 남부에는 흑인 노예가 400만 명이 넘었는데, 이는 1800년의 네 배였다. 면 재배의 농업 경제와 대농장에 기반을 둔 노예제는 서로 긴밀하게 연관되었고, 19세기 전반기에 노예제를 유지하려는 시도로 인해 남부는 점점 더 방어적으로 되면서 고립되었다. 그와 동시에 북부의 노예제 폐지 운동의 성장은 남부 체제에의 도전이 되었으며, 이는 결국 내전으로 이어지는 '정서적 연쇄반응'을 낳았다.

남북전쟁　　노예제를 쟁점으로 양극화가 심해지면서 타협의 가능성이 점점 줄어들었다. 노예제 폐지론자 에이브러햄 링컨Abraham Lincoln이 1860년 대통령에 당선되었을 때 주사위는 던져졌다. 12월 20일 사우스캐롤라이나가 처음으로 헌법 비준의 폐기를 가결했으며, 이듬해 2월 다른 남부 여섯 개 주가 같은 결의를 하고 연방을 탈퇴했다. 이들 주는 아메리카 합주국에서 독립한 아메리카 주연합국Confederate States of America을 수립했다. 그러나 아메리카 합주국은 각 주가 연방을 탈퇴할 권리를 인정하지 않았다. 해결책은 결국 힘에 의존하는 것뿐이었다.

4월에 드디어 남부와 북부 간에 본격적인 전투가 벌어졌다. 북부는 인적 및 물적 자원이 압도적으로 우월했으며, 결코 남부에 승산이 있는 전쟁이 아니었다. 전쟁이 질질 끌면서 북부에서는 여론이 과격해졌다. 국가의 통일을 지키기 위해 시작된 전쟁이 반노예제 전쟁이 되었다. 1863년 정초에 링컨 대통령은 노예해방을 선언하여 대다수 노예를 '영구히 자유롭게' 만들었다. 연방 정부의 효과적인 남부 봉쇄로 남부는 전투원 충원이 어려워지고, 1864년 말경에는 절망에 빠졌다. 율리시스 그랜트Ulysses Grant 장군 휘하의 북부군이 마지막 공세를 가하자, 로버트 리Lee 장군의 남부군은 1865년 4월 9일 마침내 항복했다.

꼬박 4년이 걸린 전쟁이 마침내 끝났다. 남북전쟁(1861~1865)은 참으로 피비린내 나는 전쟁이었다. 60만 명 이상의 병사가 전쟁터에서 목숨을 잃었고, 민간인 사상자 수는 수백만을 헤아렸다. 그런 엄청난 희생을 치르고서야 해묵은 쟁점, 즉 미국이 분리할 수 없는 하나의 주권국가인가 아니면 주권적 정치 실체인 주state들의 집합체인가 하는 쟁점이 해결되었다. 연방 정부의 승리로 미국은 '분리할 수 없는 한 국가'임이 확인된 것이다. 그러나 그 확인에는 또 다른 희생이 요구되었다. 전쟁이 끝난 지 불과 6일 뒤 두 번째 임기를 갓 시작한 링컨 대통령이 흉탄에 쓰러졌다.

노예는 해방되어 법적으로 자유인이 되었으나 금방 흑인의 실질적 평등이 이루어지지는 않았다. 그들은 여전히 가난하고 제대로 된 교육을 받지 못했으며, 대다수가 생계를 위해 옛 주인의 영향에서 벗어나지 못했다. 승리한 북부는 군사 점령을 통해 남부에 해방된 노예에게 투표권과 재산권을 확대하도록 압박했다. 그러나 이른바 남부의 '재건기(1865~1877)' 동안 북부의 공업 지도자와 남부의 백인 지도자 간에 암묵적 합의가 이루어졌다. 이 합의로 남부 백인들은 정치적 지배권을 되찾고 흑인이 새로 얻은 권리를 다시 박탈할 수 있었다. 남부인들은 해방된 노예들에게 완전한 '자유의 은총'을 베풀기를 거부하고, 자신의 행동을 정당화하기 위해 사회적 진화론 논의를 꺼내 들었다.

1867년에는 큐 클럭스 클랜Ku Klux Klan이라는 비밀결사가 조직되어 흑인을 위협하거나 폭행하는 등 흑인탄압운동을 벌였으며, 20세기 초엽에는 그 회원이 400만 명에 이르렀다. 정객들은 주 법률을 제정하거나 인두세, 문자 해득 능력 검사, 재산 자격 제한, 물리적 위협 등 다양한 방법을 동원하여 흑인의 투표권을 박탈했다. 인종 간 결혼을 금지하는 법이 제정되고, 학교·식당·공원·여관·버스에서 인종 분리가 효율적으로 적용되었다. 자유인이 되었으나, 해방 노예들은 땅이 없는 이등 시민으로서 소작농이 되어 빈곤에 허덕였다.

   흑인이 미국인으로서 정치적으로 동등한 지위를 얻기 위해서는 해방된 이후 한 세기 이상이 걸렸다. 수많은 난관에도 불구하고 1914년에 이르러 흑인은 약간의 사회적 지위를 얻었다. 흑인 사이에 전문가 계급이 형성되고, 문자 해득률이 70%에 이르고, 많은 기업가도 생겨났다. 헨리 오사와 태너Ossawa Tanner(1859~1937)는 빼어난 화가로서 세계적 명성을 얻었고, 사회학자 윌리엄 에드워드 부르크하르트 두보이스Burghardt DuBois(1868~1963)는 20세기 전반기의 대표적 흑인 지식인으로서 인권 운동을 이끌었다.

3. 19세기의 문화와 학문

1) 낭만주의 문학과 예술

낭만주의   18세기 중엽까지 그 선례가 거슬러 올라가는 문학에서의 낭만주의 운동은 18세기 말 독일과 영국에 뿌리를 두고 있는데, 프랑스에서는 나폴레옹 시대 이후에 전면에 등장했다. 19세기에 들어서서는 미술과 음악에서도 낭만주의가 풍미했다. 낭만주의는 매우 다양한 창의적 표현을 포괄하고 있으나, 그 모든 것에 공통된 것은 개인의 감성과 상상력의 강조였다. 낭만주의자들은 인간과 세상을 머리가 아니라 가슴으로 이해하려 했으며, 18세기의 세계관뿐 아니라 개인의 일상에 대한 제약에 저항했다. 그들은 자연의 신비를 찬미하거나 신과의 신비로운 합일을 희구하고, 부르주아 도덕을 속물적인 것으로 경멸하고, 정열을 위한 정열에 탐닉했으며, 이국적이고 괴기스러운 것을 추구했다. 그들은 또한 중세 전설을 되살리고 민족 영웅을 미화함으로써 대중의 민족의식을 일깨우고 민족 역사에 관심을 기울이게 했다.

많은 낭만주의 작가와 예술가는 사회 및 정치 문제에 예민한 감수성을 가졌으며, 사회운동과 정치운동의 전파자나 지도자로 활발하게 활동했다. 그러나 그들은 모두 한편에 서 있지는 않았다. 혹자는 인간을 생각하는 기계로 전락시키고 인간과 신의 신비로운 유대를 단절한다고 계몽사상가를 비난하면서, 1815년 이후의 보수 반동 체제를 지지했다. 그런가 하면 혹자는 절대주의와 세습적 특권 그리고 전통 종교를 인간의 자발성과 창의성의 큰 적으로 보았다. 이들은 자유, 평등, 민족 독립이 자아를 온전히 개발하고 표현할 기회를 개인에게 주리라 기대했다. 그리하여 낭만주의의 이상과 염원은 상충하는 정치적 대의 각각에 그 열정의 강도를 더욱 강화하는 데 이바지하기도 했다.

문학   자신의 내밀한 감정과 속마음을 드러내고 싶은 낭만파 작가에게 시는 가장 좋은 표현 수단이었다. 19세기 초기에 영국 낭만주의 문학을 이끈 인물은 조지 고든 바이런Gordon Byron(1788~1824), 퍼시 비시 셸리Percy Bysshe Shelley(1792~1822), 존 키츠Keats(1795~1821)의 세 젊은 시인이었다. 바이런은 낭만파다운 열정과 모험의 삶을 살다가 그리스인의 자유를 위한 전쟁에 참전하여 죽음을 맞았으며, 셸리 역시 기성도덕과 제도에 온몸으로 저항하면서 짧은 삶을 자유의 대의에 헌신했다. 그의 「사슬 풀린 프로메테우스Prometheus Unbound」(1820)는 법과 관습의 억압에 저항하는 인간의 초상이었다. 키츠는 사회 비판자도 시대의 반항아도 아니었다. 키가 작고 왜소한 몸매에다 어려서 부모를 여의고 일찍이 삶의 슬픔과 고통을 경험한 키츠는 고대 그리스인의 미의 이상에 매료되었고, 미의 숭배와 추구를 가장 중요하게 여겼다. 이들 세 시인이 모두 뜨거운 가슴을 안고 짧고 강렬하게 살다 가버린 바람에, 이들보다 먼저 낭만주의 문학을 이끌었던 워즈워스와 콜리지는 더 나중까지 창작 활동을 이어가게 되었다.

한편 소설가 월터 스코트Walter Scott(1771~1832)는 19세기 전반기 유럽의 베스트셀러 작가였다. 그는 『아이반호Ivanhoe』를 비롯하여 중세를 배경으로 하는 수많은 이야기를 지어 역사소설의 새 장을 열었다. 그의 작품 속에서 중세는 어둡고 거친 시대에서 사랑과 낭만이 넘치는 시대로 탈바꿈했다. 역사에의 관심과 더불어 낭만파 작가들은 때때로 기괴하고 별난 것, 공포와 신비 혹은 죽음과 같은 주제에 마음이 끌렸다. 시인 셸리의 아내이자 『여권의 옹호』를 쓴 페미니스트 메리 울스턴크래프트의 딸 메리 울스턴크래프트 셸리(1797~1851)는 소설 『프랑켄슈타인Frankenstein』을 지었다. 인간을 닮은 괴물을 창조하고 생명을 부여한 한 미친 의학도의 이야기인 이 작품은 나중에 수많은 작가에 차용되어 공포 영화와 연극으로 만들어졌다. 같은 시기에 미국 작가 에드거 앨런 포Edgar Allen Poe(1808~1849)는 많은 단편 공포 소설을 썼다.

프랑스에서는 프랑스혁명과 나폴레옹 시대 동안 정치적 책자의 저술이 활발했던 반면, 문학은 상대적으로 활력을 잃었다. 그러나 1820년께부터 빅토르 위고Victor Hugo(1802~1885)가 소설과 시를 쓰기 시작했다. 프랑스 낭만주의 문학을 대표하는 그는 월터 스코트처럼 신화와 전설에서 채굴한 작품으로 팽창하는 중간계급 독자에게 엄청난 인기를 누렸다. 그는 특히 『파리의 노트르담Notre Dame de Paris』(1831)과 『레미제라블Les Misérables』(1862) 같은 작품으로 불멸의 명성을 얻으면서 프랑스에서 근대소설을 19세기의 지배적인 문학 형식으로 발전시키는 데 큰 역할을 했다. 그는 나폴레옹 3세의 쿠데타에 반대한 활동으로 국외 추방되어 19년간 망명 생활을 하는 등 정치에도 깊이 간여했다. 83세로 죽었을 때, 그의 장례는 국장으로 치러지고 국립묘지인 팡테옹Panthéon에 안장되었다.

위고와 같은 시대를 산 동갑내기 알렉상드르 뒤마(1802~1870) 역시 『삼총사』(1844)와 『몽테크리스토 백작Le Comte de Monte-Cristo』(1844~1845) 같은 역사소설로 명성을 날렸다. 여성으로는 조르주 상드Georges Sand(1804~1876)가 초기에 낭만주의적 소설로 주목을 받았는데, 나중에는 사회주의적 소설과 사실주의적 경향의 작품도 썼다. 그녀는 자유분방한 삶을 통해 수많은 문인 및 예술가와 교유했으며, 뮈세나 쇼팽과 염문을 뿌리기도 했다. 상드는 프랑스 낭만주의 시대의 '사랑의 여신'이었다.

한편 시인 알퐁스 드 라마르틴Alphonse de Lamartine(1790~1869)은 『명상 시집Méditations poétique』(1820)으로 프랑스에서 오래 잊혀 왔던 서정시를 되살리고, 프랑스의 시를 고전주의에서 낭만주의로 이끌었다. 그는 정계에도 뛰어들어 2월 혁명 때 임시정부 외상으로 일했으나, 대통령 선거에 출마했다가 루이 나폴레옹에게 패한 뒤 정계에서 은퇴했다. 일찍부터 시적 재능을 보인 알프레드 드 뮈세Alfred de Musset(1810~1857)는 바이런의 영향을 크게 받았으며, '프랑스의 바이런'이란 소리를 들었다. 여섯 살 연상의 조르주 상드와 결별한 뒤 실연의 아픔 속에 쓴 네 편의 밤의 연작시 「밤Les nuits」은 프랑스 낭만주의 시의 걸작으로 꼽힌다.

독일에서 시인 프리드리히 노발리스Friedrich Novalis(1772~1801)는 장시인 「밤의 찬가Hymnen an die Nacht(1800)」 등으로 18세기 독일 낭만주의 문학을 마지막으로 장식했다. 그러나 그는 29세에 폐결핵으로 요절하는 바람에 19세기까지 작품 활동을 이어가지 못했다. 그를 이어 19세기에 낭만주의 문학을 빛낸 시인은 하인리히 하이네Heinrich Heine(1797~1856)였다. 그는 시집 『노래의 책Buch der Lieder』(1927)으로 널리 알려지게 되었는데, 여기에 수록된 시들은 슈베르트와 여러 작곡가에 의해 노래로 만들어지기도 했다. 유대인인 그는 7월 혁명 소식을 듣고 크게 고무되었으나, 독일의 현실에 실망하여 1831년 파리로 망명하여 제2의 삶을 시작했다. 유대인으로 겪은 시련과 오랜 병고 때문에 그의 작품에는 달콤한 낭만적 색채 속에 냉혹한 현실에의 냉소가 숨어 있었다.

그림Grimm 형제인 야코프Jacob(1785~1863)와 빌헬름(1786~1859)은 낭만주의의 영향을 받아 각 지방을 다니며 민간 설화를 수집했으며, 그 가운데 동화들은 오랜 세월에 걸쳐 『그림 동화Kinder-und Hausmärchen』로 펴냈다. 200편에 이르는 이야기 중 특히 『백설공주』나 『헨젤과 그레텔』의 이야기 등은 지금도 전 세계 어린이의 사랑을 받고 있다. 그들은 또한 언어학자에다 문헌학자로서 게르만 언어학을 개척하는 데도 큰 공을 세웠다. 그림 형제와 달리 덴마크에서 한스 크리스티안 안데르센Hans Christian Andersen(1805~1875)은 주로 창작 동화를 많이 지었으며, '동화의 아버지'라는 별명을 얻었다.

낭만주의 문학은 러시아 작가들 사이에서도 인상 깊은 반응을 일으켰다. 18세기 러시아 문학은 대체로 프랑스 문학의 모방이었다. 그러나 19세기에 들어와 작가들은 러시아 고유의 특성을 발전시켰다. 시인 알렉산드르 푸시킨Aleksandr Pushkin(1799~1837)은 낭만적 시가, 희곡, 단편 소설 등으로 서유럽의 진지한 이목을 끈 최초의 러시아 작가였다. 그는 근대 러시아 문학의 개척자로서 짧게 낭만적 정열과 모험으로 가득한 삶을 살다 간 천재였다. 러시아 소설의 위대한 전통은 니콜라이 고골Nikolai Gogol(1809~1852)에서 시작되었다. 우크라이나 출신인 그는 민족의 역사를 다룬 『타라스 불바Taras Bulba』(1835)에서 타타르 침략자와 맞서 싸운 기마 전사인 카자크족의 모험과 갈등을 그렸다. 그는 희곡 『검찰관Revizor』(1836)을 통해 우크라이나의 민속적 정취가 묻어나는 낭만주의에서 사회의 부패를 비판하고 풍자하는 낭만적 사실주의로 옮아갔다. 그는 러시아 사실주의 문학의 창시자로서 이후의 사실주의 작가에게 커다란 영향을 끼쳤다.

회화   19세기 초에 시각예술에서도 앞 세기의 고전주의에 대한 반란이 일어났는데, 프랑스의 가장 빼어난 낭만파 화가 외젠 들라크루아Eugène Delacroix(1798~1863)와 같은 몇몇 화가는 기성 화단으로부터 강한 저항을 받았다. 그는 미술가에게는 무엇보다 상상력이 중요하다고 믿었으며, 작품에 흥분과 동적 요소를 담으려고 했다. 〈키오스섬의 학살Scène des massacres de Scio〉(1824)은 그리스 독립전쟁 때 튀르크인이 키오스섬에서 그리스인을 학살한 사건을 그린 것인데, 그는 학살의 참혹함과 공포를 불타오르는 듯한 강렬한 색채로 생동감 있게 표현했다. 이 작품은 처음에 '회화의 학살'이라는 혹평을 받았으나, 뒤섞인 곡선과 강렬한 색채 그리고 자유분방한 붓놀림 같은 들라크루아 특유의 화풍이 여실히 드러났으며, 그와 동시에 프랑스 낭만주의 회화의 전형이 여기서 탄생했다. 그리고 그는 이국적인 것에 대한 낭만적 호기심으로 알제Algiers를 여행했는데, 그의 가장 인기 있는 작품 중 사자 사냥 그림과 무슬림 궁정과 후궁들의 그림은 그런 경험의 소산이다.

미술에서 자연 사랑은 영국 화가 윌리엄 터너Turner(1775~1851)와 존 컨스터블 Constable(1776~1837)의 그림에서 가장 잘 드러났다. 빼어난 색채 화가인 터너의 그림은 사실적이기보다는 환상적이어서, 거친 바다와 들판의 풍경에 장엄함과 신비로움을 입혔다. 터너가 상상력 넘치는 방식으로 자연을 다룬 것과 달리, 컨스터블은 소박한 시골 정경을 화폭에 담았다. 컨스터블은 자연을 세밀하게 관찰했으며, 실내에서 작품을 완성하기는 했으나 밑그림은 언제나 야외에서 작업했다. 그의 그림은 당시 유행하던 성서나 신화 속의 장엄하고 이상화된 풍경화에 비해 너무나 평범하고, 화실에서 그린 통상적인 풍경화와는 너무나 달랐다. 그래서 엄청난 인기를 누리며 수많은 그림을 팔아 한 재산 모았던 터너와 달리, 컨스터블은 39세가 될 때까지 그림을 한 점도 팔지 못했다. 그러나 1824년 파리에서 열린 살롱전에서 그의 〈건초 마차The Hay Wain〉가 금메달을 수상하여, 그는 고국에서 얻지 못한 영예를 프랑스에서 얻었다. 그의 작품은 들라크루아와 바르비종 화파École de Barbizon를 비롯한 프랑스 화가들에게 큰 영향을 미쳤다.

카스파르 다비드 프리드리히Caspar David Friedrich(1774~1840)는 독일 낭만주의를 대표하는 풍경 화가였다. 그는 평생 신과 자연에 몰두했다. 그는 풍경을 그리되, 단순히 자연을 세밀하게 묘사하는 것 이상의 관심을 표현했다. 그가 묘사한 안개 덮인 산, 달빛에 젖은 뒤틀린 나무, 삭막한 폐 수도원 등, 이 모두는 신비로운 느낌을 자아냈다. 그에게 자연은 〈달을 응시하는 남자와 여자Mann und Frau in Betrachtung des Mondes〉에서 분명히 드러나듯이 신성한 삶의 현시였다.

건축　19세기에 건축 양식은 더욱더 개인 취향의 문제가 되었다. 그 시대는 건축이 엄청나게 활발했던 때였으며, 산업도시에서 특히 그러했다. 오늘날 유럽에 서 있는 오랜 건물은 대다수가 19세기에 세워졌는데, 그것들은 아주 다양한 양식을 반영한다. 그러나 19세기 중엽에 이르면 어떤 경향이 나타나는데, 예를 들어 은행과 정부 건물은 대체로 그리스 혹은 로마 양식으로 지어지고, 교회와 대학은 탑과 아치를 주요 특징으로 하는 고딕 양식으로 지어졌다. 물론 이에는 예외가 많이 있었고, 양식과 관계없이 모든 건물이 전반적으로 만듦새의 쇠퇴를 보였다.

여러 양식 가운데 고딕 양식은 대체로 낭만주의와 결합했다. 고딕 양식은 영국에서 가장 먼저 되살아났는데, 이는 18세기 영국을 풍미했던 고전주의적 팔라디오 양식에의 반동이었다. 낭만주의 운동은 19세기로 넘어가서 고딕 건축의 부활에 새로운 활력을 불어넣었다. 이 시대의 괄목할 사례가 영국 의회의 의사당이었다. 1834년 옛 건물이 불에 타 무너졌을 때 의원들은 의회의 기원이 13세기에 있음을 상기하고 의사당을 중세 양식으로 재건축하기로 결의했다. 비슷한 시기에 독일을 비롯한 유럽의 시골 곳곳에 '중세' 성들이 나타나고, 도시에는 웅대한 신고딕 성당이나 의사당이 들어섰다. 프랑스에서는 고건축물 복원 전문가 외젠 비올레 르 뒤크Eugène Viollet-le-Duc(1814~1879)가 고딕 양식 부흥을 이끌었다. 그는 프랑스혁명 때 황폐해진 노트르담 대성당을 오늘날의 모습으로 복원했다(그러나 대성당은 2019년 4월 화마에 큰 상처를 입었다). 그리고 저 멀리 미국에서도 고딕 양식이 활발하게 부활했다.

음악　　음악은 작곡가가 인간 감성을 깊숙이 찾아 들어갈 수 있게 해준다는 면에서 가장 낭만적인 예술이라 할 수 있을 것이다. 19세기에는 음악에서도 고전주의의 제약을 떨쳐내고 정서적 힘을 풀어놓으려는 움직임이 일어났다. 고전 양식은 완전히 사라지지는 않았지만, 낭만주의의 밀물 속에 가라앉았다. 낭만주의 음악은 보통 작은 실내나 응접실보다는 넓은 연주회장을 염두에 두고 작곡되었다. 작곡가들은 점점 더 정교한 기악 편성법을 채택했으며, 작품은 더욱 복잡해지고 더욱 길어졌다. 관현악은 규모가 커져서, 베토벤의 관현악 규모는 하이든의 거의 두 배나 되었다. 교향곡이 가장 일반적인 형식이 되었으나 독주용 작품 역시 사랑을 받았다.

루트비히 판 베토벤Ludwig van Beethoven(1770~1827)은 고전주의와 낭만주의를 잇는 다리 구실을 했다. 그는 본Bonn에서 태어났으나 곧 당대의 음악 수도 빈으로 갔다. 그의 초기 작품은 아직 고전주의의 틀 안에서 하이든과 모차르트의 영향을 크게 받았으나, 후기 작품은 차츰 낭만주의 정신을 드러냈다. 그의 작품은 힘이 약동했지만, 질서 있게 정돈된 패턴을 벗어나지 않았다. 이 때문에 그는 때때로 '고전적 낭만파'로 불린다. 오스트리아의 프란츠 슈베르트Franz Schbert(1797~1828), 독일의 펠릭스 멘델스존Felix Mendelssohn(1809~1847)과 로베르트 슈만Robert Schumann(1810~1856), 프랑스의 엑토르 베를리오즈Hector Berlioz(1803~1869) 등은 모두 19세기 전반기를 빛낸 낭만파 음악가들이었다. 폴란드인이었으나 대부분의 음악 활동을 프랑스에서 한 프레데리크 쇼팽과 오스트리아 제국의 헝가리인인 프란츠 리스트는 특히 피아노의 거장으로서, 피아노의 기능을 자유자재로 활용하기 위한 작품을 작곡했다. 이들 낭만파 음악가는 모두 민족음악을 자신의 작품 속에 녹여냈다.

19세기 중·후반기에 문학과 미술 분야에서는 새로운 사조가 낭만주의를 밀어내고 있었으나, 음악에서는 많은 작곡가가 여전히 민족의 민속음악과 춤에서 음악적 영감을 구하면서 낭만파적 민족음악을 이어갔다. 독일의 요하네스 브람스Johannes Brahms(1833~1897), 핀란드의 장 시벨리우스Sibelius(1865~1957), 노르웨이의 에드바르 그리그Edvard Grieg(1843~1907), 체크의 안토닌 드보르자크Antonin Dvorák(1841~1904)와 구스타프 말러Gustav Mahler(1860~1911), 러시아의 표트르 일리치 차이코프스키Pyotr Ilyitch Tchaikovsky(1840~1893)와 세르게이 라흐마니노프Sergei Rakhmaninov(1873~1943) 같은 음악가들이 그러했다.

19세기 후반기에 낭만주의 음악에서 교향곡보다 더 빛난 것은 오페라였다. 독일 작곡가 리하르트 바그너는 새로운 개념의 오페라, 그의 표현으로는 음악극을 창작했다. 바그너는 낭만주의 정신의 깊은 염원을 구현했는데, 그는 단순한 여흥으로서의 예술을 경멸했다. 그의 새로운 종류의 오페라는 그리스 비극 공연을 모델로 했는데, 시·음악·무대 장치·연기 등을 하나의 통일된 전체로 아울렀다. 그의 〈니벨룽의 반지〉는 독일의 전설에서 따온 4부작 오페라로서, 형식에 관한 그의 생각을 가장 잘 보여준다. 황금의 저주와 권력에의 탐욕을 다룬 이 걸작은 드라마가 중심을 이루었다. 이탈리아의 주세페 베르디Verdi(1813~1901)는 동갑내기 바그너와 더불어 19세기 오페라계의 양대 거장이었다. 그의 〈아이다 Aïda〉와 〈라 트라비아타La Traviata〉는 그의 다른 어느 오페라보다 자주 공연되었다. 바그너처럼 정치 활동도 했던 베르디는 이탈리아에서 자유와 민족의식의 열망을 불러일으키는 이야기를 오페라에 담았다.

2) 사실주의와 모더니즘

낭만주의는 고전주의의 형식을 깨뜨리고 형식과 주제의 다양성을 위한 길을 열었다. 그러나 19세기 중엽 이후 유럽 대륙이 본격적으로 산업화를 겪는 가운데, 작가와 화가들은 사회의 변화에 예민하게 반응하면서 인간의 내면과 상상의 세계에 관심을 기울이는 낭만주의에서 엄혹한 현실 세계에 초점을 맞추는 사실주의realism로 옮아갔다. 사실주의자들은 정확성과 정밀성을 강조하면서, 세상을 낭만적 미화 없이 있는 그대로 좀 더 객관적 방식으로 묘사하고자 했다. 특히 프랑스 미술가들은 사실주의의 초기 개척자들 가운데 가장 두드러진 존재들로서, 삶의 구체적 현실을 화폭에 담고자 했다. 사실주의라는 용어는 1850년 미술의 새 양식을 가리키기 위해 처음 쓰였는데, 곧 문학에도 적용되었다.

　그런데 19세기 막바지에 이르러 모더니즘modernism이라는 새로운 운동이 일어나 문학과 예술을 풍미하기에 이르렀다. 모더니즘은 오직 과거에의 반발이라는 점에서만 통일되어 있을 뿐, 서로 간에 갈라지고 어떤 공통된 특징을 띠고 있지 않았다. 모더니즘 작가와 예술가는 형식과 작법의 모든 규칙과 의무를 벗어던지고 새로운 형식을 실험했다. 한편 이러한 운동이 발전하는 것과 동시에 거대한 소비자 집단인 중간 및 하층계급이 새 문화의 참여자가 되었다. 그들은 수와 구매력의 힘으로 창작 공동체에 엄청난 영향력을 행사할 수 있게 되었다.

사실주의 문학　　사실주의 작가들은 비상한 상황 속의 낭만적 영웅보다 주로 실제 삶 속의 평범한 인물을 다루었으며, 종종 이들의 일상생활에의 관심을 사회문제의 탐색과 결부하려 했다. 그들은 또한 화려하고 감상적인 언어를 피하고, 삶의 모든 측면을 세심하게 관찰하고 있는 그대로 정확하고 생생하게 묘사하려고 노력했다. 사실주의 문학은 소설에서 활짝 꽃피었던바, 문학에서 그러한 작업을 하는 데는 시보다 소설이 훨씬 더 요긴한 수단이었다. 그리고 대중의 문해력이 크게 높아진 시대에, 이전보다 훨씬 더 큰 규모의 독자가 이제 그들의 작품을 소비할 준비가 되어 있었다.

　소설이 낭만주의에서 사실주의로 옮아갈 조짐은 19세기 전반기에 오노레 드 발자크Honoré de Balzac(1799~1850)의 작품에서 이미 드러났다. 70편가량의 작품을 모은 총서인 『인간 희극La Comédie humaine』에서 발자크는 날카로운 관찰자로서, 인간의 장단점에 관한 깊은 통찰력을 보여주었다. 성격 묘사의 대가인 그는 당대 프랑스인의 삶을 너무나 세밀하게 묘사해서, 그의 작품은 20세기 학자들에게 사회사의 중요한 사료가 되었다. 프랑스 최초의 사실주의 작가는 귀스타브 플로베르Gustave Flaubert(1821~1880)였다. 그의 걸작 『보바리 부인Madame Bovary』(1857)은 젊고 낭만적인 시골 부인이 어떻게 권태로 인해 불륜과 무절제한 생활 끝에 결국 자살에 이르게 되는지를 치밀하게 묘사했다. 그는 중간계급의 위선을 묘사함으로써 부르주아 사회에의 경멸을 드러냈다. 기 드 모파상Guy de Maupassant(1850~1893)의 『여자의 일생Une Vie』(1883) 역시 『보바리 부인』과 함께 프랑스 사실주의 문학의 걸작으로 꼽힌다. 그는 정신 질환을 앓는 가운데 짧은 기간에 엄청난 양의 작품을 쏟아내다가 정신병원에서 삶을 마감했다.

　영국에서는 19세기 중엽에 윌리엄 새커리Thackeray(1811~1863)의 비판적 작품들과 더불어, 다양한 사회적·심리적 주제의 작품이 역사소설에 도전했다. 새커리는 『허영의 시장Vanity Fair』(1847) 같은 작품에서 벼락부자의 성격을 재치 있게 묘사함으로써 사회를 지배하는 출세주의자들을 조롱했다. 빅토리아 시대 소설가의 최고봉인 찰스 디킨스Charles Dickens(1812~1870)는 특히 산업혁명의 사회적 영향을 조명하는 소설들로 비상한 인기를 누렸다. 그는 『올리버 트위스트Oliver Twist』(1838), 『황폐한 집Bleak House』(1853), 『고된 시기Hard Times』(1854)와 같은 작품에서 당시 도시 노동계급의 비참한 생활과 번영의 이면에 도사린 빈곤의 실상을 여실히 보여주었다. 그 뒤 토머스 하디Hardy(1840~1928)는 『성난 군중으로부터 멀리Far From the Madding Crowd』(1874) 같은 소설에서 자연과 사회 환경의 비인격적이고 무자비한 힘에 맞서지만, 거의 언제나 패배하는 개인의 투쟁을 다루었다.

몇몇 미국 작가들도 사실주의 문학의 발전에 중요한 공헌을 했다. 헨리 제임스(1843~1916)는 『데이지 밀러Daisy Miller』(1878)로 미국뿐 아니라 영국에서도 문학계의 대가로 등장했으며, '의식의 흐름' 기법의 선구자로서 버지니아 울프Virginia Woolf(1882~1941) 등에 영향을 미쳤다. 마크 트웨인Mark Twain으로 더 잘 알려진 새뮤얼 클레멘스Samuel Clemens(1835~1910)는 유머를 통해 사회적 불의를 드러내고자 했다. 헤리어트 비처 스토Harriet Beecher Stowe(1811~1896)는 『톰 아저씨의 오두막집Uncle Tom's Cabin』(1852)으로 노예제 반대 운동에 커다란 영향을 미쳤다.

러시아에서는 표도르 도스토예프스키Fyodor Dostoevskii(1821~1881)와 레오 톨스토이Leo Tolstoy(1828~1910)가 사실주의 계열의 위대한 소설을 생산했다. 이 두 작가는 모두 기본적으로 인간 내면의 삶과 투쟁에 관심을 기울였는데, 그와 동시에 러시아인의 독특한 삶을 세밀하게 묘사했다. 도스토예프스키는 『죄와 벌Prestuplenie i nakazanie』(1866)에서 삶에 대한 생각을 냉담하고 자세하게 개진했으며, 『카라마조프가의 형제들Bratya Karamazovy』(1880)에서는 그 변화의 시기 동안의 러시아인의 삶을 성실하게 드러냈다. 톨스토이는 『전쟁과 평화Voina i mir』에서 전쟁의 참상을 까발려서 전쟁에서 영광이라는 헛된 환상을 남김없이 벗겨내고, 서로 다른 층위의 사회를 날카롭게 분석했다. 이반 투르게네프Ivan Turgenev(1818~1883)도 『아버지와 아들Ottsy i deti』(1862)과 같은 걸작으로 19세기 후반 러시아 문학을 풍요롭게 하는 데 큰 역할을 했다.

희곡도 사실주의의 영향을 깊이 받았다. 노르웨이 극작가 헨리크 입센Henrik Ibsen(1828~1906)은 『사회의 기둥Samfundets støtter』(1877)에서 부르주아들의 타락과 위선을 폭로하고, 『인형의 집Et Dukkehjem』(1879)에서는 여성 해방이라는 시대에 앞선 주제를 다루면서, 평범한 삶 속의 조용한 절망을 포착하고 사랑 없는 결혼을 부도덕한 것이라 공격했다. 입센의 이런 작품들은 중간계급 관중의 적의에 찬 반응을 일으켰다. 그가 처음 명성을 얻은 것은 작품의 사회적 메시지 덕분이었지만, 그는 또한 현대 연극의 형식과 기법을 개척한 선구자였다. 아일랜드의 조지 버나드 쇼Bernard Shaw(1856~1950)는 엄청난 다작 작가였는데, 날카로운 풍자로 영국 사회를 비판하여 대중에 충격을 안겨주었다. 그의 『워런 부인의 직업 Mrs. Warren's Profession』(1897)은 근대 매춘의 경제적 뿌리를 보여주었다. 그는 또한 독학의 경제학자이자 영국 사회주의 설립자의 일인이었다. 안톤 체호프Anton Chekhov(1860~1904)의 『벚꽃 동산Vishnyovyi sad』(1904)은 러시아의 농노해방이 지주 가족의 삶에 가져온 변화를 보여주었다. 이 희곡은 명백한 줄거리와 사건 전개 없이 미묘한 긴장을 조성하기 위해 인물의 세부 묘사에 의존했다.

사실주의 미술   19세기 후반기에는 미술에서도 사실주의가 대세가 되었는데, 가장 뛰어난 작가는 프랑스 사실주의 회화를 개척한 두 화가, 귀스타브 쿠르베Gustave Courbet(1819~1877)와 오노레 도미에Honoré Daumier(1808~1879)였다. 그들은 미술계를 풍미한 낭만주의 전통에 반발하면서, 미술은 사회 현실에 관심을 기울여야 한다고 믿었다. 헌신적 사회주의자이기도 했던 쿠르베는 시골 장례식 장면을 그린 〈오르낭의 매장Un enterrement à Ornans〉(1849)에서 농촌을 이상화하지 않고 그 비참한 현실을 적나라하게 묘사했다. 도미에는 부르주아를 신랄하게 풍자하고 사회적 불평등과 위선을 폭로했다. 그는 대표작인 〈삼등 열차Le wagon de troisième classe〉(1864)에서 가난하고 소외된 빈민의 일상을 따뜻한 시선으로 그리는 재능을 보여주었다. 그의 미술 기법은 19세기 회화의 가장 중요한 발전인 인상주의에 영향을 주었다. 장 프랑수아 밀레Millet(1814~1875)는 〈이삭 줍는 사람들Les *glaneuses*〉(1857)처럼 농사일하는 농민을 즐겨 그렸는데, 그 그림들은 그의 사회 비판적인 철학과 달리 외견상 낭만적 요소가 묻어 있고 평화로워 보여서, 그 해석을 둘러싸고 간혹 논쟁이 벌어지기도 했다. 밀레는 또한 일군의 프랑스 풍경 화가를 지칭하는 바르비종 화파의 일원이었다.

모더니즘 문학　문학에서는 사실주의에 이어 자연주의naturalism가 등장했다. 자연주의는 사실주의의 연장선상에 있기는 하나, 사실주의의 밑바탕에 깔린 인간과 사회에 대한 낙관주의를 잃어버렸다. 그러니까 자연주의는 일상적 현실의 야만성을 묘사한 사실주의의 한 극단적 형식이라 할 수 있다. 자연주의 작가들은 인간은 어느 정도 야만적 속성을 지니고 있다고 보고, 작중인물을 흔히 통제할 수 없는 힘에 사로잡혀 있는 것으로 그렸다.

　프랑스 작가 에밀 졸라Émile Zola(1840~1902)의 소설은 자연주의의 좋은 예를 보여준다. 졸라는 도시 빈민가와 북부 프랑스 탄광 지대를 배경으로 술과 나쁜 환경이 어떻게 사람들의 삶에 영향을 미치는지를 세밀하고 정확하게 묘사했다. 그는 다윈의 생존 경쟁의 강조, 그리고 환경과 유전의 중요성과 관련하여 깊은 영향을 받았다. 그는 생물학자가 유기체를 다루듯, 작가는 그렇게 삶을 분석하고 해부해야 한다고 주장했다. 독일 극작가 게르하르트 하우프트만Gerhart Hauptmann(1862~1946)은 1844년 슐레지엔에서 일어난 직조공들의 폭동을 극화한 『직조공들Die Weber』(1892)을 발표했는데, 이는 노동쟁의를 무대에 올린 최초의 작품으로서 독일 자연주의 연극의 대표적인 작품으로 일컬어진다.

　시 창작에서는 상징주의symbolism라는 또 다른 경향이 나타났다. 세기가 끝날 무렵 프랑스에서 시인 스테판 말라르메Stéphane Mallarmé(1842~1898), 폴 베를렌Verlaine(1844~1896), 아르튀르 랭보Arthur Rimbaud(1854~1891) 등은 사실주의에의 반발로 상징주의 운동을 전개했다. 이들은 모두 샤를 보들레르Charles Baudelaire(1821~1867)의 영향을 크게 받았다. 방탕한 생활로 평생을 불행하게 산 보들레르는 스스로 자신의 인생을 처음부터 저주받은 인생으로 생각했다. 그는 유일한 시집

『악의 꽃Les fleurs du mal』(1857)으로 공중도덕 훼손죄로 기소되고 벌금형을 받았는데, 그는 이 시집을 스스로 평가하기를 '세상의 모든 고통을 담아 놓은 사전'이라고 했다. 이 시집으로 그는 현대시의 시조라는 평가를 받았다.

상징주의 작가들은 세계에 관한 객관적 인식은 불가능하며, 세계는 실재하는 것이 아니라 개개 인간 정신의 실체를 반영하는 상징들의 집합에 지나지 않는다고 믿었다. 그들은 예술은 사회를 비판하거나 이해하거나 혹은 그에 봉사하려 하는 대신, 예술 그 자체를 위한 기능을 수행해야 한다고 주장했다. 산문보다 시가 상징주의자들의 목표, 이를테면 정확하고 사진과 같은 세계 묘사보다 암시로 생각을 전달하려는 목표에 더 잘 어울렸다. 어떤 의미에서는 모든 현대 문학은 상징주의 운동에서 나왔다. 독자의 상상력에 접근하기 위해 암시와 이중적 의미의 언어를 사용함으로써, 상징주의 시인들은 단어에 새로운 생명을 부여했다.

모더니즘 미술   모더니즘 화가들은 가능한 한 실체를 정확하게 재현할 필요에서 벗어나 빛과 색채 혹은 정취의 문제에 관심을 집중했다. 인상파로 불리는 일군의 프랑스 화가는 풍경과 대상의 첫인상을 지성이나 어떤 주관에 의한 굴절 없이 포착하려고 노력하면서, 대상의 정확한 형태보다는 빛과 색채의 변화를 중시했다. 이들은 빛과 대기의 변화에 따라 시시각각 미묘하게 달라지는 사물의 색채에 매료되었으며, 순간적으로 느껴지는 인상을 포착하기 위해 화실을 박차고 나와 주로 야외에서 작업했다. 순간적인 인상을 중시한 그들은 사물을 명료하게 나타내지 않고 의도적으로 미완성인 것처럼 흐릿하게 표현했다. 그리고 이들은 사회에 대한 풍자나 비판, 혹은 어떠한 종류의 사회적 발언도 관심이 없었다. 그들은 사회에 등을 돌리고 사회와 동떨어진 예술 세계로 도피하여 '예술을 위한 예술'을 추구했다.

인상파 그림의 명료하지 않고 미완성인 듯 흐릿한 묘사는 처음에 비평가들의 비웃음을 샀다. 클로드 모네Claude Monet(1840~1926)는 1874년 동료 화가와 함께 연 전시회에 아침 안개 속에서 본 항구를 그린 〈인상: 해돋이 Impression, soleil levant〉

를 선보였다. 한 비평가가 이 제목에서 따와 경멸의 의미를 담아 이 그룹의 화가에게 '인상파'라는 딱지를 붙였다. 시간이 지나면서 차츰 인상파의 그림은 비평가와 대중의 인정을 받게 되었다. 인상파 화가의 성공으로 이제는 어떠한 형태와 색채를 결합하더라도 정통 미술 작품으로 여겨지게 되었다. 이탈리아 르네상스에서 확립된 미술 전통, 이를테면 품위 있거나 가치 있는 주제, 정확한 밑그림, 원근법, 균형 잡힌 구도 등의 관례가 사라졌다.

피에르 오귀스트 르누아르Pierre Auguste Renoir(1841~1919), 에두아르 마네Edouard Manet(1832~1882), 에드가 드가Edgar Degas(1834~1917)도 인상파에 속했으며, 여성 화가 베르트 모리조Berthe Morisot(1841~1895)도 마네의 영향을 받아 인상파에 합류했다. 미국 출신 여성 화가 메리 커새트Mary Cassatt(1845~1926)도 파리에 정착하고 드가와 교유하면서 인상파 운동에 참여하고, 미국에 인상주의를 알리는 데도 큰 역할을 했다. 그러나 두 여성 화가는 19세기 여성으로서의 제약 때문에 주로 전원 풍경이나 가정적 삶과 같은 주제만 화폭에 담아야 했다. 19세기 화가들의 목록에서 두드러지게 드러나는 사실은 프랑스, 특히 파리가 유럽 화단을 압도적으로 지배했다는 점이다. 유럽 전역에서 미술가들이 파리로 몰려들었고, 파리 화가들의 생각과 화풍에 깊은 영향을 받았다.

인상파 화가들은 한 색채를 색조의 전이 없이 다른 색채와 병렬함으로써 빛을 좀 더 두드러지게 하는 효과를 낼 수 있다는 데 주목했다. 인상파 그림은 가까이에서는 서로 섞이지 않은 색채들의 얼룩처럼 보일 수도 있지만, 적당한 거리에서는 착시 효과로 색채가 잘 섞여 있는 듯 보였다. 인상파 화가들의 기법은 미술에 일대 혁명을 일으켰으나 그 대신 고전주의 전통의 고형성과 명료성을 많이 희생시켰다. 폴 세잔Cézanne(1839~1906)은 그 문제에 주목했다. 그는 인상주의의 영향을 많이 받았으나, 차츰 기하학적 구조를 강조함으로써 모든 대상을 단순화하려 했다. 그는 자연을 단순화하면 모든 것은 원뿔이나 원통 혹은 구형의 모양에 상응한다고 믿었다. 이를 바탕으로 그는 정물화에서 볼 수 있듯이 여러 시각으로 대상을 묘사함으로써 고형성을 구현하려고 노력했다. 그리하여 탈인상파post-impressionist로 분류되는 그는 피카소와 입체파에 영향을 주었다. 폴 고갱 Gauguin(1848~1903) 역시 탈인상파에 속했다.

한편 네덜란드 화가 빈센트 반 고흐Vincent van Gogh(1853~1890)는 인상파와 마찬가지로 빛과 색채를 강조하는 한편, 짙은 물감을 짧은 붓질로 처리했다. 그러나 그는 사물의 겉모습에는 별 관심이 없었으며, 자연과 삶에 대한 마음 깊은 곳에서 우러나오는 느낌을 표현하기를 원했다. 그는 자신이 느낀 감각을 교감하기 위해 그가 본 것을 뒤틀면서 강렬한 효과를 자아냈다. 격정적인 감정을 그대로 표현한 〈별이 빛나는 밤The Starry Night〉(1889)은 그의 대표작이다. 반 고흐는 그리하여 탈인상주의를 넘어 현대 표현주의 화파의 선구자가 되었다. 그의 작품은 정신 질환을 겪은 시기의 광기의 산물이었다. 그는 가난과 고독에 찬 짧은 삶을 결국 광기 속에서 자살로 마감했다. 죽기 직전에 그린 〈까마귀가 있는 밀밭Wheat Field with Crows〉(1890)에 대해 그는 '슬픔과 깊은 외로움'을 표현했다고 했다.

조각　　프랑스 조각가 오귀스트 로댕Auguste Rodin(1840~1917)은 현대 조각의 아버지로 불려왔다. 그는 처음에는 사실적 표현에 충실한 작품을 제작했으나, 곧 그에 만족하지 않고 내면적 깊이가 가미된 생명력 넘치는 표현을 추구하기 시작했다. 그는 18세기 이래 오랫동안 건축의 장식물에 지나지 않던 조각에 생명과 감정을 불어넣어 조각의 자율성을 확립함으로써, 회화에서 인상파가 했던 것처럼 현대 조각 발전에 지대한 공헌을 했다. 로댕이 단테의 『신곡』의 「지옥편」에서 영감을 얻어 제작한 거대한 청동 조각 〈지옥의 문Porte de l'enfer〉(1880~1917)은 그의 예술 세계를 집대성한 필생의 걸작이다. 이 작품에는 수많은 인물이 등장하는데, 그중의 하나인 〈생각하는 사람Le penseur〉(1880)은 1888년 크기가 확대되어 독립 작품으로 발표되었다. 〈칼레의 시민Les bourgeois de Calais〉(1884~1895)은 14세기 중엽 백년전쟁 때 영국에 점령당한 칼레의 시민을 구하기 위해 희생을 자청한 시민 대표를 영웅이 아니라 비탄에 빠진 평범한 인간으로 묘사하여 칼레시의 분노를 샀던 작품이다.

음악　　세기 전환기에 이르러서도 음악계에서는 여전히 낭만주의가 콘서트와 오페라를 지배했으며, 세르게이 라흐마니노프가 이 음악 양식을 이끌고 있었다. 그렇지만 시각 예술을 휩쓴 인상주의는 음악에도 큰 영향을 미치기 시작했는데, 프랑스 작곡가 클로드 드뷔시Claude Debussy(1862~1918)가 그러한 변화를 앞장서서 도입했다. 인상파 화가들은 뚜렷하게 서로 다른 색채를 나란히 늘어놓음으로써 강렬한 느낌을 자아내는 효과를 얻었는데, 그와 비슷하게 작곡가들은 현저하게 다른 화음을 병렬하는 기법을 도입했다. 그런 기법은 드뷔시의 「목신牧神의 오후에의 전주곡Prélude á l'aprés midi d'un faune」(1894)에서 볼 수 있는데, 이 작품은 1892년 처음 공연되었을 때 음악계에 충격을 주었다.

음악계는 사회문제나 가혹한 현실 문제는 거의 다루지 않았다. 음악의 후원자는 주로 산업화가 가져온 경제성장의 혜택을 독식한 신흥 중간계급이었다. 그들은 번영에서 얻은 부를 오페라 하우스와 심포니 홀을 건설하는 데 투자하고, 작곡가와 교향악단을 지원하는 데 썼다.

3) 자연과학의 발달

19세기에 자연과학은 경이에 가까운 발전을 보았다. 그 세기는 가히 '과학의 세기'였다. 수많은 과학자가 자연의 수수께끼를 풀기 위해 연구에 몰두하면서 과학적 발견이 빠르게 증가했다. 특히 독일에서는 과학 탐구를 위한 특수 연구기관과 연구실험실들이 설립되었다. 누구보다 이에 앞장섰던 인물은 에너지 보존 법칙을 확립한 헤르만 폰 헬름홀츠Hermann L. F. von Helmholtz(1821~1894)였다. 그 연구기관들은 다른 나라보다 훨씬 우수했으며, 독일이 19세기 후반기에 과학 연구의 모든 분야에서 앞서는 데 크게 한몫했다. 독일과 달리 프랑스와 영국의 과학은 개인 작업에 의존하는 경향이 있었으며, 종종 대학과 연계되기도 했으나 대학의 연구 지원 기금은 매우 제한적이었다.

19세기의 과학은 갈수록 유럽인의 일상생활에 큰 영향을 미쳤다. 17세기 과학혁명은 서양의 세계관을 근본적으로 바꾸어놓았다. 그렇지만 18세기에서조차 이런 발전은 교육받은 소수 엘리트의 지적 영역이었고, 일상생활에의 실제 혜택은 거의 낳지 않았다. 그리고 초기 산업혁명의 기술 향상은 순수과학에 의존한 바가 거의 없이, 주로 아마추어 발명가들의 경험과 실험을 통해 이루어진 것이었다. 그러나 1830년대 이후에는 순수과학에서 이루어진 과학적 발견들은 곧장 생활의 편리함과 안락함을 가져다주는 발명과 과학기술의 향상으로 이어지곤 했다.

수학　　19세기에 수학자들은 공간의 성질에 관한 에우클레이데스의 가정을 넘어서서, 다양한 비非에우클레이데스 기하학, 좀 더 일반화한 기하학을 발전시켰다. 러시아의 니콜라이 로바체프스키Nikolai Lobachevskii(1792~1856)는 최초로 에우클레이데스 기하학과는 전혀 다른 새로운 기하학의 가능성을 제기하고 비에우클레이데스 기하학을 창시했다. 독일의 베른하르트 리만Bernhard Riemann(1826~1866)은 에우클레이데스 체계와 비에우클레이데스 체계에 모두 적용할 수 있는 정리를 개발했다. 그는 리만 적분을 정의하고 리만 공간의 개념을 도입했으며, 수학계의 악명 높은 난제인 리만 가설을 만들기도 했다. 프랑스에서는 앙리 푸앵카레Henri Poincaré(1854~1912)가 함수론과 미분방정식론에 큰 업적을 남겼으며, 물리학 분야에서도 전자기파론과 양자론 등의 발전에 이바지했다.

화학과 물리학　　19세기에는 화학과 물질 이론에서 많은 발견이 이루어졌는데, 존 돌턴Dalton(1766~1844)이 그 기초를 놓았다. 그는 19세기 초에 각 화학 원소는 무게가 서로 다른 원자들로 구성되어 있다는 원자론을 제기하고, 혼합기체의 전체 압력은 각 성분 기체의 부분 압력의 합과 같다는 이른바 돌턴의 법칙을 발견했다. 이탈리아 화학자 아메데오 아보가드로Amedeo Avogadro(1776~1856)는 돌턴의 원자설로는 설명이 안 되는 기체 반응 현상을 설명하기 위해 분자설을 제기했다. 그는 몇 개의 원자가 결합하여 생긴 입자를 분자라 명명하고, 기체는 분자로 이루어졌다고 주장했다. 한동안 원자와 분자 간에 혼동이 있었으나 차츰 둘 간의 구별이 확립되었다. 러시아 화학자 드미트리 멘델레예프Dmitri Mendeleyev(1834~1907)는 1869년에 화학적 성질이 비슷한 원소가 주기적으로 나타나는 현상을 발견하고, 원소를 그에 따라 배열한 주기율표를 고안했다. 이 표의 공백에서 화학자들은 발견되지 않은 원소의 존재를 추론해 낼 수 있었다. 그의 주기율표는 근대 화학의 기틀을 다지는 데 크게 이바지했다.

19세기에 물리학자의 중요한 연구 주제의 하나는 에너지 문제였다. 증기기관의 발달은 과학자들이 그 이론적 기초를 연구하는 데 중요한 자극이 되었는데, 그 연구는 열과 기계 에너지 간의 관계를 연구하는 열역학으로 이어졌다. 제임스 줄Joule(1818~1889)은 1847년 열과 에너지가 같은 것이며 서로 호환될 수 있음을 증명하고, 에너지는 형태와 위치를 바꾸어도 전체 양은 변하지 않는다는 열역학 제1법칙, 이른바 에너지 보존 법칙을 확립했다. 줄에 이어 윌리엄 톰슨Thomson(1824~1907)은 절대온도의 개념을 도입하고, 열은 저온 물체에서 고온 물체로는 이동하지 않는다는 열역학 제2법칙을 정식화하여 자연현상의 비가역적 방향성을 강조했다.

물리학에서 또 하나의 혁명적 발전은 전자기 분야에서 이루어졌는데, 먼저 마이클 패러데이Michael Faraday(1791~1867)가 새로운 길을 열었다. 그는 1831년 도선導線 주위의 자기장을 변화시키면 도선에 전류가 발생한다는 전자기 유도 법칙을, 2년 뒤에는 전기분해 현상을 발견했다. 1861년 스코틀랜드 물리학자 제임스 클러크 맥스웰Clerk Maxwell(1831~1879)은 패러데이의 전자기 유도 법칙을 수학 공식으로 정립했다. 그리고 그는 전기, 자기, 빛이 모두 하나의 동일 현상의 서로 다른 형태에 지나지 않는다는 것을 알아냈다. 맥스웰은 오직 빛만 눈으로 볼 수 있지만, 보이지 않는 전자기 역시 파장의 형태로 움직인다고 주장했다. 이 가정은 1887년 하인리히 헤르츠Heinrich Hertz(1857~1894)가 전자기파를 발견함으로써 증명되었다. 그는 전선으로 연결되지 않은 별개의 장치인 발신기에서 수신기로 전자파를 보내는 실험에 성공한 것이다. 이후 마르코니는 헤르츠의 성취에 힘입어 무선전신을 개발했다.

생물학과 의학　　물리학에서의 눈부신 발전에 발맞추어 생물학과 의학에서도
그에 못지않은 진전이 이루어졌다. 테오도르 슈반Theodor Schwann(1810~1882)은 유
기체를 설명하는 세포 이론을 발전시켰다. 그는 마티아스 슐라이덴Matthias Schleiden
(1804~1881)이 1838년 식물의 기본단위는 세포라고 주장한 데 이어, 이듬해에 동
물도 식물처럼 세포로 이루어져 있다고 주장하면서 세포학을 확립했다. 이로써
모든 생물은 미세한 세포로 이루어져 있고, 이 세포의 건강과 성장이 전체 유기
체의 신체 상태를 결정짓는다는 사실이 인식되었다.

　프랑스 화학자 루이 파스퇴르Louis Pasteur(1822~1895)는 미생물 세계의 문을 열
었다. 이 작은 생명체는 17세기 초에 현미경으로 관찰되기는 했으나 1850년까
지는 거의 주목받지 못했다. 이 무렵에 이르러 파스퇴르는 전염병의 원인이 미
생물인 박테리아임을 처음으로 밝혔다. 그는 1870년대 말 당시 가축에 유행하
던 탄저병을 연구하던 중 예방접종의 원리를 발견했다. 그는 질병 예방을 위해
균으로 만든 약을 백신vaccine이라 하고, 자신이 개발한 방법을 예방접종vaccination
이라 불렀다. 수년간 비웃음을 받은 끝에, 파스퇴르는 마침내 그의 이론이 옳음
을 증명하고 예방접종을 실시할 기회를 얻었다. 독일 세균학자 로베르트 코흐
Robert Koch(1843~1910)는 1880년대에 결핵균과 콜레라균을 발견했으며, 1890년에
는 결핵 예방을 위한 투베르쿨린tuberculin을 개발했다. 파스퇴르와 코흐의 노력으
로 세균학과 면역학이 확립되었다. 일단 세균 이론이 받아들여지자, 재빠르게
외과수술에서 소독 절차와 공중위생의 개선이 이루어진바, 요제프 리스터Joseph
Lister(1827~1912)가 감염의 위험을 줄이기 위해 새로이 살균 기술을 개발했다.

　그런데 러시아 식물학자 드미트리 이바노프스키Dmitri Ivanovsky는 1892년 세균
여과기를 통과하는 병원체가 있다는 사실을 발견했다. 이후에 세균보다 작은 많
은 여과성 병원체가 발견되었는데, 이 병원체에는 곧 라틴어에서 독을 의미하는
바이러스라는 이름이 붙여졌다. 바이러스는 다른 유기체의 살아 있는 세포, 즉

숙주에 기생해서 증식하는 미생물로서, 천연두·소아마비·뇌염·홍역·독감 등 수많은 감염병을 유발한다는 사실이 밝혀졌다. 그리하여 많은 질병이 세균과 바이러스라는 병원체가 유발한다는 사실을 알게 됨으로써, 인간은 마침내 대량 살상자인 선페스트·발진티푸스·천연두·콜레라 등 수많은 감염병을 통제할 수 있게 되었다.

다원과 진화론　　1850년경까지 과학자들은 대체로 '존재의 대연쇄' 안에서 생물의 각 종이 고정된 본성을 가지고 있다는 생각을 견지해 왔다. 18세기 스웨덴 식물학자 린네는 특정 종에 속하는 생물은 모두 아무런 변화 없이 창세 시대에 형성된 원래의 모습을 그대로 유지해 오고 있다고 보았다. 19세기까지는 이 이론을 긍정하든 부정하든 어느 쪽도 증거가 불충분했다. 그러나 1850년께에 이르러 비교해부학, 발생학, 지질학에서의 발견 등으로 한 가지 피할 수 없는 결론이 나왔다. 찰스 다윈Charles Darwin(1809~1882)이 1859년 『자연선택의 방법에 의한 종의 기원에 관하여On the Origin of Species by Means of Natural Selection』를 출간하기 전에 이미 많은 박물학자와 철학자가 종의 변화 이론을 받아들였다. 이에 다윈은 관찰하고 수집한 자료를 통해 그 이론의 과학적 설명 체계를 확립했다. 다윈의 설명에 따르면 현존하는 모든 종의 생명체는 오랜 세월에 걸쳐 초기의 단순한 생명체에서 진화해 나왔는데, 각각의 종과 개체는 끊임없는 경쟁의 결과로 생겨났다. 동식물 중에서 경쟁에서 패한 자는 도태하는 한편, 생존한 적자는 유전을 통해 그 우월한 형질을 물려주는 방식으로 진화하여 새로운 종이 생겨난 것이다.

　　자연선택과 적자생존의 가설은 즉각 격렬한 논쟁을 일으켰다. 그것은 성경의 창조설과 상충할 뿐 아니라, 상대를 파괴하는 무자비한 경쟁을 생존 보장의 유일한 수단인 것으로 미화함으로써 전통적 도덕을 허무는 것처럼 보였기 때문이다. 다윈 자신은 종의 기원과 종 상호 간의 연관성에만 관심이 있었으며, 그의 이론에서 어떤 일반적인 철학적 결론을 끌어내지 않았다. 그리고 그는 동물과 식물의 종만 논의했을 뿐이었다. 그러나 그는 그다음 저서 『인간의 혈통과 성

관련에서의 선택*The Descent of Man, and Selection in Relation to Sex*』(1871)에서 인간의 기원을 원숭이와 연결했고, 그래서 논쟁에 새로이 기름을 끼얹었다. 다윈의 이와 같은 주장은 우주에서의 인류의 위상과 신과의 관계에 관한 전통적 생각에 근본적 의문을 제기하는 것이었다.

지질학적 시간 개념이 없었다면 다윈은 자신의 이론을 스스로도 확신할 수 없었을 것이다. 적자생존에 의한 자연선택의 과정은 인간의 상상을 훨씬 뛰어넘는 장구한 시간이 필요했기 때문이다. 그러나 '지질학의 아버지' 찰스 라이엘Charles Lyell(1797~1875)이 이미 그 문제를 해결해 놓았다. 라이엘의 『지질학 원리 *The Principles of Geology*』(1830~1833) 출간 이전에 교육받은 이들 대다수는 지구의 역사가 비교적 짧다고, 지구 표면이 갑작스럽고 극적인 변화를 겪었다고 믿었다. 라이엘은 이런 생각을 뒤집는 데 한몫한바, 그는 지질학적 변화는 매우 느리고 점진적이며 지구 나이는 수억 년에 이른다고 생각했다. 장 밥티스트 라마르크 Baptiste Lamarck(1744~1829) 역시 다윈에 결정적 영향을 미쳤다. 라마르크는 모든 유기체는 변하는 환경 조건에 적응하기 위해 새 기관을 발달시키는 경향이 있으며, 그 변화는 후손에게 유전되어 후손의 구조적 변화를 가져온다고 주장했다.

다윈의 진화론에서 가장 만족스럽지 못한 부분은 적자의 형질이 후대에 전해지는 메커니즘과 관련한 것이었다. 특히 독일 생물학자 아우구스트 바이스만 August Weismann(1834~1914)은 후천적인 획득 형질의 유전 가능성을 부정했다. 다윈은 유전을 기본적으로 우월한 한 개체의 신체적 특질이 후손에게 넘어가는 문제라고 믿었다. 그러나 오스트리아 식물학자 그레고르 멘델Gregor Mendel(1822~1884)은 유전에 관해 격세유전이라는 다른 설명을 내놓았다. 멘델은 한 식물은 특정의 형질을 자신이 갖고 있지 않더라도 그 유전인자를 전할 수 있다고 주장했다. 나중에 새 과학 분야인 유전학 연구자들은 멘델의 성과를 바탕으로 유전에 관한 다윈의 이론을 수정함으로써 진화론을 한층 강화했다. 한편 네덜란드 식물학자 휘호 더 프리스Hugo de Vries(1848~1935)는 1901년 달맞이꽃 실험을 통해 갑작스럽고 예측 불가능하게 일어난 변화가 유전되어 새 종을 낳을 수 있다는 돌연변이

설을 제기했다.

19세기의 세포학자들은 생물의 성장과 재생산이 모두 세포분열이라는 방식으로 일어난다는 것을 발견했는데, 20세기 초에 세포 연구 결과와 연계하여 새 유전자 이론이 제시되었다. 1915년 미국 유전학자 토머스 모건Thomas Morgan(1866~1945)은 생물의 유전형질을 나타내는 유전자가 염색체를 통해 다음 세대로 전달된다는 것을 발견하고, 유전자가 쌍을 이루어 염색체에 선상 배열을 한 염색체지도를 초파리 실험으로 입증했다. 그리하여 그는 진화 그림의 빈칸을 좀 더 채우는 데, 그리하여 20세기 분자생물학이 탄생하는 데 크게 이바지했다. 어쨌거나 진화가 실제 일어났다는 고고학적 증거가 계속 쌓여서, 20세기로 넘어갈 무렵에는 거의 모든 생물학자가 이러저러한 진화 이론을 받아들였다.

4) 사회과학과 인문학

사회학　　19세기는 과학의 명성이 정점에 이른 때였다. 과학적 방법의 숭배는 모든 분과 학문에 영향을 미쳤다. 그래서 사회의 다양한 분야를 연구하는 학자들은 자신의 연구 방법의 모델을 자연과학에서 구했고, 그 과정에서 자연과학에 견줄 만한 새로운 분야의 '사회과학'을 확립하려 했다. 그들은 흔히 실증주의자로 불렸는데, 그중에서 오귀스트 콩트Auguste Comte(1798~1857)는 실증주의positivism라는 철학적 접근법을 위한 기초를 놓았다. 그는 참된 지식은 경험적 증거에 근거해야 한다고 믿었고, 그것을 '실증적positive' 지식이라 불렀다. 그는 경험적 방법은 자연과학뿐 아니라 사회의 과학에도 적용되어야 하며 또 적용될 수 있다고 주장했다. 한때 생시몽의 비서였던 콩트는 인간 행동은 예측 불가능한 것이 아니며, 따라서 사회를 지배하는 법칙을 발견할 수 있다고, 그리고 그 법칙에 따라 사회 규제와 사회 개혁을 위한 지침을 마련할 수 있다고 믿었다. 그는 특히 처음으로 '사회의 과학'을 뜻하는 용어로 사회학이라는 용어를 고안해 내고, 이를 물리학만큼 확실한 사회의 과학으로 만들고자 했다. 그는 사회학이 사회문제

해결에 이바지함으로써 인간 진보에 핵심적 역할을 할 것이라 기대했다.

독일 사회학자 막스 베버Max Weber(1864~1920)는 콩트가 주장한 자연과학적 방법론을 배격하고, 19세기 후반 독일에서 주류를 이룬 신역사학파의 이론적 약점을 비판하면서 그것을 극복하려 했다. 그가 추구한 사회과학 방법론의 성과가 『사회과학적 및 사회정책적 인식의 객관성Die Objektivität sozialwissenschaftlicher und sozialpolitischer Erkenntnis』(1904)이었다. 그는 역사적 혹은 사회적 현상의 과학적 인식이 가능하다고 믿었으며, 그 방법론의 기초로서 이념형Idealtypus 개념을 제시했다. 이념형은 본질적 가치와 보편적 기준에 근거하여 설정되는 표준 개념일 뿐 실제 존재하는 것은 아니다. 이념형은 다양한 사회 현상을 연구할 때, 연구 대상을 객관적으로 인식하는 수단 역할을 하는 것이다. 베버는 사회과학의 가치중립성과 객관성의 중요성을 역설했으며, 그리하여 이전에 사변적 경향을 띠었던 사회과학 및 제반 학문이 과학적 연구 방법을 도입한 사회과학으로 거듭나는 데 크게 이바지했다.

베버는 또한 마르크스의 유물사관에도 비판적이었다. 그는 경제적이나 물질적 요인만으로 역사 발전을 설명하는 것을 비판하고, 종교나 정치 혹은 정신적 영역 등의 다양한 동기와 관련해서 역사 현상을 설명하려 했다. 『프로테스탄티즘 윤리와 자본주의 정신Die Protestantische Ethik und der Geist des Kapitalismus』(1904~1905)에서 베버는 근대 유럽의 자본주의 발생을 칼뱅교의 금욕 및 근면 윤리와 연관해서 설명했다.

경제학　　19세기 초기의 고전 경제학자들은 '완전 경쟁'과 '경제적 인간'을 그들 주장의 근거로 삼았다. 그리고 그들은 자주 그들이 내린 결론을 절대 확실하고 보편타당한 법칙으로 포장했다. 이를테면 맬서스는 인구 증가가 언제나 식량 증산보다 앞선다는 인구 법칙을, 리카도는 임금은 생계유지 수준에 머문다는 임금 철칙을 내세웠다. 그렇지만 고전 경제학은 독일에서는 이미 19세기 초기에 도전을 받았다. 독일에서 프리드리히 리스트는 자유주의 경제를 비판하는 한편,

5단계의 경제 발전 단계설을 제기하면서 4단계에 있는 독일이 5단계로 발전하기 위해서는 보호무역 정책이 필요하다고 주장했다. 19세기가 끝나갈 무렵에 소스타인 베블런Thorstein Veblen(1857~1929)은 유한계급의 과시적 소비 등을 지적하면서, 순전히 경제적인 동기나 '경제적 인간' 같은 개념은 인간의 행위와 욕망의 복잡하게 뒤얽힌 동기를 무시한 추상적 개념에 불과하다고 주장했다.

영국에서는 윌리엄 스탠리 제번스Stanley Jevons(1835~1882)가 경제학에 한계 효용 개념을 도입했으며, 한계 효용학파에 속하는 앨프레드 마셜Alfred Marshall(1842~1924)은 가격 결정과 관련하여 공급과 수요 곡선을 처음 개발했다. 그는 고전 경제학을 근대화하여 신고전학파의 기초를 닦은 학자로 평가되었다.

인류학과 고고학　　19세기 중엽에 원시사회의 체계적 연구가 시작되면서 인류학이라는 새로운 학문이 생겨났는데, 루이스 모건Lewis Morgan(1818~1881)과 제임스 프레이저Frazer(1854~1941) 등이 그 주요 개척자였다. 모건은 젊은 시절 미국 원주민 사회에 들어가 함께 생활하며 그들의 제도와 풍습을 연구했다. 그는 문명 이전의 시대를 야만과 미개의 두 단계로 나누고, 야만을 벗어난 고대사회 인간의 생활 방식으로 씨족적 삶을 주목했다. '비교종교 연구'라는 부제가 붙은 방대한 분량의 『황금 가지The Golden Bough』는 프레이저가 주술, 신화, 종교에 관한 방대한 자료의 분석을 통해 인류의 정신적 발전을 진술한 인류학의 고전이다.

인류학과 밀접하게 연관되어 있으면서 19세기에 열린 또 하나의 새로운 연구 분야는 고고학이었다. 장 프랑수아 샹폴리옹Champollion(1790~1832)은 1822년 로제타Rosetta석의 상형문자 비문을 판독함으로써 고대 이집트 문명을 이해할 길을 열었다. 곧이어 메소포타미아의 쐐기문자 역시 해독되었다. 그러나 가장 극적인 고고학적 성과는 하인리히 슐리만Heinrich Schliemann(1822~1892)이 19세기 말엽에 트로이아와 미케네 문명을, 아서 에번스Arthur Evans(1851~1941)가 20세기 초에 크레타 문명을 햇빛에 드러낸 일이었다. 이로써 그리스 문명 발생 이전의 에게해 세계의 삶의 일단이 역사 속으로 들어오게 되었다. 그와 더불어 구석기와 신석기 유적지들이 하나씩 발굴되면서 고고학자들은 차츰 오랜 원시시대에서 문명사회가 서서히 등장하는 그림 조각을 짜 맞출 수 있게 되었다.

역사학　　인간사를 다루는 가장 오랜 학문인 역사의 지식 또한 매우 풍성해졌다. 19세기에 정부 문헌이 대거 개방되고 잊힌 문헌이 체계적으로 출판되어, 방대한 사료가 이용할 수 있게 됨으로써 역사 연구가 더욱 촉진되었다. 19세기에 역사 연구의 주요 용도의 하나는 성장하는 민족주의 감정의 기초를 제공하는 것이었다. 엄청난 수의 민족의 역사가 쏟아져 나왔다. 독립된 국가를 갖지 못한 민족에서는 민족주의 지향의 지식인이 첫째 과업으로 삼은 것의 하나가 옛 선조들의 영광을 밝혀내는 일이었다.

그런가 하면 역사 서술에서 엄밀한 객관성을 구현하려는 노력이 특히 독일 역사가들 사이에서 크게 일어났는데, 그 가장 위대한 인물은 레오폴트 폰 랑케 Leopold von Ranke(1795~1886)였다. 그는 이전보다 훨씬 더 철저한 사료 검증을 강조함으로써, 역사 서술에 혁명적 변화를 가져오는 데 크게 이바지했다. 랑케는 역사가에게 모든 선입견과 편견을 버리고 오직 있었던 일을 있었던 그대로 서술할 것을 요구했다. 그는 역사가 '교훈'을 주는 실용적 학문이라는 것을 부정했다. 19세기 말경에 독일의 이러한 학풍은 미국 대학으로 전해져 이른바 역사의 과학학파를 낳았다.

그렇지만 랑케는 실제 일어난 일을 단 하나의 정밀한 그림으로 그대로 재현하는 것이 가능하다는 점을 모든 역사가에게 확신시키지는 못했다. 그의 가정에 대해 많은 역사가가 심각한 이견을 제기했다. 20세기 역사가 대다수는 역사는 자연과학과 같은 정밀성을 가질 수는 없으며, 과거는 역사가에 따라 다르게 '해석'된다고 생각했다. 그들은 역사의 여신 클리오Clio는 사회과학들 속에서는 결코 편안함을 느낄 수 없으며, 철학·문학·예술과 함께할 때 더 편안함을 느낀다고 믿었다.

사료가 더 많이 쌓이는 만큼 과거를 해석하고 일반화하는 일은 더욱 어려워졌다. 그래서 "권력은 부패하는 경향이 있으며, 절대 권력은 절대 부패한다"고 갈파한 존 댈버그 액턴Dalberg Acton(1834~1902) 경은 자료의 홍수에 압도되어, 필생의 사업으로 기획한 위대한 자유의 역사를 결국 쓰지 못했다. 제한된 야심을 가진 사가들은 한정된 시대와 주제를 다룬 훌륭한 역사를 저술했다. 테오도르 몸젠Theodor Mommsen(1817~1903)은 로마공화정의 역사를, 이폴리트 텐Hippolyte Taine (1828~1893)은 프랑스 구체제의 역사를, 프레더리크 윌리엄 메이틀랜드Frederick William Maitland(1850~1906)는 중세 영국의 법제사를 썼다.

역사 연구가 특히 일반인의 생각에 큰 영향을 끼친 분야는 성서 비판이었다. 독일 개신교 신학자 다비드 프리드리히 슈트라우스David Friedrich Strauss(1808~1874) 는 성경을 원문의 저작 연대와 역사적 배경 등을 중심으로 연구하는 이른바 성경 '고등 비평'higher criticism을 개척했다. 고등 비평가들은 성경의 기적과 초자연적 사건들을 신화로 간주하고, 역사적 인물로서의 예수를 순전히 인간적 차원에서 재구성하려고 했다. 프랑스 역사가이자 종교학자 에르네스트 르낭Ernest Renan (1823~1892)은 『예수의 생애Vie de Jésus』(1863)를 비롯하여 기독교의 초기 성립 과정에 관한 많은 연구를 남겼다.

철학: 관념론　　19세기 철학 분야에서 가장 영향력이 컸던 인물은 단연 헤겔이었다. 그는 당대의 학계를 지배한 관념론 철학의 거목으로서 베를린대학을 철학 연구의 중심으로 만들었다. 헤겔은 관념idea을 역사를 이끄는 힘이요 배후의 실체로 보았으며, 따라서 역사는 관념 혹은 인간 정신의 진보 과정이라고 믿었다. 이는 역사를 이끄는 주체는 신이며 역사는 신의 의지의 전개 과정이라고 본 교부철학자 아우구스티누스를 연상케 한다. 헤겔은 그 진보는 정·반·합이라는 변증법적 방식으로 이루어진다면서, 관념의 변증법적 역사 발전을 주장했다. 이에 따르면 한 특정 시대의 지배적 관념(정)은 그 자체가 불완전하기 때문에 그에 대립하는 관념(반)을 낳게 마련이다. 이 두 관념은 서로 투쟁하는 가운데 모순 요소를 지양止揚하고 한 단계 더 높아진 관념(합)으로 종합된다. 이 새로 종합된

관념은 새 시대의 지배적 관념(정)이 되는데, 그것 역시 불완전하므로 새로 대두하는 대립 관념(반)과 갈등하다가, 모순을 지양하고 한 단계 높아진 관념(합)으로 종합된다. 역사는 그런 과정의 반복을 통해 역사의 궁극적 목적지, 곧 모든 모순을 지양한 절대정신을 향해 나아간다.

헤겔은 역사의 변증법적 발전을 설명하면서, 국가를 이상화하고 그의 시대의 프로이센 군주정에서 역사가 완전에 다가가고 있다고 주장했다. "무엇이든 이성적인 것은 현실적인 것이요, 무엇이든 현실적인 것은 이성적인 것이다"라는 그의 관점에서는 현실적인 프로이센 군주정은 곧 이성적 존재였다. 그리고 그는 18세기적 의미의 인간 이성의 자리에 역사의 이성을 들여놓았다. 그리하여 계몽사상가들에게 그토록 귀중했던 인간 개인이 헤겔에 의해 역사에서 상대적으로 작은 역할로 전락했다. 그는 위대한 지도자들을 변증법의 도구로 생각했다. 정치적 천재는 자신을 진보하는 관념과 일치시키는 데서 존재한다. 이를테면 나폴레옹은 프랑스혁명의 시대정신을 구현한 인물이었다. 이런 방법으로 헤겔은 카이사르나 나폴레옹의 위대함을 설명했다.

철학: 반합리주의　　서로 간의 많은 차이에도 불구하고 콩트, 헤겔, 마르크스 등은 모두 인간과 세계를 합리적으로 이해할 가능성을 확신했다. 그러나 반합리주의자로 묶을 수 있는 일군의 철학자는 이 가능성을 부정했다. 인간의 이성과 진보에의 믿음이 여전한 가운데, 그와 동시에 소수의 지식인은 낙관적 진보의 관념을 공격하고, 이성의 권위를 부정하고, 비합리적인 것을 찬미했다. 아르투르 쇼펜하우어Arthur Schopenhauer(1788~1866)는 이성이 아니라 맹목적 의지가 우주와 인간의 본질이라고 주장했다.

덴마크 철학자이자 신학자인 쇠렌 키르케고르Søren Kierkegaard(1813~1855)는 한 세기를 건너뛰어 20세기에 유행한 실존주의의 선구자였다. '실존existence'이란 단어에 특별한 의미를 부여한 사람이 바로 키르케고르였는데, 그는 실존을 인간의 특유한 속성으로 규정했다. 오직 인간만이 자연의 '바깥'에서 실존하면서 우주에 관해 사유하고, 무엇을 믿고 어떻게 행동할지를 선택할 힘을 갖고 있다. 그는 바로 이 자유가 인간 개인에게 책임과 불안Angst을 안겨준다고 생각했다. 인간은 불안을 견뎌야만 한다. 왜냐하면, 인간은 자신이 자유로이 선택한 결과에 대해 확신할 수 없기 때문이다. 키르케고르는 한 세대 뒤의 니체처럼 헤겔 철학의 합리주의와 결정론을 공격했다. 그는 세계는 합리적이며 세계사는 신의 섭리의 전개 과정이라는 생각을 어리석다고 비웃었다. 그는 신학자들에게 심대한 영향을 끼쳤지만, 다른 한편 불가지론적이거나 무신론적 성향의 사람들, 특히 실존주의자들에게 호소력이 있었다.

프리드리히 니체Nietzsche(1844~1900)는 인간은 비합리적인 힘에 좌우되기 때문에, 이성은 실제로는 인간의 삶에서 별다른 역할을 하지 못한다고 믿었다. 그는 전통적 인간관뿐만 아니라 서양의 제도적 및 이념적 유산을 통째로 거부하고, 퇴폐적이며 문화적 창조성을 결여했다고 서양 부르주아 사회를 비난했다. 그것은 정서·열정·본능 등을 무시하고, 이성을 지나치게 강조하기 때문이라는 것이다. 그는 서양의 모든 전통적 가치를 부수고 새로운 가치를 세우려 했기 때문에 '망치를 든 철학자'라는 별명을 얻기도 했다.

니체는 『차라투스트라는 이렇게 말했다Also sprach Zarathustra』(1883~1885)에서 "신은 죽었다"라고 선언했다. 그는 서양 사회가 갱생하기 위해서는 신이 죽었음을 인정하고 신과 기독교에서 벗어나야 한다고 주장했다. 그럼으로써 인간이 해방되고, 그가 '초인Übermensch'이라 부른 더 높은 종류의 존재가 출현할 수 있다는 것이다. 그는 권력 의지를 인간 심리의 핵심으로 보았으며, '초인'이 되려는 사람들의 무자비한 권력 의지를 옹호했다. 그리고 그는 일반 대중을 혐오하고 그들의 정치적 역량을 불신하면서 민주주의와 보통선거제를 비난하고 거부했다. 그는 『선악의 저편Jenseits von Gut und Böse』(1986)에서는 이승의 삶을 저승의 신에게 희생으로 바치라고 가르치는 기독교가 삶을 병들게 하는 원흉이라고 지적하고, 기독교적 선악 관념 너머에서 발견되는 자연적인 삶에 충실하면서 새로운 가치를 구할 것을 역설했다.

한편 프랑스의 앙리 베르그송Henri Bergson(1859~1941)은 '생의 약동élan vital'을 중요시하면서 이들과는 사뭇 다른 반합리주의를 설파했다. 그의 생의 약동은 결코 중단함이 없는 생의 진화를 추동하는 것으로서, 이성이 아니라 오직 직관과 본능으로만 이해할 수 있는 것이었다. 베르그송은 흔히 빌헬름 딜타이Wilhelm Dilthey(1833~1911)와 게오르크 지멜Georg Simmel(1858~1918) 등과 더불어 생의 철학 Lebensphilosophie의 대표로 일컬어지는데, 생의 철학은 합리주의나 과학주의에 반기를 들고 인간의 생의 내면을 직관을 통해 이해하려는 시도였다.

5) 종교와 사회사상

19세기 기독교의 상황   19세기 초기에는 어느 정도 계몽사상에의 반동에 힘입어 기독교가 괄목할 만큼 부흥했다. 프랑스 낭만파 문학의 선구자 프랑수아 르네 드 샤토브리앙René de Chateaubriand(1768~1848)은 기독교를 옹호하는 『기독교의 정수Le génie du christianisme』(1802)를 써서 대혁명 후의 메마른 마음에 종교적 감성을 불러일으키는 데 지대한 영향을 미쳤다. 영국에서는 복음주의 운동이 일어나 영국교회에 활력을 불어넣고 상층계급 사이에 신앙심을 널리 퍼트렸다. 1807년 노예무역 폐지를 끌어낸 윌리엄 윌버퍼스는 그 운동의 가장 빼어난 지도자였다. 독일에서 프리드리히 슐라이어마허Schleiermacher(1768~1834)와 덴마크에서 쇠렌 키르케고르는 기독교의 지적·정서적 활력을 회복하려고 노력했다.

그런가 하면 다른 한편에서는 호전적인 반기독교 사상 역시 사라지지 않았다. 콩트의 실증주의와 마르크스의 변증법적 유물론이 그런 것이었다. 또 다른 영향력 있는 반기독교 사상가 루트비히 안드레아스 포이어바흐Ludwig Andreas Feuerbach(1804~1872)는 흔히 종교적 인도주의라 불리는 이론을 개발했다. 이에 따르면 모든 종교는 인간의 마음속에서 생긴 투쟁과 이상의 세계에 비친 투영에 불과했다. 다윈의 진화론, 원시종교의 인류학적 탐구, 종교 사상과 관행의 발전에 관한 역사가의 연구 등등의 영향으로 많은 사람이 기독교를 비롯한 종교를 사회적 경험의 진화적 산물로 보았다. 그런 견해를 바탕으로 어떤 사람은 기독교 교리를 거부하기도 했으나, 다른 사람은 신앙과 종교적 관행의 점진적 발전을 역사적 사실로 받아들이면서도 기독교는 과거 인간과 신의 만남의 값진 산물이라고 믿었다.

일반적으로 보자면, 19세기가 지나가는 동안 종교는 수많은 지식인 사이에서 발판을 잃어버렸다고 말할 수 있을 것이다. 불가지론, 회의론, 무신론이 더욱 널리 퍼졌다. 가톨릭교 국가에서는 자유주의자·공화파·사회주의자 사이에 반교권주의가 만연했는데, 이는 프랑스혁명의 유산이기도 하고 가톨릭 성직자들이 압도적으로 보수적인 활동을 한 결과이기도 했다. 그렇지만 유럽 모든 나라에서 인구의 다수는 여전히 기독교를 신봉했으며, 교회의 신학적 혹은 도덕적 가르침이 많은 사람의 마음에 깊은 영향을 미쳤다.

가톨릭교의 대응　　19세기 후반기 동안 이런 다양한 갈래의 견해들은 기독교 신앙에 심대한 도전이 되었다. 그 도전에 교회는 여러 방식으로 대응했다. 가톨릭교회는 다시 한 번 전통을 강력하게 고수하고 '근대주의'와의 모든 타협을 거부했다. 1864년 12월 비오 9세(1846~1878) 교황은 회칙 「콴타 쿠라Quanta Cura」를 공포하여 근대주의적 사상 일체를 철저하게 부정했다. 그는 1848년 혁명 때 로마에서 쫓겨나는 수모를 겪으면서, 그리고 이탈리아 통일 운동이 진행되는 과정을 보면서 지극히 보수적인 인물이 되었다. 그의 회칙에는 80항목에 이르는 '오류 요목Syllabus Errorum'이 첨부되었는데, 합리주의·자유주의·세속적 윤리 개념·물질주의 등 대다수의 근대 사상을 부정해야 할 오류로 열거했다. 이후 1869~1870년 바티칸에서 소집된 공의회는 이성이 계시에 종속되어야 함을 강조하고, 신앙과 도덕 문제에서 교황은 잘못할 수 없다는 교황 무오류 교리를 선포했다. 이에 이른바 '근대주의자들'은 교리는 불변의 것이 아니라 진화해 온 것이라면서 성서의 비판적 연구와 교리의 역사적 고찰을 옹호하고, 교회의 가치는 사회적 효용성에 놓여 있다고 주장했다. 그러자 비오 10세(1903~1914)는 근대주의를 이단으로 규정하고, 대표적 근대주의 성직자를 파문했다.

한편 이 두 교황 사이에 재임했던 레오 13세(1878~1903)는 산업자본주의가 초래한 사회문제에 좀 더 적극적으로 대응했다. 그는 1891년 공포한 회칙 「새로운 사태*Rerum Novarum*」에서 자본과 노동의 관계에 관해 교회의 견해를 밝혔다. 교황은 노동자들이 고용주의 탐욕에 무방비로 내맡겨져 있으며 그들 대다수가 빈곤에 짓눌리고 있음에 주목하면서, 교회는 약자와 짓밟힌 자의 편에 서야 한다고 믿었다. 그렇지만 그는 사회주의의 처방은 신성한 사유재산권의 파괴를 가져온다고 비판했다. 그는 또한 마르크스주의자의 잘못은 사회 계급을 상호 적대적으로 본 점이라면서, 자연이 명한 것은 부자와 빈자가 서로 조화 속에 공존해야 한다는 것이라고 주장했다. "자본은 노동 없이 할 수 없고, 노동은 자본 없이 할 수 없다"는 것이었다.

레오 13세는 이른바 '문화 투쟁'을 벌이면서 가톨릭교를 탄압하는 비스마르크의 독일과 관계를 개선하기 위해 노력하고, 사회적 약자를 위한 사회복지 입법을 촉구했다. 「새로운 사태」는 뒤이은 교황들의 승인을 받았는데, 공격적 기업가에게도 분노한 자본주의 비판자에게도 외면을 당했으나, 온건파에게는 하나의 지침이 되었다. 그것은 유럽 대다수 나라에서 가톨릭 노동조합과 가톨릭 정당의 설립을 촉진했다. 이 조직들은 사회혁명을 완강하게 거부하는 한편, 어느 정도의 사회정의를 추구하고 20세기의 민주적 '복지국가'를 지향했다.

개신교의 대응　　가톨릭교회는 그 조직의 구조 때문에 19세기의 혼란한 상황에서도 통일된 대응을 하는 것이 가능했다. 그러나 여러 갈래로 갈라진 개신교는 각각 다양한 방식으로 대응했다. '근본주의자들'은 성경을 문자 그대로 받아들일 것을 주장하고, 성경 비평과 유기체 진화설을 신의 말씀과 어긋나는 것이라며 거부했다. 이들과 달리 '근대주의자들'은 종교를 과학과 조화시키려고 노력하고, 기독교의 도덕적 가르침에 특별한 가치를 두었다. 이들은 성서 구절의 신화학적 해석을 수용하고, 예수를 특별한 영감을 받고 고귀한 윤리적 가르침을 전해준 고매한 인물로 보았다.

개신교는 산업화의 충격에 대응하는 문제와 관련해서 또 하나의 심각한 분열을 겪었다. 개신교 목사와 설교사 대다수는 사회·경제문제에 기본적으로 보수적이었다. 그러나 일부 활동적인 인사들은 사회적 양심의 고양, 빈민 지원 사업, 경제적 정의의 확대 등을 외치기 시작했다. 영국교회는 흔히 '사회적 복음'이라 불리기도 하는 이런 노력에서 주도적 역할을 담당했다. 그렇지만 영국교회는 그러기 위해서 옥스퍼드운동이라는 진통을 겪어야 했다.

영국교회에서는 1830년대에 옥스퍼드대학의 소규모 학생과 교수를 중심으로 이른바 옥스퍼드운동이 일어났다. 그 운동은 교회의 복음주의적 경향에 반발하면서, 개인의 판단보다 교회의 전통과 권위 그리고 각종 성사와 의례가 더 중요하다고 강조했다. 그로 인해 교회 내에서 오랫동안 격렬한 논쟁이 벌어지고, 교회가 갈라졌다. 그 결과 그 지도자 존 헨리 뉴먼Newman과 몇몇 추종자는 1845년 결국 영국교회를 떠나 가톨릭교로 개종했다.

옥스퍼드운동은 영국인의 정신적 삶이 되살아나게 하는 계기가 되었다. 옥스퍼드운동의 파동을 겪은 뒤 영국교회는 고압적인 모습을 벗어던졌으며, 성직자들은 신학 지식을 좀 더 깊이 익히고 교구 사업에 더욱 열성적으로 헌신했다. 이 새로운 유형의 성직자들은 기독교 사회주의를 설파하기 위해 도시의 종교적 황무지로 뛰어들었다. 수많은 성직자가 좀 더 정의로운 사회를 건설하기 위해 몸을 바쳤고, 그에 힘입어 영국교회는 20세기로 넘어갈 무렵 강력하고 생동하는 세력으로 성장했다.

한편 감리교 목사 윌리엄 부스Booth는 부인 캐서린Catherine과 함께 1865년 런던에서 새로운 복음 운동으로 기독교전도회Christian Mission를 창설하고, 런던 동부 지역 빈민가를 파고들었다. 부스는 1878년 이 전도회를 구세군Salvation Army으로 개칭하고, 그 '군대'의 초대 대장이 되었다. 구세군은 군대 조직을 갖추고, 영혼을 구제하기 위해 '병사들'을 도시의 거리로 파견했을 뿐 아니라, 필요한 사람에게 식량과 의류 혹은 쉼터를 제공하기 위해 기부금을 모았다. 이 운동은 곧 국제적 운동으로 발전했는데, 이 독특한 조직 외에도 많은 '사회적 복음' 단체들이 생겨났다.

사회적 진화론　　처음에 다윈의 진화론은 종교 사상가와 독실한 기독교도들로부터 신랄한 공격을 받았다. 코페르니쿠스가 우주에서 지구의 위상을 왜소하게 만들었는데, 이제 다윈은 인간을 동물과 혈통으로 연결함으로써 그 위신을 치명적으로 훼손했다. 게다가 그것은 성경 「창세기」 기사와 정면으로 충돌했다.

　그러나 다른 한편으로 진화론은 사회유기체설과 결합했는데, 그리하여 진화론은 생물학의 영역을 넘어 사회질서에 적용되어 사회적 진화론으로 발전했다. 영국 철학자 허버트 스펜서Herbert Spencer(1820~1903)는 사회는 하나의 유기체라고 주장하면서, 다윈의 '적자생존'의 원리를 인간 사회의 모든 측면에 적용했다. 그는 생존 투쟁을 통해 생물이 진화하듯이 유기체인 사회 역시 생존 투쟁을 통해 진보하며, 따라서 약자에 동정을 베푸는 것은 비자연적이며 반진보적인 것이라고 믿었다. 이러한 사회적 진화론은 약육강식의 자본주의 경쟁 체제를 합리화하고 성공한 산업자본가들을 도덕적으로 정당화해 주는 편리한 이데올로기 구실을 했다. 미국의 백만장자 존 데이비슨 록펠러Davison Rockefeller는 경쟁자를 물리치고 스탠더드 석유 회사Standard Oil Company를 거대 독점 회사로 키운 것을 자연선택의 작용으로 설명했다. 그런가 하면 칼뱅교 신학자는 다윈주의가 선택에 의한 구원이라는 그들의 교리를 정당화해 준다고 생각했으며, 마르크스는 그것이 역사의 계급투쟁에 대한 자연과학적 기초를 제공한다고 주장하면서 다윈에게 『자본』을 보내 주기도 했다.

근대 인종주의와 반유대주의　　사회의 급격한 변화와 더불어 사이비 과학도 등장했다. 프랑스 사이비 인류학자 조제프 아르튀르 드 고비노Joseph Arthur de Gobineau(1816~1882)는 『인종 불평등론Essai sur l'inégalité des races humaines』(1853~1854)에서 과학의 이름으로 인종주의를 정당화하고 근대 인종주의의 기초를 놓았다. 그는 민족을 유기체로 보면서 생물학적 이론을 정치에 적용했다. 그는 인종은 서로 간에 능력과 가치의 면에서 불평등하다고 믿었으며, 백인만이 문화 창조의 능력을 지녔다고 주장했다. 그는 특히 아리아인Aryan을 인류 가운데 가장 우월한 인종으로 내세웠다. 고비노의 인종주의는 적자생존의 논리와 더불어 더욱 강화되었으며, 특히 독일에서 가장 위험한 형태로 발전했다.

19세기가 끝날 즈음에 영국 태생으로 독일인이 된 휴스턴 스튜어트 체임벌린 Houston S. Chamberlain(1855~1927)은 『19세기의 기반The Foundations of the Nineteenth Century』 (1899)에서 근대 독일인은 서양 문화의 진정한 창조자인 아리아인의 유일한 순수 계승자라고 주장했다. 작곡가 리하르트 바그너의 사위인 그는 아리아 인종은 독일인의 지도력 아래 유대인, 흑인, 동양인과 같은 열등한 인종의 파괴적 공격으로부터 서양 문명을 구할 준비를 해야 한다고 주장했다. 특히 유대인은 아리아 인종을 파멸시키려는 인종적 적으로 규정되었다. 체임벌린의 인종주의는 고비노 이론과 결합하여 편협하고 뒤틀어진 신념에 '합리적'이라는 외피를 씌워주고, 아시아인과 아프리카인에 대한 유럽인의 지배를 정당화했다. 그들의 이론은 그 뒤 20세기에 나치에게 최악의 양상으로 악용되었다.

반유대주의는 주로 기독교도의 종교적 편견에 기인한 것이었다. 그런데 계몽사상과 프랑스혁명의 영향으로 유대인은 19세기가 지나가는 동안 많은 나라에서 법적인 권리를 허용받았으며, 많은 유대인이 게토에서 나와 주위의 문화에 동화되었다. 그들은 성공한 은행가, 법률가, 과학자, 학자, 작가, 예술가, 언론인이 되었다. 1880년에 유대인은 빈 인구의 10%쯤이었는데, 의학도의 39%와 법학도의 23%를 차지했다. 그러나 이러한 성취는 유대인이 처한 현실의 한 단면에 불과했다.

19세기 말엽에 반유대주의는 종교적 편견이 약해지는 대신, 인종주의 및 극단적 민족주의와 결합하여 새로운 활력을 얻었다. 프랑스에서 반유대주의는 드레퓌스 사건에서 크게 불거졌다. 독일과 오스트리아에서는 보수파 정치인이 하층 중간계급의 표를 얻기 위해 반유대주의를 이용했다. 동유럽에서는 유대인에 대해 더욱 심한 탄압이 자행되었다. 그곳에는 세계 전체 유대인의 70% 이상이 살고 있었는데, 폴란드 분할로 유대인이 가장 많이 살던 지역이 러시아의 지배 아래 들어갔다. 러시아 유대인은 거주 지역이 제한되고 각종 제약을 받았는데, 1881년의 알렉산드르 2세 암살 사건을 계기로 이후 오랫동안 그들에 대한 대대적 박해와 조직적 학살이 이루어졌다. 그 결과 수십만 명의 유대인이 해외로 이주했는데, 그중 다수는 미국으로 갔으며 2만 5000명가량은 팔레스타인으로 갔다.

반유대주의가 널리 퍼지자 유대인 사이에 차츰 옛 본향에의 회귀 열망이 자라났다. 헝가리 언론인이었던 테오도르 헤르츨Theodor Herzl(1860~1904)은 드레퓌스 사건에 큰 충격을 받았다. 그는 1896년 시온주의Zionism의 기치를 내걸고 팔레스타인에 유대인의 독립국가를 창건할 희망을 피력했다. 시온은 그 옛날 솔로몬 왕이 야훼 신전과 궁전을 지었던 언덕으로, 유대인의 유서 깊은 성지였다. 이듬해 제1차 시온주의 총회가 스위스 바젤에서 개최되었고, 시온주의자들은 유대인 국가 창건의 목표를 천명했다. 오랜 세기 동안 아랍인이 정착해 온 팔레스타인으로 유대인의 소규모 이주가 시작되었다. 그러나 팔레스타인 귀환은 어려운 일이었다. 그곳은 오스만제국의 영토로서, 제국은 유대인 이주를 반대했기 때문이다. 1900년에 1000명가량의 유대인이 이주하고 이후 해마다 3000명 남짓이 이주했으나, 시온주의의 꿈은 오랜 세월 꿈으로만 남아 있었다.

무정부주의와 생디칼리슴　19세기 후반기에 마르크스의 사회주의가 공상적 사회주의를 압도해 버렸으나, 무정부주의와 생디칼리슴syndicalisme은 계속 마르크스주의와 경쟁했다. 무정부주의자는 정치나 경제 혹은 종교 등 어떠한 형태의 것이든, 모든 권위의 행사를 개인에 대한 부당한 간섭이라고 생각했다. 그들은 인간은 기본적으로 선하다고 믿으면서, 만일 국가권력이 없어진다면 개인 사이에 자발적이고 조화로운 관계가 이루어질 수 있다고 믿었다. 러시아의 톨스토이와 미국의 헨리 데이비드 소로Thoreau 등은 단지 철학적 의미에서 무정부주의자였다. 그들은 자신의 사상을 실현하기 위한 수단으로 폭력을 사용하는 것을 확고하게 반대했다.

그러나 다른 무정부주의들은 정부를 전복하기 위해 정부 요인 암살, 테러, 반란 등의 방법을 추구했다. 이러한 무정부주의 사상은 먼저 서유럽에서 나타났지만, 가장 큰 영향을 미친 무정부주의자는 러시아 귀족 미하일 바쿠닌Mikhail Bakunin (1814~1876)이었다. 무정부주의의 아버지라 불린 그는 개혁이 쓸데없다고 믿고 테러리즘을 옹호했다. 그는 개인이 완전한 자유를 누리는 무정부 상태가 사회적 병폐의 유일한 해결책이라고 설파했다. 그는 1876년 죽었는데, 이후 그의 추종자들은 러시아 황제 알렉산드르 2세, 프랑스 대통령 사디 카르노Sadi Carnot, 이탈리아 국왕 움베르토Umberto 1세, 미국 대통령 윌리엄 머킨리McKinley 등을 암살했다. 그런 테러 행위는 곳곳에서 권력자들을 떨게 했으나, 국가권력 철폐를 위한 효과 있는 운동이나 사회 변혁을 이뤄내지는 못했다.

프랑스와 이탈리아에서는 조르주 소렐Sorel(1847~1922)이 주창한 생디칼리슴이 노동자의 지지를 얻기 위해 마르크스주의와 경쟁을 벌였다. 생디칼리스트syndicaliste는 노동자 총파업을 통해 사회의 근본적 재조직, 말하자면 자본가의 산업 통제를 폐지하고 그를 대체한 노동자의 산업 통제를 확립하려 했다.

제13장

제국주의의 전개

❖

1871년 이후 유럽 국제정치 무대는 영국, 프랑스, 독일, 러시아, 오스트리아-헝가리 이원 왕국 그리고 이탈리아의 여섯 나라가 지배했다. 그러나 이 가운데 진정 강대한 지도력을 뒷받침할 힘을 갖춘 나라는 영국, 프랑스, 독일뿐이었다. 이들 세 나라는 산업화와 과학의 진보가 제공한 기회에 성공적으로 적응하는 한편, 국민적 요구에 효율적으로 대처하는 근대적 정치제도를 발전시켰다. 이제 국민국가가 유럽인의 삶의 중심이 되었다. 자유주의적이고 민주주의적인 개혁으로 대중의 정치 참여가 확대되었다.

러시아, 오스트리아-헝가리, 이탈리아는 강대국이 되는 데 필요한 산업적 및 과학기술적 토대를 갖추지 못했으며, 또한 그 정치체제는 내실을 갖춘 강대국으로 발전하는 데 장애가 되었다. 러시아는 근대화를 시도하지만 제대로 성과를 거두지 못했고, 오스트리아-헝가리는 덩치는 컸으나 소수민족 간의 갈등으로 거의 마비 상태를 면하지 못했으며, 이탈리아는 지역적 분열과 경제적 취약함으로 허덕였다. 한편 유럽 바깥에서는 한 새로운 거인이 출현한바, 미국이 엄청난 잠재력을 지닌 채 거대한 산업국가로 떠올랐다.

19세기 말엽과 20세기 초엽의 유럽은 물질적 번영의 역동적 시대였다. 새 산업, 새 에너지원, 새 상품을 내어놓으며 2차 산업혁명은 유럽인의 삶을 다시 한 번 바꾸어놓고 있었다. 그와 더불어 대중사회가 출현했다. 하층계급은 참정권, 생활수준의 향상, 무상 초등교육 등의 혜택을 누렸다. 유럽의 새로운 사회에서 대중문학, 스포츠, 영화와 같은 대중문화는 고급문화만큼 중요한 역할을 했다. 대중문화의 조달자들은 좀 더 단순한 방식으로 그 시대의 진지한 작가와 예술가들이 한 것보다 훨씬 더 국민을 결속하는 가치와 교훈을 전달했다.

한편 서양 열강은 제국주의 침탈을 통해 지구 전역에 걸쳐 광대한 식민제국과 세력권을 건설했다. 불과 한 세대 남짓 만에 거대한 아프리카 대륙이 이들에 의해 분할되고, 아시아와 태평양이 그들의 야욕에 희생되었다. 일단 유럽 국가들이 지구 곳곳에서 땅과 이권을 차지하기 위한 경쟁에 나서자, 선교사들은 발 벗고 나서서 종교 사업으로 국가 정책을 보완했다. 문화적 우월감을 바탕으로 그들은 새로 접촉하는 사람들의 문화를 파괴하는 것을 정당하다고 생각했다.

제국주의 열강은 뜨거운 식민지 쟁탈전을 벌이는 과정에서 서로 간에 복잡한 이해관계를 형성하게 되었다. 제1차 세계대전 이전의 40년간만큼 유럽 열강이 우호국과 적대국의 망으로 복잡하게 얽히고설킨 적은 일찍이 없었다. 제국주의 경쟁이 치열해질수록 서로 간의 적대의식 또한 제어하기 힘들 만큼 깊어졌다. 유럽인들은 결국 국제적 경쟁을 극복할 건설적 방법을 찾아낼 능력이 없음이 드러났다. 그들은 삼국동맹과 삼국협상의 두 대립하는 동맹 체제를 만들어냈는데, 이 동맹 체제는 마침내 거의 전 세계를 대량 살상의 구렁텅이로 몰아넣었다.

적대적 두 동맹이 전쟁으로 돌입하는 계기를 마련해 준 것은 발칸반도였다. 지난 500년간 오스만제국은 발칸반도를 지배했는데, 18~19세기에 제국이 쇠퇴하면서 그 지배 아래 있던 소수민족들이 독립을 추구하기 시작했다. 이른바 '동방 문제', 즉 해체의 길 위에 있는 오스만제국의 처리 문제가 19세기에 유럽 6대 강국 모두의 관심사였다. 그 문제에의 원만한 해답을 찾지 못한 것이 1914년에 결국 끔찍한 결과를 가져왔다.

1. 유럽 각국의 정치적 발전: 1870~1914

1) 영국 민주주의의 성장

참정권의 확대   19세기 말엽에 아주 판이한 정치적 배경과 성격의 두 위대한 정치가가 나타나, 주거니 받거니 서로 돌아가면서 권력을 잡고 정치개혁을 주도했다. 먼저 개혁의 고삐를 쥔 인물은 보수당의 벤저민 디즈레일리Benjamin Disraeli (1804~1881)였다. 유대인인 디즈레일리는 네 번이나 낙선의 고배를 마신 뒤에야 의원이 되었으며, 처음에 자유주의자로 정치에 입문했으나 보수당으로 말을 갈아탔다. 1867년 보수당이 소수 정부로 집권에 성공하자, 그는 투표권의 재산 자격 요건을 낮추는 법안을 의회에 상정하여 통과시켰다. 이 제2차 개혁법으로 남자 도시 노동자 대다수가 투표권을 얻게 되어, 잉글랜드에서 유권자가 100만 명 남짓에서 200만 명으로 두 배 가까이 불어났다.

개혁 법안은 사실 그 전해인 1866년에 자유당이 추진했으나 당내에서부터 반발에 부딪혀 실패했는데, 법안이 통과되지 않자 정치적 소요와 폭동이 나라를 흔들었다. 그래서 제2차 개혁법은 참정권 확대가 피할 수 없는 것이라고 본 디즈레일리가 자유당에 선수를 쳐서 보수당이 산업 노동자의 정치적 지지를 확보하기 위해 기획한 것이었다. 디즈레일리는 도시 노동자들이 그들의 고용주 대다수가 지지하는 자유당에 반대하고 그들에게 투표권을 준 정당에 고마움을 표현하는 투표를 하리라 기대했다. 그러나 이듬해 실시된 총선거에서 그의 기대는 무참하게 깨어졌다. 새로 유권자가 된 산업 노동자들은 오히려 자유당의 압도적 승리를 도왔다.

1868년 총선의 압승으로 다시 정권을 잡은 자유당을 1874년까지 이끈 인물은 윌리엄 유어트 글래드스턴Ewart Gladstone(1809~1898)이었다. 이후 그는 1894년까지 영국에서 유일하게 네 번이나 수상을 역임했다. 부유한 상인 집안 출신인 글래드스턴은 일찍이 24세에 의회에 진출한 뒤 승승장구했으며, 디즈레일리와는 거꾸로 보수당에서 시작해서 자유당으로 옮겨갔다. 집권한 뒤 그는 교육법 Education Act(1870)으로 5~14세 어린이의 초등교육을 의무화하고, 행정 체제 전반을 정비하는 개혁을 단행했다. 지금까지 정부와 군대에서 임명과 승진이 후원제와 정실에 좌우되었는데, 1870년에 이를 공개 시험으로 대치했다. 군대 복무 기간의 단축, 구타 금지, 장교직 매매 금지 등으로 군대가 개선되었다. 1871년에는 노동조합이 합법화되었다. 그러나 글래드스턴은 1874년 선거에 참패하고 정권을 디즈레일리에게 빼앗겼다. 재집권에 성공한 디즈레일리 정부는 이른바 '토리 민주주의'를 밀어붙였다. 그의 정부는 노동조합에 평화적인 피케팅picketing의 권리를 부여하고, 노사의 동등한 지위를 법적으로 보장했다. 보수당 정부는 또한 공공주택의 보급, 식품과 의약품의 표준화, 공중보건사업의 확대 등 다양한 분야에서 사회를 개선하기 위해 노력했다.

1884년의 제3차 개혁법은 1880년 권좌에 복귀한 글래드스턴의 작품이었다. 그는 이 개혁으로 저번의 개혁법에서 제외되었던 농업 노동자들에게 참정권을 부여함으로써, 1867년 디즈레일리에게 선수 당한 빚을 갚아주었다. 그는 농업 노동자들이 고용주인 지주 대다수가 속해 있는 보수당에 반대하여 자유당에 표를 주리라 기대했다. 그리하여 정당 정치의 책략을 통해 영국의 참정권이 점진적으로 남자 보통선거권에 가까운 데까지 확대되었다.

이와 같은 방식으로 영국의 정치제도는 민주주의를 확대하는 방향으로 나아갔으며, 의회제도를 통한 점진적 개혁이 영국의 정치적 삶의 방식으로 확립되었다. 그렇지만 귀족과 상층 중간계급의 정치적 지도력은 무너지지 않았다. 영국 지배 집단은 의회제도와 정부의 연속성을 훼손하지 않으면서, 신참자를 흡수하고 새 사상을 소화하는 데 대단한 유연성을 보여주었다. 그 결과 영국은 프랑스와 대륙의 거의 모든 나라의 정치적 삶을 수놓은 주기적 혁명과 폭력을 피할 수 있었다. 19세기 후반에 들어와서 영국의 옛 귀족 체제는 점진적으로 그리고 합법적 절차를 거쳐 새로운 자유주의 체제로 탈바꿈해 나갔다.

노동당의 등장　　1884년의 제3차 선거법 개혁으로 노동계급이 강력한 정치 세력으로 등장했다. 그렇다고 노동자들이 곧장 정당 결성으로 나아간 것은 아니다. 많은 노동조합 지도자가 정치권 바깥에 머물면서 고용주와의 협상을 통해 경제적 향상에 힘을 쏟는 게 더 낫다고 느꼈기 때문이다. 그러나 1893년에 스코틀랜드 광부 출신 케어 하디Keir Hardie(1856~1915)가 독립노동당Independent Labor Party을 창당했다. 그 뒤 케어 하디는 1900년 제임스 램지 먹도널드Ramsay MacDonald(1866~1937)와 함께 독립노동당을 중심으로 여러 노동단체와 사회주의 단체를 규합하여 노동당Labor Party을 창당했다. 조지 버나드 쇼Bernard Shaw(1856~1950), 시드니 웨브Sidney Webb(1859~1947)와 비트리스Beatrice 웨브(1858~1943) 부부 등 일군의 지식인이 1884년 창립한 페이비언협회Fabian Society는 민주적 방법을 통해 점진적으로 사회주의 국가를 건설할 것을 주장했는데, 이들의 페이비언사회주의는 노동당 탄생에 큰 영향을 미쳤다. 노동당은 1906년 선거에서 29석을 얻으면서 빠르게 세력이 커졌는데, 그러나 전통 정당인 자유당 및 보수당과 어깨를 겨룰 수 있게 된 것은 제1차 세계대전 이후의 일이었다.

신자유주의 개혁　　자유당은 1895~1905년의 10년 동안 보수당에 정권을 빼앗겼는데, 이는 글래드스턴이 아일랜드 자치법안을 밀어붙이면서 자유당이 두 쪽으로 갈라졌기 때문이었다. 그동안 대외 및 제국주의 정책 등에 전념하면서 보수당은 토리 민주주의의 전통에서 벗어났다. 1906년 1월 선거에서 자유당은 엄청난 승리를 거두면서 정권을 되찾았다. 그러나 노동당이 창당됨으로써 자유당은 이제 좌우 양쪽에서 위협을 받게 되었다. 그러자 자유당은 고전적 자유방임 원리를 과감하게 포기하고 과감한 사회복지 프로그램을 끌어안기로 했다. 새로이 대두한 대중사회에 능동적으로 대처하기 위한 자유당의 이러한 변신은 흔히 신자유주의로 불렸다. 데이비드 로이드 조지David Lloyd George(1863~1945)는 그 프로그램을 "노령, 사고, 질병, 실업의 네 유령이 가난한 이들을 따라다니고 있다. 우리는 그것들을 퇴치하려 한다"라는 말로 표현했다.

수상 허버트 애스퀴스Herbert Asquith(1852~1928)와 로이드 조지 그리고 보수당에서 넘어온 젊은 윈스턴 처칠Winston Churchill(1874~1965)이 지도하는 자유당은 노동진영의 도움을 받아 광범한 개혁 정책을 추진했다. 어린이에 대한 의료사업(1907), 노령연금제(1908), 노동자의 실업과 질병에 대비하는 국민보험(1911) 등이 입법화되었다. 이로써 영국은 복지국가의 주춧돌을 놓았다. 그리고 여태까지 의원은 무보수 명예직이었는데, 1911년부터 의원에게 세비가 지급되어 가난한 사람도 생계 걱정 없이 의정 활동을 할 수 있게 되었다.

그런데 신자유주의적 개혁에는 엄청난 재정이 소요되었다. 이를 충당하기 위해 로이드 조지는 1909년 혁명적이라 할 만한 대규모 예산안을 의회에 상정했다. 이른바 이 '인민예산People's Budget은 소득세와 상속세 등으로 세입을 증대하려는 것이었는데, 그 부담은 대부분 부유층이 지게 되어 있었다. 예산안은 어렵게 하원을 통과했으나, 상원은 이를 '부자들의 피를 빨아먹는 것'이라 비난하면서 부결시켰다. 이후 의회 해산과 총선 실시 등 정치적 위기를 겪은 끝에 1911년 의회법이 제정되어 상원의 예산안 거부권이 폐지되는 등 상원의 권한이 대폭 축소되었다. 그 이후 상원은 하원에서 통과된 법안을 두 차례 유예할 수만 있을 뿐, 하원의 법률 제정을 막을 수는 없게 되었다. 그리하여 영국은 민주주의를 향해 한 발 더 가까이 다가갔다.

아일랜드 문제　　　19세기 말 영국 개혁가들이 맞닥뜨린 가장 심각한 딜레마는 아일랜드 문제였다. 이 위기는 17세기에 그 기원이 있었다. 영국은 그때 수많은 스코틀랜드 개신교도를 아일랜드 북쪽의 얼스터Ulster 지방으로 이주시켰는데, 이후 그곳은 강고한 영국 개신교도 식민지가 되었다. 18세기에 영국은 많은 압제적인 법을 아일랜드 가톨릭교도에게 부과했으며, 1800년에는 통합법Act of Union으로 아일랜드를 아예 영국에 통합해 버렸다. 아일랜드의 많은 농지가 영국계의 기생적 지주 귀족의 수중에 넘어가고, 이들은 새로 얻은 토지를 잘게 쪼개어 많은 영세 농민에게 소작을 주었다. 지대를 내지 못한 많은 아일랜드인 농민이 토지에서 쫓겨났다. 아일랜드인은 통합법으로 자신의 정부와 생계 둘 다 잃었다.

　　19세기가 지나가면서 아일랜드인들은 영국에서 약간의 양보를 얻어냈다. 1829년의 가톨릭교도해방법으로 아일랜드 가톨릭교도들은 법적 차별에서 벗어나 의원에 선출되거나 공직에 취임할 수 있게 되었다. 글래드스턴 정부는 소작농이 영국계 지주의 토지에서 쫓겨나지 않도록 보호하고, 1881년에는 토지법을 제정하여 아일랜드 소작농에게 좀 더 많은 권리를 부여하여 농업 조건을 개선했다.

그러나 이런 양보로는 아일랜드인의 마음을 달랠 수 없었다. 1875년 이후 영국 의회에 진출한 찰스 스튜어트 파넬Charles Stewart Parnell(1846~1891)은 아일랜드 민족주의 세력을 규합하여 아일랜드 자치를 쟁취하기 위해 헌신했다. 이에 글래드스턴은 자치만이 아일랜드 문제의 유일한 해법이라 믿고 1886년과 1893년 두 차례 아일랜드 자치법안을 상정했으나, 자유당의 분열만 초래한 채 모두 실패했다. 우여곡절 끝에 자치법안은 1914년 최종적으로 의회에서 통과되었으나, 이번에는 얼스터의 영국계 개신교도들이 강력히 반발했다. 소수파인 그들은 지배적 지위를 잃을까 우려해 영국과의 결합을 완강하게 고수했다. 그들은 자치법 시행에 무력으로 저항하기 위해 10만 의용군을 조직했는데, 이런 움직임에 자극받은 아일랜드 가톨릭교도들도 그에 웃도는 의용군을 조직했다. 일촉즉발의 내란의 위기 상황을 유예한 것은 독일과의 전쟁이었다.

2) 프랑스 제3공화국

제3공화국의 탄생　　나폴레옹 3세의 항복 소식이 전해지자 1870년 9월 4일 파리 시민은 봉기하여 임시정부를 수립하고 제3공화국을 선포했다. 그리고 그들은 결사 항전에 들어갔다. 독일군은 9월 19일부터 파리 공격을 개시, 도시를 포위하고 폭탄 세례를 퍼부었다. 파리 시민은 넉 달이 넘도록 쥐와 고양이, 심지어 동물원 동물까지 잡아먹으며 버텼고, 민중의 영웅 레옹 강베타Léon Gambetta는 10월 9일 열기구를 타고 탈출하여 지방에서 군대를 일으켜 파리를 구원하려 했다. 그러나 굶주림과 추위를 견디지 못한 파리 시민은 1871년 1월 28일 결국 항복했다. 강화 협정을 맺고 새 정치체제를 마련할 국민의회를 선출하기 위한 총선거가 2월 8일 남자 보통선거제로 실시되었다. 보르도에 소집된 새 국민의회는 보수 왕당파가 압도적 다수를 차지했으며, 이들은 서둘러 전쟁을 끝내고자 3월 1일 비스마르크가 제안한 강화조건을 받아들였다. 프랑스는 거액의 배상금을 떠안을 뿐 아니라 로렌 일부와 알자스를 독일에 넘기기로 했다. 이 굴욕을 프랑스인은 결코 잊을 수 없었으며, 이 굴욕에 대한 복수의 염원이 이후 프랑스 정치의 중요한 동인이 되었다. 이 평화조약은 5월 10일 프랑크푸르트에서 공식 체결되었다.

굴욕적 강화조약에 분노하고 보수적 국민의회를 혐오한 파리의 급진공화파는 3월 26일에 1792년 코뮌의 전통을 살려 파리 코뮌Commune de Paris을 수립하고 파리의 통제권을 장악했다. 자코뱅파, 사회주의자, 무정부주의자, 프루동파 등 잡다한 집단으로 이루어진 코뮌파는 파리에서 사회혁명을 추진했다. 이에 국민의회는 파리 코뮌을 분쇄하기로 결의하고, 임시정부 수반 아돌프 티에르는 군대를 동원하여 파리를 포위했다. 그 결과 4월에 프랑스 역사상 가장 처절한 내전이 일어났다. 남녀 가리지 않고 노동계급을 비롯하여 수많은 시민이 코뮌을 사수하고 나섰다. 그러나 파리 코뮌은 결국 5월 21~28일의 '피의 일주일' 동안 벌어진 처절한 전투 뒤 무너졌다. 적어도 2만 명이 전투에서 혹은 대량 처형으로 죽었으며, 1만 명이 유형지로 추방되었다. 작가 에밀 졸라는 문명 시대에 그런 끔찍한 범죄는 본 적이 없다고 언급했다. 이 사태로 프랑스 사회주의 운동은 거의 한 세대 동안 그 충격에서 헤어나지 못했으며, 잔혹한 진압과 탄압이 남긴 증오의 유산이 이후 수십 년간 프랑스 정치의 발목을 잡았다.

이런 극심한 혼란을 겪으면서 제3공화국이 탄생했다. 승리한 국민의회는 새 체제의 수립을 놓고 격렬한 논쟁을 벌였다. 압도적 다수인 왕당파가 서로 합의할 수만 있었다면 왕정이 다시 수립될 수 있었을 것이다. 그렇지만 부르봉 왕가를 지지하는 정통파, 루이 필리프의 손자를 옹립하고자 하는 오를레앙파, 보나파르트파는 서로 이해관계가 어긋나는 바람에 기회를 놓치고 말았다. 결국은 티에르가 제시한 타협책인 '군주제적 공화정'이 다수의 동의를 얻었다. 의회는 양원제 입법부와 양원 합동 회의에서 선출하는 임기 7년의 대통령제를 채택했다. 대통령은 실권이 없는 장식적인 존재였으며, 선거인단에 의한 간접선거로 선출되는 상원인 원로원Sénat도 권한이 별로 없었다. 실질적 권력은 남자 보통선거로 선출되는 하원인 대의원Chambre des députés에 있어서, 내각은 대의원의 뜻에 따라 조각되었다.

공화정 체제의 확립　우여곡절 끝에 제3공화국이 1875년 정식으로 출범했으나, 이후 30년 동안 프랑스는 군주주의와 공화주의 사이에서 계속 흔들렸다. 상대적으로 보수적인 원로원은 좀 더 자유주의적이며 공화주의적인 대의원과 갈등을 빚었으며, 그사이 공화정을 전복하려는 우익 쿠데타가 몇 차례 시도되기도 했다. 1877년 왕당파인 막마옹Macmahon 대통령이 대의원을 해산하고 독재 권력을 장악하려 했으나, 실패하고 1879년 1월 사임했다. 그 10년 뒤에는 또 다른 야심가 조르주 불랑제Boulanger 장군이 민중의 독일에 대한 복수심에 기대어 전쟁을 부추기는 연설로 인기를 얻었다. 공화정을 반대하는 많은 보수파가 1851년 루이 나폴레옹이 했던 것처럼, 불랑제가 쿠데타로 공화정을 뒤엎고 프랑스의 위대함을 되찾아 오기를 기대했다. 그러나 그의 쿠데타 기도는 거사 직전에 탄로가 났다. 정부의 체포 명령이 내려지자 그는 브뤼셀로 도망갔으며, 그것으로 공화정의 위기는 일단 해소되었다.

공화정 최대의 위기는 드레퓌스Dreyfus 사건으로 나타났다. 공화주의가 계속 기반을 넓혀가자, 보수파는 이 사건을 통해 공화정을 전복하기 위해 마지막 사력을 다했다. 1894년 유대인 알프레드 드레퓌스 대위가 독일에 군사 기밀을 팔아넘겼다는 혐의로 기소되었다. 그는 유죄 판결을 받아 장교직을 박탈당하고 해외로 유배되었다. 사건은 일단락되었으나, 군사 기밀은 계속 새나갔다. 드레퓌스가 받은 혐의의 근거가 군이 조작한 위조문서라는 증거가 드러났음에도, 그리고 군부 안의 보수 왕당파가 진범을 숨긴 사실이 드러났음에도, 드레퓌스 사건은 실체적 진실과 무관하게 고도의 정치적 쟁점이 되어버렸다. 나라가 군부·가톨릭교회·왕당파의 반드레퓌스파와 지식인·사회주의자·공화파의 친드레퓌스파의 두 진영으로 확연하게 갈라졌다. 에밀 졸라가 1898년 '나는 고발한다 J'accuse'라는 공개서한으로 군 장교들의 위법행위를 지적한 뒤, 그 사건은 거의 내란으로 치달을 지경이 되었다.

1899년 타협적 내각이 들어서서 드레퓌스를 사면함으로써 공화파의 승리로 사태가 종결되었다. 드레퓌스가 최고 법정에서 무죄가 확정되고 소령으로 진급하여 군대에 복직한 것은 다시 7년이 지나서였다. '나는 고발한다'로 군 명예 훼손 혐의로 유죄 판결을 받았던 에밀 졸라의 유해는 국립묘지 팡테옹에 이장되었다. 이후에도 제1차 세계대전에 이르는 기간에 연이어 터지는 국제적 위기 속에서, 보수파가 프랑스의 군사적·정치적·도덕적 쇄신을 외치면서 새로운 형태의 민족주의적 군주주의를 고취하기는 했다. 그러함에도 불구하고 이 승리 이후 공화정 체제는 확고하게 뿌리를 내린 것처럼 보였다.

제3공화국에서 프랑스 시민은 기본적인 민주적 권리를 누렸으며, 그 권리를 극히 복잡한 다당제 정치체제를 통해 행사했다. 그래서 정부는 구조적으로 취약점을 안고 있었다. 양당제가 정착된 영국과 달리 프랑스는 많은 군소 정당이 난립해서, 의회 다수의 지지를 확보하기가 어려운 정부는 만성적인 불안정에 시달렸다. 그래서 제3공화국에는 1914년까지 무려 49개 내각이 들어섰으며, 2년 이상 견딘 내각은 불과 몇 개에 지나지 않았다. 그렇지만 프랑스는 강력하고 번영했으며, 세계열강 중 둘밖에 없는 공화국이었다.

가톨릭교회 및 노동과의 관계　　　제3공화국은 정치체제의 확립 문제 외에도 여러 다른 문제를 안고 있었다. 나폴레옹 3세와 가톨릭교회의 긴밀한 유대 때문에 공화파 사이에는 반교권적 태도가 증가했다. 그런 가운데 터진 드레퓌스 사건으로 공화파의 반교권주의는 훨씬 강화되었다. 그들은 군주주의자의 일관된 동맹인 가톨릭교회를 공화정의 천적이라 믿었다. 자유주의자와 사회주의자는 1880년대에 입법부를 장악한 뒤 가톨릭교의 국교 지위를 폐지하는 운동을 전개했다. 예수회가 해체되고, 공립 초등학교에서 종교 교육이 금지되고, 이혼이 다시 허용되었다. 1905년에 이르러서는 교회와 국가의 완전한 분리가 법제화되고, 개신교도와 유대교도에게 가톨릭교도와 똑같은 법적 지위가 부여되었다. 가톨릭교회의 역할이 1920년대에 주요 정치 쟁점으로 다시 떠오르기는 했으나, 이로써 공화파는 가톨릭교회와의 싸움에서 승리를 거두었다.

프롤레타리아와 사회주의 세력의 성장 또한 공화국을 괴롭힌 문제였다. 1871년 파리 코뮌의 패배로 괴멸하다시피 한 노동 세력은 1880년 모든 코뮌파가 사면을 받은 뒤 약간의 자신감을 되찾았다. 노동조합은 1884년 르샤플리에법이 폐지되어 합법적 지위를 획득했다. 산업화의 결과 노동계급이 급속하게 성장하면서 노동조합들이 통합하기 시작했으며, 1895년에는 생디칼리스트들이 주도하여 전국 조직인 노동총동맹Confédération générale du travail을 결성했다. 그러나 점증하는 압력에도 정부는 사회 입법을 거부했으며, 이로 인해 노동계급과 중간계급의 거리는 더욱 멀어졌다. 그 결과 결국 노동자와 군대 간에 자주 폭력 사태와 충돌이 발생했다.

사회주의 세력은 단결되어 있지는 않았다. 네 주요 집단과 많은 분파가 각자의 조직을 발전시키고 있었다. 혁명적 혹은 마르크스주의적 사회주의자들은 부르주아와의 타협과 화해를 일절 거부했으며, 점진적 사회주의자들은 목적 달성을 위해 선거와 교육 혹은 공화국의 정치제도를 이용하려 했다. 기존 국가를 폭탄과 테러로 파괴할 것을 추구한 러시아 망명객 미하일 바쿠닌을 추종한 무정부주의자들은 낡은 사회를 파괴한 잿더미에서 새롭고 좀 더 평등한 사회가 출현하리라 믿었다. 조르주 소렐을 중심으로 한 생디칼리스트는 태업과 파업을 통해 국가 산업을 마비시킴으로써만 노동계급이 권력을 쟁취하고 사회정의를 실현할 수 있다고 주장했다. 제1차 세계대전 이전의 약 10년 동안 사회주의 세력이 성장하는 것과 동시에 보수파도 다시 힘을 얻음에 따라 중도적인 온건파는 영향력을 잃었다.

3) 독일제국의 발전

독일제국의 체제　1871년 1월 탄생한 독일제국은 4왕국, 18제후국, 3자유시 등 25개 국가와 통일 전쟁 때 프랑스에서 빼앗아 제국 직속령이 된 알자스-로렌으로 이루어진 연방국가였다. 제국의 전반적 통치권은 세습 황제에게 있었고, 그는 특히 외교와 군사 문제를 관장했다. 입법부는 연방 참의원Bundesrat과 제국의회Reichstag의 양원으로 이루어졌다. 상원인 연방 참의원은 각 회원국의 대표로 구성되었는데, 각 국가는 그 크기와 힘에 따라 대표권이 부여되었다. 전체 57석 가운데 프로이센이 17석, 그다음 많은 바이에른은 6석을 차지하고 있어서, 연방 참의원은 프로이센이 사실상 좌지우지할 수 있었다. 황제나 재상이 회의를 주재하는 연방 참의원은 헌법 개정에 거부권을 행사할 수 있고, 모든 입법에는 그 동의가 필요했다. 하원인 제국의회는 남자 보통선거로 선출되는 3년 임기의 의원 397명으로 구성되었으며, 연방 참의원과 입법권을 공유하고 예산을 통제할 권한을 가졌다.

내각은 황제에게 임명을 받고 오직 그에게만 책임을 졌을 뿐이며, 의회에는 아무런 책임을 지지 않았다. 그래서 재상은 입법부를 무시하고 정책을 추진할 수 있었다. 게다가 프로이센의 군국주의 전통은 강고했고, 군대는 오직 황제에게만 책임을 졌을 뿐 의회의 통제에서 벗어나 있었다. 그리하여 영국이나 프랑스와 달리, 독일에서 의회는 진정한 정치적 민주주의를 발전시키는 역할을 하지 못하고 권위주의 군주정의 장식물에 머물렀다. 한편 각 회원국 정부에 큰 폭의 권력이 부여되었기 때문에, 재상은 연방국가라는 구조의 제약 안에서 국정을 운영해야 했다.

비스마르크의 시대　　제국의 첫 재상이 된 비스마르크는 하나의 신앙, 하나의 법, 하나의 통치자에 기초한 효율적 국가라는 신념을 바탕으로 근대 독일의 건설에 매진했다. 그런데 그는 이 기준에 맞지 않는 제도들, 특히 가톨릭교회와 사회주의 정당을 불신했다. 독일에는 수많은 정당이 시끌벅적 활동했으나, 서로 분열하여 실질적 힘을 행사하지는 못했다. 비스마르크는 그들을 적절히 요리하여 의회에서 그의 정책에의 지지를 끌어낼 수 있었다. 게다가 충성스럽고 방대한 관료 조직이 정부 정책을 뒷받침했다.

비스마르크는 1870년대에 오랫동안 가톨릭교회와의 투쟁에 몰두했다. 가톨릭교회와의 갈등은 이른바 '문화 투쟁Kultur Kampf'의 형태로 전개되었다. 가톨릭교회는 비오 9세 교황의 보수적 지도력 아래에서 힘을 회복하면서 상당한 영향력을 행사하고 있었다. 1870년 바티칸 공의회가 교황 무오류설을 공포하자, 독일의 많은 가톨릭교도가 이를 적극 지지하고 나섰다. 1870년 결성된 가톨릭교정당인 독일중앙당Deutsche Zentrumspartei은 1871년 58석을 차지하여 제국의회에서 제2정당이 되었다. 이들은 국가 통제로부터 교회의 완전 독립을 지지하고, 이혼과 세속 교육을 반대했다. 비스마르크의 중앙집권화 정책에 반대하고 개별 회원국의 더 큰 권리를 요구하는 많은 사람이 가톨릭교회의 대의를 중심으로 결집했다. 인구의 37%를 차지하는 가톨릭교회의 이런 움직임은 비스마르크로서는 큰 부담이 되었다.

비스마르크는 문화 투쟁을 벌이면서 가톨릭교회를 탄압하기 위해 자유주의자와 손을 잡았다. 성직자의 정부 비판이 불법으로 규정되고, 종교 교단의 교육 활동이 규제되고, 세속 결혼이 의무화하고, 교회 법정의 사법권이 축소되었다. 교황은 이를 규정한 법들을 무효라 선언하고, 가톨릭교도에게 그 법에 복종하지 말라고 권고했다. 반대가 확산하자, 비스마르크는 사제를 투옥하고 교회 재산을 몰수하는 등 교회를 강하게 몰아붙였다. 그러나 사회주의 세력이 성장하는 등 상황이 불리하게 돌아가자, 그는 결국 문화 투쟁을 포기했다. 1878년 레오 13세 교황의 즉위를 계기로 그는 가톨릭교회와 타협하고 교회를 옥죄는 법을 대부분 폐지했다.

사회주의 세력은 가톨릭교회보다 비스마르크에게 더 큰 도전이었다. 1871년 파리 코뮌의 몰락으로 프랑스 사회주의운동은 치명타를 입었으나, 독일에서는 마르크스주의 계열인 독일사회민주당Sozialdemocratische Partei Deutschlands이 강력한 정치 세력으로 발전했다. 사회민주당은 페르디난트 라살레Ferdinand Lassale(1825~1864)가 1863년 결성한 전독일노동자협회Allgemeiner Deutscher Arbeiterverein와 아우구스트 베벨August Bebel 및 빌헬름 리프크네히트Wilhelm Liebknecht가 1869년 창립한 독일사회민주노동당Sozialdemocratische Arbeiterpartei Deutschlands이 1875년에 통합함으로써 정식으로 발족했다. 사회민주당이 의회민주주의를 표방하고 노동계급의 조건을 개선하기 위한 광범한 사회 정책을 요구하고 나서면서 지지가 치솟자, 비스마르크는 그 세력 확대에 불안감을 느꼈다. 그는 문화 투쟁을 포기하고 사회주의와의 투쟁으로 방향을 돌렸다. 1878년 두 차례 황제 암살 시도가 있자, 비스마르크는 이를 계기로 사민당이 그와 아무런 관련이 없었음에도 사민당을 탄압하기 시작했다. 그는 사회주의 조직을 불법화하고, 그 집회와 출판물을 제한하고, 지도자들을 투옥했다. 이런 조치에도 불구하고 민심은 계속 사회민주당 쪽으로 기울었다.

직접적 탄압이 효과를 거두지 못하자, 재상은 전략을 바꾸었다. 그는 기민하게 사민당의 프로그램을 시행함으로써 그들의 지지 기반을 허물어뜨리고자 했다. 1880년대를 통해 비스마르크는 노동자에게 질병, 산업재해, 노령에 대비하는 보험을 제공하는 사회 입법을 도입했다. 그 외에도 그는 노동자가 겪는 많은 사회적 폐단을 해소하기 위한 정책을 시행했다. 비록 실업에 대비한 보호조치는 없었지만, 이러한 선구적인 사회보장제도로 비스마르크는 독일을 유럽 최초의 복지국가로 만들어놓았다.

그러나 복지 정책 역시 사회주의의 성장을 막지는 못했다. 사민당은 계속 세력을 확대해서 독일 최대 정당이 되고, 단연 유럽 최고 최대의 사회주의 정당으로 발전했다. 1871년에는 제국의회에 단 두 명의 사회주의자가 진출했는데, 1912년에는 사민당이 110석을 차지하여 원내 제1당이 되었다. 그러나 세력이 커지면서 사민당은 급진주의 노선을 수정했다. 1914년 독일 사민당은 유럽의 거의 모든 사회주의 집단과 마찬가지로 정부의 전쟁 노력을 지지했으며, 민족적 충성심이 국제 사회주의의 대의보다 더 강함을 행동으로 증명했다.

빌헬름 2세의 친정　　1888년 빌헬름 2세가 할아버지를 이어 제위에 올랐다. 비스마르크가 1862년 이래 국제정치를 지배했던 것처럼, 새 황제는 1918년까지 국제 무대에서 핵심 역할을 했다. 그러나 비스마르크가 무력을 사용할 시기와 한계를 면밀하게 검토하고 공적인 발언의 뉘앙스를 예민하게 인식했던 반면, 빌헬름 2세는 막무가내형의 호전적 군국주의자였다. 그는 19세기 말에 여전히 철지난 신수 왕권을 믿고, 끊임없이 측근에게 '그와 신'이 함께 국가를 위해 일한다는 사실을 환기했다. 스타일이 그렇게 대조되기 때문에 황제와 재상이 조화를 이루기는 어려운 노릇이었다. 비스마르크는 결국 1890년 3월 사임했다. 여러 범용한 인물들이 그의 뒤를 이었다.

7년 만에 세 번의 전쟁을 승리로 장식하고 마침내 통일을 달성한 독일인은 눈부신 산업 발전의 본궤도에 올라섰다. 새 세기가 시작될 무렵이 되면, 독일은 모든 분야에서 영국과 겨룰 수 있게 되었다. 독일이 영국을 넘어서지는 않았지만, 다음 세대에서는 그럴 가능성을 보여주었다. 독일은 화학공업과 전기산업에서 세계 시장을 지배했으며 다른 분야에서도 큰 발걸음을 내디디고 있었다. 독일은 좀 더 효율적인 산업 조직, 노동자들의 좀 더 낮은 문맹률, 더 나은 직업훈련, 좀 더 공격적인 사업가 집단을 자랑했다. 그리고 독일 노동조합은 영국보다 덜 전투적이었으며, 독일 정부는 영국보다 훨씬 더 적극적으로 산업을 지원했다.

상공업이 계속 팽창하는 가운데 교육 시설이 엄청나게 확장되고, 공공 편의 시설이나 문화 시설 등 도시 기능도 크게 확장되었으며, 대중문화 또한 꾸준히 향상했다. 그렇지만 대중들 사이에서는 불만이 자라나고 있었던바, 그들은 그들 몫의 정치적 혹은 사회경제적 힘을 얻지 못한 것에 분노했다. 특히 프로이센에서 민주주의자와 자유주의자는 여전히 하층 중간계급이 실질적인 정치적 권리를 박탈당하고 있는 데 대해 분개했다. 제국의회 선거에 남자 보통선거제가 도입되었으나, 1871년 이후에 엄청난 도시화가 진행되었음에도 이를 반영하는 선거구 재조정이 전혀 이루어지지 않았다. 사회주의자들과 산업 노동자들은 선거권 박탈, 비참한 주거, 낮은 임금, 군국주의 등에 반발하고 있었다. 알자스-로렌 주민과 폴란드인은 더 큰 자율을 추구했다. 한편 많은 독일인은 다른 면에서는 만족하면서도 시대착오적인 제국 체제에 피로감을 느꼈다. 이러한 불만들은 결국 1918년 제국 체제가 붕괴하는 데 한 요인으로 작용했다.

한편 지주 귀족과 산업자본가를 비롯한 지배계급은 빌헬름 2세의 적극적 외교정책을 지원함으로써 민주화의 요구를 저지하려 했다. 그들은 제국주의 팽창 정책으로 민주화를 요구하는 민중의 관심을 밖으로 돌릴 수 있으리라 믿었다. 그리고 계층 간의 갈등이 불러일으킨 사회적 긴장으로 우파 세력의 급진화도 나타났다. 많은 압력 집단이 독일 민족주의를 강조하고, 사회적 분열을 극복하고 모든 계급을 통합할 수단으로 제국주의를 옹호했다. 그들은 대체로 반유대주의자였고, 유대인을 민족 공동체의 파괴자라 비난했다.

4) 러시아제국

반동의 시대: 1881~1905　　암살당한 알렉산드르 2세의 아들 알렉산드르 3세(1881~1894)는 부왕의 개혁으로 오히려 반대 세력이 증대하고 결국은 암살이 초래되었음을 지켜보았다. 그는 재빨리 시계를 거꾸로 되돌려서 정교회를 강화하고, 모든 혁명 활동을 탄압하고, 서유럽의 영향을 제거하려고 애썼다. 그는 검열, 학교와 대학의 규제, 비밀경찰 활동의 강화 등의 정책을 동원했다. 그리고 소수민족의 러시아화 정책을 재개하고 유대인 박해를 허용했다. 많은 유대인이 괴롭힘을 당했으며, 때로는 대학살이 자행되었다. 차르는 혁명가를 지하로 내몰거나 처형하고 소수민족을 통제하는 데는 성공했으나, 러시아가 시대의 변화에 적응할 수 있는 국가로 발전할 소중한 시간을 헛되이 흘려보내 버렸다. 뒤를 이은 니콜라이 2세(1894~1917)는 종교적이고 호인형이었으나, 격변하는 시대를 헤쳐 나가는 데에는 무능했다. 그는 치세 전반기 10년 동안 대체로 부왕의 정책을 물려받고 유지했다.

전제정에의 저항: 3대 정당　　정치적으로는 시대를 거슬러갔으나, 다른 한편으로 반동의 시대는 러시아가 본격적으로 산업화를 겪으면서 괄목할 경제성장

을 이룩한 시기이기도 했다. 서유럽 자본이 대거 유입되고, 탄광과 유전이 개발되고, 1891년 시작된 시베리아 횡단 철도를 포함하여 대대적인 철도 건설이 이루어졌다. 철도 건설로 남부 러시아와 시베리아의 방대한 자원의 활용이 가능해졌을 뿐만 아니라, 그것은 또한 철강공업을 자극해서 1900년에 러시아는 미국·독일·영국에 이어 네 번째 강철 생산국이 되었다. 인구는 크림전쟁 때의 5800만 명에서 제1차 세계대전 때는 1억 4400만 명으로 늘었다. 도시화가 급속히 진전되고 중간계급의 수와 자신감이 증대했다. 그렇기는 하지만 아직도 산업 노동자는 전체 노동력의 아주 작은 부분을 차지했을 뿐이다. 자본가 역시 아주 소수였으며, 경제 분야를 수많은 국유 기업과 나누어 가져야 했다.

그러나 정부는 농업 사회에서 산업사회로의 전환 과정에서 고통을 겪는 사람들을 돕는 일은 거의 아무것도 하지 않았다. 정부는 오로지 반대파를 제거하기 위해 정력적으로 일했을 뿐이다. 모든 반대 운동을 분쇄하기 위한 차르의 노력에도 불구하고 전제정에 반대하는 정당들이 성장했다. 세기 전환기의 러시아에는 세 개의 주요 정당이 러시아의 변화를 끌어내기 위해 노력하고 있었다. 그렇지만 기성체제에의 잠재적 불만이 아무리 팽배했다 하더라도, 이들 정당 중 어느 정당도 소수의 추종자를 넘어 대중적 기반을 확립하지는 못했다.

이전의 인민주의 전통을 이어받은 비마르크스주의 계열의 사회주의자들은 1901년 사회혁명당Partiya sotsialistov-revoliutsionerov을 조직했다. 그들은 대다수 인구를 차지하는 농민에게 관심을 기울이면서 오직 토지개혁을 추구했으며, 차르 독재를 타도하기 위해서 각료 암살과 같은 폭력 수단을 채택했다. 그들은 농업 사회주의자로서 모든 토지를 농민에게 분배하기를 원했으나, 강력한 지도력과 구체적인 실행 프로그램이 없었다. 입헌민주당Konstitutsionno-demokraticheskaya partiya: Kadety은 자본가와 전문직 계급이 자유주의적 지주들과 손잡고 1905년 결성한 정당으로서, 영국 모델의 입헌군주정과 평화로운 개혁을 원했다. 그들은 주로 온건한 지식인과 중간계급에 호소력을 지녔다.

세 개의 정당 중 가장 먼저 나타난 것은 마르크스주의 정당이었다. 러시아가 본격적인 산업화 단계로 접어들면서 마르크스주의는 많은 지지자를 끌어냈으며, 1898년 게오르기 플레하노프Georgi Plekhanov(1857~1918)를 중심으로 마르크스주의자들이 민스크에서 사회민주당Sotsialdemokraticheskaya rabochaya partiya을 결성했다. 마르크스주의는 주로 도시와 산업 노동자에 호소했기 때문에, 그들 사이에서는 마르크스 이론을 아직도 농업 사회인 러시아에 적용하는 것과 관련한 문제가 제기되었고, 그에 관해 열띤 논쟁이 벌어졌다. 궁극적으로 사회민주당에서 마르크스 이론을 러시아 상황에 적용하고 실행할 지도자로 등장한 인물은 레닌Lenin으로 더 잘 알려진 블라디미르 일리치 울리야노프Vladimir Ilich Ulyanov(1870~1924)였다.

레닌은 형이 1887년 차르 암살 기도 혐의로 처형된 뒤, 마르크스 저술을 읽고 러시아가 처한 상황을 연구하기 시작했다. 그는 1895년 마르크스정당 조직 활동을 하다가 시베리아 유배형을 당했는데, 1900년 유배가 풀리자 스위스로 망명했다. 스위스에서 그는 유배 중인 다른 러시아 사회민주당원과 합류하여 신문 ≪이스크라Iskra(불꽃)≫를 창간했다. 레닌은 마르크스주의를 러시아 상황에 적용하는 과정에서 이론과 방법상 서유럽 마르크스주의자와는 크게 다른 길을 택했다. 그는 프롤레타리아의 전위로서 소수의 훈련된 직업 혁명가 집단을 중심으로 한 폭력 혁명 노선을 주장했다. 이들 직업 혁명가는 엄격한 당 규율을 따르면서 프롤레타리아의 요구와 최선의 이익을 미리 내다보고, '민주적 중앙집중제'라는 모순어법적 이론을 통해 프롤레타리아를 지도할 인물들이었다.

사회민주당은 창당하자마자 지도자들이 체포되는 바람에 조직이 무너졌는데, 레닌은 1903년 8월 런던에서 플레하노프 등과 제2차 당 대회를 열고 무너진 사회민주당을 재건했다. 그러나 사회민주당은 당의 조직과 노선 문제를 놓고 볼셰비키Bolsheviki(다수파)와 멘셰비키Mensheviki(소수파)의 두 파로 갈라졌다. 두 정파는 전략과 전술 면에서 선명하게 서로 달랐다. 레닌의 견해를 따르는 볼셰비키는 당원 자격을 노동계급의 전위에게 한정하고 중앙집권적으로 당을 조직할 것을 요구했다. 그리고 그들은 혁명적 전위의 지도로 폭력적 수단을 통한 체제 전복과 자본주의 단계를 건너뛴 공산주의 혁명을 주장했다. 마르토프Martov가 지도하는 멘셰비키는 정통 서유럽 마르크스주의 노선을 취했으며, 엄격한 입당 자격에 반대하고 대중정당을 지향했다. 그들은 공산주의 혁명 이전에 부르주아 혁명이 선행되어야 한다고 믿었으며, 점진적이며 민주적인 투쟁 방식을 지향했다. 이때 갈라진 두 정파는 결코 다시 결합하지 못했다.

1905년의 혁명과 스톨리핀 개혁　반세기 전 크림전쟁 때처럼, 다시 한 번 전쟁의 참패가 러시아의 개혁을 불러왔다. 1904년 말 러일전쟁의 패전 소식이 전해지자, 전쟁이 종결되기도 전에 러시아 방방곡곡에서 파업과 항의 사태가 벌어졌다. 1905년 1월 22일 차르에게 진정서를 제출하기 위해 상트페테르부르크 겨울 궁전으로 행진하던 시위 군중에게 궁전 수비대가 무차별 사격을 가했다. 기병대는 군중 속으로 돌진하여 칼을 휘둘렀다. 수천 명의 사상자를 낸 이 끔찍한 '피의 일요일'의 대학살 사건으로 혁명적 소요가 더욱 확산했으며, 농민들도 본격적으로 봉기에 참여했다. 민중들은 민주공화정, 8시간 노동제, 대토지 몰수와 농민에의 분배 등을 요구했다. 6월에는 수병의 선상 반란이 터지고 10월에는 도시 노동자의 총파업이 일어났다. 상트페테르부르크에서는 노동자 평의회인 소비에트soviet가 조직되어 혁명 활동을 지도했으며, 곧 다른 도시들도 이를 뒤따랐다. 러시아 경제 조직 전체가 멈춰 서고, 국가가 사실상 마비 상태가 되었다. 속수무책이 된 니콜라이 2세는 「시월 선언Oktyabrsky Manifest」을 공포하여, 시민적 자유를 보장하고 입법권을 가진 대의제 의회인 두마Duma의 창설을 약속할 수밖에 없었다.

　좌우의 극단파는 반대했으나, 온건한 자유주의자와 부르주아는 이를 환영하고 혁명 대열에서 이탈했다. 특히 대지주와 대부르주아가 결성한 시월당Oktyabristy이 차르와 협력하겠다고 나섰으며, 입헌민주당은 체제 내의 반대파로서 입헌주의적 개혁을 도모하기로 했다. 자유주의 세력과 사회주의 세력이 분열하면서 혁명적 열기는 급속히 식었다. 벌써 12월 초에 상트페테르부르크의 소비에트 지도자가 체포되고, 중순에는 모스크바 소비에트가 일으킨 무장봉기가 며칠 만에 진압되었다. 거센 저항에 부딪혀 곧 무너질 것만 같았던 차르 체제가 기사회생하여 반격에 나선 것이다.

이듬해 5월 소집된 제1 두마에서는 급진 세력이 참여를 거부했음에도, 전제정 반대 세력이 다수를 차지했다. 두마에서 정부의 러일전쟁 처리, 소수민족 문제, 정치범 처리, 경제정책 등에 대한 비판이 쏟아지자, 니콜라이는 7월에 두마를 해산해 버렸다. 민중의 혁명적 열기가 식은 것을 느끼고 차르는 법과 질서의 수호를 외치는 보수파 표트르 스톨리핀Stolypin(1862~1911)을 재상에 임명하고, 일정한 한계 안에서 서유럽 관행에 합치하는 개혁을 추진하도록 허용했다. 1차 두마에서 선거를 거부했던 사회주의 세력이 2차 두마에 대거 진출하자, 위협을 느낀 스톨리핀은 1907년 두마를 전격 해산하고 31명의 사회민주당 의원을 시베리아로 추방했다. 이후 그는 선거법을 고쳐 유순한 중간계급 출신이 두마 의석 대다수를 차지하게 만들어버렸다. 볼셰비키와 다른 혁명 집단은 다시 지하로 숨어들었다.

혁명가와 급진파를 탄압하는 한편, 스톨리핀은 특히 농업 분야에 변화가 필요함을 알았다. 그는 소농층을 형성할 정책을 추진했다. 그는 농민이 농노해방법 아래 여전히 지고 있는 모든 부담을 폐지하고, 농민공동체에서 벗어나 그들 몫의 토지와 다른 자산을 사유재산으로 소유하는 것을 허용하는 개혁을 단행했다. 그는 또한 우랄산맥 동쪽의 땅을 농민에게 개방하고 국가의 재정 지원을 확대했다. 그는 러시아의 가장 오랜 문제인 농민 문제를 푸는 해결책을 제대로 찾아가고 있었으나, 1911년 비밀경찰이기도 한 한 사회혁명당원에게 암살당했다.

반동적 차르와 귀족이 지배했음에도, 러시아는 1905년 이후 9년 동안 입헌군주정을 향해 중요한 발걸음을 내디뎠다. 그 시기에는 또한 경제적·사회적으로 크나큰 진보가 이루어졌다. 산업화가 진전되어 새로운 부가 창출되었다. 정치적 권리가 늘어나 국민의 공공 생활이 활발해졌다. 그렇지만 스톨리핀의 사망으로 러시아는 필요한 지도력을 잃어버렸다. 게다가 다가오는 세계대전은 그 나라가 극복할 수 없는 시험을 안겨주었다.

5) 유럽의 다른 나라들

이탈리아　　1870년에 완전한 영토 통합을 이룬 이탈리아는 교황청이라는 골치 아픈 문제를 해결하지 못하고 있었다. 대다수 이탈리아인의 정신적 아버지인 교황은 로마를 신생 이탈리아에 편입하기를 거부했다. 그는 스스로 '바티칸의 수인'을 자처했다. 교황과 타협하기 위해 이탈리아 정부는 교황 보장법La Legge delle Guarentigie(1871)을 제정했다. 이 법의 내용은 교황이 로마의 세속적 지배권을 이탈리아 왕국에 양도하는 대신, 왕국은 교황에게 왕국 내의 독립된 존재로서 자유로운 종교 활동을 보장해 주고, 교황이 지금까지 거두었던 수입에 해당하는 액수의 연금을 제공한다는 것이었다. 비오 9세는 그 제안을 거부했고, 왕국은 그 법의 폐지를 거부했다. 그래서 이탈리아 왕국과 교황청은 교육 문제, 교회 토지의 과세, 가톨릭교도의 정치적 권리 등을 놓고 끊임없이 다투었다. 이와 같은 교황청과 왕국의 갈등 관계는 베니토 무솔리니가 등장할 때까지 그대로 남아 있었다.

　이탈리아 왕국은 입헌군주정으로서 국왕은 실권이 없고, 내각은 의회에 책임을 졌다. 처음에 참정권은 높은 재산 자격으로 매우 제한되었으나, 1881년 선거권이 확대되고 1912년에는 남자 보통선거제가 도입되어 민주주의가 확립되었다. 그러나 많은 유권자가 문맹인 데다가 정치적 경험이 미숙해서 국민주권 체제의 확립이 쉽지 않았다. 정당들이 서로 다투고 연립정부가 끊임없이 바뀌면서 신생 왕국의 정국은 매우 불안정했다. 그리고 각료와 의원의 부패상은 이탈리아 정치의 한 특징이기도 했다. 그런 가운데서도 정부는 철도 부설, 중공업의 육성, 사회복지 입법 등 인상적인 정책들을 추진했다. 그러나 산업 발전이 북부에 집중되어 공업적 성과를 나누어 갖지 못한 남부의 농민은 큰 고통을 받았다. 정치적 통일은 이루었으나, 남부 농업지대와 북부 산업지대 간의 현격한 경제적 및 문화적 차이는 극복하기 힘든 난제로 남았으며, 이는 이탈리아를 두고두고 괴롭혔다.

이탈리아는 또한 천연자원의 부족과 상대적으로 과밀한 인구라는 헤쳐 나가기 어려운 문제도 안고 있었다. 이러한 문제를 제국주의 침략 정책으로 해결하려는 지도자들의 야망 때문에 국민은 무거운 짐을 떠맡았다. 재정이 교육과 사회적 사업에 투자되는 대신 군대에 투입되고, 국가 자원이 아프리카에 제국을 건설하려는 시도에 낭비되었다. 이탈리아는 1896년 에티오피아를 침략했으나 전쟁에 참패함으로써 허세가 드러나고, 아프리카 국가와 싸워 패한 최초의 근대 유럽 국가라는 불명예만 떠안았다.

세기 말에 이탈리아는 한동안 극심한 경제 위기와 노동 소요를 겪었다. 시위와 파업이 빈번하게 일어났다. 1898년에는 흉작과 불황으로 밀라노에서 폭동이 일어나고, 이는 전국으로 확산했다. 그 와중에 1900년에는 움베르토 왕이 무정부주의자에게 암살당하기도 했다. 그러나 20세기에 들어서서, 여러 차례 수상을 역임한 조반니 졸리티Giolitti의 치하에서 위기가 어느 정도 진정되었다. 의무교육, 언론의 자유, 노동조건의 개선을 위한 노력이 기울여졌다. 북부에서는 피아트Fiat 자동차 공장을 비롯하여 공업이 눈부시게 발전했으며, 남부를 지원하기 위한 정부 노력도 기울여졌다. 그리고 가난에 쫓긴 사람들이 해마다 50만 명씩이나 미국으로 떠났는데, 이는 과잉 농업 인구의 부담을 더는 데 도움이 되었다.

오스트리아-헝가리 이원 왕국　　이탈리아와 독일에서 민족주의의 열망은 작은 나라들로 갈라진 민족을 통합하여 하나의 민족국가를 건설하는 결과를 가져왔다. 그러나 다민족으로 구성된 제국에서, 민족주의는 거꾸로 기존의 거대 국가를 작은 민족 단위로 쪼개는 힘으로 작용했다. 오스트리아 제국에서 1848년 혁명이 실패로 끝난 뒤, 다시 지배권을 장악한 보수 세력은 자유주의와 민족주의 세력을 가혹하게 탄압하고 제국의 중앙집권화와 독일화를 강화하는 정책을 추진했다. 그러나 이러한 빈의 정책은 제국 내의 예속 민족들의 민족주의적 감정을 자극했다. 1859년 사르데냐-프랑스 연합군에 패한 뒤 오스트리아는 연방제로의 전환을 고려하기 시작했다. 그러나 헝가리인은 빈과의 동등한 권리를 요구하며 반발했다.

1866년에는 프로이센에도 참패하자, 오스트리아 제국은 헝가리인의 격렬한 민족주의적 요구에 직면했다. 제국 체제가 크게 흔들리자 프란츠 요제프 황제는 헝가리인과 타협을 하지 않을 수 없었다. 그 결과 오스트리아 제국은 1867년 '오스트리아-헝가리 이원 왕국Doppelmonarchie'으로 개편되어 오스트리아와 헝가리가 대등한 관계의 왕국이 되고, 합스부르크 통치자를 고리로 해서 하나로 결합했다. 그리하여 프란츠 요제프는 오스트리아 황제 겸 헝가리 국왕이 되었다. 각 나라는 자체의 헌법, 내정을 담당할 정부, 양원제 의회, 언어와 국기, 군대를 보유했다. 그러나 외교, 국방, 재정은 양국 공동 각료의 통제 아래 양국이 공동으로 운영했다. 이러한 이원 왕국 체제로 헝가리는 내정 문제에서는 독립국가가 되었지만, 다른 소수민족은 그렇게 되지 못했다.

이원 왕국 수립 이후에도 소수민족 문제는 제국을 계속 괴롭혔다. 이원 왕국에는 독일인 1200만 명, 헝가리인 1000만 명, 슬라브인 2400만 명 이상, 루마니아인 400만 명, 기타 여러 민족이 있었다. 오스트리아의 독일인은 헝가리인에게는 동등한 권리를 인정했지만, 나머지 민족은 계속 독일인이나 헝가리인의 지배 아래 남아 있었다. 특히 번영하고 세계시민적인 경향의 보헤미아와 모라비아 지역의 체크인들은 독립국가를 욕구하거나 최소한 더 많은 권리를 원했다. 이원 왕국 체제는 이러한 민족 문제를 해결하지 못했으며, 그것은 빈과 부다페스트 당국에는 여전히 폭발성 있는 문제로 남았다.

헝가리왕국에서는 소수의 강력한 지주 귀족들이 1848년의 코슈트 헌법 체제에서 토지 없는 농민대중을 지배하고 있었다. 헝가리인들은 그들의 지배 아래 있는 소수민족의 자치 요구를 억누르면서 그들을 마자르화하는 정책을 추진하는 한편, 오스트리아인과는 끊임없이 다투었다. 오스트리아에서는 부유한 독일인 사업가와 지주 귀족이 함께 정치 생활을 지배했다. 그러나 이렇게 권력이 소수에 집중되기는 했으나, 특히 1907년 남자 보통선거제가 도입되면서 민주화가 크게 진전되었다. 그런데 보통선거제 도입으로 민족 문제가 훨씬 더 심각해졌다. 오스트리아를 지배하는 독일인은 전체 인구의 1/3에 불과했는데, 체크인·폴란드인·다른 슬라브계 민족들이 이제 의회에서 자치를 요구하는 목소리를 높이기 시작했기 때문이다. 오스트리아 정당들은 정치적 원칙보다 민족에 기반을 두었다. 그러자 정부는 의회를 무시하고 점점 더 황제의 칙령에 의존하여 통치했다. 1914년에 이르러 정부는 마침내 소수민족들에게 실질적 자치를 허용했으나, 이런 양보는 불만을 별로 잠재우지 못했다.

에스파냐 에스파냐에서는 반자유주의적인 국왕 페르난도 7세가 여성의 왕위계승을 금지한 고래의 살리법을 폐지하면서, 무리하게 세 살 난 딸 이사벨 2세(1833~1868)에게 왕위를 물려주었다. 그 결과 격렬한 내란과 수십 년의 정치적 혼란이 이어졌다. 유력한 왕위 계승권자였던, 선왕의 야심에 찬 동생 돈 카를로스가 거세게 반발했다. 보수파와 더 많은 자치를 추구하는 바스크인과 카탈루냐인 등이 돈 카를로스를 지지했으며, 섭정인 여왕의 어머니는 전통주의와 절대주의를 표방한 카를로스파에 맞서 자유주의자들과 손을 잡았다. 양자 간의 내전은 외국의 관심도 불러일으켜 영국과 프랑스가 여왕을 지지했으며, 영국은 의용군을 파견하기도 했다. 내전을 일으킨 돈 카를로스는 결국 패하고 망명했다.

이사벨 2세 여왕의 치세기에 에스파냐는 전반적으로 자유주의 시대를 맞이했는데, 군대가 자유주의의 주요 근거지가 되면서 군인이 정계에 등장하는 것이 당연하게 여겨졌다. 그 결과 여왕은 치세기 내내 상당한 정도로 군대에 의존했다. 그러나 여왕의 치세기 동안 내각이 60차례나 바뀔 정도로 정정政情이 지극히 불안정했다. 수시로 집권 세력이 바뀜에 따라 빈번하게 새 헌법이 제정되거나 기존 헌법이 수정되었다. 정부 정책이 자유주의적 입법과 억압적 입법 사이를, 그리고 교권주의와 반교권주의 사이를 오락가락했다. 1840년과 1868년 사이에 여덟 차례나 반란이 일어났으며, 그러다가 1868년 9월에 일어난 군사 쿠데타로 결국 이사벨 여왕은 왕위에서 쫓겨나 프랑스로 망명했다.

정정이 불안한 가운데서도 이사벨 2세의 치세기에 일련의 사회적 발전이 이루어졌다. 중등교육기관과 특수학교가 설립되고, 1857년에는 공공교육법이 제정되어 공교육 체계가 갖추어졌다. 행정의 중앙집권화가 이루어지고 거대한 수도관 설치 등 도시 기반 시설이 개선되었다. 19세기 중반에는 영국산 기계가 수입되어 직물공업이 어느 정도 기계화가 되었으며, 철도 건설도 진행되었다. 한편 유럽에서 퍼지고 있던 지적 분위기의 영향을 받아 무정부주의와 사회주의 등의 사상이 에스파냐에 침투하여 뿌리를 내리기도 했다.

이사벨 여왕이 쫓겨난 뒤 급진 자유주의자들이 정권을 장악했다. 이는 피 흘림 없이 정권이 교체된 '명예혁명'이었으나, 이후 6년 동안 정국은 지극히 혼란스러웠다. 1873~1874년에는 잠시 제1공화국이 들어서기도 했다. 그러나 11개월 동안 대통령이 네 번이나 바뀌는 진통을 겪은 끝에 결국 공화국은 군부 쿠데타로 전복되고 왕정이 회복되었다. 이사벨 2세의 아들이 알폰소 12세Alfonso XII(1874~1885)가 되어 왕위를 되찾았다. 1876년 입헌군주정을 규정한 새 헌법이 제정되고 외관상의 질서가 회복되었다. 짧은 그의 치세 동안 에스파냐는 참으로 오랜만에 안정을 누렸다. 약간의 경제적 발전도 이루어진바, 특히 바르셀로나를 중심으로 어느 정도 산업화가 진전되었다.

그러나 알폰소 12세는 1885년 결핵으로 갑자기 죽고, 유복자인 알폰소 13세(1886~1931)가 태어나면서 왕이 되었다. 알폰소 13세 시대에 에스파냐 식민제국은 막을 내렸다. 1895년 쿠바인들이 독립전쟁을 일으킨 데 이어 1898년에는 쿠바를 호시탐탐 노리던 미국이 전쟁을 선포했다. 미국-에스파냐 전쟁American-Spanish War에 진 에스파냐는 쿠바의 독립을 인정하는 한편, 푸에르토리코Puerto Rico·괌·필리핀 등을 미국에 빼앗겼다. 이것으로 에스파냐는 라틴아메리카와 태평양 일대의 식민지를 모두 잃어버렸다. 식민지의 상실을 계기로 정부에 대한 실망이 커지고 반체제 세력이 성장하기 시작했다. 에스파냐는 무정부주의의 온상이 되고, 좌파에서는 극단주의가 성장했다. 1902년부터 개입하기 시작한 모로코 사태로 인적 및 물적 자원이 고갈되고, 1909년에는 카탈루냐에서 노동자들이 총파업을 벌이며 반정부 투쟁을 벌였다. 정부는 안팎의 정세에 제대로 대처하지 못한 채 세계대전을 맞이했다.

2. 아메리카와 유럽 바깥의 유럽인

1) 미국의 발전

남북전쟁 이후의 경제 및 사회 발전　　북부의 승리는 산업화의 힘을 증명한 것이기도 했는데, 내전의 위기를 넘긴 미국은 산업혁명에 가속도가 붙었다. 드넓은 평원을 철도가 가로질렀으며, 1869년에는 대서양에서 대륙을 횡단하여 태평양까지 이르는 철도가 완공되었다. 1865년에 철도가 총연장 5만 6000km였는데, 1900년에는 32만km로 늘어 유럽의 모든 선로를 합한 것보다 길었다. 1870년에 미국의 철과 강철 생산은 프랑스나 영국보다 훨씬 아래였으나, 20년 뒤에는 그 두 나라를 따라잡았으며 전 세계 철과 강철의 1/3을 생산했다. 1900년에 카네기 철강회사Carnegie Steel Company 하나가 영국 전체보다 더 많은 강철을 생산했다. 석탄 생산은 1870년과 1910년 사이에 7000% 증가했으며, 1859년에는 석유 채취 같은 새로운 산업이 시작되었다.

　급속한 산업화와 물질적 번영의 시대를 지배한 복음은 냉혹한 개인주의였다. 개인과 기업에 대한 정부 간섭은 전혀 환영받지 못했다. 서부로 이주민이 몰려들었으며, 1850~1880년 사이 인구 5만 명 이상 도시가 두 배로 늘었다. 미국은 땅과 기회가 언제까지나 손짓하며 부르는 끝없이 팽창하는 나라처럼 보였다. 그렇지만 1880년에 이르면 변경의 끝이 시야에 들어왔다. 주인 없는 양질의 땅이 귀해졌고, 변경은 더 이상 팽창하는 인구의 사회경제적 압력을 해소해 줄 안전판 역할을 할 수 없었다.

19세기 후반기 동안 미국은 강력한 국가로 성장했다. 반세기 사이에 국부가 12배 이상 늘었다. 우수한 공교육제도가 확립되고 시민적 자유가 확산했다. 그러나 다른 한편 급속히 성장하는 도시에서 실업, 아동 노동, 산업재해가 흔한 일이 되었다. 빈민가가 늘어나 질병과 범죄의 온상이 되었다. 자주 폭력을 동반하는 파업은 노동과 자본 간의 긴장을 위험 수위로 끌고 가기도 했다. 이러한 사태에 대한 대응으로 1890~1914년 사이에 광범한 혁신주의 운동Progressive Movement이 전개되었다. 이 운동은 대기업에 대한 농업적 항의에 뿌리를 두었는데, 이 항의는 중서부와 남부의 인민주의자들이 촉발한 것이었다. 혁신주의자들은 노동 착취와 천연자원의 남용 등을 막는 데 중간계급을 효율적으로 동원했다.

혁신주의 운동으로 보통 사람들이 좀 더 효율적으로 정부를 통제할 수 있게 되었다. 철도에 대한 연방 정부의 규제를 도입한 주간통상규제법Interstate Commerce Act(1887)의 입법과 그에 따른 주간통상규제위원회Interstate Commerce Commission의 설립 이후 산업에 대한 정부 규제가 착실하게 늘어나기 시작했다. 시어도어 루스벨트Theodore Roosevelt(1901~1909) 대통령은 기업합동을 금지하고, 천연자원을 보호하고, 철도·식량·약품을 규제하는 캠페인을 벌였다. 우드로 윌슨Woodrow Wilson (1913~1921) 대통령은 취임하면서 '신자유New Freedom'라는 전투적인 개혁 캠페인을 시작했다. 윌슨 행정부는 기업가들의 경제적 특권의 도구가 된 관세율을 큰 폭으로 낮추어 기업 간의 경쟁을 자극하고, 연방지불준비법Federal Reserve Act(1913)으로 은행을 개혁하고, 클레이턴 트러스트 금지법Clayton Antitrust Act(1914) 입법과 연방통상규제위원회Federal Trade Commission의 설립으로 기업의 불공정 행위를 규제했다. 이러한 개혁 입법을 통해 미국은 차츰 유럽 국가들처럼 국가 기능을 확대하는 쪽으로 옮아갔다.

제1차 세계대전 전야에 이르러 미국은 서양에서 가장 부유하고, 가장 인구가 많고, 가장 영향력이 큰 나라가 되었다. 1790년 최초의 인구조사 때 인구가 400만 명 이하였는데, 1910년에는 9900만 명이나 되었다. 많은 인구가 꾸준히 해외에서 유입되었다. 19세기 말에는 유럽의 낙후한 동부와 남부 지역에서 미국으로 대량 이주의 물결이 일어났다. 1880년 무렵 한 해 평균 50만 명쯤의 유럽인이 미국으로 떠났는데, 1898년 이후 선박 운임이 싸지자 이주의 물결이 더욱 거세졌다. 1906~1910년 사이에는 남부와 동부 유럽인을 중심으로 한 해에 130만 명이 유럽을 떠나 미국을 향했다. 독립 이래 국부는 적어도 100배가 되었으며, 한때 원료 수출국에 불과했던 미국은 세계 최대 공업국으로 성장했다.

외교정책　　건국 초에 토머스 제퍼슨은 미국의 외교정책을 "평화와 통상 그리고 어느 나라와도 동맹을 맺음이 없이 모든 나라와의 정직한 친선"이라고 요약했다. 1823년 먼로 대통령은 다시 한 번 그러한 원칙을 천명했다. 그런 미국이 새로운 외교 접촉을 수립한 것은 태평양을 넘어가서였다. 1844년 미국은 청나라와 우호통상조약을 맺은바, 중국은 미국에 몇몇 항구를 개방하고 미국 상인과 선원이 중국 내의 미국 법정에서 재판받을 권리를 보장해 주었다. 1853년에는 매튜 페리Matthew Perry 제독이 쇄국 정책을 고수하고 있는 일본에 찾아가 함포 포격으로 위협하면서 개항을 강요했다. 이듬해 그는 다시 나타나 미·일 화친조약인 가나가와神奈川 조약을 체결했다. 이는 일본이 서양 국가와 공식적으로 맺은 최초의 협정이었는데, 이로써 일본은 두 개의 항구를 개방하고 제한된 양의 무역을 허용했다. 1860년대에는 프랑스 나폴레옹 3세가 오스트리아 대공 막시밀리안을 앞세워 멕시코 제국을 창건하면서 먼로 독트린을 시험했다. 남북전쟁을 치르는 동안에는 미국이 사태에 적극적으로 개입하지 못했다. 그러나 전쟁이 끝난 뒤 미국은 멕시코 민중을 지원함으로써 프랑스 군대를 멕시코에서 철수시킬 수 있었다.

　그다음 한 세대 동안 미국에서 외교 문제는 사실상 잊혔다. 그렇지만 급속하게 산업화가 이루어지면서 미국은 상품의 새로운 시장을 찾지 않을 수 없었고, 특히 서부 변경이 사라지자 더욱 그러했다. 1870~1900년 사이 해외 무역이 3.5배가량 증가하고 거의 없던 해외 투자가 5억 달러에 이르렀다. 그와 동시에 미국의 선교 활동이 아프리카, 중동, 아시아에서 엄청나게 늘어났다. 유럽에서처럼 적자생존의 구호가 의회에 파고들었다. 많은 정객이 미국이 진정 위대해지기 위해서는 세계정치에서 핵심 역할을 장악해야 한다고 주장했다.

　미국은 1883년 근대적 해군을 육성하기 시작했으며, 이후 그것은 곧 가속도가 붙었다. 해군 육성이 처음 시작되었을 때 미국 해군은 서양 열강 중 12위였는데, 1900년에는 3위로 뛰어올랐다. 미국 외교정책의 역동성은 아시아에서 증명되었다. 1899년 국무장관 존 헤이Hay는 중국을 압박하여 문호개방정책을 채택하도록 했다. 이러한 미국의 적극적 외교정책은 시어도어 루스벨트 대통령의 사상과 행동에서 잘 드러났다. 임기 중 그는 세계 무대에서 지도적 인물로 등장했다. 일본의 요청으로 그는 러일전쟁에서 중재자 역할을 맡아 강화조약이 성공적으로 맺어지는 데 이바지했다. 이듬해 그는 노벨평화상을 받았다.

　그렇다고 정치가들이 으레 그렇듯이, 루스벨트가 늘 평화를 도모했던 것은 아니다. 그는 미국의 정당한 이익이 위협을 받는다고 믿을 때는 망설이지 않고 무력 사용을 위협하거나 실제 사용했다. 미국은 1903년 파나마운하를 건설하고 있는 프랑스 회사로부터 운하 건설권을 사들였다. 그런데 파나마를 지배하고 있던 콜롬비아가 보상이 적다고 거부하자, 루스벨트는 파나마를 부추겨 콜롬비아에서 독립하게 했다. 1903년 콜롬비아에서 떨어져 나온 신생 공화국 파나마가 미국과 운하 조약을 체결했으며, 1914년 운하가 개통되었다. 미국은 이렇게 세계 무대에 적극적으로 등장했음에도 불구하고, 여전히 고립 정책을 고수하고 동맹을 맺거나 행동의 자유를 제약받을 약속을 하는 것을 꺼렸다.

2) 유럽 바깥의 유럽인: 영연방의 자치국

영연방 자치국　　캐나다, 오스트레일리아, 뉴질랜드의 세 나라는 본국인 영국과의 정치적 유대를 단절하지 않고 자치국이 되었다. 남아프리카를 예외로 하고, 이 세 나라는 혈통·언어·문화·정부 전통에서 압도적으로 영국적이었다. 그러나 캐나다의 경우, 퀘벡의 프랑스계 소수파는 프랑스 유산을 물려받고 이를 보전했다. 오스트레일리아와 뉴질랜드에서는 처음에 영국인이 정착한 뒤 그들과 경쟁할 다른 유럽인의 유입이 거의 없었다. 캐나다와 오스트레일리아는 많은 식민지로 나뉘어 있었으나 단일 정부 안에 흡수됨으로써 정치적 통일을 얻었다. 남아프리카에서는 영국 정착민과 네덜란드 정착민이 오랫동안 경쟁과 전쟁의 혼란을 겪은 뒤에 통일 국가를 달성했다.

캐나다: 식민지 시대   1534년 자크 카르티에가 세인트로렌스강 유역을 탐험하고, 그 지역을 프랑스 왕령이라 선언한 이래 1763년까지 캐나다는 프랑스 식민지였다. 영국의 북아메리카 식민지와 달리, 프랑스의 캐나다 식민지는 본국의 엄격한 감독 아래 있었다. 본국 정부는 캐나다의 모든 교역 활동을 감독했으며, 가톨릭교회는 교육을 독점했다. 개신교도는 그곳의 정착이 거의 허용되지 않았다. 프랑스 국왕은 방대한 토지를 귀족에게 하사하고, 귀족은 이를 나누어 농민에게 소작을 주었다. 이런 유사 봉건제의 도입으로 캐나다의 발전은 아주 큰 지장을 받았다. 그로 인해 개척자가 공짜로 땅을 얻지 못하게 됨으로써 팽창이 더뎌지고, 또한 주민이 귀족뿐 아니라 정부 관리와 사제의 통제 아래 놓이게 되었다.

캐나다는 영국과 프랑스의 격렬한 식민지 경쟁의 대상이 되었다. 영국의 어선이 뉴펀들랜드에 자주 드나들었으며, 허드슨 베이 회사Hudson's Bay Company가 특허를 얻어 원주민과 모피 무역을 하기도 했다. 그러다가 유럽에서 7년전쟁이 터졌을 때 영국과 프랑스는 아메리카에서 전쟁을 벌였으며, 1763년 파리 조약으로 캐나다가 몽땅 전승국 영국으로 넘어갔다. 영국 정부는 1774년 '프랑스계 캐나디안의 대헌장'이라 불린 퀘벡법을 제정하여, 가톨릭교를 믿을 자유를 보장하고 프랑스의 법과 관습을 보전했다. 그렇지만 영국 식민지에서와 같은 대의제 의회에 관한 규정은 전혀 없었는데, 당시에 캐나다의 프랑스인은 자치에의 관심도 그런 경험도 없었다.

1763년 이후 한 세기는 영국 식민지로서의 캐나다가 형성되는 시기였다. 이 기간에 영어 사용 인구의 증가, 미국의 정복 시도의 실패, 지역 자치의 허용, 그리고 최종적으로 캐나다가 자치국이 되는 등의 많은 발전이 있었다. 영어 사용 인구가 증가한 주요 계기는 미국혁명이었다. 혁명을 일으킨 미국인이 캐나다를 정복하려고 했지만, 캐나다인들은 대체로 1774년의 퀘벡법 때문에 영국에의 충성을 지켰으며, 미국의 침입은 실패로 돌아갔다. 그리고 미국에서 독립에 반대한 이른바 영국 충성파 중 많은 사람이 캐나다로 도망갔다. 이 이주자들은 주로 5대호Great Lakes 북쪽과 노바스코샤에 정착했다.

캐나다로 이주한 충성파는 새 보금자리에 정치적 대의제가 없는 것에 실망하고 어느 정도의 자치를 요구했다. 이들 영국인 이주민과 기존의 프랑스인 사이에 수많은 분쟁이 일어났다. 특히 개신교도인 영국인은 프랑스인의 가톨릭교 신앙을 보장한 퀘벡법을 반대했다. 이 사태에 대처하기 위해 영국은 1791년 캐나다를 영국계 주민의 상Upper캐나다와 프랑스계 주민의 하Lower캐나다로 분리하고, 각 지역에 대의제 의회를 허용했다. 그러나 두 식민지 모두 본국 정부가 임명하는 소규모 평의회가 의회를 무시하고 전제적으로 통치했다.

1837년 결국 각 식민지에서 반란이 일어났다. 반란을 진압한 뒤, 영국 정부는 더럼Durham 백을 파견해서 식민지의 실태를 조사하게 했다. 그 결과인 더럼 보고서를 바탕으로 제정된 캐나다법Canadian Act(1840)은 상·하의 두 캐나다를 통합하고, 선출 의회와 임명 의회 양원으로 구성된 입법부를 설치해서 폭넓은 자치를 부여하고, 단계적으로 책임 정부가 발전하는 것을 허용했다. 이후 영국은 1867년 영국령 북아메리카법British North America Act을 제정하여 온타리오Ontario, 퀘벡, 노바스코샤, 뉴브런즈윅New Brunswick의 네 주province를 통합하여 자치국을 수립했다. 캐나다 자치국Dominion of Canada은 영국과 같은 내각 책임제를 채택하는 한편, 영국과의 결합의 상징으로 영국 국왕을 대표하는 총독부도 두었다. 혁명으로 모국과의 관계를 끊은 미국과 달리, 캐나다는 평화적으로 사실상의 독립을 달성하고 영연방의 일원으로 남았다.

자치국 캐나다의 발전　　캐나다는 곧 영토가 어마어마하게 커졌다. 캐나다는

1869년 허드슨 베이 회사로부터 이른바 루퍼트랜드Rupert's Land를 사들였는데, 그곳은 캐나다 대평원과 북부 온타리오 및 북부 퀘벡을 포함한 광활한 땅덩어리 였다. 1871년에는 태평양에 면한 브리티시 컬럼비아British Columbia 식민지가 서부 해안을 동부의 캐나다와 연결하는 대륙횡단철도를 이른 시기에 건설한다는 약속 아래 연방에 가입함으로써, 캐나다의 영토는 대서양에서 태평양까지 뻗치게 되었다. 이런 방대한 영토 때문에 신생국 캐나다는 교통과 통신에 큰 어려움을 안고 출발했다.

캐나다는 1867~1873년에 초대 수상이 되고 1878~1891년에 재집권한 존 앨릭잰더 먹도널드Alexander Macdonald의 지도력 아래 빠르게 발전했다. 캐나다는 새로운 산업을 장려하고, 1885년 대륙횡단철도를 건설하고, 이주민을 끌어들였다. 프랑스계로서 처음으로 수상이 된 윌프리드 로리에Wilfrid Laurier는 1896~1911년의 집권기 동안 먹도널드의 과업을 이어갔는데, 대략 그의 재임 기간에 캐나다는 225만 명의 새 국민을 받아들여 인구가 700만 명을 넘어섰다. 이전의 허드슨 베이 회사 땅이었던 루퍼트랜드에 새 주가 생겨나고, 그리하여 1914년에 캐나다는 9개 주로 구성되었다.

캐나다가 안고 있는 심각한 문제는 나라의 이중 문화적 성격이었다. 미국혁명 이전에는 나라 전체가 프랑스적이었으나, 미국에 있던 충성파가 캐나다로 도망을 오면서 변화가 시작되었다. 1761년 뉴프랑스 곧 캐나다에는 고작 6만 5000명의 프랑스 이주민이 살고 있었다. 그런데 1815년에는 영국의 북아메리카 식민지 전체의 인구가 60만 명으로 늘었고, 그 가운데 프랑스인은 25만 명에 불과했다. 그 뒤 1850년까지 영국에서 2차 이주 물결이 일어 인구가 240만 명으로 폭증했으며, 그중에 프랑스인은 1/3 이하였다. 19세기 동안, 그리고 현재까지 프랑스 혈통의 인구는 전체에서 30% 선에 머물렀다.

20세기 후반까지 이어진 프랑스계와 영국계 간의 갈등의 밑바탕에는 초기 영국의 승리에 대한 프랑스인의 분노가 깔려 있었다. 프랑스인이 보기에 영국인은 사실 굴러온 돌인데, 굴러온 돌에 박힌 돌이 뽑혀 나간 꼴이었다. 게다가 영국인의 우월 의식 역시 갈등에 한몫했다. 그뿐만 아니라 종교적 갈등 또한 작용했다. 퀘벡은 권위주의 체제가 지배한 매우 보수적인 곳이었는데, 이런 정치적 권위가 없어지자 퀘벡의 가톨릭교회는 프랑스 가톨릭 문화의 주된 수호자요 아성이 되었다. 그러나 영국 혈통의 캐나다인은 그런 교회의 역할에 적대적인 경향이 있었다.

좀 더 문제가 어려운 것은 프랑스계의 거주지가 주로 문맹률이 높은 농업 지역이라는 사실이었다. 영국계 주민은 상대적으로 더 도시적이고, 기술 교육을 받고, 그래서 더 부유하고 지배적이게 되었다. 비록 이중 언어 체제가 법으로 규정되었음에도, 프랑스계 주민이 별로 없는 서부의 여러 주에서 언어의 동등성이 조금씩 무너지는 데 대해 프랑스계 주민들은 비통해했다. 영어 사용 캐나다인은 우월한 태도를 취했으며, 프랑스 문화를 조롱하면서 프랑스어를 배우려고 노력하지 않았다. 19세기가 끝날 무렵 캐나다는 정치 구조에서는 단일 국가였으나, 공동의 캐나다 의식은 이루어지지 않았다. 프랑스계 주민은 다수파의 문화에 흡수될 의사가 없었다. 오늘날에도 어떻게 하면 공식적으로 동등한 별개의 두 문화로 구성된 단일 민족성을 창출할 수 있는가가 캐나다의 주요 문제로 남아 있다.

캐나다 자치국은 이후 오스트레일리아, 뉴질랜드, 남아프리카의 선례가 되었다. 영국이 임명한 총독이 직접 통치하는 식민지와 달리, 자치국은 영국 정부를 대표하는 총독에게 실질적 통치권은 전혀 없었다. 자치국을 영국과 묶는 기본 유대는 정서적 일체감이었는데, 제1차 세계대전 때 그 유대는 꽤 믿을 만한 것임이 증명되었다. 자치국들은 직접적 이해관계가 걸린 것이 거의 없었음에도 군사적으로나 경제적으로 영국을 도왔다.

오스트레일리아　　오스트레일리아는 뉴질랜드와 더불어 제임스 쿠크Cook 선장이 1768~1771년 사이 탐험대를 인솔하고 남태평양을 항해한 결과로 영국인에게 처음 알려졌다. 이후 1788년 영국은 한 무리의 죄수를 오스트레일리아의 시드니에 이송하여 정착하게 함으로써 식민지 개척의 첫발을 내디뎠다. 시드니는 나중에 뉴사우스웨일스로 확장되었는데, 이곳을 발판으로 해서 다른 곳에 다섯 곳의 정착지가 더 건설되었다. 오스트레일리아에 온 처음의 유럽인은 다수가 죄수였으나, 그들의 대다수는 정치범과 채무자였다. 많은 죄수는 7년의 복역 뒤에 해방되어 시민이 되었다. 유형수와 별개로 19세기로 넘어가면서 많은 자유인 정착민이 오스트레일리아로 이주해 오기 시작했다. 이들은 죄수들을 무더기로 옮겨 놓는 것에 항의하기 시작했는데, 영국은 1840년에 죄수 이송에 제동을 걸기 시작했으나, 이런 관행은 1868년에야 끝이 났다. 1850년에 이르러 오스트레일리아 식민지들은 각각 자치정부를 수립했다.

오스트레일리아 식민지들은 19세기 전반기 동안 조금씩 성장했다. 목양이 경제의 기초였는데, 1851년에 엄청난 규모의 금광이 발견되면서 이주민이 대거 몰려들었다. 그러나 농업은 여전히 경제의 근간이었으며, 1850년 영국에 양모 1만 7000톤이 수출되었는데, 1879년에는 13만 4000톤으로 늘었다. 철도가 부설되고, 외국 자본이 대규모로 투자되어 자원 개발이 이루어졌다. 1850년에 식민지 인구는 40만 명쯤이었는데, 10년 뒤에는 그 두 배가 넘었다. 인구 증가는 가속도가 붙어, 1914년 이전 10년 동안 인구가 400만 명 이하에서 500만 명으로 불어났다.

1901년 정초에 여섯 개의 식민지가 통합하여 오스트레일리아 연방을 결성하고 영연방의 일원이 되었다. 정치체제는 영국 국왕을 국가 원수로 하는 입헌군주정의 의원내각제와 미국식 연방제를 결합했다. 연방 정부의 최고 집행부는 수상인데, 그는 입법부에 책임을 지며 그에 따라 임기가 고정되지 않았다. 입법부는 각 주에서 여섯 명씩 선출되는 의원으로 이루어진 상원과 각 주에서 인구 비례로 선출되는 의원으로 이루어진 하원의 양원으로 구성되었다. 연방을 구성하는 여섯 개 자치주는 미국의 주처럼 독립된 국가와 같은 강력한 자치권을 가지고 있다.

유럽인이 발을 딛기 전 오스트레일리아와 인근 섬인 태즈메이니어Tasmania에는 30만 명쯤의 원주민이 살고 있었다. 애버리저니Aborigine라고 불리는 원주민들은 주로 해안 지대에 살고 있었는데, 그들의 생활 무대가 범죄자의 유형지로 바뀌면서 생활 근거지를 빼앗기고 내륙의 건조한 사막 지역으로 쫓겨났다. 아메리카 원주민들처럼 애버리저니도 유럽인이 들여온 질병에, 또 그들의 학살에 인구가 급격히 줄어들었다. 태즈메이니어 원주민은 지금은 거의 절멸했고, 오스트레일리아 원주민도 비슷한 길에 접어들어 지금은 전체 인구의 1% 남짓에 불과하다.

뉴질랜드   오스트레일리아에서 대략 1600km 떨어진 뉴질랜드에 최초로 정착한 백인은 유형지인 오스트레일리아에서 도망쳐 온 절망적인 죄수들이었다. 이후 그들 외에도 다른 정착민이 늘어나 1840년 무렵에는 그 수가 2000명이 넘었다. 그들과 섬의 원주민인 마오리족Maori 사이에 토지를 둘러싸고 끊임없이 심각한 분쟁이 벌어지자, 영국 정부는 1840년 뉴질랜드를 식민지로 선포하고 총독을 파견하여 공식적으로 지배하기 시작했다. 총독은 1840년 마오리족 부족장들과 와이탕이Waitangi 조약을 맺었는데, 조약은 마오리 부족장은 주권을 영국 여왕에게 이양하고, 부족장의 토지와 자원의 소유권은 보장하되 모든 거래 당사자는 여왕으로 하며, 마오리족은 모두 영국 시민과 같은 권리와 특혜를 받는다는 등의 세 조항으로 이루어졌다.

   그나마 마오리족은 애버리저니보다 유럽인에게 훨씬 더 잘 맞설 수 있었으며, 그 나름의 지위를 확보했다. 이후 영국인과 마오리족 사이에 거의 30년에 걸쳐 토지 쟁탈을 둘러싸고 여러 차례 전쟁이 벌어졌다. 1872년 마지막 전쟁이 끝나면서 양측 사이에 마침내 평화가 이루어지고, 마오리족은 백인이 세운 새 세계에 조금씩 적응해 나갔다. 영국인이 처음 도래할 무렵 20만~50만 명으로 추정되던 마오리족 인구는 19세기 말에는 4만 명으로 줄어들었다. 그러나 그 뒤 그들은 유럽인과 같은 정치적 권리를 공유하고 향상된 교육의 혜택을 받으면서 인구도 늘어나 2013년에는 뉴질랜드 전체 인구의 15%를 차지하고 있다. 백인들의 뉴질랜드는 차츰 목축과 과일 재배로 부유한 나라로 발전했다. 주요 수출품은 양털, 육류, 유제품들로서 주로 영국 시장으로 팔려 나갔다. 뉴질랜드는 1907년 자치국이 되어 오스트레일리아의 뒤를 따라 영연방에 가입했다.

뉴질랜드와 오스트레일리아 모두 민주 정부와 사회복지 입법에서 선구적인 모습을 보여주었다. 일찍이 1855년에 오스트레일리아의 빅토리아주가 비밀투표제를 도입했다. 이 '오스트레일리아 비밀투표'는 나중에 영국과 미국 기타 여러 나라에서 채택되었다. 여성 참정권이 1893년 뉴질랜드에서 도입되었고, 9년 뒤에는 오스트레일리아에도 도입되었다. 뉴질랜드에서 '국민을 위한 토지' 프로그램이 시행되어 부재지주가 보유한 대토지에 무거운 세금이 부과되었다. 뉴질랜드는 또한 선도적으로 1878년 무갹출 노령연금제를 채택하고, 1907년에는 유아 복지제도를 확립했다. 오스트레일리아도 1914년 이전에 뉴질랜드와 비슷한 제도를 입법화했다.

3) 라틴아메리카

라틴아메리카의 신생국들은 정치적 불안정과 외세의 경제적 침탈로 인해 좌절의 한 세기를 겪었다. 내란이나 혁명이 주기적으로 찾아왔다. 조국을 근대화하려고 노력한 진보적 지도자들은 강력한 전통적 제도와 수많은 복합적인 사회문제에 직면해야 했다. 대다수 신생국에 처음 반세기는 쇠퇴와 실망의 시기였다. 미국과 달리 자치의 경험이 전혀 없이 전제정의 지배를 받아온 신생 공화국들은 나라를 제대로 운영하는 데 매우 미숙했다. 위대한 해방자들은 그들이 해방한 나라의 지배권을 유지할 수 없었다. 독립운동을 주도한 크리오요들은 통치 경험이 없었고, 다양한 이익집단을 조정할 정치적 타협 능력이 부족했다. 그들은 곧 거친 군사 지도자 카우디요caudillo에게 권력을 잃었으며, 이들은 혼란 속에서 권력투쟁을 벌였다.

멕시코   1823년 공화국이 수립된 뒤 10년이 채 못 되어 군사 지도자 안토니오 산타 안나Antonio Santa Anna가 쿠데타로 권력을 장악하고, 이후 20여 년 사이 네 차례 대통령에 오르면서 독재를 휘둘렀다. 그는 집권기 동안 텍사스의 독립을 인정하고, 미국과의 전쟁(1846~1848)에서 패하여 캘리포니아를 포함한 광대한 영토를 빼앗기는 등 영토를 반 토막 냈으며, 여러 정책상의 잘못을 저지르면서 멕시코 역사상 최대의 오점을 남겼다. 그는 결국 1855년 혁명으로 쫓겨나고, 자유주의 개혁가들이 정권을 장악했다.

개혁가들은 베니토 후아레스Benito Juárez(1806~1872)를 중심으로 개혁 프로그램을 추진했다. 2년 뒤인 1857년 인디오 출신으로 유일하게 멕시코 대통령이 된 후아레스는 좀 더 민주적인 헌법을 제정하여 군부와 교회의 권력을 축소하고, 토지개혁을 비롯한 각종 개혁을 시행했다. 그러자 성직자와 지주가 개혁에 강력하게 반발하고, 결국 끔찍한 내전이 벌어졌다. 내전은 1861년 후아레스의 승리로 끝났다. 그런데 내전을 겪은 멕시코가 외국에 진 빚을 갚지 못하자, 프랑스 나폴레옹 3세가 1862년 이를 빌미로 멕시코를 침략하여 합스부르크가의 막시밀리안 대공을 황제로 내세운 멕시코 제국(1864~1867)을 수립했다. 그러나 멕시코 민중은 미국의 지원에 힘입어 1867년 마침내 프랑스군을 축출했다.

권력을 되찾은 후아레스는 다시 개혁을 추진했으나 빈곤이 발목을 잡았다. 그가 죽은 뒤 추종자 포르피리오 디아스Porfirio Díaz가 집권했다. 그가 1876~1880년과 1884~1911년 두 차례 대통령으로 집권하는 동안 멕시코는 정치적 안정을 누리는 한편, 엄청난 경제성장을 이루었다. 외국 자본이 대규모로 들어오고, 공장 건설·철도 부설·광산 개발이 이루어지고, 대농장과 드넓은 목장이 번성했다. 멕시코시티는 라틴아메리카에서 가장 인상적인 수도의 하나가 되었다. 디아스의 통치는 외형상으로는 헌법에 합치하는 것이었지만, 사실상 독재정치였다. 문학과 예술이 크게 장려되었으나, 자유는 없었다. 인디오는 계속 노예로 전락했다. 반교권적 법에도 불구하고 교회는 조용히 거대한 부를 획득하는 것이 허용되었고, 외국 투자자들은 민중을 착취하여 두고두고 외국인 혐오를 낳았다.

1910년 프란시스코 마데로Francisco Madero가 비판의 목소리를 내고 나섰다. 그는 혁명운동의 지도권을 잡았고, 디아스가 사임한 뒤 대통령에 선출되었다. 그러나 그는 1913년 미국이 개입된 쿠데타에 희생되었다. 멕시코는 다시 한 번 오랫동안 혼란의 시대를 겪었다.

아르헨티나   아르헨티나는 1816년 독립을 얻은 뒤, 독립 초기의 미국처럼 중앙집권주의자와 각 주의 분권을 유지하려는 세력 간의 대립으로 정쟁과 내란 등이 반복되면서 오래 정치적 혼란을 겪었다. 항구 도시 부에노스아이레스 Buenos Aires 중심의 상업 자본가들은 강력한 중앙권력을 요구하고, 서부 내륙의 군벌인 카우디요와 대농장주는 지방 권력을 장악하고 중앙정부의 권력을 위협했다. 제헌의회는 우여곡절을 겪은 끝에 1825년 미국 헌법을 본뜬 합주국 헌법을 제정했다.

헌법은 국명으로 에스파냐 식민지 시대의 이름인 라플라타La Plata 대신 아르헨티나를 채택했다. 라플라타는 에스파냐어로 은이라는 뜻이었는데, 새 국명은 이를 라틴어로 번역한 아르헨툼argentum에서 나온 것이었다. 중앙집권주의자 베르나르디노 리바다비아Bernardino Rivadavia가 1826년 2월 초대 대통령이 되어 중앙정부를 강화하려 했으나, 지방 세력의 반발에 부딪히고 이듬해 결국 대통령 자리에서 쫓겨나고 말았다. 그 뒤 아르헨티나는 제대로 된 지도자 없이 산발적 내란에 휩싸이고, 각 주의 주지사 자리를 차지한 카우디요들의 세상이 되었다. 그리하여 세기 중엽까지 아르헨티나는 합주국이라는 큰 틀은 유지했으나 사실상 유명무실했으며, 부에노스아이레스 주지사가 상당히 큰 권력을 행사하는 매우 느슨한 연방 체제가 되었다.

아르헨티나는 1853년 주지사들이 합의하여 새로운 연방헌법을 제정하면서 비로소 정치적 안정을 얻었다. 새 헌법은 임기 6년의 대통령제와 양원제 입법부를 두고, 지방 군벌들의 자치권을 인정하는 연방주의적 국가 체제를 규정했다. 이후 유럽과의 무역이 되살아나고 경제가 발전했으나, 파라과이 전쟁(1864~1870)

으로 국가 기강이 흔들릴 만큼 극심한 경제 침체를 겪기도 했다. 그러나 그 뒤 유럽 이주민이 쏟아져 들어오고, 아르헨티나는 곧 인디오나 흑인이 거의 없어서 라틴아메리카의 공화국 가운데 가장 유럽적이고 가장 백인 중심인 나라가 되었다. 그리고 영국을 비롯한 외국의 자본이 유입되어 경제가 놀라울 만큼 빠르게 발전했다. 항만 시설, 철도, 경공업, 도시 편의시설 등은 세계에서 가장 앞선 축에 들었다. 수도 부에노스아이레스는 라틴아메리카에서 단연 가장 크고 가장 아름다운 도시가 되었다.

대초원인 팜파스pampas는 풀과 밀이 자라기에는 그지없이 좋은 땅이어서, 수세기 동안 가축들이 그곳에서 번성해 왔다. 1880년 무렵 냉동선의 도입으로 엄청난 양의 신선한 쇠고기가 공산품과 교환되어 영국으로 운송되었다. 1900년 무렵에는 주된 수출품으로 쇠고기에 밀이 추가되어 미국과 캐나다의 곡물과 경쟁했다. 이와 같은 영국과의 긴밀한 상업 관계는 제2차 세계대전 이후까지 이어지면서 아르헨티나인의 거의 모든 생활 영역에 영향을 주었다. 그렇지만 엘리트 사회에서 경제는 친영국, 문화는 친프랑스적인 지도자가 지배했음에도, 다른 한편 진정한 아르헨티나 민족주의가 발전하고 있었다. 이 강렬한 감정의 성장과 더불어 더 많은 민족주의와 더 폭넓은 부의 분배를 요구하는 목소리 또한 커졌다.

브라질　　　포르투갈 식민지였던 브라질은 에스파냐 식민지가 모두 공화국을 수립한 것과 달리 제국 체제를 수립했다. 브라질은 전쟁과 군사 지배를 거치지 않고 독립을 얻었을 뿐 아니라 신망이 높은 군주정의 정통성을 계승한 덕분에, 이웃 공화국들이 오래도록 빠져들었던 극심한 정치적 혼란과 무질서를 겪지 않았다. 첫 황제 페드루 1세(1822~1831)는 높은 국민적 지지 속에 즉위했으나, 신생국에 흔히 있는 내부 대립과 이를 제어하기 위한 전제적 통치로 차츰 신망을 잃었다. 게다가 원래 에스파냐 식민지였다가 1821년 브라질에 합병된 우루과이가 아르헨티나의 지원을 얻어 1825년 독립전쟁을 벌였는데, 브라질이 아르헨티나에 참패하고 1828년 우루과이가 독립을 얻어 브라질에서 떨어져 나가면서 민심이 결정적으로 돌아섰다. 페드루 1세는 결국 1831년 다섯 살 난 아들 페드루 2세(1831~1889)에게 제위를 물려주고 포르투갈로 돌아갔다.

페드루 2세는 반란으로 혼란스러웠던 섭정기를 거친 뒤, 1840년 친정을 시작했다. 그의 치세와 함께 정치적 자유와 경제적 번영 그리고 문화적 진보의 시대가 열렸으며, 이는 반세기에 걸친 오랜 치세 내내 지속되었다. 이 평화로운 땅은 많은 이민을 끌어들였으며 외국 투자도 활발했으나, 멕시코의 디아스 치하에서 일어났던 외국 자본의 민중 착취는 없었다. 페드루 2세는 또한 파라과이 전쟁에서 아르헨티나와 연합하여 싸운 끝에 엄청난 크기의 영토를 획득했다. 선정으로 국민의 높은 신망을 누리던 황제는 노예제 폐지라는 대개혁을 단행했는데, 그러나 이는 그의 몰락을 불러왔다. 브라질은 아메리카에서 노예제가 유지된 마지막 나라였는데, 페드루 2세는 노예제 폐지를 추진하여 1866년 60세 이상 흑인 노예를 해방한 데 이어 1888년 노예제를 완전히 폐지했다. 노예제 폐지로 특히 설탕 농장주들은 경제적으로 큰 타격을 받았다. 분노한 대지주들은 페드루 체제의 문민적 성격에 불만을 품은 군벌과 손을 잡았다. 이들에 소수의 공화파가 가세했다. 1889년 11월 군사 쿠데타가 일어나, 제정이 폐지되고 황제는 국외로 추방되었다.

민심의 기반 없이 쿠데타로 세워진 공화국은 거의 10년 동안 라틴아메리카의 다른 나라들이 겪은 것과 비슷한 내전과 군사적 혼란을 겪었다. 그런 다음 공화국은 마침내 군부의 통제 아래 정치적 안정을 되찾았다. 외국 자본이 들어오고 유럽에서 이주민이 대거 흘러들어 왔다. 오래된 설탕 경제를 보완해서 커피와 고무가 대량 생산되면서 경제도 번성했다. 1914년에 이르면 브라질은 전반적으로 책임 정부의 전통이 성장하는 가운데 안정과 번영을 누렸다.

외세의 경제적 침투　라틴아메리카에서 계속되는 무질서와 강력한 정부의 부재는 유럽과 미국의 거대 기업이 이권을 얻고 자본을 투자할 좋은 기회가 되었다. 라틴아메리카의 정치 지도자 중에는 혁명으로 정권을 장악하고 오로지 개인의 부귀와 영달을 누리는 데에만 관심이 있는 인물이 많았는데, 그들은 종종 현찰을 받고 외국 기업에 이권을 팔아넘겼다. 때로는 파렴치한 자본가들이 무지하거나 무력한 정부 관리들을 십분 이용했다. 라틴아메리카의 풍부한 광물, 석유, 기타 중요한 자원이 그렇게 외국 자본의 손에 넘어갔다.

제국주의의 거친 바람이 부는 가운데 미국은 카리브 지역으로 손을 뻗었다. 쿠바인의 독립운동을 지원하던 미국은 1898년 에스파냐에 전쟁을 걸었다. 미국-에스파냐 전쟁을 승리로 끝낸 미국은 에스파냐를 카리브해에서 몰아내고, 쿠바와 푸에르토리코를 빼앗으면서 카리브해로 진출했다. 그리고 미국은 곧이어 파나마를 보호령으로 삼았다. 하워드 태프트Howard Taft(1909~1913) 대통령은 이른바 달러 외교 정책을 도입한바, 라틴아메리카와 아시아에서 무력 대신 자본투자나 차관 제공을 통해 자본의 힘으로 미국의 정치적 영향력을 확대하려 했다. 이런 정책은 이미 1890년대부터 시행되어 설탕, 바나나, 석유와 같은 라틴아메리카 산물에 대한 이권을 미국인들이 각국으로부터 확보했다.

3. 산업사회의 확산과 발전

1) 산업적 번영의 확산

제2차 산업혁명　　1차 산업혁명 한 세기 뒤, 유럽인은 다시 한 번 산업 발달의 거대한 물결에 올라탔다. 19세기 말에 이르면 영국은 많은 산업국가의 하나에 불과한 데다 가장 선진적이지도, 가장 생산적이지도 않은 나라가 되었다. 유럽에서 그런 지위는 독일이 차지한 한편, 프랑스·벨기에·이탈리아·오스트리아-헝가리 같은 나라 역시 중요한 산업국가가 되었다. 그러나 이들 나라보다 더 선진적이고 생산적인 나라는 미국이었다. 미국은 방대한 천연자원, 활력에 넘쳐 일하는 주민, 과학의 발달, 앞선 기술력 등의 장점을 갖추고 있었다.

산업화는 공간적으로 확산했을 뿐 아니라 그 자체가 눈부시게 향상했다. 전통적 공산품은 점점 더 많이 새로운 방법으로 제조되었고, 더욱더 많은 새 공산품과 새 제조 공정이 발명되었다. 과학과 과학기술 그리고 기계 자체가 가속도로 발전했기 때문이다. 19세기 동안 과학 지식이 급속하게 증가하면서, 그것은 곧바로 새로운 발명으로 이어졌다. 실무에 종사하는 기술자가 여전히 중요한 발명을 하기도 했으나, 점점 더 발명은 실험실에서 연구하는 과학자의 몫이 되었다. 산업체와 정부가 연구 및 개발에 거액을 투자함에 따라 발명 자체가 참으로 조직화된 활동이 되었다. 과학과 연결된 산업화의 새 시대는 19세기 중엽 이후부터 시작되었다. 1830년경까지는 기계 기술이 주로 직물공업과 광업 및 야금에 한정되었지만, 그 이후로는 제화·봉제·제분·대포 제작 등 수많은 다른 전통업종에서도 기계류가 발명되었다. 게다가 과학기술의 진보로 근본적으로 중요한 새로운 공업이 창출되었다. 그 가운데 화학·전기·석유공업은 가장 중요한 3대 공업이었다.

화학자들은 1850년대에 코크스 제조의 부산물인 콜타르coal-tar의 구조를 연구했는데, 그로부터 아닐린 염료·벤젠·나프타·나프탈렌을 비롯한 수많은 화학제품이 쏟아져 나왔다. 콜타르에 못지않게 석유 또한 그 정제 과정에서 다양한 화학 부산물이 생산되었다. 1867년에는 스웨덴 화학자 알프레드 노벨Alfred Nobel이 다이너마이트를 발명하여 광업과 전쟁에 일대 혁신이 일어났다. 그리고 공업에 다양하게 쓰이는 산과 알칼리의 상업적 생산이 19세기 중엽에 장족의 발전을 보았으며, 세기 말에는 인조 견사가 합성되었다.

석유는 까마득한 고대부터 진기한 물품으로 알려져 왔으나, 경제적으로 매우 중요해진 것은 19세기 후반에 와서의 일이었다. 산업화 과정에서 증기기관 사용에 엄청난 양의 석탄이 필요해서 효율적 이용에 지장을 받았는데, 석유를 사용하는 내연기관이 새로 고안되었다. 독일 엔지니어 고틀리프 다임러Gottlieb Daimler는 1880년대에 오늘날 대다수 자동차에서 사용되는 내연기관을 개발했다. 다임러의 엔진이 연료로 휘발유를 쓰는 것과 달리, 루돌프 디젤Rudolf Diesel은

1892년에 경유를 쓰는 엔진을 개발했으며, 그 설계에 따라 1898년 상업용 디젤 엔진이 제작되었다. 세기 전환기는 대양 항해 선박의 연료로 석유가 석탄을 대신하기 시작했다.

석유를 사용하는 내연기관의 발달은 무엇보다 자동차 산업의 눈부신 발달로 이어졌다. 모델 티T의 대량 생산으로 자동차 산업에 혁명을 일으킨 인물은 미국인 헨리 포드Ford였다. 1900년에 세계 자동차 생산은 9000대였는데, 1916년 포드 공장은 73만 5000대의 자동차를 생산했다. 이 무렵에 이르면 자동차 산업은 이탈리아, 러시아, 독일, 프랑스, 미국 경제의 핵심 부문이 되었다. 석유 내연기관은 또한 항공 시대를 열었다. 1903년 12월 미국인 라이트Wright 형제의 동생 오빌Orville이 휘발유 엔진으로 움직이는 비행기 플라이어호Flier를 타고 12초 동안 36.5미터를 나는 데 성공했다. 수소가스를 이용한 비행선은 이미 19세기 중엽부터 이용되고 있었으나, 휘발유 엔진으로 움직이는 비행기로는 역사상 첫 비행이었다. 그 날 네 번째 시도에서 형 윌버Wilbur는 59초 동안 255미터를 날았다. 그 뒤 비행기 산업을 재촉한 것은 제1차 세계대전이었고, 정기 승객운송 사업은 전후에야 시작되었다.

전기 역시 몇 세기 전부터 그 존재가 알려져 왔으나, 전기 현상 및 전력의 실제 적용에 대해 제대로 이해하게 된 것은 19세기에 와서였다. 마이클 패러데이는 전기분해 현상을 발견함으로써 금속의 부식을 막는 전기도금이 개발되었다. 그는 또한 1831년에는 발전기를 고안했다. 그러나 발전기가 실용성 있는 형태로 완성된 것은 1876년의 일이며, 이후 어디에서나 전기 생산이 가능해졌다. 1882년 뉴요크에 처음으로 소규모 화력발전소가, 1891년에는 독일 란펜Lanfen에 작은 수력발전기 1대가 건설되어 전기를 대량 생산하는 길을 열었다. 그 뒤 전기가 양산되면서 전기는 가정에서든 공장에서든 새롭고 유용한 동력원이 되었으며, 전기로 인해 놀랄 만한 새로운 제품이 만들어졌다.

1879년에는 미국인 발명가 토머스 에디슨Thomas Edison이 개량된 백열전구 특허를 받았으며, 이후 수십 년을 거치면서 대다수 도시에서 전등이 등불과 가스

등 대신 가정과 도시를 밝혔다. 전기는 처음에 주로 불을 밝히는 데 쓰였지만, 곧 교통에도 일대 혁신을 일으켰다. 1880년대에 노면 전차가 유럽의 주요 도시를 누비고 다녔으며, 1898년에는 도쿄에 이어 동양에서 두 번째로 한양에도 전차가 등장했다. 전기는 또한 기계를 움직이는 동력원으로 쓰임으로써 공장 운영에도 혁신이 일어났다. 그런가 하면 영국 태생으로 미국에 귀화한 발명가 앨릭잰더 그레이엄 벨Alexander Graham Bell은 1876년 전화기를 발명하고, 이탈리아 발명가 굴리엘모 마르코니Guglielmo Marconi는 1895년 무선으로 신호를 전송하는 데 성공하고 이듬해 무선전신 특허를 받았다. 마르코니는 1901년에는 전파를 대서양 너머로 보냄으로써 통신상의 혁명을 더욱 진전시켰다.

이들 주요 발전 이외에도 이루 헤아릴 수 없을 만큼 많은 개량과 발명으로 기계 생산의 효율성이 끊임없이 향상했다. 사치품과 고도의 숙련 기술이 필요한 업종을 빼고, 거의 모든 업종이 기계화의 영향을 받았다. 기계로 생산한 제품이 대량으로 쏟아져 나옴으로써, 값이 싸지고 일상적으로 소비할 수 있는 물품의 종류가 엄청나게 늘어났다.

기업 조직의 발달　　　산업 규모가 커짐에 따라 기업가들은 대규모 자본을 동원할 필요가 생겼다. 영국에서는 일찍이 1720년에 '남해의 거품' 사건을 통해 주식회사의 위험이 드러난 적이 있었으며, 1825년에는 합자회사joint-stock company 원리 위에 설립된 수백 개의 회사가 도산한 사태가 있었다. 이 사태를 계기로 1844~1861년 사이에 회사와 관련하여 상당한 법적 변화가 일어났다. 그 결과 근대적 주식회사, 그러니까 법인격을 가지고 투자자가 유한 책임을 지는 회사가 생겨났다. 주식회사는 많은 이점이 있었다. 그것은 법인으로서 자연인처럼 계약을 맺을 수 있고, 소송 당사자가 될 수도 있고, 기타 모든 법적 권리를 누릴 수 있었다. 많은 산업체가 이 새로운 형태의 기업 조직을 채택했으며, 산업혁명 첫 단계의 일반적 기업 형태였던 개인 기업과 합명회사partnership가 전반적으로 주식회사로 대체되었다. 산업으로의 자본 유입이 촉진되었고, 산업자본이 착실하게 성장했다.

산업이 발달하면서 주식회사 규모가 점점 커지고 서로 간에 경쟁 또한 치열해졌다. 그러자 세기 말엽에 이르러 시장을 횡적으로 좀 더 완전하게 지배하거나, 혹은 종적으로 원료 공급에서 상품 판매에 이르는 전 과정을 통제할 목적으로 거대한 기업 집단이 결성되기 시작했다. 독일이 특히 이런 면에서 적극적이었는데, 독일 정부는 카르텔cartel 결성을 허용했을 뿐 아니라 권장하기까지 했다. 카르텔 안에서 개별 기업들은 서로 담합하여 가격을 통제하고 생산량을 조절했으며, 그렇게 해서 이윤 감소를 가져올 경쟁을 피했다. 제1차 세계대전 이전 수십 년 동안 몇몇 사업, 특히 석유화학공업에서 국제적 카르텔이 형성되었다. 카르텔이나 트러스트trust는 때로 생산의 효율성을 높이는 측면이 있었으나, 대체로 산업을 독점하고 경쟁을 제한함으로써 기술 향상을 가로막는 역기능도 있었다.

유럽 경제의 일반적 상황　　유럽인은 제2차 산업혁명으로 물질적 번영을 누렸지만, 그와 동시에 경제 침체와 위기 또한 그들의 경제적 삶의 일부를 이루고 있었다. 그들은 1873년부터 1896년까지 유례없이 오랫동안 이른바 '대불황great depression'을 겪었다. 그러나 그 뒤 제1차 세계대전 때까지 유럽은 전반적으로 호황을 누렸으며, 나중에 사람들이 그 시대를 '좋은 시대la belle époque', 유럽 문명의 황금시대로 되돌아볼 만큼의 번영을 이룩했다.

1870년 이후에는 독일이 영국을 밀어내고 유럽 산업의 선도국이 되었다. 1890년대에 이미 독일의 우위는 유기화학 제품과 전기 장비 같은 새로운 제조업 분야에서 분명해졌으며, 세계 무역에서 차지하는 몫에서도 점점 더 우위에 서게 되었다. 그러나 독일과 영국이 경제적 및 정치적 우위 다툼을 벌이는 한편에서는, 그 시대의 또 다른 양극화가 일어나고 있었다. 1900년 무렵 유럽은 뚜렷하게 차이 나는 두 경제 지역으로 나뉘었다. 영국·독일·벨기에·프랑스·네덜란드·오스트리아-헝가리 제국의 서부 지역·북부 이탈리아는 선진 산업이 발달한 중심지로서, 비교적 건강하고 교육받은 인구가 높은 생활수준과 편리한 교통 체계를 누리면서 살고 있었다. 그와 달리 유럽의 남쪽과 동쪽은 산업화가 제대로 이루어지지 않은 낙후된 지역이었다. 남부 이탈리아·오스트리아-헝가리의 대부분 지역·에스파냐·포르투갈·발칸의 왕국들·러시아는 여전히 대체로 농업 경제에 머물렀으며, 선진 산업 국가들에 식량과 원료를 공급하는 기능을 떠맡고 있었다. 루마니아의 석유, 그리스의 올리브유, 세르비아의 돼지와 자두는 서유럽인에게 유럽의 경제적 역할 구분을 환기하는 역할을 했으며, 이런 구분은 20세기에도 계속되었다.

1869년 이집트에 수에즈Suez운하, 1914년에는 라틴아메리카에 파나마운하가 건설되었다. 수에즈운하로 런던과 인도 뭄바이 간의 항해 시간이 절반으로 줄었으며, 파나마운하로 유럽인이 태평양으로 가기 위해 남아메리카를 돌아갈 필요가 없어졌다. 교통과 통신의 발달로 전 세계가 전에 없이 상호작용하는 하나의 세계로 통합되어, 런던 찻값과 시카고 밀 값이 세계 각지에 영향을 주게 되었다. 거대한 인구 이동이 쉽게 이루어지고, 국제무역이 엄청나게 팽창했다. 1815~1914년의 한 세기 사이에 유럽의 국제 지급액의 가치가 20배가량 증대했다. 19세기 말의 경제 발전은 해양 수송과 철도의 성장으로 이루어진 교통 및 운송의 혁명과 결합하여 진정한 세계경제를 촉진했다. 1900년의 유럽인은 아르헨티나와 오스트레일리아에서 쇠고기와 양털을, 브라질에서 커피를, 칠레에서 질산염을, 알제리에서 철광석을, 자바에서 설탕을 수입했다. 유럽 자본 또한 철도, 광업, 발전소, 은행의 개발을 위해 해외에 투자되었다. 유럽 바깥 지역은 또한 유럽의 공산품을 위한 시장을 제공했음은 두말할 나위가 없다. 유럽은 19세기가 끝날 무렵 자본과 산업 그리고 군사력으로 전 세계 경제를 지배했다.

농업과 농민　농노제가 프로이센에서는 1807년에, 오스트리아에서는 1848년에, 그리고 러시아에서는 1861년에야 폐지되었다. 그런 폐지는 무엇보다 농노에 씌워졌던 다양한 법적 굴레가 제거되었음을 뜻했다. 그다음은 각 나라 사정에 따라 다양한 방식으로 토지가 지주와 이전의 농노 간에 분할되었다. 융커들이 여러 세대를 이어 상업적 영농을 해온 프로이센을 제외하고, 농노해방의 장기적 효과는 많은 토지가 농민의 소유로 넘어간 것이었다. 오스트리아와 러시아의 지주 대다수는 땅을 조금씩 떼어 팔아넘기는 것이 노동자를 고용하여 직접 농사일을 하려고 애쓰는 것보다 낫다고 생각했기 때문이다. 게다가 정부는 대체로 토지를 농민에게 분배하는 정책을 추진했는데, 특히 세기 전환기 무렵에 그러했다.

그러나 헝가리의 도나우 중부 평원과 같은 비옥한 농업 지역과 우크라이나 및 도나우 하류(루마니아)의 이른바 체르노젬chernozem이라는 비옥한 흑토 지대의 땅은 예외였다. 그런 지역의 지주들은 대체로 땅을 직접 경작하는 것이 이윤이 나는 일임을 알고, 임금노동자를 고용할 줄 알았기 때문이다. 이 지역에서 생산된 대량의 잉여 곡물은 유럽 도시에 공급되었다.

1870년대에 기선이 대양 화물 운송선으로 확립되자, 유럽 농부들은 해외 농업과의 경쟁을 절실히 느끼게 되었다. 영국은 정부가 자유무역 정책을 채택하여 농업을 보호하는 노력을 하지 않았다. 그 결과는 영국 농업에는 재앙이었다. 유럽에서 가장 효율적으로 경작되는 축에 들던 드넓은 경작지가 사슴 공원이나 목초지로 바뀌거나, 아니면 버려졌다. 그와 달리 대륙의 정부들은 전반적으로 농산물 수입에 관세를 부과해 농민을 보호하는 정책을 채택했다. 그런 조치에도 불구하고, 유럽의 농업은 세계의 곡물과 육류의 가격 하락으로 위협을 받았다. 러시아와 루마니아를 비롯하여 유럽의 곡물 수출국들은 유일하게 열려 있는 영국 시장에서 미국 및 오스트레일리아의 곡물과 경쟁하는 것이 점점 더 힘들어졌다.

사회개혁 입법　　영국 정부는 경제 관계, 고용주와 피고용인 간의 계약 관계에 개입하기를 극히 꺼렸다. 그러나 공장의 비참한 노동 실태가 알려지면서 국민의 안전과 건강을 위해 정부 조치가 필요하다는 데에 공감대가 형성되었다.

대다수 공장 소유주는 기업을 경영할 자유를 제약하는 모든 규제를 격렬하게 반대했으나, 이제 상당한 자본 축적이 이루어진 산업계 일각에서는 가혹한 노동조건을 개선할 필요를 느꼈다. 1833년부터 시작해서 일련의 법이 제정되어 직물 공장과 탄광에서의 비인도적 상황이 어느 정도 개선되었다. 어린이와 여성의 노동이 금지되거나 보호되고, 길게는 16시간이나 되던 하루 작업 시간도 차츰 12시간으로, 그다음에는 10시간으로 줄어들었다. 공장의 실내 습도와 조도에 대한 규제 조치가 이루어지는 등 작업 환경도 개선되었다. 이런 규제는 처음에 직물 공장에만 적용되었는데, 나중에는 차츰 다른 공업 분야에도 확대되었다. 그리고 1911~1912년에 실업과 질병의 의무보험제가 도입되었다. 영국 정부는 이런 단계적 방식으로 조금씩 산업 노동자들의 노동조건과 복지의 책임을 인정하고, 고용주의 권한을 제한했다.

뒤늦게 산업화에 진입한 대륙에서는 벨기에와 프랑스가 먼저 영국을 따라잡기에 나섰는데, 부르주아의 적극적 지지를 받으며 제정을 수립한 나폴레옹 3세는 처음에는 산업을 증진하기 위한 정책을 적극적으로 추진했다. 그러나 그는 차츰 산업 노동자들에게도 관심을 보여 1864년 노동조합을 합법화하고 많은 사회복지제도를 마련했다. 그뿐만 아니라 노동자들은 파리를 근대도시로 바꾸어 놓은 대규모 공공사업으로 일자리 혜택도 누렸다.

독일 정부는 노동과 사회문제에 대처하는 데에서 개입을 꺼렸던 영국과는 달리 매우 적극적이었다. 광산과 공장의 작업 환경, 노동자의 고용 연령, 노동시간 등을 규제하는 법이 하나씩 제정되었다. 노동조합과 지식인 그리고 종교 단체가 이런 개혁을 도왔다. 독일이 통일 제국이 된 뒤 비스마르크는 사회주의를 탄압하는 한편, 노동자를 무마하기 위한 정책으로 1883~1889년 사이에 당시로는 유럽에서 가장 선진적인 사회보장제도를 도입했다. 1891년에는 노동조건을 규제하는 법이 제정되어 일요일 노동과 13세 이하 어린이의 고용이 완전히 금지되고, 여성은 11시간 이상 그리고 16세 이하 소년은 10시간 이상 노동이 금지되었다.

이러한 성격의 정책을 추진하는 데에서 미국은 서유럽보다 적어도 한 세대 뒤떨어졌다. 남북전쟁 이후 거대 기업이 빠르게 발전했다. 그리고 카르텔, 트러스트, 기타 형태의 기업 결합이 일어나 경쟁자가 제거되고 막대한 이윤이 독점되었다. 그러자 많은 자유주의자, 노동 지도자, 군소 기업가가 경제력 집중의 심화에 경악했다. 그들은 독점 기업의 확장을 막고 기업의 경쟁과 자유를 보호하는 입법을 요구했다. 그리하여 자유주의의 이름으로 정부 권력이 거대 독점기업을 견제하는 역할을 떠맡게 되었다. 연방 정부는 결국 셔먼반트러스트법 Sherman Antitrust Act(1890)으로 독점을 불법화했으며, 그에 따라 가격을 담합하던 철도 카르텔이 해체되고 석유 시장의 90%를 장악한 거대 공룡 스탠더드오일회사 Standard Oil Company가 강제 분할되었다. 이 법의 제정은 정부가 과도한 사적 경제력으로부터 대중을 지키려 한 길고 힘든 싸움의 시작에 불과했다. 부의 집중에 대해 한 걸음 더 나아간 연방 정부의 담대한 조치는 1913년 누진 소득세의 입법이었다.

2) 대중사회의 출현

산업사회의 계층 구조　　　　유럽 산업사회의 꼭대기에는 인구 5%쯤의 부유한 엘리트가 자리하고 있었는데, 이들은 전체 부의 30~40%를 차지했다. 19세기가 지나가는 동안 귀족은 상층 중간계급인 산업자본가, 은행가, 거상 등과 결합하면서 이 새 엘리트 집단을 형성했다. 대기업의 성장으로 이 부호 집단이 형성된 것과 더불어 토지 재산에서 나오는 소득이 줄어든 귀족은 철도 건설, 공공시설, 공채, 나아가 기업에도 투자했다. 부호 집단이 귀족과 더불어 전원생활을 즐기기 위해 시골에 토지를 사들이는가 하면, 귀족은 짬짬이 도시 생활을 누리기 위해 값비싼 도시 주택을 사들이면서 부호와 귀족은 점점 더 서로 융합하게 되었다. 부호 집안의 아들이 귀족 자제를 위한 엘리트 학교에 입학할 수 있게 되고, 이 교육 엘리트는 정부와 군대에서 높은 자리를 함께 나누어 가졌다. 결혼 또한 두 집단이 결합하는 데 한몫했다. 부호의 딸들은 귀족 칭호를 얻었고, 귀족 상속자는 새로운 재산의 원천을 얻었다.

중간계급은 다양한 집단으로 구성되었다. 부호 집단인 상층 중간계급 아래로 법률전문가, 의사, 관료와 함께 적당히 부유한 상공업자 등과 같은 전통적 집단을 포함한 층이 있었다. 19세기의 산업 팽창으로 새로운 집단이 이 중간계급에 추가되었는데, 이에는 기업 경영자·엔지니어·건축가·회계사 등과 같은 새로운 전문직이 포함되었다. 이들 아래에서 소상점주, 군소 상인과 사업가, 번영하는 농민 등이 하층 중간계급을 형성했다. 이른바 화이트칼라white-collar 노동자도 하층 중간계급으로 분류할 수 있겠는데, 대체로 2차 산업혁명의 산물인 이들에는 방문 판매원, 부기 계원, 은행 금전 출납원, 전화 교환원, 백화점 직원, 비서 등이 있었다. 이들 화이트칼라 노동자들은 봉급과 생활수준에서 블루칼라blue-collar 노동자와 크게 다르지 않았으나, 힘든 육체노동을 하지 않았기 때문에 그들보다 좀 더 낫다고 생각했으며, 블루칼라 노동자보다 지위의 개선에 낙관적이었다.

적당한 정도로 번영하고 성공한 중간계급은 생활 방식을 공유했으며, 이들의 가치관이 19세기 후반의 사회를 상당 부분 지배했다. 이는 흔히 중간계급 사회의 전형으로 여겨지는 빅토리아 여왕 시대 영국에서 특히 뚜렷했다. 유럽 중간계급은 과학의 힘과 역사의 진보를 믿었으며, 근면한 노동의 가치를 중요하게 여겼다. 그들은 또한 꼬박꼬박 교회에 다니고 전통적 기독교 도덕을 존중했다.

중간계급 아래로는 인구의 거의 80%를 차지하는 노동계급이 있었다. 이 계급의 다수는 농지를 가진 농민과 농업 노동자였다. 도시 노동계급에는 여러 층의 집단이 있었는데, 크게 나누자면 숙련 노동자, 반숙련 노동자, 미숙련 노동자가 있었다. 미숙련 노동자는 노동계급에서 가장 많은 수를 차지했으며, 이에는 일용 노동자와 많은 수의 가사 종사자도 포함되었다. 1900년 영국에서 피고용인 일곱 명 중 한 명이 가사 종사자였으며, 그들 대다수는 여성이었다. 도시 노동자는 1870년대 이후 생활수준의 실질적인 향상을 맛보았다. 특히 1880년대와 1890년대에 많은 소비재의 물가가 떨어지면서 실질임금이 올랐으며, 그에 따라 노동자들은 식품과 주거 이외의 것에 쓸 여윳돈이 생겼다. 그들은 더 많은 옷을 사고 때로는 오락을 즐길 수도 있었다. 그뿐만 아니라 여유 시간도 생겼다. 파업과 노동운동의 성과로 노동시간이 하루 10시간으로 줄어들고, 노동자들은 토요일 오후를 쉴 수 있게 되었다.

대중의 출현　　20세기가 '보통 사람들의 세기'라면, 19세기는 노동자와 농민이 각성하는 한편 중간계급이 통치에 참여하고 궁극적으로 지배하는 시대였다. 중간 및 하층계급이 아직 정부에서 목소리를 내지 못한 지역에서조차 그들의 경제적 및 정서적 영향은 점점 더 커졌다. 이러한 변화는 일찍이 프랑스혁명과 함께 시작되었다. 특히 해방전쟁 과정에서 민중 봉기를 통해 대중의 열정이 더욱 일깨워졌다. 게다가 사회 세속화의 진전, 교통과 통신의 개선, 대량 소비 체제의 확대, 도시화 등의 요인으로 점점 더 많은 인구가 사회적 과정 안으로 들어왔다. 이 대중 문명의 성장은 유럽 모든 곳에서 가시화했고, 유럽의 동부보다 서부에서 훨씬 더 뚜렷했다.

　대중의 영향이 커지면서 19세기 후반기에 유럽 주요 국가들은 대중 교육에 큰 관심을 기울였으며, 특히 문맹을 추방하기 위해 많은 재정을 투입했다. 19세기 초만 해도 교육을 받았다는 것은 중등학교, 혹은 더 나아가 대학에 다녔다는 것을 의미했다. 중등학교는 대체로 그리스어와 라틴어 공부를 바탕으로 한 고전 교육을 강조했다. 그리고 중등 및 대학 교육은 기본적으로 엘리트 양성을 위한 것이었다. 그런데 1850년 이후에는 많은 중간계급 자제가 공직과 각종 전문직을 추구함에 따라 중등 교육이 확대되었으며, 1870년 이후에는 국가 기능이 확대되어 국가 운영 체제의 대중 교육이 발달하게 되었다.

　1870~1914년 사이 대다수 서유럽 정부는 6~12세 어린이에게 초등교육을 제공하기 시작했다. 국가는 또한 교사의 자질에 대한 책임을 맡아서 교사 양성 학교를 세웠다. 1900년 무렵에 이르러 서부와 북부 유럽의 많은 나라가 무상 의무 초등교육을 시행하고 있었다. 그 결과 대중의 문해력이 급속히 증가했다. 1900

년 무렵에는 영국, 프랑스, 독일, 스칸디나비아 국가들에서 성인 문맹은 사실상 사라졌다. 그러나 무상 의무교육이 발달하지 못한 곳에서는 사정이 사뭇 달랐다. 세르비아, 루마니아, 러시아에서는 성인 문맹률이 거의 80%에 가까웠다.

세기 말경에 문해력이 급증하자 그에 상응하여 대중 신문과 잡지가 등장했다. 런던에서 발행된 ≪이브닝 뉴스*Evening News*≫(1881)와 ≪데일리 메일*Daily Mail*≫(1896)은 진지한 사설과 긴 정치 분석으로 그득한 18세기 신문과 달리, 자세하고 선정적인 범죄 기사·가십·스포츠 소식을 실어 날랐다. 하루 수십만 부씩 발행하는 대중 신문과 대중 잡지가 발달한 것은 윤전 인쇄기로 빠른 대량 인쇄가 가능해진 덕분이기도 했다. 대중 신문의 보급으로 시대적 현안에 대한 사회적 토론이 활발해지고 그에 따라 여론이 형성되었으며, 이 여론은 여러 나라에서 정책에 영향을 미칠 만큼 무시할 수 없는 것이 되었다.

일반 대중이 정치에 관여하고 여론이 정치 생활에서 새로운 역할을 하기 시작함에 따라, 정치 생활의 성격이 바뀌었다. 정치가 엘리트의 응접실에서 이루어지는 이성적 담론에서 노동계급과 중간계급의 가치를 반영하는 대중운동의 거친 언사로 무게중심이 옮아갔다. 지배 계층 사이에서도 민중에의 관심이 높아졌다. 사회적 책임 의식이 성장하고, 사회문제를 해결하기 위한 여러 사회적 법안이 입법화했다. 도시 당국은 공공 편의시설을 확충하고, 박물관을 열고, 극장을 지었다. 수많은 민중운동이 정치적·사회경제적 목적을 위해 조직되었다.

대중문화　　19세기 후반기에는 도시 노동계급과 하층 중간계급을 주요 소비층으로 한 대중문화가 발달하기 시작했다. 문맹이 퇴치되면서 이들 계급은 거대한 독자층을 형성했는데, 그들은 주로 싸구려 대중지penny press와 싸구려 삼류 소설dime novel을 읽었다. 그리고 그들이 더 많은 경제적 여유와 여가를 갖게 되면서 대중 레저산업이 발달했다. 상류층이 콘서트홀과 미술관을 찾을 때, 그들은 댄스홀과 스포츠 경기장을 찾았다. 미식축구, 축구, 자전거 경주, 크리켓, 야구, 권투를 포함한 여러 스포츠가 대중을 사로잡았다. 스포츠에 대한 대중의 관심이 높아지자 피에르 드 쿠베르탱Pierre de Coubertin은 1896년 아테네에서 고대 그리스의 올림픽 경기를 되살렸다. 13개국이 참가한 이 대회는 곧장 국제적으로 대중의 상상력을 사로잡았다.

노면 전차와 기차 같은 대중 교통수단의 발달로 노동자들은 놀이공원을 찾고, 한때 부자들의 전유물이었던 해변 휴양지로의 주말여행을 즐길 수도 있게 되었다. 그에 따라 여행이 또 하나의 대중 레저가 되었다. 토머스 쿡Thomas Cook(1808~1892)는 일찍이 1841년 세계 최초로 여행사를 차려 단체 여행의 새 시대를 개척했다. 19세기 말에는 다양한 과학기술이 결합하여 종합예술이라 할 영화가 탄생했다. 그 발전은 프랑스, 영국, 미국에서 거의 동시에 일어난 것으로 보인다. 1895년 12월 파리에서 최초로 10편의 40초 남짓한 짧은 영화가 상영되었고, 런던과 뉴욕이 곧 그 뒤를 이었다. 장편 영화가 제작되자면 그로부터 20년쯤을 더 기다려야 했지만, 영화는 실제 공연보다 더 많은 관객을 끌어들이면서 대성공을 거두었다.

'여성 문제'와 여성의 역할   19세기에 '여성 문제'라는 용어는 사회에서 여성의 역할에 관한 논쟁을 가리키는 데 쓰였는데, 그 세기가 지나가는 동안 여성의 '일할 권리'에 관해 많은 논쟁이 있었다. 남성 노동자들은 남성은 가족을 부양하기 위해 집 바깥에서 일하고, 여성은 집 안에 남아 아이를 낳고 길러야 하며 그들에게 산업 노동이 허용되어서는 안 된다고 주장했다. 성별에 의한 이와 같은 사회적 역할의 구분은 주로 산업혁명의 영향으로 19세기에 남성과 여성의 보편적 속성인 것처럼 여겨졌다. 물론 이러한 구분은 특히 하층계급의 경우 현실과 일치하지는 않았는데, 가계에 보충적 소득이 필요한 때에 여성은 '고한苦汗' 노동에 내몰렸다. 여성에게 마땅한 일자리가 부족한 데다 여성의 임금은 저임금이어서, 여성이 혼자 벌어먹고 살기는 매우 힘들었다. 그래서 대다수 여성에게 결혼은 경제적 필연의 문제였던바, 이는 19세기에 결혼율의 증가와 혼외 출산율의 하락이라는 현상으로 나타났다.

그러나 제2차 산업혁명으로 노동시장에서 여성의 지위에 엄청난 변화가 일어났다. 거대 산업시설이 발달하고 정부 사업이 확대되면서 많은 화이트칼라 일자리가 생겨난 것이다. 비교적 저임금의 화이트칼라 노동자의 수요가 늘어난 데다 남성 노동자가 부족해지자, 여성의 고용이 활발해지게 되었다. 대기업과 소매상점은 사무원, 판매원, 타자수, 문서 관리원, 비서 등이 필요했다. 정부 기능의 확대로 여성이 보건 및 사회사업 분야에서 일할 기회도 많아졌다. 초등 의무교육제도로 엄청나게 많은 교사가 필요하게 되고 근대 의료 체계의 발달로 간호사의 수요도 부쩍 늘어났는데, 많은 여성이 교사가 되고 간호사가 되었다.

1880년대 미국에서 초등교사 셋 중 두 명이 여성이었다. 많은 사람이 어린이를 가르치는 일을 자녀 양육자로서의 여성의 '자연적 역할'의 연장으로 생각했다. 게다가 여교사의 급료는 남교사보다 낮았는데, 이는 정부가 여교사 양성 기관 설립을 선호하는 상당한 요인이 되었다. 20세기가 시작할 때까지도 여성에게는 남성이 지배하는 대학교의 문이 열리지 않았다. 그래서 여성의 고등교육수요는 여성의 전문학교college 설립을 가져왔는데, 그 대부분은 교사를 양성하는 학교였다.

여권운동　　19세기에 여성은 여전히 법적으로 열등하고 경제적으로 의존적인 존재로 여겨졌는데, 1830년대에 유럽과 미국에서 많은 여성이 개혁 운동을 전개하면서 여성이 이혼하고 재산을 소유할 권리를 주장했다. 그러나 이런 노력은 별로 성공하지 못했다. 여성은 영국에서는 1870년까지, 독일에서는 1900년까지, 프랑스에서는 1907년까지 재산을 소유할 권리를 얻지 못했다. 그렇지만 자녀 양육권과 재산권은 여성운동의 시작에 불과했다. 여성들은 또한 닫힌 직업에의 문을 열기 시작했다. 처음 열린 분야는 교사직이었다. 그리고 의학 수련은 대체로 여성에게 닫혀 있었기 때문에 그들은 간호 업무에서 그 대안을 찾았다. 그 개척자인 독일의 아말리 지페킹Amalie Sieveking(1794~1859)은 함부르크에서 빈자와 병자를 돌보는 여성의 협회를 조직했다. 그녀에 이어 영국 간호사 플로렌스

나이팅게일은 크림전쟁에서 헌신적인 활동을 펼침으로써 간호 업무가 중간계급 백인 여성의 전문직이 되었다.

19세기 후반기에 여권운동은 남성과 동등한 정치적 권리를 요구하면서 정치 영역으로 들어섰다. 많은 페미니스트는 여성의 지위를 높이기 위해서는 참정권이 다른 모든 개혁의 열쇠라고 믿었다. 여성 참정권 운동은 영국에서 가장 활발하게 전개되었다. 에멀린 팽크허스트Emmeline Pankhurst(1858~1928)는 두 딸과 함께 1903년 주로 중간계급 중·상층을 회원으로 하는 여성사회정치동맹Women's Social and Political Union을 설립했다. 그들은 이목을 끌기 위해 비상한 방법을 동원했는데, 관리에게 달걀을 던지고, 가로등 기둥에 자신의 몸을 쇠사슬로 묶고, 번화가 상점 유리창을 부수고, 감옥에서는 단식투쟁을 벌였다. 참정권을 요구하는 외침이 유럽과 미국 곳곳에서 들렸으나, 제1차 세계대전 이전에 여성이 투표권을 얻은 곳은 핀란드와 노르웨이 그리고 미국의 몇몇 주에 불과했다. 남성이 지배하는 정부가 이 기본 쟁점에 손을 든 것은 제1차 세계대전의 격변을 겪고 난 뒤였다. 영국에서는 전쟁 수행에서의 여성의 기여가 인정되어 1919년 30세 이상의 여성이 투표권을 얻었으며, 10년 뒤에는 이 나이 제한도 없어졌다.

여성 개혁가들은 많은 나라에서 평화운동도 벌였다. 베르타 폰 주트너Bertha von Suttner(1843~1914)는 1889년 반전소설 『무기를 내려놓으라!Die Waffen nieder!』(1889)를 발표했는데, 소설이 베스트셀러가 되면서 그녀는 '평화의 주트너'로 유럽에 널리 알려지게 되었다. 이후 그녀는 1891년 오스트리아 최초의 평화운동 단체인 오스트리아 평화애호가협회Österreichischen Gesellschaft der Friedensfreunde를 창립하고 그 의장을 맡으면서 군비 경쟁에 항의하고 평화운동을 펼쳤다. 1905년 주트너는 여성 최초로 노벨평화상을 받았다.

주트너는 전통적인 여성 역할을 거부하고 가정의 울타리 바깥에서 아내와 어머니가 아닌 새로운 역할을 추구했는데, 마리아 몬테소리Maria Montessori(1870~1952) 역시 그와 같은 세기 전환기의 '신여성'이었다. 그녀는 전통을 깨고 이탈리아에서 여성으로서는 처음으로 의대를 다니고 1894년 이탈리아 최초의 여의사가 되었으며, 이로써 그녀는 전문 지식을 가진 이탈리아 여성의 선구자가 되었다. 그러나 몬테소리는 현장 의사로 취업하지 못하고 정신병원 보조 의사로 의사 생활을 시작했다. 정신병원에서 정신지체아가 처한 끔찍한 환경을 경험한 그녀는 이후 지체아의 치료와 교육에 매달렸다. 그 과정에서 그녀는 장난감에 의한 감각의 자극이 아이들의 교육과 치료에 효과가 있음을 발견했다. 그녀는 다양한 새 교구를 고안하고 실제 어린이에게 적용하여 놀라운 효과를 보았다. 이후 그녀는 노동자 자녀를 위한 탁아소인 어린이집Casa dei Bambini을 열고 이른바 몬테소리 교육법에 따라 어린이를 교육했다. 1930년대에는 수백 개의 몬테소리 학교가 유럽과 미국에 설립되었다.

4. 제국주의적 침탈

1) 제국주의

19세기 말의 제국주의　　대서양 항로의 개척 이후 유럽인의 해외 진출과 대외 팽창은 꾸준히 이어지다가 1750년경 속도가 느려졌다. 그 뒤 한 세기 이상 유럽인은 대체로 안에서 경제 혁명과 정치 혁명에 좀 더 몰두했다. 영국은 아메리카 식민지를 잃은 뒤 제국적 야망에 상처를 입었고, 프랑스는 나폴레옹 전쟁이 끝났을 때 거의 모든 해외 식민지를 잃어버렸다. 게다가 자유방임 경제사상가는 식민지 개척과 소유를 반대했다. 그러나 그동안 혁명을 통해 유럽은 세계 다른 지역에 대해 이전보다 훨씬 더 정치, 경제, 군사, 과학기술상의 우위를 확립했다. 그리하여 1870년대 이후 유럽은 해외 영토 침탈에 몰두하면서 곧 전 세계적으로 지배력을 확장하기에 이르렀다. 이러한 현상을 일컬어 흔히 제국주의라고 한다. 넓은 의미에서 제국주의는 한 나라가 다른 나라나 집단에 지배권을 확장하는 것을 의미하며, 그런 의미에서 제국주의 자체는 역사만큼이나 오래된 것이다. 그래서 때로는 19세기의 제국주의를 이런 넓은 의미의 제국주의와 구별하여 '신제국주의'라 부르기도 한다.

제국주의의 동기 19세기 말의 제국주의는 노골적 수탈을 그 특징으로 했다. 산업자본주의의 발달에서 나온 경제적 요인이 분명 무엇보다 강력한 동기였다. 영국 경제학자 존 홉슨Atkinson Hobson은 『제국주의 연구Imperialism, A Study』(1902)에서 제국주의가 상품 시장의 확보보다는 금융가들의 자본 투자처를 확보하기 위한 정책의 산물이라고 주장했다. 자본주의 사회에서는 부가 불평등하게 분배되어 노동 대중의 구매력이 모자라게 되며, 이는 저소비로 이어지고, 이런 저소비 때문에 자본가는 이윤을 보장받을 투자처를 해외에서 찾게 되는데, 바로 이들의 압박이 제국주의 정책으로 나타난다는 것이었다. 그러나 홉슨은 식민지 획득과 경영은 비용이 많이 들고 위험하다고 생각했다. 그는 높은 임금으로 노동자의 구매력을 높여 국내 시장을 확장하는 정책을 통해 문제를 해결할 것과, 제국주의 정책을 폐기할 것을 요구했다.

레닌은 홉슨의 제국주의 분석을 이어받아 더욱 체계화했다. 그는 『제국주의, 자본주의의 최고 단계Imperialism, the Highest Stage of Catitalism』(1916)에서 자본주의의 특징인 끊임없는 경쟁은 이윤 하락과 소수 기업의 독점을 초래하고, 방대한 규모로 축적된 독점 자본이 자국 안에서 마땅한 투자처를 찾을 수 없게 되자, 결국 투자처를 얻기 위해 해외 식민지 확보에 내몰리게 된다고 주장했다. 그는 개혁을 통해 자본주의의 진로를 바꾸는 일은 가능하지 않다고 생각했다. 그러므로 그는 제국주의는 자본주의 발전 과정의 마지막 단계에서 필연적으로 나타날 수밖에 없으며, 자본주의 국가들은 제국주의의 출현과 더불어 스스로 붕괴할 것이라고 보았다. 그동안 식민지는 새로운 프롤레타리아트를 제공함으로써 자본주의의 생명을 연장해 왔다. 그러나 이제 전 지구가 식민지화한 이상 제국주의 국가들은 서로 전쟁을 하지 않을 수 없게 되었다. 이 전쟁에 이어 프롤레타리아 혁명, 사회주의 국가 수립 그리고 제국주의의 사멸이 올 것이라고 레닌은 예언했다. 당시 진행되던 제1차 세계대전은 그가 보기에 바로 그 제국주의 전쟁이었다.

그러나 실제 역사에서 경제적 동기는 제국주의의 여러 동기 중 하나, 매우 중요하지만 하나에 불과하다. 어쩌면 더 중요한 것은 국가의 위세와 지배력을 확대하려는 욕망이라 할 것이다. 1870년 무렵 유럽 국민국가 체제가 확립 단계에 이르렀다. 식민지 쟁탈전이 본격적으로 재개된 것이 독일과 이탈리아가 통일 국가를 이룩한 무렵인 것은 우연이 아니다. 많은 유럽인이 해외 영토를 국력과 민족적 영광의 가시적 실체로 여기게 되었다. 제국주의는 또한 사회적 진화론이나 인종주의와 결합했다. 어떤 제국주의자는 민족 간의 투쟁과 그를 통해 적자가 살아남는 것은 매우 자연스러운 일이라고 믿었으며, 우월한 인종은 열등한 인종을 지배해야 한다고 주장했다. 그런가 하면 어떤 제국주의자는 좀 더 종교적이거나 인도주의적 견해를 지녔다. 수많은 기독교 선교사가 이교도 세계에 복음을 전하는 사명에 도전했으며, 지식인들은 유럽인이 '무지한' 비유럽인을 문명화할 사명이 있다고 주장했다. 보통 시민들도 '백인의 책무'나 '명백한 운명' 같은 문구를 읊조리며 가슴 설레었다. 이러한 '백인의 책무'와 같은 관념은 이상주의적 개인들이 마음속에서 비인간적 제국주의를 합리화하는 데 도움이 되었다.

제국주의는 반드시 식민지 획득을 의미하지는 않았다. 지배는 공식적인 것과 함께 비공식적일 수도 있었다. 1870년 이전에 영국인은 해외에서 경제적 이권을 확보하는 데 특히 재주가 있었다. 독일과 영국은 오스만제국에 대규모 차관을 제공했는데, 1854년 처음 차관을 받기 시작한 오스만제국은 22년 뒤에는 원금 상환은커녕 이자 지급만을 위해 상당한 정도의 과세권을 채권국 수중에 넘겨야 했다. 미국 역시 카리브해의 여러 나라를 이른바 '달러 외교'로 지배하고, 필요하면 해병대를 동원했다. 공식적 식민 지배와 비공식적 침투가 서로 교직하여 하나의 식민제국의 틀을 구성했다.

2) 아프리카 분할

1870년 이전의 아프리카   유럽이 본격적으로 분할에 뛰어들기 전에 아프리카에 정착지를 건설한 나라는 프랑스와 영국 그리고 포르투갈뿐이었다. 프랑스는 서북쪽 지중해 연안의 알제리를, 영국은 대륙 남부의 케이프 식민지를 지배했으며, 포르투갈은 서남부의 앙골라와 동남부의 모잠비크를 차지하고 있었다. 포르투갈은 일찍이 16세기 말경에 앙골라 해안에 침입하여 주로 노예무역 기지로 활용하다가 19세기 초부터 내륙으로 영역을 확장했으며, 모잠비크는 신항로 개척 시대 이래 여러 항구 도시를 건설하여 동방무역을 위해 거쳐 가는 중계점이자 보급기지로 삼았던 지역이었다.

사하라 남쪽 내륙 지역은 19세기 중엽까지도 유럽인에게 사실상 알려지지 않은 미지의 세계였다. 그러나 이런 상황은 많은 탐험가의 탐사 활동으로 급속히 바뀌었다. 특히 스코틀랜드 의사이자 선교사 데이비드 리빙스턴David Livingstone은 30년 가까이 아프리카 중부와 동부 내륙을 탐험하고, 대륙의 속을 외부에 알렸다. 리빙스턴이 정글에서 실종되었다고 보고되자, 영국 출신 미국 언론인 헨리 스탠리Stanley가 그를 찾아 나섰다. 1871년 그를 찾은 뒤, 스탠리는 그를 이어 더 많은 지역을 탐사했다. 이들을 통해 '암흑의 대륙'에 대한 유럽인의 관심이 부쩍 높아졌다.

1870년 이전에 유럽인이 차지한 땅은 기껏해야 아프리카의 10%도 되지 않았다. 그러나 그로부터 반세기도 채 지나지 않은 1914년에, 아시아 다음으로 광대한 대륙이 서부 연안의 라이베리아Liberia와 동부의 에티오피아를 제외하고 몽땅 유럽인의 수중에 들어갔다. 라이베리아는 1822년 미국 식민협회가 해방 노예들을 이주시켜 만든 나라이고, 에티오피아는 3000년의 오랜 역사를 지닌 유서 깊은 나라였다. 그만큼 제국주의의 광풍은 거세었다. 아프리카에는 강력한 정치 세력이 없지 않았다. 동부의 에티오피아 외에도, 서부 아프리카에는 오늘날의 나이지리아에 무슬림의 풀라니Fulani 제국이 있었으며, 남부에는 용맹한 전사의 나라 줄루Zulu 왕국이 있었다. 그렇지만 1870년 이후 몰려오는 유럽 제국주의 세력을 막을 수 있는 지도자나 민족은 없었다. 특히 내륙 지역은 수백 가지 언어를 쓰고 헤아릴 수 없이 많은 신과 정령을 섬기는 수없이 많은 부족으로 나뉘어 있어서, 유럽인의 침략에 효과적으로 저항할 수 없었다.

중앙아프리카의 분할　　가장 먼저 행동을 취한 인물은 벨기에 국왕 레오폴 2세Léopold II(1835~1909)였다. 소국 벨기에는 해외 영토가 전혀 없었으며, 레오폴의 모험은 전적으로 개인적인 것이었다. 그는 1876년 각국의 과학자와 탐험가로 구성된 국제아프리카협회International Africa Association를 조직하고, 탐험가 스탠리를 고용했다. 협회를 대표하여 스탠리는 콩고강 유역으로 가서 수백 명의 부족장과 '조약'을 맺었으며, 1882년에 이르러 벨기에의 76배도 넘는 방대한 영토를 획득했다. 그 '조약'이라는 것은 대개 토착 지도자에게 사소한 선물을 주고 서명을 받은 것이었다. 레오폴은 1885년 그 지역을 콩고자유국으로 조직하고 그의 사적 지배 아래 두었다. 광대한 고무 생산 지대에 강제노동 제도가 도입되었고, 끔찍한 매질을 비롯한 잔혹 행위에 관한 이야기가 새어 나왔다. 그의 만행은 잔혹한 식민 통치를 일삼던 다른 유럽 국가들마저 비난을 쏟아낼 정도였다. 들끓는 국제적 분노에 직면하여 레오폴 2세는 1908년 콩고자유국을 벨기에 정부 관할로 넘길 수밖에 없었다. 벨기에령 콩고로 이름을 바꾼 그 식민지는 정부 직할 행정 아래에서 상태가 개선되었으나, 인간과 자원 착취의 충격적 사례로 남았다.

　콩고 사태에 자극을 받은 유럽 열강은 아프리카에 눈독을 들이는 한편, 그것을 나누어 갖는 데 어떤 질서가 필요하다고 느꼈다. 그래서 비스마르크의 주선으로 미국과 오스만제국도 포함하여 14국이 참여한 베를린 회의Berlin Conference(1884~1885)가 열렸다. 참가국들은 노예무역 금지 같은 인도주의적 사탕발림을 한 뒤, 아프리카 해안에 영토를 가진 나라는 배후지에의 우선권을 가지며, 영토에의 권리를 인정받으려면 관리와 군인이 현지에 주둔하여 실효적 지배를 해야 하며, 모든 분쟁은 조정으로 해결해야 한다는 등 몇 가지 아프리카 분할 원칙에 합의했다. 이런 합의가 그대로 지켜지지는 않았으나 전쟁이 가까스로 방지되는 데는 이바지했으며, 베를린 회의와 더불어 아프리카 분할이 본격적으로 진행되었다.

비스마르크는 기본적으로 유럽 대륙과 독일제국의 안보에 관심이 있었고 해외 식민제국의 필요성을 특별히 느끼지는 못했다. 그러나 상인, 산업자본가, 선교사, 민족주의자 등이 비스마르크에게 식민지 획득을 압박하자 그는 제국주의로 방향을 돌렸다. 비스마르크는 1880년대 중반에 아프리카 서부 해안에서 독일령 서남아프리카, 토골랜드Togoland, 카메룬 등 세 식민지를 얻었다. 독일은 동부에서는 이보다 더 중요한 식민지를 얻었는데, 이는 주로 카를 페터스Karl Peters의 업적이었다. 페터스는 1884년 다른 세 식민주의자와 동아프리카 탕가니카Tanganyika(지금의 탄자니아)에 침투하여 지역 족장들과 10만km² 땅의 통제권을 얻는 조약을 체결했다. 이듬해 비스마르크는 그 지역을 독일령 동아프리카로 선포했다. 독일은 불과 몇 년 만에 영국과 프랑스를 이어 세 번째 큰 식민제국이 되었다.

영국은 독일이 차지한 동아프리카의 바로 위쪽 지역에 대한 권리를 주장해왔다. 독일이 탕가니카에 진출하기 시작했을 때, 영국은 나일강의 중요 수원지인 빅토리아 호수가 앞으로 어떻게 될까 우려했다. 게다가 영국은 이집트에서 남아프리카까지 이어진 통로를 확보하고 나아가 케이프타운과 카이로를 연결하는 철도를 건설하고자 했다. 영국과 독일은 수년간 갈등을 빚다가 1890년 마침내 타협을 보았다. 영국은 영국령 동아프리카(케냐)와 그 옆에 붙은 우간다Uganda 등지를 갖고, 독일은 독일령 동아프리카의 보유를 인정받았다.

한편 영국은 1884년 아덴만에 면한 해안 지역을 차지했는데, 이 영국령 소말리아는 수에즈운하의 아래쪽 접근로에 있어서 전략적으로 매우 중요했다. 영국은 1898년에는 수단을 장악했는데, 이곳은 나일강 상류 유역이어서 역시 중요한 곳이었다. 서부 해안의 이곳저곳과 니제르강 하구 주위의 드넓은 나이지리아도 영국 수중에 들어갔다. 같은 시기에 영국은 아프리카 남쪽에서 세슬 로즈Cecil

Rhodes(1853~1902) 주도 아래 케이프 식민지를 발판으로 계속 세력을 북으로 확대했다. 세슬 로즈는 희망봉에서 내륙을 관통하여 카이로까지 이어지는 영국령 회랑을 건설할 꿈을 꾸었다.

이탈리아는 통일 이후 재빨리 군비를 증강하고 1880년대에 강국으로 성장하려고 노력했다. 홍해 남단의 에리트레아Eritrea에 교두보를 마련함으로써 식민제국 수립의 첫발을 내디딘 이탈리아는 곧이어 인도양에 면한 이탈리아령 소말리아를 차지했다. 그러나 이탈리아의 성과는 보잘것없었다. 에리트레아는 자그마했고, 소말리아는 메마른 땅이어서 별로 쓸모가 없었다. 그래서 이탈리아는 그 배후에 있는 비옥한 고원인 에티오피아를 탐냈으며, 1896년 침략을 감행했다. 그러나 침략 전쟁은 2만여 명의 이탈리아 군대가 굴욕적 참패를 당하는 것으로 끝났다. 체면을 구긴 이탈리아는 에티오피아에의 야욕을 포기하고 독립을 인정해야 했다. 이로써 에티오피아는 아프리카에서 제국주의 침략을 물리친 유일한 국가가 되었다.

프랑스는 1884년에 콩고강의 오른쪽 기슭을 따라 적도아프리카의 드넓은 땅을 차지하고 프랑스령 적도아프리카를 건설했다. 프랑스는 또한 북아프리카의 알제리를 거점으로 사하라에 침투했다. 프랑스는 나일강까지 진출하지는 못했으나, 그 서쪽 사하라 사막을·대부분 차지하여 프랑스령 서아프리카로 만들었다. 그리하여 1900년 무렵 프랑스는 땅덩어리 크기로는 영국과 맞먹는 식민제국을 건설했다. 이 제국은 대서양에서 동으로 서부 수단까지, 지중해에서 남으로 콩고강까지 뻗어 있었다. 그뿐 아니라 프랑스는 1890년대에 남인도양의 크나큰 섬 마다가스카르도 수중에 넣었다.

북아프리카　　19세기가 시작될 때, 오스만제국은 모로코를 제외하고 느슨하기는 하지만 지중해에 면한 아프리카 해안 전 지역을 지배하고 있었다. 그러나 제국의 세력이 쇠퇴하면서, 그 지역은 사실상 자치국이 되거나 아니면 유럽의 영향 아래 들어갔다. 오스만제국의 느슨한 지배 아래 있던 이집트는 1850년대에 영국에서 상당한 액수의 돈을 빌렸다. 그리고 이집트는 경제개발을 추진하면서 외국 자본에 더욱 의존하게 되었는데, 1859~1869년 사이에는 프랑스 기업과의 합작으로 수에즈운하 건설이라는 원대한 사업을 해냈다. 그래서 영국과 프랑스는 이집트의 지배권을 놓고, 특히 수에즈운하가 개통된 이후 서로 충돌했다. 그런데 빚이 자꾸 늘어나 재정 위기에 처한 이스마일 파샤Ismail Pasha 총독은 1875년 수에즈운하 주식 지분을 영국에 팔아넘겼다. 디즈레일리 수상의 재빠른 조치로 영국은 유럽과 동양을 잇는 이 중요한 물길을 사실상 통제하게 되었다.

그 뒤 1879년 이스마일 파샤가 부채 상환을 거부하려 하자, 영국과 프랑스가 공동으로 이집트의 재정 통제권을 장악하고 내정에 개입했다. 외세의 간섭이 심해지자 이집트인은 1881년 민족주의 항쟁을 벌였으며, 알렉산드리아에서는 많은 유럽인이 폭동으로 목숨을 잃었다. 그러자 영국은 이듬해 폭동을 진압한 뒤, 프랑스의 반발을 무릅쓰고 재빨리 이집트를 보호국으로 삼았다. 오스만제국이 임명한 총독은 명목상의 통치자에 불과했다. 영국이 지배하는 동안 유럽의 선진 기술, 전문적 행정 지식, 합리적 재정 관행이 이집트에 전해졌다.

영국은 이집트를 지배함으로써 수단까지 손에 넣게 되었는데, 그로 인해 까딱하면 프랑스와 전쟁을 치를 뻔했다. 이집트인들은 1820년대에 나일강 상류로, 그리고 홍해 해안을 따라 세력을 확장하기 시작해서 수단을 지배하고 있었다. 그런데 1883년 수단인이 봉기를 일으켜 영국 소부대를 학살하고 잠시 독립을 확보했다. 영국은 1896년에야 수단을 재정복하기 위해 군사 작전을 펼쳤으며, 1898년 9월 마침내 수단군을 섬멸했다. 마침 이 무렵에 프랑스 원정대가 서아프리카에서 대륙을 가로질러 동진하여 나일강 상류에 이르렀다. 프랑스는 대륙 횡단 정책을 수립하고 1890년대 중반부터 서아프리카에서 수단 쪽으로 세력을 확장하고 있었다. 영국군은 급히 나일강을 거슬러 올라가 파쇼다Fashoda에서 프랑스 원정대와 마주쳤다. 영국은 전쟁을 들먹이며 프랑스에 원정대 철수를 압박했다. 일촉즉발의 전운이 감돌았다. 그러나 프랑스가 결국 원정대를 철수하고 수단과 나일강 상류에 대한 영국의 지배권을 인정함으로써 전쟁의 위기가 해소되었다. 영국과 프랑스가 외교적 타협을 택한 것은 독일의 위협에 공동 대처할 필요를 느꼈기 때문이다.

이집트 서쪽에서도 유럽인은 19세기가 지나가는 동안 착실하게 잠식해 들어 갔다. 트리폴리·튀니지·알제리·모로코의 네 지역은 이집트의 나일강 유역 같은 비옥한 땅이 없었으며, 유럽인의 침략에 맞설 유능한 지도자도 없었다. 경제적 기반도 허약하고 주민의 통합도 이루어지지 않았다. 주로 유목 생활을 하는 주민들은 끊임없이 생계 수단을 찾아 이리저리 헤매 다녀야 했다. 세기 말에 이르러 이들 북아프리카 해안은 이탈리아와 프랑스의 지배 아래 들어갔다.

튀니지 해안이 그랬듯이, 알제리 해안은 수 세기 동안 해적이 들끓었다. 이들 해적은 프랑스 해안을 약탈해서 프랑스인의 불만이 컸다. 1827년 알제리 총독과 프랑스 영사 간에 사적 다툼이 일어나자, 프랑스는 이를 알제리에 개입할 구실로 삼았다. 프랑스는 1830년 알제리를 점령했는데, 그러나 베르베르족의 저항을 진압하는 데 17년이나 걸렸다. 이후 프랑스는 식민지를 보호령으로 삼아 간접 지배하는 방식 대신, 알제리를 프랑스의 행정 체제에 편입하여 프랑스화하는 동화 정책을 채택했다. 그 옆의 튀니지 정부는 이집트 정부처럼 유럽 투자자들에게 많은 빚을 졌으며, 그래서 1869년에 영국-프랑스-이탈리아 삼국의 합동 재정 통제 아래 놓였다. 튀니지는 이탈리아 바로 코앞에 있으면서 동시에 프랑스 식민지 알제리의 한 귀퉁이에 붙어 있어서, 프랑스와 이탈리아는 서로 튀니지를 차지하기 위해 수년간 다투었다. 그러나 1878년 영국이 키프로스 섬을 차지했을 때, 프랑스는 그 보상으로 튀니지 정복에 대한 영국의 묵시적 양해를 받았다. 튀니지는 1881년 결국 프랑스의 보호령이 되었다.

튀니지를 프랑스가 차지하는 대신 트리폴리는 이탈리아의 차지가 되었다. 이탈리아는 19세기 말경에 트리폴리 지역에 눈독을 들이기 시작하다가, 강대국들의 동의를 얻은 뒤 1911년 종주국인 오스만제국에 선전포고했다. 이탈리아는 예상보다 힘든 전쟁을 치른 뒤 1912년 그 땅을 넘겨받고 이름을 리비아로 바꾸었다. 이웃 지역들과 달리 서쪽 끝에 붙어 있는 모로코는 1840년대부터 프랑스의 강한 영향력 아래 있기는 했으나 1911년까지도 독립을 유지하고 있었다. 그래서 그곳은 열강의 첨예한 쟁탈전의 무대가 되었으며, 특히 독일과 프랑스는 치열한 경쟁을 벌여 자칫하면 유럽을 전쟁의 소용돌이 속으로 몰아넣을 뻔했다.

남아프리카   남아프리카는 1651년 네덜란드 동인도회사가 희망봉에 케이프 타운이라는 정착촌을 건설함으로써 유럽과 관계를 맺게 되었는데, 이후 그곳은 네덜란드 상선이 동방과의 무역에서 물을 얻고 필요한 물품을 보충하기 위한 보급기지 역할을 했다. 네덜란드인은 케이프타운을 발판으로 차츰 내륙으로 밀고 들어가면서 반투어Bantu를 쓰는 아프리카인과 충돌하게 되었으며, 이들은 유럽 인의 진출에 강력하게 저항했다. 그러나 남아프리카 역사에서 네덜란드 시대는 영국이 1806년에 나폴레옹에게 점령당하고 있던 네덜란드로부터 케이프타운을 빼앗아 영국 식민지로 만듦으로써 끝났다.

케이프 식민지에 이주한 영국인들은 식민지를 확장하는 과정에서 네덜란드 정착민인 보어인Boer과 갈등을 겪었을 뿐 아니라, 원주민인 줄루족의 저항에도 부딪혔다. 줄루족은 남아프리카에서 오랜 역사를 지닌 반투족의 한 갈래로서 용맹한 전사 집단이었다. 1879년 1월부터 7개월 동안 벌어진 영국-줄루 전쟁에서, 유럽 최강을 자랑하는 영국 군대는 줄루족에게 뼈아픈 패배도 맛보는 등 힘겨운 싸움 끝에 결국 줄루 왕국을 멸망시켰다.

한편 영국인들은 보어인에게 영국의 법과 문화를 강요했다. 특히 두 집단 간에 원주민을 다루는 문제를 두고 알력이 빠르게 확산했다. 보어인은 많은 원주민 노예를 소유했는데, 그들이 원주민을 혹사하는 데 대해 영국인 선교사가 비난했다. 1833년 영국이 제국 내의 모든 노예를 해방하자, 보어인의 증오심은 더욱 끓어올랐다. 2년 뒤 보어인 1만 2000명이 소달구지를 끌고 영국의 간섭 없이 살 수 있는 새로운 고장을 찾아 북으로 대이주를 감행했다. 이 대규모 달구지 이주는 미국의 서부 개척에 비길 만한 것이었다. 보어인들은 1838년 마침내 초원 지대에서 오라녀 자유국Oranje Vrijstaat과 트란스발Transvall의 두 작은 공화국을 세웠다. 그사이에 영국인은 케이프 북쪽 동부 해안을 따라 정착지를 확장하고 나탈Natal 식민지를 건설했다. 영국 정부는 1852년 보어인과 협정을 맺고 보어인의 두 공화국의 독립을 인정했다.

보어전쟁과 남아프리카연방의 건국　그러나 보어인의 두 공화국은 영국의 세력이 팽창하면 독립을 잃을까 걱정이 컸다. 그런데 1868년 오라녀 자유국 인근에서 다이아몬드광이 발견되어 영국 광산업자에게 넘어간 뒤 긴장이 고조되었다. 게다가 1885년에는 트란스발에서 거대한 금광이 발견되어 영국인뿐 아니라 다른 유럽인도 대거 몰려들자 알력은 더욱 커졌다. 트란스발의 파울루스 크뤼거Paulus Kruger 대통령은 이 새 이주민들의 활동을 억제했다. 그는 보어인의 단순하고 소박한 전원적 생활 방식을 열성적으로 지키려 했다. '외래인Uitlander'의 금광 개발을 억제하기 위해 그는 그들에게 무거운 세금을 부과하기 시작했다. 법정과 공립학교에서 영어가 금지되었다. 보어인이 아닌 유럽인에게 투표권이 주어지지 않았고, 외래인이 트란스발의 시민이 되는 것은 거의 불가능했다.

한편 남아프리카에서 영국의 제국주의 팽창은 세슬 로즈의 영향 아래 들어갔다. 그는 영국의 제국주의적 야욕을 상징하는 야심가로서 다이아몬드광과 금광의 개발로 거부를 쌓았으며, 1889년 영국 남아프리카회사British South Africa Company를 세워 트란스발 북쪽의 비옥한 고원지대의 지배권을 획득했다. 그는 그 땅을 자신의 이름을 따서 로디지아Rhodesia라 부르고 이를 영국의 식민제국에 합병했다. 보어인들은 이로 인해 북쪽으로의 팽창이 가로막혔다. 케이프 식민지 수상이 된 로즈는 보어인 국가의 전복을 획책했다. 크뤼거의 배타적 조치에 맞서 '외래인'들이 폭동을 기도하자, 이에 부응하여 세슬 로즈는 1895년 12월 소규모 기마경찰대를 사주하여 트란스발을 쳐들어가도록 했다. 그러나 기마경찰대는 보어인의 반격을 받고 불과 며칠 만에 항복하고 말았다. 그는 오라녀 자유국과 트란스발을 포괄한 남아프리카의 건설을 꿈꿨지만, 트란스발 침략 사태의 책임을 지고 수상직에서 물러나야 했다.

남아프리카의 위기는 영국 정가의 주요 현안이 되었다. 영국은 보어인의 완전 독립국가를 원치 않았다. 1899년 봄까지 보어인과 영국 사이에 화해의 노력이 계속되었으나 결국 실패했다. 영국은 군대를 보내기 시작했고, 트란스발과 오라녀 자유국은 전쟁을 준비했다. 가을에 드디어 양측 사이에 적대 행위가 분출했다. 뒤이어 터진 전쟁에 세상이 놀랐다. 보어인은 때때로 현지 지형에 어두운 영국군의 허를 찔러 궁지에 몰아넣었다. 그러나 그들은 최강을 자랑하는 영국군을 상대로 최종적 승리를 거둘 수는 없었다. 1900년에 영국군은 보어인에게 몇 차례 결정적 패배를 안김으로써 전세를 역전시켰다.

보어전쟁은 1902년에야 끝났다. 영국은 보어인에게 유화정책을 취했다. 영국은 차관을 제공하고 무엇보다 1906년에 트란스발에, 그리고 2년 뒤 오라녀 자유국에 자치를 허용했다. 그런 다음 영국 자유당 정부는 1910년 보어인의 두 나라와 케이프 식민지를 통합하여 남아프리카연방Union of South Africa을 창건했다. 격렬한 전쟁을 치른 지 불과 8년 만에 보어인과 영국인은 서로 손잡고 통합 자치국을 세운 것이다. 전쟁 때 보어군의 장군이었던 루이스 보타Louis Botha(1863~1919)가 신생국의 첫 수상이 되었다. 신생국 남아프리카연방은 갈등을 극복하고 제1차 세계대전 때 충실하게 영국 편에 섰다.

남아프리카연방은 백인이 지배하는 나라가 되었으나 수의 면에서 그들은 아주 소수였다. 네덜란드인을 필두로 유럽인이 이주하면서 원주민인 아프리카인과 끊임없이 싸움을 벌였다. 많은 정치적·경제적 제약에도 불구하고 원주민은 19세기에 상당하게 인구가 늘어났다. 1904년에 대략 800만 명의 전체 인구 가운데 유럽인은 21% 남짓, 아프리카인은 67% 남짓, 그 외는 아시아인과 유색인이었다. 북아메리카처럼 소수파 유럽인은 비백인과의 어떠한 혼합도 결연히 반대했고, 1991년까지 완강하게 인종차별 정책인 아파르트헤이트apartheid를 고수했다.

제국주의가 아프리카인에게 미친 영향　　땅을 얻기 위해 사하라 남쪽에서 유럽인이 사용한 수법은 대개 벨기에가 처음 써먹은 것과 같은 속임수였다. 유럽인은 부족장들에게 읽을 줄도 모르고 제대로 이해하지도 못하는 내용의 조약문에 서명하게 하고 방대한 토지를 가로챘다. 원주민이 그 대가로 받은 것은 때때로 고작 몇 병의 술이나 화려한 의상 등 사소한 선물이 전부였다. 아프리카인과 유럽인 간에 윤리적 혹은 문화적 차이가 컸지만, 토지 소유권과 관련해서는 특히 간격이 컸다. 대체로 아프리카인에게는 토지 소유권이 부족 공동체에 있고 개인은 단지 그것을 이용만 할 수 있을 뿐이었으며, 부족장에게도 토지를 남에게 넘겨줄 권리가 없었다. 부족장은 유럽인에게 일시적 이용 이상의 처분권이라는 관념이 전혀 없이 토지를 허용했다. 유럽인들이 나중에 토지 소유권을 주장했을 때, 원주민들은 부족법에 어긋나게 토지를 강탈당했다고 느끼면서 분개했으나 이미 어쩔 수 없었다.

아프리카의 부는 대체로 탐욕스러운 제국주의자들의 기대를 넘어섰다. 20세기에 들어서서 아프리카 대륙은 금과 다이아몬드의 세계 최대 산지였으며, 풍부한 매장량의 주석광과 구리광 등의 지하자원이 발견되었다. 아프리카는 또한 대량의 고무, 면화, 커피를 공급했다. 그뿐만 아니라 유럽은 수백만 명의 값싼 노동력도 얻었다.

아프리카인은 유럽인의 지배에 적응하기 위해 혹독한 고통을 이겨내야 했다. 제국주의자들은 전통적인 정치 및 사회구조를 깡그리 무시하고, 지도 위에 자의적으로 선을 그어 아프리카를 나누어 가졌다. 대다수 아프리카인은 소규모의 부족적 영역 안에서 살아왔는데, 이제는 서로 별개였거나 때로는 적대적이었던 수십 개 부족이 하나의 식민지로 합해졌다. 그런가 하면 큰 부족이 두셋의 식민지로 갈라지는 일도 있었다. 그로 인해 제2차 세계대전 이후 식민지들이 독립했을 때 정치적 혼란과 유혈의 참상이 빚어졌다.

전통적 문화와 생활 방식 또한 급격한 변화를 겪었다. 오랜 생활 방식은 케냐와 남로디지아 같이 유럽인이 정착한 식민지에서 가장 크게 무너졌다. 그런 지역에서 아프리카인은 '원주민 보호구역'이나 도시의 분리된 구역에 거주가 제한되었다. 어떤 경우에는 드넓은 땅이 전적으로 유럽인만 사용하도록 할당되었다. 인종적 긴장이 가장 급격하게 발전한 곳은 바로 그런 사회였다.

식민지 쟁탈이 시작된 뒤 반세기 동안 부족적 삶은 새로운 토지 보유 형태의 도입, 외래 법체계의 시행, 화폐경제의 도입 등으로 급격하게 바뀌어갔다. 많은 아프리카인이 기술적으로나 군사적으로나 우월한 유럽인을 본받기 위해 새 지배자들의 방식을 받아들이려고 노력했다. 그 결과 그들 중 일부는 부족적 전통에서 벗어났으며, 또한 전통문화를 버렸음에도 새 문화에 충분히 동화하지 못함으로써 종종 정체성의 혼란을 겪었다. 아프리카의 변모는 어떤 면에서는 불가피했음에도, 이 혁명적 변화가 너무 급격하게 그리고 너무나 이기적 목적을 가진 침략자의 손으로 이루어진 것은 참으로 큰 불행이었다.

한편 유럽인의 도래로 좀 더 효율적인 법체계가 도입됨으로써 부족 간에 평화가 증진되었다. 유럽인은 전화와 전보 같은 통신수단, 철도와 개선된 항구 같은 교통 시설, 향상된 의료 시설과 의술을 가져왔다. 그들은 또한 합리적 행정제도, 근대적 교육제도, 화폐 등을 전파했다. 이 모든 것은 아프리카가 근대로 넘어가는 데 필수불가결한 것일 수 있는데, 그러나 치러야 할 대가가 너무나 컸다.

3) 아시아와 태평양에서의 제국주의

중서부 아시아: 영국과 러시아의 충돌　　유럽의 중서부 아시아 침략은 아프리카와는 유형이 달랐다. 그곳은 19세기 동안 영국과 러시아의 갈등의 초점이었다. 공해로 나아갈 부동항과 인도와의 직통 무역로가 필요한 러시아는 18, 19세기 동안 끊임없이 흑해와 카프카스Kavkaz산맥 너머로 진출하려 애썼으며, 그래서 페르시아와 아프가니스탄의 변경까지 세력을 확장하기에 이르렀다. 러시아의 이런 세력 확장을 영국은 우려의 시선으로 예의 주시했다. 영국은 인도로 가는 길목이며 동양과의 통상로에 자리 잡은 지정학적 요인 때문에, 19세기 초부터 페르시아와 그 옆의 아프가니스탄에 관심을 기울였다. 러시아와 영국은 각각

이들 나라와 침략 전쟁을 벌였다. 러시아는 19세기 전반기에 두 차례 페르시아와 싸워 상당히 넓은 영토를 빼앗았으며, 영국은 세기 전반기와 후반기에 한 번씩 아프가니스탄과 전쟁을 벌였다. 이 중서부 아시아 일대의 지배권을 두고 19세기의 오랜 기간 영국과 러시아가 벌인 정치 외교적 다툼은 흔히 '거대한 게임 Great Game'으로 불렸다.

영국과 러시아는 특히 페르시아에서 치열한 경쟁을 벌였다. 19세기 말경에 페르시아는 서유럽화 정책을 시도하면서 재정을 마련하기 위해 영국과 러시아에서 돈을 빌렸는데, 이 두 나라는 서로 다투어가며 그 반대급부로 이권을 챙겼다. 그들은 광물 채굴권, 은행업에 대한 통제권, 관세 징수권 등등을 차지하면서 페르시아의 경제를 잠식했다. 그리고 영국은 페르시아만에 면한 여러 토후국에의 지배권을 장악했는데, 이를 통한 아라비아 해안에의 영향력으로 독일의 이곳 진출 노력을 가로막았다. 1888년 부다페스트와 비잔티움을 잇는 철도가 막 완성되자, 오스만제국이 독일에 철도를 앙카라Ankara까지 연장해 달라고 요청했다. 빌헬름 2세는 이 요청을 크게 환영했다. 러시아와 영국의 우려 속에 이 연장 노선은 1892년 완성되었고, 독일 회사는 다시 그 철도를 바그다드까지 연장하는 계약을 따냈다. 베를린-비잔티움-바그다드를 잇는 철도 건설을 중심으로 한 3B 정책을 구상한 독일은 페르시아만에 터미널을 건설하려 했다. 그러자 1903년 영국은 이를 단호하게 반대하고 나섰으며, 러시아와 프랑스도 합세함으로써 독일의 계획은 무산되었다.

20세기가 시작될 무렵 러시아는 페르시아 북부 일대를 지배했을 뿐 아니라, 페르시아 군대를 훈련하는 등 페르시아에 군사적 영향력도 행사했다. 영국은 페르시아에서 러시아 세력이 확대되고 인도로 가는 생명선이 위협을 받게 되는 것을 두고만 볼 생각이 없었다. 그런데 독일을 둘러싸고 긴장이 높아지면서 형성된 외교 상황의 변화로, 영국과 러시아는 1907년 '거대한 게임'을 일단 끝내기로 협정을 맺었다. 두 나라는 영국-러시아 협상Anglo-Russian Entente에서 페르시아 북부는 러시아 그리고 남부는 영국의 세력권 아래 두기로 했으며, 아프가니스탄은 양국 세력 사이의 완충국으로 삼아 상대국의 동의 없이 침탈하지 않기로 합의했다.

영국의 인도 지배   7년전쟁에서 승리한 영국이 프랑스를 몰아낸 뒤 인도는 거의 영국의 독무대가 되었다. 인도에서는 18세기를 지나면서 곳곳에서 지방 세력이 할거했고, 무굴Mughal제국은 빠르게 쇠락했다. 그런 혼란을 틈타 영국의 동인도회사는 지배 영역을 확대해 나갔다. 동인도회사는 단순히 무역 회사일 뿐만 아니라 침투한 지역의 통치 업무도 수행했다. 회사는 자체의 군사력을 보유했으며, 영국 정부를 대신하여 인도의 지배자들과 직접 협정도 맺었다. 회사는 군대를 동원하여 노골적으로 정복하기보다 지역의 토착 지배자들을 보호해 주면서 그 대가로 치안과 재정 등을 포함한 통치권을 넘겨받았다. 19세기 초에 동인도회사는 인도 서부와 중부 내륙 일대를 제외하고 거의 전역을 장악했으며, 무굴제국의 황제도 회사의 보호를 받아들였다. 동인도회사는 유명무실해진 무굴제국을 유지하면서 갖가지 방법으로 영토를 확장하여, 19세기 중엽에는 인도 전역의 실질적인 지배자가 되었다.

그러나 동인도회사는 1857년 봄에 뱅골 지방을 중심으로 인도인의 강력한 항쟁에 직면했다. 이 항쟁의 직접적 원인은 세포이sepoy라 불리는 회사 군대의 인도인 병사들 사이에 새로 지급된 탄약통에 칠한 기름에 소와 돼지의 기름이 섞였다는 소문이 돈 때문이었다. 소는 힌두교도가 신성시하고 돼지는 무슬림이 기피하는 가축이어서, 이 소문에 세포이들이 격분한 것이었다. 게다가 이들은 평소 그들의 신성한 관습과 전통문화가 기독교 선교사와 영국 관료가 추진하는 서유럽화와 산업화 정책으로 심각한 위협을 받는 것에 불만이 쌓여 있던 터였다. 뱅골의 세포이는 델리로 진격했으나, 다른 지역 군대가 거의 동조하지 않았으며 민중의 지원도 없었다. 항쟁은 결국 2년 만에 포학무도하게 진압되었다.

세포이 항쟁Sepoy Mutiny(1857~1859)을 계기로 영국의 인도 지배 방식이 근본적으로 바뀌었다. 영국 정부는 동인도회사의 정치적 권리를 모두 박탈하고 총독을 통해 인도를 직접 통치했다. 이름이나마 남아 있던 무굴제국은 세포이 항쟁과 함께 그 명을 다했다. 디즈레일리 수상은 무굴제국을 멸망시킨 뒤, 1877년 지금 의 인도·파키스탄·방글라데시를 아우르는 방대한 영토를 가진 인도제국을 창 건하고, 빅토리아 여왕에게 인도제국 황제의 칭호를 바쳤다. 그 뒤 인도제국에 는 미얀마와 아프가니스탄, 그 외의 여러 지역이 보태어졌다. 그러나 곧 영국의 지배에 대한 인도인의 분노가 커지면서 인도 민족주의 운동이 빠르게 성장했다. 1885년에는 교육을 받은 온건파가 인도국민회의Indian National Congress를 창설하여 자치를 추구하기 시작했다. 비록 소수만이 누린 혜택이지만, 영국의 교육제도가 그런 새로운 운동이 성장하는 데 이바지했다.

유럽 열강의 중국 침탈　　　유럽은 통상을 요구했으나, 청나라는 19세기에 들어 와서도 외국에 대해 고압적 태도를 견지했다. 유럽인은 중국의 비단·보석·도자 기 같은 사치품을 탐냈으나, 중국은 유럽의 공산품을 원하지 않았다. 무역은 광 둥廣東과 포르투갈의 무역 기지인 마카오에 한정되었으며, 청 조정은 외국 외교 관의 주재를 인정하지도 받아들이지도 않았다. 유럽 열강이 중국에 본격적으로 달려든 계기는 아편전쟁(1842)이었다. 그즈음 중국의 심각한 사회문제의 하나는 아편이었다. 개항 요구가 받아들여지지 않자 영국 상인들이 인도에서 재배한 아 편을 몰래 중국인에 팔았다. 아편이 널리 퍼지고 중독자가 늘어나 문제가 심각 해지자, 청 조정은 1800년 아편 수입을 금지했다. 그러나 아편 무역은 계속 번 성했고, 1830년에는 청나라의 무역 수지가 적자로 돌아섰다. 1839년 봄 결국 광 둥 관리가 아편을 몰수하고 불태워버리자, 기회를 노리던 영국이 재빨리 광둥 주위를 점령했다. 이렇게 해서 가장 비열한 제국주의 침략 전쟁 중 하나인 아편 전쟁이 일어났다.

　　그러나 청나라의 구식 군대는 우월한 군사 장비를 갖춘 영국군을 대적할 수 없었다. 1842년 청나라는 난징南京 조약을 맺어 홍콩섬을 영국에 양도하고 광둥 을 포함한 다른 항구들을 개방하여 영국인이 거주하고 무역을 하도록 허용했다.

조약 내용이 알려진 뒤 1844년 프랑스와 미국이 달려들어 영국과 똑같은 무역 특권을 뜯어냈다. 청나라가 이 세 나라와 맺은 굴욕적인 불평등 조약은 이후 중국이 유럽과 관계를 맺는 데서 선례가 되었다. 최혜국 대우가 확대됨으로써 자국 영토를 통치하는 중국의 주권이 크게 제한되었다. 새로 열린 많은 개항 도시에는 유럽 열강이 청 당국의 간섭에서 벗어난 조계를 설립할 수 있었으며, 나아가 유럽인은 청나라 법이 아니라 자국법의 적용을 받으며 중국을 여행할 수 있었다. 유럽은 관세 통제권도 장악했다.

영국과 프랑스는 1856년 제2차 아편전쟁에서 승리하고 톈진天津 조약(1858)으로 더 많은 항구를 개방하고, 내륙을 여행할 권리와 기독교를 전파할 권리를 얻었다. 뒤이어 미국과 러시아는 별도의 조약으로 같은 권리를 챙겼다. 이 조약들에는 서양인의 치외법권과 관세 규제 그리고 중국 해역에 외국 군함이 정박할 권리 등의 조항이 포함되었다. 치외법권은 청나라로서는 주권에 대한 모욕이었으며, 다른 두 조항은 재정과 군사력을 크게 훼손했다. 중국은 주권을 침해당했을 뿐 아니라 영토 또한 유럽에 빼앗겼다. 베이징北京 조약(1860)으로 러시아는 우수리Ussuri, 烏蘇里강 동쪽 연해주를, 영국은 주룽九龍반도를 할양받았다. 1880년대에 동남아시아의 변경 지역이 유럽인의 지배 아래 들어가고, 1887년에는 마카오가 포르투갈의 통치권 아래 들어갔다. 청나라에 좀 더 결정적 타격을 안긴 것은 일본이었다. 청나라와 일본은 조선을 둘러싼 분쟁 끝에 1894년 전쟁을 벌였고, 청나라는 치욕적 패배를 당했다. 청은 결국 조선의 독립적 지위를 인정하고 랴오둥遼東반도와 타이완을 일본에 양도했다.

청일전쟁(1894~1895)으로 청나라의 허약함이 드러나자 유럽 열강은 다시 한 번 노골적 침탈의 기회를 노렸다. 일본의 세력 확장을 경계한 러시아, 프랑스, 독일 삼국은 일본을 압박하여 랴오둥반도를 돌려주게 한 다음 청나라에 대가를 요구했다. 특히 1850년대에 시베리아를 차지하고 1860년 연해주마저 얻은 뒤, 만주와 조선으로 관심을 돌린 러시아는 일본의 대륙 진출을 두고 볼 수만은 없었다. 이른바 삼국간섭을 주도한 러시아는 뤼순旅順과 다롄大連의 조차와 만주횡단철도 부설권을 뜯어내고, 독일은 자오저우만膠州灣의 조차와 산둥성山東省의 광산 개발권과 철도 부설권을 챙겼으며, 프랑스는 남쪽의 광저우만廣州灣을 조차했다. 영국도 가세하여 해군 기지 웨이하이웨이威海衛의 조차권을 얻었다. 그러자 미국은 중국의 문호개방정책을 들고 나왔다. 1899년 국무장관 존 헤이는 열강에 청나라의 영토를 더는 침탈하지 말고 영토 보존을 보증할 것을 요구하는 한편, 청나라에는 열강에 허용한 상업적 특권을 모든 나라에 확대하라고 주장했다.

영국은 그 정책을 지지했지만, 비틀거리는 제국의 땅을 조금이라도 더 차지하고 싶어 한 열강은 시큰둥했다. 일본은 문호 개방 원칙을 무시하고 팽창 정책을 계속했으며, 결국 조선과 만주에서 러시아와 부딪쳤다. 일본은 1904년 뤼순항의 러시아 함대와 기지를 기습 공격하고 전쟁을 선포했다. 차르 정부는 이 타격에서 회복하지 못하고 태평양 바다와 만주 땅에서 일본군에 유린당했다. 일본의 승리에 세계가 깜짝 놀랐다. 러일전쟁의 결과 동북아시아에서 러시아의 팽창은 저지되고, 일본은 조선과 만주에서 지배권을 강화했다.

19세기 후반기의 청나라는 총체적 해체의 길을 걷고 있는 것으로 보였다. 일본이 유럽의 문물을 받아들여 신속하게 근대화를 추진하던 때에, 중국은 서태후를 중심으로 한 보수 세력이 전통과 관습에 기초한 정책을 고수했다. 1860년 이후 청나라는 무기력한 거인에 지나지 않았다. 청나라는 1912년 마침내 민족주의, 민권주의, 민생주의의 삼민주의를 구호로 내걸고 쑨원孫文이 이끈 신해혁명으로 명을 다했다. 그러나 새 중화민국은 여전히 허약했으며 고난을 극복하기 위해서는 아직 갈 길이 멀었다.

프랑스와 미국의 조선 침략　　19세기를 거치면서 서양 여러 나라는 여러 차례 조선에 통상의 문을 두드렸으나, 조선은 빗장을 굳게 걸어 잠갔다. 평화적인 교섭으로는 문호가 열리지 않자, 프랑스는 자국 선교사 탄압을 빌미로 1866년 병인년에 함대를 파견하여 강화도를 점령하고 한강을 거슬러 오르며 약탈했다. 그러나 프랑스 함대는 조선의 강력한 저항을 받고 외규장각 도서를 비롯하여 여러 약탈 문화재를 가지고 퇴각했다. 그 5년 뒤 신미년에는 미국 함대가 침략해 왔다. 조선 수비대가 강화해협을 통해 침입해 오는 미국 함대를 맞아 완강하게 맞서자, 군사적 시위만으로는 문호 개방이 불가능하다고 판단한 미군 역시 물러나 청으로 돌아갔다. 인도차이나 식민화에 힘을 쏟고 있던 프랑스나 동아시아까지 세력을 확장할 여력이 없던 미국은 무리하게 전쟁을 무릅쓰면서까지 조선의 문호를 개방하려는 의지는 없었다. 5년 뒤 조선은 서양 열강이 아니라 일찍이 서양 문물을 받아들여 제국주의 침략에 나선 일본에 강제로 문호 개방을 당했다.

동남아시아의 식민화　　영국은 동남아시아에서 실론Ceylon(스리랑카)을 시작으로 말라야Malaya와 버마(미얀마) 등지에 진출했다. 실론은 17세기 중엽 네덜란드가 포르투갈 세력을 몰아낸 뒤 지배하고 있었는데, 프랑스혁명 때 네덜란드가 프랑스에 점령당하자 1796년 영국이 재빠르게 이를 빼앗았다. 이후 영국은 싱할라Sinhala 왕국과 오랜 전쟁을 치른 끝에 1817년부터 실론 전역을 지배하게 되었다. 그리고 영국은 주석과 고무 등의 자원을 탐내어 1819년 싱가포르를 차지한 뒤, 1826년 해협식민지Straits Settlement를 건설하면서 말레이반도에서 세력을 확장했으며, 버마는 영국이 1824~1885년 사이 세 차례의 전쟁을 치르며 정복하고 인도제국에 합병했다.

프랑스는 영국과의 식민지 쟁탈전에서 패한 뒤, 한 세기의 공백기를 거쳐 19세기 중엽에 나폴레옹 3세의 적극적인 대외 정책에 따라 동남아시아에 돌아왔다. 프랑스는 1850년대 말부터 영국과 네덜란드 세력이 아직 미치지 않은 베트남에 침투하기 시작해서 1859년 사이공西貢(지금의 호찌민)을 점령한 뒤, 이를 발판으로 메콩강 삼각주인 코친차이나Cochinchina를 직할 식민지화했다. 그다음 프랑스는 1883년까지 북부의 통킹東京(지금의 하노이)과 중부의 안남安南을 보호령으로 삼아 베트남 전역을 지배했으며, 캄보디아(1863)와 라오스(1893) 역시 보호령으로 만들었다. 프랑스는 1887년 이 모두를 통합하여 식민제국 프랑스령 인도

차이나를 수립했다. 오직 태국만 영국과 프랑스 세력 간의 완충 지대 구실을 하며 그럭저럭 독립을 지킬 수 있었다.

인도네시아 제도는 16세기 말 이후 네덜란드가 쇠퇴해 가는 포르투갈을 조금씩 몰아내면서 네덜란드령 동인도로 삼은 곳이었다. 1602년 설립된 네덜란드 동인도회사가 곳곳에 향료 무역을 위한 상관을 개설하면서 이곳을 경영하다가, 1799년 연말에 회사가 해체되고, 이듬해부터는 국가가 직접 지배하게 되었다. 18세기 후반에 향료 종자가 밖으로 새어나가 향료 독점이 무너지고 향료 무역이 타격을 입자, 네덜란드는 19세기 초에 새 작물을 재배하기 시작했다. 그 결과 설탕, 담배, 커피, 차, 기타 작물의 생산이 엄청나게 늘어났다.

태평양의 식민화   태평양의 섬들 역시 제국주의의 마수에서 벗어나지 못했다. 유럽인이 동아시아에서 제국주의 침탈에 몰두하는 동안, 태평양에서는 새로운 제국주의 세력이 등장하고 있었다. 남북전쟁을 끝낸 뒤 미국은 곧 아메리카 밖으로 뻗어가기 시작했다. 미국은 1867년 3월 러시아로부터 알래스카를 매입한 뒤, 태평양으로 눈을 돌려 9월에는 미드웨이 제도Midway Is.를 점령하고 30년 뒤에는 하와이 제도를 차지했다. 하와이에는 19세기에 많은 유럽인과 미국인이 설탕 농장을 개발했다. 그런데 미국 정착민이 차츰 설탕 산업을 장악했으며, 1887년에는 진주항Pearl Harbor에 미국 해군 기지가 건설되었다. 미국의 영향력이 지나치게 커지자 1893년 하와이 왕국 여왕이 미국인의 농장을 국영화해 버렸는데, 이에 반발해 친미 세력이 미국 해군의 지원을 받아 반란을 일으켜 하와이 왕국을 멸망시켰다. 1897년 미국은 하와이를 미국령으로 편입했다.

하와이를 집어삼킨 미국은 1898년 에스파냐와 전쟁을 벌였다. 미국-에스파냐 전쟁은 미국이 제국주의로 발길을 내딛는 데서 가장 중요한 사건이었다. 미국은 전쟁 개시 불과 석 달 반 만에 에스파냐를 쳐부수었다. 그 결과 미국은 카리브해로 세력을 뻗었을 뿐 아니라, 에스파냐로부터 괌과 필리핀을 빼앗아 태평양 세력으로 본격 진출했다. 필리핀이 독립을 요구하고 나서자, 미국은 이를 진압하고 지배권을 확립하는 데 3년이 걸렸으며 군인 6만 명을 동원해야 했다.

역시 통일 후 뒤늦게 제국주의 대열에 합류한 독일은 동남아에 진출할 기회를 얻지 못하고, 태평양에서 비스마르크 제도와 마셜 제도 등 몇몇 섬들을 제국주의 바구니에 주워 담는 것으로 아쉬움을 달랬다. 영국 또한 이곳저곳에서 여러 섬을 챙겼다. 사모아 제도Samoa Is.에서는 미국, 독일, 영국이 서로 각축전을 벌인 끝에 각각 조금씩 나누어 가졌다.

4) 세력 균형의 재편

비스마르크 외교와 삼국동맹   독일제국 창건 이후 재상 비스마르크는 막강한 국력을 바탕으로 노련한 외교 수완을 발휘하여 유럽의 국제 무대를 좌지우지했다. 미국도 그렇거니와, 독일의 힘은 어느 정도 인구와 산업에서 나왔다. 1870년 프로이센-프랑스 전쟁 때 독일은 인구가 4100만 명, 프랑스는 3700만 명이었다. 그런데 1914년에 독일 인구는 6400만 명으로 서유럽에서 가장 인구가 많은 나라가 되었는가 하면, 프랑스는 4100만 명 선에 머물렀다. 그다음으로 한 세기 전만 하더라도 프랑스 인구의 절반에 지나지 않던 영국이 4200만 명으로 프랑스를 따라잡았다. 그리고 이탈리아는 3700만 명에 불과했으며, 러시아는 1억 5000만 명으로 단연 최대의 인구를 자랑했다. 산업 지표 역시 독일의 힘의 급속한 성장을 보여준다. 1890년에 독일은 강철을 200만 톤, 영국은 350만 톤을 생산했는데, 1910년에는 영국이 고작 650만 톤을 생산한 데 비해 독일은 그 두 배도 넘는 1350만 톤을 생산했다.

비스마르크는 신생 제국의 안보를 확립하기 위해, 유럽의 평화를 유지하고 프랑스를 고립시켜 프랑스의 설욕전을 막는 것을 최우선적 외교 목표로 삼았다. 그는 먼저 오스트리아-헝가리 이원 왕국과 러시아를 설득하여 1873년 삼제 동맹Dreikaiserbund을 맺어 이들 나라가 프랑스와 접근하는 것을 막고자 했다. 그러나 이 동맹은 오스트리아와 러시아의 갈등 때문에 2년 뒤 깨어졌다. 그 뒤 비스마르크는 1878년 6월 개최된 베를린 회의Congress of Berlin에서 영국 및 오스트리아와 한편이 되어, 러시아가 러시아-튀르크 전쟁(1877~1878)에서 얻은 성과를 뒤집고 러시아의 발칸반도 진출 야망을 좌절시켰다. 그런 다음 이듬해에 그는 오스트리아와 비밀 군사동맹인 이국 동맹Zweibund을 맺었는데, 이는 러시아의 공격에 대비한 방위 동맹인 동시에 프랑스와 오스트리아의 화해를 막기 위한 것이기도 했다. 그뿐 아니라 독일은 이국 동맹을 통해 발칸반도에 활발하게 경제적 침투를 하게 되었는데, 그로 인해 골치 아픈 발칸 문제에 깊이 발을 들여놓게 되었다.

비스마르크는 1882년에 이탈리아를 끌어들여 이국 동맹을 삼국동맹Dreibund으로 확대했는데, 이는 제1차 세계대전 때까지 정기적으로 갱신되었다. 이 동맹은 프랑스로부터 독일을 보호하는 역할을 했다. 그것은 또한 이탈리아가 튀니지를 놓고 프랑스와 분쟁할 때 이탈리아의 발언권을 강화해 주었고, 프랑스가 교황을 지원하러 개입할 것에 대한 이탈리아의 두려움을 덜어주었다. 그러나 일단 프랑스와 이탈리아 간의 이견이 조정되는 한편, 아직 오스트리아에 남아 있는 미수복 영토에 대한 이탈리아인의 영토 수복 열망이 증대하면서 이탈리아는 삼국동맹에 미온적이게 되었다. 게다가 이탈리아는 식민지 획득을 위해서는 독일과 같은 대륙 강국보다는 영국과 프랑스 같은 해군 강국과의 우호가 더 필요하다는 것을 깨달았다. 이탈리아의 이런 사정으로 1914년에 삼국동맹은 독일에 무용지물이 되었다.

한편 비스마르크는 러시아와의 우호 관계가 독일 안보에 매우 중요하다는 것을 잘 알고 있었다. 그러나 발칸반도에서 벌어지는 오스트리아와 러시아의 충돌 때문에 그의 과제는 복잡해졌다. 그는 마침내 1881년 러시아와 오스트리아를 회유하여 제2차 삼제 동맹을 맺음으로써 베를린 회의에서 틀어진 러시아와의 관계를 회복했다. 그 뒤 1885년 오스트리아와 러시아의 관계가 틀어져 다시 이 동맹이 깨어지자, 비스마르크는 러시아와 따로 재보장 조약Reinsurance Treaty(1887)을 맺었다. 두 나라는 이 비밀 조약에서 어느 한 나라가 제3국과 전쟁할 경우 우호적 중립을 지키기로 했다.

빌헬름 2세의 세계 정책　　비스마르크의 민활한 활약에 힘입어 독일은 20년 동안 유럽 외교 무대를 주도했다. 비스마르크는 영국의 이익에 도전하지 않으려고, 그리고 프랑스를 고립시키려고 온갖 노력을 다했다. 그는 또한 오스트리아와의 동맹을 유지하면서도 러시아를 소외시키지 않았다. 그 덕분에 독일은 적에게 둘러싸이지 않았다. 그러나 1890년 비스마르크가 퇴진한 이후 이러한 상황이 크게 바뀌었다. 빌헬름 2세는 세계 정책Weltpolitik을 표방하면서 세계적 강국으로서의 독일의 위상을 과시하고자 했고, "해상에서, 먼 나라에서 독일과 독일 황제 없이는 어떤 중대한 결정도 내려져서는 안 된다"고 주장하고 나섰다. 그 결과 오랜 강대국들로서는 당황스럽게도, 독일은 세계 곳곳에서 존재감을 과시했다. 독일은 세계 최강의 육군을 보유했지만, 빌헬름 2세는 해외 무역과 식민지 쟁탈전에 미치는 해상권의 중요성을 깨닫고 강대한 해군을 육성하기로 마음먹었다. 1898년 이후 독일은 막대한 재정을 투입하여 대함대를 건설하면서 영국과 날선 해군력 경쟁을 벌였다.

　그렇지만 빌헬름 2세의 외교정책은 비스마르크의 통찰력을 결한 것이었다. 그는 오스트리아와의 동맹 관계를 중시하여 1890년 러시아와의 재보장 조약이 만료된 뒤 이의 갱신을 거부했다. 그러자 비스마르크가 그토록 우려했던 대로 러시아는 결국 고립을 탈피하려는 프랑스와 손을 잡았으며, 이로써 독일은 동서 양쪽에서 적성 국가를 마주하게 되었다. 이는 독일의 군사적 안전의 면에서는 재앙이나 다름없었다. 영국과의 관계도 비슷한 길을 걸었다. 빌헬름의 건함 정책은 국가의 안전과 세계적 위상을 제해권에 의존하고 있는 영국을 바짝 긴장하게 했다. 게다가 영국 국왕 에드워드 7세(1901~1910)가 조카 빌헬름을 혐오함으로써 양국 관계에는 더욱 먹구름이 드리워졌다. 결국에는 영국 역시 반독일 진영에 합류했다. 그리하여 빌헬름은 서로 으르렁거리던 전통적 강대국인 영국, 프랑스, 러시아가 모두 독일을 상대로 긴밀히 결속하게 했다.

삼국협상의 성립　　비스마르크의 퇴진과 더불어 독일과 러시아의 관계가 냉각되자, 프랑스는 비스마르크가 씌운 고립의 굴레에서 벗어나기 위해 러시아에 구애했으며, 동맹을 잃어 허전한 러시아가 그에 응했다. 오랜 협상 끝에 두 나라는 프랑스-러시아 동맹Franco-Russian Alliance(1894)을 체결하고, 삼국동맹 국가의 공격을 받으면 서로 군사 원조를 하기로 했다. 이로써 동맹을 구하려는 프랑스의 바람이 한 세대 만에 열매를 맺었으며, 이 조약은 유럽이 두 적대 진영으로 나뉘는 첫걸음이 되었다. 그런 다음 프랑스는 이탈리아와의 화해에 정성을 들였다. 이탈리아는 공식적으로는 삼국동맹에 머물러 있었으나, 1902년 이후 프랑스와 독일이 충돌할 때 중립을 지키리라는 점을 점점 더 분명히 했다.

한편 영국은 그동안 무역이나 해상의 자유가 위협을 받는 경우를 제외하고, 대륙 문제에서 한 발 떨어져 있으려고 했다. 19세기 말엽에 영국은 발칸반도와 중서부 아시아에서는 러시아와, 그리고 아프리카에서는 프랑스와 경쟁 관계에 빠져 있었다. 그러나 영국은 대륙의 어떠한 국가와도 공식적으로 동맹을 맺기를 거부했다. 영국은 세기가 바뀔 때까지 '빛나는 고립splendid isolation' 속에서 안락함을 느꼈다. 영국은 외교적 압력을 행사할 필요가 있을 때는 함대를 동원했다. 영국은 다른 어느 두 나라의 해군력을 합친 것보다 더 우월한 해군력을 유지하려 했다. 그런데 독일이 해군 경쟁에 뛰어들자 영국은 독일을 경계하기 시작했으며, 세기가 바뀔 무렵에는 고립 정책을 버릴 필요가 있음을 느꼈다.

영국의 외교정책은 빅토리아 여왕이 사망하고 프랑스에 우호적인 에드워드 7세가 즉위한 뒤 크게 바뀌었다. 영국은 고립을 벗어나기 위해 먼저 유럽 바깥에서 동맹을 구했는데, 일본이 러시아의 동북아시아 팽창을 견제해 주기를 기대하고 1902년 영일 동맹Anglo-Japanese Alliance을 맺었다. 그다음 영국은 조금씩 프랑스에 다가갔다. 역사적 전통과 왕조의 혈통 면에서 영국은 독일과 훨씬 가까운 관계였으며, 제국주의적 이해관계에서도 결코 프랑스보다 더 날카롭게 대립했던 것은 아니었다. 그러나 무엇보다 영국을 자극한 것은 독일의 야심 찬 해군 증강 계획이었다. 섬나라 영국으로서는 해군의 압도적 우위 유지가 사활의 문제였다. 프랑스 또한 아프리카 식민지 경쟁에서 영국과의 충돌을 피하면서 화해의 손짓을 보냈다.

영일 동맹 2년 뒤 영국은 마침내 영국-프랑스 협상Anglo-French Entente을 맺어 프랑스와 국제 문제에 협력하기로 합의했다. 이는 매우 놀라운 국제관계의 재조정이었던바, 윌리엄 정복왕 이래 거의 우호적이지 못했고 지난 200년 이상 서로 전쟁에 매달렸던 프랑스와 영국이 화친 협상을 맺은 것이다. 게다가 협상을 맺을 때 각각의 동맹인 러시아와 일본은 서로 전쟁 중이었다. 협상은 비록 동맹만큼의 구속력은 없었지만, 국제적 위기 때 협력하고 나아가 전쟁 때에는 군사적 대화에 참여하게 하는 효력을 지녔다. 영국은 내친김에 러시아와도 손을 잡았다. 러시아가 1904년 일본에 패해 동북아시아에서의 위험이 줄어들자 영국은 1907년 영국-러시아 협상을 맺고, 페르시아와 아프가니스탄에서 각자 세력권을 제한하는 데 합의했다. 이로써 프랑스, 러시아, 영국 사이에 삼국협상이 이루어졌다. 영국은 5년이라는 짧은 기간 안에 '빛나는 고립' 정책을 완전히 벗어던졌다.

삼국동맹 대 삼국협상   영국-러시아 협상은 이미 이루어진 프랑스-러시아 동맹 및 영국-프랑스 협상과 결합하여 영국-프랑스-러시아의 삼국협상Triple Entente이 성립되었음을 뜻했다. 1890년 비스마르크가 퇴진할 때까지는 독일, 오스트리아-헝가리, 이탈리아, 러시아, 세르비아, 루마니아가 하나의 진영을 형성했던 반면, 프랑스와 영국은 고립되어 있었다. 그러나 1907년 이후 유럽 열강은 아주 분명하게 두 진영으로 나뉘게 되었다. 비스마르크가 구축했던 이른바 동맹국 진영에는 독일, 오스트리아-헝가리 이원 왕국, 이탈리아만 남았는데, 이탈리아는 동맹에의 열의가 거의 없어서 확고한 동맹은 사실상 베를린-빈의 축밖에 없었다. 그 반면에 협상국 진영에는 영국, 프랑스, 러시아 외에도 세르비아, 일본, 포르투갈이 있었고, 이들 옆에 에스파냐는 우호적 중립을 지키고 있었다. 이리하여 유럽은 1907년 이후 대립하는 두 진영으로 갈라졌으며, 이는 점점 더 견고해져서 서로 간에 타협의 여지가 없어졌다. 양 동맹의 회원국들이 1908~1913년 사이에 오스만제국의 발칸반도 영토를 두고 벌어진 일련의 쟁탈전에 발을 들여놓았을 때, 대전의 큰 무대가 마련되었다.

5) 세계대전의 그림자

모로코 위기　　1905년 독일 황제가 모로코 북부의 탕헤르Tánger를 방문하여 모든 나라는 모로코의 독립을 존중해야 한다고 선언하여 프랑스의 야욕에 찬물을 끼얹었다. 그로 인해 프랑스와 독일의 관계가 위기로 치닫자, 에스파냐 알헤시라스Algeciras에서 국제회의가 열렸다. 이 회의에서 모로코의 독립이 재확인되었으며, 그리하여 프랑스와 독일의 충돌이 방지되었다. 그 대신 에스파냐와 프랑스가 모로코 치안을 담당할 권리를 갖는 것으로 1차 모로코 위기가 일단 해소되었다.

그러나 1911년 다시 2차 모로코 위기가 발생했다. 프랑스가 치안 유지를 명목으로 모로코에 군대를 파견하자, 독일이 포함 한 척을 모로코에 파견하면서 견제하고 나섰다. 이에 프랑스의 우방인 영국이 이 사태에서 영국의 모든 힘을 전적으로 프랑스 뜻에 맡길 것이라고 독일에 강력하게 경고했다. 결국은 협상이 이루어져 모로코가 프랑스의 처분에 맡겨지고, 그 대신 독일은 적도아프리카에서 작은 땅을 얻었다. 이로써 동맹과 협상의 양대 세력은 그럭저럭 전쟁의 위기를 넘겼으나, 프랑스와 독일은 상호 불신이 더욱 깊어졌다. 그러나 좀 더 심각하고 복잡한 위험은 발칸반도에 도사리고 있었다. 그곳에서는 쇠락해 가는 오스만제국으로부터 조금이라도 더 많은 것을 뜯어내려는 오스트리아와 러시아의 이해관계가 직접 맞부딪쳤다.

오스만제국의 개혁 시도와 쇠락　　유럽 국가들이 강성해지는 동안, 유럽에 대한 경쟁력을 잃고 있던 오스만제국은 18세기 말부터 국력을 회복하기 위해 개혁을 시도했다. 셀림 3세Selim III(1789~1807)는 토지·행정·조세 등 광범한 분야에서 근대화를 추진했는데, 가장 핵심은 군사 개혁이었다. 그는 유럽식 군사 교육을 도입하고 전통 군대와 별도로 신식 군대를 창설했다. 그러나 언제나 그렇듯 개혁은 기득권 집단과 보수 세력에 발목이 잡혔다. 셀림 3세는 1807년 결국 술탄의 친위대인 예니체리yeniçeri의 쿠데타로 폐위된 뒤 이듬해 살해당했다.

그러나 쿠데타 세력이 세운 새 술탄은 1년 만에 셀림 3세 추종자에게 살해되고, 마흐무트 2세Mahmut II(1808~1839)가 술탄이 되었다. 마흐무트 2세의 가장 주목할 업적은 예니체리를 폐지한 일이었다. 그는 20년 가까이 예니체리의 힘에 눌려 지내면서 친위 세력을 육성한 뒤 1826년 마침내 예니체리 해체를 단행했으며, 이에 반발하여 반란을 일으킨 그들을 철저히 분쇄했다. 이후 그는 조세 제도와 군사 교육을 개편하는 등의 개혁을 단행했다. 그리고 그는 중앙정부의 지배력을 강화하기 위한 행정개혁에 착수해서 재상의 권한을 축소하고 유럽식 관료 제도를 도입하는 한편, 도로를 건설하고 토지·인구조사와 근대적 우편제도를 시행했다. 복식도 유럽 복식으로 바뀌었다. 한편 비잔티움 거주 유럽인을 통해 새로운 문화와 기술이 이식되었다. 프랑스혁명 이후 유럽의 변화가 제국에 전해졌다.

마흐무트 2세의 개혁 정책은 두 아들에 의해 계승되었다. 압뒬메지트 1세Abdü lmecit I(1839~1861)는 즉위한 뒤 칙령을 통해 폭넓은 개혁 조치인 탄지마트Tanzimat를 선포했다. 자체 개혁 혹은 재구성을 뜻하는 탄지마트는 마흐무트 2세 때의 개혁가들에 의해 추진되었으며, 이후 이복동생 압뒬아지즈Abdülaziz(1861~1876)까지 이어졌다. 개혁가들은 보통교육제도의 개발, 프로이센 군대를 모델로 한 군대 개편, 지방 의회의 창설, 프랑스 법체계를 본뜬 상법과 형법의 도입 등을 추진했다. 1856년에는 비잔티움에 철도가 놓였으며, 프랑스 교육제도를 본떠 공교육 체계가 개선되었다. 1869년에는 초등교육 무상화 계획이 발표되었다. 압뒬아지즈는 오스만제국 술탄으로는 처음으로 파리, 런던, 빈 등 유럽을 방문했다. 그러나 재정난이 심해지는 가운데 미온적 개혁에 불만을 가진 입헌군주주의자 미드하트 파샤Midhat Pasha의 무혈 혁명으로 압뒬아지즈는 1876년 폐위된 뒤 살해되고 말았다.

탄지마트는 흔히 은혜 개혁이라 부르는 데서 알 수 있듯이 기본적으로 위로 부터의 개혁이었으며, 개혁을 뒷받침해 줄 아래로부터의 동력이 마련되어 있지 않았다. 그래서 탄지마트 개혁을 통한 튀르크의 근대화는 발칸을 둘러싼 열강의 압박에다가 이슬람교를 중심으로 한 보수 세력의 끈질긴 저항, 오랜 전통에서 벗어나지 못한 튀르크인의 의식 구조, 이질적인 유럽 정치제도와 법체계에 대한 거부감 등의 요인으로 제대로 성과를 거두지 못했다. 많은 경우 그 성과는 기껏해야 비잔티움 주변을 크게 넘어서지 못했다. 그리고 러시아의 세력 확대를 우려한 영국과 프랑스가 재정을 지원했으나, 이는 오히려 제국주의 세력에의 경제적 예속을 강화하는 결과를 가져왔다.

탄지마트의 정점은 입헌군주정을 규정한 헌법의 제정이었다. 1876년 12월 새 술탄 압뒬하미트 2세Abdülhamit II(1876~1909) 정부의 재상이 된 미드하트 파샤의 주도로 오스만제국 최초의 근대적 자유주의 헌법이 제정되었다. 미드하트 헌법으로 불리는 이 헌법은 인종이나 종교와 관계없이 모든 국민의 평등권, 이슬람 교리 대신 시민법에 의거한 독립된 사법부, 술탄이 임명하는 상원과 직접선거로 선출되는 하원의 양원제 의회 등을 규정했다. 그러나 압뒬하미트 2세는 1877년 일어난 러시아와의 전쟁에 패하면서 유럽 세력의 영향을 완전히 차단하기 시작했다. 그는 곧 미드하트 파샤를 쫓아내고 1878년 2월 헌법의 효력을 중지했다. 이후 그는 30여 년 동안 비밀경찰과 검열을 통해 자유주의자를 비롯한 반대 세력을 색출하면서 엄혹한 전제정치를 펼치는 한편, 제국의 분열을 막고 유럽 열강의 제국주의에 대처하기 위해 범이슬람주의를 주창했다. 그러나 그는 발칸반도와 북아프리카의 영토가 민족주의 세력에 의해 찢겨 나가거나 제국주의 세력에 침탈되는 것을 막지는 못했다.

국내에서는 전제정치에 대한 반대의 목소리가 점점 높아졌다. 그런 가운데 망명 개혁가들이 파리에서 입헌 정부 수립을 표방하고 1889년 비밀결사 청년 튀르크당Jön Türkler을 결성했다. 차츰 많은 젊은 장교가 가담함으로써 청년 튀르크당은 혁명에 필요한 군사력을 얻었으며, 1908년 마침내 혁명을 일으켜 정권을 장악하고, 압뒬하미트 2세를 압박하여 미드하트 헌법의 부활을 승인하게 했다. 압뒬하미트 2세는 이듬해 4월 반혁명을 시도하다 실패하여 폐위되었으며, 두 명의 동생이 연이어 술탄이 되었으나 그들은 명목상의 통치자에 불과했다. 이후 실권을 장악한 청년 튀르크당은 근대적 대의 정부와 정치제도를 도입하고 산업을 발전시켜 튀르크를 근대화하려 노력했다. 그러나 그들은 제국의 붕괴를 막지 못했다.

발칸반도: 19세기 후반기   크림전쟁 이후 러시아는 국내 개혁에 힘을 쏟는 바람에 발칸반도에서 군사행동을 거의 할 수 없었는데, 그 대신 발칸의 '정교도 형제'들에게 범슬라브주의 연대의 메시지를 전파했다. 크림전쟁에서의 역할로 위세가 오른 오스트리아는 탐욕의 눈길로 발칸의 사태를 예의 주시했다. 1869년 수에즈운하가 완성되면서 동지중해는 영국의 이익에 더욱더 중요해졌다. 독일 역시 통일 이후 이 지역에 영향력을 증진하기 시작했다. 한때 유럽인에게 공포의 대상이었던 오스만제국은 쇠락하여 이제 '유럽의 환자'가 되었고, 그 방대한 영토는 탐욕스러운 제국주의 국가들의 좋은 먹잇감이 되었다. 오스만제국의 북아프리카 영토를 강탈하기를 마다하지 않으면서도, 다른 한편 유럽 열강은 오스만제국의 근대화를 도우면서 해체를 막기 위해 노력했다. 이는 주로 러시아가 자칫 오스만제국의 발칸 영토를 독차지하여 지중해 강국으로 등장할지 모른다는 두려움 때문이었다. 서유럽에게 오스만제국은 여전히 러시아를 막는 유용한 방파제였다.

한편 민족주의의 거센 바람이 비틀거리며 해체를 향해 가는 오스만제국의 운명을 더욱 몰아세웠다. 14세기 말 이래 튀르크인의 지배 아래 있던 불가리아인은 18세기 말경에 민족적 부흥을 시작했다. 1860년대에 그들은 해방운동을 조직했는데, 이는 1870년 불가리아 정교회의 총주교구가 설치됨으로써 더욱 강화되었다. 그들은 루마니아가 오랜 튀르크 지배와 한 세대의 러시아 보호령을 겪은 뒤 1861년 독립을 이룩한 데에 자극을 받았다. 한편 세르비아 지배자 미하일로 오브레노비치Mihailo Obrenovich는 1860년대에 오스만제국에 맞서는 발칸 슬라브족의 통합을 시도했다. 이러한 여건에서 오스만제국은 이론상으로 그들의 지배 아래 있는 지역에 대해 실질적 통치를 강화할 수 없었다.

발칸의 위기는 1875년 보스니아Bosnia에서 농민반란이 일어나면서 한껏 고조되었는데, 이곳은 종교적으로 다양한 집단의 슬라브족이 거주하고 있었다. 이 반란에 이어 세르비아와 몬테네그로가 오스만제국에 선전포고했다. 이와 같은 일련의 민족주의 봉기는 유럽 열강의 관심을 사로잡았고, 1875년이 지나갈 무렵 '동방 문제'는 다시 한 번 국제 외교의 초점이 되었다. '유럽의 환자'는 여전히 세르비아와 몬테네그로를 쳐부술 만큼 강했다. 이듬해 4월에는 불가리아가 반란을 일으켰으며, 러시아의 범슬라브주의자들은 그들의 '작은 형제들'에게 자금과 인력을 지원했다. 그러나 반란은 5월에 오스만제국의 군대에 잔인하게 진압되고, 그 보복으로 1만 2000명가량의 시민이 학살당했다. 무슬림 튀르크인이 기독교도 슬라브인에게 자행한 이 일종의 인종학살 사태는 '불가리아의 학살'로 알려지면서 유럽인의 공분을 자아냈다.

러시아의 알렉산드르 2세는 이를 크림전쟁의 치욕을 만회할 좋은 기회라 생각했다. 그는 1877년 불가리아 사태를 명분으로 오스만제국에 전쟁을 선포했다. 러시아군은 장비도 제대로 갖추지 못한 튀르크군을 격퇴하고 이듬해 초에 비잔티움 탈취를 눈앞에 두게 되었다. 그러자 술탄은 화평을 요청했다. 3월 산스테파노San Stefano 조약으로 러시아는 발칸반도와 지중해로의 진출이라는 오랜 꿈을 이루게 되었다. 광대한 영토를 가진 불가리아 자치 공국이 창건되었는데, 명목상으로는 오스만제국의 속국이었으나 실제로는 러시아의 지배를 받았다. 불가리아가 에게 해안을 갖게 됨으로써, 보스포루스Bosporus 해협이 사실상 러시아 통제 안에 들어갔다. 그리고 세르비아와 루마니아는 완전한 독립을 승인받았으며, 몬테네그로의 독립도 재확인되었다.

그렇지만 영국과 오스트리아가 가만히 있지 않았다. 두 나라는 세력 균형이 지나치게 러시아에 유리하게 기울었다면서 조약의 개정을 강력하게 요구했다. 그래서 1878년 6월 비스마르크의 주선으로 베를린 회의가 개최되었는데, 여기에서 러시아는 러시아-튀르크 전쟁의 전리품 대부분을 토해내고 남부 베사라비아와 흑해 연안을 얻는 것으로 만족해야 했다. 독립을 얻은 세 나라의 영토 일부는 오스만제국에 반환되었으며, 3월에 창건되었던 불가리아는 영토가 크게 줄어든 채 러시아의 통제에서 벗어나 다시 오스만제국의 지배 아래 남게 되었다. 한편 오스트리아는 남슬라브족이 사는 보스니아와 헤르체고비나Herzegovina에 대한 관리권을 얻는 횡재를 했다. 오스트리아의 이 큰 성과는 세르비아인에게 엄청난 실망과 분노를 안겨주었다. 그 지역은 육지로 둘러싸인 소국 세르비아가 영토 확장의 야망과 더불어 아드리아해로 나아갈 수 있는 출구로 오랫동안 탐을 내던 곳이었다. 이로써 발칸반도의 긴장이 한층 높아졌다.

발칸반도: 1908~1913년의 위기　　보스니아와 헤르체고비나 문제는 결국 1908년의 위기를 불러왔다. 이 두 지역은 오스트리아가 실질적으로 지배하고 있었으나 여전히 오스만제국의 주권 아래 있었는데, 이 해에 오스만제국에서 청년 튀르크당의 혁명이 일어나자 그 틈을 타 오스트리아가 재빨리 그 두 지역을 합병해 버렸다. 세르비아는 격분했다. 이로써 그곳을 합병하여 대다수 남슬라브족을 포괄하는 대세르비아 왕국을 건설하려던 세르비아의 꿈이 깨어졌다. 왕국 안에 많은 슬라브족이 살고 있는 다민족 국가인 오스트리아-헝가리 이원 왕국으로서는 대세르비아 왕국의 등장을 기필코 막아야 했다. 그 왕국은 오스트리아-헝가리 안의 슬라브족을 끌어들이는 구심력으로 작용할 것이며, 이는 곧 오스트리아-헝가리의 해체를 가져올 수 있기 때문이었다.

　러시아를 등에 업은 세르비아는 즉각 전쟁을 들먹였다. 이웃 슬라브족의 보호자를 자처한 러시아는 세르비아에 지원을 약속하고 전쟁을 준비했다. 바로 이때 이국 동맹에 따라 오스트리아 편에 선 독일이 러시아에 전쟁을 경고했다. 러일전쟁 패전의 충격과 그 여파인 1905년 혁명의 혼란에서 채 벗어나지 못한 러시아는 결국 물러섰다. 러시아에 외교적 후퇴를 강요하는 데 성공한 독일과 오스트리아는 이국 동맹의 효과를 톡톡히 보았다. 그러나 1914년 여름에 오스트리아와 세르비아 간에 또다시 충돌이 일어났을 때, 국제 상황은 아주 달라져 있었다.

1912년에는 발칸반도에서 결국 전쟁이 터졌다. 오스만제국이 1912년 이탈리아에 패하고 트리폴리를 빼앗기자, 그 기회를 이용하여 세르비아·불가리아·몬테네그로·그리스가 발칸 동맹을 맺고 오스만제국과 싸웠다. 전쟁은 단기간에 발칸 동맹의 승리로 끝났다. 그들은 튀르크인을 비잔티움을 제외하고 유럽 땅에서 완전히 몰아냈다. 발칸인들은 외부의 도움 없이 마침내 5세기에 걸친 튀르크인의 점령을 끝장냈다. 그러나 곧장 자중지란이 일어났다. 이듬해에 승리한 동맹국이 전리품을 나누는 데 합의하지 못해 그들끼리 싸운 것이다. 이 제2차 발칸 전쟁에서는 세르비아·그리스·루마니아가 오스만제국과 손잡고 지나치게 많은 땅을 차지한 불가리아를 공격했는데, 그러자 불가리아는 중과부적으로 즉각 항복했다. 불가리아는 제1차 발칸 전쟁 때 얻은 전리품 중 마케도니아 일부만 남기고 나머지 대부분은 세르비아와 그리스에 빼앗겼다. 세르비아는 영토가 두 배나 커졌지만, 아직 야망이 충족되지 않았다.

세르비아가 두 차례 전쟁에서 품었던 가장 큰 야망은 아드리아 해안을 얻는 것이었는데, 제2차 발칸 전쟁의 승리로 그 야망을 이룰 수 있게 되었다. 그런데 이때 오스트리아가 반발하고 나섰다. 두 발칸 전쟁 뒤 개최된 런던 회의에서 오스트리아는 독일의 지지를 배경으로 전쟁을 들먹이며 위협하는 바람에 러시아는 세르비아에의 지지를 철회했으며, 세르비아도 결국 굴복하지 않을 수 없었다. 오스트리아의 주도 아래 열강은 세르비아와 아드리아해 사이에 독립국 알바니아를 창설하여 세르비아가 아드리아해로 나가는 길을 막아버렸다. 세르비아의 야망이 다시 한 번 꺾였다. 좌절한 세르비아 민족주의자들은 점점 더 오스트리아를 세르비아의 발전을 가로막는 불구대천의 원수로 여기게 되었다. 러시아역시 발칸에서의 사태 진전에 분노했다. 프랑스와 러시아는 동맹을 갱신하고,

다시 위기가 발생하면 물러서지 않을 것을 약속했다. 1913년이 저물 때까지 발칸 문제는 아무런 항구적 해결책이 마련되지 못한 채, 양 진영은 서로를 의심의 눈초리로 지켜보았다. 유럽이 이렇게 양대 진영으로 나뉨으로써 발칸의 슬라브족 문제와 같은 사안이 분쟁으로 비화했을 때, 그것이 지역적 분쟁으로 끝나는 것이 사실상 불가능하게 되었다.

평화를 위한 노력　　크림전쟁 이후 1914년까지 거의 50년간 유럽은 평화를 누렸다. 물론 유럽 바깥에서 정복 전쟁을 비롯해 소소한 전쟁은 치렀으나, 유럽 열강이 서로 싸운 전쟁은 없었다. 그런데 세기가 끝날 무렵 국제적 긴장이 높아가고 군비 경쟁이 치열해지자, 많은 나라가 전쟁의 위기에 주목하기 시작했다. 1899년 26개국 대표가 러시아 니콜라이 2세의 초청으로 헤이그평화회의Hague Peace Conference에 참석해서 군비 축소를 논의했다. 그들은 군비 축소에는 합의하지 못했으나 전쟁의 잔인성을 완화하자는 데는 합의를 보았다. 그래서 독가스나 덤덤탄dumdum 사용 금지, 공중에서 기구를 이용한 폭탄 투하 금지, 전쟁 포로 학대 금지, 점령 도시 약탈 금지 등이 합의되었다. 헤이그 협약은 또한 헤이그에 상설중재재판소Permanent Court of Arbitration를 설치하여 각국이 갈등을 전쟁보다 조정으로 해결하기를 기대했다. 이 기구는 국가 간 분쟁을 해결하기 위한 최초의 국제기구가 되었다.

　　1907년에는 미국 시어도어 루스벨트 대통령의 제안으로 제2차 헤이그평화회의가 열렸는데, 이번에는 44개국 대표들이 모였다. 대한제국은 이상설·이준·이위종 3인을 특사로 파견했으나, 이들은 일본과 영국의 방해로 공식 대표로 인정받지 못해서 회의에 참석할 수 없었다. 각국 대표들은 1차 평화회의에 이어 다시 군비 축소를 논의했으나 역시 합의에 이르지 못했다. 유럽 열강은 군비를 축소하기보다는 '힘을 통한 평화'를 추구했고, 우호적 국가와 동맹을 맺음으로써 국가 안보를 확보하고자 했다.

　　한편 1889년 7월 파리에서 결성된 제2인터내셔널 역시 전쟁 문제에 관심을 기울였다. 그것은 프리드리히 엥겔스의 제창으로 프랑스혁명 100주년을 기념하여, 각국의 마르크스주의 계열의 사회주의 정당이 국제 자본주의에 맞서 그들의 위상을 강화하기 위해 결성한 기구였다. 그들 가운데 어떤 이는 전쟁을 자본주의와 제국주의의 불가피한 부산물로 보았고, 다른 이들은 전쟁을 반동 정부를 타도하고 사회주의의 길을 닦기 위한 기회로 여겼다. 온건파와 혁명파가 서로 독설을 퍼부으며 이견을 드러내는 가운데, 온건 다수파는 대체로 전쟁이 임박한 경우에 만국의 노동자는 동료 노동자를 죽이는 전쟁을 거부하고 태업과 파업에 참여해야 한다는 것이었다. 그렇지만 1914년 여름 이후 "노동계급은 조국이 없다"는 마르크스와 엥겔스의 믿음과 달리, 노동자의 애국심이 사회주의의 국제 연대보다 강함이 드러났다. 제2인터내셔널을 이끌던 독일 사민당과 프랑스 사회당은 모두 계급보다 민족을 선택했으며, 세계대전의 발발로 국제사회주의운동은 심각한 위기를 맞게 되었다. 그러다가 중앙집권적 통제기구를 갖추지 못한 제2인터내셔널은 1916년 결국 해체되었다.

제14장

두 차례의 세계대전

❖

제1차 세계대전은 참전국 규모와 그 피해의 크기라는 면에서는 말할 것도 없고, 그 양상의 면에서도 인류 역사상 일찍이 없었던 전쟁이었다. 그것은 군인만이 아니라 참전국 국민이 모두 매달린 그야말로 총력전이었으며, 유사 이래 처음으로 바다 밑과 하늘도 온통 전쟁터가 되었다. 그런 만큼 그 전쟁은 유럽 문명에 심대한 충격을 주었으며, 유럽인의 진보에의 믿음을 송두리째 박살을 냈다. 유럽 전체로 보자면 그것은 일종의 내전이었으며 치명적인 자해 행위였다. 그 결과 국제 사회의 판도는 현저하게 달라졌다. 전쟁이 끝나자 곧 미국과 소련이라는 두 거인 국가가 늙은 유럽의 동서 양쪽에서 급작스럽게 세계의 지도적 역할을 떠맡기 시작하고, 그리하여 두 세기 이상 유럽뿐 아니라 세계 무대를 지배해 온 서유럽 국가들은 이류 국가 신세로 밀려났다.

러시아, 독일, 오스트리아, 오스만의 네 제국이 모두 제1차 세계대전의 광풍에 허물어져 역사 무대에서 사라졌다. 제국이 해체된 자리에 많은 군소 국가가 생겨났는데, 이는 또한 새로운 분쟁과 갈등의 소지를 안고 있었다. 한편 러시아는 거대한 혁명의 소용돌이에 휘말렸다. 볼셰비키는 혁명으로 러시아의 정권을 장악하고 역사상 처음으로 인간에 의한 인간의 착취가 없는 세상, 모두가 평등한 세상이라는 공산주의 사회를 건설하기 위한 위대한 실험을 시작했다. 그러나 그 실험은 마르크스가 말한 역사 발전 단계를 건너뛰려는 실험이었다. 그것은 산업자본주의의 모순이 누적되고 산업 노동자가 다수인 사회가 아니라 아직도 농업이 생업의 기본이고 농민이 다수인 사회에서, 게다가 전에 없는 대량 파괴의 전쟁으로 경제가 완전히 무너진 곳에서 시작되었다. 그만큼 그 실험의 앞길은 험난했다.

참혹한 전쟁은 19세기를 풍미했던 진보의 믿음을 의심과 냉소로 바꾸어놓은 한편, 유럽인에게 평화에의 열망을 불러일으켰다. 그러나 평화를 지켜줄 것으로 기대한 국제연맹은 그럴 힘을 갖추지 못했음이 드러났다. 전쟁을 금지하고 군비를 축소하는 조약들은 그림 속 떡이었을 뿐 실행 수단이 없었다. 게다가 전쟁의 후유증으로 유럽인은 혹독한 경제적 고난을 겪었다. 1920년대 중반에 간신히 그것이 극복되는가 싶었을 때, 미국에서 밀어닥친 대공황의 쓰나미가 수많은 노동자의 일자리를 빼앗고 민주주의를 떠받치는 근간인 중간계급의 힘을 삼켜버렸다. 민주주의가 위기에 빠졌다. 중간계급이 미처 성숙하지 못하고 의회민주주의 전통이 취약한 여러 나라는 전체주의적 독재 체제에서 해결책을 구했다. 스탈린 치하의 소련, 무솔리니의 이탈리아, 히틀러의 독일은 개인 삶의 모든 측면을 통제하는 전체주의 체제를 창출했다.

특히 히틀러는 베르사유체제를 전면 거부하고 침략의 야욕을 노골적으로 드러냈다. 제2차 세계대전은 명백히 히틀러의 전쟁이었다. 그와 나치 독일의 야망은 또한 번 세계전쟁을 불러왔다. 제2차 세계대전은 두 주요 전쟁, 유럽에서 독일의 야망이 불러일으킨 전쟁과 아시아와 태평양에서 일본의 야망이 불러일으킨 전쟁으로 이루어졌다. 그 두 전쟁은 1941년 미국이 양쪽에 모두 연루됨으로써 단일의 전지구적 전쟁으로 합해졌다. 1차 대전이 총력전이라 말해지지만, 제2차 세계대전은 훨씬 더 그러했으며, 그 피해 또한 훨씬 더 컸다. 고도의 과학기술로 만들어낸 신병기가 인명을 대량 살상하고 도시를 잿더미로 만들었다. 전폭기가 전선에서 수백 킬로미터 떨어진 후방의 민간인에게 직접 전쟁의 참화를 겪게 했다. 세계는 일찍이 그토록 끔찍한 죽음과 엄청난 파괴를 본 적이 없었다.

1. 제1차 세계대전

20세기 초 유럽의 보통 사람들은 낙관적 분위기에 젖어 있었다. 유럽은 나폴레옹 몰락 이후 한 세기 동안 유럽 전체가 말려든 전쟁을 겪지 않았다. 19세기에 극심했던 사회적 갈등이 어느 정도 가라앉았다. 비스마르크 시대를 거치면서 독일은 가장 앞선 사회보장제도를 마련해 놓았고, 영국도 사회적 약자를 보호하기 위한 장치를 하나씩 마련하고 있었다. 대서양 건너 미국에서는 민주주의가 착실하게 발전하고 있었다. 많은 사람에게 민주주의와 진보의 시대가 눈앞에 다가온 듯 보였고, 기계가 생산한 엄청난 부의 좀 더 공평한 분배로 모든 사람이 풍족한 삶을 누릴 수 있을 것처럼 보였다.

군비 경쟁과 되풀이되는 외교적 위기에 적지 않은 사람이 불안한 마음을 갖기도 했다. 그러나 유럽의 많은 정치 지도자는 전쟁은 없다고 장담했다. 사실 수많은 국제적 위기가 무력에 의존하지 않고 해결되었다. 그들은 너무 희생이 커서, 너무나 무시무시해서, 혹은 자살 행위나 마찬가지여서 전면전은 일어나지 않을 것이라 믿었다. 그러나 이러한 요인들이 전쟁을 막지 못한다는 사실은 역사가 증명해 왔다. 그들은 불편한 진실을 직시하기보다 안온한 신화에 매달리고 싶었을 뿐이었다. 1914년 그 안온한 신화는 무참하게 깨어졌다.

전쟁이 터지자 유럽인은 새로운 환상을 가졌다. 참전국은 전쟁에 뛰어들 때 저마다 승리를 자신했다. 또한 모두가 몇 차례의 결정적 전투로 향방이 결정되고 몇 주 만에 전쟁이 끝날 거라 믿었다. 사람들은 나폴레옹 전쟁 이후 유럽의 모든 전쟁이 실제로 불과 몇 주 만에 끝났음을 상기했다. 웃으며 전선으로 떠나는 병사도, 그들을 환호하며 보내는 가족도 아무리 늦어도 크리스마스는 가족이 함께 지낼 수 있을 것으로 생각했다. 독일 황제 빌헬름 2세는 전쟁터로 떠나는 병사들에게 낙엽이 지기 전에 집으로 돌아올 수 있다고 말했다.

그러나 1914년 7월 말에 시작된 그 전쟁은 4년을 훌쩍 넘기고서야 끝이 났다. 그리고 그 전쟁은 지금까지 알던 전쟁과는 아주 다른 전쟁이었다. 전투는 유럽에서뿐 아니라 아시아와 아프리카에서, 육지뿐 아니라 바다 위와 바다 밑 그리고 하늘에서도 벌어졌다. 그것은 단순히 군인들만의 싸움이 아니라 적어도 유럽에서는 참전 국가의 모든 인구와 자원이 총동원된, 그야말로 총력전total war이었다. 그리고 그 전쟁은 유럽의 정치·경제·사회의 면모를 완전히 바꾸어놓았고, 유럽 문명의 심리적 지형에 지대한 영향을 끼쳤다. 유럽인이 굳건히 품고 있던 진보의 믿음이 산산조각이 났다.

1) 개전과 전쟁의 전개

사라예보의 총성과 개전　　4년 남짓 동안 1350만 명의 사망 및 실종자, 1200만 명의 영구 불구자를 포함한 2100만 명의 부상자를 낳은 끔찍한 전쟁의 발단은 그 결과에 견주어 보면 아주 사소한 것이었다. 1914년 6월 28일 오스트리아의 황태자 부부가 근래에 합병한 보스니아 시찰 행차 도중, 사라예보Sarajevo에서 보스니아 청년에게 암살당했다. 암살범은 대세르비아 건설의 대의를 품은 인물이었다. 그 사건이 몰고 온 위기는 이전에 발칸에서 여러 차례 있었던 위기와 크게 다르지 않았으며, 그 사건은 어디까지나 발칸의 맥락에서 일어난 발칸의 범죄였다. 정치적 암살은 또한 그 당시 드문 일이 아니었다. 전쟁을 위한 큰 무대가 미리 마련되어 있지 않았다면 그 사건은 얼마든지 외교로 해결할 수도 있었을 것이며, 설령 전쟁이 일어나더라도 국지전으로 그칠 수 있었을 것이다. 사실 외교적 노력이 없었던 것은 아니다. 특히 전쟁 발발 전 마지막 며칠 동안 각국 외교관들은 전면전을 피하려고 필사적으로 노력했다. 밤잠을 설치고 혼란과 공포를 겪으면서 많은 외교관이 극도의 스트레스로 탈진하기도 했다. 그러나 그들은 결국 전쟁을 막지 못했다.

　　황태자 프란츠 페르디난트 대공의 죽음이 안타까운 것은, 그가 사려 깊고 온건한 합리주의자였다는 점이다. 그의 희생으로 빈에서 온건한 목소리가 사라지고 주전론자들의 목소리가 커진 것이다. 세르비아가 암살에 연루되었다고 생각한 오스트리아 정부는 이 사건을 아예 세르비아를 결딴낼 기회로 삼으려 했다. 오스트리아는 러시아의 개입을 우려해서 독일의 지지를 요청했고, 독일은 백지수표를 건네주었다. 오스트리아는 7월 23일 굴욕적 양보를 요구하며 세르비아에 최후통첩을 보냈다. 요구가 이행되지 않았다고 판단한 오스트리아는 28일 세르비아에 선전포고하고 곧장 군대를 진격시켰다. 이에 러시아는 다음 날 곧바로 군 동원령을 내리면서 단호하게 세르비아를 엄호하고 나섰다. 그러자 양측의 동맹 체제가 연쇄반응을 일으켰다. 독일이 오스트리아를 도우러 나섰고, 프랑스와 영국은 러시아에 합류했다. 오스트리아가 선전포고한 지 한 주일 만에 삼국 동맹국과 삼국협상국은 모두 전쟁의 소용돌이에 휩쓸려 들어갔다.

다만 이탈리아는 방위 동맹의 조건이 충족되지 않았다는 이유를 들어 중립을 선언했다가, 이듬해 5월 연합국 편에 가담했다. 아시아에서는 일본이 영일 동맹을 고리로 8월 하순에 연합국 편으로 참전했다. 러시아를 두려워한 오스만제국은 11월 중유럽국Mittelmächte 편에 운명을 걸었으며, 불가리아도 1915년 오스만제국 뒤를 따랐다. 이후 앞서거니 뒤서거니 하면서 많은 나라가 연합국 편에 가담했는데, 그래서 참전국은 모두 합해 6대륙에 걸친 32개국이 되었다. 그리하여 그 전쟁은 전투가 주로 유럽에서 벌어지기는 했으나 사실상 최초의 세계대전이 되었다. 그리고 첫 대결의 주역인 오스트리아와 세르비아 간의 전투는 변두리로 밀려나고, 주요 전투는 북부 프랑스의 서부 전선과 독일과 러시아 간의 동부 전선에 집중되었다.

독일, 오스트리아-헝가리, 불가리아, 오스만제국의 중유럽국은 2100만 명을 동원했다. 연합국은 1200만 명의 러시아인을 포함하여 모두 4000만 명을 전쟁터에 보냈다. 양 진영은 동원 병력의 숫자가 말하는 것보다 실제로는 좀 더 대등한 적수였다. 러시아군은 수는 많았으나, 장비를 제대로 갖추지 못했을 뿐 아니라 용병이 효율적으로 이루어지지 않았기 때문이다. 게다가 독일군은 자타가 공인하는 유럽 최강의 군대였다. 그뿐만 아니라 중유럽군은 중앙에 모여 있어서 병력을 필요한 전선에 신속하게 효율적으로 투입할 수 있는 이점도 누리고 있었다. 연합국은 그 대신 재정과 자원에서 압도적 우위를 차지했다. 영국은 해상 지배력을 유지해서 해외 식민제국의 자원을 활용할 수 있었다. 게다가 미국이 비록 대부분의 전쟁 기간에 공식적으로는 중립이었으나 연합국의 주된 보급원 구실을 했다. 만일 전쟁이 장기적인 소모전으로 간다면, 바다를 지배하고 풍부한 자원을 가진 연합군이 유리할 수밖에 없었다. 중유럽군의 승산은 우월한 군사력을 바탕으로 단시간에 결정적 승리를 거두는 데 있었다.

전쟁 전반기　　독일은 일찍이 양면 전쟁에 대비한 슐리펜Schlieffen 계획을 수립해 놓았다. 이 계획에 따르면 독일군은 먼저 벨기에를 거쳐 신속하게 남진하여 파리까지 진격한 다음 일부는 파리 서쪽으로 돌아 프랑스군을 동쪽으로 내몰고, 그곳에서는 또 다른 독일군이 그들을 맞이한다는 것이었다. 동서 양쪽에서 협공을 당한 프랑스군은 6주 안에 괴멸할 것이었다. 이렇게 전격적으로 프랑스군을 제압한 뒤 독일군은 신속하게 동부 전선으로 이동하여, 그동안 동부 전선에서 동원하는 데 시간이 걸리는 러시아군을 붙들고 있는 소규모 독일군과 합류하여 러시아군을 물리친다는 것이었다. 이 계획의 성패는 속도전에 달려 있었다. 속전속결로 서부 전선을 매듭짓지 못하고 양면 전쟁의 양상으로 가면, 독일은 승리를 기약하기 어려웠다.

독일군은 순식간에 중립국인 벨기에를 휩쓸고 예상보다 훨씬 빠르게 파리 인근 마른Marne강까지 거침없이 진격했다. 놀란 프랑스 정부는 황급히 남쪽 보르도Bordeaux로 도망갔다. 그러나 독일군은 파리를 코앞에 두고 10만 영국 원정군의 지원을 받은 프랑스군에 반격을 당했다. 영국군의 개입은 슐리펜 계획에는 없던 변수였으며, 게다가 러시아군이 의외로 빨리 전선에 투입되어서 독일은 두개 사단을 동부 전선으로 빼돌려야 했다. 그런 만큼 슐리펜 계획에 차질이 생겼다. 9월 6일부터 엿새 동안 파리에서 50km쯤 떨어진 곳에서 벌어진 제1차 마른 전투에서 독일군은 영국과 프랑스의 연합군에 밀려나 결국 마른강 너머로 퇴각했다.

몇 주가 지나면서 서부 전선은 기동전이 아니라 진지전이라는 새로운 유형의 전쟁터로 바뀌었다. 양측은 서로 참호를 구축한 채 대치하게 되었는데, 이 참호는 계속 늘어나 연말에는 영국해협에서 스위스 국경까지 장장 720km나 이어졌다. 참호전은 방어하는 쪽이 절대적으로 유리했다. 수십 미터 폭의 철조망 밭, 기관총, 박격포로 보호된 견고한 참호를 향해 착검한 소총 하나만으로 돌격하는 것은 사실 거의 자살 행위나 다름없었다. 단일 전투에서 군인 수십만 명이 목숨을 잃었고, 개전 수개월 동안만 해도 150만 명의 사상자가 발생했다. 그런 엄청난 사상자가 나도 전선은 꿈쩍도 하지 않았다. 이 교착상태를 타개하기 위해 영국의 탱크, 독일의 독가스, 양국의 전투기 등 새 유형의 무기가 등장했으나, 이 역시 상황을 바꾸지 못했다. 그리하여 서부 전선은 이후 1918년 3월까지 끝없이 이어진 참호를 따라 고착되었으며, 그에 따라 전쟁은 길고 긴 지구전과 한량없는 소모전의 양상으로 전개되었다.

서부 전선에서는 그렇게 슐리펜 계획이 어그러지게 되었는데, 동부 전선 역시 독일의 예상과는 다르게 전개되었다. 러시아는 예상 밖의 빠른 속도로 군대를 동원했고, 러시아군은 동프로이센 깊숙이 침입하고 오스트리아 지배 아래 있는 우크라이나 서부 갈리시아Galicia를 점령한 것이다. 그러나 독일군은 1914년 8월 하순의 타넨베르크Tannenberg 전투와 9월 15일의 마주리아 호수Masurian Lake 전투에서 러시아군을 결정적으로 쳐부수고 전세를 역전시켰다. 밀려난 러시아군은 몇 차례 반격을 시도했으나, 점점 전쟁 물자가 부족해지고 병사의 사기가 떨어지면서 전쟁 노력이 느슨해지기 시작했다. 이후 독일은 다시는 동부 전선에서 심각한 위기에 처하지 않았다.

1915년은 연합국으로서는 우울한 해였다. 서부 전선이 고착되자 연합군은 우회 작전을 펼치기로 했다. 영국은 오스만제국이 폐쇄한 다르다넬스 해협을 열기 위한 담대한 작전을 시도했다. 해군상 윈스턴 처칠Winston Churchill이 주도한 이른바 갈리폴리Gallipoli 작전은 군수품이 절실하게 필요한 러시아에 접근하는 바닷길을 열고, 서부 전선에 가해진 압박을 덜기 위한 것이었다. 연합군은 4월 말 비잔티움 서남쪽의 갈리폴리반도 상륙을 시도했다. 그러나 연합군 대병력을 7개월이나 묶어놓은 이 작전은 막대한 희생만 치른 채 재앙으로 끝나고 말았다.

한편 군수 지원을 제대로 받지 못한 러시아군은 1914년에 점령했던 갈리시아에서 쫓겨났을 뿐만 아니라, 러시아 국경 안으로 수백 킬로미터나 밀려났다. 120만 명 이상의 러시아군이 죽거나 다쳤으며, 독일군은 거의 90만 명을 포로로 잡았다. 러시아군의 사기는 땅에 떨어졌다. 그뿐 아니라 발칸반도에서는 개전 첫해에 오스트리아를 물리쳤던 세르비아가 참패했다. 1915년 9월에는 아직 2차 발칸 전쟁의 쓰라림을 잊지 못한 불가리아가 중유럽국 편으로 전쟁에 뛰어들었고, 독일군까지 발칸에 파견되었다. 압도적인 적에게 둘러싸인 세르비아는 무력했고, 빠르게 무너졌다. 1915년에 연합국의 거의 유일한 희소식은 이탈리아가 참전한 일이었다. 중립을 지키던 이탈리아가 5월에 런던에서 비밀 조약을 통해 승전한 뒤에 오스트리아의 지배 아래 있는 미수복 영토를 얻기로 약속받고 연합국에 가담한 것이다.

교착 타개의 시도: 대량 살상전   1915년에는 서부 전선에서 소강상태가 계속되는 동안 전력이 주로 동부 전선과 남부 전선에 집중되었다. 그러나 1916년에는 양측이 다시 서부 전선의 돌파에 전력을 집중했다. 그리하여 1916년에는 서부 전선에서 한 해 내내 치열한 전투가 벌어졌다. 동부 전선을 제압한 독일이 2월 하순에 먼저 프랑스의 전략적 요새인 베르됭에 대대적인 공격을 감행했다. 양쪽의 참호 사이에서 참혹한 살상 행위가 벌어진 뒤 독일군은 7월에 결국 별다른 성과 없이 물러나고 말았다.

한편 베르됭에 가해지는 압박을 덜기 위해 영국과 프랑스 연합군은 서부 전선의 서쪽 끝인 솜Somme강 근처의 40km에 이르는 독일 방어선을 공격했다. 연합군은 7월 1일 공격을 개시해서 넉 달을 넘게 싸웠으나 역시 전황을 타개하지 못했으며, 전투는 비와 진창 속에서 끝나고 말았다. 이 처절한 전투에서 영국은 43만 명, 프랑스는 20만 명, 그리고 독일은 45만 명의 사상자를 냈다. 솜 전투는 그때까지 영국의 전쟁 역사상 가장 참혹한 전투였다. 그토록 엄청난 희생을 치르고 연합군이 거둔 성과는 고작 10km 남짓을 전진한 것이었다. 8월에는 베르됭에서 프랑스가 공세를 취하면서 전투가 재개되어 그해 말까지 이어졌다. 베르됭 전투에서 대략 70만 명이 죽거나 다쳤으나, 전선은 요지부동이었다. 양측 참호 사이의 넓은 들판은 허망하게 죽은 수많은 젊은이의 무덤 터가 되었다. 참호에서는 병사들이 수많은 주검 혹은 포화에 찢긴 시체 더미 그리고 쥐 떼와 함께 뒹굴어야 했다. 아수라장이 따로 없었다.

동부 전선에서는 기동전이 이어졌다. 1916년의 동부 전선에서는 러시아가 오스트리아-헝가리를 상대로 전반적으로 선전하고 있었다. 그러나 언제나 독일군이 쫓아와 이 동맹국을 위기에서 구해 주었다. 러시아의 선전에 고무된 루마니아가 마침내 연합국에 가담, 헝가리를 공격하기 시작했다. 초기에 승리를 거두었으나, 루마니아는 곧 독일-불가리아의 합동 공격을 받고 치명타를 당했다.

1916년에는 북해의 유틀란트Jutland 앞바다에서 해전도 벌어졌는데, 이는 대전 기간 중 양측의 주력 전함이 맞붙은 전면전으로는 유일한 것이었다. 영국은 일찍부터 독일의 북해 해안을 봉쇄해서 독일의 숨통을 조이고자 했다. 전쟁이 장기화하면서 봉쇄는 독일에 매우 큰 위협이 되었다. 이에 대해 독일은 1915년 2월부터 영국으로 가는 모든 선박을 잠수함으로 격침하면서 역으로 영국을 봉쇄하는 작전으로 응수했다. 1915년 한 해 동안 유보트U-boat로 불리는 독일 잠수함은 한 달에 100척꼴로 배를 격침했다. 그러다가 독일은 1916년 북해의 주력 함대로 유틀란트 앞바다에서 정면 돌파를 시도한 것이었다. 5월 31일에서 6월 1일 사이에 있었던 이 유틀란트 해전에서 양측은 엄청난 피해를 본 채 결정적 승패를 가리지 못했다. 그렇지만 기지로 퇴각한 독일 함대는 남은 전쟁 기간 내내 다시는 기지 밖으로 나타나지 못했으며, 영국의 해상 지배권은 그대로 유지되었다. 영국 함대의 해상 봉쇄를 뚫지 못한 독일은 다시 무제한 잠수함 작전으로 돌아섰다.

독일은 잠수함으로 연합국 선박에 엄청난 손실을 입히고 영국을 괴롭힐 수 있었다. 그러나 독일은 공해를 통제하지 못함으로써 보유한 함대가 거의 아무런 쓸모가 없게 되었다. 그래서 영국과 프랑스는 식민지에서 전쟁을 수행하는 데 말할 수 없이 큰 도움을 받았지만, 독일은 식민지에서 아무런 이득도 얻지 못했다. 독일 주둔군이 전쟁 막바지까지 저항한 독일령 동아프리카를 제외하고, 독일 식민지는 모두 신속하게 연합국에 장악되었다.

1916년 말에는 전쟁의 불길이 서아시아에도 번졌다. 아라비아의 로런스Lawrence 로 알려진 영국 장교가 아랍의 제후들을 부추겨 상전인 오스만제국에 반란을 일으키게 했다. 영국은 아랍인의 지원을 얻기 위해 로런스를 통해 그들의 독립국가 창건을 약속했다. 1918년에는 이집트 주둔 영국군이 서아시아에서 오스만제국 군대를 쳐부수었다. 그러나 유럽인의 제국주의 야욕은 쉽게 사라지지 않았다. 영국과 프랑스는 아랍인에게 한 약속과 달리 전후에 오스만제국 영토를 서로 나누어 차지할 비밀 협약을 맺어놓고 있었다. 서아시아 작전을 위해 영국은 인도, 오스트레일리아, 뉴질랜드에서 군대를 동원했다.

총력전과 국내 전선   1916년이 다 가도록 어느 쪽도 승리에 다가가지 못했다. 전쟁은 지루한 지구전으로 흘러갔다. 그와 더불어 점점 전방과 후방의 구분이 모호해졌다. 후방은 곧 또 하나의 전선, 즉 국내 전선home front일 뿐이었다. 전쟁은 병사들이 전쟁터에서 싸우는 것만 아니라, 모든 국민이 전방과 후방에서 함께 싸우는 총력전이 되었다. 남자가 총을 들고 싸우러 전선으로 떠남에 따라, 여자는 그들의 일자리를 떠맡아 군수품을 생산하는 산업 전사가 되었다.

주요 참전국 정부는 전쟁의 승리에 모든 것을 걸었다. 전쟁이 금방 끝날 것으로 예상했기에, 어느 나라도 장기간의 전시 수요를 위한 대비를 해놓지 않았다. 인적 및 물적 자원의 수요가 계속 커지자, 자원을 효율적으로 조직하기 위해 정부 권력은 확대되기 마련이었다. 자유시장 자본주의 제도가 유보되고 계획경제가 도입되었다. 각국 정부는 산업 생산과 분배, 원자재와 노동의 활용, 물가와 임금, 수출입 등 국민의 거의 모든 경제생활을 통제했다. 전선에 공급할 보급품을 확보하기 위해 배급제가 도입되었다. 거의 유일하게 지원병에 의존하던 영국조차 1916년 광범한 반대 여론에도 불구하고 징병제를 도입했다. 시민의 자유가 제한되고, 검열이 일상화하고, 파업이 불법화되었다. 적에 대한 증오, 전쟁의 정당성에의 믿음, 전쟁 노력에의 무조건적 지원 등을 부추기는 선전전이 대대적으로 펼쳐졌다.

평화의 염원   전쟁 초기에는 애국적 열정이 넘쳐났다. 대다수 나라에서 정치적 대립은 애국적 화합으로 바뀌었다. 프랑스 연립정부는 조국 수호를 위한 모든 프랑스인의 '신성한 단결'을 요청했고, 러시아의 두마와 독일의 제국의회는 정부 비판을 중단했다. 영국은 효율적 전쟁 수행을 위해 연립내각을 구성했다. 프롤레타리아의 국제 연대의 증진을 정책 목표로 내건 국제 사회주의운동은 광신적 애국주의의 물결에 휩쓸려 나갔다. 각국 사회주의 정당은 하나씩 자국 정부를 지지하고 나섰다. 노동자들은 국가의 이름으로 적국의 노동자에 총부리를 겨누었다. 고귀한 희생정신과 뜨거운 조국애가 시대의 분위기를 지배했다.

그러나 전쟁이 질질 끌고 전에는 상상도 할 수 없던 대량 파괴와 살상의 참상이 벌어지자 분위기가 달라졌다. 1916년 말엽부터 많은 나라에서 개전 초기의 열정이 사라지고, 그 대신 전쟁 혐오와 평화의 염원이 널리 퍼졌다. 군인은 어떻게든 살아남고자 했고, 민간인은 징집을 피하려고 안달이었다. 사람들 사이에서 '승리 없는 평화' 혹은 '합병 없는 평화'라는 구호가 입에 오르내렸다. 이런 분위기를 감지하고 양 진영의 지도자들은 서로 강화 의사를 타진하고 외교적 접촉을 시도하기도 했다. 그러나 결국은 아무것도 이루어지지 않았다. 오히려 민주적 정부조차 반전 여론을 억누르기 위해 공권력에 의존하고, 신문 검열을 강화했다. 초기에 반전 여론에 관대했던 프랑스 정부는 1917년 말 이후 억압 정책을 강화하고 반전 신문 편집인을 반역 혐의로 처형하기도 했다.

2) 미국의 참전과 연합국의 승리

미국의 참전　　전쟁의 흐름을 결정적으로 바꾸어놓은 것은 미국의 참전이었다. 1917년에 영국과 프랑스의 군사력은 정점을 찍고 급격히 떨어졌다. 서부 전선에서 연합군은 교착상태를 타개하기 위해 대규모 공세를 시도했으나, 수십만 명의 희생자만 냈을 뿐 아무런 성과를 거두지 못했다. 프랑스의 몇몇 연대는 지옥 같은 참호전을 견디지 못하고 폭동을 일으켰다. 연합군은 남부 전선에서도 성공하지 못했다. 10월에 독일군의 지원을 받은 오스트리아군은 카포레토

Caporetto 전투에서 이탈리아 전선을 무너뜨리고 이탈리아를 붕괴 직전까지 몰아넣었다. 이 전투는 어니스트 헤밍웨이Ernest Hemingway가 『무기여 잘 있거라*A Farewell to Arms*』에서 생생하게 묘사했다.

독일의 잠수함 작전이 위력을 발휘하면서 연합국의 좌절감이 더욱 깊어졌다. 1917년에 이르러 연합군의 선박 손실은 위험 수준에 이르렀다. 3개월 사이에 영국 배 470척이 잠수함 어뢰에 맞아 침몰했다. 영국은 비축 식량이 6주치밖에 남지 않았다. 그런데 연합국을 치명적으로 위협하는 것으로 보였던 바로 그 잠수함이 오히려 연합국을 구하는 데 한몫을 했다. 독일의 무제한 잠수함전이 중립을 고수하던 미국을 전쟁에 끌어들인 것이다.

처음 전쟁이 일어났을 때 미국은 중립을 선언했으나, 미국인의 정서는 압도적으로 연합국 편이었다. 그리고 연합국과의 정서적 유대는 경제적 이해관계로 한층 강화되었다. 미국은 연합국에 상당한 자본을 투자했고, 전쟁이 진척되면서 영국의 봉쇄 정책으로 미국의 무역이 연합국만 상대할 수밖에 없는 상황이 되었다. 오래지 않아 미국의 공장과 농부는 오직 영국과 프랑스만을 위해 무기와 식량을 생산했다. 미국은 산업이 팽창하면서 번영을 구가했는데, 그 번영은 연합국의 지속적 구매에 달려 있었다.

그렇게 전쟁터에서 멀찍이 떨어져 있으면서 굿이나 보고 떡이나 얻어먹던 미국이 전쟁에 대한 태도를 바꾸게 되는 계기가 독일의 잠수함 작전이었다. 1915년 5월에는 루시타니아호Lusitania가 그에 희생되었는데, 이때 미국인 128명을 포함하여 승객 1200여 명이 영국의 호화 여객선과 함께 수장되었다. 이 비극으로 미국의 반전운동이 누그러지고 반독일 정서가 높아졌다. 그러자 독일은 9월에 무제한 잠수함전을 유예했다. 그러나 독일이 1917년 2월 전황을 타개하기 위해 무제한 잠수함전의 재개를 선포하고, 작전 구역 안의 모든 선박을 무차별 격침하기 시작했다. 미국의 피해가 급증했다. 독일 군부는 미국이 행동을 취하기 전에 영국을 봉쇄해서 다섯 달 안에 굴복시킬 수 있다고 판단하고 군사 모험을 감행한 것이다. 게다가 3월 1일 '치머만 전보' 사건이 터졌다. 독일 외상 치머만

Zimmermann이 멕시코 주재 대사에게 보낸 이 비밀 훈령에는 미국이 독일에 선전 포고할 경우, 만일 멕시코가 1848년 미국에 빼앗긴 땅을 되찾으려 한다면 독일이 멕시코를 도울 것이라는 내용이 담겨 있었다. 윌슨 대통령은 1917년 4월 고립주의 전통을 버리고 마침내 독일에 전쟁을 선포했다.

독일의 마지막 총공격　　독일은 거의 전쟁 막바지까지도 군사적 주도권을 유지했다. 1917년 서부 전선에서 영국의 대공세는 엄청난 희생자만 낸 채 성과 없이 끝났고, 프랑스군은 군사 폭동의 충격에서 채 회복되지 못했다. 남부 전선에서는 이탈리아군이 10월에 무너졌다. 동부 전선은 1917년 11월 러시아에서 일어난 볼셰비키 혁명으로 완전히 해소되었다. 새로 들어선 볼셰비키 정부는 독일과 강화 협상을 시작해서 1918년 3월 3일 브레스트-리토프스크Brest-Litovsk 조약을 맺었다. 러시아는 이 조약으로 동부 폴란드와 발트 지역을 독일에 넘겼고, 핀란드와 우크라이나는 독립국이 되었다. 이로써 볼셰비키 정부는 방대한 영토와 인구 6200만 명을 포기하고 전쟁터에서 빠져나갔다. 독일은 엄청난 영토를 얻었으나, 그 대가로 천금 같은 넉 달의 시간을 잃었다. 이는 독일로서는 치명적인 실수였다. 그리고 조약은 독일이 패전한 뒤 폐기되었다.

　독일은 동부 전선을 해소했으나 시간은 연합국 편이었다. 미국이 참전하자 마음이 급해진 독일은 미군이 대량으로 투입되기 전에 결정적 승기를 잡기 위해 서둘렀다. 에리히 루덴도르프Erich Ludendorff 장군은 서부 전선에 모든 전력을 집중하고 1918년 3월부터 마지막으로 총공세를 펼쳤다. 미국이 풍부한 인적 및 물적 자원으로 연합군을 본격적으로 떠받치기 전에 결판을 낼 작정이었다. 독일은 몇 차례 연이어 공격을 퍼부은 뒤 7월에 다시 마른강에 도달했다. 그러나 그즈음엔 이미 독일의 인적 및 물적 자원이 달리기 시작했다. 게다가 미국은 독일이 예상한 것보다 더 어마어마한 자원을, 그리고 훨씬 더 빨리 동원했다. 독일은 7월 15일 마침내 저지선을 돌파하기 위한 마지막 대공격을 감행했다. 그러나 이 제2차 마른 전투에서 미군 30만 명의 지원을 받은 연합군은 18일 독일의 공격을 막아냈다. 이로써 전세가 바뀌었다. 곧 200만 명의 미군이 추가로 프랑스에 상륙했다. 미군의 지원을 받아 연합군 총사령관 페르디낭 포슈Ferdinand Foch는 총반격에 나섰고, 독일군은 큰 타격을 입고 물러나기 시작했다. 10월 말에 이르러 독일군은 프랑스에서 쫓겨났고, 연합군은 독일로 진격했다. 그토록 질질 끌던 진지전이 마침내 끝났다.

연합군의 승리 독일군이 계속 포슈 휘하 연합군의 공격을 받으며 후퇴하는 동안, 그 동맹국들은 더 큰 불행을 겪고 있었다. 연합군이 9월에 발칸반도로 진격하여 세르비아를 해방하고 불가리아를 압박하자, 불가리아는 결국 9월 30일 항복을 선언했다. 오스만제국은 1916년 말 아랍인들이 영국의 격려를 받아 봉기할 때까지 자신의 지위를 성공적으로 지켰다. 그러다가 이듬해인 1917년 남부 메소포타미아와 팔레스타인 일부를 잃은 뒤 전투는 소강상태가 되었는데, 이 무렵 연합국은 서부 전선에 힘을 쏟고 있었다. 그 뒤 1918년 9월에 영국인과 아랍인이 다시 공세를 취하자, 오스만제국도 결국 10월 30일 두 손을 들었다. 뒤이어 오스트리아-헝가리 역시 11월 3일 항복을 선언했으며, 11일 카를 1세 황제가 퇴위함으로써 합스부르크 제국이 무너졌다.

총공격이 실패한 데다 동맹국들도 무너지기 시작하자, 패전을 실감한 독일 참모부는 1918년 9월 29일 연합군이 독일 땅을 밟기 전에 즉각 휴전을 서두를 것을 황제에게 진언했다. 10월 3일 독일 수상은 윌슨 대통령에게 적대 행위 종결을 구하는 전갈을 보냈다. 윌슨은 독재 체제와는 강화를 맺을 수 없다고 답했다. 독일 정부는 군주정을 유지하기 위해 입헌군주정을 수립했으나, 그런 개혁으로 사태를 수습하기에는 이미 때가 너무 늦었다. 마침내 11월 9일 빌헬름 2세 황제는 퇴위하고, 프리드리히 에베르트Ebert가 이끄는 사회민주당이 권력을 장악하고 공화국을 선포했다. 새 정부의 대표들은 11월 11일 새벽 포슈 원수가 제시한 휴전 협정에 서명했다. 그리고 11시에 모든 적대 행위가 멈춰졌다. 이로써 4년 3개월을 끈 미증유의 세계대전이 마침내 끝이 났다.

스페인 독감의 대유행   그러나 종전으로 재앙이 끝나지 않았다. 자연 재앙이 인류가 저지른 참혹한 대재앙을 훨씬 능가함을 보여주는 사태가 발생했다. 역사상 최악의 독감이 1918년 여름 처음 나타나 2년 동안 지구를 휩쓴 것이다. 독감이 정확히 언제 어디서 시작했는지는 확인하기 어렵지만, 1918년 초여름 프랑스에 파견된 미군 사이에 환자가 널리 발생하면서 문제의 심각성이 알려지게 되었다. 그 뒤 참전 미군 병사들이 귀환하면서 9월에는 독감이 미국으로도 확산하고 이후 전 세계에 창궐했다. 그 전염병은 흔히 스페인 독감으로 불렸는데, 왜냐하면 다른 나라에서는 전시 언론 통제로 병의 심각한 실상에 관한 보도가 금지되었고, 사람들은 오직 중립국 스페인 언론을 통해서만 그 질병 소식을 접했기 때문이다. 스페인에서는 이를 미국 독감 혹은 시카고 독감이라고 불렀다.

당시 세계 인구 약 17억 명 중 5억 명쯤이 감염되었다. 사망자는 전 세계를 합쳐 2500~5000만 명으로 추산되고, 유럽만으로도 250만 명 이상을 헤아렸다. 14세기 중엽 유럽에 페스트가 대유행했을 때보다 절대 숫자만으로는 훨씬 더 많은 사망자가 발생하여, 그야말로 인류 최대의 재앙이 되었다. 한반도에서도 인구의 절반 가까운 740만 명이 '무오년 독감'에 감염되고, 14만여 명이 죽은 것으로 알려졌다. 영국의 로이드 조지Lloyd George도, 미국의 우드로 윌슨도, 독일의 빌헬름 2세도 감염되었다. 오스트리아 화가 구스타프 클림트Gustav Klimt와 에곤 실레Egon Schiele, 프랑스 시인 기욤 아폴리네르Guillaume Apollinaire, 독일 사회학자 막스 베버는 스페인 독감으로 목숨을 잃었다. 어떤 연구자는 스페인 독감의 창궐이 제1차 세계대전의 종결을 앞당겼다고 지적하기도 한다.

3) 베르사유체제

파리 강화회의: 이상주의와 현실주의   1919년 1월 연합국 대표들이 강화회의를 위해 파리에 모였다. 패전 4개국은 참석을 거부당했고, 내전에 빠져 있던 러시아 역시 강화회의에 참석하지 못했다. 러시아를 제외하고 27개 승전국 대표

들이 모두 참석했으나, 실제 회의는 미국 대통령 우드로 윌슨과 영국 수상 데이비드 로이드 조지 그리고 프랑스 수상 조르주 클레망소Clemenceau의 세 거두가 전적으로 주도했다. 이탈리아 수상 비토리오 오를란도Vittorio Orlando가 4대 거두로 손꼽히기도 했으나, 다른 3인에 비하면 역할이 아주 미미했다.

윌슨 대통령은 전쟁 막바지인 1918년 1월 이상주의적인 강화 방안을 14개 조항에 담아 공표했다. 그것은 공개 외교원칙, 공해에서의 항해의 자유, 무역 장벽의 제거와 평등한 무역의 권리, 무기 감축, 식민지의 공평무사한 조정, 오스트리아-헝가리 내의 소수민족들의 자결 원칙에 따른 영토 조정 등을 천명했다. 그리고 마지막으로 윌슨은 항구적 국제 평화를 도모하기 위한 국제기구를 창설할 것을 제창했다. 윌슨이 파리에 왔을 때, 그는 새 세계 질서의 대변인으로서 유럽인의 열렬한 환영을 받았다.

1917년 미국을 이끌고 참전했을 때, 윌슨은 그 전쟁이 '전쟁을 끝내기 위한 전쟁'이라고 선언했다. 강화회의에서 윌슨은 그 약속을 지키기 위해 무엇보다 항구적인 세계평화의 기틀을 마련하고 싶어 했다. 그러나 제1차 세계대전은 '전쟁을 끝내기 위한 전쟁'도, '민주주의를 위해 세계를 안전하게 만들기 위한 전쟁'도 아니었다. 미국은 유럽 나라들과는 처지가 사뭇 달랐다. 전쟁이 지나가면서 세계의 재정 및 정치의 중심이 유럽에서 대서양 반대편으로 넘어갔다. 미국은 급작스럽게 채무국에서 채권국으로 바뀌었다. 미국은 전쟁터에서 멀리 떨어져 있었을 뿐 아니라 뒤늦게 참전해서 유럽 나라보다 전쟁의 참화를 훨씬 덜 겪었고, 오히려 전쟁으로 엄청난 이득을 보았다. 그래서 윌슨은 좀 더 홀가분한 입장에서 이상주의적 외피를 걸칠 수 있었다.

그러나 유럽의 국가들은 이상주의에 환호할 수 없었다. 현실주의자 클레망소는 독일에 대한 보복적 조치를 통해 프랑스의 안보를 확보하고자 했으며, 로이드 조지 또한 독일의 해군력과 상업 및 식민지상의 지위를 파괴하기를 원했다. 유럽은 젊은이의 피와 전 국민의 일상생활과 나라의 재화를 전쟁에 바쳤다. 연합국들은 이제 바친 것의 합당한 대가를 강력하게 기대했다. 연합국은 전쟁 도중에 비밀 조약에서 그 대가를 서로 주고받았는데, 그들은 이제 승전국으로서 여러 비밀 조약에서 약속받은 것을 얻기 위해 파리로 왔다. 연합국들은 이탈리아에는 아드리아해를 이탈리아의 바다로 만들어주겠다고, 러시아에는 다르다넬스 해협과 비잔티움을 넘겨받을 권리를, 루마니아에는 오스트리아-헝가리 영토의 큰 덩어리를 차지할 권리를, 일본에는 중국 내의 독일 조차지인 자오저우만을 보유할 권리를 약속했다. 이에 더하여 영국과 프랑스는 오스만제국이 지배했던 이라크와 시리아를 각자의 영향권으로 나누기로 했다. 영국은 유대인에게는 팔레스타인에 나라를 세우는 일을 지원하겠다고 약속했다. 이런 내용은 볼셰비키가 비밀 조약의 사본을 공개함으로써 세상에 알려졌다.

월슨은 이러한 비밀 합의 사항을 고려하기를 단호하게 거부했다. 그러나 조약 당사국들은 그들의 거래를 쉽게 내버리려 하지 않았다. 특히 이탈리아는 강력하게 반발했다. 공식 협상에 들어가기도 전에 연합국들은 이해관계가 틀어졌다. 로이드 조지와 클레망소는 월슨이 국제연맹 창설에 거는 기대를 이용하여 다른 문제에서 많은 양보를 얻어내려 했다. 그리하여 파리 강화회의의 결과는 이상주의와 현실주의의 타협의 소산이 되었다.

국제연맹　　강화회의가 처음 열렸을 때, 월슨은 회의의 첫 과제가 강화조약의 일환으로 국제기구를 창설하는 문제여야 한다고 주장했다. 많은 논의 끝에 4월 전체 회의에서 국제연맹League of Nations 규약이 채택되었으며, 이 규약은 이후에 조인된 베르사유 조약의 한 부분으로 수록되었다. 연맹 규약은 그 목적을 국제 협력을 보장하고 국제 평화와 안전을 성취하는 것이라고 규정했다. 국제연맹은 전쟁을 미리 막고 평화를 증진하기 위한 국제기구를 창설하려는 최초의 구체적 시도였다.

국제연맹의 주요 기관은 총회, 이사회, 사무국이었다. 모든 회원국으로 구성되는 총회는 중요 사안의 최종 의사결정 기관으로서, 사안은 각각 한 표의 투표권을 가진 회원국 전체의 만장일치로 결정되었다. 이사회는 가장 중요한 기관으로서 국제적으로 일어나는 긴급한 문제들을 다루었다. 이 기관은 영국·프랑스·미국·이탈리아·일본의 상임이사국 5개국과 총회에서 선출되는 비상임이사국 4개국으로 구성되었다. 사무국은 15개 부서로 구성되었는데, 군비 축소, 보건 문제, 이전의 독일 식민지의 행정, 소수민족의 보호 등과 같은 연맹의 관심사와 관련한 일상적 행정 업무를 취급했다.

이들 기본 기관 이외에도, 그 뒤에 전문 기관으로 상설국제사법재판소Permanent Court of International Justice(1922)와 국제노동기구International Labor Organization(1919) 등이 설립되었다. 국제사법재판소는 그 목적이 "국제법에서 분쟁의 대상이 된 쟁점을 해석하고 조약상의 의무가 언제 위반되었는지를 판정하는 것"이었는데, 또한 요청이 있을 때는 총회나 이사회에 의견을 제시할 수 있었다. 국제노동기구는 공정하고 인도적인 노동조건을 확보하고 유지하기 위해 설립되었다.

국제연맹은 1920년 가을에 첫 총회를 열고 공식적으로 출범했다. 그러나 정작 국제연맹 탄생을 주도한 미국이 연맹 회원국이 되지 못했다. 윌슨 대통령의 호소에도 불구하고, 상원에서 다수파인 공화당은 전통적 고립주의를 내세우며 국제연맹 가입의 비준을 거부한 것이다. 패전국 독일은 가맹 요청도 받지 못했다. 러시아 볼셰비키 정부는 국제연맹 주도 국가들이 지원한 반혁명 세력인 백군과 내전 중에 있었다. 볼셰비키 정부는 국제연맹을 약탈적 자본주의 국가들의 조직으로 여겨서 참여할 생각이 없었다. 주요 강대국 세 나라의 불참으로 국제연맹은 불구로 출발했다.

그럼에도 국제연맹은 전쟁 포로를 본국으로 송환하고 난민을 돕는 일에 큰 역할을 하고, 수많은 사소한 분쟁을 효과적으로 해결했으며, 그 후원하의 여러 기구는 세계적 규모의 경제적 혹은 사회적 문제를 진정시키는 일을 했다. 국제연맹은 윌슨의 기대에는 턱없이 못 미쳤으나 국제 협력의 소중한 선례들을 남겼다. 그러나 윌슨이 구상했던 국제연맹의 일차적 목적은 전쟁을 예방하는 것이었는데, 국제연맹은 여러 군비 축소 회의를 주선하는 등 평화를 정착시키기 위한 노력도 기울였으나, 새로운 세계대전이 일어나는 것을 막는 데는 무력함을 드러냈다.

베르사유체제　국제연맹 규약을 제정한 강화회의 대표들의 다음 과제는 독일 문제를 처리하는 일이었는데, 그들의 기본 관심은 독일이 또다시 평화를 위협할 세력으로 등장하지 못하게 하는 데 있었다. 대표들은 알자스와 로렌을 프랑스에 돌려주는 데에는 쉽게 합의했다. 그러나 프랑스가 안전보장을 위한 장치로 라인강 서쪽 독일 영토에 프랑스가 지배하는 완충 국가를 건설할 것을 주장하면서 협상은 어려움을 겪었다. 이 문제는 결국 미국과 영국이 타협안을 제시하고 클레망소가 받아들임으로써 해결되었다. 이에 따라 문제의 영토는 15년 동안 연합군이 점령하고, 라인강 동쪽 폭 50km의 지역은 비무장지대가 되었다. 그리고 미국과 영국은 프랑스가 침략을 받을 때 지켜줄 것을 약속했다. 또 다른 문제는 프랑스가 풍부한 석탄 산지인 자르Saar 분지를 요구한 것이었는데, 이는 협상 끝에 그 지역이 국제연맹 관할 아래 들어가는 대신, 프랑스가 탄광 소유권을 얻는 것으로 해결되었다.

한편 강화회의는 민족자결 원칙에 따라 독일의 동쪽에서는 폴란드를 재건하고, 폴란드가 바다로 나아가는 길을 열어주기 위해 이른바 '폴란드 회랑'을 만들었다. 그 지역은 18세기에 프로이센이 폴란드에서 빼앗은 땅인데, 이 회랑이 되살아남으로써 동프로이센이 독일과 떨어지게 되었다. 1795년 지도에서 사라졌던 폴란드는 독일, 러시아, 오스트리아에 빼앗긴 땅을 되찾음으로써 다시 살아났다. 브레스트-리토프스크 조약으로 러시아에서 떨어져 나간 발트해 지역에서는 핀란드, 에스토니아, 라트비아, 리투아니아 등의 나라가 독립을 하게 되었다. 독일은 이리저리 영토가 떨어져 나가 모두 합해서 600만 명이 사는 방대한 땅을 잃게 되었다.

이상주의와 징벌이 기묘하게 결합한 결과 독일 식민지와 오스만제국의 서아시아 영토가 승전국의 몫으로 할당되었다. 노골적인 합병은 적나라한 제국주의로 보일 것이기 때문에 그 땅들은 국제연맹에 넘겨지고, 국제연맹은 그것을 회원국에 넘겨 행정을 맡기도록 하는 방안이 제시되었다. 그래서 그 땅들은 위임 통치령이 되었고, 영국과 프랑스가 그곳을 통치하게 되었다. 그러나 같은 승전 국인 이탈리아에는 단 한 곳도 할당되지 않았다. 그들이 전쟁 중에 아랍인에게 한 약속은 깡그리 무시되었다. 위임통치령 제도는 민족자결 원칙이 유럽인만을 위한 것이었으며, 또한 승전국 식민지와는 전혀 관계없는 것임을 보여주었다. 그리하여 독일은 모든 식민지를 박탈당했다. 이렇게 하여 영토 관련 강화조건 의 틀이 마련되었으며, 그에 따라 유럽과 서아시아의 지도가 다시 그려지게 되 었다.

베르사유 조약의 핵심 개념은 전쟁의 책임이 전적으로 독일에 있다는 것이었 으며, 조약 231조가 그것을 명시했다. 영국과 프랑스는 이에 근거하여 독일에 전쟁으로 입은 모든 피해를 배상하라고 요구했으며, 미국은 이 요구에 항의했 다. 결국은 타협이 이루어져 전쟁 피해에 대해 독일이 배상해야 한다는 데는 합 의가 되고, 그 액수는 애초에 각국이 요구한 것보다 훨씬 줄어들었다. 그렇지만 그 액수는 천문학적 숫자에 달했다. 영토 조항과 배상 조항 외에도 독일을 옥죄 는 많은 보복적 조항이 더해졌다. 독일은 군사력이 대폭 축소되어 육군 병력은 최대 10만 명으로 제한되고, 군함 보유 수도 크게 줄었으며, 군용 비행기와 잠수 함 등은 금지되었다. 무기 생산 역시 면밀한 감독 아래 놓였다. 일방적으로 강요 된 강화에 독일인은 분노했지만, 영토와 식민지 상실보다 전쟁 범죄 조항에 더 욱 격한 증오심을 나타냈다. 그들은 베르사유 조약을 '베르사유의 명령'이라고 규탄하면서 그들이 결코 무조건 항복을 하지 않았음을 가슴에 새겼다.

조약은 연합국이 파리 교외 여러 곳에서 각 패전국과 개별적으로 맺었으며, 베르사유 조약은 독일과 맺은 조약이었다. 독일 대표는 1919년 4월 조약에 서명 하러 베르사유에 갔다. 그러나 그는 그때까지 조약 내용에 관한 어떠한 공식 정 보도 받지 못했다. 그는 협상 대상자가 아니었으며, 이미 마련된 조약문에 서명 하는 일 외에 아무런 선택의 여지가 없었다. 연합국은 강화를 받아들이지 않으 면 독일을 침공하겠다고 위협했다. 조약은 5년 전 오스트리아 황태자가 암살되던 날인 6월 28일, 1871년에 독일제국이 선포되었던 바로 그 베르사유 궁전 거울의 방에서 조인되었다.

다른 개별 조약들　　승전국은 베르사유 조약과 똑같이 가혹한 조약을 독일의 동맹국에도 부과했다. 오스트리아 제국은 9월에 맺은 생제르맹Stint Germain 조약으로 완전히 해체되었다. 제국은 오스트리아·헝가리·체코슬로바키아의 세 나라로 분리되고, 나머지 영토는 여러 나라에 할양되었다. 오스트리아는 인구 600만 명의 내륙 국가가 되고, 독일과의 합방이 금지되었다. 그 덕분에 세르비아는 그토록 염원하던 보스니아와 헤르체고비나 등지를 얻고, 1929년에는 남슬라브인의 땅이라는 뜻의 유고슬라비아Yugoslavia로 나라 이름을 바꾸었다. 이탈리아는 이른바 미수복 영토인 트렌티노Trentino와 트리에스테Trieste를 얻었다. 그런데 이탈리아는 아드리아해를 온전하게 지배하기 위해 달마티아Dalmatia 해안 지역과 피우메Fiume항도 원했으나 뜻을 이루지 못하자 푸대접을 받았다고 느꼈다. 이 문제는 1920년 이탈리아가 달마티아에의 요구를 철회하고, 그 4년 뒤 피우메가 이탈리아에 귀속됨으로써 해결되었다. 그러나 이탈리아 정부는 강화회의에서 좀 더 유리한 조건을 확보하지 못한 탓에 국민의 불신을 샀으며, 이러한 상황은 나중에 파시즘이 대두하는 데 중요한 요인이 되었다.

　연합국은 오스트리아와는 별도로 헝가리와 강화를 맺었는데, 헝가리가 보수주의자와 공산주의자 간에 내전을 겪는 바람에 조약 체결이 조금 늦어졌다. 헝가리는 1920년의 트리아농Trianon 조약으로 체코슬로바키아, 세르비아, 루마니아에 영토를 잃었다. 헝가리는 그 영토에 300만 명 이상의 마자르족이 살고 있으며, 따라서 그 영토의 할양은 민족자결 원칙에 어긋난다고 항의했다. 그러나 아무 소용이 없었다. 헝가리는 결국 조그마한 나라로 쪼그라들었다. 불가리아 역시 1919년 뇌이Neuilly 조약으로 에게해로의 접근로와 다른 영토를 잃고 엄청난 배상금을 물어야 했다.

　오스만제국은 1920년의 세브르Sèvres 조약에 의해 완전히 해체되었다. 그러나 그해 8월 비잔티움에서 혁명이 일어나 무스타파 케말Mustafa Kemal이 이끄는 민족주의자들이 정권을 잡았다. 이들은 세브르 조약의 이행을 거부했으며, 그 결과 1923년 7월 새로 좀 더 온건한 조건의 로잔Lausann 조약이 체결되었다. 이 조약으로 튀르크인들은 애초보다 좀 더 많은 영토를 지키고 배상금도 지급하지 않을 수 있었다. 제국이 해체된 서아시아 영토에는 유럽 국가들의 통치를 받는 위임통치령들이 세워졌다. 이제 튀르크인의 나라 터키공화국에 남은 영토는 소아시아와 비잔티움뿐이었다.

베르사유체제의 평가　이탈리아 수상이 1918년에 언급했듯이, 제1차 세계대전은 "프랑스혁명을 넘어서는, 사상 최대의 정치혁명이자 사회혁명"이었다. 그것은 정치, 경제, 사회질서에 전대미문의 대변화를 가져왔다. 전투 양상과 희생자 규모 그리고 삶의 모든 면에 미친 영향에 압도되어, 당대 사람들은 그것을 그저 '대전Great War'이라 불렀다. 1918년 이후에는 서양 문명의 진보라는 순진한 환상을 유지하는 것이 더는 불가능해졌다.

베르사유체제는 동유럽과 서아시아에 수많은 군소 국가를 만들어놓았다. 체코슬로바키아와 유고슬라비아 같은 나라는 민족적 요구를 충족시키기 위해서뿐 아니라 패전국에 대한 처벌로, 러시아를 막기 위한 방파제로, 혹은 합스부르크제국의 부활 가능성을 없애기 위한 장치로 창건되었다. 위임통치령인 이라크 왕국이나 시리아 같은 나라는 영국과 프랑스가 영향력을 행사하기 위한 수단으로 수립되었다.

이들 나라를 포함한 수많은 나라의 난립은 이후 수십 년간 많은 새로운 문제를 낳았다. 그런 나라들의 창건이나 재건은 많은 새로운 영토 분쟁을 부채질하고 상호 적대적인 민족주의 정신을 불붙게 하는 요인으로 작용했다. 이를테면 체코슬로바키아는 체크인·독일인·폴란드인·슬로바크인·마자르인 등 여러 민족으로 이루어진 혼합물이었는데, 그래서 1930년대 말에는 결국 나치 독일에 의해 해체되는 위기를 맞이했다. 신생 폴란드에도 러시아인과 독일인이 다수 거주했는데, 이 역시 불안을 일으킬 요소였다. 그리고 오스만제국의 서아시아 영토에서 생겨난 여러 나라는 상호 적대적이어서 그 지역 아랍 세계는 근원적으로 불안정 요인을 안고 있었다.

베르사유체제는 특히 한 세기 전의 빈 체제와 비교했을 때, 역사가들의 엄중한 비판을 받았다. 비현실적인 배상액 부과는 심각한 재정 혼란을 일으켰으며, 이는 결국 1930년대의 대공황 발생의 한 요인이 되었다. 베르사유체제를 수립하는 데서 러시아를 배제한 것 역시 유럽 열강 사이에 불신을 키우는 데 한몫했다. 사실 강화조약을 유지, 개정, 폐지하는 문제가 그 이후 20년간 유럽 역사에서 지배적 주제로 남아 있었다. 많은 비평가가 제2차 세계대전의 기원을 베르사유체제에서 찾았다. 길게 봤을 때 클레망소와 로이드 조지의 국수주의와 속 좁은 복수심, 그리고 비토리오 오를란도의 기회주의는 소탐대실의 결과를 낳았다.

무엇보다 미국의 고립주의로의 회귀는 베르사유체제의 장래를 어둡게 만들었다. 윌슨 정부는 1918년 총선거에서 대패했고, 상원은 국제연맹 가입을 거부했다. 게다가 상원은 윌슨이 약속한 영국과 프랑스와의 방위 동맹도 거부했다. 미국이 유럽 문제에서 발을 뺌으로써 방위 동맹은 무산되고, 프랑스는 두려운 옛 적국과 홀로 맞서는 처지가 되었다. 프랑스는 결국 독일에 대해 경계를 강화했으며, 이는 독일의 분노를 더욱 자아냈다. 전쟁의 상처가 채 아물기도 전에 벌써 평화에 그늘이 드리우는 것처럼 보였다.

그러나 다른 한편 협상이 실제 진행된 상황의 어려움을 감안하면, 베르사유체제는 기대할 수 있는 선에서 그 나름 훌륭했다고 할 수도 있다. 대표들은 무엇보다 그들 국민 정서의 포로였다. 총력전에서 심리적 방법이 동원되어, 각국은 선전전을 통해 적을 악마화하고 국민이 적을 증오하도록 부추겼다. 독일과의 휴전 체결 직후인 1918년 12월 실시된 영국 총선에서는 "독일은 배상하라," "독일 황제를 교수대로!" 같은 구호가 난무했다. 이러한 복수의 감정이 가라앉기 위해서는 적어도 몇 년의 시간이 필요했다. 게다가 동유럽 신생국들의 민족주의적 압력과 영토 갈등 같은 문제에서는, 모든 당사자를 만족시킬 해법을 찾는 일이 사실상 불가능했다. 그리고 전쟁의 엄청난 희생과 평화의 희망을 고려할 때, 조약들이 승전국의 아쉬움과 패전국의 쓰라림을 함께 유산으로 남긴 것은 그리 놀랄 일이 아니다.

2. 러시아와 패전 제국들의 혁명

1) 러시아혁명

2월 혁명　　앞선 전쟁마다 그러했지만, 제1차 세계대전은 다시 한 번 차르 체제의 취약성을 극명하게 드러냈다. 1914년 8월 러시아 병사들은 애국적 분위기에 들떠 의기양양했다. 그러나 낙관주의가 무너지고 군대의 무력함과 정부의 부패상이 드러나는 데는 두어 달밖에 걸리지 않았다. 1915년에 이르러 사상자가 속출하고 군수품조차 제대로 공급되지 않자 군의 사기가 떨어졌다. 1916년까지 벌써 병사 200만 명이 죽고 400~600만 명이 부상을 당하거나 포로로 잡혔다. 1916년에는 공장노동자의 파업이 일어나기 시작하고, 전쟁으로 자식을 잃은 농민의 불만이 높아갔다.

니콜라이 2세 황제는 사태를 해결할 능력이 없었다. 그는 점점 더 황후에 의존했는데, 황후는 황태자의 혈우병을 낫게 한 그리고리 라스푸틴Grigori Rasputin이라는 괴이한 사제의 영향 아래 떨어졌다. 라스푸틴은 황후의 신임을 배경으로 막후의 권력자가 되었다. 그는 또한 귀족사회 여성들과 일으킨 불륜으로 페트로그라드Petrograd(독일과의 개전 뒤 독일식 명칭인 상트페테르부르크가 러시아식으로 바뀐 이름)를 떠들썩하게 했다. 황제가 국정을 황후에게 맡기고 전선으로 떠나자, 황후와 라스푸틴은 매관매직을 일삼고 유능한 장군을 함부로 해임하는 등 국정을 마구 농단했다. 1916년 12월 참다못한 귀족들이 라스푸틴의 암살을 기도했다. 다량의 독약을 먹어도 죽지 않자 그들은 총을 쏘았고, 그래도 죽지 않자 그를 네바Neva강에 내다 버렸다. 라스푸틴의 사인은 익사로 판명되었다. 전쟁으로 민생이 피폐해진 데다 국정의 난맥상이 드러나자, 민중은 차르 체제의 미몽에서 깨어났다. 혁명적 열기와 반차르 감정이 크게 고조되었다.

혁명적 열기에 불을 지른 것은 여성 노동자들이었다. 빵 값이 천정부지로 치솟자 정부는 빵 배급제를 도입했는데, 1917년 3월 8일(당시 러시아 달력으로는 2월 23일) '세계 여성의 날'을 맞아 방직공장 여성 노동자들이 '평화와 빵'과 '전제 타도'를 외치며 거리 시위를 벌였다. 파업은 곧 페트로그라드 전체로 번졌다. 이틀 뒤에는 수도의 모든 공장이 문을 닫았다. 시위가 걷잡을 수 없이 확산하고, 시위대와 경찰 사이에 산발적 전투가 벌어졌다. 두마의 자유주의 의원들이 입헌 정부 수립을 요구하고 나섰다. 그러자 차르는 파업 노동자에게 일터로 돌아가라고 명하고 3월 11일 두마를 해산했다. 그러나 의원들은 해산을 거부했으며, 파업 노동자들도 시위를 계속했다. 차르는 강제 진압을 명령했으나 군대와 경찰은 공공연하게 시위대 편에 섰다. 시위와 폭동은 아무런 사전 계획이나 지도력도 없이 일어난, 그야말로 오래 쌓여온 불만의 자연 발생적인 폭발이었다.

12일 두마는 개혁적 인사들로 임시 위원회를 수립했는데, 이는 앞으로 제헌의회가 선출될 때까지 임시정부 역할을 맡을 기구였다. 같은 날 페트로그라드의 마르크스주의 계열 사회주의자들은 노동자대표위원회를 결성했는데, 이는 사흘 뒤 노동자-병사대표소비에트로 개칭되었다. 두마가 퇴위를 요청하자 니콜라이 2세는 결국 굴복했다. 그는 15일 동생 미하일 대공에게 제위를 물려주고 퇴위했다. 그러나 미하일은 이튿날 제위를 거부했다. 이로써 3세기 이상 러시아를 지배한 로마노프왕조가 갑자기 역사 속으로 사라졌다. 두마의 임시 위원회는 임시정부로 전환되었는데, 그 주축은 입헌민주당과 시월당 인사들이었다.

이원 권력체제　　　이후 입헌군주정 옹호자인 게오르기 르보프Georgi Lvov 공을 수반으로 한 임시정부와 소비에트 양자 간에 불안정한 세력 균형이 유지되었으며, 러시아는 반년 동안 이원 권력체제로 굴러갔다. 임시정부는 소비에트의 승인 없이는 중요한 정책을 결정하거나 집행할 수 없었다. 이원 권력체제는 처음부터 서로 부딪치면서 비효율적으로 작동했다. 3월 14일 소비에트는 명령 제1호를 발령하여 군대가 민주적 기초 위에서 움직이도록 했으며, 그에 따라 병사는 평화를 원하는 소비에트의 공식 입장에 부합하는 명령에만 복종해야 했다. 그런데 그와 동시에 전쟁 성과를 기대하는 임시정부는 전쟁의 적극적 수행을 주장했다.

임시정부를 주도한 입헌민주당과 시월당 등 온건 자유주의자들은 재빨리 시민적 권리와 자유를 증진할 법을 제정했는데, 이는 러시아 국민이 여태껏 전혀 누린 적 없고 이후의 소련 체제에서 다시는 맛보지 못한 그러한 것이었다. 정치범이 사면되고, 언론과 집회의 자유가 허용되고, 신분·인종·종교의 차별이 폐지되었다. 그런 한편 임시정부는 전쟁을 계속할 것을 천명하고 여름 공세를 준비했다. 이에 크게 고무된 연합국은 즉각 임시정부를 승인했다. 그렇지만 임시정부는 소규모 중간계급에 기반을 두었으며, 광범한 민중의 지지를 얻지 못했다. 게다가 임시정부는 처음부터 그 임시적 성격 때문에 행동이 제한되었다. 법적 및 민주적 절차를 중시한 임시정부는 제헌의회가 소집되어 러시아의 정치적 틀을 마련하고 항구적 정부를 수립할 때까지 모든 중요한 쟁점의 처리를 미루었다. 그런 자세 때문에 임시정부는 토지개혁을 열망하는 농민도, 더 나은 노동조건과 공장 경영에의 참여를 추구하는 노동자도 만족시키지 못했다. 무엇보다 임시정부는 전쟁에 넌더리를 내는 민심을 전혀 읽으려 하지 않았다.

한편 소비에트를 주도하고 있던 멘셰비키는 2단계 혁명론에 따라 부르주아 세력에게 자발적으로 권력을 양도하고 임시정부에 참여하지 않았다. 2월 혁명 이후 시간이 지나면서 각지에 수도와 비슷한 소비에트가 조직되었으며, 다양한 혁명가가 지방 소비에트와 수도 소비에트 간에 연결망을 구축했다. 소비에트는 병사와 노동자들의 투쟁 단위를 조직하고 임시정부 정책을 비판했다. 병사들은 정부 명령보다는 소비에트 명령을 따랐다. 6월에 페트로그라드에서 제1차 전러시아소비에트대회All-Russian Congress of Soviets가 열렸을 때 사회혁명당과 멘셰비키가 압도적 다수를 차지하고, 정에 직업 혁명가 집단인 볼셰비키는 아직 소수였다.

혁명이 일어났을 때 볼셰비키는 탄압으로 국내에서는 조직이 거의 무너져 있었으며, 대다수 주요 지도자는 외국에 망명해 있거나 시베리아 유형지에 있었다. 그런데 이들이 페트로그라드로 돌아온 뒤, 볼셰비키는 소비에트를 장악하는 데 온 힘을 쏟았다. 그들은 소비에트를 임시정부를 타도하고 권력을 장악할 도구라고 생각했다. 그러나 멘셰비키는 소비에트를 통해 정권을 장악할 생각이 없었다. 그들은 프롤레타리아 사회주의 혁명이 일어나기 위해서는 먼저 자유주의적 부르주아 혁명을 거쳐야 한다고 믿었으며, 러시아는 아직 부르주아 단계가 지나가지 않았다고 판단했다.

레닌과 '4월 테제' 1917년 4월 16일 레닌은 망명지 스위스에서 러시아로 돌아왔다. 그는 독일의 도움으로 귀국할 수 있었는데, 독일은 그가 러시아를 전쟁에서 빠져나가게 할 것을 기대하고 열차를 마련해 주었다. 레닌은 페트로그라드에 도착한 다음 날 사회민주당 집회에서 '4월 테제'를 발표했다. 그는 즉각 전쟁을 멈추고 민주적 강화를 체결할 것, 임시정부와의 협력을 중단하고 모든 권력을 소비에트에 집중할 것, 모든 토지를 국유화하여 농민 소비에트 통제 아래 두고 모든 은행을 단일한 국유 은행으로 통합해서 노동자 통제 아래 둘 것, 그리고 당 강령을 현 상황에 맞게 개정하고 당 이름을 사회민주당에서 공산당으로 바꿀 것 등을 역설했다. 반응은 다양했다. 멘셰비키는 대체로 황당해했으며, 일부 볼셰비키조차 뜨악해했다. 그러나 레닌은 끈질긴 설득 끝에 4월 테제를 볼셰비키의 공식 견해로 만들었다. 열렬한 혁명가로서 볼셰비키와 일정한 거리를 두었던 레온 트로츠키Leon Trotsky(1879~1940)가 그 몇 주 뒤에 망명지 미국에서 돌아와 레닌을 전폭적으로 지지하고 볼셰비키에 합류했다. 그러나 멘셰비키와 사회혁명당은 레닌의 프로그램을 거부했다.

레닌은 마르크스의 역사 발전 이론의 일부 측면을 러시아 상황에 맞게 수정했다. 그는 프롤레타리아 사회주의 혁명에 앞서 부르주아 민주주의 혁명이 선행해야 한다는 견해를 받아들였다. 그러면서 그는 1917년 2월 혁명을 부르주아 혁명 단계로 이해했으며, 따라서 임시정부를 타도하고 볼셰비키가 권력을 장악하는 과정을 프롤레타리아 혁명으로 해석했다. 이런 인식은 부르주아적 단계가 진행될 역사 과정을 극단적으로 단축해 버린 것이었다. 그리고 레닌은 의회민주주의적 절차를 반대하고 특히 공식 인정된 야당의 개념을 반대했다. 그 대신 그는 볼셰비키가 지도하는 혁명적 '프롤레타리아 독재'를 옹호했다. 그의 주장에 따르면 볼셰비키는 '민주적 중앙집중제' 원칙에 따라 통치할 것인바, '민주적 중앙집중제'에서는 어떤 정책이 전당대회나 중앙위원회에서 공식적으로 결정될 때까지는 자유로운 토론이 보장되어야 하나, 일단 결정이 내려지면 모든 당원은 당의 노선에 따르고 당의 정책을 지지해야 했다.

10월 혁명　4월에 정부의 확고한 전쟁 의지가 밝혀지자, 반전 구호를 외치는 시위가 수도에서 시작해서 여러 도시로 퍼져나갔다. 이른바 '4월 위기' 속에서 멘셰비키와 사회혁명당은 어쩔 수 없이 임시정부에 참여하여 연립정부가 구성되었다. 5월에는 노동자들이 가두시위를 벌이고, 민중들은 '임시정부 타도'를 외쳤다. 반전 분위기가 심각한 수준에 이르렀음에도 임시정부는 하계 공세를 시도했는데, 그러나 러시아군은 오히려 독일군의 역공을 받고 참패했다. 그런 와중에 7월 중순 볼셰비키와 소비에트 지지자들이 봉기하여 권력을 소비에트로 넘길 것을 요구했다. 그러나 이 봉기가 병사들까지 가담한 대규모 무장봉기로 확대되자, 정부는 무차별 발포로 강경 진압에 나섰다. 레닌은 핀란드로 도망가고 지도자들도 잠적했다. 7월 위기를 겪으면서 임시정부가 당면한 위기를 해결할 수 없다는 게 드러나자, 르보프가 물러나고 사회혁명당 온건파인 알렉산드르 케렌스키Kerensky(1881~1970)가 임시정부 수반이 되었다. 케렌스키는 정치체제와 관련한 불확실성을 없애기 위해, 러시아가 공화국임을 선언하고 미뤄져 온 제헌의회 소집 날짜를 1918년 1월로 잡았다.

　그러나 케렌스키 역시 전쟁을 고수했으며, '평화·토지·빵'을 바라는 페트로그라드 민중과 러시아 농민의 여망을 만족시키지 못했다. 그는 정치적 균형이 왼쪽으로 기운 연정을 통해 통치하려고 노력했으나 그의 입지는 매우 좁았다. 좌파는 정부가 비정하게 전쟁을 추구한다고 비난했고, 우파는 정부가 너무 많은 좌파를 받아들였다고 비판했다. 그러다가 9월 초순에 케렌스키 정부는 결국 우파의 위협을 만났다. 러시아군 총사령관 라브르 코르닐로프Lavr Kornilov가 반혁명을 획책하고 군대를 이끌고 페트로그라드로 진격했다. 당황한 케렌스키는 소비에트와 볼셰비키에 도움을 요청했다. 사회주의 세력과 페트로그라드 민중의 저항으로 쿠데타군은 격퇴되고 코르닐로프는 체포되었다. 그동안 국내 상황은 더욱 어려워졌다. 대량 탈영과 장교 처형이 빈번해지면서, 군대는 지리멸렬해지고 러시아 전선은 무너졌다. 농촌에서는 농민들이 지주를 내쫓거나 살해하면서 자체적으로 토지개혁을 수행했다. 도시에서는 노동자들이 공장을 접수하기 시작했다.

총체적 위기 상황에서 케렌스키 정부는 민병대인 적위대Red Guard를 조직해 놓은 볼셰비키의 지지에 의존했다. 적위대는 임시정부가 이용할 수 있는 몇몇 군사력의 하나였다. 그에 따라 볼셰비키는 정부 전복 시도를 사면받았고, 지도자들은 잠적에서 벗어났다. 곧 볼셰비키는 전보다 더 큰 영향력을 갖게 되었다. 핀란드에서 돌아온 레닌은 노동자에게 파업을, 농민에게 토지 점유를, 병사에게 전쟁 중단을 위한 탈영을 선동했다. 그리하여 케렌스키의 권위는 급격하게 위축되었다. 볼셰비키가 새로 얻은 영향력은 트로츠키가 10월에 페트로그라드 소비에트의 의장에 선출됨으로써 증명되었다. 트로츠키는 그 지위를 이용하여 레닌 등과 다시 쿠데타를 조직했다. 권력 장악을 위한 준비는 놀라울 만큼 공공연하게 진행되었다.

10월 22일 페트로그라드 소비에트는 무장봉기를 위해 군사혁명위원회Military Revolutionary Committee를 조직할 것을 가결했다. 다음 날 볼셰비키 중앙위원회는 무장 반란을 조직하는 일을 당의 당면 과제로 삼을 것을 결의했으며, 11월 2일 실제 준비가 시작되었다. 적위대의 집합과 군사 지휘 계통이 확립되었다. 속수무책으로 사태 진행을 지켜보던 임시정부는 11월 5일 뒤늦게 군사 봉기를 막아 보려 했으나, 명령에 복종하려는 군대를 거의 찾지 못했다. 제2차 전러시아소비에트대회가 열리기 전날인 6일(러시아 달력으로는 10월 24일) 저녁 네바강에 정박 중인 전함 오로라Aurora가 겨울 궁전에 함포를 조준한 가운데, 트로츠키가 이끄는 군사혁명위원회가 정부 관청들을 접수하기 시작했다. 트로츠키 군대는 약간의 산발적 전투 외에는 별다른 저항을 받지 않았다. 임시정부는 허망하게 무너졌다.

케렌스키와 임시정부 인사들의 우유부단함과 그에 대조되는 레닌의 확고한 의지와 결단이 볼셰비키 혁명의 중요한 성공 요인이었다. 그러나 무엇보다 중요한 것은 볼셰비키가 페트로그라드 주민과 러시아 대다수 민중의 요구에 부응하는 데 성공했다는 점이었다. 볼셰비키의 '평화, 토지, 빵'의 구호는 병사와 농민과 도시 주민이 너무나도 절실하게 목말라했던 것이었다. 그런데 다른 어떤 정치 집단도 그 셋을 모두 약속하지는 않았다. 볼셰비키의 그 선전이 먹혀들었음은 다음 날인 7일 저녁에 개최된 제2차 전러시아소비에트대회에서 볼셰비키와 사회혁명당 좌파에서 온 그들의 동조자가 다수를 차지한 사실에서 증명되었다.

제2차 전러시아소비에트대회는 임시정부 해산과 소비에트공화국 수립을 선언하고, 스스로 러시아의 최고 정치권력임을 천명했다. 그에 따라 대회는 중앙정부 권력을 인수하기 위한 중앙위원회를 선출하고, 중앙위원회는 정부 역할을 맡을 인민위원회의Soviet narodnykh kommisarov: Sovnarkom를 조직했다. 레닌이 그 의장에 선임되었고, 트로츠키는 외무 담당 인민위원 그리고 이오시프 비사리오노비치 주가슈빌리Iosif Vissarionovich Djugashvili는 민족 담당 인민위원이 되었다. 이오시프는 본명보다 레닌이 붙여준 별명인 강철의 인간을 뜻하는 스탈린Stalin으로 통했다. 지방에서는 지역 소비에트가 수도의 예를 따라 지방정부 기능을 넘겨받았다. 이로써 차르의 관료 체제가 완전히 해체되고 세계 최초의 공산주의 국가가 수립되었다.

볼셰비키 권력의 공고화와 체제의 정비　　볼셰비키는 마침내 정권을 장악하는 데 성공했다. 볼셰비키가 권력을 장악하는 며칠간의 과정은 숨 막히는 긴장과 흥분의 시간이었다. 고매한 이상주의가 불타올랐다. 상황이 유동적이었음에도 프롤레타리아의 밝은 미래를 그리는 희망과 낙관은 강렬했다. 많은 사람이 사회적 죄악이 파괴되려 하고 있다고 믿었다. 세계혁명이 일어나 계급 없는 사회가 건설되고, 인간에 의한 인간의 착취가 사라진 세상이 올 것이라는 기대가 부풀었다. 그렇지만 현실은 냉혹했다. 볼셰비키는 사회주의 사회의 구체적인 청사진이 없었을 뿐 아니라, 그들 역시 차르 정부와 임시정부의 몰락의 한 요인이었던 러시아의 곤궁한 상황을 그대로 물려받고 있었다. 많은 공장이 원료 부족으로 문을 닫거나 시간제로 가동되었다. 군대는 거의 해체 상태였고 문민 행정 역시 그러했다. 무엇보다 굶주림이 만연했다.

많은 정통 마르크스주의자는 일단 프롤레타리아 독재가 부르주아를 제거한 이상 국가가 사라질 것이라 믿었다. 그러나 권력을 장악한 레닌은 훨씬 더 강력하고 효율적인 국가를 건설했다. 혁명 열흘 만에 볼셰비키는 언론 검열을 재도입하고, 12월에는 혁명을 수호한다는 명분으로 비밀경찰 체카Cheka를 조직했다.

1918년 1월 마침내 새 정부의 기틀을 마련할 제헌의회가 소집되었다. 그런데 제헌의회에서 볼셰비키는 자신들이 소수에 지나지 않음이 드러나자 의회에서 철수해 버렸고, 그러자 곧바로 무장 방위대가 제헌의회를 해산해 버렸다. 이 결정적 조치로 멘셰비키와 다른 대다수 좌파 정당의 운명이 결판났다. 그 이후 71년 동안 경쟁 선거, 중앙권력에의 공개 비판, 잠재적인 민주적 야당 등의 가능성이 있을 수 없게 되었다. 볼셰비키는 3월에 서유럽 사회민주당과 구별하기 위해 당명을 공산당으로 바꾸었다. 볼셰비키 정부의 기초는 의회민주주의가 아니었다. 그 대신 프롤레타리아 독재는 공산당이 지도하는 소비에트의 지지에서 정당성을 끌어냈다. 볼셰비키는 집권 뒤 몇 달 동안 사회혁명당 좌파와 협력했다. 그러나 1918년 7월 사회혁명당이 봉기를 시도했다가 실패한 뒤 양당의 협력은 끝장이 났다.

러시아는 1918년 7월 국호를 러시아소비에트연방사회주의공화국Russian Soviet Federated Socialist Republic: RSFSR으로 하는 헌법을 제정했으며, 이로써 국가 체제 정비 작업은 일단락되었다. 모스크바를 기반으로 하는 공산당 정부가 내전 이후 세력을 확장해 가면서 RSFSR의 지배권이 성장했다. RSFSR은 1922년 12월 다른 세 개 소비에트사회주의공화국인 우크라이나, 벨라루스Belarus, 자카프카지예 Zakavkazye와 함께 소비에트사회주의공화국연방Union of Soviet Socialist Republics: USSR을 결성했다. 뒤이은 몇 년 사이 중서부 아시아에 다른 많은 공화국이 세워졌으며, 1940년에는 회원 공화국이 16개국에 이르렀다. 그중 러시아는 단연 최대의 공화국이었으며, 전체 2억 인구의 절반을 차지했다. 우크라이나는 러시아 인구의 절반, 벨라루스는 1할 정도였으며, 다른 공화국은 각각 인구 수백만 명에 불과한 소국이었다. 소련은 연방 체제였으나, 개별 공화국의 정치적 자율은 대체로 허울에 지나지 않았다. 당 조직과 연방 정부가 매우 강력한 통제권을 행사했으며, 연방 정부에 불충하거나 말썽을 부리는 공화국은 억압을 당했다. 그런 반면에 각 소수민족의 고유한 언어와 문화는 존중되었다.

공식 정부 기구와 함께 공산당이 또 하나의, 그리고 좀 더 강력한 통치 기구로 성장했다. 공산당은 레닌이 이끈 6년 사이에 국가 통치 기구로 탈바꿈했다. 공산당의 평시 최고기구는 당 대회가 선출하는 중앙위원회였는데, 1919년 제8차 당 대회는 그 산하에 정치국Politburo과 조직국Orgburo 그리고 서기국Sekretariat을 설치했다. 이 가운데 가장 중요한 기구인 정치국은 긴박한 정치 문제를 다루었는데, 레닌과 트로츠키 그리고 스탈린을 포함한 5인으로 구성되었다. 조직국은 당원 배치 업무를 맡고 서기국은 당의 행정을 비롯한 제반 실무를 관장했는데, 두 기구 모두 스탈린이 이끌었다. 정책결정과 집행에 대한 공산당의 권한이 너무나 비대해져서, 1924년 초 레닌이 죽기 전에 이미 당과 국가가 사실상 하나가 되었다. 그래서 누구든 당을 지배하는 자가 국가를 지배했으며, 레닌 사후 당을 장악한 인물은 스탈린이었다.

2) 내전과 전시 공산주의

내전　소비에트공화국을 선포하고 볼셰비키 정부를 수립한 제2차 전러시아 소비에트대회는 그와 동시에 교전국들에 즉각적 휴전을 제안하는 포고령과 모든 토지를 무상으로 몰수하여 농민에게 평등하게 분배하는 내용의 포고령도 공포했다. 포고령에 따라 볼셰비키 정부는 독일과 두 달간의 협상 끝에 내부의 강력한 반발을 무릅쓰고, 1918년 3월 초에 치욕스러운 브레스트-리토프스크 조약을 체결하고 전쟁의 굴레에서 벗어났다. 그러나 러시아 영토에서 가장 발전한 산업 지역과 곡창지대를 잃은 것은 신생 정부로서는 뼈아픈 타격이었다. 게다가 러시아는 그것으로 진정한 평화를 얻지도 못한바, 곧 새로운 전쟁에 빠져들게 되었다. 한편 각 공동체의 농민들은 포고령에 따라 지주 귀족에게서 몰수된 토지를 나누어 가졌다.

새 체제는 엄청난 저항에 부딪혔는데, 그 저항은 차르에 충성하는 집단뿐 아니라, 자유주의적 귀족과 부르주아 그리고 볼셰비키를 반대하는 사회주의 세력에서도 나왔다. 많은 지방이 거의 무정부 상태였는데, 그런 가운데 잡다한 볼셰비키 반대 세력이 각지에서 비정규 군대를 조직하기 시작했다. 이들 이른바 백군White Forces은 1918년 늦봄부터 정부를 공격하기 시작했으며, 카자흐족을 비롯하여 폴란드인·우크라이나인·체크인 등 비러시아계 소수민족도 반볼셰비키 전쟁에 가담했다. 가을에 이르러 곳곳에 백군 정부가 수립되었고, 볼셰비키 정부는 포위되다시피 해서 그 영토는 북중부 러시아로 줄어들었다. 설상가상으로 프랑스, 영국, 미국, 일본 등 연합국이 각기 원정군을 보내 이들 반혁명 세력을 지원했다. 소비에트 체제를 자본주의에의 위협으로 여긴 이들 연합국은 백군이 승리하여 러시아가 대독일 전쟁으로 돌아오기를 기대했다.

위기에 빠진 공산당 정부는 수도를 모스크바로 옮기고 혁명을 지키기 위해 안간힘을 썼다. 트로츠키는 전쟁 담당 인민위원이 되어 새로 적군Red Army을 조직하고 잘 훈련되고 체계 잡힌 군대로 육성했다. 징병제가 재도입되어 1918년 8

월에 병력 규모가 약 33만 명이던 적군은 2년 뒤에는 550만 명 규모로 팽창했다. 공산당 정부는 임시정부가 폐지한 사형제도를 되살리고, 무시무시한 공포정치를 시행했다. 비밀경찰 체카는 1918년 8월의 레닌 암살 시도 사건을 계기로 더욱 활성화했으며, '백군의 조직 및 음모와 관련한 모든 사람을 사살할 권한'을 부여받았다. 체카가 자행하는 적색 테러는 혁명의 적뿐 아니라 새 체제의 지지에 미적지근한 사람들의 삶까지 파괴했다. 정치범 수용소와 억압적 테러가 삶의 일부가 되었다. 1918년 7월 중순에 시베리아 유배지에 있던 니콜라이 2세와 그 가족이 지역 소비에트 요원들에게 학살당했다.

1919년 말엽 한때는 서로 다른 세 백군이 모스크바를 포위하는 듯 보일 만큼 볼셰비키는 위기에 몰렸다. 그러나 결국 볼셰비키는 위기를 극복했다. 백군은 너무 이질적이어서 서로 간에 반목한 데다, 지리적으로 널리 분산되어 있어서 효율적인 연합 작전을 펼치지 못했다. 공동의 목표도 없었던 백군은 트로츠키 지휘 아래 정예화하고 혁명 정신으로 무장한 적군과 싸워 이길 수 없었다. 외세의 개입에 대한 민중의 적대감도 정부에 큰 힘이 되었다. 민중이 게릴라전 방식으로 지원한 것 또한 적군의 승리에 한몫했다. 민중은 공산주의도 두려웠지만, 반동보다는 낫다고 생각했다. 그들은 만일 백군이 승리하면 토지를 다시 회수당할 것을, 혹은 전제정이 되살아날 것을 두려워했다. 마침내 혁명 정부는 1921년 2월에 이르러 백군의 저항을 완전히 분쇄했다. 3년 동안 이어진 내전이 끝났다. 그러나 그 상처는 1차 대전 때보다 더 크고 깊었다.

내전 종식과 더불어 폴란드-러시아 전쟁도 종결되었다. 내전 중에 러시아는 공산주의 혁명의 확산을 기대하면서 국경 분쟁을 핑계로 폴란드를 침입했다. 그러나 예상 외로 러시아는 1920년 바르샤바 전투에서 폴란드에 대패했다. 러시아는 결국 국제연맹의 주선으로 1921년 3월 리가Riga 조약을 맺어 폴란드와의 전쟁을 매듭지었다. 리가 조약으로 폴란드와 러시아의 국경선이 확정되고, 폴란드와 발트 국가들이 잠시 러시아의 위협에서 벗어났다.

전시 공산주의　　러시아는 오랜 전란을 겪은 데다 과격한 사회주의 정책으로 경제가 거의 파탄 지경에 이르렀다. 가장 큰 문제는 식량이었다. 독일과의 강화로 곡창지대인 우크라이나를 잃은 데다 연이은 흉년으로 식량의 절대량이 부족해졌다. 그러자 도시민이 농촌으로 몰려들어 도시 인구가 격감했고, 페트로그라드는 인구가 절반 이상이나 줄어들었다. 그에 따라 농촌도 덩달아 극심한 식량난을 겪게 되었다. 트로츠키가 『나의 생애*My Life*』(1930)에서 "혁명의 운명이 머리카락 한 가닥에 매달려 있는 것 같았다"라고 회고할 만큼, 1918년 봄과 여름의 상황은 심각했다.

이와 같은 상황에서 레닌은 1918년 11월 멘셰비키와 사회혁명당의 반대를 무릅쓰고, 비상조치로 이른바 '전시 공산주의Voennyi kommunizm' 정책을 채택하여 국민경제를 전시체제로 개편했다. 정부는 혁명의 중심지인 도시의 인구를 부양하고 방대한 적군을 유지할 식량을 마련하기 위해 농산물에 대해 수매제 대신 징발제를 시행했다. 농민은 1년 먹을 양곡과 이듬해 쓸 씨곡을 뺀 나머지 모든 곡식을 내놓아야 하며, 이를 어기는 자는 '인민의 적'으로 '혁명 법정'에 서야 했다. 정부는 숨긴 농산물을 적발하기 위해 무장한 식량 공출대를 파견하는가 하면, 부농에 대한 빈농의 계급투쟁을 부추기기도 했다. 이러한 강압적 방법으로 1919~1920년에는 전년도보다 25%를 더 공출할 수 있었다. 이 정책으로 레닌은 정권의 기반인 도시 노동자와 적군에게 간신히 약속한 빵을 줄 수 있었다. 그러나 수많은 농민이 폭동을 일으키거나 가족 부양에 필요한 땅 이상을 경작하지 않는 방식으로 정부 조치에 저항했다. 이 때문에 1921~1922년에는 자연 기근 외에 '사람이 만든 기근'까지 더해져서 500만 명이 굶어 죽거나 굶주림으로 인한 질병으로 죽었다.

전시 공산주의의 또 하나의 측면은 은행, 철도, 해운 등 모든 기간산업의 국유화였다. 이미 대공업은 국유화 포고령이 내려진 상태였지만 이제 중소 공장까지 국유화되었다. 그리고 사적인 상거래가 금지되고, 상속 재산과 이자 그리고 노동에서 나오지 않은 모든 소득이 폐지되었다. 국가의 거의 모든 산업은 최고 경제협의회 산하에 놓였다. 그리하여 수행한 노동량과 관계없이 노동자들은 국영 상점에서 생활필수품과 교환할 수 있는 쿠폰을 지급받았다. 노동의 유인이 없어지자 산업 생산성이 눈에 띄게 떨어졌다. 1917년에 전전의 3/4으로 떨어졌던 공업 총생산이 1921년에는 1/6까지 떨어졌다.

전시 공산주의에 대한 저항은 1921년에 이르러 심각한 수준에 이르렀다. 공장노동자들의 반란과 농민반란이 빈발하는 가운데, 멘셰비키와 사회혁명당은 '공산당 타도'와 '소비에트 정부 타도'를 구호로 내걸고 파업을 선동했다. 급기야 3월에는 체제의 지지자였던 크론시타트Kronstadt 해군 요새의 수병이 대규모 군사 반란을 일으켰다가, 약 열흘 만에 1만 5000여 명이 적군에게 학살당했다. 이 사태에 자극받은 레닌은 결국 전시 공산주의 정책에서 '자본주의로의 전략적 후퇴'를 하지 않을 수 없었다. 크론시타트 반란이 진행되는 가운데 열린 제10차 공산당 대회는 식량 징발제를 식량 세제稅制로 전환함으로써 전시 공산주의에 종지부를 찍고 신경제정책으로 이행했다.

3) 독일혁명

패전과 제국의 몰락　　1917년에 제국 의회에서 야당의 활동이 활발해지자 빌헬름 2세는 프로이센에 보통선거 허용을 포함한 몇 가지 정치개혁을 약속했다. 그러나 단순히 약속만으로는 불만을 잠재우지 못했다. 제국의회에서는 가톨릭교의 중앙당, 민주적 제도의 옹호자인 진보당, 사회주의자인 사회민주당 등 야당이 다수를 구성하고 있었다. 이 정당들은 보수파의 전쟁 목적을 논박했을 뿐만 아니라, 파울 폰 힌덴부르크von Hindenburg 장군과 에리히 루덴도르프 장군이 휘두르는 군사독재를 반대했다. 그들은 정치개혁으로 의회가 군부에 대한 통제권을 갖지 않고서는 강화 협정은 이룰 수 없다고 믿었다. 그들의 생각으로는, 군부는 전면적 승리에 기초하지 않고서는 결코 강화에 동의하지 않을 것이기 때문이었다.

1917년이 지나가는 사이에 전쟁을 반대하는 사회주의 극좌파는 정부에 대한 지원을 계속하는 사회민주당에서 떨어져 나갔다. 그들은 러시아 볼셰비키에 고무되어 스파르타쿠스 동맹Spartakusbund을 결성했는데, 이들은 노동자와 병사들에게 '제국주의 전쟁'을 계속하는 것이 얼마나 쓸데없는 짓인가를 설득하려고 노력했다. 또 하나의 분파는 4월에 창립된 독립사회민주당Unabhängige Sozialdemokratische Partei이었는데, 이들은 사회주의자와 부르주아 정당 간의 협력을 반대하고, 러시아의 차르 체제가 전복함으로써 전쟁은 목적을 잃었다고 주장했다. 스파르타쿠스 동맹은 대중적 기반을 얻지 못한 데 비해, 독립사회민주당은 대중정당으로 발전하는 한편 스파르타쿠스 동맹과 느슨한 연계를 맺고 있었다.

1918년 9월 말 발칸 전선이 무너지고 서부 전선에서 연합국의 대공세가 성과를 거두자, 국토가 적국에 짓밟힐 것을 우려한 독일 군부는 정부에 휴전을 모색할 것을 요청했다. 빌헬름 2세는 10월 2일 자유주의적 귀족 막스 폰 바덴Max von Baden 공을 수상에 임명하고 의원내각제 개헌을 허용했다. 바덴 공은 즉각 제국의회 다수당으로 내각을 구성했는데, 그리하여 독일 역사상 처음으로 '위로부터의 혁명'으로 의회주의 내각이 탄생했다. 이튿날 바덴 공은 윌슨 대통령에게 강화를 요청하는 서한을 보냈다. 독일이 이렇게 입헌 정부로의 개혁을 시도했음에도, 윌슨은 협상을 거부하고 황제가 퇴위하든 항복을 하든 선택하라고 압박했다.

독일은 윌슨의 요구에 부응하기 위해 10월 28일 입헌군주정을 수립했다. 황제의 군 통수권이 크게 줄고 내각은 의회에 책임을 지게 되었다. 불과 3주 만에 권력이 황제로부터 제국의회로 평화로운 방법으로 넘어갔다. 이는 엄청나게 중요한 개혁이었으나, 불행하게도 너무 늦게 이루어졌다. 패전의 암울한 분위기가 퍼지는 가운데 사방에서 황제 폐위의 목소리가 높아졌다. 급기야 킬Kiel 군항 수병들이 영국군을 공격하라는 출항 명령을 거부한 채, 11월 3일 폭동을 일으키고 이튿날 노동자와 함께 평의회Rat(러시아의 소비에트에 해당)를 결성했다. 이런 움직임은 곧장 북독일 항구 도시로 확산했고, 6일에 이르러 모든 주요 도시와 항구에 노동자-병사 평의회가 설치되었다. 여러 도시에서 혁명적 소요가 분출하고, 8일에는 바이에른에서 독립사회민주당이 주도하여 군주정을 무너뜨리고 공화국을 선포했다.

그럼에도 황제는 퇴위를 거부했다. 사회민주당 에베르트가 수상에게 총파업을 위협하며 황제의 퇴위를 압박했다. 마침내 9일 바덴 수상이 황제와 아무런 상의 없이 일방적으로 황제의 퇴위를 선언했으며, 위헌적 절차임을 무릅쓰고 수상 자리를 사회민주당 프리드리히 에베르트에게 넘겨버렸다. 에베르트 정부는 사회주의 공화국을 선포했다. 황제는 네덜란드로 망명하고, 다른 군주들은 자리에서 물러났다. 이틀 뒤 에베르트 정부는 휴전 협정에 서명했다.

임시정부와 제2혁명의 실패　　얼마간의 무질서와 폭력 사태가 발생하고 노동자-병사 평의회가 또 하나의 중요한 권력 기구로 기능하기는 했으나, 1918년의 법적 혁명은 급진적 변화를 거의 가져오지 않았다. 2월 혁명 이후의 러시아 임시정부처럼, 사회민주당과 독립사회민주당으로 구성된 임시정부는 토지나 기간산업의 국유화와 같은 주요 사회개혁은 추진하지 않았다. 에베르트는 근본적 개혁은 정상적으로 선출된 정부의 수립을 기다려야 한다고 주장했다. 제헌의회 선거일이 1919년 1월 19일로 잡혔다. 사회민주당은 자칫하면 급진적 조치가 공산주의자에게 판을 깔아주거나, 혹은 연합국이 독일에서 사회혁명이 일어나는 것을 막기 위해 개입하는 사태를 초래하게 될지도 모른다고 염려했다. 그래서 임시정부는 보수 집단의 힘과 위세를 꺾어놓을 조치를 아무것도 하지 않았다. 장교단, 귀족, 산업자본가, 대지주, 제국 관료 등 반민주적 집단이 버젓이 온존함으로써, 이후 바이마르Weimar공화국이 독일에서 처음으로 공화국 체제를 확립하려고 애쓸 때 크나큰 장애가 되었다.

카를 리프크네히트Liebknecht와 로자 룩셈부르크Rosa Luxemburg가 이끄는 스파르타쿠스 동맹은 에베르트가 혁명을 배반했다고 비난하고 사회민주당에서 더욱 멀어져 갔다. 그들은 12월 말 독립사회민주당과의 관계를 청산하고 독일 공산당을 창건했으며, 공산당은 에베르트 정부를 노동계급의 적으로 규정했다. 이듬해인 1919년 1월 초순에 공산당은 노동조합 간부들과 손잡고 혁명위원회를 꾸리고, 혁명 정부 수립을 선언하면서 폭동을 일으켰다. 그러나 며칠간의 시가전 끝에 1월 13일 폭동은 비정규 부대인 자유 군단Freikorps에 진압되고 지도자 카를 리프크네히트와 로자 룩셈부르크는 체포되어 잔인하게 살해되었다.

그러나 그것으로 혁명의 기운이 완전히 사그라든 것은 아니었다. 1919년 1월 19일 시행된 제헌의회 선거에서 사회주의자가 안정적 다수 의석을 차지하리라는 좌파의 기대가 깨어지자, 혁명적 기운이 되살아났다. 공산주의자들이 조직한 시위와 파업이 여러 도시에서 산발적으로 일어났으며, 3월에는 베를린이 시가전과 혼란에 휩싸였다. 그러나 정부는 다시 악명 높은 자유 군단을 동원하여 1000명가량의 희생자를 내며 질서를 회복했다. 4월 초순에는 바이에른에서 극적인 사태가 벌어졌다. 뮌헨시를 장악한 독립사회민주당과 공산당이 각각 소비에트공화국 수립을 선언한 것이다. 그러나 이들의 시도는 결국 4월 말에 며칠간의 전투 끝에 진압되었으며, 뒤이어 자행된 백색 테러에서 지방 공산당 지도자와 노동자 수백 명이 처형되었다. 이 바이에른의 비극적 사태와 더불어 독일에서 러시아와 같은 소비에트공화국을 건설하려는 시도는 실패로 막을 내렸다.

독일 공산당의 급진적 이상주의자들은 러시아 볼셰비키가 이룩한 위업에 고무되어, 독일 역시 프롤레타리아 혁명을 위한 여건이 무르익었다고 잘못 생각했다. 그러나 독일 노동계급은 의회민주주의를 신뢰했으며, 그들의 운명을 폭력 혁명에 쉽게 맡기려고 하지 않았다. 급진 공산주의자들의 섣부른 폭력 혁명 시도는 오히려 노동계급을 분열시키고 에베르트 정부를 더욱 우경화하게 하는 결과만 낳았다.

제헌의회 선거에서는 온건 정당들이 승리했으며, 사회민주당이 가장 많은 표를 얻었다. 바이마르에서 소집된 제헌의회는 1919년 중엽 민주적 헌법을 제정했다. 바이마르 헌법은 대통령, 의회에 책임을 지는 수상, 국민투표제 등을 규정했다. 그에 더하여 헌법은 노동권, 개인의 자유, 18세까지 학생의 의무교육을 보장했다. 그러나 새 체제가 가동되자 금방 단점이 드러났다. 다당제로 인해 정부는 불안정한 연립으로만 운영될 수밖에 없었고, 연립정부는 자주 무너져 대통령이 비상 대권decree에 의해, 따라서 헌법적 절차를 우회하여 통치하는 일이 벌어졌다.

4) 합스부르크제국과 오스만제국의 해체

합스부르크제국의 해체　　합스부르크제국은 러시아와 독일처럼 사회주의적 혹은 자유주의적 격변 때문이 아니라 민족주의 운동의 원심력 때문에 무너졌다. 전쟁 도중에 폴란드·체크·세르비아·크로아트·슬로벤·몬테네그로의 망명객들은 연합국의 수도에서 그들의 대의를 선전했고, 특히 미국 윌슨 대통령의 호의를 얻었다. 1918년 그들은 오스트리아의 피압박민족대회를 결성했고, 연합국 편에서 싸울 자원 부대를 조직하기도 했다. 연합국들은 오스트리아-헝가리 이원 왕국을 약화하기 위해 이들 민족 집단의 열망을 기꺼이 북돋아주었다. 그리고 체코슬로바키아와 유고슬라비아의 독립을 이들 국가가 실제 창건되기도 전에 승인하기도 했다.

1918년 가을에 오스트리아-헝가리 이원 왕국은 해체되었다. 탈영병이 속출한 그 군대는 발칸 전선과 이탈리아 전선에서 무너졌으며, 각 도시에서 폭동이 일어나 빈 정부가 지방을 통제하는 것이 사실상 불가능해졌다. 11월 3일 오스트리아는 휴전 조약에 서명했다. 11일 황제는 제위에서 물러나고, 이튿날 의회는 공화국을 선포했다. 공산주의자·사회주의자·가톨릭 보수주의자 간에 반목이 심각한 가운데 1919년 초에 제헌의회가 소집되었는데, 제헌의회는 오스트리아가 새로 창건된 독일공화국에 가입할 것을 가결했다. 그러나 이 결의는 연합국들이 즉각 거부했기 때문에 무산되었다. 그 뒤 제헌의회는 1920년에 헌법을 제정하고 공화국을 수립했는데, 신생 공화국은 연립정부를 통해 비교적 안정된 정국을 유지했다. 그러나 이원 왕국 때의 공업 지대는 대부분 체코슬로바키아로,

농업지대는 헝가리와 루마니아로 넘어갔기 때문에, 오스트리아는 주로 산악 지역으로 이루어진 내륙의 소국으로 전락하여 산업 발전의 전망이 어두웠다.

이원 왕국에서 분리된 헝가리는 1918년 11월 공화국 정부를 수립하고, 경작지 대부분을 소유한 소수 귀족 계급을 약화하기 위해 온건한 토지개혁을 시도했다. 그러나 전란으로 인해 사회가 혼란스럽고 가혹한 강화조건에 대한 국민의 분노가 높은 가운데, 볼셰비키 언론인 쿤 벨러Kun Bála(1886~1938)가 레닌의 도움을 받아 공산당을 창당하고 1919년 3월 사회민주당과 손잡고 소비에트 정부를 수립했다. 그렇지만 사유재산제를 폐지하는 등의 공산주의 정책은 중산층의 불만을 샀으며, 헝가리는 곧 내전에 빠져들었다. 보수파인 호르티 미클로시Horthy Miklós(1868~1957) 제독이 결국 1920년 공산주의 체제를 몰아냈다. 이후 수개월 동안 좌익분자에 대한 백색 테러가 뒤따랐으며, 쿤은 모스크바로 망명했다. 그리하여 헝가리에서도 독일에서도 1918년 말에서 1920년 초까지 부풀었던 혁명의 꿈이 물거품처럼 사라졌다.

호르티는 합스부르크가의 복위를 주장하며 다시 군주정을 수립하고 섭정이 되었다. 그러나 연합국이 합스부르크가의 복위를 반대했기 때문에, 호르티는 이를 명분으로 합스부르크가를 받아들이지 않은 채 그의 보수적이고 민족주의적인 섭정 체제를 고수했다. 국왕이 존재하지 않는 이 이상한 섭정 체제는 1944년 헝가리의 두 번째 공산주의 정권이 들어설 때까지 존속했다.

오스만제국의 혁명　이원 왕국과 비슷하게 오스만제국 역시 연합국의 지원을 받은 민족주의 운동으로 갈가리 찢어졌다. 그렇지만 왕정은 종전과 함께 곧장 무너지지는 않았다. 술탄은 민족주의적 내각을 해임하고 영토 일부를 점령한 연합국에 협력함으로써 왕위를 지키고자 했다. 그러자 무스타파 케말 파샤 Mustapha Kemal Pasha(1881~1938) 장군이 나약한 술탄에 반대하면서 민족주의 운동을 조직하여 튀르크가 더 이상 해체되는 것을 막으려 했다. 술탄 정부가 그의 직위를 해제하자 그는 군복을 벗고 혁명가로 변신했다. 케말은 1915년 갈리폴리

전투에서 세계 최강의 영국군을 물리치고 바람 앞의 등불 같은 조국을 구해 일약 민족의 영웅으로 떠오른 인물이었다. 그는 그때 지도자를 뜻하는 파샤라는 칭호를 얻었다.

외래 점령군의 사실상의 포로 신세가 된 술탄이 연합국이 제시한 가혹한 강화조건을 받아들이려고 하자, 케말 파샤는 연합국에 굴복하기를 거부했다. 그는 민족주의자들과 함께 1920년 4월 앙카라Ankara에 국민의회를 소집하고 임시정부를 수립했다. 그는 동쪽에서 아르메니아의 침공을 물리치는 한편, 서쪽에서는 튀르크 영토에서 그리스를 몰아냈다. 이런 성공으로 케말 파샤는 국민적 지지를 한 몸에 그러모았다. 1922년 그는 마침내 술탄제를 폐지하고 1923년 7월 연합국과 좀 더 유리한 조건으로 로잔 조약을 체결했다. 그는 10월에 공식적으로 터키공화국을 수립하고 초대 대통령이 되었다.

케말 파샤는 죽을 때까지 15년간 재위하면서 착실하게 개혁을 추진하여 신생 터키공화국을 근대화하는 데 헌신했다. 그는 정치와 종교를 분리한 근대적인 세속주의 헌법을 채택하여 인구 90% 이상이 무슬림인 나라에서 국교를 폐지했다. 그는 또한 여성을 복장에서 해방하고, 남녀평등 교육을 시행하고, 아랍 문자 대신 로마 문자를 채택하고, 이슬람력을 그레고리력으로 바꾸는 등 서유럽 문물을 적극적으로 받아들였다. 그리고 1930년에는 아시아에서 처음으로 여성이 선거권을 얻었다. 의회는 1934년 케말 파샤에게 튀르크인의 아버지란 뜻의 아타튀르크Atatürk란 칭호를 바쳤다.

신생 독립국들   제국의 해체로 생겨난 동부와 중부 유럽의 새 민족국가들도 전쟁의 후유증으로 혁명적 변화를 겪었으며, 그 변화는 어느 정도 사회혁명의 요소를 지니고 있었다. 폴란드, 체코슬로바키아, 루마니아, 유고슬라비아에서 새로운 세력들이 옛 관료와 지주 계급을 대신하면서 정치와 경제 권력을 장악했다. 분명 그와 같은 변화는 민족자결의 기치 아래에서 일어났으며, 민족 안의 서로 다른 계급이 민족적 애국심으로 함께 단결했다. 그렇기는 하지만 그 이전에 사회의 최상층은 대부분 오스트리아인, 헝가리인, 러시아인, 독일인이 차지하고 있었기 때문에 이들 새 민족국가의 수립은 자연히 사회혁명의 성격을 띠게 마련이었다. 이 점은 특히 토지 소유와 관련해서 더욱 그러했다. 종전 직후 몇 년 사이에 대다수 동유럽 국가에서 대농지는 쪼개져서 농민에게 분배되었다. 주로 귀족 가문이 소유했던 이 대농지들은 1918년 이전에는 그 지역의 특징이었기 때문에, 그 변화의 규모와 의미는 대단히 컸다. 헝가리, 폴란드 일부 지역, 동부 독일에서만 전전戰前의 지주들이 그들의 지위를 유지했고, 그 경우에도 간신히 그럴 수 있었다.

3. 전간기의 서유럽

1) 평화와 번영의 모색

전후 경제 상황과 인플레이션　　전쟁에 쏟아 부은 어마어마한 비용 때문에 패전국은 말할 나위도 없지만, 승전국조차 절망적인 경제 상황에 직면했다. 수백만 명의 병사들이 제대하고 노동시장에 돌아왔다. 영국은 베르사유 조약 이후 최소한의 물가 상승을 겪은 뒤, 2년 만에 전전 수준의 안정을 되찾았다. 그러나 대륙 국가들은 물가와 화폐의 안정을 그만큼 쉽게 이루지 못했다. 프랑스는 1926년까지 통화가 안정되지 못해, 그해에 달러 대비 프랑화 가치는 1914년의 1/10에 불과했다. 그러나 이는 다른 나라에 비하면 아무것도 아니었다. 오스트리아는 물가가 1922년에는 전전의 1만 4000배이었다가 이 해에야 겨우 안정이라고 할 정도에 이르렀다. 헝가리 물가는 2만 3000배나 뛰었는데 이는 폴란드의 250만 배, 러시아의 40억 배에 비하면 그야말로 새 발의 피였다.

더 나아가 신생 바이마르공화국은 그야말로 인플레이션 현상의 극단을 보여주었다. 전전에 1달러는 4.2마르크와 같았는데, 전후에 환율이 정신없이 치솟더니 프랑스가 루르를 점령한 뒤 1923년 말에 최고점에 이르렀을 때는 1달러가 무려 4조 2000억 마르크와 교환되었다. 마르크로 불쏘시개를 사는 것보다 아예 돈을 불쏘시개로 쓰는 것이 더 싸게 먹혔다. 이 최악의 시기에 중앙은행은 2000대의 인쇄기를 동원하여 밤낮으로 돈을 찍어냈다. 바이마르공화국의 모든 국민이 인플레로 고통을 받았지만, 고정 소득의 연금 수급자는 다른 사람보다 곱절이나 더 고통받았다. 자유주의 정치체제의 버팀목이 되는 부르주아는 그들의 노동 가치뿐 아니라 저축과 보험의 가치마저 인플레에 빼앗겼다. 중간계급과 자유주의 전통이 탄탄한 나라에서는 민주주의가 인플레의 폭풍을 그럭저럭 견딜 수 있었다. 그러나 그렇지 못한 중부 유럽과 특히 인플레가 최악인 독일에서는 독재와 전체주의가 성장할 기름진 토양이 마련되었다.

부채와 배상 문제　　전쟁으로 유럽과 미국의 경제 관계가 역전되었다. 전전에 미국은 유럽에 37억 5000만 달러에 이르는 빚을 진 채무국이었는데, 1919년에는 거꾸로 유럽이 미국에 100억 달러 이상의 빚을 졌다. 미국이 차관을 회수하려 했으나, 채무국들은 독일로부터 배상금을 받아 갚으려 했다. 바이마르 정부는 천문학적 배상금을 해결하기 위해 엄청난 양의 화폐를 찍어냈는데, 그에 따라 인플레가 천정부지로 치솟았다. 독일 경제가 배상금 상환을 제대로 이행하기 어려운 상태라는 것이 드러났다. 그런데 독일이 배상을 제대로 이행하지 않으면 승전국들은 미국에 진 빚을 갚기 어려웠다.

독일이 1923년 초에 결국 배상을 중단하자, 프랑스는 11월 벨기에와 이탈리아의 지원을 받아 군대를 독일 최대 공업 지대인 루르로 진격시켰다. 프랑스는 루르의 탄광과 공장을 가동하여 현물로 배상받으려 했다. 그러나 이는 문제 해결에 도움이 되기는커녕, 오히려 독일 급진 정객들의 입지를 넓혀주는 꼴이 되었다. 루르의 노동자들이 정부의 격려를 받으면서 프랑스 군대에 도전해서 파업을 일으켰고, 많은 노동자가 투옥되었다. 프랑스는 점령으로 거의 아무런 소득도 얻지 못했다. 그런데 1923년 이후에 미국 자금이 넉넉하게 공급되자 경제적 폭풍이 어느 정도 잠잠해지게 되었다. 그런 한편으로 보호주의가 더욱더 국제무역의 기조가 되고, 경제적 자립 혹은 자급자족이 점점 더 많은 나라의 정책이 되었다. 그렇기는 하지만 생산은 곧 전전 수준에 이르렀고, 통화는 1920년대 중반에 안정되기 시작했다. 많은 사람이 직업을 얻고, 중간계급은 어느 정도 자신감을 되찾고, 사회가 안정을 찾아갔다. 프랑스가 루르에서 군대를 철수하여 국제적 긴장도 완화되었다.

정상 상태의 회복을 위해 무엇보다 중요했던 것은 1924년 8월 미국 은행가 찰스 도스Charles Dawes가 이끄는 국제위원회가 독일의 지급 능력을 감안하여 좀 더 관대한 배상 정책을 마련한 일이었다. '도스안Dawes Plan'은 배상 기한을 연장하여 연간 배상액을 줄이는 한편, 미국이 독일의 경제 회복을 돕기 위해 2억 달러의 차관을 제공하기로 했다. 도스안은 그 뒤 1929년 미국 기업가 오언 영Owen Young이 주도한 '영안Young Plan'으로 대체되었는데, 영안으로 배상금 총액이 1/4로 줄고 배상 연한도 59년으로 연장되었다. 이러한 조치에 힘입어 독일 정부는 연합국에 배상을 재개했고, 연합국은 그 돈으로 미국에 빚을 갚아나갔다. 미국은 사실 자신의 돈을 되돌려 받은 셈이었다.

군비 축소와 전쟁 방지 노력　　유럽은 경제를 회복하려고 애쓰는 한편, 평화를 확립하기 위해서도 많은 노력을 기울였다. 전쟁 재발을 막아야 한다는 국제적 여망을 반영하여 미국은 워싱턴회의(1921~1922)를 주선했다. 이 회의의 주제는 해군 군사력의 감축이었는데, 이는 해군이 제국주의적 침략의 주력이기 때문이었다. 워싱턴회의에서 미국·영국·프랑스·이탈리아·일본의 5대 해상 강국은 주력함의 보유 비율에 합의하고, 앞으로 10년간 주력함을 건조하지 않기로 합의했다. 이어 1927년에는 보조함을 제한하기 위한 회의가 제네바에서 열렸는데, 이 회의는 아무런 소득 없이 끝났다. 그러다가 1930년 경제공황이 진행되는 가운데 다시 런던군축회의가 열려 미국·영국·일본이 보조함 보유 비율에 합의를 보았지만, 프랑스와 이탈리아는 이견으로 참여하지 않았다. 2년 뒤에는 해군력을 넘어서서 모든 분야의 군비를 축소하기 위한 노력이 시도된바, 국제연맹이 주도한 제네바군축회의(1932~1934)에는 59개 회원국과 비회원국인 미국과 소련이 참석했다.

열강은 군비를 축소하려는 노력과 더불어 전쟁을 방지하기 위한 노력도 함께 기울였다. 1923년 프랑스군의 루르 점령으로 야기된 프랑스와 독일 간의 긴장은 2년 뒤 로카르노Locarno 협정으로 해소되었다. 이 협정에서 독일·프랑스·벨기에는 베르사유 조약이 규정한 라인란트 국경선을 그대로 유지하고, 영국과 이탈리아가 이를 보증하기로 합의했다. 로카르노 협정으로 북돋워진 화해 분위기 속에서 이듬해 독일이 국제연맹에 가입했다. 1928년에는 미국 국무장관 켈로그와 프랑스 외상 브리앙이 주도하여, 전쟁을 국가 정책의 수단으로 삼기를 거부할 것을 요구한 켈로그-브리앙 협정Kellogg-Briand Pact이 맺어졌다. 처음에 15개국이 참여한 이 부전조약은 차츰 확대되어 1936년에는 63개국이나 참여했다.

그러나 1930년대에 유럽이 경제공황의 물결에 휩쓸리면서, 국제 무대에서 국제연맹과 집단 안보에의 믿음이 급속히 사라지기 시작했다. 1933년 일본과 독일은 제네바군축회의가 진행되는 도중에 국제연맹을 탈퇴했으며, 각국의 이해관계를 조정하지 못한 제네바군축회의는 결국 아무런 성과도 거두지 못한 채 막을 내리고 말았다. 침략자를 제재하거나 처벌할 수단을 마련하지 못한 부전조약 역시 군국주의와 파시즘의 바람이 불자 실효성 없는 말잔치에 그치고 말았다. 1933~1939년 사이에 독일과 일본 외에도 10개국쯤이 국제연맹을 탈퇴했다. 베르사유 조약의 수정을 요구하는 목소리가 높아졌으며, 몇몇 나라는 그들의 요구를 관철하기 위해 무력을 행사했다. 많은 나라가 재무장을 서둘렀다.

대공황   1920년대 후반 수년 사이에 유럽은 번영이라 할 만한 상태를 회복했다. 자금의 국제적 흐름이 회전목마처럼 미국 → 독일 → 연합국 → 미국으로 순환하는 한 국제통화 체제는 제대로 작동했다. 그런데 그 순환이 깨어지는 순간 세계 경제는 불황의 늪으로 빠져들었다. 1928년과 1929년에 미국 투자가들이 붐이 인 국내 증권시장에 투자하기 위해 유럽에서 자금을 회수하기 시작하자 그 체제는 무너졌다. 한 해 전에는 쉽게 허용되었던 차관의 연장이 거부되었다. 1929년 10월 29일 미국 주식시장이 붕괴하기 전에 이미 재앙의 그림자가 드리우기 시작한 것이다.

미국은 그사이 세계의 경제 중심이 되었고, 그 정책은 세계 재정 건전성에 큰 영향을 미쳤다. 방대한 국내 시장이 있는 미국은 끝없는 성장이 가능하다는 인상을 주었다. 그러나 전전에 번영의 초석이었던 자유무역, 금본위제, 호환 가능한 통화 등과 같은 상황이 무너지고 있었다. 국내 산업의 보호를 위해 높은 관세 장벽을 쌓는 자급자족 정책이 국제 경제의 건강을 해쳤다. 역설적으로 미국이 고율 관세의 길을 이끌었고, 다른 나라들이 재빨리 반격했다. 그 결과 미국의 대외 무역은 쇠퇴하고 세계 무역 규모는 크게 줄어들었다. 또 다른 위험 신호가 있었다. 유럽은 인구가 크게 줄었다. 내부 시장의 위축이 높은 관세 장벽만큼이나 무역에 영향을 끼쳤다. 1920년대에 농업 부문은 전 세계에 걸쳐 곡가 하락으로 어려움을 겪었으며, 과잉 생산으로 세계의 농업과 관련한 이익집단이 고통을 받았다. 1920년대 말에 아시아인이 굶주릴 때, 미국 워싱턴 곡물 재배 농부들은 곡물을 스네이크Snake강에 쏟아버렸다. 세계 곳곳에서 많은 농부가 빚을 갚지 못해 파산했다. 시골이 도시보다 먼저 경제적 비극을 맛보았다.

1920년대 후반에 유럽에 찾아온 경제 회복과 낙관적 분위기는 결국 1929년에 촉발된 대불황으로 산산조각이 났다. 세계경제에서 차지한 미국의 비중 때문에 미국 증권시장의 붕괴는 곧장 전 지구적 반향을 일으켰다. 미국은 세계 인구의 고작 3%로 전 세계 산업 생산물의 46%를 생산했다. 이러한 미국의 1920년대 금융을 때로는 무모한 투기업자들이 좌지우지했는데, 이들은 장기적 안정보다는 눈앞의 이윤 추구에 몰두했다. 이들 투기업자의 맹목적 이윤 추구가 미국 경제의 파탄을 불러오고, 이는 또한 세계의 재앙으로 확대되었다.

1929년 10월 24일 검은 목요일에서 29일 검은 화요일 사이에 뉴욕 주식시장이 완전히 무너졌다. 주가는 불과 수주 만에 1/3 토막이 나고, 수많은 은행과 기업이 쓰러졌다. 세계경제의 상호 의존 구조, 연합국의 부채와 배상 구조, 농업 위기의 확산, 부적절한 세계 금융 체제 등의 요인 탓으로 미국의 불황은 전 세계에 충격을 미쳤다. 미국이 단기 차관을 회수하자 유럽의 유수한 은행과 기업이 연쇄 파산했다. 각국에서 회사와 공장이 문을 닫고, 경제가 침체의 늪에 빠져들었다. 최악의 해였던 1932년에 미국과 영국에서는 노동자 25%가, 독일에서는 노동자 40%가 일자리를 잃었다. 주식에 투자한 중간계급은 투자금을 날려버렸다. 직장에서 쫓겨나고 굶주린 대중들이 극단적 방책을 약속하는 선동가의 말에 귀를 기울이고 그 주변에 몰려들었다. 경제적 파탄은 전에도 흔히 있었지만, 그토록 오랫동안 그토록 광범한 반향을 일으킨 적은 없었다.

공황이 확산하자 전쟁 부채 문제가 다시 불거졌다. 1931년 미국 허버트 후버 Herbert Hoover 대통령의 제안으로, 국제 차관과 전쟁 부채의 상환을 1년간 유예하는 조치가 단행되었다. 다음 해에는 유럽의 연합국이 로잔Lausanne 회의를 열어 독일의 배상금을 사실상 없애주면서 이에 상응하여 미국이 전쟁 부채를 감축해주기를 기대했다. 그러나 미국은 배상과 부채는 별개 문제라며 그 요구를 거절했다. 불황이 깊어지자 채무국들은 상환을 계속할 수 없었다. 프랑스는 1932년 상환을 거부했고, 독일은 1933년 이후 배상금 지급을 완전히 중단했다. 영국과 다른 나라도 결국 1934년 상환을 전면 중단했다. 오직 핀란드만 정해진 대로 상환을 계속했다.

대공황에의 대응　　고전적 자유주의 원리는 경제 위기 앞에서 무력했다. 각국 정부는 관세율을 높이고 흔히 전시에 임시변통으로 쓰이는 통제경제를 시행했다. 거의 한 세기에 걸쳐 자유무역 정책을 고수해 온 영국은 1932년 마침내 영연방 회원국을 보호하는 규정과 함께 고율 관세를 입법화했다. 자유방임 전통이 강한 미국 역시 1930년 많은 종류의 농산물과 공산품의 수입에 부가가치세를 50%나 높였다. 이와 같은 관세 정책은 다른 나라의 보복 관세를 불러일으키고, 이는 부메랑이 되어 자국 산업을 위축시키는 악순환을 낳았다. 미국과 영국을 포함한 몇몇 나라는 금 비축량의 고갈에 대처하기 위해 금본위제를 포기했는데, 이는 화폐의 평가 절하와 화폐가치 변동 폭의 확대를 초래했다. 한편 몇몇 전체주의 국가는 폐쇄적 경제체제를 수립함으로써 불황을 돌파하고자 했다. 히틀러의 독일이 자급자족 체제의 놀라울 만큼 성공적인 사례가 되었다.

19세기의 경제적 자유주의는 제1차 세계대전 때 총력전을 수행하기 위해 정부 기능을 확장할 필요가 생기면서 크게 위축되었는데, 대공황을 맞으면서 거의 숨통이 끊어졌다. 미국의 뉴딜New Deal, 소련의 사회주의 계획경제, 이탈리아와 독일의 파시즘적 경제 통제 등의 옹호자는 모두 국민의 경제생활에 국가가 개입할 필요성에 공감했다. 다만 한편으로 민주주의자와 다른 한편으로 공산주의자 및 파시스트를 가르는 기본 쟁점은 그러한 경제 통제가 정치에 미칠 영향의 문제였다. 민주주의자는 정부가 경제문제에 개입하더라도 정치적 자유는 지킬 수 있다고 믿었던 반면, 후자들은 경제적 통제와 정치적 통제를 당연한 듯 결합했다.

2) 서방 민주국가의 상황

세계대전의 충격　　전쟁의 충격은 패전국에 혁명의 문을 열었지만, 승전국에도 만만찮은 후유증을 남겼다. 전에 없던 전쟁은 유럽인이 자신의 문명을 되돌아보게 했다. 전쟁을 직접 겪은 젊은이들은 스스로를 '잃어버린 세대Lost Generation'로 생각했다. 전통적 도덕과 가치관이 송두리째 흔들리고 자유주의 질서가 크게 훼손되었다. 지도적인 자유주의 국가였던 영국과 프랑스가 지금까지 행사해 왔던 패권이 더는 통하지 않게 되었다. 전쟁을 수행하면서 두 나라는 모두 해외 투자를 대부분 처분해야 했으며, 유럽인이 서로 싸우는 모습을 보면서 식민지인들은 그들의 정복자에게 느꼈던 두려움을 벗어던졌다.

전쟁은 자유주의의 여러 제도를 무너뜨렸는데, 특히 대기업과 자유시장 같은 자본주의 경제체제에 치명타를 가했다. 모든 참전국은 기업 통제를 강화했고,

인력의 징집이 강제였듯이 경제적 자원의 징발 역시 그러했다. 전쟁을 위해 자유방임 원칙이 무시되었고, 기업 자체가 살아남기 위해 더욱더 국가에 기대야 했다. 전쟁이 끝난 뒤 서방 국가들은 전전 상태로 돌아가려 했지만, 그것이 불가능하다는 걸 깨달았다. 자유방임은 사실상 종언을 고했다.

그리고 19세기 자유주의자들이 추구했던 의회 정부 역시 모든 곳에서 도전에 직면했다. 오직 스칸디나비아의 노르웨이, 스웨덴, 덴마크 세 나라에서만 대의정부는 순탄하게 굴러갔다. 이들 나라는 1920년대 내내 경제적 번영을 이어갔으며, 대공황기 동안에도 다른 나라보다 고통을 덜 받았다. 스위스, 네덜란드, 벨기에 역시 비교적 높은 생활수준을 유지했고, 정부는 민주주의적 길을 계속 나아갔다. 그런데 영국과 프랑스를 비롯한 다른 대다수 민주국가는 경제적 위기를 맞아 지금까지 사적 영역으로 여겨지던 많은 문제에 점점 더 많이 개입했다. 그리고 기능이 확대되면서, 정부는 전통적 자유주의 원칙과 관행의 일부를 버리고 집단주의를 발전시켰다. 그러면서 민주국가들은 차츰 복지국가를 향해 나아갔다.

영국　　영국은 수많은 사상자를 내고 공습으로 런던이 파괴되기도 했으나, 대륙의 다른 나라보다는 피해가 가벼웠다. 전쟁 중에 영국은 공산품 시장을 미국과 일본에 많이 잃었으며, 전후에 석탄·강철·직물과 같은 공업의 쇠퇴로 어려움을 겪었다. 그러나 영국은 곧 경기를 회복하고 1925~1929년에는 번영을 누렸다. 여성은 비록 30세 이상이라는 나이 제한이 있었으나, 총력전에 이바지한 공을 인정받아 처음으로 1918년 총선에서 참정권을 행사했다. 그 선거에서 승리한 자유당의 로이드 조지는 1922년까지 연립정부를 이끌었으나, 그는 그 대가로 자유당을 분열시켰다. 이때의 분열을 극복하지 못한 자유당은 노동계급의 지지를 신생 노동당에 빼앗기고 다시는 집권 기회를 얻지 못한 채 쇠퇴했다. 로이드 조지에 이어 스탠리 볼드윈Stanley Baldwin이 보수당 정부를 이끌었으나, 1923년 12월 선거에서 과반 의석을 얻지 못하고 제2당인 노동당에 정권을 넘겨주었다.

노동당의 램지 먹도널드Ramsay MacDonald는 제3당으로 전락한 자유당과 연대하여 이듬해 1월 최초로 사회주의 정부를 수립했다. 그의 정부는 민주주의의 틀 안에서 사회주의 정책을 도입하려 했으나, 소수 정부로서의 입지가 너무나 좁았다. 정부 정책은 의회에서 번번이 제동이 걸렸고, 소련을 외교적으로 승인하고 무역을 활성화하려 하자 보수 언론이 공격을 퍼부었다. 다른 자본주의 국가도 마찬가지였지만, 신생 소련과의 관계는 뜨거운 감자와 같은 것이었다. 볼셰비즘에의 공포와 부채 변제를 일방적으로 거부하는 행태에의 분노 등으로 소련에 대한 거부감이 널리 퍼졌다. 먹도널드는 결국 유권자의 의사를 묻기 위해 10월에 총선을 실시했다. 그러나 보수 언론이 '빨갱이 공포'를 불러일으키는 가운데 보수당이 대승을 거두었다. 노동당의 첫 집권은 열 달 만에 끝났다.

볼드윈의 보수당은 대승으로 집권했으나 5년의 집권기는 그리 순탄치 못했다. 보수당은 노동당 정부가 소련과 맺은 조약을 파기하고 외교 관계를 단절했으나, 노동당의 대륙 협력 정책은 이어갔다. 경제가 차츰 활력을 회복하자, 1925년 정부는 1919년에 폐지한 금본위제를 되살렸다. 이 조치로 파운드화의 가치가 높게 조정됨으로써 수출 경쟁력이 심각한 타격을 입었다. 고용주들은 이에 임금 삭감이라는 손쉬운 방법으로 대처했으며, 그러자 광부의 파업을 시작으로 노동자들은 1926년 5월 총파업을 감행했다. 사실상 거의 모든 산업 활동이 멈춰 섰다. 노동조합의 잠재적 힘이 이렇게 강력한 효과를 발휘한 적은 일찍이 없었다. 문제 해결에 무능함을 보인 보수당은 총선에서 패했다.

1929년 5월 먹도널드는 선거에서 승리하고 두 번째 노동당 소수 내각을 꾸렸다. 노동당 정부는 다시 소련과의 관계를 회복하고, 독일의 배상액을 대폭 줄인 영안을 성립시키고, 런던군축회의에서 해군 군축 조약을 성사시키는 등의 외교적 성과를 거두었다. 그러나 집권 넉 달 만에 불어닥친 공황의 여파로 노동당 정부는 궁지에 몰렸다. 2년 만에 수출과 수입이 35% 줄고, 실업자 300만 명이 거리를 배회했다. 1931년 8월 결국 노동당 정부가 무너지고 거국내각이 수립되었다. 거국내각은 10월에 총선을 실시하여 의석을 거의 휩쓸다시피 했다. 보수당이 압도적 다수를 차지했으나 수상직은 먹도널드가 차지했다. 1918년 로이드 조지가 권력을 얻는 대가로 자유당을 분열시켰듯이, 먹도널드는 보수당과 연립을 추구함으로써 노동당을 분열시켰다.

1920년대의 영국은 정권과 관계없이 격렬한 노동쟁의와 실업 그리고 교역의 침체 등으로 전쟁의 후유증을 겪었다. 그에 따라 경제 및 공공복지 문제와 관련하여 국가의 역할이 꾸준히 확대되었다. 1930년대로 넘어가면서 불황이 더욱 깊어지자 먹도널드의 거국내각은 긴축 예산을 편성하고, 그토록 고수하려던 금본위제를 폐지하고, 통화를 규제하고, 한 세기에 걸쳐 지켜온 자유무역을 버리고 보호무역 정책을 채택했다. 석탄산업 같은 기간산업이 경쟁력이 떨어지자 의회는 보조금 지급을 의결했으며, 공업과 농업의 전반적 발전을 위해 정부는 광범한 경제 계획을 수립했다.

그와 더불어 정부는 세율을 높여 거둔 세금으로 교육 및 보건 시설을 확장하고, 산재 및 실업 보험을 개선하고, 좀 더 적절한 연금제도를 도입했다. 부유한 사람들은 소득의 큰 몫을 세금으로 떼이고, 죽을 때는 남은 재산을 거의 모두 상속세로 떼였다. 부자들로부터 살아가기는 어렵고, 죽기는 훨씬 더 어렵다는 볼멘소리가 터져 나왔다. 그러나 영국 정치가들은 불황이 수요 위축에서 나오며, 그래서 정부는 적자재정 지출을 통한 대대적인 공공사업으로 유효수요를 창출해야 한다는 경제학자 케인스의 권고는 크게 귀담아듣지 않았다. 어쨌거나 1934년 무렵부터 경제가 서서히 되살아나기 시작했다. 보수당과 손잡음으로써 당으로부터 배신자로 비난받으면서 거국내각을 이끌던 먹도널드는 1935년 6월 건강상 이유로 물러났다. 거국내각의 사실상 실권자였던 보수당의 볼드윈이 수상직을 물려받았다.

한편 제1차 세계대전에서 영국을 위해 큰 희생을 치른 영제국의 식민지와 자치령에서 자치 확대를 요구하는 목소리가 높아졌다. 그래서 1920년대에 본국과 자치령의 관계를 논의하는 제국 회의가 열렸으며, 그 결과 1926년에는 밸푸어 Balfour 선언이 채택되었다. 이 선언은 각 자치령을 영국 본국과 동등한 주체로 승

격시켜 내정의 자치뿐 아니라 군사 및 외교권도 갖게 할 것을 제안했다. 이 선언
은 1931년에 웨스트민스터법Statutes of Westminster으로 실현되어 영연방의 캐나다,
오스트레일리아, 뉴질랜드, 남아프리카공화국이 독립된 주권국가의 지위를 얻
었다. 이들 네 나라는 영국 국왕에의 충성과 공통의 언어, 전통, 법 원칙, 경제적
이해관계로만 하나로 묶이게 되었다. 인도의 경우는 오랜 협상 끝에 1935년 연
방 정부를 창설하고 각 지방에 실질적 자치권을 부여하는 인도정부법Government
of India Act이 제정되었다. 이 법은 제2차 세계대전 발발로 시행되지는 못했으나,
인도가 독립으로 가는 길에 중요한 이정표가 되었다.

　　자치를 요구하며 내전의 상황까지 치달았던 아일랜드 민족주의자들은 제1차
세계대전이 터지자 자치 운동을 잠정 중단했으나, 영제국의 다른 나라들과 달리
영국 정부에 대한 전쟁 지원을 거부했다. 불과 2년의 유예 뒤, 그들은 자치가 아
니라 한 걸음 더 나아가 완전 독립을 요구하고 나섰다. 1916년 부활절에 더블린
에서 무장봉기가 일어났다. 이 봉기는 420여 명의 사망자와 2600여 명의 부상
자를 내고 며칠 만에 진압되었으며, 진압 뒤에도 15명의 주동자가 처형되고 수
천 명이 투옥되었다. 이런 보복적 응징은 결국 아일랜드와 영국이 한 하늘을 이
고 함께 살 수 없게 되었음을 의미했다. 1922년 12월 마침내 영국의 승인 아래
영제국 안에서 아일랜드 자유국Irish Free State이 탄생했다. 그러나 이때 북부 얼스
터는 영국에 그대로 남았다. 아일랜드는 이후 차츰 영국과의 연결 고리가 대부
분 끊어지고 1937년 완전한 독립 공화국이 되었다. 그렇지만 영국에 잔류한 얼
스터는 20세기 내내 영국의 가장 골치 아픈 문제가 되었다.

프랑스　　프랑스는 민주국가 가운데 전쟁으로 가장 큰 고통을 겪었다. 인구
대비 인명 손실은 엄청났으며, 젊은이 열 명 중 두 명 이상이 목숨을 잃었다. 재
산 피해 또한 극심했다. 치열한 서부 전선의 전쟁터가 되었던 북부 지역은 농업
과 산업이 황폐해졌다. 전쟁의 경제적 충격, 위험 수준의 인플레, 사회적 갈등
등으로 정치적 불안정이 가중되었다. 게다가 전쟁이 끝나고 영국과 미국이 유럽

대륙 문제에서 한 걸음 물러난 뒤, 프랑스는 대륙의 국제 문제를 관리하는 짐을 떠맡아야 했다. 레몽 푸앵카레Raymond Poincaré 수상은 독일이 배상금 지급을 미적대자 1923년 1월 독일 공업 지역인 루르를 점령했는데, 이는 어떻게든 독일을 약화함으로써 안보를 확립하고자 한 조바심에서 나온 실책이었다. 루르 점령은 아무런 실익이 없이 독일과의 관계만 악화시켰다. 이 섣부른 사태를 제외하면 프랑스는 1920년대에는 전반적으로 국제적 역할을 무난히 수행했다. 그러나 1930년대에 독일과 이탈리아가 무장을 강화하기 시작하자, 프랑스는 안보 위기에 내몰렸다.

그러나 국내 정치 상황은 심히 불안정했다. 제3공화국은 다당제 의회 구조와 소수 정당의 연립으로 구성된 정부로 인해 불안정한 정국을 피하지 못했다. 내각이 들어섰다가 불과 몇 달 만에 무너지고, 새 내각 역시 전철을 밟는 일이 반복되었다. 1920~1929년 사이에 내각이 19번이나 바뀌었다. 전쟁이 끝나고 클레망소의 전시 연립내각은 쪼개졌다. 수많은 군소 정당은 선거 전략을 위해 편을 갈랐는데, 우파는 국민 블록Bloc national 그리고 좌파는 좌파 연합Cartel des gauches을 결성했다. 1920~1924년의 우파 집권기에 교황청과의 관계가 회복되고, 대통령 권한 강화가 시도되고, 안보를 위한 조약들이 체결되었다.

푸앵카레의 실책에 힘입어 1924년 좌파 연합이 선거에서 승리했다. 에두아르 에리오Édouard Herriot 정부는 다시 반교권 정책을 취해 교황청과의 관계를 단절하고 대통령 권한 약화를 추구했다. 에리오는 외교정책에서는 소련을 인정하고, 1925년 루르에서 군대를 철수함으로써 국제 긴장을 완화하려고 노력했다. 그러나 좌파 연합 정부는 악화하는 재정 위기를 해결하지 못했으며, 그 결과 1926년 푸앵카레가 좌우의 대표를 포함하는 내각을 조직하면서 재집권했다. 새 정부는 국채를 줄이고, 균형 예산을 채택하고, 프랑화를 80% 평가 절하했다. 유럽이 전반적으로 번영을 되찾아가는 데다가 이러한 조치들이 효력을 발휘하여 경제가 어느 정도 안정되었다. 외상 브리앙이 독일을 더욱 유화적으로 대하는 한편, 정부는 또한 마지노선ligne Maginot을 구축하기 시작했다. 이 방어선은 스위스 국경에서 벨기에 국경에 이르는 방대한 요새 체제로서 라인란트에 더 큰 안정을 가져다주었다.

공황은 프랑스에 다른 나라보다 늦게 찾아왔다. 프랑스는 다량의 금을 보유한 덕분에 어느 정도 번영을 유지했으나, 1932년에 결국 대공황의 영향을 느끼기 시작했다. 예산의 적자와 실업률이 증가하는 데 더하여, 프랑스는 되살아난 나치 독일의 위협에 대처하기 위해 재무장의 재정 부담도 져야 했다. 1932년 선거에서 좌익 진영이 승리했으나 내부 분열로 강력한 정책을 추진하지 못했다. 그에 따른 사회적 소요가 빈발하는 가운데 우익 집단이 성장했다. 특히 퇴역 군인, 학생, 파시즘 동조자 등으로 구성된 '불의 십자가Croix de Feu'는 민주주의를 부정하고 강력한 정부를 요구했다. 정부 각료가 연루된 부패 사건이 드러나면서 정부에의 불신이 더욱 깊어졌다. 가장 충격적인 추문은 1933년 12월에 터진 알렉상드르 스타비스키Alexandre Stavisky를 둘러싼 금융 사기 사건이었다. 그가 변사체로 발견되고 진상 조사가 지지부진하자, 대대적인 항의 시위가 벌어지고 그 과정에서 다수의 사상자가 발생했다. 이 사태의 결과 국민연합 정부가 들어섰는데, 이 정부는 2년 동안 파업을 견디면서 내란을 피했으나 국내외 문제를 제대로 해결하지 못했다. 1936년 봄 선거에서 결국 좌파 인민전선Front populaire이 권력을 잡았다. 인민전선은 사회당, 급진사회당, 공산당의 세 좌파 정당이 결성한 선거 연합이었다.

사회주의자 레옹 블룸Léon Blum(1872~1950)이 이끄는 인민전선 정부는 전통적 지배 엘리트의 재정 지배력을 축소하려고 노력하는 한편, 파시즘의 영향력 확장을 막기 위해 공산당과 협력했다. 그런데 공산당과의 협력은 모스크바의 지배를 받는 정당과 어떻게 함께 일할 것인가라는 통상적 문제를 포함하여 심각한 문제를 야기했다. 인민전선이 소련의 이익을 위해 프랑스를 독일과 싸우게 할지도 모른다는 두려움에 많은 유권자가 인민전선 지지를 거부했다. 외교 문제에서 인민전선 정부는 영국과 긴밀하게 협력하고 국제연맹 사업을 지원했다. 정부는 또한 이탈리아와는 적대 관계를 유지했으나 독일에는 유화적인 태도를 보였다. 스페인 내전(1936~1939)에 대해서 블룸 정부는 파시즘의 공격에 의한 내전을 우려하여 중립을 선언했다.

이와 같은 사회적·경제적·국제적 환경에서 블룸은 나라를 성공적으로 이끌수가 없었다. 블룸 정부는 담대한 사회주의적 개혁 정책을 추진했다. 프랑스은행Banque de France과 군수산업이 국유화되고, 주 40시간 노동과 유급 휴가 그리고 최저임금 등의 제도가 도입되었다. 블룸은 독점과 대기업으로부터 노동자를 보호하는 한편, 파시즘과 공산주의라는 두 전체주의적 극단을 피하려고 최선의 노력을 다했다. 그렇지만 그는 불황을 타개하지 못하고 불과 1년 남짓 만에 물러나야 했다. 인민전선 정부는 그 뒤에도 1년쯤 더 유지했으나 온건 노선으로 돌아섰고, 우파 국민연합 정부가 그 뒤를 이었다.

인민전선 정부와 국민연합 정부는 하층계급과 상층계급 사이에 넓게 벌어진 분열을 반영했다. 노동자들은 인민전선의 개혁이 저항을 당했다고, 소수 부호 집단이 지배하는 프랑스는 충성을 바칠 가치가 없다고 믿었다. 한편 일부 기업가와 금융가는 공산주의의 도래를 두려워하면서 공공연하게 히틀러의 파시즘을 찬양했다. 소련과 독일의 선전가들은 교묘하게 그 분열을 조장했다. 프랑스인이 서로 다투고 경제가 쇠퇴하는 사이, 독일은 무기 제조에서 프랑스를 넘어섰다. 프랑스는 국민을 하나로 뭉칠 지도자가 없었으며, 그러는 사이 민주 체제에의 믿음이 크게 훼손되었다. 프랑스는 1940년 결국 패탱Pétain 원수의 파시즘 독재로 나아갔다.

미국　　미국은 제1차 세계대전을 거치면서 세계 최강국으로 떠올랐으나 전쟁이 끝난 뒤 전통적 고립주의로 되돌아갔다. 많은 미국인이 '유럽 전쟁'에 쓸데없이 생명과 자원을 낭비했다고 느끼면서 전보다 더 고립주의로 돌아섰다. 윌슨 대통령의 호소에도 불구하고, 상원 다수파인 공화당은 유럽 문제에의 불개입 정책을 내세우며 베르사유 조약 비준을 거부했다. 그 조약에는 고립주의자들이 가입하기를 원치 않는 국제연맹 규약이 포함되었기 때문이었다. 그 대신 미국은 독일과 개별 조약을 체결했다. 미국은 고립주의를 표방했지만, 세계적 강국이 된 이상 싫든 좋든 국제 문제에 무관심할 수 없었다. 미국은 군함 건조 경쟁을 제한하기 위해 워싱턴회의를 개최하고, 유럽 경제를 안정시키기 위해 도스안과 영안을 주도했으며, 켈로그-브리앙 협정을 체결하여 전쟁을 막기 위한 노력도 기울였다.

미국은 1920년대에 세 명의 공화당 대통령 아래에서 번영을 누렸다. 국내 정책에서 미국은 고율 관세를 통한 보호주의를 채택하고, 기업 규제를 철폐하고, 조직 노동의 힘을 억제하는 등 친기업 정책을 추진했다. 1929년 전례 없는 번영을 누리는 국민의 지지를 받으며 대통령에 취임한 허버트 후버는 또한 미국이 겪은 최악의 불황을 맞아 국민의 비난을 한 몸에 받아야 했다. 그러나 후버 대통령은 한 체제와 한 시대가 끝났다는 사실을 전혀 눈치채지 못했다. 그는 재정을 지원하는 몇몇 제한적인 정부 조치를 승인하기는 했으나, 기업은 스스로 회복해야 한다는 견해를 완강하게 고수했다. 그러나 그의 기대와 달리 생산과 고용은 곤두박질쳐서 1932~1933년 겨울에는 바닥을 쳤다. 그때 공업 생산은 1929년보다 40%나 떨어졌고, 임금 역시 같은 비율로 떨어졌다. 집 없는 사람들이 판자촌을 세우고 후버촌Hoovervilles이라 불렀다. 1932년 실업률이 25%로 치솟고 3만 곳의 기업체와 수많은 은행이 파산하는 사태에서, 후버 정부의 미온적 대처는 불황의 거센 파도를 넘어서기에는 역부족이었다.

1932년 대선에서 국민은 이 위기 상황을 경제의 '정상적' 회복력에 맡기는 것이 아니라 적극적 행동으로 타개할 것을 공약한 프랭클린 루스벨트 Franklin Roosevelt를 선택했다. 이는 민주당으로서는 1860년 이래 세 번째 거둔 뜻깊은 승리였다. 압도적 승리를 거둔 루스벨트는 100일 작전에 돌입하여 뉴딜New Deal 계획을 수립하고 개혁 법안을 홍수처럼 쏟아냈다. 루스벨트는 일일이 열거할 수 없을 만큼 방대한 사업을 세 항목으로 분류한바, 뉴딜의 3대 기본 목적은 실업자에게 일자리를 마련해 주는 구제relief, 무너진 산업을 되살리는 부흥recovery 그리고 사회구조를 바꾸는 일대 개혁reform이었다. 대대적인 공공사업으로 일자리를 창출하고, 사회보장법Social Security Act(1935)과 같은 개혁을 통해 노인과 병약자를 구제하기 위해 방대한 연방 재정이 투입되었다. 정부는 또한 금융 및 투자 산업을 개혁하고, 공황으로 가장 큰 타격을 받은 농민을 위해 농업조정법Agricultural Adjustment Act(1933)을 제정하여 농업 생산을 안정시키고, 와그너법Wagner Act(1935)을 통해 노동조합의 권리를 증진했다. 부유한 지주인 루스벨트는 '계급의 배반자'라는 욕을 먹기도 했다.

뉴딜 계획은 정부 개입을 최소화하는 전통적 정책에서 정부가 적극적으로 국민의 보편 복지를 책임지는 정책으로의 일대 전환을 알리는 신호탄이었다. 뉴딜 정책은 사회주의의 영향도 받았지만, 영국 경제학자 존 메이너드 케인스Maynard Keynes(1883~1946)의 새로운 경제사상의 실용적 적용이기도 했다. 케인스는 한 나라의 고용 수준은 총 지출액에 따라 결정된다고 주장했다. 그는 재정 지출의 확장 없이는 미국이 불황에서 빠져나올 수 없다고 믿었으며, 그래서 정부는 경제가 되살아날 때까지 적자예산을 감수하고서라도 마중물 붓기식 경기부양책을 써야 한다고 주장했다. 케인스 방식의 경제 규제는 차츰 세계 많은 나라에서 채택되었다. 그는 경기 순환을 규제하기 위한 정부 개입을 주창한 최초의 경제학자는 아니었다. 그러나 『고용, 이자, 화폐의 일반 이론The General Theory of Employment, Interest and Money』(1936) 등의 저서에서 펼친 그의 새 이론은 매우 설득력이 있어서, 그는 새 경제학의 창시자가 되었다.

뉴딜 정책은 기업계를 아연 긴장케 했다. 특히 유럽의 독재자들이 국가 경제를 완전히 틀어쥐던 때에, 연방 정부의 권력 확대에 대해 기업가들은 우려를 감추지 못했다. 게다가 이미 19세기보다 20세기에 경제적 자유가 많이 줄어든 터였다. 그러나 뉴딜은 자본주의의 부정이 아니라 자본주의의 탄력성을 보여준 것이었으며, 그를 통해 자본주의는 한층 더 건강해졌다. 한편 뉴딜은 불황의 최악 상태를 완화하는 데는 상당한 성과를 거두었으나 실업을 완전히 해소하지는 못했다. 오직 제2차 세계대전이 유발한 군수품의 대량 수요만이 대공황의 잔재를 말끔하게 쓸어낼 수 있었다.

라틴아메리카　　　라틴아메리카에서는 제1차 세계대전에 8개국만 참전했으며, 전쟁으로 잃은 것이 별로 없었다. 오히려 라틴아메리카는 미국과 마찬가지로 전쟁 기간에 거대한 광물과 농산물 수요 덕분에 경제적 호황을 누렸는데, 그 수요는 1920년대에도 별로 줄어들지 않았다. 그렇지만 그 지역의 치명적 단점은 경제가 단 몇 가지 산물에만 의존한다는 점이었다. 라틴아메리카 20개 공화국 가운데 브라질은 주로 커피에, 쿠바는 설탕에, 베네수엘라는 석유에, 볼리비아는 주석에, 멕시코는 석유와 은에, 아르헨티나는 밀과 육류에, 기타 여러 중앙아메리카 국가는 바나나에 의존했다. 또 다른 문제는 토지 분배 문제였다. 많은 대농장의 경영은 중세 농노제를 방불케 했다. 가톨릭교회가 대지주였기 때문에 일부 성직자는 토지개혁을 반대하기 위해 지주 집단과 손을 잡았다.

　　1920년대에 멕시코는 라틴아메리카에서 사회개혁운동의 선봉이 되었다. 정부는 외국 투자가들이 운영하는 방대한 석유 자산에 대한 지배권을 강화하려 했다. 그리고 정부는 지주의 이익을 희생시켜 가면서 농업 문제를 해결하려 했다. 이러한 변화는 반교권주의 물결을 불러왔다. 교회에의 공격이 자행되는 가운데 가톨릭교회는 많은 재산을 잃고, 교회가 파괴되고, 한동안 사제들은 지하활동을 해야 했다. 멕시코는 라틴아메리카 다른 나라에 강력한 영향력을 행사했다. 1919~1929년 사이에 7개국이 새로 자유주의 헌법을 채택했다. 그에 더하여 경제적 및 사회적 개선의 요구가 증대하고, 소수의 부호와 수많은 극빈자를 갈라놓은 사회적 장벽이 무너지고, 보건·교육·여성 지위 등의 분야에서 개선이 이루어졌다.

　　라틴아메리카는 원자재 수출에 의존했기 때문에 공황기에 심각한 경제 위기를 겪었다. 주로 경제적 재앙의 결과로 남아메리카의 여섯 나라가 1930년에 혁명을 겪었다. '북쪽의 거인' 미국이 관계를 개선하고 무역을 촉진하고자 했다. 미국 루스벨트 대통령은 1933년 취임 연설에서 라틴아메리카에 대한 오랜 간섭 정책을 버리고 선린 정책을 표방했다. 선린 정책 아래 남북 아메리카 간에 무역이 활발하게 이루어졌다. 1930년대에 라틴아메리카 시장을 놓고 선진 공업국

간에 경쟁이 매우 치열해졌다. 나치 독일은 여러 나라와 물물교환 협정을 맺으면서, 그와 동시에 독일인 이주민을 친나치 집단으로 조직하고 파시즘 정객들을 지원하는 등 정치적으로도 침투했다. 그렇지만 미국의 선린 정책이 빛을 보아, 제2차 세계대전이 터졌을 때 라틴아메리카 대다수 국가는 민주주의 진영에 섰다.

4. 전체주의의 대두

전후 러시아, 이탈리아, 독일에서는 전체주의적 독재 체제가 발전했다. 독재는 새로운 것이 아니지만, 전체주의적 독재국가는 새로운 것이었다. 현대 전체주의 국가는 권위주의적 군주정이나 전통적 독재국가가 요구했던 수동적 복종을 넘어서 체제의 목표에 대한 국민의 적극적 참여를 요구했다. 그들 국가는 국민의 마음을 지배하기 위해 정교한 사회-정치적 유사 철학의 형태를 갖춘 이데올로기를 개발하고, 그것을 국민에게 주입하기 위해 대중 선전기술과 고도의 소통 매체를 활용했다. 1920년대에 파시즘과 볼셰비즘 두 형태의 전체주의 이데올로기가 등장했는데, 이 양자는 전체주의적이라는 점에서는 닮았으나 그 이데올로기적 지향은 정반대였다.

파시즘은 엘리트 지배를 선호했으며, 인류 불변의 불평등을 유익하고 효율적인 것으로 확인하고 긍정했다. 그 반면에 공산주의는 모든 계급 차별을 폐지하고 평등 사회를 건설할 것을 추구했다. 전자는 '협동하는 많은 계급에 대한 국가의 독재'였던 반면, 후자는 계급투쟁을 통해 부르주아지를 제거하고 일시적인 프롤레타리아 독재를 수립하려 했다. 파시스트는 지주와 자본가의 재산을 보호한 반면, 공산주의자는 토지와 생산수단을 국유화했다. 공산주의는 수십 년 동안 마르크스의 과학적 사회주의라는 탄탄한 도그마를 바탕으로 유럽 유산계급의 두려움의 대상이었는데, 전후의 혼란 속에서 갑자기 등장한 파시즘은 도그마의 기반은 허약했으나 공산주의에의 두려움을 주요 자양분으로 해서 성장했다. 그렇지만 양 체제는 좀 더 강력한 국가를 건설하기 위해 산업을 통제한 면에서는 일치했다.

1) 소련 공산주의 체제의 확립

신경제정책 　공산당이 1921년 3월 채택한 신경제정책Novaya Ekononicheskaya Politika 은 본질적으로 자본주의와의 타협이요 사적 이득 추구 성향을 지닌 농민과의 화해였다. 농민은 이제 토지를 팔거나 임대하는 것이 허용되었다. 그리고 그들은 전시 공산주의 시절 시행되었던 곡물의 전량 공출을 면하게 되었으며, 정해진 세금을 낸 뒤 남는 농산물을 시장에 내다 팔 수 있게 되었다. 사적 경영은 상업과 경공업에도 확대되었다. 소매점과 20명 미만을 고용한 공장도 다시 사적 소유 아래 경영할 수 있게 되었다. 국영 산업의 노동자들은 차등적으로 임금을 받고, 임금은 쿠폰 대신 다시 돈으로 지급되었다. 레닌은 빠른 산업 발전을 위해 외국 자본을 적극 도입하고 기술자를 초빙했다.

이와 같은 자본주의 방식으로의 전략적 후퇴로 생산성이 상당히 회복되어 절박했던 식량 부족 문제가 어느 정도 해소되고 경제가 되살아나기 시작했다. 신경제정책은 1921년부터 1927년까지 계속되었는데, 그러나 성과는 기껏해야 전쟁 직전의 수준을 회복한 정도의 것이었다. 어쨌거나 레닌의 이념적 후퇴로 볼셰비키는 시간을 벌었고, 사람들은 숨 쉴 여유를 얻었다. 그러나 이데올로기적 순수파는 그 정책을 비판했다. 트로츠키는 1926년 공개적으로 신경제정책을 비판했으며 특히 야심적 부농인 쿨라크kulak와 사기업이 엄청난 재산을 축적한 점을 지적했다.

권력투쟁 　모든 독재 체제의 단점은 매끄러운 권력 승계를 위한 제도적 장치가 마련되어 있지 않다는 점이다. 레닌은 당내에서 확고부동한 권위를 확립한 유일한 인물이었다. 그런 레닌이 1918년 당한 총격 후유증으로 1924년 1월 사망했다. 당연히 권력투쟁이 뒤따를 수밖에 없었다. 레온 트로츠키와 이오시프 스탈린, 상충하는 정책과 개성을 지닌 한 살 차이의 이 두 인물이 치열하게 후계 자리다툼을 벌였다.

트로츠키는 카리스마 넘치는 웅변가요 일급의 이론가였다. 10대에 마르크스주의자가 된 그는 레닌처럼 시베리아 유형 생활을 경험했으며, 일찍이 1905년 혁명 때부터 혁명가로 활약했다. 트로츠키가 적군의 조직가로서 세계적으로 명성을 떨치고 또 정치 무대에서 화려한 각광을 받을 때, 스탈린은 무대 뒤에 있었다. 볼셰비키는 혁명 전 소규모 직업 혁명가 집단이었을 때 활동 자금을 주로 은행과 정부 자금을 털어 충당했는데, 스탈린은 그 활동에서 특히 두각을 나타냈던 인물이었다. 교활하고 계산에 밝은 그는 틈틈이 레닌과 부딪쳤던 트로츠키와 달리 충직하게 레닌을 보필했다. 볼셰비키 정부 초기에 스탈린은 민족 담당 인민위원으로 다양한 민족을 다루는 책임을 맡았으며, 또한 당에서는 총서기로서 당 조직을 관리하고 관료 조직의 통제권을 장악했다. 스탈린이 당내에서 탄탄한 기반을 확립한 반면, 1917년에야 뒤늦게 볼셰비키에 입당한 트로츠키는 명성과 인기에 비해 당내 기반이 취약했다. 그가 레닌의 뒤를 잇는다는 것은 일찍부터 레닌과 고락을 함께한 오랜 볼셰비키 지도자들에게는 마치 낯선 객이 안방을 차지하는 것처럼 느껴졌다.

트로츠키와 스탈린은 앞으로 소련이 나아갈 방향에 대해 견해가 크게 엇갈렸다. 트로츠키는 레닌과 더불어 소련은 자본주의의 바다에서 사회주의의 외로운 섬으로 계속 생존할 수는 없다고 생각했다. 그래서 그들은 혁명을 세계적으로 확산하는 것이 러시아 공산주의자의 의무라고 믿었다. 이론가이기보다 현실주의 정치가인 스탈린은 세계혁명 혹은 영구혁명은 시기상조라 보았다. 그는 사회주의의 보루로서 러시아를 강화하는 것이 더욱 중요하다고 주장하면서 레닌 사후 '한 국가 안에서 사회주의를 건설하기', 곧 일국사회주의의 기치를 내걸었다.

1927년에 이르러 권력투쟁은 당 조직을 장악한 스탈린의 승리로 판가름이 났다. 그해 말 트로츠키는 당에서 쫓겨나고, 2년 뒤에는 러시아에서 추방당했다. 트로츠키 축출에 앞장섰던 지노비예프Zinoviev와 카메네프Kamenev 역시 나중에 스탈린에게 숙청당했다. 경쟁자를 모두 제거한 스탈린은 1929년에 이르러 '오늘날의 레닌'으로 일컬어졌다. 그는 정치국 의장이 되었고, 그의 추종자가 당과 정부의 핵심 부서를 차지했다. 1930년대에 스탈린은 공산당에 대한 지배권을 공고히 하고 소련이 해체될 때까지 유지된 정치체제를 창출했다.

스탈린은 모든 정적을 숙청함으로써 무소불위의 전체주의적 지배권을 확립했다. 그는 좌편향되었다거나 우편향되었다는 이유로 옛 동료를 재판에 넘기고, 반혁명을 획책했다거나 트로츠키와 거래했다는 혐의로 정적을 제거했다. 그리하여 레닌의 충직한 동료였던 옛 볼셰비키, 적군의 고위 장교, 산업의 관리자, 일반 당원 등이 수없이 처형되었다. 그뿐만 아니라 그는 자신의 계획에 방해가 되는 과학, 문화, 교육계 인물들까지 모두 제거했다. 그리고 수백만 명이 강제노동수용소에 쫓겨 가 다시 돌아오지 못했다. 1940년에 이르면 대숙청 작업이 대체로 완료되었고, 해외를 떠돌던 트로츠키는 그해에 멕시코에서 자객에게 암살당했다.

중공업 육성과 농업의 집단화　　스탈린은 지배권을 완전히 틀어쥐자 세계혁명 계획을 중단하고 일국사회주의 건설에 매진했다. 그는 급속한 공업화를 추진하기 위해 계획경제체제를 도입하고 일련의 5개년 계획을 수립했다. 1928년 시작된 제1차 5개년 계획은 중공업의 신속한 육성과 농업의 집단화에 중점을 두었으며 소비재 생산은 제한되었다. 역사상 처음으로 국가가 정부 기구를 통해 모든 중요한 경제활동을 계획하고 통제했다. 신경제정책은 폐기되고, 노동자를 고용하여 이윤을 얻는 데 사용되는 재산은 사유가 금지되었다. 장시간 노동과 주 6일 노동이 제도화되고, 인력 확보를 위해 강제 노동 동원이 광범하게 이루어졌다. 전 국민을 몰아대기 위해 비밀경찰이 동원되었다.

제1차 5개년 계획은 공업 생산을 250% 증진하는 것을 목표로 내세웠는데, 당국은 4년 반 만에 목표를 달성했다고 선전했다. 통계 수치의 신뢰성과는 별개로 소련의 공업과 사회는 면모를 일신했다. 1933년 시작된 제2차 5개년 계획은 공산품 품질을 높이고 소비재 생산을 늘리는 데 주안점을 두었다. 그러나 독일에서 히틀러가 집권하자, 계획이 바뀌어 주된 노력이 중공업과 군수산업으로 돌려졌다. 1938년 시작된 제3차 5개년 계획은 국방을 강조했다. 국가 전략상 공업 설비를 우랄산맥 동쪽으로 옮기고 새 석유 자원과 다른 전략 상품을 개발하는 노력이 기울여졌다. 3차 계획은 완료되지 못하고 독일의 침입을 받으면서 중단되었다.

전반적으로 5개년 계획은 눈부신 성과를 거두었다. 1932년 소련 당국은 공업 생산이 1914년보다 334% 증가했다고, 1937년에는 5년 전보다 180% 증가했다고 주장했다. 이런 1930년대의 성장률은 모든 서유럽 국가를 훨씬 뛰어넘는 것이었다. 필수 공산품을 거의 수입에 의존했던 농업국이 선도적 공업국으로 탈바꿈했다. 그러나 그것은 소비 생활에서 국민이 끔찍한 대가를 치르고 얻은 성과였다. 산업화에 드는 막대한 자본을 외국 차관의 도입 없이 충당하자면, 많은 세금을 거두고 물가를 통제해서 소비에 쓰일 돈을 투자로 돌리는 방법밖에 없었다. 1950년대까지도 국민의 생활수준은 거의 나아지지 않았으며, 몇몇 통계학자는 1928~1941년 사이의 생활수준은 1913년보다 낮았다고 믿었다.

산업화가 속도를 더하면서 마르크스주의의 기본이 외면당했다. 프롤레타리아의 독재는 점점 프롤레타리아에 대한 독재가 되었다. 노동자의 삶은 철저하게 공산당과 정부에 통제되었다. 경제적 평등이라는 공산주의 이데올로기의 기본 개념도 훼손되었다. 1931년 스탈린은 평등한 임금은 소비에트 생산에 해로우며 소시민적 일탈이라고 선언했다. 성과급이 더 널리 시행되고, 생산을 독려하기 위해 상여금과 장려금 제도가 도입되었다. 공산주의 경제의 성장을 고무하기 위해 역설적으로 자본주의적 관행이 이용되었다. 여하튼 소련은 계획경제정책으로 튼튼한 산업 기반을 구축했으며, 그 덕분에 히틀러의 침략을 견딜 수 있었다.

스탈린은 공업화를 추진하는 한편, 농민들이 1917년 혁명 때 얻은 토지를 국영 농장과 집단 농장으로 전환하는 작업을 밀어붙였다. 공업화와 농업의 집단화는 함께 이루어져야 할 과업이었다. 농업 국가인 러시아에서 공업 건설에 자원이 투입되어야 한다면, 인적 자원이든 물적 자원이든 그 자원은 농민에게서 나올 수밖에 없었다. 게다가 농업의 집단화는 공업화에 필요한 노동력과 그 노동자들을 부양할 식량을 안정적으로 확보하는 방법이기도 했다. 국영 농장sovkhoz은 정부가 소유하고 직접 운영했으며, 농장의 농민은 국가에 고용된 노동자로 일했다. 그와 달리 집단 농장kolkhoz에서는 농민이 토지와 생산 시설 등을 집단으로 소유했으며, 농민은 토지를 공동으로 경작하고 그 소출을 각자가 행한 노동에 따라 나누어 가졌다.

정부 입장에서 집단 농장은 많은 이점이 있었다. 개별 농민보다 집단 농장에서 세금을 거두는 게 행정적으로 훨씬 수월했다. 토지 소유 경계선이 없어져서 기계 사용이 촉진되었으며, 이는 노동력을 건설 공사나 공장으로 방출하는 효과를 낳았다. 게다가 농업 전문가는 집단 농장 작업을 감독하고 적기에 영농 기술을 개량할 수 있었다.

그러나 집단화 추진 과정은 그야말로 재앙이었다. 대다수 농민은 집단화에 격렬하게 저항했다. 그들은 목숨 같은 땅을 잃고 싶지 않았으며, 특히 부농인 쿨라크는 더욱 그러했다. 저항을 억누르기 위해 비밀경찰과 군대가 투입되었으며, 집단화에 순응한 빈농과 그렇지 않은 부농 간에 계급 전쟁이 벌어졌다. 집단 농장으로의 전환은 일찍이 정부가 그 국민에게 행한 조치 중 가장 야만적이고 잔인한 조치 아래 이루어졌다. 그 과정에서 수백만 명의 농민이 살육되거나, 굶주림으로 죽어가거나, 혹은 강제 노동 현장으로 보내졌다. 특히 곡창지대인 우크라이나에서 희생이 컸는데, 1930년 2월의 포고령으로 100만 명쯤의 부농이 그들의 땅에서 내쫓겼으며, 많은 농민이 가축과 곡물을 국가에 넘기기보다 도축하고 훼손함으로써 정부 조치에 저항했다. 어떤 지역에서는 농민들이 집단으로 반란을 일으켰고, 수천 명이 총살당하기도 했다. 9년 동안 온갖 난리를 겪은 뒤, 토지의 9할이 집단 농장이나 국영 농장이 되었고 농민 1억 명이 그곳에서 살게 되었다. 스탈린의 유일한 양보는 그들에게 작은 텃밭을 갖도록 허용한 것이었다.

농업의 집단화 정책은 공산당 지도층 안에서도 날카로운 항의를 유발했다. 그 가장 두드러진 비판자는 니콜라이 부하린Bukharin이었는데, 그는 역전의 행동가이자 이론가로 레닌과 스탈린 모두의 오랜 동료였다. 그는 설득과 타협 그리고 점진적 발전에 기초한 유연한 경제정책을 지지하고, 농민에게 폭력을 사용하는 것을 비난했다. 스탈린과 손잡고 트로츠키를 축출했던 부하린은 그러나 1930년 당에서 밀려났고, 나중에는 '혁명의 적'으로 매도되다가 1938년 결국 총살당했다.

소련 사회의 변화　　혁명 초기에 정부는 여성의 평등한 권리를 옹호하면서 가족의 결속력을 약화하는 정책을 시행했다. 이혼은 법정 절차가 필요 없게 되고, 낙태는 합법이 되고, 여성이 바깥일을 하는 게 장려되고, 아이를 돌보는 공동탁아소가 세워졌다. 그런데 수없이 많은 사람이 이런저런 연고로 죽고 출산율이 급격하게 줄자, 스탈린은 정책을 뒤집었다. 스탈린 체제에서는 낙태가 불법이 되고, 자녀를 부양하지 않는 이혼한 아버지는 무거운 벌금을 물어야 했다. 모성이 칭송되고, 많은 자녀를 낳는 것이 애국적 의무로 권장되었다. 그러나 많은 여성이 공장에서 일하고 소비재를 사기 위해 몇 시간씩 긴 줄을 서야 하는 상황에서 출산율의 극적 증가는 없었다.

의료 시설이 개선되고 교육 기회가 확대되었다. 그러나 이 분야에서도 정치적 목표가 인도주의적 목적보다 우선했다. 교육은 일차적으로 학생들에게 공산주의의 가르침과 가치를 주입하기 위해 존재했다. 종교적 박해가 널리 행해졌다. 정교회는 재산과 영향력을 박탈당했고, 다른 전통적 신앙도 거의 용납되지 않았다. 마르크스주의가 사실상 국가 종교가 되었다. 언론과 출판의 자유도, 집회의 자유도 없어졌다. 1936년 헌법은 표면적으로는 시민의 많은 기본권을 규정하고 있지만, 실제로는 인구 1.5%쯤의 당원을 가진 공산당이 개인 삶의 거의 모든 측면을 지배했다.

혁명 뒤 10년쯤 동안 지식인과 예술가는 많은 자유를 누렸다. 볼셰비키는 처음에 독자적 성향의 작가들을 묵인했을 뿐 아니라 장려하기까지 했다. 많은 예술가와 작가가 외국으로 도망갔지만, 시인 알렉산드르 블로크Blok(1880~1921)와 블라디미르 마야코프스키Mayakovsky(1893~1930)를 비롯한 많은 사람은 남아 작품 활동을 계속했다. 신경제정책 기간에 러시아인의 문화생활은 여러 분야에서 꽃을 피웠는데, 위대한 감독 세르게이 예이젠시테인Sergei Eisenstein(1898~1948)의 작품에서 볼 수 있듯이 특히 영화에서 그러했다. 작곡가 세르게이 프로코피예프 Sergei Prokofiev(1891~1953)와 드미트리 쇼스타코비치Dmitri Shostakovich(1906~1975)는 세계 음악의 보고에 추가할 작품을 창작했다.

스탈린이 권력을 잡자 상황이 바뀌었다. 그는 모든 예술, 과학, 사상은 당의 철학과 정책에 봉사해야 한다고 명했다. 예술가와 사상가는 그의 말로 '마음의 기술자'가 되어야 했다. 예술을 위한 예술은 반혁명적이었으며, 가장 좁은 의미에서 사회주의적 사실주의가 추구되어야 했다. 그리고 역사는 스탈린의 정책을 정당화하는 수단으로 전락했다.

외교정책과 국제공산주의 운동　　볼셰비키 지도자들은 집권 초기 몇 년 동안 세계혁명의 기대감을 품고 있었다. 그들은 선진 자본주의 국가의 프롤레타리아가 자본주의 착취에 항거하고 러시아와 손을 잡을 것이라 믿었다. 이러한 기대는 볼셰비키 정부가 내전으로 거의 붕괴 직전에 이를 만큼 어려운 시기에 혁명의 희망을 지탱하는 힘이 되기도 했다. 독일과 헝가리에서 공산주의 혁명이 실패하는 것을 보면서, 그들은 선진 자본주의 세계의 붕괴가 가까워졌다는 기대를 버렸다. 그렇지만 궁극적으로는 세계혁명이 도래할 것이라는 믿음은 결코 공식적으로 포기되지 않았다. 레닌은 세계혁명의 기대를 품고 1919년 3월 전 유럽의 사회주의 좌파를 불러 모아 제3인터내셔널 혹은 코민테른Comintern으로 불리는 공산주의 인터내셔널Communist International을 창설했다. 레닌은 이것이 마르크스의 원래 국제 사회주의 조직의 순수한 계승자라고 선언했다. 코민테른은 세계혁명과 프롤레타리아 독재에 헌신할 것을 천명했다.

러시아혁명의 성공에 고무된 다른 나라 사회주의 좌파들이 볼셰비키의 지도력을 받아들였다. 이론상으로 소련 공산당은 국제 공산당, 즉 코민테른에 소속된 많은 정당 중 하나에 불과했으나, 실제로는 처음부터 코민테른을 지배했다. 1920년대에 소련 공산당은 코민테른을 지도하면서 꽉 짜인 조직, 중앙집중적 통제, '공산당'이라는 명칭 등을 각국 사회주의 정당에 부과했다. 모스크바의 지령을 받아들이지 않는 지도자들은 분파주의자로 낙인찍혀 숙청되었으며, 소련의 특별 혁명학교에서 훈련받은 인물들이 각국 공산당을 장악하게 되었다.

그 결과 소련 바깥에서 마르크스주의자들의 경쟁 집단 간에 날카로운 적대감이 형성되었다. 수정주의적 사회주의자들은 소련 공산당이 특히 스탈린 치하에서 저지른 폭력을 공포와 혐오감으로 지켜보았고, 다른 견해에 대한 소련의 불관용을 경멸했다. 그래서 코민테른에 대립하여 제2인터내셔널을 계승 혹은 재건하려는 다양한 시도가 일어났다. 그리고 코민테른은 서유럽에서는 별다른 영향을 미치지 못했다. 그곳에서 소기의 성과를 거둔 사람들은 개혁적·점진적 사회주의자였다.

코민테른 산하 공산당이 적어도 50개국 이상에서 조직되었으며, 그들은 대체로 지하활동을 하고 있었다. 코민테른은 1국 1당을 원칙으로 했는데, 한반도의 공산주의자들도 그 영향 아래 들어가면서 1925년에 결성된 조선공산당이 코민테른의 한반도 지부로 승인되었다. 코민테른은 창당 이후 10여 년 동안 세계 공산주의 활동의 중추적 역할을 했으나, 일국사회주의자 스탈린이 권력을 완전히 장악한 뒤에는 차츰 유명무실해졌다. 공산주의의 국제적 영향력은 코민테른의 활동에서 나온 것이 아니라, 소련이 세계적 강대국으로 존재한다는 사실 자체에서 나왔다. 모든 층위의 집단주의자들은 소련을 자유주의와 자본주의의 구체적 대안으로 제시할 수 있었다. 그들은 비록 소련의 많은 특성을 비판했으나, 소련을 국가의 계획화와 협동적 사회 원리의 실제 사례로 거론할 수 있었다. 코민테른은 1943년 5월 스탈린에 의해 공식적으로 해체되었다.

소련은 코민테른을 통해 각국 공산주의 세력을 지도했으나, 1922년 전까지는 외국과 아무런 공식적 외교 관계를 맺지 않았다. 그해에야 소련은 독일과 조약을 맺었다. 유럽 외교 무대에서 따돌림 당한 동병상련의 처지에 있던 두 나라는 4월에 이탈리아 라팔로Rapallo에서 전쟁 배상과 부채를 서로 상쇄하고 많은 분야에서 협력하기로 합의한 것이다. 이후에 차츰 다른 나라들이 소련을 승인하면서 소련은 외교적 고립에서 어느 정도 벗어났다. 1933년에 히틀러가 집권하자 위협을 느낀 소련은 그에 대응하여 다른 나라에 동맹을 구했다. 소련은 1934년에는 국제연맹에 가입해서 나치의 위협에 대처하고자 했으며, 이듬해에는 똑같이 나치의 위협을 느낀 프랑스와 상호 원조조약을 체결했다. 그러나 소련과 서양 국가들 사이에는 진정한 신뢰 관계가 형성되지 못했다.

2) 이탈리아 파시즘

전후 이탈리아와 무솔리니　　제1차 세계대전 때 자랑할 만한 승리를 거두지 못한 이탈리아는 파리 강화회의에서 영국, 프랑스, 미국의 세 나라와 동등한 위상을 인정받지 못했다. 비밀 조약에서 약속받은 '미수복 이탈리아'를 완전히 되찾지 못한 데 대해 민족주의자들은 불만을 터뜨렸으며, 이탈리아에 단 하나의 위임통치령도 주어지지 않자 많은 이탈리아인이 동맹국들에게 무시당했다고 느꼈다. 그들은 젊은이 70만 명의 생명을 바친 대가로는 얻은 것이 턱없이 부족하다고 느꼈다. 전쟁으로 인한 이탈리아인의 고통은 승전국 어느 나라보다 심했다. 1920년의 물가는 1913년보다 무려 800%나 높았다. 이탈리아는 세계대전이 터지기 전에 이미 오래도록 극심한 경제 위기와 노동 소요를 겪었는데, 전후에 그 어려움이 더욱 심해졌다. 쏟아져 나온 제대 군인은 일자리를 얻지 못했고, 인플레로 중간계급의 삶도 무너져 내렸다. 경제적·사회적 불만이 팽배한 현실은 공산주의와 파시즘 등 극단주의 세력이 성장할 비옥한 토양이 되었다.

파업, 폭동, 거리 투쟁이 전후 수년간 이탈리아 사회를 휘저었다. 혼란한 사회 상황만큼 정국도 혼란스러웠다. 어느 정당도 안정적 정부를 구성할 다수 의석을 얻지 못하고, 여러 군소 정당이 이합집산을 거듭했다. 전쟁이 끝난 뒤 4년 사이에 수상이 다섯 명이나 왔다가 갔다. 질서와 강력한 지도자의 등장을 원하는 목소리가 높아갔다. 그때 대장장이 아들 무솔리니가 이탈리아 정치 무대에 나타났는데, 그는 멕시코 혁명의 영웅 베니토 후아레스에 경의를 표하며 베니토를 세례명으로 얻었다.

베니토 무솔리니(1883~1945)는 좌파 정치 동아리에서 성장했다. 그는 1912년 이탈리아 사회당 기관지 ≪아반티!Avanti!(전진!)≫의 편집인이 되었으며, 이를 통해 급진 지도자로서의 명성을 얻었다. 제1차 세계대전이 일어나자 사회당이 참전을 반대하고 중립을 요구했으나, 그는 당의 노선을 어기고 참전을 주장했다. 당이 무솔리니의 ≪아반티!≫ 편집권을 박탈하고 출당 처분을 하자, 그는 1914년 11월 따로 ≪이탈리아 인민// Popolo d'Italia≫을 창간하고 이듬해 1월에는 혁명 행동의 파시Fasci di Azione Rivoluzionaria라는 정당을 창당했다. 파시fasci(fascio의 복수형)는 라틴어 파스케스fasces에서 따온 이름인데, 이는 도끼를 둘러싼 막대 묶음으로서 고대 로마 공화정 집정관의 군 통수권을 상징하는 것이었다. 그는 ≪이탈리아 인민≫을 통해 계속 이탈리아가 연합국 편으로 참전할 것을 촉구했다.

이탈리아가 참전했을 때 자원해서 입대한 무솔리니는 1917년 전선에서 부상을 당했다. 제대한 뒤 그는 다시 ≪이탈리아 인민≫의 편집을 맡으면서 민중의 전쟁 지원을 선동했다. 그는 1919년 3월 혁명행동의 파시를 바탕으로 제대 군인을 끌어들여 준군사단체인 전투 파시Fasci di Combattimento를 조직했는데, 이들은 그들의 제복에서 이름을 따 흔히 검은 셔츠단Camicia Nera으로 불렸다. 검은 셔츠단은 곤봉과 화기로 무장한 채 거리 시위를 벌이고, 비우호적 신문사를 습격하고, 사회주의자들을 공격했다.

무솔리니의 권력 장악　　1919년 총선거에서 사회당은 의석의 1/3을 차지하고 최대 의석의 정당이 되었으나, 강력한 지도자가 없었던 탓으로 정국을 주도하지 못했다. 그해 9월에는 전쟁 영웅이자 극우 민족주의 시인 가브리엘레 단눈치오 Gabriele D'Annunzio(1863~1938)가 추종자를 이끌고 '미수복 영토'인 피우메Fiume(현재의 크로아티아 리예카Rijeka)를 점령하는 사태가 벌어졌다. 이탈리아 이주민이 다수인 이 아드리아 해안 도시는 오래도록 오스트리아 제국령이었는데, 파리 강화회의 에서 이탈리아의 요구가 무시되고 유고슬라비아로 넘어간 것이다. 무솔리니는 단눈치오의 이런 도전에 고무되었다. 파시스트들은 경제 안정, 민족의 영광, 공산주의 배격 등을 약속하며 지주와 산업자본가의 지지를 얻었다. 그들은 반대파 를 폭행하고, 파업을 분쇄하고, 반대파의 집회를 방해했다. 이런 활동에도 불구 하고 극우파는 여전히 1921년 선거를 지배하지 못했다. 파시스트는 의회의 535 석 중 37석을 얻는 데 그쳤으며, 자유당과 민주당이 과반 의석을 차지했다. 그러 자 무솔리니는 11월에 전투 파시를 확대 개편하여 국가파시즘당Partito Nazionale Fascista을 창당했으며, 그는 당으로부터 '영도자Il Duce' 칭호를 얻었다.

1922년에 수립된 자유당과 민주당의 연립정부는 이전의 정부와 마찬가지로 무능했고, 사회당은 계속 내분을 벌였다. 국가파시즘당은 정부에 실망한 중간계 급, 냉소적이고 기회주의적인 지식인, 불만에 찬 노동자를 끌어들였다. 무력감 에 시달리며 방황하던 젊은이들은 검은 셔츠단의 제복과 거리 행진에 매혹되었 다. 대중사회에서 자아를 상실하고 소외감을 느끼던 많은 사람이 파시스트들의 유기체 국가관과 뜨거운 민족애의 호소에서 공허함을 달래고 소속감을 느꼈다. 무솔리니의 팽창주의와 군국주의 찬미는 군부의 호의를 얻었다. 일부 자본가와 지주들은 재정을 대주었다.

1922년 8월 노동조합이 파시즘 대두에 항의하기 위해 총파업을 요청했다. 그 러나 파시즘 세력은 그들의 노력을 분쇄했다. 10월에 나폴리에서 대규모 시위 를 벌인 뒤, 5만 명의 파시스트가 로마로 진격하며 정부를 압박했다. 수상은 계 엄령 선포를 건의했으나, 비토리오 에마누엘레 3세는 진압을 포기하고 무솔리 니에게 새 정부 구성을 위촉했다. 그다음 달 수상 무솔리니는 파시스트가 지배하는 연립정부를 수립하고 1년 동안 의회 법령 없이 포고령으로 통치할 권한을 획득했다. 10월의 '로마 진격'은 무솔리니의 20년 독재의 길을 열었다.

파시즘 국가의 건설　　영도자(두체) 무솔리니는 포고령에 의한 통치권을 활용하여 차츰 모든 반대 세력을 잠재웠다. 그는 민주적 절차를 내팽개친 채 경쟁 정당을 해산하고, 비판자들을 유형지로 쫓아내고, 시민권을 중지하고, 언론을 검열하고, 정치 재판소를 설치했다. 그는 최다 득표 정당이 의석의 2/3를 차지하도록 선거법을 고쳤으며, 1924년 선거에서 이긴 국가파시즘당은 의회를 좌지우지하게 되었다. 나치의 게슈타포Gestapo의 모델이 된 비밀경찰 오브라OVRA가 창설되어 반파시즘 활동을 단속했다. 강력한 독재권을 확립한 영도자 무솔리니 정부는 전후 4년간 무기력했던 정부와는 확연히 다른 모습을 보여주었다. 1925~1926년에 제정된 일련의 법으로 도시들은 자치정부를 잃고, 모든 단위의 지방정부는 중앙정부의 통제 안에 들어갔다.

무신론자였던 무솔리니는 교황과 동맹을 맺고 교회를 그의 새 체제 안에 융합함으로써 그의 권력 구조를 완성했다. 길고 힘든 협상 끝에 그는 1929년 2월 비오 11세 교황과 라테라노Laterano 조약을 체결했다. 이로써 19세기 중엽 민족통일운동이 시작된 이래 대립해 온 국가와 교회의 오랜 분쟁이 마침내 해소되었다. 이 조약은 종교 교육을 의무화하고 가톨릭교를 '국가의 유일 종교'로 인정했으며, 바티칸 시국市國이 완전한 주권을 가진 독립국임을 선언했다. 그 보답으로 교황은 파시즘 정부에 대한 교황청과 이탈리아 가톨릭교회의 지지를 약속했다.

파시즘은 가족을 국가의 기둥으로, 여성을 가족의 기초로 여겼다. '여성은 가정으로'가 파시즘의 구호가 되었다. 무솔리니에 따르면, 가정을 지키고 아이를 낳는 것이 여성의 자연적인 기본 사명이었다. 그는 인구 증가를 국력의 지표라고 보았다. 여성이 가정 바깥일에 종사하는 것은 산아의 의무를 저버리는 것이었다. 파시즘의 이러한 여성관에는 현실적 고려 또한 바탕에 깔려 있었다. 이를테면 여성을 직업 시장 바깥으로 돌려놓으면 1930년대의 불황 상태에서 남성의 실업이 그만큼 줄어드는 것이다.

국가자본주의로 알려지게 된 무솔리니의 경제체제는 노동과 자본의 협력을 통해 계급 갈등을 해소하는 것을 목표로 했다. 파시즘에서 노동과 자본은 국가의 양대 기구였다. 그래서 국가 전체 산업이 여섯 개 부문으로 나뉘어, 각 부문에 노동자 조합과 기업가 조합이 결성되고 여기에 전문직 조합이 보태어져 모두 13개의 조합이 결성되었다. 이들 조합은 국가의 감독 아래 노동쟁의를 다루고, 적절한 임금 기준을 설정하고, 물가를 통제하고, 노동조건을 감독했다. 1926년 이후에는 노동자의 파업과 사용자의 공장 폐쇄가 모두 금지되었다. 1928년에는 조합이 의원 후보 추천권을 갖게 되었으며, 1934년에는 22개로 늘어난 조합의 대표 400명으로 구성된 중앙위원회가 아예 의회를 대체하게 되었다. 이제 의회는 지역이 아니라 경제적 이익집단을 대변하는 기구가 되었다. 그리하여 파시스트 지배 아래에서 이탈리아는 이른바 조합국가stato corporativo가 되었다. 무솔리니는 그의 국가 구조가 무계급의 경제체제를 구현했으며, 조합국가가 20세기 사회문제의 해결책을 제공해 주었다고 주장했다.

무솔리니는 국가는 개인을 넘어선 살아 있는 유기체이며, 개인은 단지 국가의 한 부분인 한에서 존재의 의미가 있다고 주장했다. 사상 교육이 시행되어 어린이들은 영도자를 '믿고, 복종하고, 싸우도록' 세뇌되었다. "무솔리니는 언제나 옳다"와 같은 구호가 전국의 벽을 도배했다. 그러나 무솔리니는 스탈린이나 히틀러가 아니었다. 억압 기구, 선전 활동, 수많은 파시즘 조직의 결성에도 불구하고 그는 히틀러나 스탈린이 확립한 만큼의 전체주의적 통제를 달성하지 못했다. 그리고 이탈리아 파시즘은 스탈린의 소련이나 나치 독일의 전체주의보다 훨씬 덜 억압적이었으며, 계급 파괴나 인종 학살과 같은 만행은 없었다.

경제공황의 바람이 이탈리아에는 늦게 불어왔지만, 더 오래 이어졌고 그 충격으로 경제는 황폐해졌다. 1929년의 국민총생산이 1914년보다 33% 증가했으나 그 성과는 곧 날아가 버리고, 천연자원의 부족과 무역 불균형 그리고 인구 팽창과 같은 오랜 문제들로 경제는 무너질 지경이 되었다. 이를 타개하기 위해 정부는 대규모 공공사업과 농업 개혁을 펼쳤다. 고속도로와 수력발전소가 건설되고, 습지가 개간되어 농경지가 늘어났다. 관광 사업을 증진하기 위한 노력도 배가되었다. 그럼에도 이탈리아는 독일의 나치즘 같은 성공을 거두지는 못했다.

외교 문제에서 무솔리니는 1920년대에 베르사유체제에 불만을 가진 나라들의 불만을 부채질함으로써 프랑스에 맞서려고 했다. 그래서 그는 오스트리아, 헝가리, 불가리아와 우호 관계를 수립했다. 그는 또한 발칸반도에 영향력을 확대하기 위해, 많은 발칸 국가와 우호조약을 체결하고 유고슬라비아를 분열시키려는 음모를 지원했다. 무솔리니는 끊임없이 전쟁을 미화하고 고대 로마제국의 부활을 들먹였다. 그는 지중해를 '이탈리아의 호수'로 만들기 위한 꿈을 품고 상당한 규모의 해군과 공군을 육성하는 등 군사력을 강화했다. 그는 1935년 마침내 에티오피아를 공격하여 침략 야욕을 노골적으로 드러냈다.

3) 독일 나치즘

바이마르공화국　　바이마르공화국은 그 시대 기준으로 가장 앞서고 모범적인 헌법을 갖추었음에도 참으로 허약한 발판 위에서 출발했다. 전쟁에서 항복한 것은 군부가 아니라 황제가 황급히 임명한 자유주의적 문민정부였다. 새 공화국은 치욕적인 전쟁 책임 조항이 담긴 베르사유 조약을 받아들인 배신자라는 낙인이 찍혔고, 자유주의자나 베르사유 조약 옹호자에게는 테러가 자행되었다. 여전히 제국 시대의 보수적 판사로 채워진 법정은 우파의 공화파 암살 시도자엔 관대하고 좌파의 비슷한 시도에는 가혹한 형벌을 내렸다. 많은 사람이 여전히 군국주의적 프로이센 국가를 이상화했으며, 군 참모부와 수많은 지지자는 실질적으로 문민적 통제 아래 놓이지 않았다. 잡다한 반민주적 세력이 폭동을 일으키고 공화정을 전복하려 했다. 폭력 행사가 정치 활동의 일상적 방식이 되었다. 그러한 분위기에서 1925년에는 전쟁 영웅 파울 폰 힌덴부르크 원수가 대통령에 당선되었는데, 그는 군국주의자였으며 공화정을 탐탁지 않게 생각했다. 2년 뒤 그는 공식적으로 전쟁 책임론을 부정했다.

무엇보다 바이마르공화국은 극도로 혼란스러운 경제 상태에 직면했다. 독일은 국경 바깥에서 침략 전쟁을 벌인 덕분에 국토가 파괴되지는 않았으나 재정과 경제는 거의 파탄이 났다. 쓰디쓴 환멸이 만연했다. 일자리를 얻지 못한 일부 퇴역 군인은 준군사조직인 자유 군단에 가입했다. 자유 군단은 시가전을 펼치고 임금을 위해 싸웠지만, 신생 바이마르 체제를 반대했다. 노동자들은 생존의 위기에 내몰렸다. 그들은 집권 사민당이 사회주의 구호를 내걸어놓고는 아무런 사회주의적 조치도 시행하지 않은 데 실망했다.

바이마르공화국의 가장 큰 위기는 중간계급의 불안정이었다. 경제적으로 어려운 여건에서 그들은 하층계급으로 떨어질 것을 두려워했다. 중간계급은 1923년 말 정점에 이른 재앙에 가까운 인플레로 저축이 거덜 나자, 정부에의 신뢰를 잃고 민주공화국의 이점을 의심하게 되었다. 연금이 거의 무용지물이 되자 제대한 상이군인의 생계가 무너졌다. 좌파와 우파의 봉기가 잇달았다. 1919~1924년 사이 연립내각이 12번이나 교대로 들어섰다. 그러나 바이마르공화국은 이 위기를 견뎌냈다.

구스타프 슈트레제만Gustav Stresemann(1878~1929) 수상은 1923년 부동산 수익을 담보로 새 화폐 렌텐마르크Rentenmark를 발행하고, 기존 화폐 1조 마르크를 1렌텐마르크와 교환하는 화폐 개혁을 단행했다. 다행히도 화폐 개혁과 미국 차관의 도입에 힘입어 통화가 기적적으로 안정되고 경제가 어느 정도 호전되기 시작해서, 1924~1929년에는 경제가 활력을 되찾았다. 경제가 안정되자 정치적 갈등도 줄어들었다. 구스타프 슈트레제만은 1923년 가을 한 철 수상이었다가, 이후 죽을 때까지 내각의 변동과 관계없이 외상으로 일하면서 정국을 안정시키는 데 지대한 역할을 했다. 슈트레제만이 국제적 우호 분위기를 조성하기 위해 애쓰는 가운데 도스안이 마련되고 로카르노 협정이 체결되었으며, 그 결과 독일은 1926년 국제연맹 가입도 허용되었다.

아돌프 히틀러와 나치당　　전후의 극심한 혼란기에 아돌프 히틀러Adolf Hitler(1889~
1945)가 독일을 구하겠다고 나섰다. 그는 오스트리아 출신이었다. 그는 1908년
미술가의 꿈을 안고 빈으로 갔다. 그러나 미술학교 입학이 좌절됨으로써 그 꿈
은 일찌감치 꿈으로 끝나버렸다. 빈의 세계시민적 분위기를 혐오하면서 그는 인
종주의자들의 글을 열심히 읽었으며, 범게르만주의와 마르크스주의에도 관심을
기울였다. 제1차 세계대전이 일어나기 한 해 전 히틀러는 오스트리아와 가까운
뮌헨으로 옮아가 그림을 팔아 생계를 유지했다. 그러다가 전쟁이 터지자 그는
독일군에 입대하고 서부 전선에서 싸웠다. 부상을 당해 병원에 입원 중 휴전을
맞은 그는 뮌헨으로 돌아갔는데, 그곳에는 일자리를 얻지 못한 수많은 제대 군
인이 몰려들었다. 그는 그곳에서 독일노동자당Deutsche Arbeiterpartei이라는 작은
조직에 가입했다.

　　독일노동자당은 열렬한 민족주의를 내세울 뿐 아니라, 반민주적·반공산주의
적·반유대주의적 이념을 가진 단체였다. 독일노동자당은 1920년 당명 앞에 국
가사회주의Nationalsozialistische라는 수식어를 덧붙였는데, 이후 국가사회주의 독일
노동자당NSDAP은 주로 이 수식어의 줄임말인 나치Nazi로 불리게 되었다. 히틀러
는 1921년 당권을 장악하고 나치당의 '영도자Führer'가 되었다. '하나의 민족, 하
나의 국가, 하나의 영도자'를 구호로 내건 나치당은 기관지를 창간하고, 준군사
조직인 돌격대Sturmabteilung: SA를 조직했다. 이탈리아 파시즘당의 검은 셔츠단을
본뜬 돌격대는 흔히 갈색 셔츠단으로 불렸다. 그리고 나치당은 게르만의 피를
상징하는 붉은 바탕에 갈고리 십자Hakenkreuz 卐 문양을 새긴 깃발을 당기로 채택
했다.

　　무솔리니처럼 히틀러는 타고난 선동가였다. 그는 감동적인 연설로 수많은 추
종자를 뮌헨으로 그러모았다. 나치당은 빠르게 세력을 확장했다. 그러자 1923
년 11월, 히틀러는 무솔리니의 로마 진격에 고무되어 뮌헨의 한 맥주 홀에서 바
이에른 정부로의 진격을 선동했다. 그러나 미숙한 그 쿠데타는 쉽게 분쇄되었
다. 그는 감옥으로 가고, 당은 거의 무너졌다. 그는 5년 형을 선고받았으나 아홉

달 만에 풀려났는데, 옥중에서 그는 함께 수감된 루돌프 헤스Rudolf Hess에게 구술하여 『나의 투쟁Mein Kampf』을 집필했다. 자서전이면서 나치의 철학과 목적을 진술한 이 저서에서 히틀러는 역사는 위대한 인종이 만들며, 그 가운데 아리안Aryan이 가장 위대한 인종이라 주장했다. 그의 주장에 따르면, 가장 고귀한 아리안은 게르만족으로서 그들이 세계를 지배해야 한다. 유대인은 최고의 악한이고, 민주주의는 퇴폐적이며, 공산주의는 범죄였다. 독일인이 현재 차지하고 있는 생활공간은 너무나 좁았다. 그는 우월한 민족인 게르만족은 민족의 생존과 발전에 필요한 넓은 '생활권生活圈, Lebensraum'을 확보할 권리가 있으며, 그 목표를 이루기 위해 '강자'의 정당한 수단인 무력과 전쟁을 사용할 권리가 있다고 주장했다. 『나의 투쟁』은 처음에는 거친 사람의 허튼소리로 치부되었으나 1930년대에는 널리 읽혔다.

히틀러의 권력 장악　　감옥에서 풀려나자 히틀러는 나치당을 재건하고 전국적 정당으로 발전시켰다. 각 지역과 지부의 지도자 다수가 30세 이하의 젊은이였는데, 그런 젊은이의 열정이 나치 운동에 다른 정당이 따라갈 수 없는 역동성을 부여했다. 마침 1930년대에 불어닥친 불황으로, 바이마르공화국이 안고 있던 취약점이 완전히 드러나면서 나치당에는 엄청난 호기가 찾아왔다. 1920년대 후반에 간신히 이룬 상대적 안정과 번영이 대공황의 여파에 무너졌다. 1931년 초에 440만 명이던 실업자가 1932년 겨울에는 600만 명으로 치솟았다. 이곳저곳에서 폭력 사태가 벌어졌다. 실업의 고통을 겪는 수많은 젊은이가 바이마르공화국을 거부하고 극단주의 정당에 빠져들었다. 그들 중 많은 사람이 갈색 셔츠단에서 일자리를 구했다.

바이마르 정부에서 온건파의 입지가 무너진 가운데 치러진 1930년 선거에서 나치당은 의석을 12석에서 107석으로 늘렸다. 중간계급은 안정을 바라고 노동자들은 일자리를 요구하는 가운데 히틀러의 인기는 높아갔다. 나치 운동이 인기를 더해가자, 히틀러와 빼어난 선전 참모 요제프 괴벨스Joseph Göbbels는 대대적인 선전 활동을 전개했다. 그들은 완전고용, 경제 안정, 민족 자존심 회복, 베르사유 조약의 파기, 재무장, 공산주의의 저지, 유대인을 비롯한 비게르만인들의 제거를 통한 독일의 정화 등등을 약속했다. 산업자본가, 지주 귀족, 군부, 고위 관료 등 우익 엘리트들이 히틀러를 공산주의 세력으로부터 그들의 특권적 지위를 지켜줄 인물로 보고 그를 지원하기 시작했다.

히틀러는 1932년 3월 대선에 나섰으나 늙은 힌덴부르크에게 패했다. 그렇지만 7월의 총선에서 나치당은 제1당이 되었고, 힌덴부르크 대통령은 히틀러에게 연립정부 참여를 요청했다. 그러나 히틀러는 독재에 맞먹는 권력을 요구하면서 요청을 거절했다. 정부 구성이 교착상태에 빠지자, 9월에 결국 의회가 해산되고 두 달 뒤 다시 총선이 치러졌다. 나치당은 오히려 의석이 줄어들었다. 세력의 정점에서 내리막을 타는 듯 보였던 이 중대한 순간에, 좌파 혁명을 두려워한 보수세력의 압박을 받은 대통령은 히틀러에게 수상직을 제안했다. 히틀러는 이를 받아들여 1933년 1월 혼합 내각을 수립했다. 그러나 의회에서 확실한 다수를 확보하지 못하자 히틀러 수상은 3월 5일자 총선을 요청했다.

나치당은 수단과 방법을 총동원해서 선거운동을 벌였다. 그들의 과격한 선거운동에 많은 사람이 반감을 품게 되었고 분위기는 나치에게 불리하게 돌아갔다. 히틀러는 어떤 극적인 사건이 필요했다. 그런데 2월 27일 저녁 화재가 발생해 의사당을 삼켜버렸다. 괴벨스의 선전기구는 즉각 화재를 국제공산주의 운동의 짓으로 돌리고 비난을 퍼부었다. 그러나 외부 세계는 대체로 나치 자신이 불을 질렀다고 믿었다. 이런 소동 끝에 나치당은 3월 5일의 선거에서 의석의 44%를 차지하고 8% 의석의 독일민족당을 끌어들여 과반 의석을 확보했다. 나치당은 재빨리 히틀러에게 앞으로 4년 동안 의회 입법 없이 포고령으로 통치할 권력을 부여하는 전권위임법Ermächtigungsgesetz을 제정했다. 히틀러는 의회가 임명한 독재자가 된 셈이었다.

바이마르 정부의 모든 측면이 법적으로 뒤집혔다. 바이마르 헌법은 공식적으로 폐기된 적은 없지만, 사실상 완전히 내팽개쳐졌다. 독재권을 장악한 히틀러는 공산당을 비롯한 모든 정당을 불법화하고 국가사회주의 독일노동자당만을 유일 합법 정당으로 남겨 놓았다. 연방 회원국들은 자치권을 박탈당하고 중앙정부에 예속되었다. 마음만 먹으면 누구나 조사할 수 있는 비밀경찰 게슈타포 Gestapo가 창설되었다. 시민적 자유는 정지되고, 법정은 법이 아니라 나치의 이념에 근거해서 판결하고, 나치즘 반대자는 국가의 적으로 규정되어 감옥으로 가거나 강제 수용소로 사라졌다.

1934년 8월 힌덴부르크가 죽자 히틀러는 대통령 지위도 차지하고 이를 국민투표로 확인받았다. 이제 그는 명실상부하게 국가 수장이 되었는데, 바이마르공화국과의 단절을 나타내기 위해 그는 대통령 대신 '영도자'를 공식 칭호로 사용했다. 관리와 군인은 모두 '독일제국과 국민의 영도자'인 히틀러에게 절대 충성을 선서해야 했다. 히틀러는 나치의 당기를 독일의 국기로 삼고, 그의 체제를 신성로마제국과 비스마르크가 수립한 제국을 이은 제3제국이라 선언했다.

경제정책　　　이탈리아처럼 나치즘은 일종의 국가자본주의를 발전시켰다. 이론과 실제에서 나치즘은 자본주의와 사유재산을 유지했다. 그러나 국가는 기업과 노동 모두를 엄격하게 통제했다. 나치즘은 노동과 자본의 전통적인 분리와 계급투쟁을 부정했다. 1933년 모든 노동조합이 통폐합되어 자본가도 포괄하는 노사통합 단체인 독일노동전선Deutsche Arbeitsfront으로 대체되었다. 파시즘의 조합국가처럼 노동자의 파업할 권리와 경영 쪽의 직장을 폐쇄할 권리는 부정되었다.

나치 정권은 자급자족 경제체제의 확립을 정책 목표로 표방했는데, 이는 사실 어느 정도는 대공황을 타개하려는 유럽 국가들의 일반적 목표이기도 했다. 다만 나치는 민주적 방식보다 국가의 완전한 경제 통제를 통해 그 목표에 도달하려 했다. 나치가 당면한 시급한 과제는 심각한 수준의 실업을 해소하는 일이었다. 나치는 1933년에 집권하자 곧 경제 계획을 입안하여 6월부터 시행했는데, 이는 다양한 공공사업과 재무장 사업을 통해 일자리를 창출하는 데 주안점을 두었다. 실업자들은 고속도로 및 기념비적 공공건축물의 건설과 같은 공공사업과 무기 공장에, 그리고 군대에 투입되었다. 1936년 시작된 제2차 계획은 4년 안에 경제를 전시체제로 개편하고, 장차 있을지 모를 경제 봉쇄의 위험을 줄이기 위해 원료 수입 의존을 최소화하는 것을 목표로 했다. 전략 물자가 비축되고, 인조 석유·합성고무·합성섬유 등 새로운 합성물질이 개발되었다. 그 기간에 국민총생산이 68% 증가했다.

나치는 이렇게 계획경제를 운용함으로써 경제 혼란을 수습하고 번영을 되찾는 데 성공했다. 실업이 완전히 해소되고, 1938년에 독일은 노동 부족 상태가 되었다. 이런 경제 위기 극복에는 재무장 사업이 단단히 한몫했다. 경제 회복에의 자신감을 얻은 독일은 1933년 국제연맹을 탈퇴했으며, 2년 뒤에는 베르사유 조약을 거부하고 징병제를 도입했다. 경제적 성공에 더하여 연이은 외교적 승리로 독일은 과거와 같은 강대국의 지위를 회복했다. 이와 같은 성과에 열광하여, 대다수 독일인은 나치 체제가 안고 있는 불길한 측면에는 애써 눈을 감았다.

나치의 문화 및 인종 정책　　히틀러는 차근차근 전체주의적 통제를 삶의 모든 측면으로 확대했다. 나치 정부는 모든 미디어를 틀어쥐고 나치 사상을 주입하기 위한 문화 정책을 강행했다. 교회, 학교, 대학도 나치의 통제 아래 들어갔다. 강제가 필요한 경우에는 비밀경찰과 친위대Schutzstaffel: SS가 동원되었다. 친위대는 원래 히틀러 개인 경호를 위해 창설되었으나, 차츰 조직이 방대해져서 모든 경찰 조직을 통제하게 되었다. 저명한 작가의 작품들이 금서가 되어 불태워졌다. 바이마르공화국의 활발했던 문화적 활력이 제3제국의 단조로운 사회적 사실주의에 사그라졌다. 한때 학문의 자유로 명성을 날렸던 대학들은 나치즘의 인종주의 신화를 선전하고 강제수용소 수용인을 대상으로 유전자 공학 실험을 수행하는 기관으로 전락했다. 모범적 나치만 대학에 갈 수 있었고, 체제에 협력하지 않는 교수는 쫓겨났다.

소년 소녀는 훌륭한 나치가 되도록 단련된바, 소년들은 '영도자'를 위해 싸우고 죽을 수 있도록, 소녀는 제3제국에 필요한 아기를 많이 낳아 기를 수 있게 교육받았다. 이탈리아 파시즘 체제처럼 나치 치하에서도 모성이 떠받들어졌다. 여성의 운명은 기본적으로 아내와 어머니였다. 여성은 건강한 아이를 갖는 데 방해가 될 중공업 같은 분야의 취업이 배제되고, 교수·법률가·의사 등 전문직에서도 기피되었다. 여덟 명 이상 자녀를 낳은 어머니에게는 훈장이 수여되었다.

나치즘은 국가를 모든 것 위에 올려놓았기 때문에 종교를 히틀러 체제 아래 종속시키는 운동이 전개되었으며, 결국 나치는 교회와 갈등을 일으키게 되었다. 교회 조직은 아리안의 대의라는 더 큰 목적에 봉사해야 한다는 점이 명백해질 때까지, 원래는 나치를 따뜻하게 뒷받침했다. 그런데 이제 개신교는 그들을 국가의 병기로 만들려는 나치의 시도에 고통을 받았다. 1930년대 말에는 가톨릭교회 역시 나치의 교묘하고 지속적인 공격을 받았다. 국가 정책에 저항하는 성직자는 괴롭힘을 당하거나 날조된 혐의로 체포되었다. 어린이들은 '영도자'를 독일을 패망에서 구해낸 재림 구세주로 숭배하도록 교육받았다.

나치 체제의 가장 야만적 성격은 유대인 박해로 나타났다. 나치가 집권했을 때 게르만인은 6600만 명, 유대인은 50만 명 남짓이었다. 1880년 이래 유대인은 다른 민족에 동화되면서 인구가 꾸준히 줄고 있었다. 그러던 차에 모든 유대인 관리가 관직에서 쫓겨났고, 유대인은 기업과 산업 활동이 금지되었다. 1935년에는 뉘른베르크법Nürnberger Gesetze이 제정되었는데, 이 법은 유대인과 독일인의 결혼과 혼외 관계를 금지하고, 유대인의 시민권을 박탈하고, 유대인을 사회에서 격리했다. 1938년 말 이후 유대인 박해는 좀 더 폭력적으로 전개되었다. 유대교 회당이 불태워지고, 유대인 사업장이 파괴되고, 수많은 사람이 유대인 강제 수용소로 끌려갔다. 유대인 출입을 금지하는 표지가 모든 공공장소에 부착되었다. 히틀러는 그러한 유대인 박해 정책을 추구하면서 기업계와 전문직의 확고한 지지를 얻었다.

4) 파시즘과 기타 독재 체제

나치즘과 파시즘　　나치즘은 파시즘을 본받았으나 독특한 형태의 파시즘이었다. 그 둘은 유기체 국가의 신화, 투쟁과 의지의 강조, 이성의 경멸, 군국주의의 찬미, 권위와 규율의 강조, 엘리트 지배, 그리고 영도자에의 믿음과 복종 등의 특성을 공유했다. 그러나 나치즘은 일반적 파시즘보다 더 군국주의적이고 더 공격적이었다. 무엇보다 나치즘은 아리안 우월주의와 유대인 증오의 인종주의를 핵심 특징으로 했다. 나치는 유대인을 게르만족의 순수한 피를 오염시키는 흡혈귀로 묘사했다. 나치즘은 이러한 독일 우월주의에도 불구하고, 민주주의의 불안정성에 염증을 내고 신질서 수립을 갈망하는 다른 나라의 많은 사람에게 호소력이 있었다. 나치류의 정당과 준군사조직들이 네덜란드, 벨기에, 프랑스, 오스트리아를 포함한 여러 민주국가에 등장했다.

　그렇지만 권위주의적 해결책을 옹호한 사람들은 대부분 독일보다 이탈리아에서 본보기를 구했다. 무솔리니는 경제 분야에서 히틀러만큼 성공을 거두지는 못했으나, 그의 파시즘은 나치즘보다 폭력을 덜 쓰고 질서를 확립했다. 1930년대에 체코슬로바키아를 제외한 동유럽과 남유럽 전역이 파시즘식 독재 체제의 지배 아래 들어갔다. 포르투갈은 1932년 이후 이탈리아를 모델로 하는 파시즘 독재 체제를 수립했다.

오스트리아　　생제르맹 조약으로 영토가 1/10로 쪼그라든 오스트리아는 1920년대에 경제 침체와 함께 심각한 내부 갈등을 겪었다. 주로 지방에 기반을 둔 가톨릭교회와 보수파가 수도 빈을 중심으로 한 사회주의자 및 자유주의자와 대립했다. 그리고 많은 오스트리아인은 경제적 혜택을 가져다줄지도 모를 독일과의 통합이 열강에 의해 금지된 데에 분개했다. 공황이 닥치면서 오스트리아는 거의 파산 지경에 이르렀고 거리 폭력이 일상사가 되다시피 했다.

　가톨릭교회의 강력한 옹호자요 무솔리니의 찬양자인 엥겔베르트 돌푸스

Engelbert Dollfuss는 1932년 수상이 되자 의회를 정지하고 헌법적 자유 대부분을 폐지했다. 그는 자신이 창당한 파시즘 정당인 조국전선Vaterländische Front을 제외한 모든 정당을 불법화하고, 새로 파시즘 헌법을 선포했다. 사회주의자들이 항의 파업을 벌이자 돌푸스는 그 지도자들을 체포해 버렸다. 이에 사회주의자들이 시가에 바리케이드를 치자, 그는 어떠한 협상도 거부하고 군을 투입하여 사태를 진압했다.

한편 돌푸스는 무솔리니와의 화친을 통해 히틀러의 합병 기도로부터 조국을 지키고자 했는데, 이 전략은 1934년 오스트리아의 나치가 쿠데타를 시도했을 때 유용함이 드러났다. 독일이 나치의 쿠데타에 호응하여 오스트리아 침략을 기도하자, 무솔리니는 즉각 오스트리아에 군사 지원 의사를 밝혔다. 이에 히틀러는 결국 오스트리아 나치에의 지원을 철회했다. 그리하여 돌푸스는 오스트리아의 독립을 지켰으나 그 자신은 나치에게 살해되었다. 후임인 쿠르트 폰 슈슈니크Kurt von Schuschnigg는 전임자의 정책을 계속 이어갔으며 군대를 육성하기 시작했다. 그렇지만 경제가 조금 나아졌음에도 나치즘이 계속 세력을 확대했고, 그는 결국 1938년 히틀러가 오스트리아를 합병하는 사태를 막지 못했다.

스페인　　스페인은 전쟁에 휘말리지 않았으나 전후의 어지러운 상황에서 다른 나라와 마찬가지로 정치적 혼란을 겪었다. 허약한 군주정 아래에서 사회주의자, 무정부주의자, 반교권주의자들이 기득권층인 지주 및 교회와 다투었다. 카탈루냐는 자치를 요구했다. 스페인령 모로코에서 군사적 패배를 당하고 군대의 부패 문제가 불거지자, 결국 알폰소Alfonso 13세는 왕정을 유지하기 위해 1923년 미겔 프리모 데 리베라Miguel Primo de Rivera(1870~1930) 장군의 독재를 허용했다. 그러나 리베라는 스페인의 사회적 병폐를 해결하지 못하고 엄청난 불만을 불러일으켰다. 2년 뒤 리베라는 국왕의 요청으로 군부-민간 혼합 내각을 구성했다. 그럼에도 사회적 소요는 불황의 바람이 불어오면서 더욱 심해졌다.

1930년 리베라가 건강을 이유로 물러난 뒤 정부는 유화적 조치를 실시했다.

그러나 왕정을 반대하는 소요가 급격히 확산했으며, 국왕은 1931년 결국 왕위를 물러나 망명길에 올랐다. 알칼라 사모라Alcalá Zamora를 중심으로 공화파가 임시정부를 수립하고 즉각 제헌의회 구성을 위한 총선이 실시되었다. 공화파와 사회주의자가 다수를 차지한 제헌의회는 공화국을 선포하고 새 자유주의 헌법을 제정했다. 새 헌법은 종교의 자유를 허용하고, 교육을 세속화하고, 교회 재산을 국유화했다. 헌법은 또한 군부의 정치 활동을 금지하고, 대지주의 농장을 몰수하여 농민에게 분배할 것을 규정했다. 게다가 여러 세기 동안 자치를 요구해 온 카탈루냐인은 특별한 권리를 부여받았다. 이런 반교권적이고 반군국주의적이며 대지주 이익에 적대적인 새 헌법은 곧장 교회, 군부, 지주 귀족의 거센 반발을 불러일으켰다.

사모라를 초대 대통령으로 한 신생 공화국은 이런 우파의 저항에만 부딪힌 것은 아니었다. 무정부주의적 생디칼리스트Anarcho-syndicaliste와 공산주의자 등 급진 좌파는 굼뜬 사회개혁에 항의하여 봉기했고, 카탈루냐인은 완전한 자치를 요구했다. 급진주의의 공포가 커지자 정부는 보수 쪽으로 움직였고, 군주주의자·성직자·파시스트·군부·팔랑헤당Falange 등 우파는 결속했다. 팔랑헤당은 파시스트이자 미겔 프리모 데 리베라의 아들 호세 안토니오 프리모 데 리베라José Antonio Primo de Rivera가 1933년 창당한 파시즘 정당이었다. 봉기와 그에 대한 보복으로 나라는 내란의 벼랑으로 내몰렸다. 보수파들의 대두에 맞서 공화파, 사회주의자, 생디칼리스트, 공산주의자 등 좌파 정당들은 인민전선Frente Popular을 결성하고 1936년 2월 총선에서 승리했다. 승리한 인민전선 정부는 중단된 토지개혁을 재개하고 사회주의적 개혁을 추진했다. 보수파와 군부 세력이 국민 진영Bando Nacional을 결성하고 1936년 7월 마침내 반란을 획책했다. 스페인은 3년 동안 이어진 내전의 수렁에 빠져들었다.

스페인 내전은 스페인령 모로코에서 야심가 프란시스코 프랑코Francisco Franco (1892~1975) 장군이 지휘하는 주둔군의 군사 반란으로 시작되었다. 이에 본토의 여러 육군과 공군 부대가 즉각 반란에 가담했다. 독일과 이탈리아가 반군을 군사 지원했고, 반군은 곧 스페인의 서부 절반을 장악했다. 프랑코 반군은 팔랑헤 당과 다른 파시스트 집단, 부유한 상층계급과 가톨릭교회의 지지를 얻었다. 그러나 프랑코의 기대와 달리 마드리드 정부는 쉽게 함락되지 않았다. 중도와 좌파 집단, 바스크인과 카탈루냐인이 강력하게 정부를 지지했다. 합법 정부 편에선 이른바 '충성파'는 소련으로부터 군사 지원을 받았다. 유럽 민주국가들은 공식적 개입을 하지 않은 가운데, 여러 나라에서 약 4만 명에 달하는 자원자가 충성파를 위해 싸우러 왔다. 이들은 대부분 공산주의자, 자유주의자, 헌신적인 반파시스트였다. 그리하여 스페인 내전은 격렬한 국제 위기를 몰고 왔다.

1936년 10월 프랑코는 국가수반을 자칭했고, 독일과 이탈리아는 외교적으로 승인했다. 마드리드는 2년 반이나 포위 공격을 버텨냈으나 월등한 장비와 공군력을 갖춘 반군은 차츰 대세를 장악했다. 열세의 충성파 군대는 때로 이념 집단 간의 갈등으로 더욱 취약해졌다. 1939년 3월 마드리드는 결국 무조건 항복을 선언했다. 이로써 70만 명의 목숨을 앗아간 끔찍한 내전이 끝났다. 그러나 비극은 그것으로 끝나지 않았다. 가톨릭교회의 지원을 얻어 억압적 정부를 수립한 프랑코는 적에게 무자비했다. 다행히 수만 명이 프랑스로 무사히 도망갔으나, 그보다 더 많은 수가 감옥으로 갔으며, 또 얼마인지도 모를 많은 사람이 처형되었다. 그는 전혀 화합을 추구하지 않았다. 그는 수년 동안 내전의 공포를 기억하게 해서, 만일 국민이 자신을 지지하지 않으면 더한 동족상잔의 비극이 재발할 수 있음을 경고하고자 했다.

절대 권력을 장악한 프랑코는 이탈리아를 모델로 한 조합국가 체제를 구축하기 시작했다. 노동조합을 불법화하고 생디카syndicat, syndicatura가 그것을 대신했다. 팔랑헤당 이외의 모든 정당이 금지되었다. 가톨릭교가 국교가 되고, 몰수된 교회 재산과 교육 통제권이 되돌려졌다. 토지개혁은 중단되고 농장은 이전 소유주에게 환원되었다. 그러나 프랑코 독재 체제는 이데올로기적 특징을 지니지 않았으며, 전체주의적이기보다는 전통적이고 보수적이며 권위주의적인 독재 체제였다. 프랑코는 1975년 죽을 때까지 그의 체제를 유지했다.

포르투갈　　포르투갈에서는 1910년 10월에 혁명이 일어나 부패를 일삼던 왕정이 사라지고 일찌감치 공화국이 수립되었다. 그러나 공화국은 기반이 워낙 취약해서 처음부터 여러 차례 보수 세력의 쿠데타 기도에 직면해야 했다. 게다가 약소국인 포르투갈은 제1차 세계대전에 참전하면서 경제적 어려움에 빠지고, 정치적 혼란은 더욱 심해졌다. 공화국이 수립된 뒤 16년 동안 대통령은 여덟 명, 수상은 무려 38명이나 나타났다. 극심한 혼란이 이어진 끝에 1926년 결국 군사 쿠데타가 일어나 군사독재 체제가 수립되었다. 군사 정부는 경제학 교수 출신 안토니우 살라자르António Salazar를 재무상으로 발탁했는데, 살라자르는 전권을 위임받아 경제를 되살리고 정국을 안정시켰다. 그 공으로 1932년 수상 자리에 오른 그는 극단적 긴축과 통화수축 정책으로 대공황을 극복했다.

　　포르투갈의 경제를 살린 데다 근엄한 가톨릭교도의 삶을 보여 준 살라자르는 가톨릭교도들인 국민의 지지를 한 몸에 받았다. 오랜 정치 혼란을 지켜본 그는 민주주의를 철저하게 혐오했다. 엄청난 지지를 배경으로 그는 정부를 권위주의 체제로 바꾸어갔다. 그는 반대파를 몰아내고 대통령을 허수아비로 만든 뒤, 1933년 헌법을 개정하여 독재 권력을 장악했다. 이렇게 하여 제1공화국이 무너지고 제2공화국이 들어섰다. 제2공화국은 이탈리아를 모델로 하는 파시즘 체제를 수립했는데, 이 포르투갈 체제는 흔히 '이스타두 노부Estado Novo(새로운 국가)'라 불렸다.

　　독재권을 장악한 살라자르는 국민에게 국가주의와 가톨릭교의 가치를 주입하기 위해 애쓰는 한편, 조국 포르투갈과 해외 식민지에 대한 자긍심을 고취하는 데 교육의 주안점을 두었다. 그리고 그는 독재 유지를 위해 인구의 2/3가 문맹인 상태를 방치한 채 우민화 정책을 시행하고, 국민의 관심을 축구 등 정치가 아닌 곳으로 돌렸다. 그뿐만 아니라 살라자르는 비밀경찰을 창설하여 반대파를 탄압하는 한편, 포르투갈 청년단을 조직하여 14세 이하 어린이들마저 독재를 위한 수단으로 이용했다. 경제학자인 그는 산업화와 근대화에 부정적이어서 포르투갈을 농업 중심 국가로 만들었다. 이렇듯 독재의 압박과 시대에 뒤떨어진 농업화 정책으로 포르투갈은 경제적 낙후에서 벗어나지 못했으며, 수많은 사람이 조국을 등지고 해외로 빠져나갔다.

동유럽의 권위주의 국가들　　동유럽 대다수 나라는 1920년대 초에 의회제도를 채택하고 민주 체제를 수립하는 듯 보였다. 그러나 거의 모든 곳에서 곧 의회 정부가 무너지고 권위주의 체제가 들어섰다. 이들 나라는 강력한 경찰 권력 같은 전체주의 국가의 몇몇 요소를 채택하기는 했으나, 최대의 관심은 새로운 사회의 창건이 아니라 기존 질서를 유지하는 데 있었다. 따라서 이들 권위주의 국가는 체제의 목표를 위해 대중을 동원하고 참여시키기보다 그들의 수동적 복종에 만족했다. 상황이 그렇게 된 데는 몇 가지 요인이 있었다. 동유럽 국가들은 자유주의나 의회 정치의 전통이 거의 없었고, 그것을 뒷받침할 중간계급이 성장하지 못했다. 이들 나라는 기본적으로 농업국이었는데, 여전히 많은 토지를 가진 대지주가 토지 재분배를 계획할 농민 정당의 성장을 두려워했다. 교회 역시 옛 체제를 유지하기 위해 권위주의 정부를 원했다. 동유럽에서 상당한 규모의 중간계급, 자유주의 전통, 튼튼한 산업 기반을 갖춘 체코슬로바키아만이 그럭저럭 정치적 민주주의를 유지했다.

폴란드는 동서 양쪽에서 잃은 땅을 되찾으려는 러시아와 독일을 마주한 불안한 상태에 놓여 있었다. 게다가 폴란드는 내부적으로도 안정을 확립하지 못했다. 폴란드는 자치의 경험이 별로 없는 데다, 이웃 세 강대국의 여러 세기에 걸친 점령의 유산을 안고 있었다. 개인주의적 성향이 강한 폴란드인은 1920년대 초에 무려 80개쯤의 정당을 만들었다. 정치적 혼란 속에서 유제프 피우수트스키Józef piłsudski(1867~1935)가 쿠데타로 권력을 장악했다. 그는 폴란드 독립운동의 영웅이요, 내전 중인 러시아와의 전쟁(1919~1921)에서 18세기 폴란드 분할 때 러시아에 빼앗겼던 우크라이나 서부와 벨라루스를 되찾은 인물이었다. 피우수트스키는 군부의 충성을 확보하고, 공식적 국가 원수는 아니었으나 죽을 때까지 사실상 독재권을 확보하고 국무를 관장했다.

제1차 세계대전에서 인구 비율로 따지자면 가장 피해가 컸던 세르비아는 그 대신 그토록 염원하던 보스니아와 헤르체고비나 등지를 얻어 영토가 두 배 이상 늘어난 것으로 보상받았다. 그러나 세르비아 왕국은 영토가 늘어난 대신 내부 갈등으로 어려움을 겪었다. 다른 소수민족은 논외로 치더라도 세르브, 크로아트, 슬로벤, 마케도니아의 네 주요 민족이 있었다. 종교도 그리스정교도(48%), 가톨릭교도(37%), 무슬림(11%)의 세 집단으로 나뉘었다. 이런 서로 다른 집단을 단일 국가로 융합하는 일은 지극히 어려운 과제였으며, 그 결과 정국이 불안정하고 정치적 암살이 자주 발생했다. 민주적 방법으로 안정을 이루지 못한 알렉산다르Aleksandar 국왕은 결국 1929년 독재를 수립하고, 국호를 유고슬라비아 왕국으로 바꾸면서 단일 국가 확립을 시도했다.

5. 제2차 세계대전

유럽에서 수백 년 동안 전쟁의 목적은 언제나 쉽게 확인되었다. 이웃 영토를 차지하거나, 왕위계승을 주장하거나, 다른 나라의 경제적 특권을 탈취하려 했다. 그런데 프랑스혁명 이후 이데올로기 전쟁이 강조되면서 간혹 전쟁 목적이 좀 더 복잡해졌다. 제1차 세계대전 때는 민주주의를 지키기 위한 투쟁이라는 명분이 내세워지면서 쟁점이 더욱 복잡해졌다. 그리고 제2차 세계대전은 이데올로기적 목적이 권력 정치라는 전통적 목적을 더욱 모호하게 만드는 시대를 초래했다. 이때부터 각국 정부는 전쟁 수행을 위해 이념적 동기 부여를 위한 선전 활동에 더욱 큰 노력을 기울였다.

1) 전쟁으로 가는 길

국제적 긴장의 고조　　1930년대에 일련의 국제 위기가 발생했는데, 그 위기는 주로 베르사유 조약의 수정을 요구하는 국가들의 침략 행위에서 비롯된 것이었다. 제2차 세계대전으로 향하는 첫걸음을 내디딘 나라는 일본이었다. 일본은 1931년 9월 만주를 침략함으로써 전후 불안하게 유지되던 평화를 처음으로 깨뜨렸다. 자원 부족과 인구 과잉에 시달리던 일본은 만주 침략으로 밀려오는 공황의 물결에 대처하려 했다. 드넓은 만주 지역을 정복한 일본은 이듬해 3월 괴뢰 정부인 만주국을 수립했다. 미국은 켈로그-브리앙 협정 위반이라 항의했으나 아무런 소용이 없었다. 국제연맹이 침략 행위를 규탄하자 일본은 1933년 아예 국제연맹을 탈퇴해 버렸다. 국제연맹은 일본의 침략을 제지할 아무런 행동도 취하지 못했으며, 이는 집단 안보의 미래에 나쁜 전조가 되었다. 중국은 결국 1933년 5월 휴전을 맺고 일본의 만주와 중국 북부의 정복을 인정했다.

베르사유 조약을 파기하려는 히틀러의 결심이 그다음 위기를 가져왔다. 1933년 독일은 제네바 군축회의에서 이탈하고 이어 국제연맹도 탈퇴했다. 1935년 초 국제연맹이 관할하던 자르 지역을 돌려받은 독일은 곧이어 모든 군비 제한을 거부하고 재무장을 천명했다. 히틀러는 3월 9일 새 공군 창설을 선언하고, 일주일 뒤 징병제를 도입하여 베르사유 조약에서 10만 명으로 제한한 육군을 55만 명으로 늘릴 것을 선언했다. 이 선언은 사실 이미 전부터 실행해 오던 조치를 공개적으로 인정한 데 지나지 않았다. 프랑스와 영국 등이 강력하게 반발했다. 그러나 그것뿐, 그들은 아무런 구체적 행동도 취하지 못했다.

독일의 팽창주의를 우려한 소련은 1934년 국제연맹에 가입하고 반파시즘 집단 안보 체제를 형성하기 위해 노력했다. 이듬해 5월 소련은 마찬가지로 나치의 재무장에 위협을 느낀 프랑스와 상호 원조조약을 맺었다. 그런 다음 7월에 소련은 제7차 코민테른 대회를 개최했다. 대회는 파시즘의 홍기를 저지하고 스페인과 프랑스에 인민전선 정부를 확립하기 위해, 사회주의 정당뿐 아니라 필요하면 부르주아 정당과도 협력할 것을 모든 공산주의자에게 촉구하는 결의안을 채택했다. 그러나 집단 안보를 위한 노력은 결실을 보지 못했으며, 각국은 각자도생을 모색하기 시작했다.

일본과 독일의 팽창주의가 국제적으로 먹혀드는 것을 보고, 무솔리니는 1935년 10월 오랫동안 눈독을 들여왔던 에티오피아를 침공했다. 그는 이로써 1896년 이탈리아가 에티오피아에 패한 치욕을 씻어내려고 했다. 그러나 놀랍게도 최신 무기로 무장한 이탈리아군은 낡은 무기로 무장한 에티오피아군을 상대로 6개월이나 힘겨운 전쟁을 치러야 했다. 만주 사변 때 국제연맹의 제재를 반대했던 영국은 이번에는 국제연맹을 설득하여 이탈리아에 경제제재를 가하게 했다. 그러나 전쟁의 위험을 감수하려 하지 않는 회원국의 미적지근한 지지 때문에 경제제재는 별 효과를 거두지 못했다. 다시 한 번 국제연맹의 무력함이 드러났다. 한편 히틀러는 무솔리니의 에티오피아 침략을 지지했는데, 이를 계기로 두 독재자는 서로 가까워졌다.

히틀러는 프랑스와 소련이 1935년 맺은 상호 원조조약이 로카르노 협정의 위반이라고 비난하면서, 1936년 3월 로카르노 협정을 짓뭉개고 라인란트를 점령해 버렸다. 이는 히틀러가 공공연하게 행한 최초의 군사행동이었다. 라인란트의 비무장을 어기면 프랑스는 무력을 사용할 권리가 있었다. 그러나 프랑스는 그러지 못했으며, 기껏해야 영국과 함께 항의나 하는 선에서 그쳤다. 이제 베르사유 조약은 완전히 폐기된 것이나 다름없었다. 그리고 이탈리아의 에티오피아 침략을 계기로 가까워진 데다 스페인 내전에서도 한편에 선 히틀러와 무솔리니는 1936년 10월 동맹을 맺었는데, 무솔리니는 공식적으로 양국의 관계를 추축Axis이라는 용어로 표현했다. 이른바 베를린-로마 추축의 결성은 독일이 고립에서 벗어나고 유럽이 두 적대 진영으로 갈라지는 중대한 고비가 되었다. 이탈리아를 동맹국으로 얻은 독일은 11월에는 일본과 반코민테른 협정Anti-Comintern Pact을 체결하고, 소련과 코민테른의 위협에 공동 대처하기로 합의했다. 이듬해인 1937년 11월에는 이탈리아가 이 협정에 참여함으로써 방공을 매개로 독일-이탈리아-일본의 추축이 형성되었다. 이탈리아는 그다음 달 독일과 일본에 이어 국제연맹을 탈퇴했다.

때마침 1936년 7월에 일어난 스페인 내전은 곧 유럽의 좌파와 우파의 이데올로기 투쟁을 위한 유혈의 무대가 되었다. 독일과 이탈리아는 친파시즘적인 프랑코의 반군을 지원했고, 파시즘 세력의 성장을 우려한 소련은 좌파 정당들이 결성한 인민전선의 정부군을 지원한 것이다. 스페인 내전은 또한 히틀러와 무솔리니가 새로운 무기와 전술을 시험하는 마당이 되었다. 그들은 풍부한 수량의 장비와 군대 등을 프랑코에게 보냈다. 그러나 영국과 프랑스 등 민주주의 국가는 전쟁의 확산을 우려하여 직접적인 내전 개입을 꺼렸다.

아시아에서는 중일전쟁이 일어났다. 만주를 정복한 일본은 유럽이 스페인 내전에 정신이 팔린 사이, 1937년 7월 선전포고도 없이 중국에 대대적인 공중 폭격을 곁들인 전면적 침략을 단행했다. 내전을 벌이던 장제스蔣介石의 국민당과 마오쩌둥毛澤東의 공산당은 이른바 국공합작을 성사시켜 일본에 공동전선을 펼쳤다. 일본군은 11월에 상하이를 점령하고, 곧장 양쯔강을 거슬러 올라가 12월에 국민정부의 수도 난징을 함락했다. 난징에서 일본군은 이듬해 2월까지 20만~30만 명으로 추정되는 중국군 포로와 민간인을 잔인하게 학살하는 만행을 저질렀다. 이 악명 높은 난징 대학살 이후 일본군은 베이징 너머까지 이르는 광대한 양쯔강 이북의 영토를 점령했다. 일본은 동아시아의 '신질서'를 선언하면서 만주와 중국을 아우르는 자급자족 경제 블록을 건설하려고 했다.

유럽 여러 나라의 대응 이리하여 1937년 말에 이르면 국제연맹은 무용지물이 되고, 집단 안보 수립의 노력 또한 물거품이 되었다. 그 대신 세계의 열강이 새로운 적대 진영을 형성하면서, 또 한 번 전쟁의 어두운 그림자가 눈앞에 어른거렸다. 영국과 프랑스는 다시 가까워졌으나, 이들을 포함한 민주국가는 난처한 처지에 놓였다. 그들은 공산주의와 파시즘 중 어느 쪽이 더 큰 위협인지 선뜻 판단하기 어려웠고, 파시즘 국가가 '적색 위협'에 대한 방파제가 될 수도 있었기에 히틀러나 무솔리니와 노골적으로 적대하고 싶지도 않았다. 민주국가들의 그러한 태도는 스페인 내전 때 파시즘 세력에 공격당하는 인민전선 정부의 위기를 애써 외면한 데서도 드러났다.

군비 축소 회의가 실패하고 긴장과 적대 행위가 증대하는 것을 보면서 각 나라는 저마다 재무장을 시작했다. 많은 사람이 평화주의자였고 평화적 해결책을 찾을 수 있다고 믿었지만, 다른 사람들은 매번의 위기가 또 하나의 세계적 파국을 몰아오고 있다고 경고하기 시작했다. 이미 1935년에 중립국 스위스가 군대를 현대화하고, 대공 방위를 개선하고, 식량을 비축하기 시작했다.

추축국의 위세가 드높아지면서 군소 국가들은 무력한 국제연맹을 떠나기 시작했다. 스칸디나비아 국가들과 네덜란드를 포함한 여러 나라는 중립의 피난처로 들어갔다. 동유럽에서는 반₩파시즘 체제가 거의 시대의 대세가 된바, 체코슬로바키아만 프랑스와의 관계를 지켰을 뿐, 다른 나라들은 독일의 호의를 얻기 위해 그 주위에 몰려들었다. 1934년 폴란드는 독일과 불가침조약을 맺었고, 벨기에는 프랑스와의 동맹을 포기하고 중립으로 돌아섰다. 1937년에 수상이 된 영국의 네빌 체임벌린Neville Chamberlain(1869~1940)은 국제적 긴장을 완화하는 데 헌신했다. 그는 독재자들을 다독이기 위해 온갖 노력을 마다하지 않았으며, 그의 이름은 유화정책의 상징이 되었다. 어떠한 대가를 치르더라도 독일인의 '생활권'을 확보하려고 하는 히틀러를 상대로, 그는 어떠한 대가를 치르더라도 평화를 지키기를 원했다.

독일의 침략: 대전의 전초전　1936년 3월 라인란트를 재점령할 때, 히틀러는 유럽에서 더는 영토를 요구하지 않는다고 말했다. 그랬던 그는 1938년 독일 민족을 하나의 제국 안에 통합하는 과업을 이행하기 시작했다. 그 첫걸음이 고국인 오스트리아 합병이었다. 히틀러는 오스트리아를 압박했고, 오스트리아 수상 쿠르트 폰 슈슈니크는 2월에 그와 회담한 뒤 독립 의지를 피력했다. 분노한 히틀러는 군대를 파견했고, 3월에 오스트리아 나치의 지도자인 새 수상이 오스트리아와 독일의 통합을 선언했다. 1934년에 오스트리아를 지켜주었던 무솔리니는 독일과의 우호를 위해 보호자 역할을 포기했다. 베를린 주재 영국 대사는 합병이 평화적으로 이루어졌다면 환영한다고 말했다.

오스트리아를 삼킨 뒤 독일인의 생활권 확보를 위한 히틀러의 그다음 목표는 주데텐란트Sudetenland였다. 독일과 국경을 맞대고 있는 체코슬로바키아의 이 서북쪽 지역은 350만 명의 독일인이 살고 있었다. 그곳은 또한 철저하게 요새화된 체크인의 방어 거점이었다. 히틀러는 그곳을 얻기 위해 여차하면 전쟁도 불사하겠다는 의사를 내비쳤다. 체임벌린은 체코슬로바키아의 희생이 평화를 구할 것이라고 프랑스 수상 에두아르 달라디에Édouard Daladier(1884~1970)를 설득했다. 1938년 9월 체임벌린, 달라디에, 히틀러, 무솔리니가 뮌헨의 나치 본부에서 만나 논의 끝에 협정을 맺었다. 뮌헨 협정은 주데텐란트 양도를 포함해서 히틀러의 모든 요구를 받아들였다. 히틀러는 그것이 그의 마지막 요구라고 약속했고, 그 말을 믿은 체임벌린은 회담 결과를 '평화의 보장'이라 자랑하면서 전쟁의 공포에 떠는 유럽인을 안심시켰다. 체코슬로바키아의 운명이 전적으로 남의 손에 의해 결정되었다.

그런데 체코슬로바키아의 비극은 그것으로 끝나지 않았다. 히틀러의 약속은 빈말이었다. 이듬해인 1939년 3월 체코슬로바키아 대통령 에밀 하하Emil Hácha는 베를린으로 불려가 온갖 협박을 당한 끝에 나라를 독일의 '보호' 아래 둔다는 문서에 서명했다. 그러나 그 서명은 단지 형식적 절차에 불과했던바, 독일 군대는 이미 체코슬로바키아로 진격하고 있었다. 히틀러는 그렇게 하여 체크인의 영토인 보헤미아와 모라비아를 집어삼켰다. 슬로바크인들은 히틀러의 묵인 아래 따로 나치 독일의 괴뢰국인 슬로바키아를 세웠다. 그에 질세라 무솔리니는 4월에 알바니아를 차지했다. 알바니아는 이미 오랫동안 경제적으로 이탈리아에 의존했으며, 꼭두각시 정부가 지배하고 있었다. 그런 다음 두 독재자는 5월에 이른바 강철 조약Stahlpakt, Patto d'Acciaio이라는 군사동맹을 맺었다.

전쟁의 공포는 매우 널리 그리고 깊이 자리 잡고 있었고, 많은 사람이 전쟁을 피하기 위해서라면 어떠한 양보도 할 가치가 있다고 느꼈다. 그러나 히틀러가 약속을 번번이 깨뜨리고 그의 영토 탐욕이 갈수록 더 커지자, 여론이 강경해지기 시작했다. 히틀러가 뮌헨 협정마저 짓밟자, 영국과 프랑스는 더는 물러설 수 없다고 느꼈다. 이제 문제는 전쟁이 일어날 거냐 아니냐가 아니라, 언제 일어날 거냐였다. 영국은 유화정책을 버리고 사상 처음으로 평시 징병을 단행했으며, 프랑스는 수상에게 국가 방위를 추진할 비상 대권을 부여했다. 참을 수 있는 한 참은 유화정책은 전쟁이 일어났을 때 양국이 전쟁의 정당성에 대한 명분을 얻고 국민을 결집하는 데 큰 도움이 되었다. 영국과 프랑스는 폴란드와 방어 동맹을 맺고 침략을 받으면 지켜주겠다고 약속했다.

2) 전쟁의 전개

폴란드 침략과 전쟁의 개시   제2차 세계대전으로 넘어가는 마지막 고비는 독일의 폴란드 침략이었다. 히틀러는 1939년 3월 말경 독일인 주민이 대다수인 단치히Danzig를 독일에 넘기고 독일과 동프로이센을 연결할 통로를 점령하도록 허용하라고 폴란드에 요구했다. 단치히는 베르사유 조약에서 자유 도시가 되어 내륙국인 폴란드가 항구로 이용할 수 있게 한 도시였다. 그러자 체임벌린은 폴란드의 독립을 위협하면 영국은 전력을 다해 폴란드를 지원할 것이라고 독일에 경고했다.

독일에 경고한 프랑스와 영국은 뒤늦게 소련을 끌어들이기 위해 독일과 경쟁했다. 양쪽을 두고 저울질하던 소련은 독일의 손을 잡았다. 1939년 8월 23일 이념상 도저히 서로 가까이할 수 없는 독일과 소련이 불가침조약을 체결함으로써 세상을 놀라게 했다. 그러나 따지고 보면 스탈린이 히틀러의 손을 잡은 것은 전혀 놀랄 일이 아니었다. 스탈린으로서는 서유럽에서는 별로 얻을 것이 없었지만, 히틀러와는 서로 주고받을 것이 많았다. 일찍이 18세기에 독일과 함께 폴란드를 나누어 집어삼킨 적이 있는 소련은 다시 한 번 그런 기회를 가질 속셈이 있었다. 스탈린은 히틀러가 폴란드를 임의로 처분할 수 있게 해주는 것과 더불어, 독일이 동서 양면의 전선에서 싸우지 않아도 된다는 보장도 해주었다. 히틀러는 불가침조약으로 소련의 개입이라는 두려움을 덜었다. 그에 더하여 두 나라는 비밀협정을 통해 소련은 핀란드·에스토니아·라트비아·동부 폴란드·루마니아의 베사라비아를 차지하고, 독일은 서부 폴란드와 리투아니아를 차지하기로 합의했다. 게다가 독일은 소련으로부터 중요한 원료와 곡물을, 소련은 독일에서 공업화에 필요한 물자를 도입할 수 있었다. 그와 같은 현실적 이득 앞에 이데올로기 차이는 아무것도 아니었다. 그뿐만 아니라 독일이 서유럽 국가와 싸운다면, 이는 나치즘과 자본주의의 공멸을 가져올 것인바 스탈린으로서는 이이제이以夷制夷의 묘수가 될 수도 있는 일이었다.

8월 31일, 그러니까 독소 불가침조약 서명의 잉크가 채 마르기도 전에 독일은 폴란드에 최후통첩을 보내고, 이튿날 독일군이 폴란드로 진격했다. 침략 이틀 뒤 영국과 프랑스가 폴란드와의 동맹에 따라 독일에 선전포고했다. 그렇게 제2차 세계대전이 시작되었다. 제1차 세계대전을 겪은 뒤 몇몇 관측자는 치러야 했던 그 참혹한 대가 때문에 다시는 전쟁을 국제적 갈등을 해결하는 수단으로 쓰지는 않게 되리라고 생각했다. 그러나 '모든 전쟁을 끝내기 위한 전쟁'이 끝난 지 불과 21년 만에 그 끔찍한 전쟁이 다시, 그것도 비할 바 없이 더 크고 더 참혹한 양상으로 일어났다.

제2차 세계대전의 특징　　20년 사이에 전쟁은 전략과 무기 면에서 엄청나게 변했다. 전차와 비행기가 지난 전쟁에도 사용되기는 했으나, 대규모 기계화 부대의 신속한 기동작전과 폭격기를 동원한 집중 폭격은 전쟁의 양상을 훨씬 더 치명적이게 만들었다. 이러한 이른바 전격전Blitzkrieg에서는 지난 전쟁 때의 참호나 프랑스가 구축한 마지노선 같은 고정되고 요새화한 진지는 별 쓸모가 없었다. 기동력이 병력과 무기의 우위보다 더 중요했는데, 개량된 무전기를 이용한 효율적 통신은 기동력을 더욱 높였다. 신속하게 타격하고 그런 다음 그 이점을 활용하는 것이 개전 초기 독일군이 거둔 성공의 주요 특징이었다. 공군은 지상의 기동력을 더욱 높여 주었다.

전쟁은 과학기술의 발전을 촉진하는 역할을 했다. 하나의 과학기술의 향상은 또 다른 향상을 이끌었다. 독일 장거리 폭격기에의 대응으로 개선된 전파탐지기가 발명되고, 개선된 프로펠러 비행기는 곧 제트기의 발달로 이어졌다. 낙하산 부대, 개선된 상륙용 주정舟艇, V-1 같은 폭명탄, V-2 같은 탄도탄 등 다른 많은 혁신도 나타났다. 항공모함은 태평양 전쟁에서 중요한 역할을 했다. 그렇지만 군사적 성공은 제1차 세계대전 때처럼 무엇보다 국가가 국민과 자원을 동원하는 능력에 놓여 있었다. 전쟁 동안 각국은 국민 삶의 모든 측면을 통제하기에 이르렀다.

전쟁 초기: 추축국의 시간　　　나치 군대는 기동성과 효율성으로 유럽을 깜짝 놀라게 했다. 체코슬로바키아와 달리 폴란드군은 용감하게 저항했으나, 독일의 기갑 사단과 항공기를 동원한 전격전에 채 한 달을 버티지 못하고 무너졌다. 영국과 프랑스 군대는 마지노선 뒤에서 선전 방송이나 하는 것으로 그쳤다. 폴란드가 무너지기 시작할 무렵 소련은 폴란드 동부 지역을 침략했다. 폴란드는 결국 또다시 독일과 소련에 분할되었다. 영국과 프랑스는 독일에 전쟁을 선포했지만, 폴란드가 무너지는 동안 아무런 손도 쓰지 못했다. 폴란드 절반을 차지한 소련은 내친김에 최근 독립한 발트 3국을 다시 점령하고 11월에는 핀란드를 공격했다. 그런데 핀란드는 의외로 완강하게 저항했다. 예상하지 못한 저항에 넉 달이나 어렵게 싸운 끝에 소련은 핀란드의 일부 지역을 빼앗는 것으로 만족해야 했다.

프랑스-독일 전선에서는 이듬해 봄이 한참 지나도록 전투가 거의 없었다. 영국과 프랑스는 마지노선 뒤에서, 독일은 라인강을 따라 구축한 서부 방벽Westwall 이른바 지크프리트선Siegfriedstellung 뒤에서 서로 대치했을 뿐이었다. 바다를 장악한 연합군은 해안을 봉쇄해서 독일의 힘을 고갈시켜 히틀러를 굴복시키려 했다. 그래서 그 오랜 소강상태는 흔히 가짜 전쟁phony war 혹은 교착전Sitzkrieg으로 불렸다.

1940년 4월에 독일군은 갑자기 소강상태를 깨고 공격을 개시했다. 독일군은 먼저 중립국 노르웨이와 덴마크를 침공했다. 그것은 노르웨이 앞바다를 통한 스웨덴 철광석 수입을 영국이 차단하려는 시도를 막기 위해서였다. 안전을 보장하는 데는 중립이 아무런 소용이 없었다. 덴마크는 하루아침에 무너졌으며, 노르웨이는 격렬하게 맞서 싸웠으나 3주 만에 결국 항복했다. 영국은 이를 저지하지 못하고 노르웨이에서 철수했으며, 그에 대한 책임을 지고 5월에 체임벌린이 수상직에서 물러났다. 새로 수상이 된 윈스턴 처칠은 곧 전시 거국내각을 구성했다.

5월 10일 체임벌린이 사임하던 날, 독일은 본격적으로 프랑스 공격을 개시했다. 기갑부대를 앞세운 독일군은 마지노선을 우회하여 역시 중립국인 벨기에와 네덜란드를 가볍게 짓밟으면서 벨기에 남부 아르텐Ardennes 숲을 뚫고 프랑스 북부로 진격했다. 이는 프랑스와 영국이 전혀 예상하지 못한 공격로였다. 돌파하기 불가능하다는 마지노선이 아무짝에도 쓸모가 없었다. 그 과정에서 허를 찔린 34만 명의 영국군과 프랑스군이 됭케르크Dunkerque 해변에 고립되었다. 영국과의 직접적 교전을 꺼린 히틀러가 머뭇거리는 사이, 처칠은 신속한 작전으로 됭케르크에 갇힌 병사 34만 명을 영국으로 구출해내는 데 성공했다. 그것은 기적 같은 성공이었다. 따지고 보면 막대한 군사적 피해를 입은 데다 엄청난 무기와 장비를 고스란히 적에게 넘기고 목숨만 간신히 건져 도망쳐 나온 것이지만, 이 철수 작전은 영국에서 승리로 포장되어 영국인을 크게 고무했다.

됭케르크 작전 이후 프랑스의 함락은 거의 피할 수 없는 일이었다. 프랑스의 붕괴가 임박하자 무솔리니가 6월 10일 프랑스와 영국에 선전포고했다. 기갑부대와 항공기의 협동 작전을 통한 독일의 전격전에 제1차 세계대전 때의 마른 전투와 같은 기적은 없었다. 프랑스는 파리의 파괴를 막기 위해 파리를 무방비 도시로 선언하고 적에게 그냥 내어주기로 했다. 파리는 6월 14일 함락되었다. 제1차 세계대전의 영웅인 84세의 노원수 앙리 필리프 페탱Henri Philippe Pétain(1856~1951)이 수상이 되어 히틀러에게 휴전을 요청했고, 6월 22일의 휴전 협정으로 독일은 1918년의 수모를 갚았다. 1871년 독일에 패한 잔해에서 생겨난 제3공화국이 바로 그 독일에 패해 종말을 고했다. 독일은 대서양 연안 쪽 프랑스 영토 3/5을 점령하고, 동남부의 비점령 지역에는 비시Vichy를 수도로 한 나치의 괴뢰 정부를 수립했다. 히틀러는 페탱을 수반으로 한 비시 프랑스가 프랑스의 해외 식민지의 충성을 확보하여 그것이 영국 수중에 떨어지는 것을 막기를 바랐다. 항복을 거부한 샤를 드골de Gaulle(1890~1970) 장군은 런던으로 건너가 망명정부인 자유 프랑스La France Libre를 수립하고 프랑스 해방운동을 전개했다.

영국의 저항 전쟁을 일으킨 지 불과 열 달 만에 독일은 중부와 서부 유럽의 주인이 되었다. 그 옛날 나폴레옹이 그랬던 것처럼, 히틀러에게는 해협 너머에 적 한 나라만 남았다. 이쯤에서 히틀러는 영국과 타협을 모색했다. 많은 관찰자는 고립무원의 영국도 곧 타협에 나설 것으로 예측했다. 그러나 처칠은 히틀러의 타협 요구를 일축했다. 그는 "우리는 해안에서 싸우고, 상륙 지점에서 싸우고, 들에서 거리에서 싸우고, 언덕에서 싸운다. 결코 항복하지 않는다"라면서 결사 항전의 의지를 불태웠다.

군사적으로 굴복시키는 것 외에는 다른 방법이 없다고 결론을 내린 히틀러는 이른바 강치 작전Unternehmen Seelöwe이라는 영국 상륙 작전을 구상했다. 영국을 침공하자면 해군이 약한 독일로서는 영국해협의 제공권을 확보해야 했다. 1940년 8월 중순부터 독일 항공기가 밤낮을 가리지 않고 영국의 공군 및 해군 기지, 항구, 통신 센터, 군수산업을 집중적으로 공격했다. 영국은 완강하게 반격했으나 공군은 치명적 손상을 입었다. 그런데 8월 말 영국 폭격기가 독일 도시에 야간 공습을 한 뒤, 독일은 이에 대한 보복으로 9월부터 군사시설에서 도시로 표적을 바꾸었다. 야간 폭격으로 런던을 비롯하여 많은 도시가 파괴되었으나, 영국 국민은 강고하게 공습을 견뎠다. 그리고 그사이 영국은 재빨리 공군력을 재건했으며, 영국 항공기는 새로 개발한 레이더망의 도움을 받아 독일 폭격기를 대거 격추했다. 항공기 손실이 심각한 수준에 이르자 히틀러는 10월 중순에 결국 강치 작전을 뒷날로 미루었다. 그러나 독일의 야간 무차별 도시 공습은 그 뒤로도 오래도록 계속되었다.

영국 침공을 포기한 히틀러는 발칸반도로 관심을 돌렸는데, 이는 소련 침략을 대비하기 위한 포석이었다. 그는 지중해 지역에서는 이탈리아가 영국군을 제압해 주기를 기대했는데, 무솔리니는 북아프리카와 발칸반도로 세력을 확대하려는 야망을 품고 1940년 9월에 리비아를 거점으로 이집트를 침공하고 한 달 뒤에는 그리스를 침략했다. 그러나 히틀러의 지중해 전략은 영국 해군이 이탈리아 함대에 큰 타격을 입히고 12월에 그리스가 이탈리아군을 몰아냄으로써 어긋나고 말았다. 나아가 영국군은 이집트뿐 아니라 에티오피아에서도 이탈리아군을 몰아내고, 내처 이탈리아 식민지 리비아 깊숙이까지 진격했다. 이는 그토록 군사적 용맹을 자랑해 온 무솔리니로서는 민망하기 짝이 없는 패배였다. 프랑스가 영국의 동맹 구실을 다하지 못한 것처럼, 이탈리아는 추축의 한 축을 제대로 감당하지 못했다.

그러나 1941년 봄에 사태는 다시 역전되었다. 독일이 무솔리니를 이 치욕적 처지에서 구해준 것이다. 북아프리카에서 영국군은 히틀러가 급파한 로멜Rommel 장군의 아프리카 군단에 패해 다시 이집트로 밀려났다. 그리고 발칸반도로 휩쓸고 들어온 독일 기갑부대가 1941년 4월 그리스와 유고슬라비아를, 그리고 5월에는 크레타섬을 정복하고 영국군을 몰아냈다. 그리하여 그리스와 크레타섬에 거점을 확보하려던 영국의 노력은 실패하고 말았다. 헝가리, 불가리아, 루마니아는 이미 그 전에 추축국 편에 섰다. 발칸반도마저 장악함으로써 1941년 봄에 이르러서 유럽 대륙은 완전히 독일 세상이 되었다. 스위스와 스웨덴이 완전한 중립을 유지했고, 포르투갈은 영국에 우호적인 그리고 아일랜드는 독일에 우호적인 중립으로 남았다. 프랑코 치하의 스페인은 중립을 표방했으나 친나치 세력이었다. 지금껏 독일군은 한 번도 전투에 패하지 않았고 입은 군사적 피해 또한 가벼웠다.

독일의 소련 침략　발칸반도에서 영국의 위협을 제거한 히틀러는 1941년 6

월 22일 드디어 오랫동안 벼르던 소련 침략을 단행했다. 사실 히틀러는 단기적 이익을 위해 스탈린과 불가침조약을 맺기는 했으나, 그는 서부 러시아를 식민화하여 독일인의 생활권을 확장하고 열등한 슬라브인을 노예로 삼으려는 야망을 품고 있었다. 그래서 히틀러는 일찍부터 소련 침략을 결심하고, 이미 1940년 12월에 암호명 바르바로사 작전Unternehmen Barbarossa이라는 소련 공격 계획을 승인해 놓고 있던 터였다. 소련을 침략함으로써 히틀러는 독일이 동시에 동서 두 전선에서 싸워서는 안 된다는 자신의 원칙을 스스로 깨뜨렸다. 그는 소련을 단기간에 제압할 수 있을 것이라 믿었기 때문인데, 사실 서유럽 관측자들도 소련이 오래 버티지 못할 것으로 예측했다. 바르바로사 작전은 원래 공격 시기를 봄쯤으로 잡아 놓았는데, 발칸반도 사태로 그 실행이 늦어진 것이었다. 그런데 결과적으로 보면 이 몇 달의 지체는 독일군에게는 치명적인 것이었다.

기갑부대를 앞세운 독일군은 파죽지세로 진격해서, 1941년 9월에 레닌그라드Leningrad(레닌 사후 그를 기념하여 페트로그라드를 바꾼 이름)를 포위하고 11월에는 모스크바 거의 40km 앞까지 접근했다. 러시아는 벼랑 끝에 선 듯했다. 그러나 거기까지였다. 히틀러는 결국 나폴레옹의 전철을 되밟았다. 그때처럼 드디어 러시아의 오랜 우군인 동장군이 등장한 것이다. 동장군이 공격을 개시하자 독일의 악몽이 시작되었다. 무기는 얼어붙고, 군복은 추위를 막지 못했고, 폭설은 길을 막았다. 제2차 세계대전 개전 이래 처음으로 독일군의 진격이 저지당했다. 동장군의 지원을 받아 러시아인은 용감하고 강인하게 저항했다. 소련은 우랄산맥 동쪽으로 산업을 재배치한 5개년 계획 덕분에 중요 산업 시설이 파괴를 면한 데다, 미국과 영국이 군수물자를 대여하기 시작했다. 적군은 12월부터 반격에 나서 차츰 독일군을 모스크바에서 밀어냈고, 히틀러는 처음으로 패배를 맛보았다. 독일은 2900km에 이르는 기나긴 전선에 300만 명 병사의 발이 묶였다.

일본의 진주만 공격과 미국의 참전　　프랑스가 무너지고 영국이 공습을 받는 동안, 미국은 추축국의 승리가 함축한 위험성을 깨닫기 시작했다. 됭케르크 사태 이후 미국은 군비를 증강하고 징병제를 단행하여 병력을 대폭 확충하는 한편, 영국에 많은 구축함을 제공했다. 그런데 미국 여론은 여전히 고립주의여서, 루스벨트는 1940년 11월 재선에 도전하면서 외국의 전쟁에 미국 젊은이를 보내는 일은 절대 없다고 공약했다. 그렇지만 재선에 성공한 뒤 루스벨트는 처칠의 압력을 받으면서 생각을 바꾸었다. 1941년 3월에 무기대여법Lend-Lease Act으로, 그는 미국 안보에 직결된다고 생각되는 나라의 방어를 위해 무기를 대여할 권한을 부여받았다. 미국은 영국에, 그리고 소련이 독일의 침략을 받자 소련에도 엄청난 양의 무기를 보냈다. 독일군이 파죽지세로 소련을 쳐들어갈 때, 루스벨트는 1941년 8월 뉴펀들랜드 앞바다의 전함에서 처칠과 만나 전쟁의 도덕적 목적과 원칙을 규정한 대서양 헌장Atlantic Charter을 작성했다. 그들은 영토 확장을 추구하지 않을 것을 천명하고, 나치를 물리친 뒤 만방의 사람들이 공포와 결핍에서 벗어나 평화롭게 사는 것을 볼 수 있기를 희망했다. 미국은 아직 전쟁에 뛰어들지는 않았으나 분명 중립은 아니었다.

미국이 공식적으로 참전하게 된 것은 일본의 팽창 정책 때문이었다. 1939년 유럽에서 전쟁이 터지자 일본은 이를 그들의 신질서를 확장할 절호의 기회로 삼았다. 일본은 하이난섬海南島을 차지하고, 1940년 6월 프랑스가 독일에 무너지고 난 뒤에는 프랑스령 인도차이나를 점령하고 그곳에 공군과 해군 기지를 건설했다. 이곳을 발판으로 일본은 네덜란드령 동인도와 영국의 조차지인 홍콩과 싱가포르에 압박을 가했다. 일본은 9월에는 독일 및 이탈리아와 상호 지원을 약속하는 협정을 맺고, 이듬해 1941년 4월에는 소련과 중립 조약을 체결했다. 유럽 식민 열강은 전쟁에 몰두해 있어서, 일본이 태평양과 동남아시아로 뻗어 나가는 데 걸림돌은 미국밖에 없었다.

1941년 10월 군국주의자 도조 히데키東條英機가 수상이 되었다. 12월 7일 일본의 특별 '평화' 사절이 워싱턴에서 미·일 관계를 회복하기 위해 협상하는 동안, 사전 경고도 없이 일본 항공모함에서 발진한 폭격기가 하와이 진주만의 미국 태평양 함대를 공격했다. 그 공습으로 비행장의 수많은 항공기가 파괴되고 미국 태평양 함대 절반이 날아갔다. 진주만 공습은 미국 여론을 자극했다. 이튿날 미국은 일본에 선전포고했다. 영국, 영연방 자치국들, 라틴아메리카의 많은 나라가 미국을 뒤따랐다. 미국이 일본에 선전포고한 나흘 뒤에는 독일이 미국에 전쟁을 선포했다. 그리하여 소련과 미국, 그리고 곧이어 브라질과 라틴아메리카 대다수 공화국이 전란에 휘말림으로써 전쟁은 그야말로 전 지구적 양상을 띠게되었다. 1942년 1월 2일 26개 국가가 대서양 헌장을 지지할 것을 맹세하고, 전쟁 기간에 서로 단결할 것을 선언했다. 제1차 세계대전 때 그랬듯이, 제2차 세계대전에서도 미국의 참전은 연합국이 궁극적으로 추축국을 쳐부수는 데 결정적 전환점이 되었다.

전세의 전환　선제공격으로 주도권을 잡은 추축국은 1941년 가을부터 이듬해 여름까지 세력과 팽창의 절정에 올랐다. 유럽을 석권한 독일군은 1942년 봄 소련에 대한 공세를 재개하여, 크림반도를 탈취하고 산업 중심지 스탈린그라드 Stalingrad(지금의 볼고그라드Volgograd)까지 쳐들어갔다. 북아프리카에서도 로멜 장군이 지휘하는 아프리카 군단이 리비아에서 영국군에게 결정적 패배를 안기고 이집트를 위협했다. 1941년 이전에 이미 중국의 넓은 지역을 점령한 일본은 진주만 공습 이후 본격적으로 태평양과 동남아시아로 뻗어 나갔다. 일본은 영국의 식민도시 홍콩과 싱가포르, 지금의 인도네시아인 네덜란드령 동인도제도, 영국 식민지 말라야와 버마 등지를 순식간에 휩쓸었다. 그리고 일본은 미국으로부터 필리핀을 탈취했으며, 태평양의 많은 섬을 손에 넣었다. 그리하여 1942년 봄에 이르러 동남아시아 거의 전역과 서태평양 많은 섬이 일본 수중에 들어갔다. 일본은 동남아시아를 서양의 식민 지배에서 해방하겠다는 대의를 표방하고 대동아공영권 창건을 선언했다. 한편 중국에서는 국민당과 공산당이 공동전선을 형성하여 일본을 몰아내기 위해 안간힘을 쓰고 있었다.

그러나 추축국 세력의 절정기는 오래가지 못했다. 1942년 가을을 고비로 전세가 전반적으로 역전되었다. 태평양에서 승승장구하던 일본은 두 차례 해전에서 미국에 참패한 것을 고비로 먼저 운이 기울어지기 시작했다. 미국은 1942년 5월 초 산호해Coral Sea 해전에서 일본에 대승을 거두고 오스트레일리아를 침략의 위협에서 구했다. 한 달 뒤 미드웨이 해전에서는 미국 항공기가 일본 항공모함을 네 척 모두 격침함으로써 하와이로 진격하는 일본의 발길을 돌려세웠다. 이 눈부신 승리 이후 미국 해군은 11월에는 과달카날Guadalcanal에서 일본 해군을 격파한 뒤 태평양의 섬을 하나하나 탈환하기 시작했다. 동남아시아에서는 영국과 인도의 군대가 1943년으로 넘어가면서 차츰 버마에서 일본군을 몰아내기 시작했으며, 오랜 싸움 끝에 1944년 마침내 버마를 탈환했다.

스탈린그라드로 쳐들어간 독일군은 1942년 7월부터 이듬해 2월 초까지 적군과 치열한 전투를 벌였다. 그러나 유럽 역사상 단일 전투로는 최대 규모인 이 스탈린그라드 전투는 결국 포위된 독일 병사 30만 명이 투항하는 것으로 끝이 났다. 스탈린그라드에서 패한 뒤 독일군은 적군의 반격으로 소련의 모든 전선에서 밀리기 시작했다. 그러자 히틀러는 1943년 7월 초 새로 개발한 중전차로 모스크바 남쪽 쿠르스크Kursk에서 마지막으로 대대적인 공세를 펴는 도박을 감행했다. 그러나 독일군은 제2차 세계대전 최대의 전차전인 쿠르스크 전투에서 적군에 완패했다. 이 패전으로 소련을 정복하려는 독일의 시도는 완전히 끝났다.

이후 적군은 침략자를 소련 영토에서 몰아내면서 그해 말 우크라이나를 되찾고, 1944년 1월에는 2년이 훨씬 넘도록 포위되어 있던 레닌그라드의 포위망을 풀었으며, 봄에는 국경을 넘어 발칸반도와 폴란드로 진격하기 시작했다. 8월에 적군은 루마니아의 항복을 받아냈고, 그다음엔 불가리아를 '해방'했다. 소련은 8~9월에 바르샤바 동부 외곽까지 접근했으나, 바르샤바 공격을 미루고 나치가 폴란드 국내 저항 세력을 무너뜨리도록 내버려두었다. 폴란드 안의 저항 세력은 런던에 있는 망명정부와 연계된 비공산계였으며, 앞으로 소련의 잠재적 적이 될 수 있기 때문이었다. 나치는 결국 폴란드 저항 세력을 철저히 파괴했다. 그런 뒤 소련은 이듬해 1945년 1월 폴란드 공산주의 세력과 함께 진격, 바르샤바를 점령했다. 소련은 이제 독일 본토 공격만 남겨두었다.

북아프리카에서는 영국과 미국이 공세를 취했다. 1942년 10월 영국군이 이집트의 엘알라메인El Alamein에서 로멜 군대를 격퇴하고 서쪽으로 진격했다. 다음 달에는 서쪽에서 영국과 미국 연합군이 비시 프랑스가 지배하는 모로코와 알제리를 공격하고, 독일군이 점령한 튀니지로 침투했다. 격렬한 전투가 뒤따랐으나, 동서 양쪽에서 협공을 당한 추축국 군대는 1943년 5월에 이르러 북아프리카 전역에서 쫓겨났다. 한편 독일 국민은 영국과 미국의 비행대가 독일 본토를 대대적으로 공습함에 따라 총력전의 고통을 처음으로 맛보았다. 독일은 대서양 전투에서도 1943년부터 패하기 시작했다. 독일 함대 대부분이 격침되거나 파손되었고, 6월 무렵에는 연합국이 확고하게 해상 우위를 확립했다.

1943년 5월에 북아프리카에서 추축국 군대를 몰아낸 연합군은 여세를 몰아 지중해를 건너 이탈리아로 진격, 7월에 시칠리아를 탈취했다. 그 영향으로 이탈리아반도에서는 7월 25일 쿠데타가 일어나 파시즘 체제가 전복되고 무솔리니는 연금당했다. 9월에 연합군은 이탈리아 본토를 침입하기 시작했다. 이탈리아 새 정부는 즉각 연합국과 휴전 협상을 개시하여 9월 초에 휴전 협정이 조인되었다. 그러나 그사이 무솔리니를 구출한 독일군은 신속하게 이탈리아 북부 지역을 점령하고, 괴뢰 정부를 수립하여 무솔리니를 그 수반으로 세웠다. 그리하여 이탈리아는 무솔리니가 지배하는 북부와 연합국이 점령한 남부로 나뉘어 전쟁이 끝날 때까지 서로 대치했다.

연합국의 종전 및 전후 구상   1943년에 들어서서 확실하게 승기를 잡은 연합국은 전후 문제를 논의하기 시작했다. 스탈린이 참석을 거부한 가운데 루스벨트, 처칠, 장제스는 1943년 11월 말경 카이로에 모여 태평양 전쟁을 끝내는 문제를 논의했다. 12월 1일 발표한 카이로 선언에서 그들은 일본의 무조건 항복을 받기 위해 협력하고, 승리한 뒤 일본이 제1차 세계대전 이후 점령한 태평양의 모든 섬을 빼앗고 만주와 대만 등의 영토는 중국에 반환하기로 합의했다. 그와 함께 카이로 회담에서는 제1차 세계대전 이전에 이미 일본의 식민지가 된 한국의 독립 문제도 논의되었는데, 그 결과 카이로 선언에는 한국을 '적당한 시기'에 '자유롭고 독립적인 국가'로 만들기로 한다는 특별 조항이 삽입되었다. 이는 한국의 독립이 국제적으로 논의된 최초의 사례였다.

한편 태평양 전쟁을 주제로 한 카이로 회담과 비슷한 시기에 테헤란Teheran에서는 미국, 영국, 소련의 세 정상이 만나 유럽 대륙에서 홀로 독일을 상대하는 소련의 부담을 덜어주기 위해 이른바 제2전선을 구축하는 문제를 주된 의제로 협의했다. 그동안 스탈린은 영국과 미국이 서유럽에 제2전선을 구축하지 않는 것을 비난했다. 그는 두 나라가 소련이 홀로 독일과 싸워 지치게 하려는 계략을 쓰고 있다고 의심했다. 테헤란 회담에서 스탈린은 북프랑스 해안 상륙 작전을, 처칠은 지중해 연안 상륙 작전을 주장했는데, 결국 스탈린의 주장대로 결정되었다. 이 결정은 중요한 결과를 낳았다. 그것은 동유럽은 소련군이 해방할 것이며, 북프랑스에 상륙하여 동진하는 영·미군과 동유럽에서 서진하는 소련군이 독일을 남북으로 가르는 선에서 만날 것을 의미했다. 한편 소련은 일본과의 전쟁에 참여할 뜻을 나타냈다.

루스벨트, 처칠, 스탈린의 세 거두는 독일의 패배가 이미 기정사실이 된 1945년 2월 초순에 크림반도의 얄타Yalta에서 다시 모였다. 이때는 영국의 입김이 약해진 반면, 1100만 명이 넘는 적군이 중부 유럽 대부분과 동부 유럽을 장악하고 있어서 소련의 위상이 크게 강화되어 있었다. 그들은 독일의 무조건 항복을 받을 것을 재확인하고, 독일을 영국·프랑스·미국·소련 네 나라가 분할 점령하기로 합의했다. 얄타에서 루스벨트가 특히 큰 관심을 가졌던 것은 국제연합UN(이하 유엔)을 창설하는 문제와 일본과의 전쟁에 소련의 지원을 받는 것이었다. 처칠과 스탈린이 유엔 창설 계획을 수용하고 헌장 채택 등을 위한 첫 회합을 두 달 뒤인 4월에 샌프란시스코에서 연다는 데 합의했다. 그리고 스탈린은 독일이 항복한 뒤 2~3개월 안에 소련이 일본과의 전쟁에 참여한다는 데 동의했다. 루스벨트는 일본 본토 공격에 미군 100만 명쯤의 희생이 따를 것으로 판단했으며, 그래서 소련의 대일 참전을 요구하면서 그 대가로 스탈린에게 동북아시아에서 많은 것을 차지하도록 양보했다. 그 외에도 세 정상은 동유럽의 패전국이나 해방된 여러 나라가 자유선거를 통해 새 정부를 수립하도록 한다는 데 의견을 모았다. 그러나 그 과정에서 미국과 소련의 영향이 작용할 것에 대해 미국과 영국이 깊이 우려했으며, 특히 폴란드 문제에서는 상당한 이견이 불거졌다. 얄타 회담은 동맹의 정점이었다. 그 회담 이후 동맹 관계는 빠르게 냉각되었다.

3대 연합국 정상은 일본이 항복하기 직전인 7월에 베를린 교외 포츠담Potsdam에서 마지막으로 다시 만났다. 포츠담 회담에는 그사이 사망한 루스벨트를 뒤이은 해리 트루먼Harry Truman이 참가했고, 처칠은 회담 도중 치러진 총선에서 패해 새 수상 클레먼트 애틀리Clement Attlee로 교체되었다. 포츠담 회담이 열리기 전에 이미 서유럽과 소련의 관계는 급격하게 나빠졌다. 연합국의 유일한 공동 목표는 나치를 물리치는 것이었는데, 일단 이 목표가 달성되자 동서 관계를 어렵게 한 많은 차이점이 표면으로 떠올랐다. 소련은 1945년 2월 루마니아에서 쿠데타를 기획하여 공산주의 정부를 수립하고, 한 달 뒤에는 폴란드에서도 친서양 지도자들을 체포하고 공산주의 세력이 집권하도록 했다. 미국이 보기에 이는 소련이 얄타 협정을 어긴 것이며, 소련이 동유럽 국가들을 꼭두각시 공산주의 체제를 통해 지배하려는 것이었다. 소련의 처지에서는, 전쟁이 다 끝나기도 전에 미국이 무기대여법에 의한 지원을 종료하고 전후 재건을 위한 차관 요청을 거부한 것은 소련의 약화를 바라는 것으로 보였다.

그 결과 포츠담 회의는 불신의 먹구름이 긴 가운데 진행되었다. 전후 유럽의 재건과 관련해서는 대체로 얄타 협정을 재확인하는 한편, 미국과 소련은 이견을 노출했다. 트루먼은 동유럽 전역에서 자유선거를 요구했고, 스탈린은 자유선거가 소련에 적대적인 정부를 낳을 수도 있다고 생각하고 그 요구를 거부했다. 스탈린은 전후에 소련의 완전한 안전보장을 추구했고, 이는 오직 동유럽에 공산국가를 수립함으로써만 확보할 수 있다고 생각한 것이다. 전후의 유럽은 두 개의 유럽이 될 것이라는 조짐이 보였다.

한편 포츠담 회담에서는 태평양 전쟁을 끝내는 문제가 주요 의제였기 때문에 장제스도 회담에 초청되었으나, 그는 중일전쟁 막바지여서 참석하지 못했다. 그러나 회담 도중인 7월 26일 발표된 포츠담 선언은 트루먼, 애틀리, 장제스 3인의 이름으로 작성되고, 일본과의 교전국이 아닌 소련의 스탈린은 명의에서 빠졌다. '일본의 항복 조건을 규정하는 선언'이라는 제목의 포츠담 선언은 일본에 무조건 항복을 촉구하고, 이를 거부하면 즉각적이고 완전한 파멸뿐임을 경고했다.

3) 전쟁의 종결

연합국의 유럽 전쟁 승리   이탈리아반도에서 연합군은 1944년 6월 4일에야 로마를 함락했는데, 이 무렵에는 이탈리아 전선은 부차적 전선이 되고 서유럽에서 새 전선이 형성되었다. 로마가 함락된 지 이틀 뒤인 6월 6일 테헤란 회담에서 결정된 대로 영국에서 출발한 연합국의 50만 대군이 드와이트 아이젠하워 Dwight Eisenhower 사령관의 지휘 아래 영국해협을 건너 노르망디 해안에 상륙했다. 교두보를 확보한 연합군은 석 달 만에 병사 200만 명과 차량 50만 대를 추가로 상륙시켰다. 연합군은 8월 말에 프랑스를, 9월 초에 벨기에를 해방했다. 퇴각하는 독일군은 아르덴 숲에서 완강하게 저항했다. 12월 16일부터 1945년 1월 25일까지 이어진 이 발지Bulge 전투에서 독일의 마지막 대반격을 물리치고, 연합군은 독일로 진격할 준비를 마쳤다. 연합군은 3월에 라인강을 넘었고, 4월 하순에는 독일 북부에서 엘베강으로 진격, 그곳에서 마침내 먼 길을 서진해 온 소련군과 연결되었다. 그들의 땅에서 전투가 벌어지지 않았던 지난 대전 때와 달리, 독일 민간인은 엄청난 전쟁의 고통을 직접 맛보았다. 독일의 영토가 적에게 점령당하고 하늘에서는 폭탄이 비 오듯 쏟아졌다. 특히 함부르크Hamburg와 드레스덴 Dresden의 대공습은 독일인이 겪은 가장 큰 전쟁의 공포였다. 5월 1일 마침내 소련군이 베를린에 입성했다.

아시아에서는 일본 역시 패배를 거듭했다. 연합국이 독일을 몰아붙이는 동안, 더글러스 머카서Douglas McArther 장군 휘하의 미군은 1943년 여름부터 일본이 정복한 태평양의 섬들을 하나씩 탈환하면서 일본으로 진격했다. 1944년 10월부터 12월까지 이어진 역사상 최대 규모의 해전인 필리핀의 레이테만Leyte Gulf 해전에서 미국 해군은 일본 해군을 결정적으로 대파함으로써 일본의 해상 위협을 사실상 제거했다. 이듬해 초에 필리핀 본토에 상륙한 미군은 이어 이오지마硫黃島와 오키나와를 점령했으며, 이 기지를 발판으로 미국 폭격기의 물결이 일본의 도시에 폭탄을 퍼부었다. 많은 도시가 잿더미로 변했다. 중국 본토에서는 항일 민족통일전선을 결성한 국민당과 공산당이 거의 100만 명 일본군의 발을 묶어 놓았다.

전쟁을 일으킨 독재자들의 최후는 비참했다. 무솔리니는 정부와 함께 스페인으로 도망치다가 반파시스트 빨치산 전사들에게 잡혀 1945년 4월 28일 총살되었고, 그들의 시신은 밀라노 광장 기둥에 거꾸로 매달렸다. 무솔리니의 비참한 최후 소식에 충격을 받은 히틀러는 그 이틀 뒤 정부와 함께 자살로 삶을 마감했다. 그와 정부의 시신은 불태워졌다. 두 독재자는 그렇게 해서 패전을 직접 지켜보지는 못했는데, 루스벨트 대통령 또한 승리를 확인하지 못했다. 그는 독재자들보다 먼저 4월 12일 뇌출혈로 사망했다. 유럽에서 독일의 최종 항복은 5월 8일 이루어졌고, 유럽 나라들은 이날을 '유럽 전승일Victory in Europe Day, V-E Day'로 기념했다.

원자폭탄과 일본의 무조건 항복　　　1945년 봄에 이르러 일본은 본토마저 끊임없는 공습에 시달렸다. 일본 함대가 파괴되고 공군력 또한 완전히 무너져, 미국 함대는 일본의 영해까지 들어와 해안 도시를 포격했다. 그런데도 일본은 포츠담 선언을 거부하고 완강하게 저항했다. 일본 본토를 점령할 경우 막대한 희생이 따른다고 판단한 미국은 결국 맨해튼 프로젝트라는 이름으로 비밀리에 개발한 원자탄을 시험해 보기로 했다. 이 신무기는 미국과 유럽의 저명한 과학자들로 구성된 대규모 연구단이 물리학자 로버트 오펜하이머Oppenheimer의 책임 아래 개발한 것이었다. 미국은 8월 6일 공습을 받은 적이 없는 도시인 히로시마에 원자탄을 떨어뜨렸다. 버섯 모양 구름이 도시 위로 솟아오르자 도시는 순식간에 폐허로 변했다. 도시의 건물 90% 이상이 파괴되었으며, 25만 명 주민 중 7만 명이 초기 폭발로 직접 사망하고 그해 안에 방사능 피폭으로 그 비슷한 수의 사람이 죽었다. 그 이틀 뒤 얄타 회담 결정 사항의 이행을 미루면서 미적대던 소련이 서둘러 일본에 선전포고하고 만주로 군대를 진격시켰다. 그리고 그다음 날 나가사키에 두 번째 원자탄이 떨어졌다. 그러자 일본은 8월 15일 무조건 항복을 선언했다. 히틀러가 세계를 전쟁의 구렁텅이로 내동댕이친 지 거의 6년 만에 비로소 전쟁이 끝났다.

무방비 도시에 핵무기를 사용한 데 대한 정당화는 이 충격 요법으로 전쟁을 빨리 끝냈으며, 그리하여 그렇지 않았다면 군사적 침공으로 잃어버렸을지 모를 수백만 명의 생명을 구했다는 것이었다. 그러나 이 설명에는 심각한 의문이 제기되었다. 사실 일본은 원자탄이 떨어지기 전에 본토 침공 없이도 항복할 준비를 하고 있었다는 것이다. 게다가 소련은 만주의 일본군을 공격할 준비를 하고 있었다. 만일 미국이 원자탄의 완성을 기다리면서 종전 협상을 망설이지 않았다면, 평화는 빨리 왔을 수도 있었다. 일본은 오랜 공습과 해상 봉쇄로 붕괴가 임박한 가운데 명예롭게 전쟁에서 빠져나올 길을 애절하게 찾고 있었다. 워싱턴은 이를 알고 있었다. 그러나 트루먼은 원자탄의 위력을 과시함으로써 전후에 소련에 대해 미국의 전략적 위상을 강화할 수 있다고 믿었다. 한편 원자탄에 의한 민간인의 대량 살상은 많은 일본인이 자신이 전쟁의 가해자가 아니라 오히려 피해자라는 그릇된 의식을 갖게 했다.

전쟁의 부수적 죄악: 인종주의와 유대인 대학살   전쟁 자체가 끔찍한 죄악이기는 하지만, 그에 더하여 전쟁 수행과 아무런 관련도 없는 끔찍한 죄악이 인종박멸이라는 형태로 자행되었다. 유대인에 대한 나치의 정책은 처음에 참정권 박탈이나 사회적 격리에서 나중에는 대량 국외추방으로 중심이 옮겨갔다. 그러나 마다가스카르로의 대량 추방 계획이 1939년 이후 전쟁 상황에서 실행하기가 불

가능해지자 경악할 정책, 이른바 유대인 문제의 '최종 해결책'이 구상되었다. '최종 해결책', 곧 유대인 절멸 정책은 1942년 1월 확정되었지만, 그것은 그전부터 이미 시행되고 있었다. 완전 말살의 책임은 하인리히 힘러Himmler의 친위대SS에 맡겨졌다. 독일의 폴란드 정복 뒤, 친위대는 폴란드 유대인들을 여러 도시에 세운 게토ghetto에 쓸어 넣었다. 친위대의 특수부대인 이동 학살대Einsatzgruppen는 독일 정규군이 소련을 진격할 때 뒤를 따라가면서 마을 유대인을 집단 처형하고 구덩이에 묻었다.

이동 학살대의 희생자가 100만 명쯤으로 추산되는데, 이런 방식이 비효율적이라 판단한 나치는 죽음의 수용소Todeslager 혹은 절멸 수용소Vernichtungslager를 통해 체계적으로 말살하는 방식을 택했다. 폴란드에 절멸 수용소 여섯 개가 세워졌는데, 그중 가장 규모가 큰 것이 악명 높은 아우슈비츠Auschwitz 수용소였다. 절멸 수용소는 1942년 봄부터 운영되었는데, 그곳에는 한꺼번에 2000명 이상을 반 시간 만에 가스로 질식시켜 죽일 수 있는 시설이 있었다. 그 작업은 하루 네 차례나 반복할 수 있었다. 가장 먼저 폴란드 게토의 유대인이 희생되었으며, 프랑스·벨기에·네덜란드 등지에서 유대인들이 짐짝처럼 화물 열차로 폴란드로 운송되었다. 전세가 역전되고 1944년 연합군이 상당한 압박을 가할 때도 유대인은 그리스와 헝가리에서 실려왔다. 가스실이 아니어도 수백만 명의 유대인이 굶어 죽거나, 고문·의학 실험·처형 등으로 죽었다. 그리하여 나치는 600만 명가량의 유대인을 학살했다. 폴란드와 발트 3국 그리고 독일에 살던 유대인은 90%가 희생되었다. 1939~1945년 사이 나치에 점령된 유럽 지역의 유대인은 974만 명에서 350만 명으로 격감했다.

나치는 유대인뿐 아니라 집시도 이질적 피가 섞인 인종으로 여겨 체계적 말살을 기도했다. 약 100만 명 집시 중 40만 명가량이 죽음의 수용소에서 살해되었다. 나치의 만행은 그것으로 그치지 않았다. 나치에게 '기생충'인 유대인은 박멸의 대상인 데 비해, '하등 인간Untermenshen'인 슬라브족은 노예로 부려먹을 존재였다. 나치는 '하등 인간'을 노예 노동으로 동원하면서 마음껏 학살했다. 폴란드인·우크라이나인·벨라루스인 400만 명은 노예 노동자로 목숨을 잃었고, 소련의 300만~400만 명의 전쟁 포로 또한 학살당했다.

이와 같은 참극이 더욱 충격적인 것은, 그것이 광기 어린 야만인에 의해 저질러진 것이 아니라 가장 선진적인 문명국가의 교육받은 관료와 책임의식 있는 장교들에 의해 저질러졌다는 점이다. 나치 선전상 요제프 괴벨스는 독일 패망 불과 얼마 전 일기에 "이들 유대인을 쥐새끼처럼 영구히 박멸하는 것이 필요하다. 신께 감사하게도 독일에서 우리는 그 일을 해치웠다"라고 자랑스럽게 썼다.

나치의 인종 학살에 비교할 일은 물론 아니지만, 전쟁 도중에 미국 또한 인종적 편견을 노골적으로 드러냈다. 태평양 전쟁이 일어난 뒤 일본계 미국인 11만 명이 서부 해안의 철삿줄이 둘러쳐진 수용소에 격리되고, 충성 서약을 요구받았다. 그들 중 65%는 미국에서 출생한 사람들이었다. 이 정책이 국가 안보를 위해 필요하다고 했으나, 독일계 미국인이나 이탈리아계 미국인에게는 똑같은 조치가 전혀 내려지지 않았다.

전쟁의 충격   제2차 세계대전은 역사상 그 어느 전쟁보다 더 근본적이고 결정적인 영향을 전 세계에 끼쳤다. 그것은 비할 바 없이 파괴적이었으며 상상할 수 없을 만큼 많은 인적 및 물적 자원을 소모했다. 1945년에 전전의 '정상 상태'로 되돌아갈 수 있으리라 생각한 사람은 거의 없었다.

전쟁으로 인한 인적 및 물적 손실과 피해는 너무나 어마어마해서 인간의 통상적 이해 수준을 넘어섰다. 1억 명 이상이 군대에 동원되었으며, 그중에서 1700만 명쯤이 전장에서 죽었다. 1200만 명 이상의 민간인이 군사행동의 직접적 결과로 사망했으며, 부상자는 3500만 명을 헤아렸다. 600만 명가량의 유대인은 나치의 강제수용소에서 학살당했다. 그 밖에 수도 없는 사람이 전염병과 굶주림으로 죽었다. 물적 파괴 또한 천문학적이었다. 수백만 가옥이 부서지고 공장과 광산이 날아갔다. 어떤 경우는 도시 전체가 평평해졌다. 재정적 비용 또한 상상을 초월해서 참전국이 무기와 군비에 쓴 돈만 해도 대략 1조 1000억 달러 이상으로 추산되었다.

수많은 사람이 삶의 터전을 잃었다. 중부 및 서부 유럽에는 2000만~3000만 명의 난민과 국외 추방자로 넘쳐났다. 사람들의 심성이 황폐해지고, 대다수 사람은 온통 의식주 해결에 매달리느라 도덕과 교양을 돌아볼 여유가 거의 없었다. 암시장이 번성하고, 법과 사회적 관습에의 존중심이 전쟁의 잿더미 속에 파묻혀 버린 듯했다.

전쟁의 결과가 모두 파괴적이고 황량했던 것은 아니다. 과학과 기술은 전에 없을 만큼 향상되었다. 수천 가지 새로운 장치가 발명되고, 새 물질이 생산되고, 생산방식이 혁신되었다. 제트기, 로켓, 텔레비전, 인조섬유, 원자력 등이 그런 것의 일부였다. 이런 발명과 혁신은 대부분 이런저런 방식으로 20세기 후반에 세계 문명의 발전에 엄청난 영향을 미쳤다. 전쟁은 또한 공업과 농업의 자동화를 촉진했다. 공장과 기계가 파괴된 결과 전후 재건기에 공장 설비가 현대화했다.

무엇보다 중요한 변화는 국가 기능의 팽창이었다. 전시에 경제적 및 인적 자원을 통제할 필요 때문에, 전체주의 체제든 민주주의 체제든 가릴 것 없이 국민에 대한 국가의 통제가 더욱 강화되었다. 이처럼 강화된 국가권력이 장기적으로 다수 국민의 삶을 이롭게 했는가에 대해서는 이견이 있을 수 있다. 그러나 이런 발전이 전후 수십 년 사이에 모든 사람의 삶에 크나큰 영향을 끼쳤다는 점은 아무도 부인할 수 없다.

제15장

냉전 체제와 제국주의의 청산

제2차 세계대전이 끝나자, 서유럽이 그 전까지 행사하던 패권이 완전히 무너졌다. 주변국이었던 미국과 소련이 초강대국으로 등장하여 패권을 다툼에 따라 새로운 대결 구도가 형성되었다. 이류 국가로 전락한 유럽 국가들은 좋든 싫든 그 어느한쪽에 설 수밖에 없었다. 서유럽 국가들은 미국과 함께 자유 민주 진영을 형성하고, 동유럽은 소련의 위성국으로 편입되어 공산 진영을 형성했다. 그리하여 유럽세계는 이념적으로 선명하게 두 쪽으로 갈라졌으며, 미국이 한반도와 인도차이나에서 공산주의의 확산을 막기 위해 싸우면서 그 이념적 대립은 전체 세계로 확산했다. 양 진영 간에는 일찍이 보지 못한 격렬한 이념 대결이 펼쳐졌다. 세계 곳곳에서 공산주의 진영과 자본주의 진영 간에 대립과 적대가 형성되었다.

미국과 소련은 제2차 세계대전 이후 반세기 가까이 치열한 군비 경쟁과 외교전쟁, 이를테면 냉전만 벌였을 뿐 결코 서로 직접 싸우지 않았다. 두 나라는 쿠바 미사일 위기 때 자칫 핵전쟁의 문턱을 넘을 뻔했다. 그러나 핵무기는 역설적으로 그가공할 파괴력 때문에 오히려 전쟁을 억지하는 역할을 했다. 그 대신 세계 곳곳에서 이따금 '대리전쟁'이 일어나 수많은 사람이 목숨을 잃었다.

두 차례 세계대전의 주 무대였던 유럽은 두 초강대국 사이에 끼여 오히려 유례없는 장기간의 평화를 누렸다. 미국이 거대한 경제력을 바탕으로 전후 유럽의 경제 재건을 적극 지원했으며, 서유럽은 이에 힘입어 전후 한 세대 사이에 괄목할 경제성장을 이룩했다. 서유럽인은 초강대국과 어깨를 견줄 어떤 유럽통합체를 결성할 필요를 느꼈으며, 그 첫 단계로 유럽의 경제통합운동을 펼친 결과 유럽공동시장을 창설했다. 공동시장에 힘입어 프랑스·이탈리아·서독은 눈부신 경제성장을 이룩했는데, 뒤늦게 유럽공동시장에 가입한 영국은 이들 나라보다 경제성장이 훨씬 더뎠다. 영국은 불명예스럽게도 '유럽의 환자' 혹은 '영국병' 같은 비아냥대는 소리를 들었다.

소련은 제2차 세계대전으로 가장 큰 피해를 보았으나, 스탈린 체제에서 놀라울 만큼 참화에서 회복했다. 그런데 공업상의 성과는 엄청났으나 낮은 농업 생산성은 해결하지 못했다. 그나마 그 성과는 개인의 자유와 인권을 대가로 치르고 얻은 것이었다. 1953년 스탈린의 사망으로 소련뿐 아니라 동유럽 공산권에 큰 변화가 일어났다. 엄혹한 억압 체제가 완화되고, 어느 정도 자유의 숨통이 트였다. 냉전의 무대에도 해빙의 따뜻한 바람이 불어왔다. 그러자 동유럽 위성국에서는 궤도에서 이탈하려는 봉기가 일어났는데, 소련은 이를 허용하지 않았다.

전후 시대에는 냉전의 전개와 더불어 식민제국 해체의 도도한 물결이 세계를 휩쓸었다. 아시아와 아프리카에서 1945~1968년 사이에 70개 주권국가가 새로 탄생하면서 전후 세계 역사에 또 하나의 근본적 변화를 가져왔다. 그러나 많은 나라는 유럽의 식민 지배에서 벗어났으나, 독립 이후 극심한 인종적 혹은 종교적 반목과 정치적 혼란을 겪었다. 특히 사하라 이남의 아프리카에서는 독립이 현실적 고려나 준비 없이 이루어진 곳이 허다했다. 아프리카의 국경은 대부분 자의적으로 그어졌다. 그 결과 신생 독립국들은 종교적·문화적·인종적으로 서로 다르거나 적대적인 집단을 어떻게 하나의 민족국가로 통합해 나갈 것인가 하는 지극히 어려운 문제를 안고 출발했다. 그래서 많은 나라가 내부 갈등, 무력 충돌, 쿠데타, 군사독재를 피하지 못했다.

라틴아메리카는 대체로 부유층과 군부 그리고 가톨릭교회의 지배 아래 놓여 있었으며, 정치적 불안정과 사회적 혼란이 만연했다. 대다수 나라가 군사 쿠데타와 독재를 경험했다. 그리고 라틴아메리카는 누적된 막대한 부채에다 석유와 농산물 수출에 의존하는 경제로 인해 유럽과 특히 미국의 입김이 강하게 작용했다. 이러한 경제적 종속은 쿠바와 니카라과 같은 나라의 혁명가들에게는 풍요로운 혁명의 기회가 된바, 그들은 외세를 등에 업은 보수 지배계급의 착취에 맞서 싸웠다.

1. 전후 처리와 냉전

1) 국제연합과 평화조약

국제연합　제1차 세계대전이 끝난 뒤에는 러시아를 제외한 모든 승전국의 정상이 참석한 파리 강화회의가 열리고, 그곳에서 미국의 윌슨 대통령은 강화조약의 일환으로 국제기구를 창설하는 문제를 다루어야 한다고 주장했다. 그 결과 베르사유체제의 핵심의 하나로 국제연맹이 탄생했다. 그러나 제2차 세계대전 끝에는 연합국 전체가 참석한 강화회의도, 베르사유체제와 같은 전후의 새 체제도 없었다. 다만 평화회의와 관계없이 연합국 전체가 참여한 가운데 국제연맹을 대체할 새로운 기구가 마련되었는데, 이번에도 이에 앞장선 나라는 미국이었다.

전쟁이 끝날 무렵 미국과 소련의 관계가 멀어지는 가운데에서도 국제 평화를 위한 기구를 설립하는 문제에는 연합국 모든 나라가 뜻을 같이할 수 있었다. 히틀러가 자살하기 며칠 전인 1945년 4월 26일, 얄타 회담의 합의에 따라 샌프란시스코에서 연합국 50개국이 국제연합United Nations: UN을 창설하기 위한 회의를 열었다. 두 달의 논의 끝에 50개국의 만장일치 합의로 유엔 헌장이 제정되었다. 회의에는 참석하지 않았으나 폴란드가 추가로 헌장에 서명함으로써 51개국을 회원국으로 하는 국제기구가 탄생했다. 유엔은 소멸하는 국제연맹을 계승하고 그 물적 자산을 물려받기로 했다.

국제연합의 출범은 연합국들의 오랜 기간에 걸친 노력의 결실이었다. 국제연합 창설 구상이 처음 표명된 것은 1941년 대서양 헌장에서였다. 루스벨트 대통령과 처칠 수상은 이 헌장에서 만방의 사람들이 공포와 결핍에서 벗어나 평화롭게 살 수 있도록 항구적인 안전 체제를 도모할 국제기구가 필요하다는 뜻을 밝혔다. 이후 그런 기구의 필요성은 연합국 간의 많은 고위 회담에서 논의되었으며, 미국은 오랫동안 헌장의 초안을 작성하는 작업을 진행했다. 이 초안은 1944년 8~10월 사이에 워싱턴 교외의 한 미국 외교관 저택인 덤바튼 오크스Dumbarton

Oaks에서 미국, 영국, 중국, 소련의 실무 대표들이 협의를 거듭한 끝에 합의를 보았다. 그 뒤 1945년 2월 얄타 회담에서 미해결 현안들이 최종 타결되고 헌장 채택을 위한 샌프란시스코 회의 개최가 결정된 것이다.

헌장은 유엔의 목적이 "전쟁의 징벌로부터 다음 세대들을 구하며, 기본적 인권과 인간의 존엄 및 가치에의 믿음을 재확인"하는 것임을 밝히고, 이 목적을 위해 "국제 평화와 안전을 유지하기 위해 우리들의 힘을 합치며 … 공동의 이익을 위한 것이 아니면 무력을 사용하지 않을 것"을 천명했다. 이와 같은 목표를 이루기 위해 유엔은 여섯 개 기구를 두었다. 모든 회원국으로 구성되고 유엔 헌장의 범위 내에서 모든 문제를 토의하는 총회, 유엔의 일상 업무를 관리하는 사무국, 국제 평화와 질서를 유지하는 책임을 맡은 안전보장이사회, 생활수준을 개선하고 인권을 확장하는 일을 하는 경제사회이사회, 식민지 주민의 이익을 증진하기 위한 신탁통치이사회, 국가 간의 분쟁을 법적으로 해결하기 위한 국제사법재판소 등이 그것이다. 그 외에 국제노동기구ILO, 식량농업기구FAO, 세계보건기구WHO, 국제연합교육과학문화기구UNESCO 등 여러 전문기구도 설립되었다.

샌프란시스코에서 벌어진 최대 논쟁은 안전보장이사회의 거부권에 관한 문제였다. 약소국들은 강대국이 다수의 의사를 무력화할 수 있는 장치는 부당하다고 주장했다. 그러나 미국, 소련, 중화민국, 영국, 프랑스의 5대 강국은 그들이 세계의 평화와 안전을 유지할 특별한 이해관계와 책임이 있다고 주장했다. 논쟁 끝에 결국 안보이사회는 거부권을 갖는 상임이사국 5개국과 총회가 선출하는 2년 임기의 비상임이사국 6개국의 11개국으로 구성되었다. 비상임이사국은 1965년 10개국으로 확대되었다. 그러나 상임이사국의 거부권은 유엔이 국제 분쟁을 해결하는 데서 치명적 걸림돌이 되었다. 서방과 공산 진영 간에 견해가 첨예하게 대립하는 사안에서는 상임이사국의 만장일치가 사실상 불가능하기 때문이었다.

그렇지만 국제연합은 국제연맹보다는 훨씬 더 실질적 힘이 있음이 드러났다. 국제연합은 세계 곳곳에서 평화 유지 및 인도주의 활동을 펼칠 뿐만 아니라, 한

국전쟁(1950~1953)과 걸프 전쟁Gulf War(1990~1991) 때는 다국적의 유엔군을 조직하여 침략을 저지했다. 51개 회원국으로 출범한 국제연합은 1968년에 124개국, 2020년에는 193개국을 거느린 전 지구적 기구로 발전했다. 많은 단점과 한계에도 불구하고 국제연합은 그 존재 의의를 계속 증명하고 있다.

국제 경제체제의 모색   제2차 세계대전이 끝나기도 전에 연합국들은 제1차 세계대전 뒤와 같은 끔찍한 경제 위기를 막고 전후 세계경제를 튼튼한 발판 위에 올려놓을 방안 마련에 착수했다. 1944년 7월, 44개국 대표가 미국 브레튼우즈Bretton Woods에 모여 논의한 끝에 두 개의 금융기구를 설립하는 안에 합의했다. 브레튼우즈 협정에 29개국이 서명함으로써 이듬해 12월 국제통화기금IMF과 국제부흥개발은행IBRD이 탄생했다.

국제통화기금은 대공황의 여파로 각국이 금본위제를 포기하고 통화의 평가절하와 같은 보호주의 방책에 의존하면서 붕괴했던 국제통화 질서를 재건하기 위한 기구였다. 국제통화기금은 통화체제를 확립하기 위해 금 1온스당 35달러 비율로 금과 쉽게 태환할 수 있는 달러를 기축통화로 해서, 고정환율제를 유지하고 감독할 권한을 가졌다. 국제통화기금은 회원국이 일정한 할당액을 갹출한 자금을 기금으로 운용했는데, 회원국은 그 기금에서 부채 상환을 위해 단기 차관을 받을 수 있었다. 회원국은 국제통화기금의 승인 없이 자국의 통화 가치를 바꿀 수 없었다. 국제통화기금은 많은 회원국의 경제적 취약성 때문에 여러 문제에 직면했으나, 한 세대 동안 통화 안정을 뒷받침했다. 그러나 1960년대에 미국의 국제수지 적자가 쌓이자 브레튼우즈 체제의 모순이 드러나기 시작해서 국제통화 위기가 발생했다. 그러다가 1971년 8월 미국이 국제수지 적자로부터 달러화를 방지하기 위해 달러의 금 태환을 정지함으로써 브레튼우즈 체제는 사실상 붕괴했다.

국제부흥개발은행IBRD은 흔히 세계은행으로 불리는데, 첫 10년 동안은 주로 유럽의 전쟁 피해 복구와 재건에 초점을 맞추었다. 그다음 30년 이상 세계은행은 최빈국의 빈곤 퇴치와 개발 도상에 있는 국가의 경제 발전을 돕는 데 그 자원 대부분을 투자했다. 국제통화기금은 외환 결제에 어려움을 겪는 국가에 단기 차관을 제공하는 데 비해, 세계은행은 경제개발에 필요한 자금을 장기 저리로 융자해 주는 역할을 맡았다. 세계은행의 가입은 국제통화기금 가맹국에 한정된다.

브레튼우즈 체제의 일환으로, 미국의 주도 아래 국제무역기구ITO 창설도 추진되었다. 이는 1930년대에 경험한 보호주의와 자립경제체제에서 얻은 교훈을 바탕으로, 원활한 무역을 가로막는 장벽을 제거하고 자유무역 질서를 확립할 필요성이 대두된 데 따른 것이었다. 그러나 어렵게 마련된 그 헌장은 관련국들의 비준을 얻지 못해 폐기되고 말았다. 그 대신 미국을 비롯한 23개국이 1947년 10월 제네바에서 관세와 무역에 관한 일반협정GATT(이하 가트)을 맺었다. 관세 인하, 수입 제한의 완화, 무역상의 차별 대우의 폐지 등 애초에 국제무역기구가 수행하기로 한 역할의 일부를 가트가 맡게 되었다. 처음에 가트는 주로 공산품의 관세 인하 문제를 다루었는데, 여러 차례의 다자간 협상을 거치면서 비관세 장벽의 제거도 중요한 협상 의제가 되었다. 여덟 번째 다자간 협상으로 1994년 타결된 우루과이라운드UR 협정에서는 농산물과 서비스 교역의 장벽이 대폭 낮추어졌으며, 자유무역 질서를 확립하기 위해 좀 더 강력한 제재력을 가진 무역기구를 설립하는 데에 대한 합의도 이루어졌다. 이에 따라 1995년 세계무역기구WTO가 창설되었는데, 이 기구의 출범과 더불어 가트 체제는 그 역할을 다하게 되었다.

새로운 경제체제에 힘입어 서유럽 국가들은 빠르게 경제가 성장했다. 무역은 꾸준히 증가하고, 석유 파동이나 금융 위기 같은 어려운 시기에도 국제 금융 구조는 건실하게 작동했다. 1985년 고르바초프가 등장할 때까지 소련과 동유럽 공산권은 새로운 세계경제 질서에 동참하지 않았다. 그러다가 1980년대에 이르러 동서 양 진영의 경제적 격차에 자극을 받으면서 소련과 공산 국가들은 국제통화기금과 가트에 가입했다.

평화조약　　제2차 세계대전의 사후 처리 문제는 관련국 전체의 강화회의 대신 주로 다섯 강대국의 외상 회의에서 다루어졌다. 1945년 7월의 포츠담 회담에서 추축국들과의 평화조약을 기초할 실무 회의를 설치하기로 합의가 이루어졌는데, 이에 따라 미국, 소련, 중화민국, 영국, 프랑스의 5대 강국의 외상 회의가 9월에 런던에서 처음으로 열렸다. 이후 외상들은 자주 만나 강화 초안을 마련하기 위해 노력했다. 그러나 유럽 문제에 관심이 덜한 중화민국 대표가 옆으로 비켜선 가운데, 서방국과 소련의 대표는 날카로운 견해 차이를 드러냈다. 그들은 많은 쟁점 가운데 특히 소련에의 배상금, 도나우강의 국제 관리화, 점령군 철수, 궁극적 평화회의의 구성과 표결 절차 등에서 신랄한 논쟁을 벌였다.

　　1946년 7~10월에 마침내 파리에서 21개국 평화회의가 열렸는데, 회의는 불신과 독설이 판을 쳤다. 약소국들은 4대 강국이 절차를 좌지우지하는 것에 분개했다. 냉전을 예시하는 동서의 분열은 거의 15 대 6으로 서방에 유리하게 나타나는 표결 성향에서 분명하게 드러났다. 오스트리아 및 독일과의 조약은 합의를 보는 것이 불가능한 것으로 판명이 났다. 그렇지만 다른 다섯 패전국과 관련해서는 결국 타협이 이루어졌다. 그래서 1947년 2월 다시 열린 파리 회의에서 연합국은 이탈리아, 루마니아, 불가리아, 헝가리, 핀란드와 각각 평화조약을 맺고 전쟁을 매듭지었다.

　　이탈리아와의 조약에서는 그리스·프랑스·루마니아에 약간의 영토 양도, 식민지 포기, 육·해·공군의 감축, 배상금 지급 등이 규정되었다. 트리에스테 문제는 합의를 보지 못하다가, 1954년에야 이 도시는 이탈리아에 넘어가고 그 배후지는 유고슬라비아에 할당되는 방식으로 해결되었다. 다른 네 나라와 맺은 조약에서도 모두 비슷한 방식으로 영토 재조정, 군사력 감축, 배상금 등이 규정되었다. 그러나 영토 조항을 제외하고 다른 조약 내용은 곧 중요성을 잃었다. 냉전이 진행되자, 서방은 이탈리아를 끌어들이면서 군사력 제한 조항을 비롯한 조약 일부를 무시하라고 권고했다. 동유럽 세 나라와의 조약 역시 이들 나라가 소련의 궤도 안에 빠져들어 감에 따라 의미를 상실했다.

독일, 오스트리아, 일본의 전후 처리　　연합국이 독일과 공식적인 평화조약에 합의하지 못했기 때문에, 1945년 7월 연합국 세 거두가 맺은 포츠담 협정은 장기적으로 매우 중요해졌다. 이 협정에 따라 독일의 동쪽으로는 오더-나이세Oder-Neisse강이 국경선으로 설정되었고, 그 강 이동의 독일 영토는 폴란드 영토에 편입되었다. 그리고 독일 영토는 얄타 회담에서 합의된 대로 네 개의 지구로 나뉘어 각각 미국·영국·프랑스·소련의 군정 아래 놓였으며, 소련 지구 안에 있는 베를린 역시 네 구역으로 쪼개졌다. 소련은 서방 세 나라에 베를린의 서방 구역에의 자유 왕래를 보장했다. 포츠담에서는 더 나아가 독일의 비무장화와 나치 잔재의 청산이 규정되었다. 독일의 공업은 전쟁 물자 생산을 막기 위해, 공업단지의 카르텔을 막기 위해, 그리고 생산 수준을 제한하기 위해 엄격한 경제적 통제 아래 놓였다.

연합국은 나치 잔재 청산 작업을 벌여 나치 기구와 군사시설을 폐지했다. 그러나 나치즘이나 군국주의를 지우는 일은 훨씬 더 어렵고 복잡한 일이었다. 수많은 사람이 체포되어 조사를 받고 처벌되었다. 특히 뉘른베르크Nürnberg에서는 나치 고위 지도자 22명에 대한 전범 재판(1945~1946)이 열렸는데, 인류에게 저지른 범죄 혐의로 12명이 교수형에 처해지고 일곱 명은 감옥에 보내졌다. 피고인 중 세 명은 무혐의 판결을 받았다.

오스트리아는 곧장 중앙정부 수립을 허용받았으나 외국군의 점령 기간에는 국력을 회복하지 못했다. 연합국의 대오스트리아 조약에 관해 합의가 이루어진 것은 스탈린이 사망한 뒤 1955년에 와서의 일이었다. 그해에 오스트리아는 영세중립국의 지위를 받아들인 대가로 완전한 독립을 얻었고, 점령군은 모두 철수했다. 오스트리아는 전후 회복이 독일이나 일본보다 훨씬 느려서 실질적인 경제 회복은 평화조약이 체결된 뒤에야 이루어졌다. 온건한 사회민주당과 보수적인 국민당Volkspartei이 구성한 연립정부가 정치적 안정을 이룬 가운데, 오스트리아는 차츰 상대적 번영을 누렸다. 다른 한편 많은 오스트리아인이 서독의 급속한 경제성장을 부러워하면서 서독과의 합방을 원했는데, 이는 열강에 의해 금지되었다.

독일과 달리 일본 본토는 분할 점령을 당하지 않았다. 영국, 프랑스, 네덜란드는 각각 일본이 점령했던 홍콩과 말라야, 인도차이나, 인도네시아를 돌려받았다. 한반도는 전쟁 막바지에 대일전에 뛰어든 소련이 북위 38도선 이북을, 그리고 미국이 그 이남을 분할 점령함으로써 국토가 분단되었다. 그리고 일본 본토는 미국이 단독으로 점령하고, 점령군 최고사령관 더글러스 머카서가 거의 전권을 쥐고 군정을 실시했다. 미국은 일본을 무장 해제한 뒤 정치제도의 민주화를 추진했다. 히로히토裕仁 천황은 인간임을 선언하고 전통적인 신적 권위를 잃었으나 지위는 유지했다.

일본은 곧 냉전의 영향을 받았다. 중국이 공산화하고 소련이 영향력을 확장하자, 미국은 일본에 대한 점령 정책을 수정했다. 미국은 일본에 경제 지원을 확대하고, 기업에 대한 규제를 풀고, 1950년에는 배상금 이전을 중단했다. 한국전쟁은 이러한 정책 수정을 더욱 가속하는 계기가 되었다. 주일 미군을 한국으로 보내야 했던 점령군 사령관 머카서는 일본에 치안을 유지할 대규모 경찰력 창설을 허용했다. 그리고 1951년에는 미국을 비롯한 이전의 대다수 연합국이 소련과 중국의 반대를 무릅쓰고 일본과 평화조약을 체결했으며, 일본은 1952년 4월 미국 군정으로부터 독립하여 주권국가의 지위를 되찾았다. 나아가 미·일 방위조약으로 미군이 동맹군으로 일본에 주둔하게 되었다.

일본은 강화조약과 평화 헌법에 따라 군대를 보유할 수 없었지만, 1954년 7월에는 마침내 사실상 군대와 다름없는 자위대를 공식적으로 창설했다. 그리하여 서독처럼 일본은 소련에 대항하는 미국 세력의 전진기지로 등장했다. 그뿐 아니라 미국이 일본을 강화한 것은 이 무렵 공산화한 중국에 대비하는 포석이기도 했다. 미국의 원조, 한국전쟁, 세계적 인플레, 국민의 근면성 등에 힘입어 일본은 급속도로 경제를 발전시켜 1970년에는 미국과 소련에 이은 세계 3대 경제 대국으로 발돋움했다.

2) 냉전 체제의 형성과 전개

냉전　　제2차 세계대전이 끝난 뒤 찾아온 것은 평화가 아니라 색다른 형태의 전쟁이었다. 연합국 지도자들은 전쟁을 승리로 이끌기 위해 함께 전력을 다했으나, 전후 세계에 대해서는 서로 다른 혹은 상충하는 구상을 하고 있었다. 그래서 서방국과 소련은 공동의 적을 상대로 긴밀하게 협력했으나, 적이 사라지자 곧바로 갈라져서 날카롭게 대립하게 되었다. 총포가 터지지는 않았으나 치열한 군비 경쟁과 군사적 위협으로 진행된 이 대립은 흔히 냉전cold war으로 불리게 되었는데, 냉전은 특히 세계대전이 끝난 뒤 초강대국으로 떠오른 미국과 소련을 중심으로 전개되었다.

서양에는 러시아혁명 때부터 공산주의의 팽창에 대한 두려움이 깊게 자리를 잡고 있었다. 그런데 소련이 동유럽에 대한 지배권을 확립하고 동아시아에 영향력을 확대하자, 서양의 많은 사람이 이를 전 세계 공산화의 음모로 보고 더욱 큰 두려움을 갖게 되었다. 소련으로서는, 내전기에 서유럽 열강이 개입하여 혁명을 전복하려 했다는 강한 의구심과 두려움이 있었다. 그런데 전후에 미국이 태평양과 서유럽 너머로 지배력을 확대하려 하자, 소련은 이를 자본주의를 전 세계로 확산하려는 시도로 보았다.

서부 변경의 안전을 위한 방편으로, 소련은 독일군을 격퇴하고 점령한 동유럽에서의 세력권을 포기하려 하지 않았다. 소련은 동유럽을 앞으로 부활할 독일과 서유럽의 침략으로부터 소련을 지키는 데 도움이 될 일종의 완충장치로 생각했다. 미국 역시 전 세계에서 확보해 놓은 세력과 영향권을 공산 세력에게 넘기거나 빼앗길 생각이 전혀 없었다. 서로 상대의 의도를 의심하면서, 두 나라는 곧 상대방에의 두려움을 강렬한 대결의 수준으로 끌어올렸다. 냉전은 열전과 달리 공식적 선전포고가 있는 것이 아니었기에, 그 시작 시점을 구체적으로 지적하기는 어렵다. 다만 1945~1949년 사이에 여러 사건이 일어나면서 양국은 화해 불가능의 갈등으로 빠져들었다. 소련 외상 뱌체슬라프 몰로토프Vyacheslav Molotov는 미국인을 '무한히 탐욕스러운 제국주의자'라고 비난했다. 한편 미국을 방문한 처칠은 1946년 3월의 한 연설에서 유럽을 동과 서의 두 적대 진영으로 가르는 '철의 장막'이 쳐졌다고 주장했는데, 이는 냉전을 예고하는 선언이 되었다. 스탈린은 처칠의 연설을 '소련과의 전쟁 요청'으로 규정했다.

미국과 소련이 벌인 냉전은 1980년대 말까지 대부분의 국제 관계를 지배했을 뿐만 아니라, 대다수 국가의 국내 발전에도 영향을 미쳤다. 그리고 그 냉전은 가끔 지구 이곳저곳에서 대리전의 양상을 띠면서 열전으로 터져 나오기도 했다. 20세기 초만 해도 세계 인구의 1/3을 지배하고 세계 문제를 좌지우지하던 서유럽 국가들은 이제 이류 국가로 전락하여, 새로운 두 초강대국이 자신의 운명을 통제하는 것을 무력하게 지켜보는 신세가 되었다.

그리스 내전과 독일의 분단　　동유럽에서 수립된 공산 체제가 친서방세계에 처음 손길을 뻗친 곳은 그리스였다. 그리스는 영국과 소련의 합의에 따라 발칸반도에서 유일하게 영국이 점령한 곳이었으며, 전쟁이 끝난 뒤 그곳에는 친서방 정부가 세워졌다. 그러자 나치를 상대로 레지스탕스resistance 활동을 해온 그리스 공산당 세력이 유고슬라비아와 알바니아 등 발칸의 공산 국가들의 지원을 받아 1946년 3월 정부군을 상대로 게릴라전을 개시했으며, 이후 그리스는 1949년 10월까지 내전에 빠졌다. 재정 고갈에다 인도 등 식민지 문제로 어려움을 겪고 있던 영국은 그리스 정부를 도울 형편이 되지 못했다. 그러자 동지중해와 중동 지역으로 소련이 팽창할 전망에 놀란 미국은 영국이 그 지역에서 해온 역할을 떠맡기로 했다. 트루먼 대통령은 1947년 3월 미국은 공산주의의 위협을 받는 나라는 어느 나라든 지원할 것이라 선언했다. 트루먼 독트린 발표 이후 미국은 그리스와 터키에 경제적·군사적 원조를 보내면서 소련의 팽창 정책에 맞서 봉쇄 정책으로 대응하기 시작했다. 냉전의 막이 올라간 것이다.

홀로 핵무기를 가진 미국은 한때 평화로운 전후 세계를 낙관적으로 내다보았다. 그런데 동유럽과 중국이 공산화하고 프랑스와 이탈리아를 비롯한 여러 서유럽 국가에서마저 공산당이 성장하자, 미국인들은 두려움을 느끼고 또한 분노했다. 미국에 국제공산주의에 대한 과대망상적 공포가 퍼졌으며, 보수주의자들은 '빨갱이 공포' 캠페인을 개시했다. 소련 주재 대사였던 조지 케넌Kennan은 1946년 소련 정세 분석문을 작성했는데, 이는 이듬해 7월 한 학술지에 익명으로 발표되었다. 케넌은 이 글에서 소련의 팽창 정책에 대비한 봉쇄 정책을 제안했고, 그것은 미국의 공식 외교정책이 되었다.

봉쇄 정책을 뒷받침하기 위해 조지 마셜Marshall 국무장관은 1947년 6월 흔히 마셜 계획으로 부르는 유럽부흥계획European Recovery Program을 마련했다. 마셜은 전쟁으로 망가진 경제를 재건하기 위해 유럽 모든 나라에 천문학적 규모의 원조 계획을 제안했다. 유럽 경제를 재건하는 일은 공산주의의 확산을 막는 데 매우 긴요하다고 생각되었기 때문이다. 서유럽 국가들은 마셜 계획을 크게 반겼으나, 공산 진영은 마셜 계획에 참여하기를 거부했다. 마셜 계획의 지원에 힘입어 서유럽 나라들은 놀라울 만큼 빠르게 전쟁의 폐허에서 회복했다. 서유럽의 산업 생산은 4년 만에 1947년보다 64%, 전전의 수준보다는 41% 증가했다. 그리하여 서유럽의 상황은 안정되었고, 특히 이탈리아와 프랑스에서 공산당의 지지율이 떨어지면서 정부의 입지가 강화되었다.

마셜 계획을 심각한 위협으로 느낀 스탈린은 1947년 9월 동유럽 국가들, 프랑스, 이탈리아의 공산당 대표들을 바르샤바에 불러 모았다. 이 회의에서 소련 공산당은 미국 제국주의를 저지하기 위해 싸울 필요성을 역설하고, 그 목적을 위해 흔히 코민포름으로 불리는 공산당정보국Communist Information Bureau을 조직했다. 그리고 마셜 계획에 마음이 끌린 동유럽 국가들의 경제정책을 조정하고 상호 경제를 지원하기 위해, 소련은 1949년 1월 경제상호원조회의COMECON(이하 코메콘)를 조직하여 마셜 계획에 대응했다. 이에 힘입어 동유럽 역시 1950년에는 전전 수준의 산업 생산을 회복했다. 그렇지만 동유럽은 앞선 공업 기반에서 출발한 데다 효율적 시장 기능을 활용한 서유럽 경제를 따라잡지는 못했다.

이렇게 유럽이 두 진영으로 갈라져 가는 가운데 1947년 12월 런던에서 독일과의 강화조약 체결에 관한 회담이 열렸으나 아무런 성과 없이 끝나고 말았다. 냉전의 긴장은 결국 독일에서 한때 위험 수위까지 높아졌다. 연합국 어느 나라와도 비할 바 없이 큰 피해를 본 소련은 독일에서 전리품 형식으로 배상금을 챙겼다. 과학기술이 아쉬웠던 소련은 서방으로 지배권이 넘어가기 전에 독일에서 수백 개의 공장을 뜯어서 소련으로 반출했다. 엄청난 액수의 독일 농산물과 공산품이 소련으로 옮겨졌다. 그와 더불어 소련은 수많은 과학자도 데려갔다. 미국은 1946년 5월 미국 점령지에서 산업 시설을 철거해 가는 것을 금지했다. 이 조치에 소련은 분개했다.

미국과 소련 간의 긴장이 더해가는 가운데 1948년 봄에 이르러 포츠담 협정에 입각한 4국의 협력은 결국 끝장났다. 영국과 미국은 1946년 가을에 분할 점령 합의를 어기고 각 점령지를 하나로 통합했고, 1948년 2월에는 프랑스가 이에 합류했다. 그 뒤 세 나라는 통합한 점령지에 화폐 및 경제 개혁을 단행하는 한편, 연방 국가 수립을 추진했다. 이에 소련은 강력하게 반발했다. 소련은 서방이 독일의 분단을 획책한다고 비난하면서, 6월에 서방이 동독 땅을 지나 서베를린으로 들어가는 통로를 봉쇄해 버렸다.

베를린을 봉쇄한 소련은 서양 군사력의 철수와 서베를린에 대한 서양 연합국 통치권의 무효를 선언했다. 서방 3국은 이를 단호하게 거부했으나, 자칫 전쟁으로 번질지도 모를 군사행동을 할 수는 없었다. 궁지에 빠진 세 나라는 공수 작전을 폈다. 이후 11개월 동안 서방측은 항공기를 동원하여 서베를린 250만 시민에게 생활필수품을 공급했다. 일촉즉발의 위기가 감돌았다. 그러나 역시 전쟁을 원하지 않은 소련은 공수를 막지 않았고, 결국 1949년 5월 봉쇄를 풀었다.

베를린 봉쇄라는 벼랑 끝 전술로 미국과 소련 간의 긴장은 극도로 높아졌고, 독일은 결국 분단의 길로 들어섰다. 서부 독일에서는 1949년 9월 하순에 흔히 서독으로 불리는 독일연방공화국이 수립되었다. 2주 뒤 동부 독일에서는 독일민주공화국이 수립되었는데, 동독은 공산당과 사회민주당이 통합된 독일사회주의통일당Sozialistische Einheitspartei Deutschlands: SED을 이끄는 스탈린주의자 발터 울브리히트Walter Ulbricht가 지배했다. 동독 안에 있는 베를린은 그대로 분단 도시로 남았는데, 이후 동서 간 갈등의 주요 원천이 되었다.

집단 안보 체제　베를린 사태는 서방측의 승리로 끝났다. 그러나 소련에 대한 서방세계의 두려움은 더욱 커졌으며, 그래서 그들은 군사동맹을 통해 안보를 추구하려 했다. 베를린 공수가 끝날 무렵인 1949년 4월, 미국은 소련의 위협에 공동으로 대처하기 위해 군사동맹체인 북대서양조약기구NATO(이하 나토)를 결성했다. 창설 회원국은 12개국으로 영국, 프랑스, 베네룩스 3국, 노르웨이, 덴마크, 포르투갈, 이탈리아, 아이슬란드, 미국, 캐나다였다. 그들은 어느 한 나라가 공격을 받으면 가맹국 전체에 대한 공격으로 간주하고, 상호 지원해 주기로 합의했다. 유럽은 군사동맹의 체결로 미국이 전통적인 고립주의로 되돌아갈지 모른다는 불안감에서 벗어났다. 그 뒤 1952년에 그리스와 터키가 나토NATO에 가맹했고, 1955년에는 서독이 그 뒤를 따랐다. 그러자 소련은 나토에 맞서 1955년에 독자 노선을 걷는 유고슬라비아를 제외한 동유럽 일곱 개 위성국을 묶어 바르샤바조약기구WTO를 창설했다. 이리하여 유럽은 두 군사 진영으로 나뉘어 서로 대치했다.

　미국은 한국전쟁을 경험한 뒤 소련 세력의 세계적 팽창에 대한 우려가 더욱 커졌으므로 군사동맹 체제를 유럽 바깥으로 확대할 필요를 느꼈다. 미국의 주도 아래 동남아시아조약기구SEATO(1954)와 중동조약기구METO(1955)가 연이어 창설되었는데, 후자는 1959년 중앙조약기구CENTO로 개편되었다. 1950년대에 미국은 세계 42개 국가와 군사동맹을 맺었다.

한국전쟁　유럽에서 무르익은 미국과 소련 간의 냉전은 1950년 동북아시아 한반도에서 열전으로 터져 나왔다. 일본이 물러간 뒤 한반도는 북위 38도선을 경계로 남쪽의 미국 점령지와 북쪽의 소련 점령지로 나뉘었다. 시간이 지나면서 분단 체제가 굳어지고, 반도 전체를 아우르는 단일 정부 수립이 불가능해졌다.

그러자 1948년 8월 남쪽에는 미국을 배경으로 한 이승만을 주축으로 대한민국이, 9월에 북쪽에는 소련을 배경으로 한 김일성을 주축으로 조선민주주의인민 공화국이 들어서면서, 서로 한반도의 유일 합법 정부라고 주장했다. 그러다가 1950년 6월 25일 북한은 스탈린의 승인 아래 38선을 넘어 남한을 기습 침략했고, 그리하여 3년 동안 이어지는 골육상잔의 참혹한 전란이 시작되었다.

전쟁이 발발하자 미국은 곧바로 유엔 안보이사회 소집을 요청했고, 안보이사회는 북한에 전투 행위 중지와 침략군의 철수를 요구했다. 소련 대표는 회의에 참석하지 않았다. 북한이 유엔의 요구를 거부하자, 유엔은 남한 정부를 돕기 위해 16개국으로 구성된 유엔군을 파견했다. 이는 유엔이 무력 분쟁 해결을 위해 군대를 동원한 첫 사례였다.

평소 북진 통일을 외치던 남한 정부의 국방 태세는 허술하기 짝이 없었다. 북한군은 불과 사흘 만에 서울을 함락했고, 이승만 대통령은 허겁지겁 대전으로 도망갔다. 북한군은 신속하게 남진하여 8월에는 대구 북부까지 진격했다. 남한 정부는 대전과 대구를 거쳐 부산까지 후퇴해야 했다. 낙동강에 방어선을 친 남한 정부는 그야말로 벼랑 끝에 내몰렸다. 그러나 9월 중순 미국의 머카서 장군이 지휘하는 유엔군이 인천에 상륙하면서 전세는 역전되었다. 미국이 이끄는 유엔군과 한국군이 반격에 나서, 1950년 9월 28일 서울을 수복하고 10월에는 압록강까지 진격했다. 그런데 그때 중국군이 전쟁에 개입했다. 중국군의 인해전술에 유엔군과 한국군이 다시 남쪽으로 밀려났고, 그 뒤 2년이 훨씬 넘게 밀고 밀리는 싸움이 이어졌다.

지루한 협상 끝에 1953년 7월에야 가까스로 휴전 협정이 맺어지고 전투가 종결되었다. 38선이 약간 변경된 휴전선이 새로 설정되었을 뿐 원칙적으로 현상이 유지되었으며, 이후 남북의 분단이 고착되어 통일은 더욱 멀어졌다. 게다가 전투가 끝났을 뿐 2021년까지도 평화조약은커녕 전쟁의 종식을 알리는 선언조차 이루어지지 않고 있으며, 그에 따라 한반도에는 동북아시아의 평화를 위협하는 요인이 사라지지 않고 있다.

'평화 공존'의 모색   냉전은 스탈린의 사망과 더불어 새로운 국면으로 접어들었다. 냉전의 긴장이 꾸준히 고조되는 것과 동시에 평화 공존에의 희망 역시 커졌다. 니키타 흐루쇼프Nikita Khrushchyov 시대 소련의 외교정책은 군사적 해결 방식에서 좀 더 세련된 접근법으로 바뀌었다. 흐루쇼프는 1955년 권력을 장악한 뒤, 핵전쟁은 모든 관련 국가에는 자살 행위라는 견해를 강조했다. 그는 사회주의와 자본주의 세계 간의 전쟁은 불가피하다는 생각을 거부했으며, 냉전의 긴장을 누그러뜨리고 '평화 공존'을 추구했다. 흐루쇼프의 평화 공존 정책은 곧 1955년 아이젠하워 대통령과 흐루쇼프 총서기 간의 제네바 정상회담이라는 성과를 낳았다. 이는 1945년 이후 두 적대 진영 국가 원수의 첫 만남으로서, 평화적인 경쟁과 공존을 모색하는 최초의 작은 시작이었다. 이는 또한 1959년 흐루쇼프의 미국 방문으로 이어졌다.

그렇지만 평화 공존의 길은 순탄치 않았다. 두 나라는 아시아·아프리카·라틴아메리카·중동 등 세계 곳곳에서 서로 영향력을 확장하기 위해 경쟁했으며, 이 경쟁은 세계를 핵전쟁의 벼랑 끝까지 몰고 가기도 했다. 인공위성과 대륙간탄도미사일로 증명된 소련의 앞선 과학기술로 미국과 소련 간에 긴장이 높아졌으며, 표면상의 긴장 완화에도 불구하고 냉전은 더욱 위험해졌다. 다시 한 번 베를린이 동서 관계를 얼어붙게 했다.

'미사일 격차'를 바탕으로 흐루쇼프는 1958년 11월 다시 한 번 서방에 6개월 안에 서베를린에서 군대를 철수할 것을 요구했다. 서베를린은 상대적으로 빈곤에 시달리는 동독의 한가운데 떠 있는 번영의 '서방 섬'과 같았다. 사실 소련으로서는 서베를린이 오랫동안 목에 걸린 가시였다. 서베를린의 부와 자유는 동베를린의 단조롭고 억압적인 모습과 날카로운 대조를 보였다. 자연히 공산주의 세계에서 자본주의 세계로의 이주의 물결이 이어졌다. 1946년부터 장벽이 쌓인 1961년 사이에 대략 260만 명의 동독인이 서베를린을 통해 서독으로 탈출했다. 그중 많은 이가 교육받은 젊은이와 숙련 노동자들이었다. 서방은 소련의 요구를 거절하고, 소련에 단호하게 맞서겠다는 의지를 나타냈다. 그러자 흐루쇼프는 직접적 충돌을 피해서 1961년 8월 동서 베를린 사이에 43km에 이르는 장벽을 세워 서독으로의 탈출로를 막아버렸다. 장벽은 냉전 시대 공산주의의 실패를 알리는 말 없는 웅변과도 같았다.

베를린 사태와 더불어 1960~1962년 사이 일련의 사태로 두 초강대국은 핵전쟁의 벼랑까지 갔다. 1960년에 추진된 흐루쇼프-아이젠하워 정상회담이 소련 상공에서 미국 정찰기가 격추됨으로써 무산되었다. 흐루쇼프는 미국의 염탐 행위를 비난하고, 소련에 비우호적인 유엔 사무총장의 사임을 촉구했다. 미국과 소련의 대립은 쿠바 미사일 위기로 절정에 다다랐다. 1959년 좌파 혁명가 피델 카스트로Fidel Castro가 우파 독재자 풀헨시오 바티스타Fulgencio Batista 정권을 타도하고 소련의 지원을 받는 공산주의 정부를 수립했다. 그는 토지개혁을 단행하는 한편, 미국을 비롯한 외국의 자본을 몰수하는 등의 사회 개혁을 단행했다. 모든 민족의 자결권을 공개적으로 천명했음에도, 미국 정부는 코앞에서 벌어지는 사회혁명을 두고만 보려 하지 않았다. 미국은 1961년 4월 카스트로 체제를 무너뜨리기 위해 피그스Pigs만 침공을 시도했으나, 이 작전은 참담한 실패로 끝났다. 미국 중앙정보국CIA은 카스트로의 암살을 시도했으나 그것도 뜻대로 되지 않았다.

피그스만 사건 이듬해 소련은 쿠바에 핵미사일 기지를 건설하기 시작했다. 이 미사일은 미국으로서는 목에 들이댄 칼처럼 큰 위협이 아닐 수 없었다. 미국은 이미 이탈리아와 서독뿐 아니라 소련과 가까운 터키에 핵무기를 설치해 놓고 있었지만, 이를 용납하려 하지 않았다. 흐루쇼프는 미국 핵무기가 소련 국경 근처 터키에 있음을 지적했다. 그러나 존 케네디John F. Kennedy 대통령은 쿠바를 해상 봉쇄하고 미사일을 실은 소련 함대를 막았다. 1962년 10월 마침내 세계는 핵전쟁에 가장 가까이 다가갔다. 자칫하면 군사행동을 촉발할 수도 있는 위기 상황이 며칠 이어진 끝에, 흐루쇼프는 미국이 쿠바 영토를 존중한다는 보증과 터키에서 미사일을 철수한다는 양보를 얻어낸 뒤 미사일을 철수했다. 소련은 쿠바의 공산 체제를 지켰고, 미국은 코앞의 핵 위협을 제거했다. 위기가 평화적으로 해결되었다.

양극체제의 균열: 공산 진영   평화 공존의 모색과 더불어 양극체제에 조금씩 금이 가기 시작했다. 흐루쇼프는 사회주의로 가는 길이 여럿일 수 있음을 인정했다. 모스크바의 새 노선에 고무된 헝가리인은 곧장 독자 노선을 추구하면서 1956년 10월 소련의 지배에 항거하는 혁명을 일으켰으나, 그들의 항거는 소련 적군에 잔인하게 진압당했다. 비록 헝가리 혁명은 실패했으나, 다른 위성국가의 공산당들도 모스크바의 그늘에서 벗어나 좀 더 독자적인 길을 모색하기 시작했다.

1960년대 동안 동유럽 공산 국가들은 마르크스 이론을 그들의 여건에 맞게 수정하고, 서유럽과의 무역을 확대하는 등 좀 더 독자적인 외교적 행보를 시도했다. 그들은 1960년대에 노골적으로 드러난 소련과 중국의 갈등에서도 큰 자극을 받았다. 철의 장막에 조금씩 구멍이 뚫렸다. 그러나 그러한 독자적 행동의 한계는 1968년 체크인의 봉기가 소련군에 진압됨으로써 잘 드러났다. 그해 봄에 체코슬로바키아 공산당은 온건파의 주도로 자유민주주의적 여러 개혁을 단행했다. 그러자 소련은 8월에 군대를 동원하여 이른바 '프라하의 봄'을 겨울로 돌려놓았다. 소련의 레오니드 브레즈네프Leonid Brezhnev는 사회주의 진영의 어느 나라든 그 체제가 위협받을 때는 소련이 개입할 권리가 있다고 선언하면서 프라하 무력 침공을 정당화했다. 이 이른바 브레즈네프 독트린은 소련 군사 전략가들이 품고 있는 근본적인 두려움을 드러내는 것이었다. 그들은 역사적으로 반러시아적이었던 대다수 위성국가가 궤도에서 이탈함으로써, 소련의 대서유럽 방어를 위한 완충장치가 사라지고 세력 균형이 소련에 불리하게 기울어질 것을 우려했다.

공산주의 진영의 가장 중요한 변화는 중국의 성장이었다. 1949년 마오쩌둥이 이끄는 공산당의 인민해방군이 소련의 도움을 받아 장제스의 국민당 군대를 누르고 내전에서 승리했다. 소련의 원조에 의존하는 시기를 거쳐 중국인은 마오쩌둥을 최고의 마르크스주의 이론가로, 베이징을 프롤레타리아 혁명의 진정한 수도로 여기기 시작했다. 제1차 세계대전 이후 소련 공산당의 지도를 받아들였던 중국 공산당은 힘과 자신감을 회복한 이상, 고분고분 공산 세계에서 2인자 자리에 만족하려 하지 않았다. 1960년대에 들어서면서 소련과 중국 사이에 틈이 벌어지기 시작했다. 1960년 소련은 중국에 파견한 기술 고문단을 불러들이고 단기 차관을 즉각 상환하라고 요구했다.

이후 공산주의의 두 거인 간에 격렬한 분쟁이 일어났다. 마오쩌둥은 소련이 배부른 부르주아 성향의 국가가 되어 영구혁명의 이상을 포기했다고, 자본주의 세계와의 평화 공존 정책은 사실상 제국주의자들에의 투항이라고 비난했다. 소련의 브레즈네프는 중국이 '사회주의 진영'에서 이탈했다고 반격했다. 모스크바와 베이징은 서로 자신이 마르크스-레닌주의 전통을 계승했다고 주장하면서 상대를 일탈자라고 비난했다. 그들은 거친 말을 주고받았을 뿐만 아니라, 1969년에는 우수리강 주변 접경 지역에서 군사적 충돌을 벌이기도 했다. 중국은 이미 1964년에 핵무기를 개발한 군사 강국이 되어 있었다. 동유럽에서 알바니아가 베이징과 보조를 맞추고, 다른 일부 위성국도 모스크바로부터 좀 더 독립된 지위를 확보하기 위한 수단으로 이따금 중국에 맞장구를 쳤다.

미국과 중국의 수교　　중국의 세력이 커지는 데 대한 소련의 걱정은 1970년대에 미국이 대중국 정책을 선회하자 더욱 깊어졌다. 영국은 중화인민공화국이 중국 본토를 지배하고 있는 현실을 존중하여 일찌감치 1950년에 중화인민공화국과 외교 관계를 수립했고, 프랑스는 1964년에 그 예를 따랐다. 그렇지만 공산당이 중국 본토를 차지한 지 20년도 더 지났으나, 타이완의 중화민국이 공식적으로 중국을 대표하는 것으로 국제적으로 인정받고 유엔 안보이사회의 상임이사국 지위를 보유하고 있었다. 미국은 외교적으로나 경제적으로 중국을 압박해서 공산주의 체제를 억제해 왔는데, 다른 나라들이 중국과 국교를 맺고 통상을 함으로써 그 정책은 실패로 돌아갔다. 1971년 10월에는 마침내 유엔 총회 결의로 중화인민공화국이 중국의 유일 합법 정부로 인정받았으며, 그동안 타이완의 중화민국이 유엔에서 가지고 있던 모든 지위와 권한을 넘겨받았다. 중화민국은 유엔 회원국 자격을 잃었다.

완고한 반공주의자인 리처드 닉슨Nixon 대통령은 국제 정세에 맞추어 기존 정책을 포기하고 중국과 타협에 나섰다. 뒤에 국무장관이 된 안보보좌관 헨리 키신저Kissinger의 주선으로 닉슨은 1972년 2월 극적으로 베이징을 방문했다. 곧이어 두 나라 수도에 외교 공관이 설치되고, 적의가 우의로 바뀌었다. 두 나라 간에 해빙기가 찾아왔다. 두 나라의 수교 이후 중국이 국제 무대에서 독자적으로 행동하고 나섬으로써, 소련은 운신의 폭이 좁아졌다. 그 뒤 지미 카터Jimmy Carter 대통령은 1979년 타이완의 중화민국과 국교를 단절하고, 중화인민공화국을 공식 승인하고 베이징에 대사관을 설치하는 등 유대를 더욱 강화했다. 미국의 대중국 관계 정상화는 국제 정치에서 일대 지각 변동을 일으켰다. 지금까지의 냉전의 형세가 상당히 바뀌고 있음이 더욱 분명해졌다. 한때 서양인에게 단일 세력으로 보였던 공산주의 세계가 자신의 국민적 정체성과 이익을 더 우선시하는 국가들의 느슨한 동맹체가 되었다.

양극체제의 균열: 서방 진영　　나토 회원국에서도 비슷한 균열이 생겼다. 서유럽 나라들은 세계 무대에서 쪼그라든 유럽의 위상을 깨닫고, 유럽의 전통적 특성과 독자성을 다시 확립할 필요성을 절실하게 느꼈다. 그리하여 그들은 유럽을 먼저 경제적으로 통합하는 운동에 착수하여 1957년 유럽경제공동체EEC를 창설하는 데 성공했다. 이런 노력을 바탕으로 1960년대와 1970년대에 유럽은 사상 유례없는 경제성장을 맛보았고, 사회 모든 계층이 어느 정도 향상된 생활수준을 누렸다. 활발한 계층 이동으로 계급 구분 선이 흐려졌다. 이와 같은 번영은 국내 정치와 이념에도 영향을 미쳤다. 서유럽 여러 나라의 공산당은 소련의 정치 모델에서 벗어나 그들 자신의 민주적 마르크스주의, 이른바 유러코뮤니즘 Eurocommunism을 궁리하면서 독자 노선을 추구했다.

한편 프랑스는 드골 대통령 주도 아래 경제적 부흥뿐 아니라 문화적 부흥도 이룩했다. 프랑스 지도층은 미국이 제2차 세계대전 이래 유럽에 행사해 온 영향력을 줄이거나 없애고 싶었고, 드골은 노골적으로 미국의 나토 지배를 반대했다. 1960년 핵무기 개발에 성공한 프랑스는 1963년 독자적인 핵타격 부대를 창설했다. 독불장군 드골은 이를 바탕으로 프랑스를 미국과 소련의 양강 구도에서 벗어난 제3세력으로 만들기 위해 노력했다. 그는 자주국방을 추구하면서 1966년 미국이 주도하는 나토에서 프랑스를 탈퇴시키고, 나토에 파견한 군대를 모두 철수하고, 프랑스에 주둔한 미군과 군사기지를 내보냈다.

소련에의 두려움이 줄어든 것 역시 서유럽이 미국에의 의존을 줄이고 나토 정책 수립에 좀 더 적극적 역할을 맡고자 나서는 데 한몫했다. 미국과 소련 간의 '공포의 균형'은 유럽에는 일종의 보호막이 된 데다가, 스탈린 사후 모스크바의 정책은 소련이 유럽 대륙에서 군사적 모험을 감행하리라는 아무런 낌새도 보여주지 않았다. 영국은 1952년 원자탄, 그리고 1957년에는 수소탄 개발에 성공했다. 그 뒤 핵무기는 1960년 프랑스와 1964년 중국으로 확산함으로써 군사력의 평준화가 이루어지고, 그 결과 미·소 양강의 영향은 크게 줄어들었다.

제3세계   제3세계는 냉전의 산물이었다. 제2차 세계대전이 끝난 뒤 아시아와 아프리카에서 식민지 해방이 이루어져 수많은 나라가 새로 생겨났는데, 그 가운데 많은 나라가 두 세계로 갈라진 어느 쪽에도 편입되기를 거부했다. 그 지도자들은 서방 진영에도 공산 진영에도 가담하지 않고 제3의 독자적인 세력을 형성하고자 했다. 1955년 4월 수카르노, 나세르, 네루, 저우언라이周恩来 등을 비롯한 아시아와 아프리카의 29개국 정상이 인도네시아 반둥Bandung에 모여 처음으로 상호 협력과 연대의 깃발을 올렸다. 수카르노는 개막 연설에서 식민주의와 인종차별주의에 대한 공통의 혐오감을 강조했다. 반둥회의 참가국은 세계 인구의 절반 이상을 차지했지만, 소득은 세계 전체의 8%에 불과했다. 미국 행정부가 회의 개최를 반대하고 언론이 반둥회의를 비난하는 기사를 쏟아낸 반면, 소련은 그 성공을 기원하는 축전을 보냈다.

반둥회의의 쟁점의 하나는 동유럽과 중앙아시아에 대한 소련의 정책을 서유럽의 식민주의와 동일시해야 할 것인가 하는 것이었는데, 식민 정책은 어떠한 형태의 것이든 간에 단죄되어야 한다는 취지의 공동 성명이 채택됨으로써, 은연중에 소련의 제국주의 정책에 대한 비판도 이루어졌다. 그리고 반둥회의는 '세계 평화와 국제 협력 증진에 관한 공동선언'에서 '반둥 10원칙'을 채택했는데, 이는 그 전해인 1954년에 중국 저우언라이와 인도 네루가 합의한 '평화 5원칙'을 확대한 것이었다. '반둥 10원칙'에는 인종 및 국가 간의 평등, 국제분쟁의 평화적 해결, 내정 불간섭, 주권과 영토의 존중, 상호 협력의 증진 등이 포함되었다.

각국 이해관계의 대립, 중국-인도 국경 분쟁, 중국-소련 분쟁 등의 요인이 얽혀 1964년 알제리에서 개최될 예정이었던 제2차 아시아-아프리카회의는 무산되고 말았다. 그러나 아프리카에서 신생국들이 급속히 생겨나는 상황에서, 반둥회의를 계기로 아시아-아프리카 국가들은 비동맹운동을 통해 상호 협력과 연대를 이어갔다. 1961년 9월 유고슬라비아의 요시프 티토 대통령 주선으로 베오그라드Beograd에서 25개국이 참여하여 제1차 비동맹 정상회담이 열렸다. 티토는 동유럽 공산권에서 소련의 지배를 거부하고 독자 노선을 고수해 온 인물이었다. 티토·나세르·네루·수카르노 등 지도자들은 반둥 정신을 계승하여 냉전 진영의 어느 쪽에도 가담하지 않는 비동맹운동NAM을 결성하고, 제3세계가 세계 평화를 위한 균형 세력이 되기를 기대했다. 비동맹운동은 3년마다 정상회담을 열기로 했는데, 1964년 카이로에서 다시 모였을 때는 21개국이 더 합류했다.

그러나 제3세계의 외형이 크게 확대되면서 내건 기치는 오히려 퇴색했다. 회원국들이 서로 심하게 분열하면서 상호 협력과 연대는 차츰 사라졌다. 아랍 내부의 반목과 계속된 아랍-이스라엘 간의 증오, 아프리카의 좌파 정부와 우파 정부 간의 불화, 파키스탄과 인도 간의 잦은 군사적 충돌 등 여러 요인으로 아시아-아프리카 연대는 속 빈 강정이 되었다. 냉전이 완화되면서 1960년대 중반에 이르러 세계가 더는 두 대립 진영으로 선명하게 나뉘지 않게 됨으로써, '제3' 세계의 중재자 역할도 의미가 크게 줄어들어버렸다.

그렇기는 하지만 비동맹운동은 계속 명맥을 이어가고 있다. 제2차 세계대전이 끝난 뒤 새로 탄생한 거의 모든 나라가 비동맹 정책을 채택했으며, 회원국 수가 계속 늘어나 2012년 현재 회원국은 120개국에 이르렀다. 한편 2005년 4월 반둥회의 50주년을 기념하기 위한 아시아-아프리카 정상회의가 89개국 지도자와 대표들이 참석한 가운데 인도네시아 자카르타에서 열렸다.

데탕트와 군비 통제 협상   1962년의 쿠바 사태 이후 소련과 미국은 진지하게 서로 긴장 완화, 이른바 데탕트détente를 모색했다. 자칫하면 전 세계가 불바다가 되었을지도 모른다는 섬뜩한 느낌은 양국에 깊은 영향을 주었다. 위기 시 신속한 의사소통을 위해 1963년 크렘린Kremlin과 백악관 간에 긴급 직통 전화가 설치되었다. 그리고 두 나라 지도자들은 핵전쟁의 위험을 줄일 필요성을 절감하고 그 문제를 다룰 협상을 이어갔다. 그 결과 그해 8월 모스크바에서 영국, 소련, 미국이 지하를 제외하고 바다 밑과 대기권 내의 핵실험금지조약을 체결했다. 그 뒤 100여 국가가 이 조약에 참여했으나 프랑스, 중국, 인도는 조약의 서명을 거부했다.

미국과 소련 간의 데탕트 정책은 1970년대에 본격적으로 추진되어 괄목할 만한 성과로 이어졌다. 군비 축소를 위한 노력에서 매우 중요한 협정은 전략무기제한협정Strategic Arms Limitation Talks: SALT I, II(이하 솔트)이었다. 1972년 봄 모스크바에서 조인된 솔트 I은 향후 5년 동안 각국이 배치할 수 있는 대륙간탄도미사일 수를 제한하고 탄도탄 요격미사일 기지를 두 곳으로 한정했다. 그러나 과학기술의 급속한 발달로 솔트 I은 별로 의미가 없어졌다. 양국이 모두 파괴력이 엄청나게 커진 다탄두탄도미사일MIRV을 개발했기 때문이다. 이에 1974년 11월 양국 지도자들은 솔트 I을 수정하여 다탄두탄도미사일 문제를 포함한 새로운 협정인 솔트 II를 마련했다. 이 협정은 여러 사정으로 공식 채택이 미뤄지다가, 1979년에야 빈에서 지미 카터Jimmy Carter 대통령과 브레즈네프 총서기의 서명이 이루어졌다.

1982년에는 솔트를 재개하면서 미국과 소련은 전략 무기를 제한하는 데 그칠 것이 아니라 감축하는 쪽으로 나아갈 것에 합의했고, 그리하여 협상은 전략무기 감축협상Strategic Arms Reduction Talks: START(이하 스타트)으로 명칭이 바뀌었다. 그러나 미국과 소련 양국은 협상을 진행하면서도 서로 전략적 우위를 차지하려고 애썼으며, 어느 쪽도 상대방의 전략적 우위를 용인하려 하지 않았다. 한편으로 군비 축소 회담을 하면서도, 소련은 1976년 군축 협상의 대상이 아닌 중거리 미사일인 SS-20을 동유럽에 배치했다. 그러자 이에 맞서 미국은 1983년 나토에 중거리 미사일 퍼싱Pershing II와 지상발사순항미사일을 배치했다. 스타트 회담은 결국 중단되었다가 미하일 고르바초프Mikhail Gorbachev가 소련 최고 지도자가 되고 난 뒤에야 재개되었다.

데탕트 정책은 군비 축소 노력과 더불어 헬싱키 협정Helsinki Accords이라는 뜻깊은 성과를 거두었다. 1975년 7~8월 나토와 바르샤바조약기구의 35개 가맹국 정상들이 핀란드 헬싱키에서 유럽안보협력회의CSCE를 열었다. 이 회의에서 그들은 제2차 세계대전이 끝난 뒤 설정된 유럽의 모든 국경선과 그에 따른 동유럽에서의 소련 영향권을 인정하고, 각국이 인권과 자유를 존중하고 다방면에서 서로 협력할 것을 결의했다. 「유럽 안보의 기초와 국가 간 관계의 원칙에 관한 일반 선언」으로 명명된 이 협정은 데탕트를 공식 지지함으로써 유럽 지역에서는 30년에 걸친 냉전의 역사에 해빙의 봄을 가져왔다.

2. 전후의 서방세계

1) 미국의 발전

전후의 미국 사회　　제2차 세계대전이 끝나면서 소련과 양강 구도를 형성하게 된 미국은 냉전이 격화하면서 전 세계에서 공산주의 확산을 막는 책임을 스스로 떠맡았다. 내정에서는 적어도 전후 한 세대 동안 루스벨트의 뉴딜 이상이 정당과 관계없이 정책 방향에 깊은 영향을 미쳤다. 뉴딜은 미국 사회에 근본적 변화를 일으켰다. 연방 정부의 역할과 권력이 극적일 만큼 증대하고, 조직화한 노동이 경제와 정치에서 중요 세력으로 등장했으며, 복지국가의 틀이 갖추어졌다. 뉴딜 전통의 기본 방향은 공화당의 아이젠하워 대통령(1953~1961) 때도 바뀌지 않았다.

미국은 거대한 경제력을 바탕으로 세계 여러 지역의 경제 재건과 개발을 위한 재정 지원에 나섰다. 미국은 직접 혹은 유엔구제부흥사업국UNRRA 같은 기구를 통해 많은 나라에 긴급 원조를 공여하고, 대규모 차관을 제공했다. 미국은 또한 유럽 재건을 위한 마셜 계획과 저개발국 기술 지원 및 경제 원조를 위한 제4항Point Four 프로그램을 진행했다. 제4항은 트루먼 대통령의 1949년 취임 연설의 제4항에서 따온 명칭이었다. 1945~1954년 사이 미국은 거의 470억 달러를 원조했는데, 그중 340억 달러는 유럽에, 90억 달러는 아시아에, 11억 달러는 라틴아메리카에 할당되었다.

전후에 맞은 호황으로 미국인은 그들의 생활 방식을 더욱 신뢰하게 되었다. 전쟁 동안 채우지 못한 소비 욕구가 전후에 발산했다. 게다가 노동조합의 성장으로 많은 노동자가 임금이 오르고 소비 여력을 갖게 되었다. 1945~1973년 사이에 실질임금이 한 해 평균 3%씩 올랐는데, 이는 미국 역사상 최장기간의 성장이었다.

경제적으로 번영하는 한편, 냉전의 긴장이 국내에 영향을 끼쳤다. 1950년대 전반기는 미국이 '빨갱이 공포'에 사로잡힌 시대였다. 1949년 중국의 공산화와 1950년 한국전쟁 등의 사태로 공산당의 국내 침투에 대한 공포가 생기고, 이를 정치적으로 악용하는 사례도 발생했다. 트루먼 대통령의 법무부 장관은 공산주의자가 사회 곳곳에 스며들었다고 경고했다. 조지프 머카시McCarthy 상원의원은 1950년 2월 국무부에 침투한 공산주의자 200여 명의 명단을 갖고 있다고 폭로함으로써 대중의 '빨갱이 공포'를 자극했다. 그의 폭로로 빨갱이 색출의 광풍이 불었으나, 1954년 그의 폭로가 아무런 근거도 없음이 밝혀짐으로써 그의 반공

십자군 운동은 빠르게 사그라졌다.

격동의 시대　　1950년대에는 잘 드러나지 않았던 문제점들이 불거지면서, 미국은 1960년대에 격동의 시기를 맞았다. 1960년대는 낙관적 분위기에서 출발했다. 유럽 전쟁에서 연합군 최고사령관이었던 아이젠하워가 두 차례의 대통령 임기를 마친 뒤, 1961년 민주당의 존 케네디가 미국 역사상 최연소인 43세 나이로 대통령에 당선되었다. 그는 가난한 사람과 소수자를 지원하기 위한 정책을 활발하게 추진하면서 워싱턴 정가에 신선한 바람을 불어넣었다. 그러나 그는 1963년 11월 암살범의 흉탄에 희생됨으로써 미국 사회에 새바람을 불러일으키려는 노력은 급작스럽게 중단되었다.

부통령으로서 남은 임기를 계승하고 1964년 대선에서 압도적 승리를 거둔 린든 존슨Lyndon Johnson은 '위대한 사회'라는 구호를 내걸고 일련의 사회 개혁을 이뤄냈다. 빈곤과의 전쟁, 노인 의료보장제도, 주거와 도시개발 담당 부처 설치, 연방 정부의 교육 지원 등이 그런 것이었다. 그의 시대에는 또한 민권운동이 소중한 성과를 거두었다. 흑인민권운동은 1954년 공립학교에서 흑인 아동의 분리 교육 관행을 금지하는 연방대법원 판결을 얻어내면서 중요한 이정표를 하나 세웠다. 1960년대 초에 많은 단체가 미국 남부에서 인종차별을 끝내기 위한 연좌 항의와 시위를 조직했다. 흑인민권운동 지도자 마틴 루서 킹Martin Luther King(1929~1968) 목사는 비폭력과 흑백 간의 통합을 호소하여 미국인에 깊은 감명을 주었다. 존슨은 민권의 대의를 받아들여 1964년 민권법Civil Rights Act 제정을 주도했다. 이 법은 노동 현장과 모든 공공장소에서 인종 간 분리와 차별을 불법화했다.

그러나 존슨은 흑인들의 소요와 반전운동으로 임기 내내 괴로움을 당했다. 흑인들은 백인보다 실업률이 훨씬 높았으며, 주로 도시 게토에서 백인과 분리된 생활을 했다. 이런 게토에서는 흑인 무슬림인 맬컴 엑스Malcolm X(1925~1965) 같은 급진 지도자들의 폭력적 수단을 촉구하는 목소리가 루서 킹의 비폭력 호소보다 더 큰 주목을 받았다. 1965년 여름 로스앤젤레스에서 인종 폭동이 터졌다. 34명이 죽고 1000채 이상의 건물이 파손되었다. 이듬해 여름과 그다음 해 여름에 연이어 여러 도시에서 흑인 폭동이 일어났고, 그 폭동은 '백인의 반격'을 불러왔다.

미국이 1964년 베트남전쟁에 본격적으로 뛰어들면서 반전운동 또한 미국민을 갈라놓았다. 전쟁은 엄청난 재정을 집어삼켰고, 이는 1970년대 인플레의 주된 요인이 되었다. 전쟁이 길어지고 징병이 뒤따르자 정부 정책을 반대하는 항의 운동이 거세게 일어났다. 대학에서의 토론회, 연좌 농성, 건물 점거가 좀 더 급진적 양상으로 바뀌어 폭력 사태로 번졌다. 1968년에는 정치적 혼란이 몰아치는 가운데 마틴 루서 킹 목사와 로버트 케네디 상원의원의 암살 사건이 터졌다. 로버트는 대통령 존 케네디의 동생으로 민주당의 유력 대선 후보였다. 맬컴 엑스는 이미 그 전인 1965년에 암살당했다. 맬컴 엑스와 루서 킹의 암살로 흑인 운동은 더욱 호전적인 쪽으로 흘러갔다. 그런 변화는 많은 흑인이 이슬람으로 개종하는 것으로도 나타났다. 이들 개종자는 백인 기독교도가 지배하는 사회 안에서 처해 있는 자신들의 처지에 대해 분개했다. 이에 대한 반발로 백인은 백인대로 인종주의 감정을 더욱 강화하고 '법과 질서'를 강조했다. 미국 사회는 날카롭게 분열되었다.

대학생을 중심으로 한 반전 시위와 도시 게토의 흑인 폭동으로 어수선한 분위기에서 1968년 대선이 치러졌는데, 공화당 후보 리처드 닉슨이 '법과 질서'의 기치를 내걸고 당선되었고 4년 뒤에는 재선에도 성공했다. 닉슨의 당선은 미국의 정치가 오른쪽으로 선회하는 전환점이 되었다. 닉슨은 '신연방주의New Federalism'를 내세워 연방 정부의 역할과 권한을 줄이는 대신 주 정부의 역할과 권한을 늘리는 정책을 추진하면서, 존슨의 '위대한 사회'와의 차별화를 시도했다.

인플레를 잡기 위해 닉슨 행정부는 1971년 11월과 1973년 1월 사이에 임금 동결과 이어서 임금 통제를 시행했다. 이 조치로 물가가 잡혔으나, 1974년 4월 말 자유시장 정책으로 돌아가자 물가가 다시 오르기 시작했다. 게다가 1973년 4차 중동 전쟁의 여파로 아랍의 석유수출국기구OPEC가 미국의 이스라엘 지지에

항의하여 석유 수출을 금지하고 유가를 한꺼번에 네 배나 올렸다. 유가는 1970
년대 말에는 열 배가 되었고, 이는 세계경제에 엄청난 인플레를 불러일으켰다.
이것이 한 요인이 되어 미국 경제는 1973년 이후 10여 년 동안 경기 침체를 겪
었다.

한편 닉슨은 외교 문제에서 안보보좌관 헨리 키신저의 도움을 받아 베트남전
쟁을 매듭지어 군대를 완전히 철수하고, 중국과 국교를 트고, 소련과의 해빙을
유지하기 위해 노력했다. 그러나 닉슨의 이러한 외교적 성과는 추문으로 빛이
바랬다. 부통령 스피로 애그뉴Spiro Agnew가 뇌물과 직권 남용 등의 비난에 휘말
려 사임했을 뿐만 아니라, 닉슨 자신이 워터게이트Watergate 추문에 휘말렸다.
1972년 대선 때 워싱턴시 워터게이트에 있는 민주당 선거운동 본부를 도청한
혐의로 닉슨의 재선운동 관련 인사가 체포되었다. 닉슨은 도청과의 관련을 부인
했으나, 그것이 거짓말임이 드러나자 의회는 탄핵 절차를 진행했다. 닉슨은 결
국 1974년 8월 대통령직을 사임하고, 부통령 제럴드 포드Gerald Ford가 승계했다.

1976년 선거는 중앙 정계에서는 거의 무명에 가깝던 민주당 후보 지미 카터
Jimmy Carter가 박빙의 표 차로 승리했다. 조지아 주지사 출신인 그는 남북전쟁 이
래 최남부 지방Deep South 출신으로는 첫 대통령이었다. 그는 중동 위기를 해결하
기 위해 이집트와 이스라엘 지도자를 대통령 별장으로 불러 타협을 종용하는 한
편, 핵무기 제한 노력도 이어갔다. 무엇보다 그는 미국 외교정책에 인권을 중요
한 고려 사항으로 도입했다. 내정에서 카터는 매우 야심에 찬 사회경제적 프로
그램을 입법화하려고 애썼다. 당연히 재정 지출이 늘어났다.

재선에 도전하는 선거를 코앞에 두고 카터로서는 불행한 사태가 발생했다.
이란에서 1979년 11월 과격파 학생 시위대가 테헤란의 미국 대사관을 점거하고
직원 53명을 인질로 잡았다. 외교적 대화가 불가능한 상황에서 마음이 급한 카
터는 1980년 4월 인질을 구출하기 위해 군사 작전을 감행했으나 실패하고 말았
다. 이는 미국인에게 무력감과 좌절감을 안겨주었고, 인질을 구출하지 못한 카
터는 허약한 대통령으로 낙인찍혔다. 게다가 소련의 아프가니스탄 침공을 둘러

싼 외교정책의 위기와 경제적 어려움마저 더해져 1980년 11월 선거에서 카터는
참패의 쓴잔을 마셨다. 인질은 그 뒤 1981년 1월에야 풀려났다.

2) 서유럽 국가

유럽 경제통합운동　　전후 서유럽의 가장 의미심장한 발전은 경제 통합을 향
한 발걸음이었다. 두 차례나 대량 파괴의 전쟁을 겪으면서 많은 유럽인은 일종
의 '유럽합주국United States of Europe'과 같은 어떤 통합체의 필요성을 느꼈다. 처칠
은 일찍이 1946년 9월 취리히에서 행한 연설에서 그런 의사를 내비쳤다. 그들은
전쟁 이전만 하더라도 유럽이 세계의 중심이었는데, 이제 유럽 국가들은 미국과
소련의 두 초강대국 사이에 끼여 이등국 신세로 전락해 있음을 깨달았다. 그런
데 유럽 국가들이 정치적 주권을 포기하기에는 민족주의적 감정이 여전히 너무
나 강해서, 통합을 위한 노력은 우선 경제 영역에 집중하는 것이 가장 현실적이
었다.

　프랑스 외상 로베르 쉬망Robert Schumann과 경제 기획가 장 모네Monnet가 그 일
에 앞장섰다. 쉬망은 모네의 구상을 바탕으로 1950년 5월 공업의 양대 필수품인
석탄과 철강의 무역 장벽을 제거하고 공동시장을 설립할 것을 제안했다. 쉬망의
제안에 호응하여 프랑스, 서독, 벨기에, 네덜란드, 룩셈부르크, 이탈리아의 6개
국이 1951년 4월 파리 조약을 맺고 이듬해 유럽석탄철강공동체ECSC를 창설했
다. 장 모네가 이 공동체 운영의 책임을 맡았다. 그러나 이 기구에 반대하는 기
류도 있었다. 초국가적 기구 창설에 항상 부정적인 영국이 반대 의사를 드러냈
고, 여러 나라의 사회당이나 공산당도 부정적인 태도를 보였다. 그렇지만 유럽
석탄철강공동체는 대단한 성공을 거두었다.

　그 성공에 고무된 여섯 나라는 한발 더 나아가 1957년 3월 로마 조약에서 유
럽원자력공동체Euratom와 유럽경제공동체EEC를 창설하기로 합의했고, 그 조약에
따라 이듬해에 두 기구가 공식 출범했다. 유럽원자력공동체는 원자력의 평화적

이용을 위한 기구였으며, 유럽경제공동체 혹은 그 별칭인 유럽공동시장ECM의 목표는 '유럽 국민 간의 좀 더 긴밀한 결합을 위한 항구적인 토대'를 구축하는 것이었다. 이 목적을 위해 유럽공동시장은 개별 국가의 경제를 단일한 무역권으로 통합하려 했다. 공동시장 안에서 관세와 무역 규제가 착실하게 줄어들었고, 역외에서의 수입품에는 공동 관세가 부과되었다. 그리고 역내에서는 자본과 노동의 자유로운 이동이 보장되었고, 각국의 투자와 개발 계획을 조정하기 위한 위원회가 구성되었다.

유럽공동시장은 산하 기구로 상설 집행위원회Commission와 가맹국 각료들로 구성되는 각료이사회Council of Ministers를 설치하고, 브뤼셀에 본부를 두었다. 각료이사회는 최고 정책결정 기구인데, 개별 정부는 거부권을 가짐으로써 주권을 보장받았다. 유럽공동시장은 또한 유럽의회European Parliament와 유럽사법재판소 European Court of Justice도 설립했다. 1962년 설립된 유럽의회는 가맹국의 인구에 비례하여 의석이 할당되었으며, 처음에는 각 가맹국에서 자국 의원을 대표로 파견했다. 그러다가 1979년 직선제 체제가 도입되었으며, 그해에 유럽의회 의원을 뽑는 첫 선거가 실시되었다. 그리하여 유럽은 역사상 유례없이 결속력 있는 기구를 갖게 되었다. 유럽의 평화를 위해서는 유럽 연방이 필수적이라 믿은 쉬망과 모네는 이와 같은 발전을 유럽 연방과 같은 더 큰 통합으로 나아가는 징검다리로 보았다.

1950년대에 유럽공동시장 회원국의 소득은 두 배가 되었다. 미국이 3.8%의 경제성장률을 기록했을 때 프랑스는 그 두 배 가까운, 그리고 이탈리아와 서독은 두 배도 훨씬 넘는 성장률을 기록했다. 공동시장 창설 이후 1950년대의 남은 기간에 회원국 상호 간의 무역은 거의 두 배로 늘었다. 이런 성공을 바탕으로 1967년 7월 유럽경제공동체는 유럽석탄철강공동체 및 유럽원자력공동체와 통합하여 유럽공동체EC를 결성했으며, 세 공동체는 그 안에서 각각 별개 기구로 존속했다. 1968년 무렵에는 모든 관세 장벽이 사라졌고, 유럽공동체의 시장 규모는 미국에 육박했다.

프랑스가 주도한 유럽공동시장 창설을 강하게 반대했던 영국은 1960년 스칸디나비아 3국에 스위스, 오스트리아, 포르투갈을 엮어 유럽자유무역연합EFTA을 결성했다. 그래서 유럽 경제권은 프랑스가 주도하는 유럽공동체와 영국 및 덴마크가 주도하는 유럽자유무역연합으로 양분되었다. 그러나 유럽자유무역연합은 그 목표가 매우 제한적이어서 유럽공동체의 경쟁자가 되지 못했다. 유럽자유무역연합을 함께 이끌던 영국과 덴마크가 결국 1973년 유럽공동체에 가입했으며, 그리하여 두 기구는 상호 협력적 관계가 되었다. 아일랜드도 그해에, 1981년에는 그리스가, 그리고 1986년에는 스페인과 포르투갈이 가입함으로써 유럽공동체 회원국은 모두 12개국이 되었다. 회원국들은 주권을 지키기 위해 조바심치면서도 완전한 경제 통합을 향해 큰 걸음을 내디뎠다. 공동 여권이 채택되고, 모든 노동자에게 적용되는 기본 노동시간과 휴일 정책이 시행되고, 복지 혜택을 평준화했다.

영국: 복지국가의 건설　　영국은 제2차 세계대전 승리의 주역이었으나, 승리의 영광 뒤로는 우울한 상황이 가려 있었다. 국가 재정은 거의 파산 상태에 이르렀다. 전쟁의 영향으로 투자는 극적일 만큼 줄어들었고, 해외 주둔군 지원을 위해 거액의 재정이 요구되었다. 전후 40년 이상 영국인들은 낡은 산업 설비뿐 아니라 극히 비용이 많이 드는 복지 프로그램과 씨름하는 동안, 자신이 처부순 적국들이 부유해지는 것을 지켜보아야 했다. 1945년 이후 사이사이에 노동당 집권기가 끼어 있기는 했으나, 20세기 말까지 대체로 보수당이 정치를 지배했다. 보수당은 산업의 국유화를 반대하고, 사기업을 장려하고, 사회복지 프로그램의 축소를 지향했다. 노동당은 반대로 산업 국유화와 철저한 복지국가를 추구했다.

유럽 전쟁이 끝난 뒤 첫 선거가 1945년 7월 실시되었는데, 예상을 깨고 노동당의 클레먼트 애틀리가 처칠을 물리치고 압승을 거두었다. 영국인들은 전쟁 영웅보다는 새로운 사회체제를 약속하는 노동당을 선택한 것이다. 노동당 정부는 외교 문제에서는 미국과 긴밀하게 손발을 맞추는 한편, 내정에서는 평시 경제체제로 전환하면서 주요 산업의 국유화와 광범한 사회 개혁 작업에 착수했다. 잉글랜드은행, 석탄 및 철강 산업, 항공 산업과 내륙운송업, 유무선 통신사업, 전기와 가스 같은 공공 편의시설 등이 국유화되었다. '혼합 경제' 체제에서 경제의 80% 정도가 사기업 영역으로 남았다.

사회복지 분야에서는 1946년 영국 복지국가의 양대 기둥이라 할 국민보험법과 국민보건사업법이 제정되었다. 국민보험법은 질병, 실업, 노령 등 갖가지 위험에 처한 국민에게 생계소득을 보장해 주는 종합적인 사회보험제도였다. 영국은 이미 전쟁 중인 1942년에 앞으로 건설할 사회의 청사진으로 「베버리지 보고서Beveridge Report」를 마련해 두었는데, 국민보험법은 이 보고서의 구상을 바탕으로 제정된 것이었다. 그리고 국민보건사업법으로 국민은 누구나 무료로 질병을 치료받을 수 있게 되었다. 이런 제도들로 확립된 영국 복지국가는 대다수 유럽 국가의 모델이 되었다. 복지국가 건설 비용의 증가 등으로 인한 재정 수요는 영국이 해외 지출을 줄이는 요인으로 작용했다. 이는 곧 식민제국의 해체와 그리스나 터키 같은 나라에 대한 군사 지원의 축소를 의미했다. 그러니까 식민제국의 종말을 가져온 요인으로는 민족자결 원칙에 대한 도덕적 믿음보다는 경제적 필요성이 더 컸다고 할 것이다.

영국: 보수당 장기 집권　　한편 노동당은 반미·친소로 기우는 좌파와 주류 간의 당내 대립에 시달렸으며, 이러한 분파주의는 이후 40년이나 계속되었다. 이 분열로 약해진 노동당은 1951년 총선에서 패했고, 보수당의 13년 집권이 시작되었다. 1951년 수상으로 돌아온 처칠이 1955년 사임하고 앤서니 이든Anthony Eden이 뒤를 이었는데, 이든은 수에즈 위기 사태로 1957년 1월 물러나야 했다. 이후 해럴드 먹밀런Harold Macmillan이 1963년 7월까지 국정을 이끌었다. 보수당 정부는 사기업을 옹호했으나, 복지국가를 받아들였을 뿐 아니라 나아가 확대했다.

영국의 경제 상황은 1950년대를 지나며 조금씩 나아졌으나 유럽 다른 나라보다는 회복 속도가 훨씬 느렸다. 노조의 요구로 임금이 생산성보다 더 빠르게 오르고 기업가가 새로운 기계 설비에의 투자와 새 방법의 채택을 망설이는 것 또한 경제 발전에 걸림돌이 되었다. 1961년 정부는 대륙과의 긴밀한 무역 관계를 통해 경제 상황을 개선할 수 있으리라는 기대로 유럽공동시장 가입을 신청했으나, 가입 문제로 보수당과 노동당은 각각 심각한 내분을 겪었다. 영국은 늘 스스로를 유럽의 한 부분이기는 하나 그 안에 들어 있지는 않다고 여기는 경향이 있었는데, 그래서 유럽 안으로 편입되는 것에 대한 강한 거부감이 있었기 때문이었다. 설상가상으로 가입 협상 과정에서 프랑스 대통령 드골은 영국의 가입을 막아버렸다.

영국: 경제적 침체   1964년 보수당의 장기 집권이 막을 내리고, 10월의 총선에서 승리한 노동당으로 정권이 넘어갔다. 해럴드 윌슨Harold Wilson이 이끄는 노동당 정부는 교육, 빈민가 재개발, 주택 공급 분야에서 괄목할 성과를 거두었다. 1967년에는 철강 산업이 다시 국유화되었다. 1969년에 투표권 나이가 18세로 낮추어지고, 낙태와 동성애가 합법이 되었다. 그러나 노동당 정부는 오랜 경제 침체 문제는 타개하지 못했다. 노동당 정권의 바탕이 되는 노동조합은 잦은 파업으로 경제에 구김살이 지게 했다. 영국의 경제성장률은 유럽의 다른 경쟁국들보다 낮았고, 파운드화의 가치는 떨어졌다. 1967년 11월 정부는 결국 그토록 피하려고 했던 파운드화의 평가 절하를 단행했다. 그것은 기축통화 파운드의 굴욕이었다. 수출 경쟁력 강화를 위해 정치적 타격을 감수하면서 단행한 조치였으나, 그것은 무역수지를 개선할 만큼 수출을 늘리지 못했다.

한편 노동당은 유럽공동시장 가입을 반대해 왔으나, 윌슨은 생각을 바꾸어 1967년 5월 가입을 신청했다. 그러나 1961년의 보수당 정부에 이어 노동당 정부도 드골의 반대로 쓴맛을 보았고, 윌슨은 체면만 구겼다. 북아일랜드 문제도 정부를 괴롭혔다. 얼스터 지방에서는 1960년대를 거치면서 가톨릭교도와 개신교도 간에 시위와 맞시위가 이어졌는데, 이는 1969년 마침내 유혈 폭력 사태로 치달았다. 8월에는 여덟 명이 죽고 수백 명이 다치는 참극이 벌어졌다. 아일랜드공화국군IRA은 곳곳에서 테러를 일으키고 공공장소에 폭발물을 설치했다. 그리하여 반세기 가까이 수면 아래 가라앉아 있던 문제가 또다시 영국 정치의 주요 의제로 떠올랐다. 윌슨 정부는 또한 재정상의 어려움으로 국방 예산을 대폭 줄였는데, 그 결과 해외 주요 군사기지들이 대부분 폐쇄되었다. 이로써 영국은 두 세기에 걸쳐 수행해 온 제국의 역할을 마침내 포기하게 되었다.

노동당 정부는 집권기 내내 어려운 경제 탓으로 고전했는데, 다행히도 1969년에 이르러 국제수지가 상당한 흑자를 내고 파운드화가 안정을 되찾았다. 일시적 번영의 분위기에 정권의 앞날도 밝아 보였다. 빼어난 논객이요 전략가인 윌슨은 의회에서 보수당의 에드워드 히스Heath를 압도했다. 1970년 6월의 총선거에서 선거운동 기간에도 히스는 윌슨의 적수가 되지 못하는 듯 보였다. 그러나 결과는 예상을 뒤엎었다.

보수당은 정권을 되찾았으나 수상 에드워드 히스가 이룬 중요 업적은 유럽공동시장 가입이 거의 유일했다. 그는 공동시장 가입을 통해 경제적 난국을 타개할 수 있기를 기대하고 집권한 뒤 곧바로 가입을 위해 외교력을 집중했다. 영국의 가입을 완강하게 반대한 드골이 사라진 뒤여서 협상은 비교적 수월하게 진행되었다. 그러나 이번에는 국내에서 당내 좌파의 압력에 굴복한 윌슨과 노동당의 반대로 의회의 동의를 얻는 데 애를 먹었다. 영국은 세 번의 시도 끝에 1973년 1월 1일부로 유럽공동시장의 정식 회원국이 되었다.

유럽공동시장 가입으로 대륙 국가들과의 교역이 크게 늘었을 뿐 아니라, 국민의 일상생활에도 많은 변화가 일어났다. 가입 조건을 갖추기 위해, 복잡했던 화폐단위가 10진법 체계로 개편되어 1972년 초부터 시행되었다. 도량형도 미터법으로 바뀌고, 온도 측정도 화씨 체계에서 섭씨 체계로 바뀌었다. 가입 첫해에 프랑스와 도버해협에 해저 터널을 건설하는 데 합의가 이루어졌다. 이 합의는 1991년 터널 공사가 완공됨으로써 실현되었고, 정식 개통은 1994년 5월에 이루어졌다. 섬나라 영국은 이로써 50km의 지하 터널을 통해 대륙과 연결되었다.

유럽공동시장 가입을 계기로 영국은 확실하게 유럽의 일부로 편입되었다.

히스로서는 불운하게도 1973년 석유 파동이 닥쳤다. 아랍 산유국들은 10월에 유가를 네 배나 올렸는데, 이는 영국 경제에 치명타가 되었다. 생산이 줄고, 물가가 치솟았으며, 노동 소요가 빈발했다. 전 정부를 괴롭혔던 북아일랜드 문제는 조금도 나아지지 않았다. 1972년 1월 30일 '피의 일요일'에 런던데리London-derry에서 가톨릭교도 시위대에 영국군이 발포하여 유혈의 참사가 일어났다. 폭력 사태가 빈발하자 히스 정부는 3월에 반세기 동안 허용해 온 북아일랜드의 자치 체제를 중단하고 직접 통치 체제로 전환했다. 그러자 아일랜드공화국군은 더욱 극성스럽게 테러 활동을 벌였고, 개신교도 또한 폭력으로 맞받았다. 영국 정부는 1974년에는 테러방지법을 제정하여 테러 용의자에 대한 통제를 강화했다.

한편 석유 부족 사태로 석탄의 중요성이 커지자 이 기회를 이용하여 탄광 노동자들이 파격적 임금 인상을 요구하고 나섰다. 협상이 실패로 끝나고, 1974년 2월 광부들이 전국적 파업을 결의했다. 이에 히스는 영국을 통치하는 자가 탄광 노동자인가, 아니면 국민이 선출한 정부인가를 국민에게 묻기로 했다. 그는 곧바로 의회를 해산하고 총선거를 실시했다. 선거 결과 보수당과 노동당의 어느 당도 과반 의석을 얻지 못했으나, 히스가 연정 구성에 실패함으로써 정권은 노동당으로 넘어갔다. 3월 초 광부들은 얻고자 한 것을 사실상 다 얻어내고 일자리로 돌아갔다.

연립을 구성하여 가까스로 다시 집권에 성공한 윌슨은 안정된 다수 정부를 확립하기 위해 그해 10월에 다시 총선을 실시하여 어렵사리 과반 의석을 확보했다. 그러나 경제가 전혀 개선되지 않아 윌슨의 입지는 취약했다. 1975년 후반기에 물가는 무려 25%나 오르고, 실업자는 늘어나고, 무역수지는 개선되지 않고, 파운드화의 가치는 계속 떨어졌다. 영국은 이미 1960년대에 경제적인 측면에서 19세기 말 오스만제국에 붙여졌던 '유럽의 환자'라는 딱지가 붙었었는데, 언론은 또다시 '영국병'을 운운했다. 병든 경제를 치유할 묘약이 보이지 않는 가운데, 1976년 4월 윌슨은 갑자기 수상직을 사임했다. 그는 침몰하는 배에서 도망쳤다는 비난을 받았다.

윌슨이 버린 난파선의 조타수를 맡은 인물은 당내 온건 중도파인 제임스 캘러헌Callaghan이었다. 그는 수상직에 오르자마자 곧바로 국가 파산의 위기에 직면했다. 재정 적자가 쌓여 채무 불이행 사태를 우려하는 목소리가 터져 나왔다. 1976년 영국은 혹독한 긴축 재정을 시행하는 조건으로 국제통화기금으로부터 거액의 구제 금융을 끌어왔다. 온갖 노력을 기울인 끝에, 정부는 가까스로 위기를 넘겼다. 그런데 이 무렵 영국에는 크나큰 행운이 찾아왔다. 북해 유전에서 석유가 솟아 나오기 시작한 것이다. 석유로 외화를 절약할 수 있었을 뿐 아니라, 영국은 차츰 외화를 벌어들일 수도 있게 되었다.

행운과 정부 노력 덕분으로 1977년에는 경제가 상당히 호전되었다. 수출이 활기를 띠고, 외환 보유고가 오르고, 물가가 잡혔다. '영국병' 타령이 사라졌다. 그러나 그동안 '사회계약'에 따라 임금 인상 요구를 자제했던 노동조합이 1978년 겨울로 접어들면서 정부의 임금 인상 제한선을 반대하며 파업을 벌였다. 파업은 해를 넘겨 이듬해까지 이어졌다. 항구가 폐쇄되고, 병원 업무가 마비되고, 청소부의 파업으로 도시 거리는 쓰레기 천지가 되었다. 그동안 일련의 보궐선거에 패해서 이미 원내 과반 의석을 잃은 노동당 정부는 사태를 수습할 힘이 없었다.

1979년 3월 원내 역학 구조가 바뀐 상황을 이용하여 마거리트 새처Margaret Thatcher가 이끄는 보수당은 캘러헌 정부에 대한 신임투표를 추진했고, 불신임 동의안이 단 한 표 차이로 가결되어 정부가 무너졌다. 총선을 통해서가 아니라 원내에서 불신임 투표로 정부가 무너지기는 1924년 이후로 처음이었다. 더욱이 노동조합을 배경으로 정치에 뛰어든 뒤, 줄곧 노동조합의 환심을 사기 위해 애써 온 캘러헌이 노동조합의 힘 때문에 권력을 잃은 것은 참으로 아이러니한 일이었다. 사실 노동조합은 정권을 위협할 만큼 강력한 세력으로 성장했다. 1979년 기준으로 전체 노동자의 55%가 노조에 가입했다. 노동조합은 이런 힘으로 1974년에는 보수당의 히스를, 1979년에는 노동당의 캘러헌을 쓰러뜨렸다. 5월의 총선에서 유권자들은 마거리트 새처를 새 지도자로 선택했다.

프랑스: 제4공화국　　프랑스의 전후 문제는 영국과 사뭇 달랐다. 프랑스는 훨씬 심한 파괴를 겪었고, 나치 점령의 수모를 당했다. 게다가 프랑스는 새 국가 건설이라는 과업을 안고 있었다. 해외에서 망명 정부를 꾸려 나치와 싸웠던 드골은 1944년 8월 파리가 해방된 뒤 임시 대통령으로 선출되었고, 14개월 동안 정부를 이끌었다. 1945년 10월 국민투표로 제3공화국 헌법이 폐지되고, 드골은 임시정부 수반으로 새 공화국을 창건하는 과업을 관리하게 되었다. 그러나 강력한 권한의 대통령제를 선호한 드골은 공산당을 비롯한 좌파 세력의 반대로 뜻이 받아들여지지 않자, 이듬해 1월 정계를 은퇴해 버렸다. 그해 10월 마침내 의원내각제를 골격으로 한 제4공화국이 탄생했다. 그러나 제3공화국처럼 다시 한 번 내각의 불안정이 정치 무대의 특징이 되었다. 너무 많은 정당이 너무 많은 논쟁을 벌였다.

빈번하게 교체되어 들어서는 취약한 연립정부들은 전후의 여러 난제를 해결할 수 없었다. 재건 사업은 인플레, 뒤처진 산업 생산, 불공정한 과세, 비효율적 관료 체제 등으로 속도감 있게 진척되지 못했다. 프랑스는 식민제국을 영연방과 비슷한 프랑스연방Union française으로 전환하려 했는데, 이는 일시적 미봉책에 지나지 않았다. 북아프리카의 여러 속령은 종주국의 지배에 끊임없이 저항했다. 인도차이나는 일본 점령기에 민족주의 감정이 꾸준히 성장했는데, 프랑스는 이곳을 재점령하고 지배권을 되찾으려 했으나 성공하지 못했다. 프랑스는 자치를 허용하는 선에서 문제를 해결하려 했으나, 베트남은 완전 독립을 요구했다. 프랑스는 결국 1946년 베트남과 전면전에 빠져들었고, 오랜 전쟁 끝에 치욕적 패배를 당하고 1954년 인도차이나에서 물러났다.

제4공화국은 결국 알제리 문제로 무너졌다. 대다수 식민제국이 식민지를 해방하는 가운데, 프랑스는 한사코 식민지를 움켜잡으려 했다. 1954년 11월 결국 알제리인들은 민족해방전선FLN을 결성하고 알제리의 독립을 선포했다. 반년 전

인도차이나 식민지에서 쫓겨난 프랑스는 알제리마저 잃으려 하지 않았다. 알제리에 거주하는 100만 명가량의 프랑스인은 알제리가 프랑스 땅으로 남아야 한다고 주장했다. 프랑스는 결국 인도차이나 전쟁에 패한 지 반년 만에 다시 8년이나 이어진 알제리와의 전쟁에 빠져들었다. 지식인과 교회 지도자들 사이에 강력한 반전운동이 일어났다. 국론이 극도로 분열되고 공공연하게 군사 쿠데타가 거론되는 가운데, 제4공화국은 사실상 마비 상태가 되었다. 공황 상태에 빠진 정부 지도자들은 1958년 드골에게 정권을 넘기고 새 헌법을 작성할 비상 대권을 부여했다.

프랑스: 위대함과 현실　　드골은 즉각 제5공화국 헌법을 마련했고, 이는 1958년 9월 국민투표에서 확정되었다. 새 헌법은 대통령 책임제를 채택했으며, 비상시에는 행정부가 거의 전권을 행사할 수 있도록 규정했다. 임기 7년에 한 차례 연임할 수 있는 대통령은 수상을 임명하고, 의회를 해산하고, 국방 및 외교정책을 결정하는 등 막강한 권한을 가졌다. 1959년 1월 제5공화국 첫 대통령이 된 드골은 군부와 극우 세력의 반발을 무릅쓰고 1962년 알제리에 독립을 부여하고 정국을 안정시켰다. 그리고 그는 프랑스를 강대국으로 만들고 그 위대함을 재건하는 과업에 헌신했다. 그는 프랑스 민족의 위대함을 다시 확립할 역사적 사명을 타고났다는 자기 확신에 찬 인물이었다. 그는 나중에 회고록에서 "위대하지 않은 프랑스는 프랑스일 수 없다"라고 말했다.

드골은 위대한 프랑스 건설을 위해 핵무기 개발에 박차를 가했다. 그는 전후 세계 질서의 틀을 짠 얄타 회담과 카이로 회담에 프랑스가 초청받지 못한 것을 뼈에 사무친 한으로 품고 있었다. 프랑스는 1960년 드디어 세계에서 네 번째 핵 보유국이 되었다. 드골은 이를 바탕으로 자주국방을 추구하면서 1966년 나토를 탈퇴했다(나토를 떠난 프랑스는 2009년 43년 만에 나토에 복귀했다). 그는 국방뿐 아니라 외교 또한 자주 노선을 걸었다. 드골은 또한 강고한 민족주의를 고수하여 유럽통합론자들을 좌절시켰다. 그는 주권을 제약하는 초국가적 기구에 프랑스가 예속되는 것을 반대했으며, 그래서 유럽경제공동체의 대변인 역할을 자임하면서도 그것을 정치적 통일체로 전환하려는 시도를 한사코 막았다.

드골이 독자 노선을 강력하게 밀고 나간 데는 국내 경제에 대한 자신감도 한 몫했다. 정치적 안정을 바탕으로 산업 생산이 뚜렷이 상승하고, 완전고용이 이루어지고, 생활수준이 눈에 띄게 향상했다. 당시 프랑스 경제는 눈부신 발전을 자랑하던 서독을 앞서갈 정도였다. 미국 달러의 독주에 제동을 걸면서 프랑스는 세계 5위 산업국가로 떠올랐다. 드골은 국제 무대에서 막강한 영향력을 휘둘렀으나, 그의 독단적 행동은 국내에서는 반발도 불러일으켰다. 1968년에는 경제 성장률이 그의 집권 이후 최저로 떨어지면서 경기가 나빠졌다. 국유화된 석탄, 철강, 철도와 같은 산업의 팽창으로 정부 재정이 적자를 기록하고, 생활비는 다른 나라보다 빠르게 증가했다.

1968년 5월에 드골의 권위주의 체제에 반발하는 대학생들의 격렬한 시위와 노동자들의 거센 파업이 정부를 흔들었다. 처음에 낭테르Nanterre대학에서 시작된 시위의 불길이 곧 소르본Sorbonne대학으로 번졌다. 학생 시위는 처음에 고등교육 개혁의 요구로 시작되었다. 제2차 세계대전 이전에 고등교육은 대체로 부유층의 전유물이었다. 그런데 전후에 유럽의 많은 나라가 등록금을 없앰으로써 고등교육의 기회를 확대하기 시작했으며, 그래서 대학 진학률이 극적으로 증가했다. 게다가 베이비붐 세대의 등장과 맞물려 프랑스에서는 1950년대 말에서 1960년대 말 사이에 대학생 수가 세 배 이상 늘었다. 그러나 교육 지원 시설은 전혀 그에 걸맞게 확장되지 못했으며, 교육 내용 또한 시대 현실을 따라가지 못했다. 대학생들은 학교 건물을 점거하고 교육 개혁을 요구했다. 13세기 개교 이래 처음으로 소르본대학 교정에 공권력이 투입되었다.

대학생들의 항의는 또한 1960년대 중반에 미국 대학에서 터져 나와 전 세계로 확산한 격렬한 반전운동과 결합했다. 분노에 찬 대학생들의 시위는 곧 노동자들과 연계되어 미국의 대對베트남 제국주의 전쟁을 비난하는 반전 시위로 번졌으며, 나아가 기성 질서에 대한 저항운동으로 발전했다. 파리 거리는 시위대로 뒤덮이고 바리케이드가 다시 등장했다. 노동력의 절반이 파업에 참여했다. 그러한 저항운동은 프랑스뿐 아니라 전 유럽으로 널리 확산했다. '5월 혁명'은 근본적으로 기성 질서와 모든 종류의 권위에 대한 베이비붐 세대의 전면적 불신과 거부였다.

1960년대 중반은 전후에 태어난 베이비붐 세대가 성인이 된 시기였다. 전쟁에 대한 기억이 없이 자유와 풍요 속에서 자란 새로운 세대가 등장한 것이다. 그들은 미국에서 수입된 로큰롤rock'n'roll의 영향에서 벗어나기 시작한 유럽적인 음악에 열광했다. 1962년에 비틀스Beatles가, 1963년에는 롤링스톤스Rolling Stones가 첫 단독 음반을 발매했다. 비틀스는 서유럽뿐 아니라 소련에서도 엄청난 인기를 누렸다. 그들은 록 음악에서 사회적 해방감을 맛보았다. 5월 혁명은 또한 세대 갈등이었다. 대공황과 전쟁 속에서 굶주림과 죽음의 공포를 겪었던 기성세대는 대학생 급진파의 행동을 진지함이나 지적 엄격함도, 실천적 책임감도 갖추지 못한 버릇없는 새 세대의 치기쯤으로 치부했다.

정권을 무너뜨릴 것만 같던 기세의 저항운동은 오히려 "합법적인 국가는 물러서지 않는다"면서 강경한 태도를 고수한 드골 앞에서 지리멸렬하며 무너졌다. 드골은 임금을 큰 폭으로 올리고 노동자들이 직장으로 돌아간 뒤 경찰력을 동원하여 학생 시위대를 진압했다. 산발적 시위는 1970년대 초까지 이어졌지만, 혁명의 열기는 곧 사그라들었다. 돌이켜 보면 5월 혁명은 당시의 대학생들이 기대해 마지않았던 전후 유럽사의 전환점은 아니었다. 그들은 곧 중간계급 전문직이 되어 기성 체제에 흡수되었으며, 혁명 정치의 꿈은 대체로 빛바랜 기억으로 남았다. 드골은 그럭저럭 질서를 회복했으나, '68혁명'은 오만한 대통령의 권위를 치명적으로 훼손했다. 드골은 지방행정 개혁과 상원 개편을 내용으로 하는 개헌안을 국민투표에 부쳤다가 부결되자, 1969년 4월 대통령직을 사임했다. 고향으로 낙향한 그는 이듬해 11월 세상을 떠났다.

드골 이후의 프랑스　　　드골의 뒤를 이은 인물은 그의 밑에서 수상을 지낸 드골파 조르주 퐁피두Pompidou(1969~1974)였다. 퐁피두 정부는 국제통화기금에서 차관을 얻어 오고 긴축 정책을 쓰면서 경제를 회복하는 데 힘썼다. 그 결과 공업 생산과 수출이 늘어나고 무역은 흑자로 돌아서기 시작했다. 그래서 프랑스는 1971년에 국제통화기금의 차관을 상환할 수 있었다. 경제적으로 어느 정도 성공한 퐁피두는 외교에서도 일정한 성과를 거두었다. 그는 적극적으로 소련과 데탕트를 추구하고, 미국이 중국과 국교를 트자 1973년 9월 재빨리 중국을 방문했다.

1973년 3월 총선에서 우파 연합은 압도적 승리를 거두었다. 그러나 선거가 끝난 뒤 퐁피두는 커다란 난관에 맞닥뜨렸다. 아랍 산유국들의 석유 금수 및 유가 인상 조치는 세계경제에 그러했듯 프랑스 경제를 강타한 것이다. 그동안 프랑스는 친아랍 정책을 취했기에 석유 수급이 심각한 문제가 되지는 않았지만, 물가가 뛰고 국제 금융도 불안해졌다. 무역수지도 적자로 돌아섰다. 경제 사정과 함께 대통령의 건강도 나빠졌다. 퐁피두는 결국 1974년 4월 암으로 사망했다.

5월에 치러진 대통령 선거에서 지스카르 데스탱Giscard d'Estaing(1974~1981)이 약간의 표 차이로 사회당 후보 미테랑을 누르고 당선되었다. 데스탱은 자유주의적이라 할 일련의 개혁, 이를테면 여성 문제를 다룰 각료직의 신설, 낙태 허용법의 제정, 18세로 투표 연령 인하, 방송 통제 축소 등을 추진했다. 어려운 가운데서도 프랑스는 영국이나 이탈리아 같은 나라보다는 상대적으로 경제문제를 잘 헤쳐 나갔다. 데스탱은 집권 후반기에는 경제적 궁지에서 어느 정도 벗어났으며, 1978년에는 석유 파동 이후 처음으로 무역 흑자를 달성했다. 그리고 우파 연합은 그해 4월 총선에서 좌파의 분열에 힘입어 손쉽게 승리했다.

그러나 석유 파동 속에 임기를 시작했던 데스탱은 불행하게도 임기 말에 다시 제2차 석유 파동에 휘말렸다. 1979년 이후 경기가 침체하자, 재정 지출을 늘리면서 적극적으로 대처했으나 별 소용이 없었다. 철강과 석탄 같은 전통적인 중공업 분야가 가장 큰 타격을 받았다. 실업자가 늘고 무역 적자가 쌓였다. 대외 정책도 원활하게 돌아가지 않았다. 데스탱은 유럽공동체 안에서 독일과 협력하여 중동문제에 공동으로 대처하려 했으나, 각국의 이해관계가 어긋나 뜻대로 되지 않았다. 그리고 그는 드골 노선에 따라 소련과 우호 관계를 유지했는데, 1980년에는 소련의 브레즈네프와 직접 만났다. 그러나 소련이 아프가니스탄을 침공한 뒤 국제적 비난이 쏟아지는 가운데 이루어진 그 만남은 그의 입지를 해쳤다. 그는 국내외적으로 어려운 여건에서 1981년 5월 대통령 선거에서 재선에 도전했다.

서독: 국가의 재건 서독은 전후 유럽에서 가장 극적으로 탈바꿈했다. 제2차 세계대전의 폐허를 딛고 서독 정부는 정치와 경제에서 기적을 이루었다. 히틀러 시절 두 차례 투옥된 적이 있는 콘라트 아데나워Konrad Adenauer는 기독교민주당 CDU의 지도자로서, 1949년 독일연방공화국이 탄생했을 때 73세의 노령에 첫 수상이 되었다. 수상은 실권자로서 국정에 대해 대통령이 아니라 의회에 책임을 졌다. 아데나워의 강력한 지도력 아래, 서독인들은 마셜 계획에 의한 막대한 재정 지원을 바탕으로 파괴된 공장과 도시를 재건했다. 새로운 산업 설비와 고도로 숙련된 노동력에 힘입어 서독 경제는 놀랄 만큼의 활력을 보여주었다. 이미 1948년의 화폐 개혁으로 통화가 안정되고 시장이 제 기능을 회복한 데다가 군비에 재정을 낭비할 필요가 없는 이점도 있었다.

불과 패전 10년 만에 서독은 세계적 산업 강국으로 올라섰다. 서독은 1955년에 벌써 전전 독일 영토의 절반 남짓한 땅에서 전쟁 이전 독일 전체의 국민총생산을 넘어섰다. 1950~1965년에 노동시간은 20% 줄었음에도 실질임금은 두 배가 되었다. 이러한 경제성장은 인플레를 거의 유발하지 않고 노동문제도 거의 일으키지 않은 채 달성되었다. 실업률은 8%에서 뚝 떨어져 사실상 완전고용이 이루어졌다. 경제성장을 유지하기 위해 서독은 오히려 여러 나라에서 수십만 명의 노동력을 수입해야 했다. 유럽인의 눈에 그것은 '라인강의 기적'으로 보였다.

아데나워는 외교에서도 내정만큼이나 눈부신 성취를 기록했다. 그의 기본 정책 노선은 서유럽과 협력하고 미국과 긴밀한 유대 관계를 맺는 것이었다. 서방과 소련이 분할 점령한 독일은 한반도처럼 냉전의 최전선이 될 수밖에 없었다. 1950년 일어난 한국전쟁은 서독에 예상하지 못한 반향을 일으켰다. 공산화의 공포 때문에 서방세계에서 서독 안보에 대한 우려가 커졌고, 그래서 서독의 재무장 필요성이 제기되었다. 많은 사람이 독일 군국주의의 부활을 걱정했지만, 냉전이 결국 독일 재무장 허용의 결정적 요인으로 작용했다. 그래서 미국은 서독에 군대 창설을 요청했고, 아데나워 정부는 그에 동의했다. 서독은 재래식 군대를 창설하고 나토에 가입하여 서방세계의 일원으로 돌아왔으며, 그 대가로 서독은 1955년 5월 연합국에 항복한 지 딱 10년 만에 완전한 주권을 되찾았다.

서방의 이와 같은 조치에 대한 대응으로, 소련은 동독의 재군비를 촉진하고, 동독의 경제적 및 군사적 자원을 동유럽의 공산 진영에 통합했다. 그리하여 분단 독일은 서방 진영과 공산 진영 간의 적대 관계 속으로 빨려 들어갔다.

1963년 아데나워는 프랑스와 우호조약을 맺고 한 세기에 걸친 적대 관계를 청산했다. 그는 "나는 나 자신을 일차적으로는 유럽인으로, 그리고 단지 이차적으로 독일인으로 여긴다"라고 말했다. 그가 독일을 유럽석탄철강공동체와 유럽공동시장 같은 유럽의 새 기구에 가입시킨 것은 매우 자연스러운 일이었다. 전후의 혼란한 시기에 패전 독일을 14년 동안 이끌면서, 독일을 껄끄러운 국외자에서 서방의 귀중한 동맹자로 바꾸어놓는 데 결정적 역할을 한 뒤, 아데나워는 1963년 정계에서 은퇴했다.

서독: 통일을 향한 장정   아데나워가 물러나고 실질적으로 라인강의 기적을 이끈 주역인 재무상 루트비히 에르하르트Ludwig Erhard가 그 뒤를 이었는데, 그는 3년 재임하는 동안 대체로 선임자의 정책을 답습했다. 그동안 유권자들의 표심은 기독교민주당의 중도우파에서 사회민주당의 중도좌파로 옮아갔다. 1969년 사회민주당이 처음으로 집권에 성공해서 정치적 변화를 꾀했다. 경제가 내리막길에 들어선 데 힘입어 빌리 브란트Willy Brandt가 온건하고 비교조적인 사회주의 정당을 이끌고 수상이 되었다. 그는 그야말로 입지전적 인물이었다. 가난한 집

안의 사생아로 태어난 그는 나치에 쫓겨 노르웨이로 도망갔다가, 나치가 그곳을 점령한 뒤에는 레지스탕스 전사로 활약했다. 빌리 브란트는 그가 그때 쓴 가명이었다.

브란트는 아데나워의 친서방 정책에서 벗어났다. 서베를린 시장과 외상을 역임한 그는 이른바 '동방 정책Ostpolitik'을 내세우면서 소련 및 동유럽 공산 국가와의 관계를 개선하고 냉전의 긴장을 완화하기 위해 노력했다. 브란트는 1970년 3월 분단 뒤 처음으로 동독 에르푸르트Erfurt를 방문하여 역사적인 동·서독 정상회담을 했으며, 8월에는 모스크바를 찾아가 소련과 무력 사용을 포기하는 조약을 맺었다. 같은 해 12월에 그는 바르샤바를 방문해서 국내의 격렬한 반대를 무릅쓰고, 폴란드와 1945년 7월의 포츠담 회담에서 그어진 오더-나이세 국경선을 받아들이는 조약을 맺었다. 그는 바르샤바 방문 중 '바르샤바 게토 유대인 봉기 기념탑'에 헌화하고 나치의 만행에 대해 무릎을 꿇고 사죄했다. 그의 진심 어린 사죄는 폴란드인의 가슴에 맺힌 응어리가 풀리는 데 도움이 되었다.

소련 및 동유럽과의 관계 개선으로 동·서독 사이에도 훈풍이 불었다. 긴장 완화의 기운이 무르익는 가운데, 브란트는 1972년 12월 드디어 동독과 '기본 조약'을 맺어 양국이 정상적인 이웃 관계를 유지하고 서로 국경을 침범하지 않기로 했다. 이로써 동독과 서독은 서로 분단 상황을 인정하는 가운데 관계를 개선했으며, 그 결과 문화와 경제를 비롯하여 다방면에서 교류가 활발해졌다. 1973년에는 서독과 동독이 동시에 유엔에 가입했다. 이와 같은 노력으로 브란트는 동·서독이 통일로 나아가는 튼튼한 길을 닦아놓았다.

브란트는 외교 문제에 치중함으로써 상대적으로 인플레와 실업 증가 같은 국내 문제에 소홀했다. 여론의 한 갈래에서는 동방 정책을 공격했다. 마침내 최측근의 간첩 추문 사건이 일어나 정부를 흔들었고, 당내의 압력을 버티지 못한 브란트는 1974년 5월 자리에서 물러났다. 재무상 헬무트 슈미트Helmut Schmidt가 수상직을 물려받았는데, 그는 국내 문제에 세심하게 관심을 기울였다. 그의 강력한 지도력과 결단력 아래 서독은 유럽 다른 나라보다 비교적 쉽게 석유 파동으로 인한 경제 위기를 극복했으며, 높은 경제성장을 이루고 복지 체계도 정착시켰다. 슈미트는 또한 브란트의 동방 정책을 계승해서 꾸준히 동·서독의 교류를 확대하면서 통일로 가는 길을 더욱 다졌다. 그와 동시에 그는 아데나워의 친서방 정책을 계승하여 동방 정책과 융합하려고 노력했다.

슈미트는 또한 신속하고 단호한 결단력으로 당시 서독의 골칫거리였던 극좌 무장단체인 적군파Rote Armee Fraktion가 벌인 항공기 납치 사건을 깔끔하게 해결했다. 서방세계를 휩쓴 68혁명에 뿌리를 둔 적군파는 요인을 납치하고 암살하는 등 테러를 자행하여 사회를 어지럽혀 왔다. 그런 적군파가 1977년 10월 독일 여객기를 납치하여 승객과 승무원을 인질로 잡고 복역 중인 테러범 석방 등을 요구했다. 인질 안전을 위해 요구를 들어주어야 한다는 여론이 비등했으나, 슈미트는 단호하게 구출 작전을 감행했다. 그는 항공기를 아프리카 소말리아의 모가디슈 공항에 비상 착륙하도록 유인하면서, 특공대를 투입해 테러범을 사살하고 인질을 전원 무사히 구출했다. 이 사건을 전환점으로 적군파 조직은 와해했으며, 적군파 테러로 인한 불안과 혼란은 막을 내렸다.

미국과 소련 간의 데탕트가 불안하게 흔들리는 가운데 1976년 소련이 동독과 동유럽에 중거리 미사일 SS-20을 설치하자, 슈미트는 이에 대응하기 위해 서유럽에 중거리 탄도미사일을 배치해 줄 것을 미국에 요청했다. 이는 반전 단체와 환경운동가들의 극렬한 반대를 불러일으켰을 뿐만 아니라, 당내에서도 격렬한 논쟁이 벌어졌다. 그 소란과 논쟁은 나토에 중거리 미사일 퍼싱 II가 배치되면서 1983년에야 끝났다. 그런 와중에 1979년의 제2차 석유 파동으로 경제가 어려워졌다. 1960년대 중반 이후 처음으로 무역이 적자를 기록하고, 투자율은 떨어지고, 금리는 올라갔다. 실업자가 늘고 그에 따라 실업수당 지출도 늘어났다.

그러자 이에 관한 대응 방안을 놓고 사민당과 자유민주당의 의견이 갈라졌다. 자유민주당은 사회복지 재정 지출을 삭감하고 산업 진흥을 위해 세금을 인하할 것을 주장했다. 그러나 사회민주당은 1982년 4월 전당대회에서 부자의 세금을 인상하고 국가의 산업 통제를 확대하는 결의안을 채택했다. 이견을 좁히지 못하자 자유민주당은 9월 연립정부에서 이탈했다. 슈미트는 총선을 실시하려 했으나, 10월에 헬무트 콜Kohl이 이끄는 기독교민주당은 자유민주당의 지원을 얻어 불신임결의안을 통과시켰다. 슈미트는 독일 헌정사상 의회의 불신임으로 물러난 유일한 수상이 되었고, 정권은 기독교민주당으로 넘어갔다.

이탈리아: 정정의 불안과 경제성장　　　전후 이탈리아의 지위는 상당히 모호했다. 이탈리아는 패전 추축국의 일원인 동시에 전쟁 말기에 연합국 쪽에서 싸웠기 때문이었다. 대규모의 파괴, 식량과 원자재의 부족, 민주적 절차의 경험 부족, 파시스트와 빨치산 간의 불신 등은 이탈리아의 정치적 및 경제적 삶의 재건을 어렵고 복잡하게 만드는 요인들이었다. 전후에 이탈리아는 임시정부 수상 알치데 데가스페리Alcide de Gasperi의 주도 아래 1946년 왕정을 폐지하고, 1947년 공화국 헌법을 제정했다. 헌법은 내각 책임제를 채택하고, 공산당 집권을 방지하기 위한 장치로 지역구 의원 없는 완전한 비례대표제를 도입했다.

　새 공화국의 첫 총선에서 이탈리아 공산당PCI이 보수적이고 반공산주의적이며 가톨릭교에 기반을 둔 기독교민주당DC과 대결했고, 선거는 냉전의 전쟁터가 되었다. 공산주의자들은 미국의 원조 약속을 '미 제국주의'라며 비난했다. 그러나 유권자가 데가스페리가 이끄는 기독교민주당을 선택함으로써 이탈리아는 확고하게 서방 편에 서게 되었다. 데가스페리는 1953년까지 집권했는데, 그사이 이탈리아는 1949년 나토에 가입했으며 1952년 출범한 유럽석탄철강공동체의 창설 회원국이 되었다. 데가스페리 이후에도 기독교민주당은 계속 제1당을 유지하면서 제3당인 이탈리아사회당PSI과 손잡고 연립을 구성하여 1990년대 초까지 장기 집권했다.

　이탈리아는 불과 10년 남짓 만에 압도적인 농업국에서 공업국으로 탈바꿈했다. 1950년대 말경에서 1960년대 초반 사이에 이탈리아 공업은 유럽 다른 어느 나라보다 빠르게 발전했다. 1960년에 제조업 생산은 1939년 이전의 세 배가 되었고, 1961년 강철 생산은 100만 톤을 넘어섰다. 1980년대가 끝날 무렵 이탈리아는 하이테크high-tech 산업, 패션, 디자인, 금융 부문에서 세계 정상의 반열에 올랐다. 그런데 경제 발전은 거의 다 토리노, 밀라노, 볼로냐 등 번영하는 도시를 중심으로 북부 이탈리아에서 이루어졌다.

남부 이탈리아는 북부만큼 빠르게 발전하지 못했다. 너무 많은 인구, 너무나 부족한 학교, 불편한 도로, 지주 제도, 가난한 농민이 경작하는 소규모의 비효율적인 농장 등등이 남부가 안고 있는 문제였다. 정부는 보조금, 세금 감면, 홍수 통제와 도로망 개선 프로그램 등과 같은 방식으로 지원했다. 그러나 좁혀지지 않는 남북 간의 격차는 해결의 실마리를 찾기 어려운 골칫거리로 남아 있다.

어쨌든 경제는 낙관적이었으나, 정치는 다른 얘기였다. 이탈리아는 온건 세력이 취약하고 공산 진영 국가를 논외로 하면 공산당이 가장 강력해서, 정치적 안정이 계속 위협을 받았다. 데가스페리가 1953년 은퇴한 뒤 정치는 점점 더 내각의 위기, 불안정한 연정, 정권 교체로 점철되었다. 군소 정당이 난립한 데다 집권 기민당의 당내 알력까지 겹쳐, 공화국 수립부터 1990년대 중반 사이에 내각이 50번 이상 바뀌었다. 1970년대에는 노동 소요와 실업 혹은 인플레로 사회가 혼란스러웠고, 일시적으로 테러가 횡행했다. 1978년 3월에는 극좌 테러 조직인 붉은 여단Le Brigate Rosse이 전직 수상 알도 모로Aldo Moro를 납치하고 두 달 뒤 살해했다. 테러리스트들은 기업가와 정치가들 사이에 공포를 불러일으켰다.

정국이 어려운 가운데 1983년 치러진 총선에서 기독교민주당은 세력이 약해지고, 유러코뮤니즘을 표방한 공산당은 세력이 더욱 커졌다. 이에 기독교민주당은 연정을 유지하기 위해 사회당의 베티노 크락시Bettino Craxi에게 수상직을 양보했다. 크락시는 공산당을 배제하고 연립정부를 구성했는데, 그의 정부는 1987년 3월까지 집권해서 최장수를 기록했다. 그동안 크락시 정부는 물가를 잡고 경기 회복에 힘써, 1987년에 이탈리아는 영국을 제치고 프랑스를 따라잡을 기세가 될 정도로 놀라운 경제성장을 이룩했다. 그러나 다른 한편으로 이탈리아는 정경 유착의 병폐에 빠져들었다.

한편 공산당은 꾸준히 제2당을 유지하면서 집권 기독교민주당을 위협했다.

1970년대에는 프롤레타리아 독재의 포기, 다당제와 의회민주주의의 수용, 폭력 혁명이 아니라 합법적 방법을 통한 공산주의 사회의 실현 등 온건 노선을 채택하면서 이탈리아 공산당은 소련 공산당의 그늘에서 벗어나 독자 노선을 추구했다. 이 이른바 유러코뮤니즘에 힘입어 공산당은 국내에서 더욱 세력을 키웠으며, 서유럽 다른 나라의 공산당에도 큰 영향을 끼쳤다. 이탈리아 공산당은 1970년대에는 서유럽 공산당 중 최대의 당세를 자랑했으나, 1980년대 후반에 들어서서 세력이 기울기 시작했다. 이탈리아에서뿐 아니라 유러코뮤니즘은 전반적으로 내리막길에 접어들었다. 그러다가 1980년대 말 동유럽 공산권의 몰락이라는 역사적 변화를 맞이하여, 공산당은 1991년 2월 좌파민주당으로 당명을 바꾸고 탈바꿈을 시도했으나 군소 정당으로의 전락을 피하지 못했다.

포르투갈   1932년 정권을 장악한 안토니우 살라자르의 독재 체제 아래에서, 포르투갈은 제2차 세계대전 때는 중립을 지켜 전란을 피해갔으며, 전후 냉전 체제에서는 나토에 가입함으로써 국제적 고립을 피할 수 있었다. 살라자르는 1955년 경제성장을 촉진하기 위해 5개년 계획을 추진했으나, 그 성과는 인구 증가와 포르투갈령 아프리카의 식민지 전쟁에 쏟아부은 막대한 비용으로 상쇄되어 버렸다. 다른 유럽 열강은 대부분 식민지를 포기했으나, 포르투갈은 1960년대에도 식민지 지배의 고삐를 놓지 않았다. 아프리카 식민지인들은 결국 1961년 앙골라민족해방전선과 모잠비크해방전선 등을 조직하고 독립 전쟁을 벌였으며, 그 전쟁은 10년이 넘게 이어졌다.

살라자르의 독재는 1968년 그가 뇌출혈로 쓰러지고 나서야 36년 만에 비로소 끝났다. 그러나 그가 세운 '이스타두 노부' 체제는 그가 없어진 뒤에도 쉽게 사라지지 않았다. 그러나 나토 파견 기간에 자유와 민주주의를 체험한 젊은 장교들 사이에 민주화의 열망이 커졌다. 그들은 마침내 1974년 4월 25일 혁명을 일으켰다. 독재에 넌더리를 낸 시민들은 거리로 뛰쳐나와 카네이션을 군인들에게 건네며 혁명에 열렬한 지지를 보냈다. 혁명은 총성 없이 제2공화국을 무너뜨렸다. 포르투갈인들은 이 이른바 '카네이션 혁명'을 기념하여 4월 25일을 '자유의 날'로 지정해 국경일로 삼았다.

'이스타두 노부'가 무너진 뒤, 40여 년 억눌렸던 노동자들이 파업을 벌이고 좌파와 우파 사이에 심각한 분열이 일어나 정국이 극심한 혼란을 겪었다. 진통 끝에 1976년 4월 새 헌법이 공포되었다. 그리고 같은 달 치러진 총선에서 마리우 수아레스Mario Suáres가 창당한 사회당이 제1당이 되었고, 그는 이원집정제에서 실권을 가진 수상으로 2년간 정부를 이끌었으며, 1983~1985년에 다시 한 번 수상으로 봉직했다. 한편 포르투갈은 1975년 해외 식민지를 모두 포기할 것을 결의했으며, 그에 따라 식민지들은 모두 독립국가가 되었다. 다만 마카오는 중국과의 협의 문제로 지연되어 1999년에야 중국에 반환되었다.

새 정부는 국내에서는 어려운 경제문제에 봉착했다. 아프리카 식민지에서 난민 60만 명이 들어와 높은 실업과 급등하는 인플레의 부담을 더욱 가중했다. 그러나 1980년대에 포르투갈은 차츰 정치적으로나 경제적으로나 안정을 되찾았고, 마리우 수아레스는 1986년 대통령에 당선되고 5년 뒤 재선되어 10년 동안 나라를 이끌었다. 그는 대통령이 된 첫해에 포르투갈 국가 원수로는 처음으로 한국을 국빈 방문하기도 했다. 살라자르 독재 정권에 맞서 싸우면서 온갖 고초를 겪고 일생을 민주주의를 위해 헌신한 그는 '포르투갈 민주화의 아버지'라는 명예로운 칭호를 얻었다.

스페인   제2차 세계대전의 공식 교전국은 아니었지만, 프랑코가 지배하는 스페인은 히틀러 편에 사단 병력을 보내 소련과 싸웠다. 그래서 유엔은 1946년 스페인을 유엔의 모든 기구에서 배제했다. 내전의 극심한 파괴에서 미처 회복하지 못하고 미국의 마셜 계획에서도 배제된 스페인은 국제 사회에서 외톨이 신세가 되었다. 스페인은 오직 독재자들, 포르투갈의 살라자르와 아르헨티나의 후안 페론Juan Perón에게서 경제 지원을 받았을 뿐이다. 프랑코는 방대한 규모의 군대와 경찰을 동원하여 독재를 더욱 강화했다.

그러나 스페인은 냉전 덕분에 1950년대에 쉽게 국제 사회에 재진입할 수 있었다. 한국전쟁을 경험하면서 미국은 태도를 바꾸어 스페인과 공식적으로 외교관계를 맺었다. 1953년 아이젠하워 대통령은 스페인을 방문했고, 이후 스페인은 미국에 해군 및 공군 기지를 제공하고 미국의 해외 군사체제의 동반자가 되었다. 그 대가로 스페인은 막대한 액수의 경제 원조를 받았다. 서유럽 나라들은 마지못해 프랑코의 독재 체제를 공동체의 일원으로 받아들였다. 스페인은 1955년에는 유엔 회원국이 되었다. 미국의 경제 원조에 힘입어 스페인은 1960년대와 1970년대에 오랜 빈곤과 후진성에서 조금씩 벗어나기 시작했다. 그와 더불어 1974년의 포르투갈 혁명에서 자극을 받아 노동자와 대학생들이 항의 시위를 벌이기 시작했다. 이듬해 여름 36년 동안 철권을 휘둘렀던 프랑코가 마침내 죽었다. 그는 치세 말기에 미리 사후 대비 작업을 해왔으며, 왕정복고를 계획하고 이탈리아에 망명 중인 후안 카를로스 1세Juan Carlos, 스페인 마지막 국왕 알폰소 13세의 손자를 후계자로 지명해 두었다.

1975년 11월 왕정이 회복되어 젊은 국왕이 즉위했다. 국왕 후안 카를로스 1세는 프랑코의 기대를 완벽하게 배신하고 민주주의를 추진했다. 그는 이듬해 프랑코가 앉힌 수상을 압박해 사퇴시키고 아돌포 수아레스Adolfo Suárez를 수상에 임명했다. 새 수상은 의회의 민주적 개편, 정치범의 사면, 집회의 자유, 노동조합 결성의 허용, 사찰 기관의 폐지 등 민주화 작업을 추진했다. 1977년 6월에는 41년 만에 자유로운 총선거가 치러졌다. 수아레스는 민주적으로 선출된 첫 수상이 되었으며, 이듬해 12월 서유럽식 의회민주주의를 근간으로 한 입헌군주정 헌법을 제정함으로써 일단 민주화 작업을 완료했다. 1982년 5월 스페인은 나토의 일원이 되었다.

스페인은 독재 체제에서 민주국가로 평화적으로 전환하는 데 성공했다. 독재 유산을 청산하지는 못했으나 스페인은 정치적 안정을 이룩한 것이다. 1977년 이른바 '망각 협정'이라 불리는 사면법으로 독재 시대에 자행된 모든 잔학 행위에 면죄부를 준 것이 그런 성공에 한몫했다. 그렇지만 스페인인들은 결코 '망각'

할 수 없었다. 그들은 역사에서 아픈 기억을 다시 끄집어냈으며, 유예되었던 프랑코 독재 청산은 시간을 건너뛰어 추진되었다. 사회주의노동당 정부가 2007년 역사기억법을 제정해서, 가해자 처벌은 하지 못했으나 전국에 산재한 프랑코 동상과 기념물을 철거하는 등 과거사 청산 작업을 전개했다.

한편 민주화 과정은 삽화 같은 위기를 겪기도 했다. 1981년 2월 프랑코 체제에 대한 향수에 젖은 군부 극우파가 쿠데타를 기도하여 의회 건물에 난입한 것이다. 그러나 후안 카를로스 국왕에의 충성심이 흔들리지 않은 군부도 일반 대중도 쿠데타를 외면했으며, 그 기도는 결국 찻잔 속 태풍으로 끝났다.

군사 쿠데타로 민주주의의 위기를 느낀 국민은 1982년 10월 총선에서 사회주의노동당에 표를 몰아주었다. 사회주의노동당이 압승을 거두고 펠리페 곤살레스González가 수상이 되었다. 40년간의 우익 보수 정권의 붕괴는 10년 전만 해도 꿈도 꿀 수 없던 일이었다. 곤살레스는 1986년 1월 스페인을 유럽공동시장에 가입시키고, 경제를 활성화하기 위해 열심히 일했다. 그는 1986년 선거에서 입지를 더욱 탄탄하게 다지고 특히 하이테크 산업에서 투자자들에게 매력적인 나라를 만들면서 선거에서 연승하여 1996년까지 장기 집권했다.

그러나 곤살레스는 1990년 이후 경기 침체와 높은 실업률로 인기가 떨어진 데다, 여당 정치인의 비리와 바스크 분리주의자들의 테러 등으로 어려움을 겪었다. 1996년 3월 선거에서 곤살레스는 국민당이 승리하면 다시 프랑코의 독재 시대로 돌아갈 것이라고 경고했으나, 우파 국민당에 패하고 정권을 넘겨주었다. 수상이 된 호세 마리아 아스나르José Maria Aznar는 극우에 가깝던 국민당 정책을 유연하게 바꾸고, 정부의 성격을 '중도 우파 개혁 정부'로 정리했다. 아스나르는 스페인을 유럽 단일통화체제에 편입시켜 유럽의 일원으로서의 입지를 다졌고, 20%를 넘던 실업률을 15%로 낮췄다. 스페인의 경제성장률 또한 유럽의 평균을 크게 웃돌았다. 경제 호전에 힘입어 아스나르는 2000년 선거에서는 압도적 승리를 거두어 과반수 의석을 확보했다.

그리스   1832년 독립국가가 된 그리스는 이후 정치적 안정을 거의 누리지 못했다. 그때부터 1945년까지 그리스에는 15개의 유형이 다른 정부와 176명의 수상이 나타났다 사라졌다. "그리스 왕에게 가장 중요한 도구는 여행 가방이다" 라고 한 국왕이 탄식했듯이, 입헌군주제 아래에서 그리스 국왕들은 걸핏하면 폐위, 망명, 귀환을 반복했다. 왕정과 공화정이 번갈아 드나들었다. 그리고 1945 년 이후에도 그리스는 끊임없이 비효율적 정부, 후진적 경제, 정치적 위기에 시달렸다. 그리스 내전(1946~1949) 때는 주요 도시들밖에 장악하지 못한 친서방 세력이 강력한 공산주의 세력을 간신히 저지하고 왕정을 지켰다.

정치가들은 농민의 삶에 영향을 미치는 중요한 경제문제는 외면한 채, 그리스인이 먼 과거에 지배했던 여러 섬과 영토의 지배권을 되찾는 데 더 큰 노력을 기울였다. 1967년 봄에 한 무리의 군 장교들이 쿠데타로 권력을 장악한 뒤 독재 체제를 수립했다. 그들은 많은 정치가를 감옥에 보내고 정부 비판을 가혹하게 처벌했다. 많은 인사가 탄압을 피해 망명했다. 군사 정부는 1974년 키프로스 섬에 주권을 확대하려 했는데, 이는 그 섬에 대한 터키의 침공을 초래했다. 이 실책으로 군사 정권은 결국 무너지고 말았다.

그리스인은 1974년 국민투표로 왕정을 폐지하고, 새 헌법을 채택하여 공화국을 수립했다. 새 정부는 1975년 유럽공동시장에 가맹을 신청하고 6년 뒤 그 일원이 되었으며, 그 이후 민주주의를 지켜오고 있다. 1981년 11월 안드레아스 파판드레우Andreas Papandreou가 자신이 창당한 사회당을 이끌고 최초로 좌파 정권을 수립했으며, 4년 뒤에는 재집권에도 성공했다. 그는 1940년대와 1960년대에 세 차례 수상을 역임한 게오르기오스Georgios의 아들이었다.

안드레아스는 미군을 그리스에서 내보내고 서방 일변도 외교정책에서 벗어나겠다는 공약을 기반으로 국정을 이끌었다. 그렇지만 그리스는 나토와 유럽공동시장의 적극적 참여국으로 남았다. 유럽 기준으로 그리스는 포르투갈처럼 경제가 뒤지고 인플레가 심한 가난한 나라였다. 이러한 요인에 정치권의 뇌물 사건이 겹쳐 안드레아스는 1989년 선거에서 패하고 정권을 내주었다. 그러나 그는 1993년 선거에서 승리하고 권좌로 돌아왔으나, 1996년 1월 병으로 임기 중 사임하고 다섯 달 뒤 사망했다. 그는 냉전과 탈냉전의 시기를 거치면서 미국과 소련 사이에서 독자 노선을 확보하기 위해 힘썼으며, 전통적 적대국인 터키에 강경 노선을 견지했다. 그는 발칸반도에서 그리스의 정치적 위상을 강화하는 데도 상당한 성과를 거두었다. 그리고 내정에서 그는 선거 연령을 낮추고, 간통죄를 폐지하고, 그리스정교 소유 유휴지를 몰수하는 등 개혁 정책을 폈다.

2009년에는 안드레아스의 아들로 할아버지와 같은 이름인 게오르기오스가 역시 사회당을 이끌고 수상직에 올랐다. 그리하여 그는 할아버지와 아버지에 이어 수상직을 차지함으로써 파판드레우 가문의 3대가 수상 자리에 오르는 진기록을 세웠다. 그러나 그는 누적된 정부 부채가 한계에 이르러 이듬해 국제통화기금에 구제 자금을 요청해야 했으며, 이후 야당의 퇴진 압박에 시달리다 2011년 11월 결국 자리에서 물러났다.

3. 소련과 동유럽

1) 소련의 재건

스탈린 시대　　소련은 전쟁으로 가장 큰 참화를 당했다. 서부와 남부 지역은 폐허가 되다시피 파괴되었으며, 750만 명이 전쟁터에서 죽었다. 그럼에도 소련은 심리적으로나 산업적으로 놀라운 회복력을 보여주었다. 러시아인들은 나치를 물리치고 베를린을 점령했다는 자각에서 오는 애국적 긍지와 자신감으로 전쟁의 깊은 상흔을 극복했다. 소련의 경제 회복 또한 눈부신 것이었다. 스탈린은 1946년 제4차 5개년 계획을 추진하면서 중공업과 군수산업 육성에 매진했다. 소련은 불모지나 농업 지역이었던 동부에 수많은 현대식 공장을 건설했다. 공업 생산의 80%를 담당하는 거대한 공장들이 레닌그라드-모스크바-스탈린그라드선의 동쪽에 건설되었다. 공업 생산은 1947년에 이미 전전 수준을 회복했으며, 3년 뒤에는 그보다 40%를 넘어섰다.

정부는 봉급 인상과 여러 혜택으로 노동자를 새 공업단지로 유인하기도 했지만, 상당한 규모의 노동력은 노동수용소 인력으로 충당했다. 노동수용소에 추방된 수많은 노동자가 강제 노동에 시달리다가 과로와 영양실조 혹은 혹독한 추위로 목숨을 잃었다. 전쟁 때의 엄청난 인력 손실로 부족해진 노동력 상당 부분이 여성 노동으로 충당되었다. 힘든 육체노동의 거의 40%를 여성이 수행했다.

소련은 엄청난 공업상의 발전과 성과에도 불구하고, 농업의 낮은 생산성을 해결하지는 못했다. 황폐해진 농장 지역을 재건하기 위해 스탈린은 집단화 정책으로 돌아갔다. 작은 농장은 대단위 농장으로 강제 통합되었는데, 집단화의 궁극적 목표는 여전히 농민을 '산업화한 농업'에서 일하는 농촌 프롤레타리아트의 일원으로 만드는 것이었다. 1950년 이후 그 노력은 성과를 거두었으나, 그것은 농민들의 불만과 생산성 하락이라는 대가를 치르고 얻은 결과였다. 농업 생산 증대 문제는 소비에트 체제의 약점으로 남게 되었다.

스탈린은 독재의 고삐를 더욱 조였다. 강제수용소, 엄격한 정치적 검열, 강제 사상 교육, 개인주의의 억압 등은 여전히 스탈린 체제의 특징을 이루었다. 그는 당 조직과 국가 기구를 긴밀하게 결합하면서 측근을 요직에 포진시켰다. 공산당 가입이 더욱 어려워지고, 전시에 당원 자격 기준이 느슨해진 틈을 타 입당한 많은 당원이 숙청되었다. 1946년의 최고 소비에트 선거는 스탈린의 정치적 지배력을 잘 보여주는데, 선거는 단독 출마에 99.7%의 투표율을 기록했다. 그러함에도 1950년대 초에 이르러 스탈린은 의심이 깊어지면서 전보다 더욱 무자비하게 채찍을 휘둘렀다. 50만 명에 달하는 보안경찰이 조그마한 비판이나 반대의 목소리도 용납하지 않았다. 스탈린은 나치에 협력했다는 이유로 크림반도의 타타르인Tatars을 집단 학살하도록 지시하기도 했다. 다행히도 1953년 3월 그의 사망으로 또 있을지 모를 대대적 숙청이 방지되었다.

스탈린은 한 세대 동안 지배하면서 러시아 사회를 개조하고, 히틀러의 침략을 물리치고, 소련을 미국에 유일하게 맞선 초강대국으로 만들었다. 그가 만든 정치 및 경제체제는 1987년까지 지속했다. 그는 또한 아파라치키apparatchiki라는 관료 집단을 육성했는데, 그는 갔으나 이들은 남아 1985년 고르바초프가 등장할 때까지 소련을 움직였다. 이 모든 일을 하면서 스탈린은 히틀러보다 국민을 더 많이 죽였다.

흐루쇼프 시대　스탈린이 죽은 뒤 소련에는 3인 집단지도체제가 들어섰다. 그들은 스탈린의 엄혹한 정책을 완화하여 테러를 줄이고, 검열을 완화하고, 많은 정치범을 감옥과 강제수용소에서 풀어주었다. 그러나 3년도 채 지나지 않아 집단지도체제가 무너지고 니키타 흐루쇼프가 권력투쟁에서 승리했다. 흐루쇼프는 자수성가한 인물이었다. 그는 농민의 아들로 태어나 목동, 광부, 공장노동자를 거쳐 1930년대에 스탈린의 숙청으로 생긴 빈자리를 차지하며 출셋길에 올랐다. 그는 1939년 당 정치국원이 되었고, 스탈린이 죽은 뒤 당 총서기 그리고 1955년 마침내 최고 권력자가 되었다.

흐루쇼프가 소련 역사에 끼친 최고의 기여는 스탈린 격하 운동을 전개한 일이다. 1956년 2월 제20차 공산당 대회에서 행한 비밀 연설에서, 그는 스탈린이 저지른 범죄 행위를 낱낱이 폭로했다. 그는 스탈린을 피에 굶주린 폭군이라 비난하고, 수많은 잔학한 숙청과 제2차 세계대전 때의 실수들을 들추어냈다. 그는 지난 25년간의 모든 잘못의 책임을 죽은 독재자에게 돌렸다. 그러면서 그는 스탈린의 범죄가 그 독재자의 '개인숭배' 탓이라고 비난했다. 그의 폭탄선언 같은 연설은 소련을 강타했고, 사회 각계각층에 엄청난 충격을 주었다. 1961년 스탈린의 시신은 레닌 영묘에서 제거되었고, 도로명과 도시명에서 그의 이름이 사라졌다. '영웅 도시' 스탈린그라드는 볼고그라드Volgograd로 개명되었다.

권력을 장악한 흐루쇼프는 스탈린 억압 체제의 최악의 모습을 지우는 선에서 탈스탈린화를 추진했다. 스탈린 독재 체제의 일상적 모습이었던 강제노동수용소가 없어지고, 비밀경찰의 권력이 줄고, 억압이 누그러졌다. 어느 정도 지적 혹은 표현의 자유가 허용되고, 스탈린 치하 노동수용소의 참상을 냉엄하게 폭로한 알렉산드르 솔제니친Aleksandr Solzhenitsyn의 소설 『이반 데니소비치의 하루Odin Den Ivana Denisovicha』(1962)의 출판이 허용되었다. 그렇지만 스탈린이 구축한 통치 구조는 온존했고, 아파라치키라 불리는 그의 수하들은 그대로 자리를 지켰다.

흐루쇼프의 스탈린 격하 운동은 공산주의 세계 전반에 큰 반향을 일으켰으며, 폴란드와 헝가리에서 봉기가 일어나고, 소련과 중국의 사이가 벌어지는 데도 영향을 미쳤다. 소련과 중국의 관계는 1956년 이후 급속도로 나빠졌으며, 1960년에 이르러 흐루쇼프는 소련의 모든 기술자를 중국에서 빼내고 지원을 중단했다. 그다음 10년 동안 마오쩌둥이 이데올로기 문제에서는 흐루쇼프와 동등하다고 주장하면서 사이는 더욱 벌어졌다.

소련은 미국과 냉전을 벌이면서 군사 과학기술 면에서 급속히 미국을 따라잡았다. 미국의 핵무기 독점은 모스크바의 크나큰 걱정거리였으며, 그래서 소련 과학자들은 핵무기 개발에 매달렸다. 그들은 1949년 마침내 그 일을 해내어 미국 과학자와 군사 지도자를 놀라게 했다. 그러자 미국은 1952년 핵융합 방식의 수소탄 실험에 성공하고, 그 위력은 핵분열 방식의 히로시마 원자탄보다 수백 배 더 크다고 밝혔다. 이에 질세라 소련은 1년도 채 지나지 않아 수소탄 개발을 알렸고, 나아가 1957년 8월에는 첫 대륙간탄도미사일ICBM을 발사했다. 소련은 이제 25분이면 핵무기를 미국 영토까지 보낼 수 있게 되었다. 곧이어 가을에는 최초의 인공위성 스푸트니크Sputnik호를 지구 궤도에 쏘아 올리면서 우주 경쟁 시대를 열었다.

냉전의 두 주역은 각자 상대를 초토화할 무기를 갖게 됨으로써 새로운 종류의 세력 균형, 이른바 '공포의 균형'이 형성되었다. 이제 안보의 추구는 상호 억지抑止의 형태를 취하게 되었다. 말하자면 핵무기는 서로에게 너무나 위험해서 어느 쪽도 그것을 사용할 위험을 감수할 수 없을 것이며, 그래서 핵무기는 오히려 전쟁을 막는 기능을 한다는 공동의 인식이 형성되었다.

흐루쇼프의 주요 경제정책 목표의 하나는 농업 개혁이었다. 그는 농민에게 성과 보상제를 시행하고, 우랄산맥 동쪽의 광대한 땅을 개간하여 농업 생산을 증대하려 했다. 그 덕분에 1953~1958년 사이 농업 생산이 50%나 증가했다. 그러나 그 이후에는 처녀지에서의 영농이 경제적으로는 낭비이고 환경적으로는 재앙임이 드러나 당내에서 그의 명성이 훼손되었다. 공업에서는 경공업과 소비재 생산에 중점을 두었다. 그러나 공업 성장률이 1953년의 13%에서 1964년에는 7.5%로 떨어졌다.

외교정책의 실패 또한 흐루쇼프의 명성에 금이 가게 하는 데 한몫했다. 중국은 그의 평화 공존 정책을 수정주의라고 비난하면서 이데올로기적 대결을 벌였다. 1962년의 쿠바 미사일 설치 시도는 결정적 패착이었다. 미사일 철수는 미국 압력에의 굴복으로 여겨져, 많은 국민이 자존심에 상처를 입었다. 흐루쇼프는 그 실패에 대한 책임 추궁에 시달렸다. 1964년 10월 휴가 중 그는 실각 소식을 들었다. 그 뒤 그는 가택 연금 상태로 1971년 죽을 때까지 회고록을 쓰면서 여생을 보냈다.

브레즈네프 시대　　흐루쇼프가 실각한 뒤 권력을 잡은 인물은 흐루쇼프의 몰락을 사실상 기획한 브레즈네프였다. 그는 스탈린이 육성한 고전적 당 관료인 아파라치키의 마지막 인물로서, 스탈린 격하 운동으로 한동안 권력에서 밀려나 있던 인물이었다. 그는 1982년 사망할 때까지 18년간 소련을 지배했다. 그의 집권은 곧 과거 질서로의 회귀를 의미했는데, 체제에 비판적인 지식인들이 탄압을 받았다. 솔제니친은 국내 출판이 허용되지 않아 해외에서 출판된『암병동*Rakovyi korpus*』으로 1970년 노벨 문학상 수상자가 되었으나, 시상식 참가를 금지당하고 작가 동맹에서 제명되었다. 그리고 1973년 파리에서『수용소 군도 *Arkhipelag Gulag*』가 출간되어 큰 파문을 일으키자, 그는 결국 해외로 추방당했다.『수용소 군도』는 이 타고난 작가가 스탈린 시대에 11년간 직접 겪은 노동수용소 체험을 바탕으로, 비인간적 노동수용소와 감옥뿐 아니라 내부의 반대자를 탄압하는 통제 장치를 폭로한 방대한 분량의 다큐멘터리였다.

브레즈네프 치하에서 소련은 군사력을 증강하는 한편, 그와 동시에 평화 공존도 추구했다. 브레즈네프는 군부 지도자와 긴밀한 관계를 유지하면서, 그들이 미국과 대등한 군사력을 기르는 데 필요한 모든 것을 확보할 수 있게 뒷받침해 주었다. 그리고 그는 개혁에 거부감을 드러내고 위성국의 일탈을 용납하지 않았다. 그는 1968년 8월 '프라하의 봄'을 잔인하게 짓밟았으며, 그 뒤 11월에 브레즈네프 독트린을 발표하면서 프라하의 군사 개입을 합리화했다.

경제정책에서 브레즈네프는 계속 중공업을 강조했다. 철강·석탄·시멘트 생산은 미국을 넘어섰으나, 전반적 공업은 오히려 쇠퇴했다. 그리고 소련은 우주 탐험 분야에서는 여전히 선두를 달렸으나, 컴퓨터 개발 및 생산과 같은 첨단 과학기술 분야에서는 서양에 뒤처졌다. 소련 경제의 고질병의 하나는 계획경제체제로 인해 거대하고 복잡한 관료 체제가 발달하여 효율성과 생산성이 떨어진다는 점이었다. 게다가 고용이 보장되고 성과에의 보상이 없는 경제는 무성의, 무사안일, 태만, 과음 등의 태도를 낳았다. 당 지도부는 낮은 1인당 생산량, 조악한 품질, 뒤떨어진 과학기술, 교통수단의 붕괴, 부패의 만연 등으로 골머리를 앓았다.

농업 위기는 경제적 어려움을 가중했다. 20세기 초까지만 해도 주 수출품이 곡물이었던 소련은 부족한 식량을 메우기 위해 엄청난 양의 곡물을 수입해야 했다. 농민이 일과 이외의 시간을 이용해서 농사짓는 개인 땅이 전체 농지의 3%에 불과했지만, 전체 식량의 30%가 그곳에서 나왔다.

브레즈네프는 비효율적이고 부패한 당 조직과 관료 체제를 손보지 않고 방치했다. 그의 시대에 당과 정부 고위층의 연령대가 크게 높아져, 소련은 '노인 정치'의 나라가 되었다. 연로한 지도층은 변화를 거부하면서 무사안일과 부정부패에 빠져들었다. 뒷날 고르바초프는 브레즈네프 시대를 '정체의 시대'로 규정했다. 1980년에 이르러 병폐는 심각한 수준에 이르렀다. 쇠퇴하는 경제, 유아 사망률의 증가, 알콜 중독의 극적 증가, 노동조건의 악화 등, 이 모든 것이 소련의 발전을 위협하고 있었다. 무엇보다 일반 국민에게 가장 아프게 느껴지는 것은 생활수준의 실질적 하락이었다. 당내에서 이러한 실상을 직시한 소집단의 개혁가들이 등장했는데, 거기에는 젊은 개혁 지도자 고르바초프가 포함되어 있었다.

2) 동유럽 국가들

동유럽의 공산화　　스탈린은 원래 일국사회주의자였지만 전쟁을 거치면서 그의 입장은 근본적으로 바뀌었다. 전쟁이 끝날 무렵 소련군은 그리스·알바니아·유고슬라비아를 제외한 발칸반도와 동유럽 전역을 점령하고 있었는데, 스탈린은 전쟁이 미처 끝나기도 전에 점령지의 공산화에 착수했다. 미국과 영국은 동유럽에 민족자결과 자유로운 선거가 허용되기를 바랐다. 그렇지만 만일 자유선거가 허용되면 원래 소련에 적대적이었던 동유럽에는 반소 정부가 들어설 것으로 생각한 스탈린은 서방의 계획을 거부했다. 1945년에서 1947년 사이에 스탈린은 소련군이 나치 점령에서 '해방'한 폴란드, 헝가리, 루마니아, 불가리아와 동부 독일에 친소 공산주의 정부를 수립했다. 이들 나라는 자생적 공산주의 세력이 약했기 때문에, 공산주의자들은 정권을 장악하기 위해 소련의 지원을 받았으며 공산 체제를 유지하기 위해 더욱 소련에 의존했다. 처칠과 트루먼은 스탈린이 동유럽에서 자유선거 보장의 약속을 지키지 않은 것에 항의했으나, 아무런 소용이 없었다.

　체코슬로바키아에서는 1948년까지 공산당이 목표를 달성하지 못했다. 그 나라는 동유럽에서 자유민주주의가 가장 발달한 곳이었다. 그러나 1946년 자유선거에서 제1당이 된 공산당이 좌파 연정을 이끌면서 차츰 세력을 확대했는데, 결국 1948년 2월에 소련의 힘을 업고 무혈 쿠데타를 일으켰다. 공산당 지도자 클레멘트 고트발트Klement Gottwalt가 다른 모든 정당을 해산하고 정권을 완전히 장악했다. 그렇게 독재권을 장악한 체코슬로바키아 공산당은 유럽에서 가장 스탈린주의적인 체제를 수립한 뒤 20년 동안 가혹한 통치를 시행했다. 유고슬라비아와 알바니아는 소련이 세력을 확산하는 과정에서 눈에 띄는 예외였다. 이 두 나라에서는 토착 공산주의 세력이 전쟁이 끝날 무렵 나치를 몰아내고 이미 공산 정권을 수립하고 있었다. 이 두 나라의 공산주의자들은 소련의 도움 없이 독자적으로 정권을 잡을 수 있을 만큼 강했으며, 그래서 집권 뒤에 소련의 궤도에 들어갔으나 소련과는 일정한 거리를 둘 수 있었다.

그리하여 1948년 말에 이르면 동유럽의 여덟 개 공산 국가는 대체로 소련의 위성국가가 되어 있었다. 스탈린은 이들 위성국가의 서방세계 접촉을 차단했다. 그리고 그는 각 지역 공산주의 지도자들이 '민족주의적 편향성'을 보이자 이들 정부에 지역 정당의 숙청을 지시했다. 숙청의 주된 표적은 민족주의적 공산주의자, 모스크바보다 자기 민족에 더 충성하는 것으로 보이는 국내파 공산주의자들이었다. 전반적으로 당원 네 명당 한 명이 제거되었는데, 그들은 대부분 충직한 공산주의자였다.

1948~1953년 사이 동유럽 위성국가들은 스탈린식 정책을 따랐다. 그들은 소비재 생산보다 중공업에 중점을 둔 소련식 5개년 계획을 시행하고, 또한 농업을 집단화하기 시작했다. 비밀경찰과 군대 등 억압 기구도 창설되었다. 그렇지만 외래 산물인 공산주의는 동유럽 민중들 사이에 깊이 뿌리를 내리지 못했으며, 대다수 사람의 삶이 팍팍해졌다.

1960년대와 1970년대에 동유럽 국가들은 코메콘을 통해 소련으로부터 싼값으로 에너지를 공급받으면서 경제를 발전시켰다. 경제성장과 더불어 생활수준도 개선되었다. 그러나 1970년대가 끝날 무렵 코메콘은 심각한 위기를 만났다. 블록 경제에서 시행된 중앙계획체제의 경직성과 코메콘의 제약적인 쌍무적 성격 때문에, 동유럽 공산권은 세계 다른 지역보다 뒤처지게 되었다. 모든 것은 모스크바를 거쳐야 했다. 코메콘 국가들은 유럽공동시장 국가들보다 훨씬 더 많은 무역 장벽이 있었다. 경제적인 것보다 더 심각한 것은 중앙계획경제로 발생한 환경 재앙이었다. 소련과 마찬가지로 동유럽은 세계에서 가장 오염이 심한 지역에 속했다.

그러나 요시프 티토Josip Tito(1892~1980)는 유고슬라비아에 대한 스탈린의 간섭을 거부했다. 티토는 1930년대에 뛰어난 공산주의자요 충실한 스탈린주의자였다. 그는 나치 점령 기간에 빨치산 활동의 유능한 지도자로서 유고슬라비아의 해방을 이끌었으며, 강력한 대중적 지지를 누리고 있었다. 인종적으로 분열된 유고슬라비아는 티토를 중심으로 내부 분열을 극복했다. 그는 전쟁 중에 서방 연합국과 긴밀한 관계를 유지했고, 전후에는 그들로부터 상당한 지원을 받았다. 그는 소련과 지리적으로 떨어진 이점을 살리면서 서방의 지원을 받아 소련의 간섭을 거부하고 독자 노선을 추구했다. 티토는 동유럽 최초의 민족주의적 공산주의자, 이를테면 확고한 마르크스주의 신봉자이면서 그 이념을 조국의 객관적 상황에 적용하려 한 인물이 되었다. 그는 일찍이 레닌이 마르크스주의 교의를 러시아의 상황에 맞추어 해석했음을 지적했다.

스탈린에게 티토는 눈엣가시와 같은 존재였다. 스탈린은 1948년 코민포름에서 유고슬라비아를 축출했다. 소련과 이웃 공산 국가의 압력과 암살 시도에도 티토는 꿋꿋하게 독자 노선을 견지했다. 1958년 당 대회에서 그는 유고슬라비아 공산당은 좀 더 지방분권적 정치·경제 제도를 추구할 것이며, 이 제도에서 노동자들은 자율성을 가질 수 있고 지방 공동체는 정치권력을 나누어 가질 수 있다고 언명했다. 그는 성공적으로 소련과 서유럽 사이에서 중립적 길을 개척했고, 때로는 비동맹 제3세계의 지도자로 활약했다. 그리하여 티토는 모스크바가 세계 공산주의의 메카라는 도그마에 성공적으로 도전한 최초의 중요 공산주의자가 되었다. 티토와 스탈린의 갈등은 국제 공산주의의 단일 대오에서 일어난 최초의 파열이었다.

동유럽 위성국의 봉기　　스탈린 사후 많은 동유럽 국가는 좀 더 민족주의 지향적 진로를 추구하기 시작했는데, 흐루쇼프를 비롯한 소련의 새 지도자들은 이들 국가의 내정에 덜 개입했다. 그렇지만 1950년대 말과 1960년대에 소련은 또한 위성국들이 궤도에서 벗어나는 일은 용납하지 않을 것이라는 점을 분명히 했다. 1956년 폴란드에서 노동자 파업과 항의가 분출했는데, 폴란드 공산당인 통일노동자당은 그 대응으로 10월에 일련의 개혁안을 채택하고 브와디스와프 고무우카Władysław Gomułka를 당 제1서기로 선출했다. 고무우카는 폴란드는 고유한 사회주의의 길을 따라갈 권리가 있다고 선언했다. 그는 농민의 토지 소유권을 허용하고 가톨릭교회에 상당한 재량권을 부여하는 등 여러 개혁 조치를 단행했다.

그러나 소련의 무력 개입을 두려워한 폴란드인과 공산권 국가 중 영토나 인구 면에서 가장 큰 나라를 무력 침공하는 것을 부담스러워 한 소련은 타협을 선택했다. 폴란드는 바르샤바조약기구에 충실할 것을 맹세했고, 소련은 그 대신 폴란드가 자신의 길을 따라 사회주의로 나아가는 것을 허용했다. 고무우카는 1960년대를 지나는 동안 능숙하게 나라를 이끌어갔다. 그러나 1970년에 이르러 식료품 가격 인상과 부패한 당에 분노한 민중의 시위와 파업이 곳곳에서 일어났고, 그는 결국 12월 권력을 내어놓았다.

폴란드 사태에 고무된 헝가리의 민족주의적 공산주의자들은 같은 종류의 개혁과 독립성을 추구하려고 했다. 열띤 논쟁 끝에 기존의 스탈린주의자들이 쫓겨나고, 너지 임레Nagy Imre(헝가리는 성 너지가 이름의 앞에 옴)가 새 지도자로 선출되었다. 그동안 비밀경찰은 악행을 통해 많은 증오를 심어놓았다. 이에 대한 불만이 경제적 어려움과 겹쳐 혁명의 기운으로 무르익었다. 1956년 10월 23일 마침내 부다페스트에서 민중 봉기가 발생했다. 부다페스트 시민들은 자유선거, 소련군의 철수, 사상과 표현의 자유, 정치범 석방 등을 요구하며 억압적 체제에서 짓눌려왔던 불만을 쏟아냈다. 봉기를 수습하기 위해 너지는 11월 1일 개혁을 약속하고 바르샤바조약기구와 코메콘의 탈퇴를 선언했다.

그러나 흐루쇼프는 헝가리의 이탈을 그대로 두고 볼 수 없었다. 너지의 선언 사흘 뒤 적군의 탱크가 부다페스트 거리에 나타났다. 너지는 적군에 저항했다. 그러나 저항은 실패했고, 너지는 반역 혐의로 비밀재판에 넘겨진 뒤 처형되었다. 소련은 헝가리 통제권을 다시 확립하고, 친소 인사인 카다르 야노시Kádár János를 권좌에 앉혔다. 카다르는 동유럽 공산권이 무너질 때까지 32년이나 권력을 유지했다. 너지 임레는 나중에 1989년 6월 민주화 과정에서 복권되었다.

폴란드와 헝가리 사태는 체코슬로바키아에는 큰 영향을 주지 못했다. 체코슬로바키아는 1953년 클레멘트 고트발트의 자리를 넘겨받은 '꼬마 스탈린' 안토닌 노보트니Antonin Novotny가 확고하게 장악하고 있었다. 그러나 1960년대에 들어서면서 경제성장의 둔화와 숙청의 여파 등으로 그의 체제도 조금씩 흔들리기 시작했다. 1967년에는 작가 동맹의 밀란 쿤데라Milan Kundera와 바츨라프 하벨Václav Havel 같은 작가들이 공산당을 비판하고 나섰다. 그뿐만 아니라 당내에서도 노보트니에 대한 불만이 높아졌다.

1968년 1월 결국 알렉산데르 둡체크Alexander Dubček가 당 제1서기로 선출되었다. 개혁파는 둡체크를 중심으로 4월 '인간의 얼굴을 한 사회주의'를 표방하고 민주주의와 자유화 노선의 강령을 채택했다. 언론과 출판의 자유, 비밀경찰 활동의 완화, 해외여행의 자유 등을 포함한 많은 개혁이 도입되었다. 사람들이 행복감에 도취한 그 시기는 '프라하의 봄'으로 불렸는데, 그러나 그 봄은 길지 않았다. 소련은 이를 '마르크스-레닌주의로부터의 이탈'로 규정하고, 8월에 바르샤바조약기구 군대 20만 명을 동원하여 '프라하의 봄'을 잔인하게 짓밟았다. 둡체크는 쫓겨난 뒤 모스크바로 압송되고, 개혁은 폐기되고, 옛 질서가 되돌아왔다. 점령군은 1991년 소련이 붕괴할 때까지 남아 소련의 견고한 통제권을 뒷받침했다.

4. 제국주의의 청산

1) 아시아 식민제국의 해체

제2차 세계대전이 끝나자마자 아시아 식민지에서는 독립의 요구가 봇물 터지듯 터져 나왔으며, 그 민족주의적 열망은 일단 고삐가 풀리면 막을 수 있는 것이 아니었다. 몇몇 지역을 제외하고, 대다수 아시아 민족은 1954년까지 독립을 쟁취했다. 그러나 탈식민화는 독립만이 아니라 많은 경우 서로 다른 종교, 문화, 종족 간의 격렬한 반목과 내전도 가져왔다. 사실 아시아의 신생국들은 거의 모두 독립 이후 초기 수년간 심각한 내부 갈등이나 내전을 겪었다. 이런 갈등이나 내전은 내부적 요인에 냉전의 여파가 미친 탓으로 일어난 경우가 많았다. 많은 경우 신생국의 내부 갈등에 미국과 소련, 때로는 중국이 공공연히 혹은 비밀리에 개입해 들어갔다.

신생국들은 독립으로 민족적 자긍심을 얻을 수는 있었지만, 그것이 산적한 사회경제적 혹은 정치적 문제의 만병통치약은 되지 못했다. 대다수 신생국은 인구 과잉과 식량 부족으로 신음하고, 자본과 숙련노동의 부족으로 산업화를 제대로 추진하지 못하고, 종교적 금기와 전통적 관습에 사로잡힌 문맹의 주민이 다수를 차지하고 있었다. 부의 대부분을 차지한 소수의 지주 계급이 새 정부를 장악하고 계급적 이익을 위해 국정을 운영하는 사실도 국가 발전과 경제성장의 발목을 잡는 요인이었다.

영국령 인도제국　　미국은 1946년 필리핀에 독립을 허용함으로써 아시아에서 탈식민화 과정을 선도했다. 그러자 영국이 인도에서 그 뒤를 따랐다. 제1차 세계대전 때 영국은 독일과의 전쟁에서 고전을 면치 못하면서 인도의 참전을 유도하기 위해 독립을 약속했다. 100만 명이 넘는 인도 병사가 아무런 관계도 없는 유럽의 전쟁터에서 싸웠다. 그러나 영국은 약속을 지키지 않았다. 승전국인 영국은 인도에서 식민 정책을 강화했고, 그러자 인도인은 마하트마 간디Mahatma Gandhi(1869~1948)를 중심으로 광범하게 비폭력 불복종 운동으로 맞섰다. 영국은 인도와 오랜 협상 끝에 1935년 인도에 자치권을 부여하는 인도정부법을 제정했는데, 그러나 이 법은 제2차 세계대전의 발발로 시행되지 못했다. 그러다가 1942년 영국은 다시 인도의 도움을 받기 위해 인도 지도자들에게 전후 독립을 제안했다.

전쟁이 끝난 뒤 영국은 인도 독립 약속을 이행하는 작업을 진행했다. 그러나 인도제국은 단일 민족이 아니라 수많은 인종·언어·문화 집단의 혼합체였으며, 불행하게도 힌두교도와 무슬림은 반목과 적대감으로 날카롭게 갈라져 있었다. 독립 방안을 논의하는 과정에서 힌두교도와 무슬림 간에 유혈 폭동이 벌어졌다. 독립운동을 주도하던 인도국민회의와 무슬림연맹은 결국 합의를 보지 못했다. 1947년 8월 독립하면서 인도제국은 결국 힌두교도의 인도와 무슬림의 파키스탄으로 갈라졌다. 그 소용돌이 속에서 마하트마 간디가 갈등의 제물이 되었다. 간디는 분할 독립으로 촉발된 힌두교도와 무슬림 간의 유혈 충돌을 막고 평화를 호소하려 했으나, 1948년 1월 극우 힌두교도에게 암살당한 것이다. 인도와 파키스탄은 독립하자마자 카슈미르Kashmir와 관련한 분쟁으로 1948년 5월 제1차 인도-파키스탄 전쟁을 벌였으며, 그다음에도 1965년과 1971년에 2차, 3차 전쟁을 치렀다. 실론은 1948년에 독립을 얻었고, 1972년에는 국명을 스리랑카로 바꾸었다.

1945년 이후 독립한 수많은 나라 중 자유-민주 체제를 견지한 나라는 거의 없었다. 1975년까지 두드러진 사례는 세계 최대의 민주국가인 인도가 유일했다. 1947년 독립 후 인도 의회는 거의 마찰 없이 운영되었다. 이런 성공에는 건국 후 첫 수상이 된 굳건한 민주주의 신봉자 자와할랄 네루Jawaharlal Nehru의 공이 컸다. 네루는 종종 미국의 심기를 건드려가면서도 소련 및 중국과 긴밀한 관계를 유지하려 했다. 그러나 1960년대 전반기에 중국과의 국경 분쟁으로 군사적 충돌이 벌어져 경제성장을 위한 자원을 상당히 까먹어버렸다.

네루는 1964년 사망할 때까지 인도를 지배했는데, 2년 뒤에는 딸 인디라Indira 간디도 수상이 되었다. 그녀는 1971년 파키스탄과의 전쟁에 승리함으로써 인기가 절정에 올랐다. 그러나 불과 2년도 지나지 않아 인도의 온건한 사회주의 경제가 극심한 흉작, 식량 폭동, 파업, 학생 소요 등으로 곤경에 빠졌다. 그러자 1975년 6월 인디라 간디는 비상사태를 선포하고 독재권을 장악했다. 그녀는 비판자 1만 명을 감옥에 보내고, 언론을 검열하고, 기본 시민권을 정지시켰다.

인디라 간디는 1977년 초 정치범을 석방하고 억압을 조금 풀었다. 그러나 그녀는 그해 총선에서 패하고 수상직에서 물러났다가 1980년 다시 권좌에 돌아왔다. 간디 수상은 이후 4년 동안 파키스탄과 중국의 밀착에 대응하여 소련과 동맹 관계를 유지했다. 그녀는 1984년 10월 시크Sikh 분리주의 운동과 연관된 시크교도 경호원에게 암살당했다. 아들 라지브Rajiv 간디가 어머니를 계승하고 1989년까지 어머니의 정책을 이어갔다. 그러나 어머니에 이어 라지브 역시 1991년 선거운동 도중 테러범에게 살해당했다.

파키스탄은 인도 영토를 가운데 두고 약 1600km나 떨어져 있는 별개의 두 지역이 인위적으로 합해진 나라였다. 1947년 8월 독립 후, 오랜 진통 끝에 파키스탄은 1956년 대통령제 헌법을 제정하고 이슬람 공화국으로 출범했다. 그러나 여러 정당이 난립하고 불안정한 정국이 이어졌다. 그러다가 1958년 아유브 칸Ayub Khan 장군이 군사 쿠데타로 정권을 장악한 뒤 파키스탄은 비로소 정국이 안정되고 경제가 성장했다. 그러나 1965년 인도-파키스탄 전쟁으로 타격을 받은 데다 경제개발 정책의 실패와 부패에 대한 불만이 쌓이자, 아유브 칸은 1969년 3월 야히아 칸Yahya Khan 장군에게 정권을 넘겼다.

건국 뒤 파키스탄은 동부와 서부 간의 불화로 몸살을 앓았다. 지리적으로 서로 멀리 떨어져 있다는 문제에 더하여, 동부와 서부는 종교가 같다는 점 외에는 인종·언어·문화·경제적 이해관계 등 어느 것 하나도 같은 것이 없었다. 동파키스탄은 중앙정부가 위치하고 좀 더 번영한 서파키스탄에 착취당하고 있다고 생각했다. 1970년 11월에 동파키스탄 지도자 무지부르 라만Mujibur Rahman이 이끄는 아와미동맹Awami League은 동파키스탄의 자치를 요구하기에 이르렀다.

그러던 차에 동서 간의 관계가 파탄에 이르게 된 결정적 계기는 1970년 11월 벵골만을 휩쓴 초대형 해일이었다. 이 해일은 50만 명의 희생자를 낸 20세기 최대의 천재지변이었다. 이 미증유의 재앙을 처리하는 과정에서 서파키스탄에 소재한 중앙정부의 무성의한 태도에 동파키스탄 주민은 격분했다. 그들은 시위·파업·폭동을 일으켰고, 정국은 혼란에 빠졌다. 그러자 야히아 칸 대통령은 계엄령을 선포하고, 1971년 3월 정부군 7만 명을 벵골만으로 파견해서 무력 진압에 나섰다. 이에 라만은 즉각 방글라데시인민공화국 수립을 선포하고 맞섰다. 이로써 동서의 두 파키스탄은 전쟁에 돌입했다. 우월한 장비를 갖춘 정부군은 동부 주민을 무자비하게 학살하는 만행을 저질렀다. 그러잖아도 해일로 모든 것을 잃은 벵골인은 정부군의 만행을 피해 대거 인도로 피난을 갔다. 난민이 몰려들어 감당할 수 없는 부담이 되자, 1971년 12월 인도가 파키스탄을 침공했다. 정부군은 인도군에 패하여 서파키스탄으로 물러났고, 인도는 동파키스탄의 분리를 도왔다. 이듬해 1월 동파키스탄은 국명을 방글라데시로 한 독립국이 되었다. 독립을 주도한 라만은 내각책임제의 초대 대통령과 수상을 역임한 뒤, 1975년 대통령 책임제로 개헌하고 그 첫 대통령이 되었다. 그러나 그는 불과 8개월 만에 쿠데타 세력에게 살해당했다.

파키스탄에서는 인도와의 패전의 여파로 1971년 12월 야히아 칸이 물러나고, 줄피카르 알리 부토Zulfikar Ali Bhutto가 문민정부를 재건했다. 부토는 1973년 내각제로 개헌하고 수상이 되어 사회주의 노선을 채택했다. 그러나 그의 집권기 내내 경제적 어려움과 더불어 내정의 불안정이 계속되었다. 부토는 결국 1977년 또다시 지아 알 하크Zia al Haq가 일으킨 군사 쿠데타로 쫓겨나고, 2년 뒤 처형되었다. 부토의 딸 베나지르Benazir는 1988년 지아 알 하크가 암살된 뒤 이슬람 국가 최초로 여성 지도자가 되었다. 그러나 그녀는 20개월 뒤 군부의 압력에 밀려 수상직을 사임한 뒤 정치적 부침을 겪다가 2007년 12월 총선을 앞두고 암살당했다.

영국령 말레이시아와 버마   일본이 물러간 뒤 말레이반도에서는 말레이계, 인도계, 화교가 서로 대립했다. 다시 돌아온 영국은 이들을 조정하여 1948년 2월 말라야 연방을 결성했다. 그러나 공산당은 혁명을 일으켜 말레이반도를 공산화하려 했다. 이에 영국은 비상사태를 선포하여 집회와 시위를 제한하고 혁명을 진압했다.

이후 1954년 압둘 라만Abdul Rahman이 이끄는 통일말레이국민조직UMNO이 말레이시아중국인협회MCA 및 말레이시아인도인회의MIC와 선거 협약을 맺고 정당 연합인 동맹당Alliance Party을 결성했다. 1955년 총선에서 동맹당은 총 52석 중 51석을 휩쓸어 국정 주도 정당의 지위를 확립했다. 이를 바탕으로 동맹당은 영국과 독립 협상을 벌였고, 1957년 8월 말레이반도 남부 11개 주가 마침내 말라야 연방으로 독립했다. 그 뒤 말라야 연방은 1963년 9월 영국 보호령인 브루나이가 불참한 가운데 싱가포르와 보르네오섬 북부의 사바Sabah 및 사라와크Sarawak를 통합하여 영국식 입헌군주정 체제의 말레이시아 연방을 창건했다. 동맹당은 여러 정당을 규합하여 1974년 6월 국민전선Barisan National으로 확대 개편되었고, 국민전선은 연정을 통해 계속 말레이시아 연방을 지배했다. 말레이시아에서는 2018년 4월 총선에서 독립 후 처음으로 정권 교체가 이루어지고, 국민전선은 야당으로 전락했다.

한편 싱가포르는 연방과의 관계에서 몇 가지 문제가 있었다. 그곳은 화교가 압도적 다수였고, 식민지 시절부터 말레이반도의 경제 중심지였다. 그래서 말레이인은 싱가포르가 말레이시아를 주도할 것을 우려했다. 말레이시아는 인구의 절반 이상을 차지하면서도 사회적 위상이 낮은 말레이인을 우대하는 정책을 시행했는데, 이에 싱가포르가 화교 차별 정책을 강력하게 반대하고 나섰다. 그러자 말레이시아는 1965년 8월 싱가포르를 연방에서 축출했다. 싱가포르의 주정부 총리 리콴유李光耀는 어쩔 수 없이 싱가포르의 독립을 선언했다.

버마는 1885년 영국에 정복된 뒤, 영국령 인도제국에 편입되었다가 1937년 인도제국에서 분리되었다. 영국은 태평양 전쟁 때 버마를 일본에 빼앗겼다가 1945년 일본군이 철수한 뒤 다시 돌아와 버마를 장악했다. 그러자 일본군 점령 때 반파시즘인민자유연맹AFPFL을 창설하여 독립운동에 헌신한 아웅 산Aung San은 영국과 독립 협상을 벌였고, 1947년에는 런던을 찾아가 독립의 약속을 받아냈다. 그러나 아웅 산은 건국을 준비하던 중 7월에 동료 여섯 명과 함께 정적에게 암살당했다. 버마는 1948년 1월 마침내 영국식 의원내각제를 채택한 버마 연방공화국으로 첫발을 내디뎠고, 아웅 산의 뒤를 이은 우 누U Nu가 첫 수상이 되었다.

그러나 통합의 구심점이 될 아웅 산을 잃은 버마 연방은 서유럽식 민주주의를 정착시키지 못했다. 버마족과 소수민족 간의 끊임없는 분규, 정당 간의 대립, 부정부패, 물가 폭등 등으로 국가는 거의 내전 상태에 빠졌다. 1962년 젊은 시절 아웅 산의 동료였던 네 윈Ne Win 장군이 결국 군사 쿠데타를 일으켜 정권을 장악했다. 이 쿠데타는 2021년 현재까지도 군부가 정권을 농단하고 나라를 피폐케 하는 출발점이 되었다. 네 윈의 가혹한 군사독재 정권 아래에서 버마는 '세계 최빈국' 수준으로 떨어졌다. 버마인은 1988년 이른바 8888항쟁을 벌였다. 그러나 네 윈은 물러났으나, 항쟁은 결국 진압되고 또 다른 쿠데타로 군사독재는 계속되었다. 그 과정에서 국명은 버마에서 미얀마로 바뀌었다. 1988년의 민주 항쟁을 계기로 아웅 산의 딸 수치Suu Kyi가 미얀마 민주화운동에 뛰어들었다.

프랑스령 인도차이나: 베트남전쟁　　　제2차 세계대전 후 영국의 식민지 정책은 대체로 원만한 과정을 거쳐 독립을 허용하는 것이었다. 그와 대조적으로 프랑스는 식민지와의 정치적 결속을 좀 더 긴밀하게 하려고 애썼다. 전쟁이 끝나고 일본군이 물러간 뒤, 프랑스는 인도차이나에 돌아와 각국에 일정한 자치를 허용하면서 영연방을 모방한 프랑스 연합Union française을 결성하려 했다. 1949년 캄보디아와 라오스는 이를 받아들였다. 그러나 베트남은 상황이 좀 복잡했다. 세계대전 때 호찌민胡志明은 베트민Viet Minh으로 줄여 부르는 월남독립동맹회(월맹)를 조직하여 미국과 협력하면서 일본을 상대로 독립 전쟁을 전개했는데, 전쟁이 끝난 뒤 베트민은 완전 독립을 요구하며 1945년 9월 베트남민주공화국 수립을 선포했다. 프랑스는 베트남의 독립을 허용하지 않았다.

민족주의적이며 공산주의적 세력인 베트민은 결국 1946년 12월 다시 프랑스를 상대로 독립 전쟁을 벌였다. 급조된 민병대 수준의 군사력을 가진 베트민은 프랑스군의 상대가 되지 못했고, 그래서 산속으로 들어가 게릴라전을 펼쳤다.

호찌민은 중국을 경계하면서 미국에 독립을 지지해 줄 것을 호소했다. 그러나 미국은 1950년 5월 호찌민과의 관계를 끊고 프랑스에 재정적·군사적 지원을 하기 시작했다. 중국 내전에서 승리한 마오쩌둥은 베트민에 무기를 지원하기 시작했고, 소련 역시 베트민을 지원했다. 이데올로기적이며 반식민주의적 전쟁이 거의 8년이나 격렬하게 이어졌다. 흔히 제1차 인도차이나 전쟁으로 불리는 베트남 독립 전쟁은 1954년 5월 베트민이 프랑스군의 거점인 디엔비엔푸를 함락한 뒤 프랑스가 항복함으로써 끝이 났다.

이후 열린 제네바 평화회의에서 북위 17도 선에 임시로 휴전선이 설정되고, 2년 뒤 통합 선거를 실시할 때까지 잠정적으로 북쪽은 베트민이 수립한 베트남민주공화국이 통치하고, 남쪽은 프랑스의 점령지로 남게 되었다. 선거가 치러지면 당연히 독립의 영웅 호찌민이 베트남의 지도자가 될 것으로 점쳐졌다. 그런데 남쪽의 지도자 응오딘지엠Ngo Dinh Diem, 吳廷琰이 제네바 협정을 무시하고, 1955년 10월 휴전선 남쪽에서 단독 선거를 실시해서 사이공을 수도로 한 베트남공화국을 수립했다. 지주 계급을 정치적 기반으로 한 반공주의자 응오딘지엠은 대통령이 되어 대대적으로 공산주의자 토벌 작전을 전개했고, 그에 따라 북베트남과 남베트남 간에 분열이 깊어졌다. 베트남의 공산화가 동남아시아에 연쇄반응을 일으킬 것을 우려한 미국은 사이공 정부를 지키기 위해 군대와 무기를 실어 날랐다.

통일 베트남의 꿈이 날아가자 남베트남의 공산주의자들은 응오딘지엠 정부를 상대로 게릴라 활동을 개시했으며, 북베트남은 이들을 지원했다. 그리하여 독립 전쟁에 승리한 지 불과 3년 만에 베트남은 처절한 내전에 빠져들었다. 제2차 인도차이나 전쟁으로 불리는 베트남전쟁이 터진 것이다. 토지개혁을 하지 않는 데 실망한 많은 농민이 공산주의자의 게릴라 활동을 지원했다. 1960년 12월에는 남쪽에 있던 베트민을 중심으로 다양한 세력이 규합하여 남베트남민족해방전선을 결성해서 남베트남 정부에 저항했다. 이들은 흔히 비하하는 뜻이 담긴 베트남 공산당, 즉 베트콩으로 불렸다.

민심을 잃고 위기에 몰린 응오딘지엠은 점점 더 독재를 강화했고, 1963년 11월 결국 쿠데타가 일어나 총살당했다. 이후 남베트남에는 쿠데타가 연이어 일어나 정국이 극도로 혼란해지고, 정부가 거의 무너질 지경에 이르렀다. 상황이 어려워지자 미국이 직접 나섰다. 1964년 8월 미국은 북베트남이 통킹만에서 미국 구축함을 공격하자 이를 빌미로 본격적으로 군사 작전을 수행했으며, 이후 점점 전쟁은 내전에서 미국이 주역인 전쟁으로 바뀌었다. 1968년 미국의 병력은 50만 명 이상으로 늘었다. 전황을 쉽게 타개하지 못한 미국은 한국에 파병을 요청했고, 박정희 정부는 그에 응했다. 한국군은 1965년 베트남전쟁에 참전하기 시작했으며, 그 규모는 5만 명에 달했다. 미국은 제2차 세계대전 때 투하한 총화력의 세 배를 인도차이나에 쏟아부었다. 그러나 장비와 화력이 압도적으로 우월했음에도, 미군은 사이공 정부를 구해내지 못했다.

많은 미국인이 베트남에서의 미국 역할에 의문을 갖기 시작했다. 그 의구심은 1968년 베트콩이 정월 대공세를 펼치면서 더욱 커졌다. 저녁마다 전쟁의 피해와 참상이 텔레비전으로 전해지자, 반전운동이 대학 교정에서 시작하여 일반 시민들로 널리 퍼져나갔다. 린든 존슨 대통령은 그 정치적 부담 때문에 결국 단임으로 물러나야 했다. 그의 임기 말에 파리에서 시작한 평화 회담은 3년이나 질질 끈 끝에 1973년 1월 리처드 닉슨 정부에서 매듭이 지어졌다. 미군은 베트남에서 완전히 철수하기로 했다.

미군이 철수하자 북베트남은 계속 남쪽으로 진출했고, 1975년 4월 말 마침내 사이공 정부는 함락되었다. 사이공은 호찌민시로 개칭되었고, 베트남은 공산화했다. 베트남인이 항미抗美 전쟁이라 부른 베트남전쟁은 제2차 세계대전 이후 최대의 전쟁이었고, 미국이 역사상 처음으로 패전의 쓰라림을 맛본 전쟁이었다. 미국은 5만 8000명 이상의 생명을 잃었고, 적어도 1460억 달러의 재정을 날렸으며, 사회는 유례없이 갈라졌다. 베트남으로서는 통일이 20년이나 늦추어졌을 뿐만 아니라, 이루 헤아릴 수 없는 인적 및 물적 피해를 입었다. 통일 뒤 베트남은 1986년 '도이모이'라는 개혁·개방 정책을 채택했으며, 1995년에는 미국과 수

교한 뒤 본격적으로 경제 발전에 박차를 가했다.

한편 라오스의 완전 독립을 원한 세력은 제1차 인도차이나 전쟁 때 베트민과 협력하며 프랑스와 싸웠다. 궁지에 몰린 프랑스는 1953년 라오스와 캄보디아에 완전 독립을 인정해 주었다. 이후 베트남전쟁의 결말은 이웃 나라의 정치 상황에도 영향을 미쳤다. 북베트남의 전쟁 물자 공급로였던 라오스도 베트남과 캄보디아의 영향을 받아 1975년 5월 공산화되었다. 캄보디아에서는 극단적 공산주의 집단인 크메르루주Khmer Rouge(붉은 크메르)가 친미 정부를 상대로 여러 해 동안 게릴라전을 펼쳐왔는데, 1975년 4월 마침내 정부를 무너뜨리고 정권을 장악했다. 그 지도자 폴포트Pol Pot는 국가를 이상적인 농촌 공산사회로 개조하는 과업에 착수했다. 그 과정에서 불과 4년 만에 처형, 고문, 가혹한 노동, 영양실조, 질병 등으로 인구의 1/4인 200만 명이 죽었다. 캄보디아는 그야말로 학살의 현장, 킬링 필드Killing Field가 되었다. 크메르루주 정권은 결국 1979년 베트남의 지원을 받은 반군에게 무너졌다. 정권이 몰락한 뒤에도 크메르루주 잔당들은 산악 지대로 숨어들어 게릴라전을 계속했다. 캄보디아는 1993년에야 유엔의 도움으로 입헌군주제를 수립하고 어느 정도 안정을 되찾았다.

네덜란드령 동인도　　인도네시아는 1941년 일본군에 점령당했는데, 점령기 동안 일본은 네덜란드의 식민 통치 체제를 해체하고 반反서양 사상을 주입했다. 그리고 일본은 엄청난 전쟁 물자를 수탈하는 한편, 전쟁 막바지에 패색이 짙어지자 1944년 9월에는 인도네시아에 독립을 약속했다. 인도네시아 민족주의자들은 패망한 일본이 떠난 뒤 1945년 8월 독립을 선언했으나, 곧이어 네덜란드군이 다시 들어와 옛 지배권을 되찾으려 했다. 아흐메드 수카르노Achmed Sukarno를 중심으로 한 민족주의 세력은 어쩔 수 없이 네덜란드와 힘겨운 전쟁을 치러야 했다. 식민지 야욕을 버리지 못한 네덜란드는 제2차 세계대전의 참화에서 채 회복하지 못했음에도, 16만 대군을 파견하여 옛 식민지를 지키려 했다.

민족자결의 바람이 부는 시대 흐름에 따라 유엔은 네덜란드에 독립을 인정할 것을 촉구했고, 미국 또한 수카르노가 공산주의자의 반란을 진압하는 것을 보고 네덜란드를 압박했다. 미국의 지원을 받아 나라를 재건하는 처지에 있던 네덜란드는 결국 물러설 수밖에 없었다. 오랜 협상 끝에 1949년 12월 네덜란드가 인도네시아에 주권을 이양함으로써 가까스로 전쟁이 종결되었다. 네덜란드는 350여 년에 걸친 식민 지배의 역사를 오욕으로 마무리했다.

인도네시아는 동남아시아에서 가장 땅덩어리가 크고 천연자원이 풍부한 나라였다. 인도네시아는 또한 인구의 88%가 무슬림이지만, 헤아릴 수도 없이 많은 섬에 700개 이상의 언어를 쓰는 사람들이 흩어져 살고 있다. 수카르노는 신생 독립국의 첫 대통령이 되었다. 그는 수없이 많은 섬으로 나뉘어 있는 나라를 효율적으로 통치하기 위해 강력한 중앙집권체제를 구축했다. 그는 1959년 의회를 해산하고 1963년에는 종신 대통령에 취임했다. 그의 체제는 교도敎導 민주주의라는 미명으로 포장되었다.

냉전 체제에서 수카르노는 미국과 소련 양쪽 모두와 일정한 거리를 두었다. 그는 1955년 4월 제1회 아시아-아프리카회의, 일명 반둥회의를 주최하면서 비동맹 중립외교를 추구했다. 회의에 참석한 29개국 정상들은 제국주의를 규탄하면서 민족 독립, 인종 평등, 세계 평화 등 반둥 10원칙을 결의했다. 그러나 경제 위기가 깊어지고 1965년에는 유엔을 탈퇴하여 외교적 고립을 자초한 가운데, 1966년 그는 친미 반공주의자 수하르토Suharto 장군의 쿠데타로 실각했다.

2) 중동의 탈식민화

중동의 위임통치령　　중동에서도 제2차 세계대전이 끝난 뒤 새로운 독립국가들이 탄생했다. 오스만제국의 지배 아래 있던 중동은 제1차 세계대전이 끝나면서 프랑스와 영국의 위임통치령이 되었다. 프랑스의 위임통치령인 시리아는 1936년 프랑스 정부와 독립을 보장하는 조약을 맺었으나, 1939년 프랑스 의회가 비준을 거부하는 바람에 독립이 무산되었다. 그 뒤 시리아는 1944년 1월에 실질적으로 독립했으며, 프랑스는 철군을 미적거리다가 1946년 4월에야 군대를 완전히 철수했다. 역시 프랑스의 위임통치령인 레바논은 제2차 세계대전 중 영국에 망명한 프랑스 임시정부로부터 독립을 약속받았다. 그에 따라 1943년 11월 여러 종파 지도자들이 국민협약을 맺었고, 1944년 1월 독립국가를 선포했다. 영국의 위임통치령인 메소포타미아는 일찌감치 1932년 이라크 왕국으로 독립했다. 그리고 요르단은 영국과 여러 차례 협상을 통해 단계적으로 자치권을 확대하다가 1946년 5월 완전한 독립을 얻었다.

독립국이 된 시리아, 레바논, 이라크, 요르단은 이집트, 사우디아라비아, 예멘과 함께 1945년 3월 카이로에서 아랍연맹Arab League을 결성했다. 이들 아랍 7개국은 아랍권의 공동 이익을 증진하는 한편, 아랍 국가들의 주권과 독립을 지키기 위해 정치적으로 협력하기로 했다. 아랍연맹은 그 뒤 가맹국이 늘어나서 그 수가 1971년에는 17개국, 1993년에는 22개국이 되었다. 아랍연맹은 경제 협력을 비롯한 비정치적 분야에서는 제법 성과를 거두었으나, 정치 분야에서는 이해관계가 달라 서로 엇박자를 내는 경우가 많았다. 게다가 가맹국이 늘어나면서 한목소리를 내는 것이 더욱 어려워졌다.

팔레스타인과 이스라엘 건국　　다른 위임통치령과 달리, 영국의 위임통치령인 팔레스타인은 문제가 매우 복잡했다. 그곳에서는 오래 터를 잡고 산 아랍계 주민인 팔레스타인인과 새로 이주해 와서 자신의 국가를 세우려는 유대인 간에 알력이 점점 커지고 있었다. 조직적인 운동으로서 시온주의가 나타난 것은 19세기가 끝날 무렵이었다. 유럽에 흩어져 있던 많은 유대인이 시온주의를 오랜 박해와 차별의 문제를 근원적으로 해결할 유일한 해결책으로 생각했다. 20세기에 들어와 아랍인들의 격렬한 반대에도 불구하고, 주로 중부 및 동부 유럽에서 해마다 수천 명의 유대인이 속속 '약속의 땅'으로 이주했다. 이들에게 여러 아랍국가에 흩어져 살고 있던 유대인인 세파르디Sephardi가 합류했다. 그리하여 1919년에 팔레스타인 주민 중 아랍인은 90% 이상이었는데, 1947년에는 65% 정도로 줄어들었다. 제1차 세계대전 중 아랍인들의 협력을 얻기 위해 그들의 독립국가를 약속했던 영국은 1917년 밸푸어Balfour 선언을 통해서는 시온주의자들에게 팔레스타인에 독립국가를 건설하는 일을 돕겠다고 약속했다.

팔레스타인인과 인근 아랍인들은 유대인의 대량 이주를 새로운 형태의 서양제국주의로 보았다. 그들 대다수는 유럽인이었으며, 자신들이 팔레스타인의 아랍인보다 문화적으로 우월하다고 생각했다. 유대인과 아랍인의 무장 집단 간에 1946년 충돌이 발생했다. 양측의 충돌이 격해지자 그들을 중재할 힘이 없는 영국은 팔레스타인에서 발을 빼고, 미국이 문제를 떠안았다. 미국은 1947년 11월 분할 계획을 마련했는데, 이 안은 유엔 총회에서 채택되었다. 이 계획은 팔레스타인을 유대인이 약간의 다수인 유대인 지구와 아랍인이 압도적 다수인 아랍인 지구로 나누어 각각 독립된 유대 국가와 아랍 국가를 창건하는 것이었다.

아랍인은 이를 거부했으나, 유대인은 이 안에 따라 1948년 5월 이스라엘 국가를 창건했다. 신생국 이스라엘은 홀로코스트의 비극으로 인한 우호적 여론에 힘입어 국제적으로 널리 승인을 얻었다. 홀로코스트는 유럽인이 저지른 범죄였는데, 그것에는 아무런 책임이 없는 팔레스타인의 아랍인들이 그 대가를 치르는 꼴이 되었다. 신생 이스라엘은 주위 아랍국들의 압박과 위협 속에서도 중동에서 경제 및 군사 강국으로 빠르게 성장했다. 건국 이후 이스라엘에는 20년 사이에 세계 각지에서 대략 200만 명의 유대인이 더 모여들었다.

이웃의 아랍국들은 당연히 이스라엘을 인정하기를 거부했다. 이집트, 이라크, 시리아, 요르단, 레바논 등 이웃 아랍 5개국은 이스라엘이 건국되자마자 곧바로 이스라엘을 공격했다. 그런데 놀랍게도 이 신생 소국이 그 침략을 물리쳤으며, 1949년 초 유엔의 중재 아래 전쟁을 승리로 끝냈다. 이 이른바 제1차 중동전쟁Middle East War의 승리로 이스라엘로서는 골칫거리 하나가 해소되었다. 전쟁 과정에서 이스라엘 쪽에 살던 대략 70만 명의 팔레스타인인이 전란을 피해 고향 땅을 떠났는데, 유대인이 그 땅을 차지한 것이다. 전쟁이 끝난 뒤 이스라엘은 이들의 귀향을 허용하지 않았고, 이들은 결국 난민 신세가 되었다. 그리하여 신생국 이스라엘과 아랍 세계 간에 모진 갈등이 시작되었고, 팔레스타인 난민 문제는 21세기로 넘어가서도 마땅한 해결책이 보이지 않는 어렵고도 어려운 문제로 남게 되었다.

3) 아프리카의 탈식민화

식민지 해방과 국가 건설   1945년에 아프리카에는 독립국이 이집트, 에티오피아, 라이베리아, 남아프리카연방(1961년 남아프리카공화국으로 개명) 등 네 나라밖에 없었다. 그렇지만 전쟁이 끝난 지 10년쯤 되었을 때, 아프리카의 독립은 예상보다 빨리 찾아올 조짐이 보였다. 1960년 영국령 아프리카를 방문했을 때, 해럴드 먹밀런 수상은 "변화의 바람이 이 대륙에 불고 있다. 우리가 좋아하든 좋아하지 않든 이 민족의식의 성장은 정치적 사실이며, 우리의 정책은 그것을 주목하지 않으면 안 된다"라고 말했다. 1960년에 나이지리아와 콩고를 비롯해 18개국이 새로 생겼다. 그 뒤 일부 지역을 제외하고 1960년대를 거치면서 거의 모든 식민지가 해방을 맞이했다.

그러나 독립이 곧 번영과 행복을 가져다주지는 않았다. 독립은 대부분 현실적 고려나 준비 없이 이루어졌다. 그래서 주권국가의 지위를 얻었을 때 부풀었던 낙관적 기대는 그리 오래가지 못했다. 국가 건설 과업은 지극히 어렵고 험난한 과정이었다. 가장 절박한 문제는 서로 다르고 때로는 적대적인 종교적·문화적·인종적 집단들을 어떻게 하나의 민족으로 통합하고 국가 통일을 유지하느냐하는 것이었다. 거의 모든 신생국은 오랜 역사 발전 과정의 자연스러운 산물이 아니었다. 아프리카의 국경은 대개 19세기 제국주의자들이 자의적으로 그어놓거나 독립 직전에 멋대로 그어진 것으로서, 거기에 사는 주민의 이해관계와는 거의 아무런 관련이 없었다. 나이지리아는 1967년에 인구가 5900만 명이었는데, 그들은 서로 다른 언어를 쓰는 약 250개 부족으로 구성되어 있었다.

부족 간의 갈등은 잦은 내란이나 분리운동을 낳았다. 그 현상은 후투Hutu와 투치Tutsi의 갈등과 그 결과 1994년 르완다Rwanda와 부룬디Burundi 간에 벌어진 비극적인 종족 학살극에서 두드러지게 드러났다. 그뿐만 아니라 정치적 경쟁자 간의 무력 충돌, 쿠데타, 군사독재가 다반사로 일어나고, 정치적 안정은 흔히 정치 제도보다는 카리스마적 지도자에 의존했다.

이와 같은 어려움에 경제문제까지 겹쳐 안정된 민주 정부의 정착이 힘들었다. 아프리카는 독립 이후에도 여전히 이전의 종주국이 형성해 놓은 경제구조에 얽매여 있었고, 유럽 자본에 종속되어 있었다. 경제적 독립을 수반하지 않은 정치적 주권은 사실 빛 좋은 개살구인 경우가 많았다. 불행하게도 이후 30년 동안 아프리카의 많은 곳에서 생활수준이 크게 떨어졌다. 1990년대 중엽에 이르러 아프리카는 빚의 늪에 깊이 빠졌다. 세계에서 가장 가난한 지역인 사하라 이남 지역에서 외채는 1980년대에 두 배로 늘었다. 1990년대 중엽에 미국 인구의 두 배인 아프리카의 전체 부는 벨기에의 부 만큼에 지나지 않았다.

1960~1967년 사이 27개 신생 독립국이 정부 전복 사태를 겪었다. 1967년에는 넉 달 사이에 네 차례 군사 쿠데타가 일어났다. 1980년에는 12차례 반란이 일어났고, 그중 다섯 번은 정부를 무너뜨리는 데 성공했다. 케냐를 비롯한 여러 나라가 공산 국가를 모방하여 일당 독재 정부를 수립했으며, 어떤 나라에서는 일당 독재 정부가 안정과 진보를 가져왔다. 그러나 언제나 그런 것은 아니어서, 우간다의 경우는 1971~1979년 사이에 이디 아민Idi Amin 치하에서 수천 명의 국민이 죽임을 당하고 경제는 황폐해졌다.

프랑스 식민지　　북아프리카의 튀니지와 모로코는 프랑스가 알제리 독립을 막는 데 전력을 쏟는 바람에 1956년 비교적 쉽게 독립을 얻었다. 그러나 알제리는 전혀 달랐다. 프랑스는 그곳에 엄청난 규모의 자본을 투자했고, 전체 인구의 1할을 차지하는 프랑스인이 알제리의 정치와 경제를 지배했다. 알제리는 한 세기 넘게 프랑스의 한 부분으로 여겨졌고, 또한 프랑스 의회에 의석을 갖고 있었다. 그러나 토착 무슬림에게 프랑스인은 외국인이었고, 가난에 허덕이는 그들 사이에서는 프랑스인의 지배에 대한 반감이 점점 커졌다. 1954년 마침내 알제리인들은 민족해방전선을 결성하고 독립 전쟁을 벌였다. 프랑스 제4공화국이 무너지고 드골이 집권한 뒤 1962년에야 비로소 참혹한 전쟁이 끝나고, 알제리는 독립을 쟁취했다. 독립 전쟁 기간 중 유럽인 70%가 알제리를 떠나 프랑스로 이주했다. 전쟁으로 20만 명 이상이 죽었고, 그보다 더 많은 사람이 부상을 당했다.

독립 후 알제리는 민족해방전선의 독재 정부를 수립하고, 석유를 국유화하는 등 사회주의 정책을 추진하고, 외교적으로는 비동맹 정책을 추구했다. 때마침 1970년대에 유가가 크게 오른 덕분에 알제리는 한때 경제적 황금기를 누렸다. 그렇지만 1980년대에는 유가가 하락하면서 알제리는 경제적으로 어려움에 빠졌다. 외채가 급증하고, 물가가 오르고, 실업자가 늘어났다. 1988년에는 보조금 축소와 물가 인상에 항의하는 대규모 시위가 일어났다. 알제리는 결국 1989년 헌법을 개정하여 사회주의를 폐지하고 다당제를 도입했다.

새로 독립한 북아프리카 국가들은 정치체제가 서로 달랐다. 모로코는 비교적 보수적인 군주정을 유지했으며, 튀니지는 왕정을 폐지하고 온건한 공화국을 수립했다. 알제리는 독립 후 사회주의 독재 체제를 수립했다. 그러나 리비아와 이집트를 포함하여 이들 나라는 사하라 이남과 달리 같은 종교, 문화, 언어를 공유하면서 형성된 유대 의식으로 연결되어 있었다. 그리고 그들은 사하라 이남의 흑인 아프리카 국가보다는 아랍연맹을 통해 중동의 무슬림 및 아랍 민족과 더 큰 동류의식을 느꼈다.

알제리와 참담한 전쟁을 치르면서, 프랑스는 무력으로 식민제국을 유지하는 것이 불가능하다는 것을 깨닫고 1960년 아프리카의 모든 식민지에 독립을 허용했다. 그리하여 사하라사막 지역의 방대한 식민지에서는 서쪽 끝 세네갈과 모리타니에서 니제르를 거쳐 중부의 차드까지, 그리고 차드에서 남쪽으로 카메룬을 거쳐 가봉과 콩고에 이르기까지 모두 14개국이 '아프리카의 해'로 불리는 1960년에 대거 독립국이 되었다.

이탈리아 식민지　　리비아는 1951년 유엔의 도움을 받아 패전국 이탈리아에서 독립했다. 그 뒤 1969년 27세의 육군 대위 무아마르 알 카다피Muammar al Qaddafi가 쿠데타로 왕정을 무너뜨리고 정권을 장악했다. 카다피는 풍부한 유전에서 나오는 수입을 바탕으로 이집트(1977)와 우간다(1979) 등을 상대로 군사적 모험을 감행했다. 그는 또한 사회주의 체제를 수립하고 국제 테러리즘을 지원하여 미국의 분노를 샀다. 미국은 1980년대에 세 차례나 지중해 지역에서 리비아 제트기를 격추하고, 수도 트리폴리를 폭격하기도 했다. 한때 강경 반미주의자로 명성을 날리기도 한 카다피는 42년이나 리비아를 지배했다. 그러나 장기 집권 독재자가 흔히 그렇듯, 그 역시 비참한 말로를 면치 못했다. 2011년 이른바 '아랍의 봄'이 절정에 이르렀을 때, 리비아의 거센 민주화운동이 내전으로 비화하는 가운데 결국 그는 시민군에게 사살되었다.

아프리카 동북부의 에티오피아와 소말리아는 1945년 이후 홍해와 페르시아 만의 바닷길의의 근접성 때문에 지정학적으로 중요해졌다. 에티오피아는 1936년 무솔리니에게 정복당했는데, 1941년 영국이 이탈리아 지배에서 해방하고 하일레 셀라시에Haile Selassie 황제를 복위시켰다. 셀라시에는 10만 명의 죽음을 몰고 온 1973년의 대기근으로 정치적 위기에 몰렸고, 파업·학생 소요·황실 추문 등의 혼란 속에서 결국 쿠데타로 쫓겨났다. 쿠데타 세력은 2년간 온건파와 급진파가 격렬하게 대립한 끝에 급진파가 주도권을 잡았다. 급진파는 즉각 전통적인 봉건제도를 폐지하고, 에티오피아를 스탈린 유형의 일당 독재 체제를 갖춘 사회주의 국가로 탈바꿈시켰다. 소말리아는 영국령과 이탈리아령이 통합되어 1960년 독립했는데, 종족 전쟁과 기근으로 1990년대 초에 이르러 빈곤과 죽음의 땅이 되었다.

영국 식민지　　영국은 식민지들이 영연방의 틀 안에서 독립을 준비하도록 재정적으로나 기술적으로 지원할 방안을 마련했으며, 그에 따라 영국 식민지들은 비교적 순조로운 절차를 거쳐 독립을 얻었다. 사하라 이남 아프리카의 탈식민화는 가나에서 시작되었다. 서아프리카의 황금 해안Gold Coast이 1957년 가나라는 국명으로 최초로 식민지에서 해방되었고, 1960년 독립 공화국이 되었다. 과도 정부 수상과 공화국의 첫 대통령이 된 콰메 은크루마Kwame Nkrumah는 아프리카 독립운동의 아버지로서 처음에는 아프리카 민족주의자들의 우상이었고, 신생국 가나는 아프리카에서 자유주의와 민주주의의 상징이었다. 그러나 은크루마는 곧 독재자로 변신하여 언론에 재갈을 물리고 반대파를 투옥하기 시작했으며, 1964년에는 일당 독재 체제를 수립하고 종신 대통령이 되었다. 그러자 1966년 한 무리의 장교가 쿠데타로 정권을 장악한 뒤 1969년 의회 제도를 되살렸다. 그러나 이후 한 차례 더 군사 쿠데타와 문민 통치가 반복되다가, 1981년 다시 쿠데타가 일어난 뒤 1980년대 내내 군사 정권이 지속되었다.

동아프리카의 케냐는 1963년 12월에 독립을 쟁취했는데, 그러기 위해 수많은 목숨을 독립의 제단에 희생으로 바쳐야 했다. 케냐 흑인 무장독립운동 단체 마우마우Mau Mau의 항쟁을 진압하기 위해, 영국은 1952년 비상사태를 선포하고 이후 10년간 9만 명의 케냐인을 학살했다. 마우마우 항쟁 사태는 영국이 식민 지배 역사에 마지막으로 남긴 크나큰 오점이었다. 독립을 위해 엄청난 희생을 치렀으나, 독립국 케냐는 정치적 혼란이 계속된 가나와 달리 마우마우의 지도자로서 첫 대통령이 된 조모 케냐타Jomo Kenyatta의 지도력 아래, 부족 간 타협을 이루고 어느 정도 정치적 안정과 경제성장을 누렸다. 수도 나이로비Nairobi는 아프리카 대륙의 명소가 되었다. 그러나 1978년 케냐타가 죽은 뒤, 대통령직을 승계한 다니엘 아랍 모이Daniel arap Moi는 독재 체제를 구축하고 2002년 물러날 때까지 24년을 철권으로 통치했다.

1960년 독립했을 때 나이지리아는 아프리카 신생국들 가운데 미래의 전망이 가장 밝아 보였다. 나이지리아는 관료·의사·법률가·기술자를 포함한 풍부한 인적 자원을 보유한 데다, 석유 등 여러 천연자원도 보유하고 있었다. 그뿐 아니라 나이지리아는 40년의 자치 경험도 있었다. 그래서 나이지리아는 아프리카에서 민주주의의 희망으로 꼽혔는데, 불행하게도 이 희망은 실현되지 못했다.

1962~1966년 사이 부족 간에 심각한 내분이 벌어졌다. 다른 많은 나라처럼 결국 군사 쿠데타가 일어나, 나이지리아는 13년간 군부 통치를 겪었다. 1979년에야 문민정부가 회복되었는데, 그렇지만 문민정부는 오래가지 못하고 1983년 다시 군부 통치로 되돌아갔다.

영국의 여러 식민지가 하나씩 독립하는 가운데 북로디지아는 1964년 잠비아로 독립했다. 그러나 남로디지아는 사정이 복잡했다. 남로디지아는 약 25만 명의 백인이 500만 명 이상의 흑인을 지배하고 있었는데, 백인들은 흑인에게 참정권을 허용하는 것을 한사코 거부했다. 저임금과 열악한 노동조건에 시달리던 흑인들은 백인 지배자를 상대로 끈질기게 항쟁했다. 영국 노동당 정부는 식민지 해방의 추세에 따라 남로디지아에 흑인 참정권을 보장하는 방식의 독립을 제안했다. 그러나 이언 스미스Ian Smith의 백인 정권은 이를 거부했으며, 1965년 11월 일방적으로 로디지아라는 이름으로 독립을 선언했다. 흑인에게 정치적 자유를 허용하지 않은 데 대해, 영국과 유엔이 독립을 인정하지 않고 경제제재를 가했다. 백인 정권은 1970년 공화국을 선포하면서 버텼다. 그에 따라 흑인 저항운동도 더 격렬해졌다.

그러나 제재가 장기화하는 데다가, 같은 처지의 백인 정권으로서 지원해 주던 포르투갈령 모잠비크에 1975년 흑인 정부가 들어서고 백인 국가인 남아프리카공화국 역시 지원할 처지가 못 되자, 로디지아공화국은 버티기 힘들어졌다. 백인들은 미국과 영국의 중재로 결국 다수 흑인의 통치를 받아들이기로 했다. 남로디지아는 1980년 4월 짐바브웨로 공식 독립했다. 선거에서 승리하여 흑인 지배 시대를 연 마르크스주의자 로버트 무가베Mugabe는 독재 체제를 구축하고 정치적 안정을 확립했다. 그러나 그는 독립 영웅이었지만, 모든 장기 집권 독재자가 그렇듯 정적 암살과 부정부패 등 악행을 일삼았다. 그의 집권기 동안 짐바브웨는 세계 최빈국 수준으로 떨어졌다. 그는 37년의 장기 집권에 94세의 최고령 독재자라는 기록을 세우고 2017년 쿠데타로 쫓겨난 뒤 이듬해 죽었다.

남아프리카공화국　　영국의 식민지였던 남아프리카는 일찌감치 1910년 영연방의 자치국 남아프리카연방이 되었다가, 1931년에는 웨스트민스터법에 의해 캐나다·오스트레일리아·뉴질랜드와 더불어 독립된 주권국가의 지위를 얻었다. 그러나 남아프리카연방은 제국주의의 유산인 인종주의를 고스란히 간직한바, 16%쯤의 백인이 권력을 독점하고 84%의 비백인을 지배했다. 인종차별 정책에 대한 국제 사회의 비난이 쏟아지자, 남아프리카연방은 1961년 영연방에서 탈퇴하고 공화국을 수립했다. 남아프리카공화국은 현대 도시가 발달하고 산업이 빠르게 성장하는 등 인종 정책을 제외하면 완전한 현대 국가였다. 그러나 아프리카 식민지가 모두 해방되고 백인 정권들이 무너진 뒤에도, 1974년에 유엔에서 축출되어 국제적으로 고립된 뒤에도, 남아프리카공화국은 완고한 인종차별 정책인 이른바 아파르트헤이트Apartheid를 고수했다.

아파르트헤이트에 대한 항의와 파업이 1980년대에 줄곧 이어졌다. 1978년 수상이 된 피터르 빌럼 보타Pieter Willem Botha는 아파르트헤이트를 완화하기 시작했으나, 흑백분리의 견고한 틀은 사실상 그대로였다. 1983년 헌법이 개정되어 대통령제가 채택되고 다른 소수의 유색인종에게 투표권이 부여되었으나, 흑인은 투표권에서 제외되었다. 새 대통령에 보타가 선출되었는데, 1989년 9월 프레데리크 데 클레르크Frederik de Klerk가 그 자리를 물려받았다. 데 클레르크는 인종 갈등이 극단으로 치닫는 가운데 1990년 아파르트헤이트를 규정한 법을 폐지했다. 그는 곧이어 대표적 흑인 조직인 아프리카민족회의ANC를 합법화하고 흑인들의 상징적 지도자인 넬슨 만델라Nelson Mandela를 27년의 감옥살이에서 석방했다.

데 클레르크는 극우파의 살해 위협을 받으면서 만델라와 새 체제를 수립하기 위한 협상을 이어갔다. 흑백 양쪽 극단파들이 저항하는 가운데 마침내 백인 통치를 종식하는 협상이 타결되었다. 1993년 새 헌법이 제정되어, 모든 국민이 완전한 정치적 권리를 보장받고 어떠한 형태의 차별도 금지되었다. 이듬해 4월 실시된 총선거에서 아프리카민족회의가 압승을 거두고, 만델라는 의회에서 대통령에 선출되었다. 만델라는 국민 화합을 최우선적 국정 과제로 삼고 인종 간의 만성적 적대감을 해소하기 위해 애썼다. 10년 전만 해도 비극적 내전이 아니고는 해결될 수 없을 것 같던 인종 갈등이 민주적으로 해소되었고, 이로써 마침내 지구상 마지막 남은 식민주의 잔재인 인종주의 국가가 사라졌다.

벨기에 식민지　　광대한 영토의 벨기에령 콩고는 인종적으로나 경제적으로나 전혀 통합을 이루지 못했다. 이곳에서 전반적 소요와 심각한 폭동이 일어나자, 이를 진압할 힘이 없는 벨기에는 1959년 어쩔 수 없이 독립을 약속했다. 콩고는 이듬해 독립국이 되었으나 미처 나라를 이끌어갈 정치적 역량을 갖추지 못했다. 곧바로 70개가량의 부족 집단 중 일부 사이에 내전이 벌어졌다. 정부 요청으로 개입한 유엔군의 도움을 받아 콩고는 1964년에야 질서를 되찾았다. 이듬해에 모부투 세세 세코Mobutu Sese Seko가 쿠데타로 집권하여 부족 집단을 통제하는 중앙정부를 수립하는 데 성공하고, 1971년 국명을 콩고에서 자이르Zaire로 바꾸었다. 자이르는 자원이 풍부한 대국이지만 비효율적 통치로 빈곤에서 벗어나지 못했다. 나중에 자이르는 내전을 겪었고, 반군이 승리하여 1997년 다시 옛 이름을 되찾아 국호를 콩고민주공화국으로 바꾸었다.

포르투갈 식민지의 해방　　포르투갈은 다른 대부분의 식민지가 사라진 뒤에도 식민지를 움켜쥐고 놓으려 하지 않았다. 모잠비크와 앙골라는 13년이나 힘겹게 독립 전쟁을 이어가야 했고, 포르투갈은 '카네이션 혁명'으로 장기 독재 정권이 무너진 뒤 1975년에야 부질없는 전쟁을 끝내고 두 나라를 포기했다. 독립 운동이 통일 전선을 유지했던 모잠비크는 독립국으로의 전환이 별문제 없이 이루어졌으나, 앙골라는 포르투갈이 철수하자 좌익과 우익 집단 간에 유혈 분쟁이 벌어졌다. 이 분쟁은 여러 외세의 개입으로 복잡해졌다. 쿠바와 소련이 집권 좌익 세력을 지원하고 미국과 남아프리카공화국이 우익 반군을 지원함으로써, 내전은 소련과 미국의 대리전 양상을 띠게 되었다. 냉전의 종식과 함께 1989년 외국군의 철수가 이루어졌으나, 내전은 정부군과 반군의 대결 양상으로 계속되었다. 그 뒤 오랜 우여곡절을 겪은 끝에, 25년 이상 끌었던 앙골라 내전은 2002년 정부군과 반군의 평화협정으로 비로소 끝을 맺었다.

독일령 서남아프리카 독일령 서남아프리카는 독일이 제1차 세계대전에서 패한 뒤, 위임통치령이 되어 1920년 국제연맹의 감독 아래 남아프리카공화국에 맡겨졌다. 제2차 세계대전이 끝난 뒤, 유엔은 남아공에 서남아프리카의 독립을 권고하고 이후 1966년에는 공식적으로 남아공의 위임통치를 종료했다. 그럼에도 남아공은 한사코 유엔의 조치를 거부하고, 1968년 나미비아로 이름이 바뀐 그곳을 계속 지배했다. 독립이 좌절된 나미비아인들은 남아공을 상대로 독립 투쟁을 벌였으나 역부족이었다. 나미비아는 땅은 매우 넓으나 인구는 흑인 100만 명과 백인 10만 명에 불과한 인구 소국이었다. 아파르트헤이트정책으로 남아공이 국제 여론의 뭇매를 맞는 데 힘입어, 나미비아는 1989년 11월 유엔 감독 아래 제헌의회 선거를 치르고 이듬해 3월 마침내 아프리카에서 53번째로 독립국이 되었다. 이로써 아프리카 식민지 역사에 종지부가 찍혔다.

5. 중동과 라틴아메리카

1) 중동문제

이집트와 나세르 이집트에서는 1952년 개혁 성향의 군 장교들이 쿠데타로 군주정을 뒤엎고 공화국을 수립했다. 가말 압델 나세르Gamal Abdel Nasser가 정권을 장악했는데, 그는 냉전의 어느 한쪽에 기울기보다 비동맹 회의에 적극적으로 참여했다. 나세르는 곧 아랍 세계의 지도적 인물로 발돋움했다. 그는 수단, 튀니지, 모로코, 알제리 등의 해방운동을 지도하고 지원했다. 그는 1956년 7월 수에즈 운하 국유화를 단행했다. 나세르의 담대한 행동에 아랍 세계는 열광적인 환호를 보냈다. 그러자 영국, 프랑스, 이스라엘이 10월에 수에즈 운하 지배권을 되찾기 위해 비밀리에 이집트를 침략했다. 제2차 중동 전쟁이 터진 것이다. 이스라엘군은 신속하게 수에즈 운하 지역을 점령했다. 소련의 흐루쇼프는 침략을 강경하게 비난했다. 사전 상의 없이 이루어진 침략에 대해 미국도 거부감을 드러냈다. 아이젠하워는 영국에 경제제재를 가하고 철수를 강요했다. 미국은 탈제국주의 시대에 제국주의적 침략으로 비칠 행동이 공산주의의 명분을 강화하고 신생 독립국에 미칠 악영향을 우려했다. 유엔과 국제적 압력에 밀려 침략자들은 다음 달인 11월 결국 군대를 철수할 수밖에 없었다. 나세르는 아랍 세계의 영웅으로 떠올랐다.

아랍과 이스라엘의 충돌　　이스라엘의 건국은 그곳에 뿌리를 내리고 대대로 살아온 수많은 팔레스타인 주민을 난민으로 만들었다. 1964년 5월 예루살렘에서 열린 아랍 지도자 회의에서 이집트가 주도하여 팔레스타인인의 이익을 대변하는 팔레스타인해방기구PLO(이하 피엘오)를 창설했다. 피엘오는 외부에서 이주해 온 유대인이 아니라, 팔레스타인인들만이 그들의 땅에서 국가를 건설할 권리가 있다고 주장했다. 팔레스타인 난민은 점점 인구가 불어나 1975년에는 200만~300만 명에 달했다. 아랍 국가들이 이스라엘과의 전쟁에서 잇달아 패하자, 팔레스타인인은 피엘오를 중심으로 여러 무장단체를 결성해서 게릴라 활동을 벌였다. 그 과정에서 야세르 아라파트Yasser Arafat(1929~2004)가 이끄는 무장 조직 파타Fatah가 피엘오의 주도 세력으로 떠올랐고, 아라파트는 1969년 피엘오 의장이 되었다. 피엘오는 1973년 11월 알제리에서 열린 아랍 정상회담에서 팔레스타인 지역의 유일하고 합법적인 대표로 승인받았으며, 유엔 역시 총회 결의로 피엘오를 인정하고 유엔 참관국 자격을 부여했다.

　1960년대에 이스라엘과 이웃 아랍국들 사이에 반목이 격해졌다. 그런 중에 1967년 6월 세 번째 중동 전쟁인 6일 전쟁Six-Day War이 터졌다. 이는 이스라엘의 힘을 보여준 가장 인상적인 사태였다. 아랍은 1967년 수에즈 주둔 유엔 평화유지군의 철수를 요청하고, 이스라엘의 홍해 관문인 아카바Aqaba만을 봉쇄했다. 이집트의 공격이 임박하자, 6월 5일 이스라엘이 선제공격을 개시했다. 전광석화 같은 공격으로 이스라엘군은 이집트군을 주력으로 한 압도적 다수의 아랍군을 72시간도 채 안 되어 완전히 쳐부수었다. 승리한 이스라엘은 휴전 협정에서 가자Gaza와 요르단강의 서안을 포함하여 원래의 팔레스타인 위임통치령 대부분을 차지했을 뿐만 아니라, 시나이반도를 이집트로부터 그리고 골란고원Golan Heights을 시리아로부터 빼앗았다. 이제 또 다른 100만 명의 팔레스타인인이 이스라엘의 새로운 국경 안에, 그 대다수가 서안 지구에서 살게 되었다.

그러나 아랍인들은 이스라엘 그 자체와 그 영토 점령을 인정하기를 거부했다. 그들은 중동에 영향력을 확장하려는 소련으로부터 무기를 지원받았다. 아랍 국가들은 평화 정착의 대가로 이스라엘이 정복지에서 철수할 것을 요구하는 안보이사회의 결의를 유엔에서 얻어냈다. 그러나 이스라엘은 점령한 영토를 고수했다. 6년을 기다린 끝에 이집트와 시리아는 다른 아랍 국가들의 지원을 받아 1973년 10월 유대교 최대의 명절인 속죄일 욤 키푸르Yom Kippur 날에 전격적으로 이스라엘을 공격했다. 아랍이 기선을 잡았으나, 이스라엘은 초기의 타격을 회복하고 공세로 전환했다. 전투 중 미국은 이스라엘에 대규모로 무기를 공수했고, 이에 대응하여 소련은 군대를 이동했다. 각각의 후원국인 소련과 미국이 전쟁에 개입하자, 유엔이 나서서 휴전을 중재했다. 이집트와 이스라엘은 서로 군대를 철수하고 포로를 교환했다.

그리하여 이 1973년의 제4차 중동 전쟁, 이른바 욤 키푸르 전쟁은 승패가 분명하지는 않았으나 역시 이스라엘이 승리한 전쟁이었다. 그렇지만 이스라엘은 정복지를 반환하라는 아랍의 압박과 세계의 여론을 무시하고 마냥 버틸 수만은 없었다. 이스라엘의 인구는 대립하고 있는 아랍국들 인구의 1/30도 되지 않았다. 아랍 산유국들은 전쟁 도중 석유를 무기화해서 유가를 대폭 인상하고, 이스라엘을 지지하는 모든 나라에 석유 수출을 금지하는 조치를 단행했다. 이 석유 파동은 전 세계경제에 엄청난 충격을 주었다. 수출 금지 조치는 1974년 3월에 해제되었다.

이집트-이스라엘의 데탕트　　1970년 나세르가 죽고 그 뒤를 이은 안와르 사다트Anwar Sadat 대통령은 전임자의 소련 의존에서 벗어나 미국과 관계를 개선하기 위해 노력했다. 그는 1972년 과감하게 1만 8000명에 이르는 소련의 군사-기술 고문단을 국외로 내보내는 결단을 내렸다. 그는 내정에서는 비틀거리는 경제와 빠르게 늘어나는 인구로 인해 야기되는 심각한 문제에 직면했다. 인플레가 가중되어 폭동이 일어나기도 했다. 그런 가운데서도 사다트는 무엇보다 절실한 것은 평화라고 생각했다. 이집트와 이스라엘은 오랜 협의 끝에 1975년 9월 합의에 이른바, 두 나라는 서로 무력에 의지하지 않고, 이스라엘은 시나이반도 일부를 이집트에 반환하기로 했다.

사다트는 1977년 11월 돌연 예루살렘으로 날아가 세계의 이목을 집중시켰다. 그는 메나헴 베긴Menachem Begin 이스라엘 수상에게 항구적 해결책을 모색할 것을 제안했다. 이를 계기로 미국의 중재 아래 일련의 회담이 이루어진 끝에, 마침내 1978년 9월 역사적인 캠프 데이비드 협정Camp David Accords이 이루어졌다. 이 협정에서 이스라엘은 평화의 대가로 시나이반도 전체를 이집트에 돌려주기로 했다. 그러나 이스라엘은 팔레스타인에서 점령한 지역은 절대 포기할 생각이 없었다. 그래서 팔레스타인인 100만 명이 사는 서안 지구의 지위에 대해서는 명확한 합의가 이루어지지 못했으며, 단지 팔레스타인인에게 어느 정도의 자치가 허용되었을 뿐이었다. 사다트와 베긴은 중동의 평화를 위해 노력한 공을 인정받아 그해 공동으로 노벨 평화상을 받았다. 그러나 사다트는 아랍 세계에서는 아랍의 대의를 저버린 배신자로 낙인찍혔고, 결국 1981년 10월 군부대를 사열하던 중 이슬람 원리주의자들에게 살해당했다.

1980년대 전반기에 이집트는 이스라엘과의 데탕트 정책 때문에 아랍 국가들로부터 따돌림을 당했다. 사다트 대통령이 암살된 뒤, 그를 계승한 호스니 무바라크Hosni Mubarak는 사다트의 정책을 이어갈 것을 맹세하고 미국의 지원과 우의를 환영했다. 1980년대 동안 무바라크는 급속히 늘어나는 인구 때문에 생겨난 어려운 경제문제와 씨름하는 한편, 다른 온건 아랍 국가들과 관계를 개선했다. 그는 곧 입지를 굳건하게 하고 사다트의 외교정책을 유지했다.

이란 혁명　1935년까지 페르시아로 불린 이란은 그 전략적 위치 때문에 19세기 이래 영국과 러시아가 제국주의적 경쟁을 벌여온 곳이었는데, 제2차 세계대전 이후에는 미국과 소련이 서로 다투는 대상이 되었다. 1925년 쿠데타로 팔레비 왕조를 세운 레자 샤Reza Shah가 1941년 영국과 소련의 압력으로 물러나고, 모하마드 레자 팔레비Mohammad Reza Pahlevi가 부왕에 이어 샤Shah(황제)가 되었다. 세계대전이 끝나고 외국 군대가 철수한 뒤, 이란 공산당이 공격적 활동을 펼치고 국왕 암살 시도까지 벌이자 팔레비는 서방과의 관계를 공고히 했다. 1947년 이란 유전에 눈독을 들인 미국은 국가 개발을 위한 공동 계획의 일환으로 이란에 군사 및 경제 고문단을 파견했다.

　1951년까지는 미국과 영국의 석유 회사들로서는 모든 게 순조로웠다. 그러나 그해에 의회에서 수상으로 선출된 민족주의자 모하마드 모사데크Mosaddeq가 강력하게 개혁을 주도했다. 그는 석유 산업을 국유화하고 왕가와 귀족의 땅을 농민에게 나누어 주는 토지개혁을 단행하는 한편, 왕권을 제한하고 민주주의를 강화하는 정치개혁도 시도했다. 이러한 개혁은 민중의 열광적인 지지를 받았다. 그러자 미국은 모사데크의 축출을 요구했고, 팔레비는 그를 해임했다. 그러나 민중들이 들고일어났고, 팔레비는 국외로 쫓겨났다. 그러자 1953년 미국 중앙정보국CIA이 막대한 돈을 투입하고 군사 지원을 제공해서 군사 쿠데타를 부추겼다. 모사데크는 쫓겨나고 팔레비가 복위했다. 이후 이란은 25년 동안 확고하게 미국의 궤도 안에 머물렀다.

　돌아온 샤는 즉각 미국 석유 회사에 유리한 석유 협정을 맺었다. 그는 미국의 지원과 석유에서 나오는 세입을 십분 활용했다. 군대에 아낌없이 재정이 투입되고, 급속한 근대화와 산업화가 추진되었다. 그러나 이 이른바 '백색 혁명'은 이란의 전통문화를 위협했다. 10만 명 이상의 외국인이 들어와 정통 무슬림을 소외시켰다. 이들 무슬림은 샤가 그들의 정치와 경제의 기반을 뒤흔든다고 생각했다. 석유가 가져온 부는 중간계급에도 나누어졌지만, 그 대부분은 소수 특권층의 주머니로 들어갔다. 가난한 사람은 그대로 가난했고, 그들의 곤궁은 석유 판매금의 급속한 유입으로 야기된 물가 상승으로 더욱 심해졌다.

1970년대가 지나가면서 샤의 개인적 사치, 미국의 영향, 전통 무슬림 문화를 좀먹는 서양의 퇴폐적 생활 방식 등에 대한 대중의 증오가 끓어올랐다. 특히 시아파 성직자들이 샤의 통치에 항의하는 대중운동의 구심적 역할을 했다. 그들은 이슬람 근본주의로의 복귀뿐 아니라 공정한 경제 질서를 요구했다. 반대가 커지자 샤는 공포정치를 시행했다. 미국 전문가의 훈련을 받은 보안군의 가혹한 조치에도 불구하고 항의는 계속 거세졌다. 1978년 1월 수많은 대학생이 절대왕정에 항의하며 시위를 벌이기 시작했다. 군의 발포로 많은 사람이 죽고 다쳤으며, 파업과 시위로 나라는 거의 마비가 되었다. 봉기가 전국으로 번지자 군대와 비밀경찰도 속수무책이었다. 시위 진압군이 마침내 시위대에 총을 쏘기를 거부했다. 1979년 1월 팔레비는 결국 국외로 도피했다.

혁명의 구심점에는 연로한 시아파 지도자 아야툴라 호메이니Ayatollah Khomeini가 있었다. 그는 1963년 이래 망명 중이었는데, 오랫동안 이라크에서, 그리고 1978년 이후에는 파리에서 '알라를 믿지 않고 물질주의적인' 샤의 통치를 반대하는 활동을 끊임없이 펼쳐왔다. 팔레비가 도망간 뒤 호메이니는 테헤란으로 개선했다. 그는 서양 문화를 격렬하게 반대했는데, 일단 권력을 잡자 이란에서 '사악함'을 척결하는 일에 착수했다. 라디오와 텔레비전에서 서양 음악이 금지되고, '도발적인' 수영복과 술을 비롯한 수많은 품목 역시 금지되었다. 그리고 그는 세속적인 서양 정치제도를 폐지하고 쿠란에 바탕을 둔 신정체제를 수립했다. 그리하여 이란은 왕국에서 이슬람공화국이 되었다.

호메이니는 미국을 '대大사탄'으로 보고, 국민에게 반미 감정을 부추겼다.

1979년 11월 신병 치료를 위해 뉴욕에 온 팔레비를 시 당국이 받아들이자, 이란의 과격파 젊은이들이 미국 대사관을 점거하고 직원 50여 명을 인질로 잡았다. 미국 여론이 들끓었다. 미국은 국내의 이란 자산을 동결하고 이란과의 모든 교역을 단절했으며, 유엔과 국제 사회에도 압력을 가해줄 것을 호소했다. 그러나 이란은 굴복하지 않았다. 미국은 인질을 구출하기 위해 군사 작전도 시도했으나 실패했다. 1980년 9월 이라크가 이란을 공격해서 양국 간에 전쟁이 벌어졌는데, 이 전쟁으로 어려움에 빠진 이란은 1981년 1월 미국 내의 동결한 자산을 넘겨받는 대가로 인질을 석방했다. 1989년 호메이니가 사망한 뒤, 그가 수립한 이슬람 공화국의 지배권은 그를 도와 이란 혁명을 완수했던 하셰미 라프산자니Hashemi Rafsanjani가 이어받았다.

이란을 잃은 것은 미국으로서는 뼈아픈 타격이었다. 소련을 감시하는 군사기지뿐 아니라 중동 지역의 투자에 대한 안전도 제공함으로써, 팔레비는 중동에서 미국의 '경찰' 역할을 해왔다. 팔레비 체제가 무너진 뒤, 미국은 중동의 유전이 위험에 처해질 것을 우려했다. 그뿐만 아니라 이란 방식의 혁명이 이웃 산유국에 번질 가능성도 있고, 소련이 이란 쪽으로 영향력을 확대할 가능성도 있었다. 미국은 페르시아만 지역에 전함을 증강하고, 중동에서의 필요에 대비해 신속배치군을 설립했다.

이라크와 사담 후세인　　이라크 왕국은 일찌감치 1932년에 영국의 위임통치령에서 독립했으나, 실질적으로는 영국의 그늘에서 전혀 벗어나지 못했다. 제2차 세계대전이 일어나자, 영국의 내정 간섭에 불만을 품은 민족주의자들이 정권을 장악하고 추축국 편에 서서 영국에 저항했다. 그러나 그들은 불과 한 달 만에 전쟁에 패했으며, 그 뒤 영국은 군대를 주둔시키고 이라크를 실질적으로 지배했다. 이라크가 주권을 되찾은 것은 1948년에 와서였다.

그 10년 뒤 이라크 왕국은 이집트의 나세르가 주창한 '아랍 민족주의'의 영향을 받은 장교들의 군사 쿠데타로 무너지고 공화국이 되었다. 쿠데타의 주역 아브드 알카림 카심Abd al-Karim Qasim은 처형한 왕족의 땅과 서방 석유 회사를 국유화하고 여성 차별과 일부다처제를 금지하는 등 개혁 정책을 추진했다. 그러나 카심 정부는 쿠데타 주역들이 분열하는 등 정국을 온전히 장악하지 못했고, 그래서 1960년에는 계엄령을 선포하고 독재 체제를 수립했다. 1963년에는 결국 바트당Ba'ath Party 중심으로 쿠데타가 일어나고, 카심은 살해당했다. 이후 잠시 밀려났던 바트당은 1968년 다시 쿠데타로 재집권한 뒤 독재 체제를 확립했는데, 특히 1979년 정권을 잡은 사담 후세인Saddam Hussein은 철권으로 통치했다.

석유와 농업 부문에서 엄청난 잠재력을 지닌 이라크는 군사력을 강화하는 데 국부의 상당 부분을 투입했다. 사담 후세인 대통령 치하에서 이라크는 특히 화학전과 세균전의 역량을 크게 강화했다. 사담 후세인은 1980년 9월 이란 비행장과 정유 시설을 기습 공격함으로써 호메이니 체제의 이란과 전쟁을 벌였다. 이란-이라크 전쟁은 양측 모두 엄청난 손실을 본 소모전이었다. 이란은 이라크군을 공격하는 데 모든 자원을 쏟아부었다. 이라크는 화학무기와 독가스를 사용하는 등, 일반적 전투 규칙을 어겨가며 전쟁을 이어갔다. 두 나라는 1988년 8월에야 전쟁을 끝냈는데, 그동안 양국이 한 일이라고는 100만 명 이상의 사망자를 내고 이슬람 세계를 더욱 분열시켜놓은 것뿐이었다. 후세인 집권 초기만 해도 이라크는 미국과 단교 상태였고, 아랍권에서 대표적인 친소 국가였다. 그러나 이란과의 전쟁 도중 후세인은 1984년 미국과 관계를 회복하고 거액의 군사 원조를 받기 시작했다.

이란과의 전쟁에서 아무것도 챙기지 못한 이라크는 1990년 8월에는 풍부한 석유 매장량을 자랑하는 쿠웨이트를 침공하여 하루 만에 점령했다. 이 침략 행위는 국제적 비난을 샀고, 이전에 후세인의 후원자였던 소련은 냉전 이후의 변화한 세계에서 그를 외면했다. 미국 주도로 유엔이 통상 금지를 포함한 경제제재를 가하면서 외교적 압박을 강화했으나, 후세인은 군대를 철수하지 않고 버텼다. 그러자 미국은 다국적군을 구성하여 1991년 1월 이라크에 대대적인 폭격을 가하고, 한 달 뒤에는 지상 공격을 개시했다. 이라크는 결국 쿠웨이트에서 축출되었다.

레바논의 참화　제2차 세계대전 뒤 반세기 사이에 중동에서 베이루트Beirut보다 더 비극적인 곳은 없었다. 한때 중동에서 가장 아름답고 문명화한 도시였던 베이루트는 번영의 중심이요, 여러 문화와 종교의 교차로였다. 그러했던 그곳이 1970년에는 중동의 모든 경쟁 세력이 야망을 펼치는 투쟁 무대가 되었다.

팔레스타인해방기구는 1960년대 후반 요르단에 본거지를 마련하고 군사 조직을 육성했는데, 1970년 요르단 정부와 갈등이 심해져 결국 9월에 요르단에서 추방되었다. 그들은 레바논 남부 지역으로 옮아와 난민촌을 건설하고, 베이루트에 본부를 설치했다. 레바논을 근거지로 한 피엘오는 이스라엘이 1967년 3차 중동 전쟁에서 탈취한 요르단강의 서안 지구와 가자 지구에서 철수할 것을 요구하면서, 이스라엘을 상대로 다양한 테러 활동을 전개했다. 이에 대응하여 이스라엘은 1978년부터 피엘오 기지를 타격하기 위해 레바논 영토를 수시로 침범했다.

레바논의 고통은 내란으로 더욱 가중되었다. 이 작으면서도 인종적으로 뒤섞인 나라는 종교적으로는 기독교도와 무슬림으로 나뉘어 있었다. 팔레스타인 난민이 유입되기 전에는 기독교도가 인구의 절반을 조금 넘으면서, 여러 분파가 미묘하게 정치적 균형을 유지하고 있었다. 그런데 팔레스타인 난민이 대거 유입하면서 이 균형이 깨어졌다. 1975년 이슬람 게릴라들이 정부와 기독교 세력을 상대로 내전을 벌였는데, 그러자 시리아가 기독교도를 지원하면서 내전에 끼어들었다. 1976년 10월 휴전이 이루어졌으나, 그사이 약 2만 5000명이 죽고 도시가 파괴되었다. 한때 번영하던 경제는 침체의 늪에 빠졌다.

1981년 여름에는 피엘오가 이스라엘로 로켓을 쏘았는데, 그 보복으로 이스라엘은 베이루트에 있는 피엘오 본거지를 대량 공습했다. 1982년 6월 초에는 이스라엘이 레바논을 침공하여 무슬림이 장악하고 있는 베이루트를 포위했다. 8월에 이스라엘과 레바논 사이에 휴전이 이루어졌으며, 9월에 프랑스·이탈리아·미국 등 다국적군의 감독 아래 피엘오는 레바논에서 축출되었다. 다국적군이 떠난 뒤 새로 선출된 친미 성향의 대통령과 26명의 동료가 폭탄 테러로 목숨을 잃었다. 이에 대한 보복으로 기독교 민병대와 이스라엘군이 팔레스타인 난민촌을 습격해서 2000여 명의 무고한 생명을 학살했다. 뒤이은 10년 동안 폭격을 맞아 뼈대만 앙상하게 남은 건물, 인질의 흐릿한 모습을 담은 비디오테이프, 포화를 피해 거리를 내닫는 사람들 등의 영상이 세상에 폭력의 헛됨을 일깨웠다. 밑도 끝도 없이 이어지는 폭력 사태 속에서, 그래도 베이루트의 강인한 시민들은 언젠가 중동에 다시 한 번 평화가 찾아오리라는 희망을 버리지 않았다.

팔레스타인: 머나먼 평화의 길   한편 팔레스타인에서는 새로이 폭력 사태가 일어났다. 사소한 사건에서 발단하여 1987년 12월부터 이스라엘 점령지에서 팔레스타인인들이 '인티파다intifada(봉기)'라는 이름의 광범한 저항운동을 전개했다. 지금까지는 대이스라엘 투쟁이 인근 아랍 국가를 본거지로 해서 이루어졌는데, 인티파다는 처음으로 점령지 안에서 대중 저항운동 형태로 일어난 것이었다. 자살 테러와 같은 수단을 동원한 인티파다는 끈질기게 이어졌고, 그로 인해 팔레스타인 난민 문제가 다시 세인의 관심사로 떠올랐다. 오랜 비밀협상 끝에 1993년 9월 마침내 피엘오 의장 아라파트와 이스라엘 수상 이츠하크 라빈Yitzhak Rabin은 오슬로 협정Oslo Accords을 맺었다. 이스라엘은 팔레스타인해방기구를 팔레스타인 민족의 유일한 대표임을 공식적으로 인정하고, 가자 지구와 요르단강 서안에 있는 예리코Jericho시에 팔레스타인인의 제한적인 자치를 허용했다. 1994년 7월에는 아라파트를 수반으로 하는 팔레스타인 임시 자치정부 수립이 선언되었다. 그리고 1995년에는 2차 협정으로 자치 지역이 확대되고, 점령군의 철수도 이루어졌다. 그러나 라빈 수상이 그해 11월 유대인 극우파에게 암살당함으로써, 여전히 중동에서 평화의 길은 멀고도 험난하다는 게 드러났다.

2) 라틴아메리카의 변화

전후의 라틴아메리카   제2차 세계대전 이후의 라틴아메리카는 유럽 바깥의 많은 개발도상국이 겪는 것과 똑같은 문제를 안고 있었다. 한때 경쟁력이 있었던 아르헨티나, 멕시코, 브라질의 경제는 1980년대를 거치면서 아시아의 '네 마리 용'인 대한민국, 타이완, 홍콩, 싱가포르와 같이 빠르게 발전하는 나라들보다 저 멀리 뒤처졌다. 기본적으로 아르헨티나·우루과이·칠레 같은 유럽 혈통의 나라든, 페루·볼리비아·에콰도르·멕시코 같은 인디오-메스티소의 이중적 사회이든, 브라질과 베네수엘라 같은 백인-메스티소의 사회이든, 라틴아메리카는 20세기 말에 이르러 심각한 위기에 직면했다.

라틴아메리카는 1945년 이후 시기에 전반적으로 정치적 불안정과 사회적 혼란이 만연했다. 1950년 이후 선거를 통해 수립된 정부가 꾸준히 유지된 나라는 주요 단일 정당이 지배하는 나라뿐이었다. 혁명적 소요와 군사 쿠데타가 대다수 나라에서 다반사였다. 1950~1966년 사이에 14개 정부가 무력으로 전복되었고, 라틴아메리카 인구의 절반 이상이 독재의 지배를 받았다. 정치 불안정과 사회 혼란은 극심한 사회경제적 불평등에서 비롯되었다. 그곳은 천연자원이 풍부했음에도 보통의 시민은 극도로 가난했다. 대도시 변두리 빈민굴에는 수많은 주민이 쓰레기, 질병, 배고픔, 범죄 속에서 살았다. 북아메리카 남성의 기대 수명이 70세일 때, 라틴아메리카는 55세에 불과했다. 농업 생산성은 낮고 비효율적이었다. 교육과 보건 혜택은 매우 불충분했고, 문맹률은 아주 높았다. 1967년 기준으로 라틴아메리카 학령인구 중 기껏해야 절반 남짓만이 초등학교에 다녔다.

라틴아메리카의 대다수 나라는 민주적 형태의 정부가 채택된 경우조차 부유층과 군부 그리고 가톨릭교회의 지배 아래 놓여 있었다. 그러나 고위 성직자들이 전반적으로 기존 사회질서를 옹호하면서 보수 세력의 든든한 구심점 역할을 한 반면, 많은 기초 교구 사제는 1960년대 이후 '해방 신학'을 설파하기 시작했다. 이 신학은 가난하고 억압받는 이들의 관점에서 교리를 해석하고, 그들의 상태를 개선하기 위해 교회가 사회문제에 참여할 것을 주장했다. 그러나 1980년대 중엽에 로마 교황청이 해방 신학과 마르크스주의 사이의 연관성을 우려하는 경고를 한 뒤, 해방 신학은 영향력이 줄어들었다. 전체적으로 보자면, 복음주의 개신교 신앙이 빠르게 퍼지면서 가톨릭교회의 힘은 줄어들고 있었다.

라틴아메리카의 대다수 국가는 또한 경제성장보다 훨씬 빠른 인구 증가로 인해 사회-경제적 문제가 악화했다. 그리고 설탕, 커피, 바나나 등 여러 나라의 경제가 상당 부분 걸려 있는 농산물의 가격 하락으로 산업에 투자할 자본이 심히 부족해졌다. 원유 같은 몇몇 원료의 생산이 상당히 증가했으나, 그것이 낳은 부는 소수의 주머니로 흘러들어 갔다. 아르헨티나, 브라질, 멕시코에서는 차츰 공업이 발달하기 시작했으나 중간계급은 여전히 소규모였으며, 고물가와 정국의 불안정으로 공업 팽창을 위한 여건이 성숙하지 않았다.

라틴아메리카의 20개 나라는 1948년 4월 미국과 함께 아메리카국가기구OAS 설립에 관한 보고타헌장Bogota Charter을 채택했으며, 이 헌장에 따라 1952년 아메리카국가기구가 정식으로 발족했다. 그 뒤 1960년대 후반부터 새로 독립을 얻은 카리브해의 섬나라들이 대거 가입하여 회원국은 모두 35개국으로 늘었다. 아메리카국가기구는 아메리카 지역의 평화를 유지하고 상호 유대와 협력을 도모하기 위해 결성되었는데, 미국은 이를 통해 공산주의자가 라틴아메리카 국가를 지배하는 사태를 막으려 했다.

쿠바와 카스트로　　그러나 미국의 구상은 쿠바에서 크게 어긋났다. 1959년 피델 카스트로는 체 게바라Che Guevara와 함께 좌파 혁명에 성공한 뒤 재빨리 철저한 사회-경제 개혁을 단행했다. 그는 미국을 비롯한 외국의 자본을 몰수하고, 산업을 국유화하고, 지주들의 토지를 몰수하고, 농민들을 집단화했다. 모든 기업과 노동은 정부의 통제 아래 놓였다. 카스트로 치하에서 쿠바 인구의 대다수를 차지하는 농민의 생활 상태가 눈에 띄게 나아졌을 뿐만 아니라, 교육과 의료의 전면 무상화로 교육과 건강 수준도 마찬가지로 좋아졌다. 그렇지만 전문가 집단과 중산층은 생활수준이 나빠지고 개인의 자유를 잃었으며, 그래서 수십만 명이 미국으로 빠져나갔다.

개혁을 추진하는 한편, 카스트로는 다른 라틴아메리카 국가의 혁명 활동 지원에 나섰다. 그러나 혁명을 수출하려는 그의 시도로 쿠바는 아메리카국가기구로부터 금수 조치를 당하고, 1962년에는 회원 자격을 박탈당했다. 쿠바는 다른 공산 국가에 설탕을 수출하고 주요 경제 물품을 소련에서 수입하면서 버텼다. 쿠바는 소련으로부터 경제 및 군사 지원을 받고, 외교적 고립을 벗어나기 위해 중국과 외교 관계를 강화했다. 미국은 그를 제거하려고 애썼으나 성공하지 못했다. 1975년에는 아메리카국가기구가 금수 조치를 해제했고, 미국은 관계 개선을 시사했다. 그러나 쿠바는 군대와 고문단을 앙골라와 기타 아프리카 국가에 파견함으로써 관계 개선은 먼 훗날의 일이 되었다.

오랜 제재로 쿠바의 경제는 피폐해질 대로 피폐해졌으며, 절대적으로 의존하던 소련이 무너진 뒤로 쿠바는 더욱 궁지에 몰렸다. 미국은 20세기를 넘어 21세기에 들어와서도 쿠바 고사 정책을 이어갔으나, 끝내 카스트로를 굴복시키지 못했다. 카스트로는 2008년 마침내 혁명 동지인 동생 라울Raul에게 권력을 넘기고 물러났는데, 미국과 쿠바는 그러고도 한참 지나 2014년 12월에야 적대 관계를 청산하고 국교를 정상화하기로 합의했다. 이는 라울이 실리적이고 유연한 대미 외교정책을 펼친 데다가, 미국으로서는 소련이 사라진 지 20여 년이 지난 지금 쿠바 봉쇄는 명분도 실리도 없기 때문이었다.

아르헨티나와 페론주의　　라틴아메리카의 통상적 독재 체제에 후안 페론Juan Perón은 새로운 요소를 첨가했다. 그는 일찍이 이탈리아 주재 대사관에 근무했는데, 무솔리니가 권력을 장악하는 과정을 지켜보면서 파시즘의 영향을 많이 받았다. 1946년 아르헨티나 대통령에 선출된 페론은 파시즘과 자코뱅 전통을 결합했다. 페론은 복지 확대와 임금 인상 등 노동자의 권리를 증진하는 정책을 펴는 동시에, 언론의 자유를 제한하고 반대파를 탄압했다. 그는 또한 강력한 민족주의에 입각하여 외국 자본을 배제하는 한편, 민간 부문의 역할을 줄이면서 국가 주도로 산업화를 추진했다. 정의주의Justicialismo로 알려진 그의 이념은 민족주의를 바탕으로 사회정의와 공공복지를 추구했다.

제2차 세계대전 종전 이후, 전후 복구를 위한 수요 급증과 복지 확충으로 인한 내수 증진으로 아르헨티나의 경제는 호황을 누렸다. 이런 성과를 바탕으로 페론은 1951년 대선에서 압승을 거두고 재선에 성공했으나, 전후 수요가 줄어들면서 경제가 침체를 겪기 시작했다. 이혼과 매춘을 합법화하는 바람에 가톨릭 교회의 지지를 잃고, 군부에서도 반대 세력이 강해졌다. 그는 결국 1955년 9월 군부 쿠데타로 쫓겨난 뒤 해외로 망명했다. 페론은 이 나라 저 나라를 떠돌며 재기를 노렸으나, 아르헨티나가 군사 쿠데타를 거듭하면서 정치적 혼란을 겪는 탓에 쉽게 뜻을 이루지 못했다. 그러다가 1972년 마침내 민주화가 이루어지고, 이듬해 총선에서 페론파가 압승을 거두었다. 오랜 망명에서 돌아온 페론은 그해의 대선에서 압도적 득표로 권좌에 복귀했으나, 1년도 채 못 되어 노환으로 사망했다. 그는 사망한 뒤에도 아르헨티나 정치에 큰 영향을 미쳤으며, 여러 명의 페론주의자가 대통령이 되었다.

페론의 사망 2년 뒤 호르헤 비델라Jorge Videla가 쿠데타를 일으켜 독재 체제를 수립한 뒤, 급격한 인플레와 외채 증가로 아르헨티나 경제가 무너졌다. 아르헨티나는 1929년에 시작된 대공황 이전에는 손꼽히는 부국이었는데, 이후 몇 번의 경제 위기를 겪으며 위상이 추락하다가 비델라 정권에 와서 경제가 결정적으로 후진국 수준으로 추락한 것이다. 그나마 그때까지의 경제 위기에서는 빈곤율만은 유지되었으나, 비델라 정권에서는 빈민 증가율마저 폭등했다.

라틴아메리카와 미국　　　라틴아메리카 여러 나라의 일차적 목표는 경제적 근대화였다. 그에 따라 라틴아메리카는 외국 자본의 영향을 받게 마련이었는데, 특히 미국의 자본이 절대적 영향력을 행사했으며 미국 중앙정보국이 그 든든한 뒷배가 되어주었다. 미국 회사는 20세기 말경에 라틴아메리카에서 약 200만 명을 고용하고, 그 지역 세금의 25%를 납부하고, 수출품의 1/3을 생산했다. 그나마 록펠러Rockefeller 재단과 교회의 인도주의적 활동, 그리고 미국 연방정부의 교육·농업·사회 개선 프로그램이 제국주의적 요소를 완화해 주었다.

1970년대에는 라틴아메리카에서 '양키Yankee 제국주의'와 단절하려는 노력이 일어났다. 1970년 칠레에서 마르크스주의자인 살바도르 아옌데Salvador Allende가 대통령이 되자, 미국 중앙정보국은 칠레를 예의 주시했다. 아옌데는 은행 및 기간산업의 국유화와 철저한 토지개혁을 추진했다. 그와 더불어 그는 민주적 방법, 합법성, 시민적 자유 등도 강력하게 옹호했다. 그러자 보수 세력은 언론, 의회, 경제력 등을 총동원해서 아옌데의 개혁 정책을 가로막았다. 미국 중앙정보국은 반대파에 거금을 지원했다. 고물가, 국내 소요, 중앙정보국의 비밀공작 등에 직면한 아옌데는 1973년 막다른 골목에 내몰렸다. 그의 체제는 결국 1973년 미국 중앙정보국을 배후에 둔 군부의 쿠데타로 유혈의 막을 내렸다. 아옌데는 끝까지 의연하게 그의 책상을 지켰고, 그 자리에서 쿠데타군에 사살되었다.

미국을 등에 업고 쿠데타로 권력을 장악한 아우구스토 피노체트Augusto Pinochet는 라틴아메리카에서 보기 드문 진짜 민주국가인 칠레를 하루아침에 엄혹한 독재 체제로 바꾸어놓았다. 미국은 즉각 새 정부를 승인했다. 새 군사 정부는 무자비한 고문, 학대, 처형으로 모든 반대 세력을 잔인하게 짓밟았다. 미국의 차관과 재정 고문의 도움을 받아 피노체트는 반공 군사독재 테두리 안에서 자유방임 경제를 확립했다. 그러나 칠레 민중은 끈질기게 군사독재에 저항한 끝에, 1989년 마침내 국민투표를 거쳐 피노체트를 몰아내고 민주주의를 회복했다.

미국과 라틴아메리카 간의 오랜 불화의 한 요소는 파나마운하였다. 미국은 1903년 이래 파나마운하 지역을 점령해 왔는데, 파나마공화국은 오랜 노력 끝에 1978년 운하 통제권을 되찾았다. 미국은 파나마운하 지역에서의 미국의 이익을 보호한다는 협정을 맺고 그에 대한 지배권을 파나마에 돌려주었다. 이 협정은 14년에 걸친 오랜 협상 끝에 나온 성과로서, 미국이 이웃과의 관계를 개선하기 바란다는 의사 표시이기도 했다. 그렇지만 미국은 1989년 12월 다시 파나마를 무력 침공했다. 1983년부터 파나마를 지배한 군부 실권자 마누엘 노리에가Manuel Noriega가 마약상과 결탁하고 군사독재 체제를 구축하는 한편, 대외적으로는 반제국주의적 정책을 펴면서 미국 정부와 신경전을 벌였다. 그러자 미국 정부는 노리에가를 마약 밀매 혐의로 기소하고, 전면적 침공을 단행한 것이다. 파나마군은 이듬해인 1990년 1월 말 항복했다. 이후 노리에가는 미국과 프랑스에서 20년 넘게 복역한 뒤, 2011년 고국으로 송환되어 복역 중 60년 형기를 마치지 못하고 2017년 사망했다.

인근 니카라과에서는 1979년 좌파인 산디니스타민족해방전선FSLN이 부패한 아나스타시오 소모사 데바일레Anastasio Somoza Debayle 체제를 무너뜨렸다. 소모사 가문은 데바일레의 부친 가르시아Garcia 때부터 40년 넘게 미국의 비위를 맞추며 독재 권력을 휘두르고 국정을 농단해 왔다. 소모사 정권을 무너뜨린 산디니스타Sandinista는 1927~1933년에 미국 세력에 맞서 게릴라전을 펼친 혁명 지도자 아우구스토 세사르 산디노Augusto César Sandino의 후예를 자처했다. 정권을 장악한 산디니스타는 재빨리 다니엘 오르테가Daniel Ortega를 수반으로 하는 사회주의 정부를 수립했는데, 미국의 카터 대통령은 신중하게 우호적으로 대응했다. 그렇지만 후임자인 레이건 대통령은 라틴아메리카에서 좌파 정부를 그냥 두고 보지는 않았다. 레이건 정부는 반혁명contra-revolución 게릴라 세력인 콘트라Contras 반군에 군사 고문단을 보내고 무기와 재정도 지원했다. 레이건은 의회의 반대를 무릅쓰고 산디니스타 정권을 무너뜨리려 했으나 성공하지 못했다. 오르테가는 1990년 대통령 선거에서 패하여 우파에 정권을 내주었으나, 2007년 권토중래하여 2021년 현재까지 장기 집권 중이다.

중앙아메리카의 소국 엘살바도르는 오랫동안 미국의 지원을 받는 군부 통치가 이어지던 가운데, 1979년 쿠데타로 새로운 우익 군사 정권이 들어섰다. 해방 신학의 상징 오스카르 로메로Óscar Romero 대주교가 군사 정권의 인권 침해를 비판하다가 암살당했다. 정국이 어수선한 가운데 1980년 다섯 개의 좌파 게릴라 집단이 니카라과의 좌파 혁명의 성공에 고무되어 파라분도 마르티 민족해방전선FMLN을 결성하고 반정부 투쟁을 벌였다. 소련의 후원 아래 쿠바와 니카라과가 반군을 지원하고, 미국이 군사 정부를 적극 지원하면서 내전은 미국과 소련의 대리전 양상을 띠었다. 내전은 12년을 끌다가 1992년에야 유엔의 중재 아래 맺어진 평화협정으로 비로소 종식되었다. 파라분도 마르티 민족해방전선은 합법적 정당으로 제도권에 진출했고, 2009년에는 평화적인 방법으로 정권 교체까지 달성했다.

카리브해에서 영국은 1960년대와 1970년대에 자메이카를 시작으로 트리니다드-토바고, 바베이도스, 그레나다 등 자그마한 섬나라들을 독립시켰다. 그레나다는 1974년 독립국이 된 뒤 1979년에 좌파 정부가 들어섰는데, 1983년 미국 레이건 대통령이 체제를 전복하러 해병대를 파견했다. 이듬해에 결국 좌파 정부가 무너지고 친미 정부가 들어섰다. 서반구에서 가장 가난한 나라에 드는 아이티에서는 소요가 계속되었다. 종신 대통령 장 클로드 뒤발리에Claude Duvalier는 1986년 2월 민중 봉기로 쫓겨나 해외로 망명했다. 1991년 2월 가톨릭 사제 장베르트랑 아리스티드Bertrand Aristide가 대통령에 선출되었으나, 7개월 뒤 군부가 그를 축출했다. 유엔이 제재를 가하고 타협을 도모했다. 1994년 가을 쿠데타 세력이 아리스티드의 귀국을 요구하는 국제적 요구를 거부하자, 미국과 카리브해 동맹국들이 쿠데타 주동자들을 몰아내고 아리스티드를 권좌에 복귀시켰다.

아이티의 경우에서 볼 수 있듯이, 소련이 몰락한 뒤 미국은 라틴아메리카에 대해 정치적 고려에서 벗어나 좀 더 장기적이고 경제에 초점을 맞추는 쪽으로 정책 방향을 돌렸다. 안정에의 바람이 높아지면서 미국은 남북 아메리카에 호혜적인 정책을 모색하기 시작했다.

제16장

냉전 종식과 그 이후의 세계

❖

제2차 세계대전이 끝난 뒤 한 세대 사이에 유럽은 전쟁의 참화를 딛고 경제적으로 완전히 회복했을 뿐 아니라, 전례 없는 번영을 구가했다. 그러나 번영의 수준에서 서유럽과 동유럽은 현격한 차이가 있었다. 그럼에도 서방과 무리하게 군비 경쟁을 벌여온 소련과 동유럽 위성국은 경제력을 소진하고 1980년대 말에 혁명적 변혁을 겪었다. 그 결과 유럽은 오랜 냉전에서 벗어나 새로운 국제 질서를 맞이하게 되었다.

1989년은 동유럽 공산권 국민들의 위대한 한 해였다. 1980년대 말까지만 해도 그 누구도 소련과 동유럽에서 공산주의 체제가 그렇게 갑자기, 그리고 그토록 완전히 해체될 것이라고는 미처 예상하지 못했다. 그런데 그런 일이 거짓말처럼 일어났다. 게다가 폴란드, 헝가리, 체코슬로바키아 민중은 피 한 방울 흘리지 않고 수십 년간 이어져 온 오랜 독재 체제를 성공적으로 청산했다. 발칸반도에도 어김없이 민주화의 바람이 불어 약간의 시차를 두고 공산 체제가 무너졌으나, 구세력과 권위주의 체제는 강하게 남았다. 게다가 그 과정에서 루마니아에서는 많은 피를 흘려야 했으며, 유고슬라비아는 참혹한 내전을 겪었다. 공산주의의 종주국 소련은 15개 공화국으로 해체되고, 옛 소련의 법적 지위는 러시아가 이어받았다.

1980년 무렵에 미국과 영국에서는 '신자유주의'라는 이름으로 국내 정치에서 보수주의로의 쏠림 현상이 두드러지게 나타나기 시작했다. 그것은 지금까지 자유주의의 이름으로 진행되어 온 사회 개혁과 복지 정책에 대한 반동이었다. 이러한 보수적 반동의 흐름을 타고 나타나서, '신자유주의'를 세계적으로 확산하는 데 앞장선 인물은 미국의 로널드 레이건과 영국의 새처였다. 그들이 추구한 작은 정부로의 추세는 미국에서 민주당이, 영국에서 노동당이 집권한 뒤에도 크게 바뀌지 않았다. 서독은 콜 수상의 노련한 지도력 아래 주위의 우려와 불안감을 씻고 평화적인 방법으로 동독을 흡수하여 통일 과업을 완수했다. 통일 독일은 단연 유럽 최대 인구 대국이자 경제 대국이 되었다.

1914년 이전에 대다수 서양인은 과학혁명과 계몽사상으로 형성된 합리적 세계관과 이상을 계속 견지했다. 과학기술이 제공하는 문명의 이기들은 인간의 능력에의 믿음을 재확인했다. 그러나 세기 전환기 무렵 사상과 문화 영역에서 극적인 변화가 일어나기 시작했다. 물리적 우주에 관한 새로운 설명, 인간 본성에 대한 심리학자들의 대안적 견해, 문학과 예술의 표현 형식상의 근본적 혁신 등이 나타나 옛 믿음이 산산조각이 나고 현대 의식으로의 길이 열렸다. 제1차 세계대전이 19세기의 낙관주의적 유산에 치명타를 가하기 전에, 이미 유럽의 많은 작가·미술가·음악가가 인간의 합리성과 진보에의 믿음에 의문을 제기했다. 이러한 변화의 실제 충격은 제1차 세계대전 이후에도 제대로 느껴지지 않았으나, 시대의 변화에 민감한 사람들에게는 혼란과 불안의 느낌을 자아냈다. 전쟁의 야만성과 비극 그리고 그 후유증은 단지 그들의 인식을 확인했을 뿐이었다.

20세기 말에 이르러 냉전의 해소로 핵전쟁의 위험은 크게 줄었지만, 세계는 테러의 공포에서 벗어나지 못했다. 게다가 폭발하는 인구가 만일 적정 수준에서 조절되지 않는다면 식량과 자원이 고갈될 것이다. 과학기술의 발달로 인간의 삶은 풍요로워졌으나, 인간은 환경의 파괴라는 값비싼 대가를 치르고 있다. 지구의 오염과 기후 온난화가 인간을 비롯한 전 생명체의 존속 자체를 위협하고 있다. 역사는 끊이지 않는 경쟁과 전쟁으로 얼룩졌지만, 이제는 인류가 살아남기 위해서는 협력하는 것을 배워야 할 때가 되었다.

1. 공산주의 체제의 붕괴

1) 소련의 변화와 해체

아프가니스탄 수렁　미국과 소련은 핵전쟁의 위험을 줄이기 위해 데탕트를 추구했음에도, 냉전은 또 다른 전선에서 열전으로 불거졌다. 1979년 소련의 브레즈네프가 아프가니스탄 침략을 단행한 것이다. 아프가니스탄은 19세기에 러시아와 영국이 이른바 '거대한 게임'을 벌였던 곳인데, 헤아릴 수도 없이 많은 촌락과 부족이 느슨하게 결합해 있는 사회여서 중앙정부가 왕국 전체를 통제할 수 없었다. 그러다가 1960년대에 국왕이 입헌군주제로의 개혁을 단행하고 근대화와 산업화를 추진했다. 카불Kabul의 지도자들은 여러 방식으로 개혁과 변화를 시도했으나 카불 바깥으로는 큰 영향을 미치지 못했다. 보수적인 지역 무슬림 부족들은 서유럽 모델이든 마르크스주의 모델이든 어떤 형태의 근대화에도 저항했다.

1973년에는 아프가니스탄에서 쿠데타가 일어나 왕정이 무너지고 공화정이 수립되었다. 공화정이 공산주의를 탄압하는 가운데, 1978년 4월 소련과의 군사 교류를 통해 형성된 좌파 세력이 무함마드 타라키Muhammad Taraki를 중심으로 공산주의 혁명을 일으키고 친소 정권을 수립했다. 그들이 여러 급진적 근대화 개혁을 추진하자, 지방의 많은 부족이 반발하고 전국 각지에서 여러 갈래의 무장 게릴라들이 친소 정부에 저항했다. 그들은 스스로를 성전을 수행하는 이슬람 전사를 뜻하는 '무자헤딘mujahedin이라 불렀다. 친소 정권은 일부 도시 지역을 제외하고는 사실상 통치력을 상실했다. 집권 세력이 곧 강온파로 분열하여 권력투쟁을 벌이는 가운데, 1979년 9월에는 하피줄라 아민Hafizullah Amin이 쿠데타를 일으켜 타라키를 몰아내고 권력을 장악했다.

아민의 친소 성향을 확신하지 못한 소련은 1979년 말 군대를 동원하여 아민을 제거하고 바브라크 카르말Babrak Karmal을 내세웠다. 카르말은 미국이 조장한 제국주의 음모에서 아프가니스탄을 구하기 위해 소련군이 초청되었다고 공표했다. 그러나 소련의 침공을 계기로 이슬람 세력들은 카르말 정권을 소련의 괴뢰정권으로 규정했으며, 정부군뿐 아니라 소련 주둔군도 공격하기 시작했다. 그리하여 아프가니스탄은 소련의 수렁이 되었다. 소련은 미국이 베트남전쟁의 수렁에서 허우적거리는 바람에 외교적 득을 보았는데, 1979년에 소련이 같은 신세가 되었다.

아프가니스탄 사태로 소련과 미국의 관계는 급속도로 얼어붙었다. 미국 레이건 대통령은 소련을 '악의 제국'이라 비난하며 거친 언사를 퍼부었을 뿐 아니라, 군사력을 증강하기 시작해서 군비 경쟁을 재개했다. 미국은 아프간 반군에 군사 지원을 했으며, 그에 힘입어 반군은 소련과 그 괴뢰 정부를 궁지로 몰아넣었다. 그리하여 베트남전쟁이 그랬듯이 아프가니스탄 내전도 국제적인 대리전의 양상을 띠게 되었다. 1983년에는 전국에 걸쳐 200여 개 단체가 무자헤딘을 자처하면서 게릴라 활동을 펼쳤고, 그 무렵 아프가니스탄에 파견된 소련군은 10만 명이 넘었다. 그러나 게릴라전과 산악전에 익숙하지 않은 소련군은 최신 무기로 무장하고서도 원시적 수준의 장비를 갖춘 게릴라에 고전을 면치 못했다. 1980년대에 아프가니스탄에서의 소련의 신세는 1960년대 베트남에서의 미국의 신세와 거의 판박이였다. 수렁에서 허덕이던 소련은 10년 만인 1989년 2월 결국 군대를 철수하고 발을 뺐다.

전쟁으로 최소 85만, 최대 150만 명의 아프가니스탄인이 목숨을 잃었으며, 수백만 명이 이웃 파키스탄이나 이란으로 도망가 난민이 되었다. 소련-아프가니스탄 전쟁은 소련이 동유럽 공산권을 벗어나 군대를 직접 출동시킨 첫 전쟁이자 냉전 시대에 소련이 치른 마지막 전쟁이었다. 소련군이 철수한 뒤 내란은 1990년대로 이어졌고, 아프가니스탄은 전통적인 부족 경쟁 상태로 되돌아갔다.

냉전의 종식　　브레즈네프를 이어 1982년 11월 소련 최고 권력자 자리를 차지한 인물은 정보기관인 국가보안위원회KGB 수장을 15년간이나 지낸 유리 안드로포프Yuri Andropov였는데, 그는 건강 때문에 그 자리를 15개월 남짓밖에 지키지 못했다. 1984년 2월 그가 죽고, 그 뒤를 이은 콘스탄틴 체르넨코Konstantin Chernenko 역시 건강이 나빠 이듬해 3월 사망했다.

1985년 체르넨코에 이어 공산당 총서기로 등장한 인물은 54세의 미하일 고르바초프Gorbachev였다. 그는 농업 문제 전문가로 명성을 얻었고, 일찍이 1978년에 정치국원에 올랐으며, 마침내 스탈린 이래 가장 '젊은' 나이에 최고 권력자가 되었다. 고르바초프는 냉전 체제를 해체하는 데 결정적인 역할을 했다. 그는 동유럽 위성국에 소련의 무력 개입권을 주장한 브레즈네프 독트린을 거부하고, '새로운 사고'를 주문했다. 그는 냉전과 대결은 엄청난 낭비만 가져올 뿐이며, 이제는 새로운 협력의 시대를 열어야 한다고 역설했다. 그의 그와 같은 '새로운 사고'는 일련의 경천동지할 변화의 문을 열었다.

고르바초프는 군비 통제 문제를 해결하기 위해 적극 미국과의 협상에 나섰다. 그는 중단된 전략무기감축협상을 재개하기 위해 1985년 11월 제네바에서 레이건 대통령을 만났다. 두 지도자는 미국의 전략방위구상Strategic Defense Initiative을 놓고 논쟁을 벌이기도 했으나, 여러 가지 문제에 합의를 보면서 상호 신뢰를 쌓았다. 이 신뢰를 바탕으로 두 정상은 1987년 12월 워싱턴에서 중거리핵전력조약Intermediate-Range Nuclear Forces Treaty을 체결했다. 이 협정은 3년 안에 단계적으로 중거리 및 단거리 미사일을 모두 폐기하기로 했다. 그러나 2000년대에 들어서서 양국이 새 미사일 체계를 개발하면서 상호 불신이 쌓인 결과, 미국의 도널드 트럼프Donald Trump 대통령과 러시아 블라디미르 푸틴Vladimir Putin 대통령은 2019년 각각 이 조약의 탈퇴를 선언했다. 그에 따라 다시 핵무기 경쟁의 우려가 커졌다.

1989년과 1990년은 냉전 종식에서 결정적인 해였다. 민주 혁명의 바람이 동유럽을 휩쓸면서 전후 체제가 대체로 평화로운 방식으로 해체되었다. 브레즈네프 독트린을 거부한 고르바초프는 공산 체제를 유지하기 위한 군사 개입을 하지 않았다. 독일은 1990년 소련의 방해 없이 재통일을 이룩했다. 고르바초프는 1989년 아프가니스탄의 수렁에서 발을 뺐다. 페르시아만 전쟁Gulf War은 냉전 이후 시대 미국과 소련의 관계를 가늠하는 첫 시험대였다. 1990년 8월 초 이라크 군대가 이웃 소국 쿠웨이트를 점령했을 때, 미국은 다국적군을 결성하고 이듬해 초 이라크군을 쳐부수고 쿠웨이트를 해방했다. 고르바초프와 소련은 이 위기에 별다른 역할을 하지 않았고, 미국의 행동을 묵인했다. 그리고 1991년 말 소련이 해체됨으로써 양대 초강대국 간의 전 지구적 경쟁은 사실상 재개가 불가능해졌다.

고르바초프 혁명   1980년대에 들어서면서 일부 당 고위 관료는 공산주의 체제의 지속 가능성에 대해 심각한 의구심을 갖기 시작했는데, 해가 지나면서 중앙계획경제체제가 새로운 전 지구적 경제구조에서 경쟁력을 잃었음이 점점 더 분명해졌다. 정책 변화의 필요성이 절실해지면서, 미하일 고르바초프가 이끄는 새 세대 지도자들이 전면에 등장해서 공공연하게 소련이 직면한 사회적·경제적 문제를 거론했다. 고르바초프는 페레스트로이카perestroika(개조)와 글라스노스트glasnost(개방)를 기치로 내걸고 소련의 일대 개혁에 나섰다. 페레스트로이카는 근대화에의 구조적 장애물을 제거하고 사회를 개조하려는 시도였으며, 글라스노스트는 페레스트로이카의 가장 중요한 수단이었다.

고르바초프는 문화계와 과학계 인사들에게 숨통을 틔워주었다. 흐루쇼프 시대에 다소 느슨해졌다가 브레즈네프 시대에 다시 조여졌던 문화 통제의 고삐가 크게 늦추어졌다. 소련 '수소폭탄의 아버지' 물리학자 안드레이 사하로프Andrei Sakharov를 비롯하여 수많은 정치범이 유형에서 풀려나고, 러시아 정교회가 부활했다. 브레즈네프 시대에 추방되었던 망명 작가 알렉산드르 솔제니친 작품의 출판이 허용되었으며, 솔제니친은 나중에 20년의 오랜 미국 망명 생활 끝에 1994년 조국으로 돌아왔다. 글라스노스트로 1917년 혁명 이래 사라졌던 창작의 자유가 상당한 정도로 되살아났다. 사회적 문제에 대한 공론화도 권장되었다. 지난날의 비극, 특히 1930년대의 참극이 이제 공개적으로 논의되었으며, 공산당은 처음으로 1986년 4월에 일어난 체르노빌Chernobyl 원전 사고와 같은 재앙을 지금까지와는 달리, 숨기지 않고 세계에 알리면서 잘못을 시인했다. 고르바초프는 당과 정치 지도자에 대한 언론의 전례 없는 비판도 허용했다. 당 기관지 ≪프라우다Pravda≫도 관료의 부패와 정부 정책에의 항의 등의 기사를 싣기 시작했다.

고르바초프가 페레스트로이카로 처음에 구상했던 것은 제한된 범위에서 자유 기업과 사유재산이 허용된 시장경제체제의 수립이었다. 고르바초프는 개혁을 통해 빈사 상태의 경제에 활력을 불어넣으려 했다. 국내총생산 지수는 계속 소련 경제가 세계 둘째 규모임을 가리키지만, 현실적으로는 사회 기간 시설이 형편없이 낙후되어 있었다. 경제학자들은 공공연하게 시장이 가격을 정하게 하라고 말했다. 대학들은 마르크스 저작의 의무적 연구를 중단하고, 미국 신보수주의자와 19세기 영국 자유주의자들의 수사를 들먹이기 시작했다. 고르바초프 자신이 개인의 복지와 행복은 경제적 개인주의와 시장의 자유로운 작동을 통해 가장 잘 얻을 수 있다고 말했다. 그는 곧 소련의 경제구조를 전면적으로 재구축하는 데까지 나아가고자 했다.

그러나 소련 체제에서 전면적 경제 개혁은 정치 및 사회 개혁 없이는 성공할 수 없는 과업이었다. 그는 시장경제 도입에서 더 나아가 정당의 역할을 줄이고 정부 구조를 바꾸려고 했다. 1988년 47년 만에 개최된 제19차 공산당 회의에서 고르바초프는 새로운 의회인 인민대표회의의 창설을 요청했다. 이 요청에 따라 이듬해 3월 공산당원이 아닌 입후보자도 참여한 선거를 통해 새 의회가 구성되었는데, 이는 러시아혁명 이래 소련에서 민주적으로 선출된 최초의 입법부였다. 이로써 공산당의 권력 독점이 무너졌다. 이때 모스크바의 한 선거구에서 옐친이 공산당이 추천한 후보를 제치고 압도적 득표로 의원에 당선되었다. 1990년 초에 고르바초프는 다른 정당의 설립을 합법화하고, 7월의 제28차 공산당 대회에서 공산당의 '지도적 역할'을 보증한 헌법 6조를 삭제했다. 당은 지도적 역할을 잃고 국가에 종속되었다. 공산당과 총서기의 권력이 약해짐에 따라, 고르바초프는 대통령직을 신설하고 3월에 소련의 첫 번째이자 마지막 대통령이 되었다.

고르바초프는 개혁으로 고삐가 풀린 문제들을 다루느라 고군분투했다. 그는 정부, 당, 산업계, 군부 등 각 분야 인사들을 대거 물갈이해서 체제 문제를 해결하려 했다. 그러나 아직 남아 있는 아파라치키들이 개혁에 강력하게 저항했다. 다른 한쪽에서는 개혁이 지지부진하다는 불평이 나왔다. 불행하게도 개혁을 추진할수록 지지 기반이 더 줄어들었다. 어려운 경제 상황과 아파라치키의 저항으로 개혁은 차질을 빚고, 고르바초프는 속도 조절을 모색할 수밖에 없었다. 그는

500일 안에 시장경제를 도입한다는 과감한 계획을 포기하고, 1990년 10월 절충 안을 마련하여 의회의 승인을 얻었다.

소비에트사회주의공화국연방의 해체　　　고르바초프가 맞닥뜨린 가장 심각한 문제는 소련의 성격 그 자체에서 나왔다. 소련은 크고 작은 92개 민족과 112개 언어를 포괄한 그야말로 다민족 국가였다. 지금까지 모스크바에 집중된 공산당의 철권이 민족적 긴장을 억눌러 왔는데, 글라스노스트 정책으로 고삐가 풀리자 그 긴장이 표면으로 터져 나왔다. 오랫동안 억눌리고 냉대받은 민족들의 항의가 분출하고 폭력으로 비화했다. 1980년대 말에 동유럽 공산 국가들이 소련의 궤도에서 이탈하는 것과 더불어, 소련 내의 각 공화국에서도 민족주의 운동이 나타나서 공화국의 주권과 모스크바 지배에서의 독립을 요구했다. 분리주의 운동은 1988년 말 조지아에서 먼저 터져 나왔으며, 이후 많은 공화국이 그 뒤를 따랐다. 발트 3국은 1990년 3월 독립을 선언했다.

경제와 사회의 상황이 나빠지면서 고르바초프는 당과 강경파 관료에게 더 많은 양보를 했다. 1991년 봄 수십만 군중이 모스크바 거리를 행진하면서 강경파와 그들을 달래려는 고르바초프의 시도에 대해 항의했다. 조지아, 우크라이나, 몰도바, 아르메니아, 아제르바이잔, 카자흐스탄에서 분리주의 기운이 더욱 거세어졌다. 경제체제는 계속 쇠락하고, 생활수준은 생산성과 함께 곤두박질쳤다. 경제 전망이 어두운 가운데 러시아공화국에서는 6월에 보리스 옐친Boris Yeltsin이 대통령에 선출되었고, 고르바초프를 압도하는 인기를 얻으면서 강력한 인물로 떠올랐다. 이 위기를 맞아 고르바초프는 소련 중앙정부와 당의 권한을 대폭 축소하고 중앙정부와 각 독립 공화국 간의 권한과 자원을 재배분하는 새로운 연방 조약을 각 공화국 지도자와 합의하여 8월 20일의 서명 절차만 남겨두었다. 그러나 공산당과 적군 내부에는 고르바초프가 소련을 파멸로 이끌고 있다고 생각하는 간부가 많이 있었다. 이미 1990년부터 쿠데타 소문이 돌기 시작했다.

1991년 8월 19일 고르바초프가 크림반도에서 휴가를 보내던 중에, 국가보안위원회·군부·중앙정부의 지도자 8인으로 구성된 비상위원회가 정권 찬탈을 시도했다. 그들은 고르바초프의 신병을 확보한 뒤 대통령이 와병 중이라면서 6개월간의 국가 비상사태를 선포했다. 옐친은 즉각 이 쿠데타 기도를 거부하고, 러시아공화국 의회의사당 건물을 거점으로 삼으면서 군대와 국가보안위원회에 쿠데타 지도자의 명령에 복종하지 말라고 호소했다. 이튿날 모스크바 시민이 거리로 쏟아져 나와 탱크와 맞섰다. 군대와 국가보안위원회의 여러 단위부대가 이탈해서 옐친과 시민 편에 섰고, 쿠데타는 급속히 무너지기 시작했다. 8월 21일 위기는 지나가고, 쿠데타 분쇄를 주도한 옐친은 일약 정국을 주도하는 강력한 지도자로 떠올랐다.

고르바초프가 돌아와 공산당을 중심으로 사태를 수습하려 했으나, 고삐는 이미 옐친의 손에 쥐어져 있었다. 공산당은 74년 동안 거의 무소불위의 권력을 휘두른 끝에 8월 29일 급작스럽게 국정 운영에서 배제되었다. 고르바초프는 소련 대통령직을 유지했으나, 소련은 이미 껍데기만 남은 상태였다. 쿠데타 세력은 소련의 해체를 막고자 거사한 것이었지만, 그들의 행동은 오히려 해체를 더욱 촉진하는 결과를 낳았다. 고르바초프의 필사적인 호소에도 각 공화국은 곧장 완전 독립의 길로 나아갔다. 1940년의 강제 합병을 결코 인정한 적 없는 발트 3국은 독립을 승인받았고, 우크라이나·몰도바·벨라루스·조지아는 독립을 선언했다. 소비에트사회주의공화국연방은 1991년 12월 21일 69년의 삶을 마감하고 역사 속으로 사라졌다.

멀쩡해 보였던 초강대국 소련이 불과 1년 만에 거짓말처럼 사라질 줄은 누구도 예측하지 못했다. 12월 25일 고르바초프는 소련 대통령직을 사임하고 러시아 대통령 옐친에게 군 통수권을 넘겼다. 발트 3국과 조지아를 제외한 나머지 11개 독립 공화국은 1992년 1월 1일 러시아를 중심으로 느슨한 연합체인 독립국가연합Commonwealth of Independent States: CIS을 창설했다. 크렘린궁에서는 낫과 망치가 내려지고, 러시아제국 차르의 삼색기가 올려졌다. 그 뒤 독립국가연합은 약간의 변화를 겪었다. 조지아는 1993년 10월에 뒤늦게 가입했다가 2008년 러시아와 전쟁을 치른 뒤 탈퇴했고, 우크라이나는 러시아의 내정 간섭에 반발해 2014년 3월 탈퇴했다. 투르크메니스탄은 2005년 탈퇴한 뒤 준회원국으로 남았다.

러시아는 이전의 소련 공화국들의 군사행동에 신경이 쓰였는데, 그곳에서는 독자적 군대가 이전의 소련군의 최신 무기를 다수 보유하고 있었다. 소련을 계승한 15개 신생 독립국에는 계속 소수민족 문제가 남아 있었다. 러시아공화국은 인종적으로 러시아인이 81%였는데, 그 수치가 우크라이나는 22%, 카자흐스탄은 37%, 라트비아는 34%, 에스토니아는 31%였다. 1995년 초에 러시아 바깥에는 12만 명 이상의 러시아인 병사가 있었다. 러시아는 이들 나라 밖의 러시아인들을 보호하고 싶은 한편, 다수의 사설 군대를 두려워했다. 그들 일부는 소련이 해체되는 과정에서 획득한 강력한 무기를 비축하고 있었다. 러시아공화국이 공식적으로 옛 소련의 국가적 상속자라는 점에 대한 합의가 이루어졌다. 그리하여 유엔 안보이사회 상임이사국 자리는 러시아 몫이 되었다. 그리고 러시아는 소련이 외국과 맺은 조약을 준수할 주체가 되었고, 특히 핵미사일의 통제와 그 수를 줄이려는 국제적 약속을 이행할 책임이 러시아에 귀속되었다. 러시아가 당면한 또 하나의 난제는 소련 시절의 방위 설비와 중공업이 남겨 놓은 엄청난 환경오염과 관련한 것이었다.

옐친 시대　　러시아 대통령 옐친은 처음부터 의회의 저항에 부딪혔다. 옐친은 가능한 한 빨리 시장 지향적 경제 개혁을 추진하려 했으나, 의회는 끈덕지게 옐친의 시도를 막았다. 게다가 의원들은 옐친이 국내외 정책에서 서방의 압력에 굴복했다고 비난했다. 대통령과 의회의 대립은 1993년 9월 막다른 골목에 이르렀다. 의회가 대통령 권력의 상당 부분을 가져가겠다고 위협하자, 옐친은 의회를 해산하고 12월의 새 선거를 요청했다. 그런 다음 그는 군대를 보내 의회의사당을 포위하게 하고, 의원들에게 10월 4일까지 건물에서 나가라고 통고했다. 이 행동은 러시아 전역에서 광범한 비판을 불러일으켰으며, 반옐친 세력은 군대 철수를 요구했다. 10월 3일 반옐친 세력이 모스크바 시청사를 점거하고 국영방송사를 공격했다. 10월 5일 아침 군대가 의회 건물에 포격을 가하기 시작했고, 반옐친 세력의 저항은 곧 무너졌다. 저항은 분쇄했으나, 이로써 옐친의 국민적 인기는 크게 떨어졌다.

친옐친파는 12월 선거에서 승리하여 탄핵을 막을 의석을 확보했다. 그러나 자유민주당을 창당한 블라디미르 지리노프스키Zhirinovsky 같은 극단파는 지난 수년간의 개혁에 불만을 가진 유권자의 표를 23%나 그러모아 옐친 정권을 위협했다. 옐친은 반대파의 위협에 대응하여 위대한 러시아의 부활을 내걸고, 민영화 경제 계획을 완화하고, 외교정책에서는 서방과 거리를 두었다. 그는 나토가 이전의 동유럽 국가에 문호를 개방하고 서방이 옛 유고슬라비아 내전에 개입하는 사태와 관련하여 서방과 대립했다.

옐친 집권기 동안, 러시아 경제가 폴란드와 체크 공화국 혹은 헝가리처럼 비교적 빠르게 시장 체제로 바뀔 수 없다는 사실이 드러났다. 대륙 규모의 덩치를 가진 국가로서, 다양한 인종과 사회구조로 인해 러시아는 시장 체제로의 급속한 전환이 불가능했다. 그 결과 옐친 집권 3년 만에 러시아는 문제에 대처하기 위해 많은 화폐를 찍어냈고, 이로 인해 엄청난 인플레가 발생했다. 많은 사람의 생활수준이 계속 떨어졌는데, 다른 한편에서는 이들의 희생을 바탕으로 소수의 부호가 생겨나 제정 시대 귀족과 같은 호화로운 생활을 누렸다.

경제적 어려움과 계속되는 사회적 혼란에 이전의 공산당과 강경 민족주의자를 지지하는 러시아인이 점점 늘어났다. 이들은 소련 시절을 그리워하고 세계 무대에서 러시아가 위세를 잃은 것에 분노했다. 정치적으로 어려움에 직면한 옐친에게 또 하나의 심각한 시련이 닥쳤다. 옛 소련 공군 장성 출신 조하르 두다예프Dzhokhar Dudayev가 1991년 10월 카프카스 지방의 자치공화국 체첸Chechen의 첫 대통령에 선출된 뒤 11월에 체첸의 독립을 선포한 것이다. 체첸은 인종, 언어, 종교가 모두 러시아와 달랐다. 체첸의 독립운동은 소련 붕괴 이후 러시아의 영향력 위축을 알리는 상징과도 같은 것이었다. 체첸의 독립은 인근 수많은 소수

민족의 자치공화국에 연쇄반응을 일으키는 계기가 될 수도 있었다. 옐친은 체첸에 포괄적인 자치를 허용하는 타협안을 제시했으나, 체첸은 완전 독립을 요구하면서 이를 거부했다. 1994년 12월 옐친은 무력 진압을 강행했고, 게릴라전에 익숙한 체첸인은 1996년 여름까지 러시아군에 저항했다. 두다예프는 4월에 전사했고, 휴전이 이루어졌을 때 체첸의 인구는 120만 명에서 86만 명으로 줄어들었다. 전쟁은 이겼으나, 옐친에게 국제적 비난이 쏟아졌다.

옐친으로서는 다행하게도 1995년 무렵에 인플레는 고개를 숙였고, 1만 5000개 이상의 기업이 시장 기반 체제로 전환했다. 개인 소유 회사가 러시아 공장노동자 3/4 이상을 고용했다. 긍정적인 측면에서 보자면 러시아는 많은 면에서 최소한의 폭력으로 1917년 혁명보다 더 깊고 넓은 변화를 겪었다. 부정적인 측면으로는, 널리 횡행하는 범죄 행위와 급속한 변화에 대한 거부감으로 개혁의 적을 위한 기름진 토양이 마련되었다는 점이다.

푸틴: 21세기의 차르　　옐친은 어려운 가운데서도 1996년 7월 재선에 성공했다. 그러나 그의 건강은 원활한 통치에 심각한 장해가 되었다. 1999년 12월 31일 옐친은 갑자기 사임했고, 그가 8월에 수상에 임명하면서 후계자로 지목한 블라디미르 푸틴Vladimir Putin이 대통령 권한 대행이 되었다. 푸틴은 비밀경찰로 악명을 떨친 국가보안위원회 요원 출신이었는데, 옐친의 신임을 발판으로 벼락출세한 인물이었다. 2000년 3월 대통령에 선출된 그는 전해부터 재발한 제2차 체첸 전쟁을 조속히 끝내고 체첸을 다시 러시아 지배 아래로 되돌려놓을 것이라고 선언했다. 2000년 내내 체첸에서 전투가 계속되고, 수도 그로즈니Grozny는 거의 폐허가 되다시피 했다. 푸틴은 결국 체첸 독립운동의 싹을 거의 잘라냈다. 국제적 비난이 쏟아졌지만, 국가 위상의 추락으로 상실감에 젖어 있던 러시아 국민은 푸틴에 열광했다. 제2차 체첸 전쟁은 2009년 러시아 정부가 체첸의 '반테러 작전'을 종결한다고 선언함으로써 끝났다.

푸틴은 또한 집권 초기에 올리가르히Oligarkhi를 숙청함으로써 민심을 얻고 권력을 더욱 공고하게 다졌다. 올리가르히는 소련이 무너지는 과정에서 국영 산업, 특히 천연자원과 에너지 관련 국영 기업을 싼값에 불하받아 막대한 부를 축적한 신흥 재벌이었다. 이들은 옐친 시대에 정권과 결탁하여 경제 전반을 장악하고 막후 권력을 휘둘렀다. 옐친이 1996년 대통령 재선에 성공한 것도 이들의 공이 결정적이었다. 푸틴은 부패와 사치로 악명 높은 올리가르히 세력을 부패 척결 명목으로 대거 숙청해서 그들을 그의 권력 아래 종속시켰다. 그 과정에서 2003년 10월 올리가르히의 상징과도 같은 러시아 최대 석유 기업 유코스Yukos 경영주를 횡령 및 조세 포탈 혐의로 감옥으로 보냈다.

푸틴은 2004년 압도적 지지로 재선 대통령이 되었다. 그는 운도 따랐다. 그가 취임할 때 배럴당 30달러를 밑돌던 유가가 재선 임기를 마치던 2008년에는 150달러로 치솟았다. 산유국 러시아는 유가 폭등 덕에 망가지던 경제를 되살렸다. 그의 두 차례 임기 동안 러시아 국내총생산은 70%나 늘어났다. 2008년 대선에서 푸틴에 맞설 인물은 아무도 없었던바, 그에 맞설 만한 정적들은 뇌물로 매수되거나 투옥되거나 혹은 살해되었다. 그런데 문제는 3선 연임 제한 규정이었다. 그는 편법을 동원했다. 그는 제1부수상 드미트리 메드베데프Dmitri Medvedev를 대통령으로 만들고, 자신은 수상으로 물러나 4년간 수렴청정을 했다.

푸틴은 전통적인 팽창 정책을 되살려 러시아 국민의 대국 향수를 자극했다. 2008년 8월 러시아는 조지아에서 분리 독립하려는 남오세티야Osetiya와 압하지야Abkhaziya를 지원하기 위해 조지아를 전격적으로 공격했다. 러시아는 그 두 지역을 독립시키고 그곳으로 영향권을 확대했다. 2012년 대통령으로 돌아온 푸틴은 우크라이나에 친서방 정부가 들어서서 나토 가입을 모색하자, 2014년 3월 크림반도를 전격적으로 합병하고, 우크라이나 동부 돈바스Donbass 지역의 친러시아 반군을 지원해 내전을 더욱 부추겼다. 돈바스에서 벌어진 내전은 휴전과 교전을 반복하면서 2021년까지도 휴전 상태로 남아 있다. 이로써 그동안 떨어졌던 푸틴의 지지율은 80%로 치솟았다.

중국과의 관계 개선도 푸틴의 권력 기반 강화에 큰 도움이 되었다. 소련 시절 중-소 분쟁에 이은 미-중의 반소 연대로 소련은 국제적 어려움을 겪었다. 그랬던 중국이 푸틴 시대에 들어와 적극적으로 러시아와 관계를 회복하려 했다. 2008년 금융 위기 이후 미국과 중국의 대결이 가시화하면서, 러시아와 중국의 전략적 관계가 형성되었다. 러시아와 중국은 국제 문제에서 자주 공동보조를 취하고, 2014년 이후 러시아의 석유와 가스를 중국에 안정적으로 공급하는 대형 계약을 체결했다.

푸틴은 2020년 7월 국민투표로 자신의 권력을 2036년까지 연장할 수 있는 개헌안을 통과시켰다. '21세기의 차르'가 사실상 종신 집권의 문을 연 셈이다. 러시아는 지정학적 위치에서 유래하는 안보에 대한 본능적 불안감 때문에, 이에 대처하기 위해 끊임없이 팽창 정책을 추구했으며 또한 강력한 지도자를 요구했다. 소련 붕괴 이후 러시아가 겪은 10년간의 혼란과 불안이 푸틴이라는 지도자의 등장을 재촉한 것이다. 푸틴은 이따금 마초macho 이미지를 과시함으로써 시각 효과를 통해 자신이 러시아 국민에게 필요한 강력한 지도자임을 증명해 보이고자 했는데, 그런 전략은 십분 효과를 보았다.

2) 동유럽 공산주의 체제의 붕괴

고르바초프는 브레즈네프 독트린을 폐기하면서, 완벽한 공산주의 모델은 없으며 한 나라의 체제는 그 나라 국민만이 정할 수 있다는 소신을 밝혔다. 고르바초프가 동유럽 위성국들에 군사 개입을 하지 않겠다는 점을 분명히 한 뒤, 동유럽은 1989년에 혁명적 변혁 속으로 빠르게 빠져들었다. 이미 동유럽인의 생활에는 서유럽의 문화가 널리 침투해 있었다. 문화는 철의 장막도 능히 뚫을 수 있었다. 라디오 같은 매체를 통해 재즈와 록 음악이 동유럽에서 선풍적 인기를 누렸으며, 동유럽 신세대들은 서방 젊은이들의 생활 방식을 따라 하고 싶어 했다. 문화혁명이라 할 만한 것이 1980년대 초부터 이미 진행되고 있었으며, 그 바탕 위에서 1980년대 말에 정치혁명이 휘몰아친 것이다. 흐루쇼프 때처럼 이번에도 폴란드가 앞장섰다.

폴란드　　폴란드에서는 1970년 12월 고무우카가 물러나고 에드바르트 기에
레크Edward Gierek가 뒤를 이었다. 기에레크는 1970년대에 서방으로부터 막대한
차관을 들여와 어려운 경제문제를 해결하려 했다. 그러나 1973년 예상치 못한
석유 파동이 덮쳤다. 폴란드는 엄청난 유가 상승과 급증한 채무의 짐에 비틀거
렸고, 1976년 재정 적자를 타개하기 위해 결국 물가 인상 정책을 택했다. 식품
가격이 급등하자 노동자들이 파업을 일으켰다. 당황한 정부는 물가 인상 정책을
철회했으나, 사태는 진정되지 못하고 지식인과 가톨릭교회가 저항운동에 가세
했다. 그리하여 처음으로 노동자와 지식인 그리고 교회 3자가 체제 비판적인 운
동을 위해 함께 손을 잡았다. 정부로서는 곤혹스럽게도, 폴란드 추기경 출신 교
황 요한 바오로 2세Ioannes Paulus II가 1979년 6월 조국 폴란드를 방문하여 저항운
동에 힘을 실어주었다.

　　1980년 9월에 그단스크Gdansk(예전의 단치히) 조선소의 해직 전기공인 레흐 바
웬사Lech Wałęsa의 주도 아래, 솔리다르노시치Solidarność(연대)라는 이름의 자유 노
동조합이 결성되었다. 바웬사는 '연대' 노조를 단순한 노동운동을 넘어서 가톨
릭교회와 연계하면서 폭넓은 개혁 운동으로 확대했다. 전국 각계각층에서 솔리
다르노시치 운동에 참여했다. 저항운동이 확산하자, 기에레크는 1980년 10월
집권 10년 만에 자리에서 물러났다. 공산당 새 지도부는 11월에 공산권에서 처
음으로 '연대' 노조를 정부와 당에서 독립된 자유 노조로 공식 인정했다.

　　그러나 1981년 후반에 공산당 내 온건파가 밀려나고 강경파 보이치에흐 야루
젤스키Wojciech Jaruzelski 장군이 정권을 장악했다. 야루젤스키는 12월 계엄령을 선
포하고 '연대'를 불법화하고 지도자들을 구속하는 등 강경책으로 대응했다. '연
대'는 불법 단체가 되었으나 국민의 따뜻한 지지를 얻었다. 가택 연금 중이던 바
웬사는 1983년 노벨 평화상을 수상하여 동유럽 반체제 운동의 상징이 되었다.
당국의 강압 정책으로 일단 사태는 진정되었으나, 물가가 치솟고 생활수준이 급

격히 떨어지고 외채가 늘어나는 등 경제 상황이 매우 나빠졌다. 1988년 7월 바르샤바를 방문한 고르바초프는 야루젤스키에게 '연대' 노조와의 협상을 촉구했다. 야루젤스키는 1989년에 어쩔 수 없이 '연대' 노조에 손을 내밀었다. 정부와 '연대' 노조는 협상을 통해 민주적 방식의 총선을 실시하기로 합의했다. 공산화 이래 동유럽에서 처음으로 실시된 6월의 자유 총선에서 압승을 거둔 '연대' 노조는 새 정부를 구성하고 마침내 공산 체제를 무너뜨렸다.

1990년에는 임기 5년의 대통령 직선제를 골자로 하는 헌법 수정이 이루어졌는데, 그에 따라 11월에 치러진 선거에서 바웬사가 민주화한 폴란드의 첫 직선 대통령으로 선출되었다. 그는 서방으로부터 상당한 재정 지원을 받아 경제 개혁을 추진했다. 그러나 급속한 자유시장 개혁의 부작용으로 자본주의의 어두운 그림자가 엄습했다. 공산 체제가 무너진 지 2년 만에 100만 명 이상의 폴란드인이 일자리를 잃었다. 전에는 들어보지도 못한 실업이 덮친 데다가, 인플레가 봉급 및 연금 생활자를 괴롭혔다. 상점에 물건은 넘쳐나게 되었지만, 그것은 많은 사람에게 그림의 떡이었다. 노조 지도자로서 탁월한 능력을 보여주었던 바웬사였으나, 정치 지도자로서 바웬사는 그만한 재능을 나타내지 못했다. 그는 일련의 독선적 정치 행태로 국민의 실망감을 더욱 부채질했다. 국민의 불만이 커지고 시위가 확산했다. 그러자 바웬사는 의회를 해산하고 1993년 9월 총선을 실시했다. 그러나 경제 개혁의 혜택을 느끼지 못한 많은 사람이 '연대' 노조에 등을 돌리고 공산당 후신인 민주좌파연합SLD에 승리를 안겨주었다. 그뿐 아니라 바웬사 역시 1995년 11월 대선에서 민주좌파연합의 알렉산데르 크바스니에프스키Kwasniewski를 상대로 연임에 도전했으나 쓴잔을 마셨다.

민주좌파연합은 대통령직과 의회를 모두 장악했으나 시장경제 개혁 과정을 뒤집으려 하지 않았다. 크바스니에프스키는 경제적 자유주의와 함께 친서방 정책도 이어갔으며, 재선에도 성공하여 10년간 집권했다. 그의 집권기 동안 폴란드는 서방세계의 군건한 일원으로 자리 잡았다. 폴란드는 1997년 나토 가입 협정을 맺고 비준 절차를 거쳐 1999년 정식 가맹국이 되었으며, 2004년에는 유럽

연합에도 가입했다. 그러나 크바스니에프스키는 임기 말에 부정부패 사건이 연이어 터지는 바람에 민심을 잃었으며, 그 결과 2005년 대선과 총선에서 법과 정의당PIS이 모두 승리함으로써, 정권이 우파에 넘어갔다. 그리하여 법과 정의당을 이끈 카친스키Kaczynski 쌍둥이 형제가 대통령직과 수상직을 나누어 갖는 일이 일어나 세간의 이목을 끌었는데, 동생 레흐Lech는 대통령, 그리고 형 야로슬라프Jaroslaw는 2006년 수상이 된 것이다.

한편 폴란드는 정권과 관계없이 사유화와 시장경제 개혁에 놀라운 성공을 거두었다. 폴란드는 착실한 경제성장, 주식시장의 활성화, 계획경제에서 시장경제로의 성공적인 전환 등의 과제에서 옛 공산권 가운데서 모범적인 사례를 보여주었다.

헝가리　　1956년 헝가리 혁명이 유혈 진압되고 너지 임레가 처형된 뒤, 권력을 장악한 카다르 야노시는 여론을 존중하고 포용을 강조하면서 '부드러운 독재'를 시행했다. 카다르는 그러면서 서서히 사회주의 통제경제와 자본주의 시장경제를 혼합한 헝가리식 공산주의, 이른바 '굴라시 공산주의goulash communism'를 추진했다. 서유럽 자본이 헝가리에 투자되었다. 그 과정에서 헝가리인들은 동유럽에서 가장 폭넓은 경제 개혁을 이루고, 소련인보다 더 높은 생활수준과 활발한 지적 삶을 누렸다. 헝가리는 소련의 엄격한 지배에서 서서히 벗어났고, 나아가 서방과 꽤 우호적인 관계를 수립했다. 국민은 서유럽 여행이 허용되었다. 그러나 1980년대 중반에 개인의 자발성과 분권화를 고취하는 경제체제가 어려움에 직면했다. 외채가 늘어나고 물가가 올랐다. 카다르는 당내 젊은 개혁파의 반발에 부닥쳤고, 1988년 5월 헝가리 공산당인 사회주의노동자당은 결국 32년간 권좌를 지켜온 카다르의 축출을 결의했다.

1989년 5월 헝가리는 베를린 장벽 붕괴에 앞서 오스트리아와의 국경에 설치되었던 철조망을 철거하고 부설된 지뢰를 제거했다. 이는 철의 장막을 제거하는 상징적 조치로서 유럽 전역에 깊은 인상을 남겼다. 그러자 수많은 동독 주민이 헝가리와 오스트리아를 거쳐 서독으로 탈출했다. 헝가리와 오스트리아 당국은 이를 묵인해 주었다. 헝가리는 동유럽에서 최초로 소득세와 부가가치세를 부과하고, 외국인의 헝가리 회사 소유권을 100% 허용하고, 주식시장을 개설하고, 헝가리 기업인에게 서방의 경영 기법을 전수할 기관을 설립했다.

1989년 10월에는 헌법이 개정되어 국명이 헝가리 인민공화국에서 헝가리 공화국으로 바뀌었으며, 사회주의노동자당 일당 독재가 폐지되고 다당제가 도입되었다. 그에 따라 사회주의노동자당은 공산주의 노선을 포기하고 사회당으로 당명을 변경하면서 서유럽식 사회민주주의를 꾀했다. 그런 다음 이듬해 1990년 3월에는 민주화 이후 첫 자유선거가 치러졌는데, 이 선거에서 중도우파인 민주 포럼이 승리하고 사회당은 유권자로부터 철저하게 외면당했다.

민주 포럼은 언털 요제프Antall József를 수상으로 한 중도우파 연립정부를 구성함으로써, 공산 정권을 무너뜨리고 폴란드에 이어 동유럽에서 두 번째로 민주 정부를 수립했다. 체제의 대전환이 지극히 평화롭게 이루어졌다. 새 민주 정부는 자유주의적 자본주의 국가를 추구했으나 예상과 달리 국민의 기대를 충족시켜 주지 못했다. 서방의 투자가 상당히 이루어졌으나, 가난한 주민의 삶은 크게 나아지지 않았다. 폴란드에서 그랬던 것처럼, 헝가리 국민은 치열한 경쟁이 없던 옛 공산당 시절을 향수 어린 시선으로 돌아보게 되었다. 이런 태도는 중도우파 정부에의 불만을 반영하는 것이었다.

폴란드의 민주좌파연합처럼, 헝가리 사회당은 공산당 시절에의 향수에 젖은 분위기 덕분에 기력을 회복했고, 1994년 선거에서 단독 과반 의석을 얻어 재집권에 성공했다. 사회당은 좌파 성향 정부에 대한 국내외의 오해나 우려를 씻기 위해 우파 성향의 자유민주연합과 연정을 구성했다. 사회당 연립정부는 안으로는 물가를 잡고 실업률을 낮추면서 어느 정도 경제성장을 달성했으며, 밖으로는 나토에 가입하고 유럽연합 가입의 1차 대상국으로 선정되는 등 상당한 외교적 성과를 거두었다. 그렇지만 급속한 경제성장에 불가피하게 따라오는 빈부 격차의 확대로 하층민의 불만이 커지고, 국유 기업의 민영화 과정에서 빚어진 부패가 만연했다.

그렇기는 하나 1998년 5월 총선에서는 사회당이 재집권하리라는 예상이 우세했다. 그러나 예상이 빗나가, 사회당은 제2당으로 밀려나고 35세의 젊은 오르반 빅토르Orbán Victor가 이끄는 청년민주동맹Fidesz(이하 피데스)이 제1당이 되었다. 피데스는 중도 우익 성향의 연립정부를 구성하고, 오르반은 유럽 최연소 수상이 되었다. 그는 그 뒤 두 번의 총선에 잇따라 패했으나, 2010년 총선에서 피데스가 의석을 휩쓸면서 화려하게 수상직에 복귀했다.

오르반은 공산당 시절에는 자유주의적 성향의 민주화운동가였다. 그러나 헝가리가 민주화한 뒤에 본격적으로 정치 활동을 하면서 그는 보수주의적 성향을 드러내기 시작했으며, 2000년대가 지나가면서 자유주의 성향을 완전히 벗어던지고 권위주의 정치인으로 변신했다. 2010년 재집권에 성공한 뒤로 그는 독재자의 길을 밟았다. 높은 지지율에 힘입어 오르반은 헌법을 개정해서 대법원장과 대법관을 정부가 해임할 수 있게 하고, 기본권을 대폭 축소하고, 언론 보도나 시위에 대한 규제를 강화하고, 여당에 유리하게 선거구를 개편했다. 국경 없는 기자회가 발표한 헝가리의 언론자유 지수는 2006년 10위에서 2014년에는 64위로 뚝 떨어졌다.

언론을 장악하고 시민 단체를 탄압하는 등 권위주의 행태를 이어가도, 오르반은 경제를 회복시켰다는 평을 들으면서 2014년, 2018년 총선에서 잇따라 승리하여 네 번째 임기를 수행하는 중이다. 1989년 6월 너지 임레를 민주화의 상징으로 추모하는 연설로 일약 스타로 떠올랐던 그는 2018년 12월에는 부다페스트 광장에 세워진 너지 임레의 동상을 철거할 것을 지시했다. 2020년에는 코로나-19 사태를 이용하여 의회 입법을 통해 초법적 통치권을 손에 넣었다. 의회 기능이 정지되고, 선거가 중단되고, 가짜 뉴스 유포자는 징역형에 처해질 수 있게 되었다. 이는 히틀러의 전권위임법의 헝가리판이라 할 만한 것이었다. 당연히 국민이 격렬하게 반발했고, 유럽연합이 강력하게 비난했다. 악법은 결국 몇 달 만에 폐지되었다.

동독   울브리히트는 공장의 국유화와 농장의 집단화를 통해 동독의 공업과 농업을 재건하려고 노력했지만, 동독의 경제는 서독보다 현저하게 뒤떨어졌다. 식량 배급과 원자재의 한정된 할당이 계속되고, 소련에의 배상금 지급도 계속되었다. 동베를린 노동자들은 엄중한 정치적 감시에 짜증이 나고, 정부의 노동 독려에 분개했다. 매주 수천 명이 베를린을 통해 서독으로 도망가 숙련노동의 공급이 달리게 되었다. 심각한 식량 부족 사태가 발생한 데다가 노동시간을 늘리는 조치가 시행되자 1953년 6월 노동자들은 봉기를 일으켰지만, 봉기는 소련의 탱크에 곧 진압되었다. 그 뒤 울브리히트는 더욱 통제의 고삐를 죄었다.

1961년 베를린에 장벽이 건설되자 서독으로의 탈출이 중단되고 동독은 안정을 찾았다. 그 뒤 28년 동안 동독은 동유럽에서 단위면적당 가장 많은 병력을 유지하면서 서독과 대치하는 한편, 동유럽 위성국 중에서 가장 높은 경제성장률을 기록했다. 1971년 울브리히트를 이어 집권한 에리히 호네커Erich Honecker는 1987년 9월 서독을 직접 방문하는 등 서독과는 조금씩 관계를 개선했으나, 내정에서는 비밀경찰을 활용하면서 18년간 철권을 휘둘렀다. 그러나 고르바초프의 자유화 정책이 호네커 체제에 위협으로 다가왔다. 1987년 이후 동독 정부는 지나치게 자유주의적이라 여겨지는 기사를 실은 소련 정기간행물의 유통을 중단시켰다.

1988년이 지나가면서 억압 체제와 경제 침체에 항의하는 대중 소요가 빈발했다. 1989년 여름부터 수만 명의 동독 주민이 체코슬로바키아를 횡단하여 헝가리를 통해 서독으로 탈출했으며, 그와 동시에 동독에서는 동·서독 간의 국경 개방을 요구하는 대중 시위가 날로 격렬해졌다. 10월에 베를린을 방문한 고르바초프는 소련이 동독 정권을 무조건 지켜주지는 않을 것이라는 의사를 밝혔고, 호네커는 성난 민심을 더는 달랠 재간이 없었다. 호네커가 물러나고, 새로 들어선 지도부는 11월 9일 베를린 장벽에 통행로를 열 것을 결정했다. 이튿날 수많은 시민이 몰려와 직접 망치로 장벽을 때려 부수면서 환성을 질렀다. 그 축제와 같은 광경을 동독 경찰과 군인은 아무도 막으려 하지 않았다. 마침내 동·서독의 국경이 개방되었다. 베를린 장벽의 존재가 냉전이라는 현실을 환기하는 가장 가시적인 상징이었듯이, 장벽의 붕괴는 또한 그것의 종식을 알리는 가장 장엄한 광경이었다.

일단 이 상징적 행동이 이루어지자, 동·서독 양쪽에서 통일의 목소리가 봇물 터지듯 터져 나오기 시작했다. 동독 정부는 통제력을 상실했다. 언론은 공산당과 정부 지도자들의 부패와 추문을 폭로했다. 12월에 헌법에서 공산당의 지도적 역할을 규정한 조항이 삭제되었다.

새 정당들이 생겨나고, 1990년 3월 총선이 실시되었다. 동독에서 처음이자 마지막으로 치러진 이 자유선거에서, 점진적 통일을 주장한 사회민주당이 압승할 것이라는 예상을 뒤엎고 조속한 통일을 주장한 기독교민주연합이 승리했다. 국제 여론도 통일에 우호적이었다. 노골적으로 독일 통일에 반대했던 영국 마거리트 새처 수상도 변한 상황에서 어쩔 수 없이 태도를 바꾸었다. 8월 23일 의회는 동독의 서독 편입을 결의했고, 이 결의에 따라 10월 3일 동독은 해체되고 공식적으로 통일이 선언되었다.

체코슬로바키아　　1968년 '프라하의 봄'이 짓밟힌 뒤, 구스타프 후사크Gustáv Husák가 이끄는 공산당은 개혁파를 철저하게 숙청하고 강경 노선을 채택했다. 오직 작가와 지식인들만 비판의 목소리를 낼 수 있었는데, 그들은 1980년대 말까지 이렇다 할 영향을 미치지 못했다. 동독과 마찬가지로 체코슬로바키아 경제는 1980년대에 이르러 뒤처진 과학기술, 부족한 지도력, 불신받는 이념에의 집착 등으로 제대로 발전하지 못했다. 동독 사태의 영향을 받아 1989년 10월 프라하에서 1만 명 이상 참여한 민주화 시위가 일어났으나, 이는 잔인하게 진압되었다. 그러나 체코슬로바키아인들은 단념하지 않았다. 베를린 장벽이 무너진 지 일주일 뒤, 프라하 시민 수십만 명이 거리로 뛰쳐나와 자유선거와 공산당 지도자의 퇴진을 외쳤다. 시위와 파업은 곧 전국으로 퍼졌다. 12월에 후사크는 마침내 자리에서 물러났다. 시위를 주도한 저항 작가 바츨라프 하벨은 혁명이 성공한 뒤에 한 연설에서, "우리는 평화적으로 혁명을 이뤄냈습니다. 이는 '벨벳velvet 혁명입니다' 하고 소리쳤다.

하벨은 대통령이 되었으며, 정계로 돌아온 '프라하의 봄'의 주역 둡체크는 연방의회 의장이 되었다. 하벨은 약 3만 명에 이르는 정치범을 사면했다. 그러나 다른 동유럽 국가와 매한가지로, 1989년의 고양된 혁명 정신은 곧 두 세대에 걸친 공산주의 지배의 병폐를 치유해야 하는 냉엄한 현실 앞에서 흔들렸다. 체크 쪽은 빨리 자유주의 개혁을 단행하고 유럽연합에 가입하려 한 반면, 슬로바키아는 시장 개혁과 유럽연합에 큰 관심이 없었다. 1992년 슬로바키아인의 민족주의적 욕구가 연방국 체코슬로바키아의 존재 자체를 위협했다. 슬로바키아인인 둡체크는 분리를 막기 위해 애썼으나, 불행히도 그는 11월의 교통사고 후유증으로 사망했다. 1919년 인위적으로 합쳐졌던 체코슬로바키아는 1993년 1월 결국 체크공화국과 슬로바키아공화국으로 갈라졌다. 분리된 뒤 체크공화국은 별다른 어려움을 겪지 않고 자유민주주의 체제에 잘 적응했지만, 슬로바키아는 이전의 강경파 공산주의자의 지배 아래에서 경제적 쇠퇴와 정치적 불안정에 시달렸다. 슬로바키아는 2004년 유럽연합에 가입한 뒤에야 경제 사정이 크게 호전되었다.

발칸반도 국가들　　불가리아는 1945년 이후 줄곧 모스크바의 충직한 동맹이었다. 경제는 꾸준히 성장하고, 국민의 생활수준은 크게 나아졌다. 1954년 집권한 토도르 지프코프Todor Zhivkov는 노련하게 소련의 지도를 따랐고, 적극적인 친소 노선을 통해 권력을 유지했다. 그러나 그는 고르바초프가 개혁의 바람을 일으킬 때 정치개혁에는 매우 부정적이었다. 1989년에 들어서서 동유럽에 민주화 바람이 거세게 불자 지프코프의 힘도 급격히 약해졌다. 베를린 장벽이 무너진 바로 그다음 날, 결국 불가리아 공산당 개혁파는 그를 해임하고 35년간의 독재를 끝장냈다. 공산당은 1990년 당명을 사회당으로 바꾸어 변신을 꾀했으며, 사회당은 6월 자유선거에서 승리했다. 그리하여 불가리아는 구체제 세력에 의해 순탄하게 민주국가로 전환했다.

그러나 루마니아는 민주화를 위해 수많은 사람이 피를 흘려야 했다. 1965년 이후 니콜라에 차우셰스쿠Nicolae Ceausescu 치하의 루마니아는 외교정책에서 바르샤바조약기구 국가들 가운데 가장 자주 노선을 추구하여 소련의 간섭을 탈피하려 했다. 그러나 내정에서 루마니아는 그 진영에서 가장 경직되고 부패한 체제 축에 속했다. 자급자족 경제정책으로 생활수준은 형편없는 수준으로 떨어졌다. 차우셰스쿠는 개인숭배를 새로운 차원으로 발전시켰다. 국민을 지독한 궁핍에 빠뜨리면서, 그는 자신을 위한 거대한 기념물을 건설하고, 무소불위의 비밀경찰을 수족처럼 부리면서 철권을 휘둘렀다.

그렇지만 1989년 민주화의 도도한 물결은 루마니아에도 어김없이 밀려왔다. 루마니아는 그 혁명의 해에 다른 동유럽 국가들과 달리 광범한 폭력 사태를 겪었다. 차우셰스쿠는 반정부 시위에 무자비한 유혈 진압을 시도했다. 수백 명이 목숨을 잃고 수천 명이 부상을 당했다. 그러나 12월 군대가 시위 진압을 거부했다. 그는 민족구국전선National Salvation Front을 중심으로 급조된 임시정부에 의해 체포되었고, 크리스마스 날 아내와 함께 처형당했다. 그로써 차우셰스쿠의 공포 체제가 종말을 고했다.

그러나 차우셰스쿠는 사라졌으나 민주화가 곧장 안착하지는 않았다. 민족구국전선 대표로 임시정부를 이끈 이온 일리에스쿠Ion Iliescu는 개헌을 통해 프랑스식 대통령제를 채택하고 대통령이 되었는데, 그러나 그가 정권을 장악하는 과정에서 유혈 사태가 벌어져 800명이 넘는 사람이 목숨을 잃었다. 일리에스쿠는 1996년에 대통령직을 잃었다가 2000년에 다시 대통령으로 돌아와 4년을 더 집권했다. 그는 차우셰스쿠 체제에서 일어났던 참혹한 상처를 치유하기 위한 아무런 조치도 취하지 않았다. 차우셰스쿠를 몰아내고 새 시대를 연 인물이지만, 일리에스쿠는 그 자신이 공산당 출신이었기 때문에 과거사 청산에 소홀하고 독재시대에 저질러진 인권 침해에 대한 조사도 반성도 하지 않았다. 그의 치하에서 루마니아에는 레닌주의 유산이 이전의 동유럽 공산 진영 가운데 가장 강하게 남아 있었다. 일리에스쿠 자신은 집권 과정에서의 유혈 사태와 관련하여 2019년에 뒤늦게 반인도주의 범죄 혐의로 기소를 당해 재판정에 서게 되었다.

알바니아는 1956년까지 소련과 긴밀한 관계를 유지했으나, 스탈린 격하 운동이 일어나자 1978년까지 중국 쪽으로 기울었다. 바르샤바조약기구에 참여하지 않은 알바니아는 그 뒤 10년 동안 유럽에서 가장 가난하고 뒤처진 나라로 머물면서 외교적으로 고립의 길을 걸었다. 그러다가 1980년대 후반에 알바니아는 조금씩 다른 나라와 외교 관계를 맺고, 상품과 스포츠를 교류하기 시작했다. 1990년 여름에는 알바니아조차 변화의 압력을 느꼈는데, 그때 조국을 탈출하려는 사람들이 외국 대사관에 몰려들었다. 1991년 초에 약 4만 명이 이탈리아와 그리스로 도망갔다. 이 최후의 스탈린주의 국가도 결국 3월에 민주적 선거를 치르고 공산 체제를 벗어나기 시작했다. 그러나 그때에도 알바니아인들은 자신의 성향을 따라간바, 공산당이 2/3의 득표를 기록했다. 2년 뒤에야 비로소 민주당이 압도적 승리를 거두었다. 민주화 이후에도 알바니아는 유럽에서 가장 가난하고 뒤처진 나라 신세를 벗어나지 못했다.

유고슬라비아의 해체　유고슬라비아는 체코슬로바키아와 마찬가지로 1919년에 인공적으로 만들어진 연방 국가였다. 그런데 체코슬로바키아는 평화롭게 갈라섰으나, 유고슬라비아는 갈라서는 과정에서 유혈이 낭자했다. 10개 인종 집단을 포괄하면서 여섯 개 공화국과 두 개 자치주로 구성된 연방인 유고슬라비아는 요시프 티토의 강력한 지도력 아래 통일을 유지할 수 있었다. 1980년 티토가 사망하자 유고슬라비아가 계속 존속할 수 있을까 하는 우려가 컸으나, 유고슬라비아는 그럭저럭 연방 체제를 꾸려나갔다. 그러나 1980년대 말에 이르러 유고슬라비아 역시 동유럽을 휩쓴 개혁 운동에 휘말렸다. 재빠르게 새로운 정당들이 출현했다.

1990년 세르비아와 몬테네그로를 제외하고 슬로베니아, 크로아티아, 보스니아-헤르체고비나, 마케도니아의 네 공화국은 각자의 독립 욕망을 충족할 수 있는 새로운 연방 구조를 논의하기 시작했다. 1989년 세르비아 대통령이 된 슬로보단 밀로셰비치Slobodan Milošević는 이런 시도를 거부했다. 그는 공산당 지도자였으나, 재빠르게 '대세르비아'를 외치는 강고한 세르비아 민족주의자로 변신했다. 그는 이들 공화국이 독립하려면 그 공화국 안의 세르비아인 주민을 고려한 새 국경이 설정되어야 한다고 주장했다. 1981년 기준으로 크로아티아 인구의 11.6%, 보스니아-헤르체고비나 인구의 32%가 세르비아계 주민이었다.

여섯 개 공화국의 협상이 실패한 뒤, 세르비아에서 가장 멀리 떨어진 슬로베니아와 크로아티아가 먼저 1991년 6월 독립을 선언했다. 이 두 공화국은 연방 내에서 가장 선진적이기도 하거니와, 주민 대다수가 가톨릭교도여서 그리스정교회를 믿는 세르비아와 종교적으로도 이질적이었다. 그래서 두 공화국은 일찍부터 세르비아와 갈라서서 서유럽에 합류하기를 원해왔다. 밀로셰비치의 세르비아 정부는 슬로베니아와 크로아티아를 공격하면서 그 지역 세르비아계 반군을 지원해 내전을 부추겼으나, 두 나라의 독립을 막지는 못했다. 세르비아계 주민이 거의 없는 슬로베니아는 가볍게 독립을 얻었으나, 크로아티아는 1995년까지 전쟁을 치러야 했다.

슬로베니아에 이어 1992년 2월에 보스니아-헤르체고비나가 독립을 선언했다. 그러나 이 공화국은 다수 민족인 이슬람교도 보스니아인에 가톨릭교도 크로아티아인과 그리스정교도 세르비아인이 뒤섞여 있어서 문제가 매우 복잡했다. 곧바로 세르비아계 주민이 강력하게 반발하면서 사태가 내란으로 치달았다. 라도반 카라지치Radovan Karadžić는 세르비아계 주민의 자치 공화국인 스르프스카Srpska공화국을 창건하고 내전을 주도했다. 그러자 밀로셰비치는 라트코 믈라디치Ratko Mladić를 세르비아계 반군 사령관으로 임명하고 반군을 적극 지원했다. 반군은 1993년 중엽에 이르러 영토 70%를 차지했다. 그 과정에서 믈라디치 사령관이 지휘하는 세르비아계 반군은 보스니아의 무슬림들에게 대학살극을 자행했다. 1995년 무렵에 이르러 약 20만 명 이상의 보스니아인이 죽임을 당하고, 200만 명 이상이 난민이 되었다. 제2차 세계대전 때의 나치 만행의 기억을 되살린 이 세르비아인들의 '인종 청소' 행태는 전 세계의 분노를 자아냈다.

서방 국가들은 세르비아인의 만행을 규탄하고, 나토는 세르비아에 대한 경제 제재를 가했다. 국제연합은 소규모 평화유지군을 파견했다. 이 전쟁은 침략 전쟁이라기보다 내전의 성격을 띠었기 때문에, 유엔은 선뜻 군사적으로 개입할 마땅한 명분을 찾기 어려웠다. 유엔과 나토가 끈질기게 평화를 중재하고 난민에게 피난처를 제공하려고 애썼다. 유엔군이 활동하는 가운데서도, 믈라디치의 부하들은 거리낌 없이 '인종 청소'를 자행했다. 그러다가 1995년 여름에 갑작스러운 반전이 일어났다. 세르비아계 반군이 수도 사라예보를 포격하여 무고한 시민이 수없이 학살당하자, 사태를 더는 방관할 수 없다고 판단한 미국이 나토 폭격기를 동원하여 세르비아계에 대대적인 공습을 가하기 시작했다. 국제적 비난이 세르비아에 쏠린 가운데, 세르비아의 뒷배가 되어준 러시아의 옐친 대통령이 밀로셰비치에 경고하고 나섰다. 카라지치와 믈라디치는 결국 굴복했다.

마침내 1995년 12월 미국 오하이오주 데이턴Dayton에서 평화협정이 체결되어 비로소 내전이 종식되었다. 보스니아-헤르체고비나는 독립국이 되었으나, 각각 영토의 절반씩 차지한 세르비아계의 스르프스카공화국과 무슬림-크로아트연합의 두 나라가 느슨하게 결합한 1국 2체제의 연방 국가로 재조직되었다. 대통령직은 세르비아계, 보스니아계, 크로아트계의 세 민족이 각각 뽑은 대통령이 4년 동안 8개월씩 돌아가면서 맡도록 규정되었다.

보스니아 내전이 종결된 뒤 '발칸의 도살자' 카라지치는 전쟁 범죄자로 지명 수배된 뒤 도피 생활을 이어오다 2008년 체포되어 전범재판소에 넘겨졌다. 그는 기소된 지 21년 만인 2016년 40년 형을 선고받았다. 또 한 명의 인종 청소 주범인 믈라디치 역시 전범으로 수배되었으나, 오랫동안 숨어 지내다 2011년에야 검거되었다. 그는 2017년 종신형을 선고받았다.

보스니아의 평화로 이전 유고슬라비아의 비극이 끝나지는 않았다. 1999년 세르비아의 코소보Kosovo 자치주에서 새로 전쟁이 터진 것이다. 코소보 주민은 종족적으로 주로 알바니아계였으나, 또한 소수의 세르비아계도 있었다. 1989년

밀로셰비치는 코소보의 자치주 지위를 박탈하고 알바니아어의 공식 사용을 금지했다. 그러자 1993년 알바니아계 주민이 코소보 해방군을 창설하고 세르비아의 지배에 대한 반대 운동을 전개했다. 1998년 세르비아 군대가 코소보 해방군을 분쇄하기 위해 알바니아계 주민을 잔혹하게 학살하기 시작해서 다시 '인종청소'가 자행되었다.

미국과 나토가 조정을 모색했다. 몇 개월의 협상 끝에 알바니아계 주민에게 3년간 잠정적으로 광범한 자치를 부여하는 평화 계획이 마련되었는데, 알바니아계는 이를 받아들였으나 밀로셰비치는 거부했다. 미국과 나토는 1999년 3월 세르비아에 공습을 개시했고, 6월에 러시아의 중재로 밀로셰비치는 결국 종전에 합의했다. 2000년에는 민중 봉기가 일어나 밀로셰비치는 결국 권력에서 밀려났다. '발칸의 도살자'라는 별명을 얻은 밀로셰비치는 2001년 반인도적 범죄 혐의로 체포되어 국제전범재판소의 재판을 받던 중 2006년 감옥에서 사망했다.

유엔은 2005년 코소보의 지위를 결정하기 위한 협상을 시작했으나, 세르비아와 코소보가 오랫동안 합의를 보지 못했다. 그런 가운데 코소보는 2008년 2월 독립을 선언했다. 2010년 7월 국제사법재판소는 코소보의 독립이 국제법에 저촉되지 않는다고 판정했고, 이후 12월 코소보는 첫 총선을 실시했다. 2020년 기준으로 세르비아를 포함하여 많은 나라가 독립을 인정하지 않았지만, 한국을 비롯하여 훨씬 더 많은 나라가 코소보를 독립국으로 공식 승인했다.

2. 냉전 이후의 서방세계

1) 미국과 캐나다의 변화

미국의 보수주의　　미국의 보수파는 1930년 무렵이나 혹은 그 이전에 있었다고 생각되는 미국의 제도와 생활 방식을 보수, 그러니까 사실은 재건하고 싶어

했다. 그래서 그들은 1933년 루스벨트가 뉴딜의 이름으로 도입한 복지국가의 많은 요소와 1960년대 및 1970년대에 일어난 사회적 혹은 윤리적 변화의 일부를 거부했다. 기업 규제·복지 서비스·적자재정정책·고율의 세금 등을 통한 정부 기능의 확대를 반대하고, 페미니즘·낙태·호색 문학·공립학교에서의 인종차별 철폐 등과 같은 사회적 관용permissiveness을 거부하는 것이 보수주의 프로그램의 핵심 부분이었다. 그와 더불어 미국 보수주의자들은 대체로 민족주의적 외교정책, 소련에의 군사적 우위, 자유방임 경제정책의 회복, '법과 질서'의 강화, 전통적 가족 제도와 도덕의 회복, 종교적 근본으로의 회귀 등을 중요하게 여겼다. 유럽에서 교회 신도와 예배 참석이 줄어든 데 비해, 미국에서는 상당한 정도로 늘어났다. 이런 기독교에의 관심은 보수주의 운동과 결합해서 선거에 커다란 영향을 미쳤다.

레이건의 작은 정부의 추구　　1980년 무렵에 미국과 영국에서는 '신자유주의'라는 이름으로 국내 정치에서 보수주의로의 쏠림 현상이 두드러지게 나타나기 시작했다. 그것은 지금까지 자유주의의 이름으로 진행되어 온 사회 개혁과 복지 정책에 대한 반동이었다. 이러한 보수적 반동의 흐름을 타고 나타나서, '신자유주의'를 세계적으로 확산하는 데 앞장선 인물은 로널드 레이건Ronald Reagan이었다.

영화배우 출신의 캘리포니아 주지사 로널드 레이건이 1979년 11월 선거에서 압도적 지지로 대통령에 당선되었다. 그는 선거 때 연방정부 기능을 대폭 축소해서 연방정부가 반세기 동안 꾸준히 미국인의 삶에 대한 개입을 확대해 온 흐름을 돌려놓겠다고 공약했다. 그는 닉슨의 '신연방주의'를 이어받아 연방 예산을 줄이고, 개인의 소득세율을 낮추고, 기업에 부과하는 세율을 획기적으로 낮추었다. 레이건은 감세는 투자를 촉진하여 경제성장을 가져오고, 그 결과 세입이 증가한다고 주장했다. 감세의 효과는 주로 부자들의 주머니를 불리는 것으로 나타났다. 그의 행정부는 식량 카드, 학교 급식, 직업 계획 등에 대한 재정 지출을 줄임으로써 복지국가로의 흐름을 되돌려 놓았다. 감세에 더하여 그는 규제 철폐를 밀어붙였다. 이는 물론 기업계의 환영을 받았으나, 금융 산업에 대한 느슨한 감독으로 금융 사고가 터지는 등 심각한 부작용을 가져왔다.

미국 경제가 1980년대 말까지 상승세를 이어감에 따라, 감세 정책이 단기적으로는 효과가 있는 것으로 보였다. 그렇지만 그 정책은 기록적인 재정 적자를 초래하여 장기적으로는 성장에 장애로 작용했다. 게다가 레이건은 소련에 대한 군사적 우위를 확보하기 위해 평상시로는 미국 역사상 최대로 국방비를 증액했으며, 그에 따라 재정 지출이 줄어들기는커녕 오히려 큰 폭으로 증가했다. 그 결과 그의 집권 기간에 연방정부의 빚은 급격히 늘어났다. 그가 즉위할 때 수십 년간 누적된 재정 적자가 약 1조 달러였는데, 그의 집권 8년 사이에 그 빚이 세 배로 늘었다.

미국이 데탕트를 적극적으로 모색하던 시기는 헨리 키신저가 미국 외교정책을 관장하던 1969~1977년과 겹쳤다. 그런데 키신저가 떠나자 더는 데탕트가 지속하지 못했다. 1979년 소련이 아프가니스탄을 침략하자, 미국은 소련에 경제 제재를 가하고 이듬해에는 66개국의 모스크바 올림픽 불참을 주도했다. 레이건은 영국의 새처 수상과 보조를 맞추어가며 집권 초부터 데탕트에서 소련에의 적대 정책으로 방향을 틀었다. 그는 데탕트란 미국의 칼날을 무디게 만들려는 사탄의 방책이라는 주장도 내놓았다. 그는 강고한 반공정신의 소유자로서, 우세한 군사력을 확보하여 공산주의의 팽창을 저지하고 '악의 제국'을 무너뜨려야 한다는 신념을 지니고 있었다.

레이건은 한편으로 군축 협상을 계속하면서, 그와 동시에 1983년 전략방위구상SDI을 수립하여 새로운 군비 경쟁을 선도했다. 언론은 곧 이를 '별들의 전쟁Star Wars'이라고 불렀는데, 그것은 날아오는 미사일을 대기권 밖의 우주 기지에서 레이저나 양성자 빔 등으로 파괴하려는 계획이었다. 소련은 아연 긴장했고, 긴장은 위기로 치달았다. 소련의 안드로포프는 미국이 언제든 공격을 해올 수 있을 것으로 생각했다. 그해 1983년 9월 뉴욕발 대한항공 여객기가 소련 사할린 상공에서 격추되어 탑승객 269명이 전원 몰살하는 사건이 발생했다. 모스크바는 그 여객기가 정찰 활동을 하고 있었다고 주장했다. 이는 쿠바 미사일 위기에 버금가는 위기를 불러일으켰다. 미국은 퍼싱 II 미사일을 서독에 배치했다. 병상의 안드로포프는 핵 단추를 누를 만반의 준비를 하고 있었다. 냉전이 벼랑으로 치달았으나, 양측은 곧 한발씩 물러섰다. 다시 한 번 핵무기 자체의 억지력으로 위기가 지나갔다.

1985년 11월 제네바에서 레이건과 고르바초프가 정상회담을 열었을 때 '별들의 전쟁'은 주요 쟁점의 하나였다. 이 회담에서 고르바초프의 양보에 호응하여, 레이건이 온건한 자세를 취함으로써 초강대국 간의 전쟁을 두려워하던 세계의 걱정을 씻어냈다. 그러나 이에 질세라 소련 역시 엄청난 재정 압박을 받으면서도 군비를 강화했고, 그래서 핵 전력상의 균형은 무너지지 않았다.

레이건은 라틴아메리카에서도 공산주의 세력에 대해 강경 노선을 고수했다. 카리브해의 작은 섬나라 그레나다가 좌파 세력의 지배 아래 떨어지자, 그는 1983년 국제법을 무시하고 그레나다를 침공하여 섬을 점령하고 친미 성향의 정부를 수립했다. 그는 좌파 정부를 전복하기 위해 니카라과공화국에도 개입했다. 1979년 니카라과에 좌파인 산디니스타민족해방전선의 혁명 정부가 들어서자, 레이건은 반정부군인 콘트라를 적극적으로 지원했다. 그러나 의회가 또 하나의 베트남전을 우려하여 콘트라 반군 지원 계획을 강력히 반대했다. 그러자 레이건 정부는 1985년 비밀리에 적성 국가 이란에 고성능 무기를 팔고, 그렇게 마련한 비자금으로 콘트라 반군을 지원했다. 이듬해 이 비밀공작이 탄로가 나 이른바 '이란-콘트라' 스캔들로 레이건 임기 마지막 2년에 먹구름이 드리우고, 고위 보좌관들은 나중에 중범죄 혐의로 유죄 판결을 받았다.

레이건은 곳곳에서 군사 개입을 일삼는 가운데 말썽 많은 중동에서 가장 뼈 아픈 좌절을 맛보았다. 1982년 6월 이스라엘이 레바논을 침략하여 그곳에 거점을 둔 팔레스타인해방기구를 몰아냈다. 그 과정에서 이스라엘군은 폭격으로 수천 명의 레바논 민간인을 죽이고 도시들을 파괴했다. 이스라엘이 레바논을 점령하고 있는 동안, 이를 두둔한 레이건은 수도 베이루트에 국제평화유지군의 일원으로 미국 해병대를 주둔시키고 함대를 파견했다. 1983년 10월 한 테러분자가 폭발물을 실은 트럭으로 해병대 막사로 돌진하여 해병대원 241명이 사망하는 참사가 일어났다. 이는 미국 해병대 사상 최악의 재앙이었다. 미국은 결국 레바논에서 군대를 철수했다. 레이건은 1986년 4월에는 테러 배후를 응징한다는 명분을 내세워 반미 성향의 지도자 무아마르 알 카다피 치하의 리비아를 공군을 동원하여 폭격했다.

냉전 이후의 미국   1988년 선거에서 조지 W. H. 부시George H. W. Bush가 승리함으로써 공화당은 레이건에 이어 계속 정권을 장악했다. 부시는 1989년 소련과 동유럽에서 일어난 거대한 변화를 맞아 안정을 유지하기 위해 신중한 행보를 취했다. 미국은 이스라엘의 국가 안보에 간여하는 한편, 특히 조지 부시 대통령 행정부는 우호적인 아랍 국가들과 이해관계를 더욱 돈독히 했다. 미국이 수입하는 석유의 주된 공급처인 사우디아라비아의 경우는 특히 그러했다. 미국은 사우디아라비아에 고성능 무기를 대량 판매하고, 석유 수송선을 지키기 위해 페르시아만에 해군을 파견했다. 부시가 외교정책에서 거둔 주요 성과의 하나는 흔히 걸프 전쟁으로 불리는 페르시아만 전쟁 때 반反이라크 다국적군을 성공적으로 이끈 일이었다. 1990년 8월 사담 후세인의 이라크가 쿠웨이트를 침공하고 사우디아라비아를 위협했다. 서유럽의 석유 수급이 위태로워 보였다. 그러자 부시는 기민하게 유엔을 움직여 외교적으로 이라크를 고립시키고, 50만 명에 이르는 유엔 다국적군을 결성하여 1991년 초 이라크를 공격했다. 이라크군은 결국 쿠웨이트에서 물러났다.

그러나 부시 집권기에 경제 상황이 어려워졌다. 레이건의 유산으로 재정 적자는 쌓이고, 생산성은 떨어지고, 무역 균형은 나빠지고, 많은 저축 및 대출 기관이 망하고, 불경기의 공포가 커졌다. 만성적인 경제적 어려움에 힘입어, 1992년 '문제는 경제야, 이 바보야'를 선거 구호로 내건 민주당의 빌 클린턴Bill Clinton

이 정권을 넘겨받았다. 클린턴은 공화당 정책을 다수 채용했으며, 그래서 민주당의 승리가 미국의 우경화 정책의 중단을 의미하지는 않았다. 그는 1994년 캐나다와 멕시코를 끌어들여 북미자유무역협정North American Free Trade Agreement: NAFTA을 맺었는데, 이는 미국의 자본과 기술, 캐나다의 자원, 멕시코의 노동력을 결합하여 거대한 단일 시장을 구축함으로써 경제적 효율을 극대화하려는 구상이었다.

한편 부시의 시대에 미국은 세계 유일 군사 강국으로 등장했는데, 클린턴은 세계에 미국의 힘을 과시하기 시작했다. 1995년 12월 미국은 보스니아에서의 전쟁을 종결한 협상을 주도했고, 1999년에는 미국과 나토 동맹국이 코소보 사태에 개입하여 세르비아 공습 작전을 단행했다. 그러나 클린턴의 집권 2기의 상당 기간은 성추문 사건으로 얼룩졌으며, 그는 탄핵 위기에 내몰리는 수모를 당했다.

2000년 선거에서 승리하여 부자 대통령의 기록을 세운 아들 조지 부시는 첫 3년을 온통 '테러와의 전쟁'에 매달렸다. 2001년 9월 11일 이슬람 테러 조직 알카에다al-Qaeda가 비행기로 뉴욕의 쌍둥이 빌딩을 폭파하는 테러를 자행하자, 부시 대통령은 '테러와의 전쟁'을 선포하고 10월에 아프가니스탄의 탈레반Taliban 체제를 공격했다. 탈레반은 오사마 빈 라덴Osama bin Laden이 이끄는 알카에다에 작전기지를 제공하고 있었다. 그러나 아프가니스탄은 한번 발을 들여놓으면 빠져나오기 어려운 수렁이었다. 미국은 1979년 그 수렁에 빠진 소련의 전철을 밟고 말았다. 미국은 신속하게 탈레반 정권을 무너뜨리고 친미 정권을 수립하는 데 성공했다. 그러나 미국은 탈레반 세력을 뿌리 뽑지 못했으며, 그리하여 미국-아프가니스탄 전쟁은 결국 미국 역사상 가장 긴 전쟁, '끝없는 전쟁'이 되었다.

소련은 아프간 수렁에서 10년간 허우적거렸는데, 미국은 그 두 배의 기간에 대통령이 세 번이나 바뀌어도 완전히 발을 빼지 못했다. 2021년 4월에야 조 바이든Joe Biden 대통령은 아프가니스탄 주둔 미군을 9·11 테러 20주년인 9월 11일까지 일방적으로 완전히 철수하겠다고 밝혔다. 미국은 20년 동안 2조 달러의 전비를 쏟아부었으나, 아프가니스탄은 별로 달라진 것이 없었다. 탈레반은 국토의 2/3를 장악하면서 건재를 과시했다. 미군이 철수하면 탈레반의 아프가니스탄 장악은 시간문제일 뿐이라는 전망이 나오는데도, 미국은 발을 빼기로 작정했다. 아프가니스탄은 밑 빠진 독인 데다가, 미국으로서는 중동에서의 대테러 전쟁보다 새로이 강력한 경쟁자로 떠오른 중국을 견제하는 데 좀 더 힘을 집중할 필요가 생겼기 때문이다.

부시는 '테러와의 전쟁' 선포 이듬해 연두교서에서 북한·이란·이라크를 싸잡아 '악의 축'이라 비난했다. 미국은 이라크의 사담 후세인을 제거하겠다고 위협하고, 북한 선제 공습 가능성을 시사하기도 했다. 미국은 후세인이 대량 살상 무기를 보유하고 알카에다와 긴밀한 관계를 맺고 있다고 주장했으나, 유엔 다른 회원국들은 그 주장을 강력하게 반박했다. 세계의 지지를 받지 못했음에도 미국은 일방적으로 이라크 침공을 강행했다. 미군은 2003년 3~4월에 신속한 공격으로 사담 후세인을 제거하는 데는 성공했다. 후세인은 체포되어 국제전범재판에 넘겨진 뒤 2006년 처형되었다. 그러나 미군은 이라크에서도 게릴라전의 수렁에 깊숙이 빠져들었다. 게다가 전쟁의 실제 목적이 이라크의 원유 확보와 중동 정치 구도 재편 등에 있다는 의심과 함께 국제적 비난이 쏟아졌다.

부시는 재선에 성공했지만, 그의 임기는 온통 오점으로 얼룩졌다. 국내 정책에서 그는 부자들이 득을 보는 감세 정책을 밀어붙였고, 그래서 레이건 시절처럼 기록적인 재정 적자를 낳았다. 부시 행정부는 또한 미국 기업에 혜택이 돌아가도록 환경 관련 법과 규제를 완화하여 환경론자들을 당혹하게 했다. 서브프라임 주택담보 대출Subprime Mortgage의 확대로 인한 부동산 거품 현상은 2007년 제2차 세계대전 이후 최악의 금융 위기를 불러왔다. 대출받은 수많은 사람이 파산하고, 2008년 9월에는 미국 4대 투자은행 리먼 브라더스Lehman Brothers가 파산했다. 미국 경제가 망하는 듯한 충격이 왔다. 대외적으로는 무모한 '테러와의 전쟁'을 벌인 데다가, 중앙정보국이 테러 용의자를 납치하여 감금한 세계 곳곳의 비밀 감옥과 이라크 포로 고문 사실이 밝혀지면서 '인권 국가' 미국의 도덕적 권위가 치명적 손상을 입었다.

2008년 대통령 선거 결과 정권은 민주당으로 넘어갔으며, 버락 오바마Barack Obama가 당선되어 미국은 처음으로 흑인 대통령 시대를 맞이했다. 2007년 대선 출마를 선언할 때만 해도, 그가 대통령은 고사하고 당내 경선에서 이기리라 점친 사람은 아무도 없었다. 당내 기반이 탄탄한 힐러리 클린턴Hillary Clinton에 비해, 그는 워싱턴 정가에서 거의 신인이나 다름없는 초선 상원의원에 불과했기 때문이다. 그러나 모두의 예상을 깨고 당내 경선에서 깜짝 승리를 거둔 그는 본선에서도 압승을 거두었다. 그의 본선에서의 승리는 전임 대통령이 쌓아둔 여러 악재의 덕을 톡톡히 보았다.

오바마는 취임 뒤 부시 정권의 일방주의 외교정책으로 교착상태에 빠진 중동 평화회담을 재개하는 데 힘쓰고, 대화와 타협을 통한 국제분쟁 해결과 기후변화 대응 등을 위해 노력했다. 그는 그러한 노력을 평가받아 집권 첫해인 2009년 노벨 평화상을 받았다. 그에 따라 부시가 망쳐 놓은 미국의 대외 이미지도 회복되었다. 오바마는 집권 후 16개월 안에 명분 없는 이라크 전쟁에서 철군할 것을 공약했는데, 2009년 7월부터 군대가 철수하기 시작해서 2010년 8월 마지막 전투부대가 이라크를 떠났다. 오바마 대통령은 9월 1일 이라크에서 미국의 역할이 끝났다고 선언했다. 사실 미국은 이라크와 아프가니스탄의 두 전선을 유지하기에는 힘이 부쳤다.

오바마는 2014년 12월에는 오랜 적대 관계를 청산하고 쿠바와 국교를 정상화하기로 합의했다. 한편 그의 대북한 정책은 대체로 실패한 것으로 평가되었다. 그의 8년 임기 내내 유지된 대북 정책 기조는 이른바 '전략적 인내'였는데, 이는 북한의 핵 문제를 해결하기 위해 유엔 차원의 제재를 비롯하여 지속적으로 경제적 압박을 가하면서 북한 체제가 무너지기를 기다린다는 전략이었다. 오바마는 '전략적 인내'를 내세워 2012년 이후 북핵 문제에 대해 한마디도 언급하지 않고 북한 문제를 사실상 무시로 일관했다. 그사이 북한은 오히려 여러 차례 핵실험을 하고 미사일을 발사하는 등 핵과 미사일 능력을 증강했다. 공화당은 물론이고 민주당 안에서도 전략적 인내 정책이 북한에 핵과 미사일을 개발하는 시간만 벌어주는 결과를 초래했다는 비난이 쏟아져 나왔다.

국내 정책에서 오바마는 핵심 과제로 제시한 오바마 케어Care와 부자 증세를 의회의 반대를 무릅쓰고 밀어붙여 관철했다. 오바마 케어는 민영 보험에만 의존하는 의료보험 체계를 바꾸어 전 국민에게 건강보험 가입을 의무화하는 것이 핵심이었는데, 이는 오바마의 최대 업적으로 꼽힌다. 2010년 법안이 의회에서 통과되어 공화당의 강력한 반발을 극복하고 2014년 1월부터 시행되었다. 오바마 재임기에 발달한 IT산업은 오늘날 미국 경제의 핵심축을 이루고 있다. 한편 세일shale 석유가 개발되어 유가가 큰 폭으로 떨어졌는데, 그 때문에 고유가로 번영하던 러시아와 베네수엘라가 치명타를 입기도 했다.

캐나다의 발전　　　캐나다는 많은 면에서 전후 미국과 비슷한 경제 발전을 맛보았다. 전쟁이 끝난 뒤 25년 동안 캐나다는 새로운 산업 발전을 통해 번영을 누렸다. 캐나다는 항상 풍부한 천연자원을 바탕으로 수출 주도 경제성장을 해왔는데, 이제는 전자·항공·핵·화학공업을 대규모로 발전시켰다. 그렇지만 그 성장의 상당 부분은 미국 자본이 뒷받침한 것이며, 그 결과 미국인이 캐나다의 많은 기업을 소유했다. 많은 캐나다인이 경제성장을 환영했지만, 또 다른 사람들은 미국의 경제적 지배를 두려워했다. 캐나다인은 또한 정치적으로나 군사적으로 이웃 초강대국에 대해 이차적 역할을 맡는 것을 우려했다. 캐나다는 1949년 미국을 따라 나토에 가입하고, 이듬해에는 한반도에서 전쟁이 일어나자 한국에 군대를 파견하기도 했다. 캐나다는 미국에의 종속을 피하기 위해 유엔에서 적극적 활동을 도모했지만, 어쨌거나 지정학적으로 미국과 특별한 관계를 유지하지 않을 수 없었다.

1945년 이후 캐나다는 자유당이 계속 집권하다가, 1957년 존 디펜베이커 Diefenbaker가 총선에서 승리하여 진보보수당Progressive Conservative Party 정부를 수립했다. 진보보수당이라는 모순어법적 당명이 보여주듯이 캐나다는 사회적으로 진보와 보수의 이념적 갈등이 비교적 적고, 그래서 정치적 노선과 관련해 목숨의 위협을 받거나 인격 모독을 당하는 일은 거의 없었다. 진보보수당 정부는 연금을 통한 국민사회안전제도와 국민건강보험제도를 도입해 복지국가로 가는 길을 닦았다. 그러나 정권은 1963년 다시 레스터 피어슨Lester Pearson의 자유당으로 넘어갔다.

가장 빼어난 자유당 정부는 1968년 정권을 잡은 피에르 트뤼도Pierre Trudeau 정부였다. 프랑스계인 트뤼도는 첫해에 공식 언어법Official Language Act을 제정하여 영어와 프랑스어를 모두 연방 행정사무에 쓰도록 했으며, 1982년에는 인권 헌장을 제정했다. 그의 정부는 산업화 정책을 활기차게 밀고 나갔으나, 높은 인플레와 중앙정부의 권력을 강화하려는 시도 때문에 민심을 잃었다. 1979년 진보보수당에 잠시 정권을 빼앗겼다가 이듬해 다시 수상으로 돌아온 그는 1984년까지 15년간 캐나다를 이끌었다. 그리고 2015년에는 아들 쥐스탱Justin이 수상이 됨으로써 캐나다에 부자父子 수상의 기록이 세워졌다.

1980년대에 들어와 경제가 침체한 가운데, 1984년 브라이언 멀로니Brian Muloney의 진보보수당이 다시 집권에 성공했다. 멀로니 정부는 국영 기업을 사유화하고, 미국과 자유무역 협정을 맺었다. 그 협정은 많은 캐나다인의 격한 분노를 샀고, 정부는 지지 기반을 상당 부분 까먹었다. 진보보수당은 결국 1993년 참패를 당하고, 자유당의 장 크레티앵Chrétien에게 정권을 넘겨주었다. 진보보수당은 2003년 캐나다 동맹과 합당해서 캐나다 보수당으로 개편할 때까지 61년 동안 16년밖에 집권하지 못했다.

퀘벡 분리운동　　　1960년대 말경에 르네 레베스크René Lévesque가 이끄는 퀘벡당이 퀘벡을 캐나다연방에서 탈퇴시키려는 운동을 전개했다. 분리의 꿈을 추구하기 위해 몇몇 지하 분리주의 단체는 테러를 자행하기도 했다. 1963년 결성된 퀘벡해방전선FLQ은 수많은 무장 강도와 폭탄 테러를 자행했다. 그들은 1970년 10월에는 요인을 납치하고 암살하는 무리수를 두었다. 수상 피에르 트뤼도는 캐나다 역사상 처음으로 계엄령을 발동하여 단호하게 대처하고 여론도 나빠져서 퀘벡해방전선은 결국 와해되었다. 그 뒤 분리운동은 폭력 노선에서 투표를 통한 합법 노선으로 선회했다. 그 결과 1976년 퀘벡당이 퀘벡주 선거에서 승리하고 주 정부를 장악했다. 이제 퀘벡의 분리는 주 정부의 공식 목표가 되었으며, 주 정부는 1980년 5월 퀘벡의 분리 독립 문제를 주민투표에 부쳤다. 그러나 그 안은 찬성 40%에 반대 60%로 부결되었다.

1995년에 다시 한 번 퀘벡 주민의 의사를 묻는 투표가 실시되었는데, 이번에는 간발의 차로 부결되었다. 두 차례의 좌절로 분리독립운동은 동력을 크게 잃었지만, 퀘벡의 지위에 관한 쟁점은 여전히 캐나다를 분열시키면서 미해결의 현안으로 남아 있다. 그렇기는 하지만 21세기에 들어와서 퀘벡에 대한 차별이 많이 줄어들면서 영어권 캐나다에 대한 적대감이 옅어졌다. 특히 청년 세대 사이에 급진적 민족주의에의 관심이 크게 줄어들었다. 그에 따라 분리주의 여론은 상당히 수그러들었다. 2021년 2월의 한 여론조사에 의하면 분리 독립에 대해 찬성 32%보다 반대가 56%로 압도적으로 높다.

2) 서유럽의 변화

유럽 통합운동과 유럽연합의 탄생   20년 넘게 믿을 수 없을 만큼 고도의 경제성장을 이룬 뒤, 유럽은 1970년대 중엽과 1980년대 초에 극심한 경기 후퇴를 겪었다. 물가가 큰 폭으로 오르고, 실업이 극적으로 증가했다. 1973년 유가의 급격한 상승이 경기 후퇴의 주된 원인이었다. 전 세계적 경기 후퇴로 유럽 상품의 수요가 줄었다. 이와 같은 국제 경기의 침체에다 프랑스의 주권에 집착하여 유럽 통합에 거부감을 가진 드골의 영향 등으로, 유럽 통합운동은 한동안 진척을 보지 못했다. 그러다가 1980년대가 지나가면서 서유럽 경제가 회복세로 돌아섰고, 그와 더불어 통합운동이 다시 활력을 되찾았다.

1986년 2월 유럽공동체는 1957년의 로마 조약을 개정하여 단일유럽의정서

Single European Act를 제정함으로써 다시 한 번 통합을 향해 큰 걸음을 내디뎠다. 이듬해 7월 발효된 이 의정서는 유럽공동체 회원국 사이에 상품·자본·인력의 자유로운 이동을 확인하는 한편, 유럽의회 기능의 강화와 정치 협력의 제도화 등을 규정함으로써 유럽의 통합을 위한 제도적 기반을 마련했다. 무엇보다 이 의정서는 1992년의 마스트리흐트Maastricht 조약으로 가는 징검다리였다.

1992년 말까지 유럽 단일 시장을 구축하기로 한 의정서 규정에 따라 1992년 2월 네덜란드 마스트리흐트에서 마침내 하나의 유럽을 건설하기 위한 '역사적인' 조약이 체결되었고, 이듬해 11월 발효되었다. 유럽공동체는 마스트리흐트 조약에 따라 1994년 1월 1일부터 유럽연합EU으로 확대 개편되었다. 그동안 12개 회원국을 거느린 유럽공동체는 1992년 기준으로 3억 4400만 명의 인구를 포괄하고 세계 교역의 거의 1/4을 담당하는 세계 최대의 단일경제 공동체로 발전했는데, 이제 유럽공동체는 이러한 경제 동맹을 바탕으로 궁극적 목표인 정치적 통합을 향해 성큼 한 걸음을 더 내디딘 것이다. 그러나 유럽연합의 앞길이 밝은 것만은 아니었다. 마스트리흐트 조약은 유럽 통합의 열정을 불러일으키지 못했다. 덴마크에서는 조약 비준 문제로 국론이 분열되었고, 1차 국민투표에서 비준안이 부결되었다가 재투표에서 간신히 통과되었다. 프랑스도 국민투표에서 찬성이 가까스로 과반을 얻었다.

유럽은 마스트리흐트 조약으로 단일 시장이 되었다. 그러나 '유럽 1992'의 목표를 달성하는 일은 쉽지 않았다. 농업 정책, 금융 정책, 과세 제도 등과 관련한 심각한 쟁점이 극복되어야 했다. 유럽 지도자들은 또한 바깥 세계에 대해서는 유럽 시장이 보호주의적인 것이 아님을 주지시키기 위해 애써야 했다. 유럽연합의 프로그램에는 역내에서 상품과 사람의 이동에 제한이 없게 하고, 거대 시장에서 일반인의 권리를 규정하고, 가난한 사람들을 도울 '사회적 차원'을 마련하는 것 등이 포함되었다. 1995년에는 유럽자유무역연합 회원국이던 스웨덴, 핀란드, 오스트리아가 추가로 가입하여 유럽연합 회원국은 모두 15개국이 되었다.

좀 더 어려운 문제는 단일통화를 도입하고 유럽중앙은행을 설립하는 과업이었다. 우여곡절 끝에 1999년 초에 유럽연합의 11개국이 공동 화폐인 유로Euro의 도입을 결의했고, 유로는 2002년 정초부터 공식적으로 가맹국의 개별 화폐를 대체했다. 이 이른바 유로존Eurozone 국가들은 통화, 외환, 거시경제정책 등에서 유럽중앙은행ECB의 통제를 받는다. 이로써 유럽연합은 공동시장을 넘어서 적어도 경제적으로는 완전 통합 단계에 들어섰으며, 정치적 통합으로 한 걸음 더 나아갔다. 그러나 유럽연합에 대해 언제나 시큰둥한 태도를 보여 온 영국은 유로존에 들어가기를 거부했다.

한편 1980년대 말의 정치 변동으로, 유럽공동체는 이전의 공산 진영 국가들의 가입 문제에 직면했다. 그리스와 포르투갈 같은 빈국을 받아들이면서 유럽의 남북 간 경제적 격차에 따른 갈등을 겪은 경험 등을 고려해서, 유럽공동체는 옛 공산 국가들에게 회원권을 확대하는 것을 주저했다. 그러나 2000년대로 넘어가면서 결국 옛 공산 국가들이 대거 가입함으로써 회원국 수가 급격하게 늘어났다. 2004년 폴란드를 비롯한 10개국이, 2007년에는 루마니아와 불가리아가, 그리고 2013년에는 마지막으로 크로아티아가 가입하여 유럽연합의 회원국은 모두 28개국이 되었다. 그리고 그에 따라 유로화를 도입한 국가도 늘어 2021년 기준으로 유로존은 19개국이 되었다.

유럽연합은 1990년대에 제도적으로 발전하면서 새로운 법체계의 필요성이 제기되어 2003년 유럽 헌법이 제정되었다. 이 헌법에는 유럽연합에 초국가적 지위를 부여하기 위해 국가와 국기 그리고 공휴일 등을 제정하는 규정이 들어 있었다. 그러나 그것은 2005년 프랑스와 네덜란드에서 비준을 얻지 못해 비준 절차가 중단되었다. 이후 유럽연합은 온건한 통합 쪽으로 방향을 틀어 2007년 리스본 조약을 성사시켰다. 이는 2003년 헌법을 대체하는 것으로서 정식 명칭은 유럽연합 개정조약EU Reform Treaty이다. 리스본 조약은 정상회의의 순회 의장국 제도 대신, 임기 2년 6개월에 한 차례 연임할 수 있는 상임의장직과 임기 5년의 외교정책 대표직을 신설했다. 정상회의 상임의장은 유럽연합 대통령으로서 국제 정상회의에서 유럽연합을 대표한다. 그리고 유럽연합의 의사결정 방식으로 이전의 만장일치 대신 이중 다수결제가 도입되었다. 그래서 유럽연합의 정책은 전체 인구의 65% 이상, 혹은 27개 회원국 중 15개국 이상이 찬성하면 가결되게 되었다. 이 조약은 27개국 전체의 비준을 거쳐 2009년 12월 발효되었다.

유럽연합의 위기　　그러나 동유럽에서 경제적으로 뒤처진 나라들이 대거 가입한 뒤 이민 행렬이 이어지고 '아랍의 봄' 이후 중동 분쟁 지역에서 난민이 대량으로 밀려들면서, 통합에 경고등이 켜졌다. 자유로운 이주나 보편적 인권이 유럽연합의 핵심 정책인데, 서유럽의 부국에 반이민 정서가 퍼지면서 난민 수용 문제를 두고 회원국들 사이에 갈등이 불거졌다. 어려운 상황을 맞아 각국에서 민족주의 바람이 불면서 유럽 통합의 이상이 흔들리기 시작했다. 2015년 시리아 내전을 피해 그리스로 쏟아져 들어오는 난민을 유럽연합이 각국에 배정하려는 계획이 틀어진 뒤, 메르켈 수상은 독일이 50만 명 이상을 받아들이겠다고 했다. 그러자 국내에서 격렬한 반대가 일어났고, 극우 집단인 독일을 위한 대안이 2018년 총선에서 제3당으로 떠오르고 메르켈은 거의 밀려날 뻔했다. 프랑스 에마뉘엘 마크롱Emmanuel Macron 대통령은 2018년 4월 유럽의회 연설에서 "유럽은 내전에 빠져들고 있다. 민족적 이기심이 우리의 단합을 대신하고 있다"라고 하면서, 유럽연합 회원국 사이에 확산하는 민족주의와 통합을 지향하는 '유럽주의자' 간의 대립을 내전에 비유했다.

　민족주의 바람은 동유럽에서 조금 더 세게 불었다. 2000년대부터 난민들이 유럽연합으로 몰려들기 시작해 2015년에 정점에 이르렀다. 일부 국가로 난민이 집중하자 유럽연합 집행위원회는 난민을 회원국에 할당하려고 했다. 이에 체크, 폴란드, 헝가리 등 동유럽 국가들이 거세게 반발했다. 집행위원회는 폴란드와 헝가리가 민주주의와 법치의 기본 이념을 훼손하는 정책을 취하고 있다고 비난하고, 체크를 포함한 세 나라가 난민 의무 할당을 거부한 것에 대해 유럽사법재판소에 제소하기도 했다. 이에 세 나라는 내정 간섭이라며 반발했다. 이 세 나라는 2004년 유럽연합에 동시에 가입하고 처음에는 유럽연합의 모범생으로 불리기도 했다. 그러나 불과 10여 년 만에 세 나라는 동서 유럽을 분열시키는 역할에 앞장을 서는 형국이 되었다.

헝가리 독재자 오르반 빅토르는 2018년 선거에서 유럽연합을 폄훼하면서, '주권·독립·자유·신·고국 그리고 안보'를 구호로 내걸고 압도적 승리를 거두었다. 2018년 1월의 체크공화국 대선에서는 밀로시 제만Miloš Zeman이 반무슬림 및 반이민 정서를 십분 활용하여 연임에 성공했다. 동유럽에서 가장 부유하고 자유주의적인 체크에서 친러시아 및 반유럽연합 노선의 대통령이 등장한 것은 유럽통합운동의 앞길을 어둡게 하는 일이었다. 그뿐만 아니라 동유럽의 다른 나라 정객들도 유럽연합과 엇박자를 내고 있다. 동서를 가르는 옛 이념적 경계선이 다시 떠오르고 있다.

남유럽에서는 경제적 불평등이 좀 더 부각되면서 좌파 정당들이 유럽연합 질서에 반기를 들었다. 2008년에 본격적으로 진행된 금융 위기가 2009년 유로존 전체로 확산했는데, 특히 그리스와 스페인 등 남유럽 국가들이 치명적 타격을 입었다. 이들 나라는 금융 위기 이후 경제가 더욱 어려워진 것이 무역 불균형을 낳는 유로라는 단일통화체제 탓이라고 주장했다. 2015년의 총선에서 집권에 성공한 그리스의 급진좌파연합인 시리자SYRIZA는 한때 유럽연합의 해체를 거론하기도 했다. 스페인과 이탈리아도 유럽연합에 반대하는 좌파 정당들이 연정에 참여했다. 동서를 가르는 경계선과 더불어, 부유한 북부와 가난한 남부 간의 틈 또한 벌어지고 있다.

영국은 프랑스와 독일이 주도하는 유럽연합에서 조연 역할밖에 하지 못하는데 대해 불만을 품어왔다. 영국은 '영국 민족의 우수성' 혹은 '영국의 부활' 등의 목소리가 터져 나오는 가운데, 결국 2016년 6월 국민투표를 통해 유럽연합을 떠나기로 결정했다. 그 뒤 영국과 유럽연합은 길고도 힘든 협상을 벌인 끝에 2020년 1월 31일 공식 탈퇴가 확정되었으며, 유예 기간을 거쳐 12월 31일 효력이 발효되었다. 영국은 결국 유럽경제공동체에 가입한 지 47년 만에 유럽 본토와의 동거를 끝낸 것이다. 유럽연합 예산의 20%를 떠맡아 온 나라의 탈퇴는 유럽 통합에 치명적 타격이 아닐 수 없었다. 게다가 영국처럼 탈퇴를 결행하려는 나라는 없지만, 남아 있는 많은 나라에서도 유럽연합 무용론이나 회의론이 일고 있다.

아메리카합주국과 같은 유럽합주국United States of Europe을 건설하려는 유럽인의 꿈은 마스트리흐트 조약으로 한때 그 실현의 전망이 밝아 보이기도 했다. 그러나 유럽연합이 유럽의 거의 모든 나라를 포괄하여 외형적으로 비대해지면서, 오히려 내부의 마찰음은 커지고 있다. 흔히 브렉시트Brexit라 부르는 영국의 탈퇴는 유럽연합의 앞날을 더욱 어둡게 했다. 2020년 내내 세계를 공포로 내몬 코로나 바이러스 위기에 유럽연합 회원국은 국경의 빗장을 걸어 잠금으로써, 난민과 기후변화 같은 문제로 깊어진 갈등의 골이 더욱 깊어졌다. 영국을 뒤따르려는 구체적 움직임은 아직 없지만, 민족주의의 힘을 '하나의 유럽'이라는 이상이 극복하기는 심히 어려운 일이었다. 유럽연합은 유럽의 평화 유지에 이바지한 공을 인정받아 2012년 지역 공동체로는 처음으로 노벨 평화상을 받았으나, 2021년 현재 유럽합주국의 꿈은 그야말로 아득히 먼 꿈처럼 보인다.

통일 독일　　1982년 10월 사회민주당의 슈미트가 불신임으로 물러난 뒤, 연정을 구성하여 집권에 성공한 기독교민주당은 미국을 강력하게 지지했고, 특히 미국의 중거리 미사일 유럽 배치 계획을 적극 지지했다. 소련의 강력한 항의에도 헬무트 콜 수상은 1983년 11월 미사일 배치와 관련한 법안을 의회에서 통과시켰다. 그러나 그의 정부에서도 동방 정책은 계속되었으며, 1987년에는 동독의 에리히 호네커가 서독을 방문하기도 했다. 그리고 콜은 1988년 10월 소련을 방문하여 고르바초프와의 관계도 부드럽게 했다. 그는 1983년과 1987년 선거에서 연이어 낙승을 거두어 3차 연임에 성공했으며, 이후 유럽 문제에서나 소련과의 관계에서 큰 역할을 해냈다. 1989년 동독의 붕괴와 그에 이은 순탄하고 평화로운 방식의 통일은 콜 수상이 노련한 솜씨로 이루어낸 성과였다.

1989년 11월 9일 베를린 장벽이 무너지자, 콜은 28일 10단계 통일 방안을 발표했다. 그러나 동독의 상황이 급변하면서 콜은 단계적 통합에서 '조기 통일'로 정책을 선회했다. 그는 1990년 5월 18일 동독과 화폐·경제·사회 통합에 관한 조약을 맺어, 동독과 서독 화폐의 1:1 교환과 동독 주민의 재산 보전을 약속했다. 8월에는 동독 의회가 동독의 서독 편입을 결의함에 따라 8월 31일 동·서독 간에 독일통일조약이 베를린에서 체결되었다. 이로써 앞으로는 오직 하나의 독일만 존재하게 되었다. 콜은 강대한 독일의 출현을 우려하는 영국, 프랑스, 소련 등을 설득하는 외교적 수완을 발휘하면서 통일의 장애물을 하나씩 없앴다. 그리하여 9월 12일에는 동독 및 서독과 세계대전의 4대 연합국(영국, 프랑스, 미국, 소련)이 독일 통일에 합의하는 이른바 2+4 조약이 체결되었다. 그리고 10월 3일 동독이 공식적으로 소멸함으로써 독일의 역사적 통일이 완료되었다. 독일 통일은 그렇게 일사천리로 진행되었다.

신생 독일연방공화국은 인구 7900만 명의, 단연 유럽 최대 인구 대국이자 최대 경제 대국이 되었다. 콜은 '독일 통일의 아버지'가 되었고, 1990년 12월 동·서독을 아우른 전 독일 총선거에서 통일된 독일의 첫 수상으로 선출되었다. 한편 독일의 통일은 이웃 나라에 20세기에 두 번이나 세계대전을 일으킨 강대국이 재등장했다는 불안감을 불러일으켰다. 이러한 불안감을 어떻게 말끔히 불식하느냐가 앞으로 독일 지도자들이 해결해야 할 중요한 과제가 되었다. 콜은 그러한 불안감을 씻기 위해 프랑스와의 우호 관계를 중요시하고, 프랑스의 미테랑 대통령과 함께 마스트리흐트 조약을 주도하면서 유럽연합 출범에 크게 이바지했다.

일단 통일의 감격과 흥분이 지나간 뒤, 독일인들은 곧 냉엄한 현실을 마주해야 했다. 전광석화처럼 다가온 통일은 만만찮은 후유증을 가져왔다. 장벽이 완전히 철거되는 데는 좀 더 오랜 시간이 걸렸듯이, 동·서독인의 마음속 장벽이 제거되는 데도 많은 시간이 필요했다. 그리고 반세기 가까운 세월 동안 이질화한 경제와 사회를 진정 효율적인 하나의 단위로 통합하는 일은 시간이 지나면서 생각보다 훨씬 어려운 과제임이 드러났다. 체제가 바뀌면서 동독 쪽에서는 물가가 올라가고, 금리 인상과 긴축 재정 그리고 복지 혜택의 축소가 그 뒤를 따랐다. 경쟁력이 약한 동독의 제품은 국내 시장에서도 수출 시장에서도 잘 팔리지 않았다. 동독 지역 기업들이 줄줄이 문을 닫거나 민영화와 구조 조정을 거치면서 실업자가 급증했다. 통일되면 풍족한 삶을 누리리라는 많은 동독인의 기대는 환멸로 바뀌었고, 환멸은 분노를 불러왔다. 치열한 자본주의 경쟁 체제에 쉬 적응하지 못하고 통일된 나라에서 이등 국민 취급을 받는 많은 옛 동독인에게는 공산주의 체제의 삶이 아련한 장밋빛으로 회상되었다.

서독 주민이라고 통일이 마냥 좋은 것만은 아니었다. 그들은 통일 비용이 처음 생각했던 것보다 훨씬 더 많이 든다는 것을 깨닫게 되었고, 정부는 곧 세금을 인상하지 않을 수 없었다. 피부에 와 닿는 통일의 혜택을 느끼지 못한 채, 천문학적 통일 비용을 떠안게 된 서독인 사이에서는 볼멘소리가 터져 나왔다. 동서 간의 심리적 거리는 통일 전보다 오히려 더 벌어졌다. 그에 따라 '통일의 아버지'의 지지율은 계속 떨어졌다. 그런 상황에서도 콜은 1994년 총선에서 가까스로 승리하여 4선 수상이 되었다. 그렇지만 1998년 9월 5선에 도전한 총선에서는 마침내 게르하르트 슈뢰더Gerhard Schröder가 이끄는 사회민주당에 패했다. 콜은 16년의 최장수 수상의 기록을 세우고 물러났다.

슈뢰더는 젊은 시절 공공연히 마르크스주의자를 자처하고 변호사로서 적군파의 변호를 맡은 적도 있었으나, 정계에 진출하면서 온건파 지도자로 성장했다. 그는 총선에서 '새로운 중도 노선' 혹은 '좌파 속의 우파' 등을 외치며 우파의 장기 집권을 끝냈다. 유럽 사회주의 정당들은 공산주의의 몰락 이후 침체기를 맞았는데, 1990년대 후반에 우파적 요소를 대폭 수용하여 활로를 모색했다. 1997년 영국에서는 토니 블레어가 '제3의 길'을 기치로 내걸고 오랜 보수당 집권을 끝장내고 집권했는데, 한 해 뒤 슈뢰더 역시 같은 기치를 내걸고 집권에 성공한 것이다. 그는 실제로 1999년 6월 토니 블레어와 함께 「유럽 사회주의자들을 위해 전진하는 제3의 길」이라는 공동 선언문을 발표하기도 했다.

정치 거목 헬무트 콜을 꺾은 슈뢰더를 기다리는 것은 높은 실업률과 낮은 성장률 등 통일의 후유증을 앓고 있는 '유럽의 병자'였다. 그는 실업률을 낮추고 경제를 성장시키기 위해 고군분투했다. 그러나 총선의 해인 2002년이 다가왔으나, 그로서는 정치적 상황이 별로 좋지 않았다. 그런데 그해 엘베강이 범람한 대홍수 때 위기 대처 능력을 보여줌으로써 국민에게 강한 인상을 심어주었고, 그에 힘입어 그는 가까스로 재선에 성공했다. 그는 미국 부시가 2003년 이라크를 침공하자, 이를 반대하면서 당의 지지율을 끌어올렸다.

슈뢰더는 집권 뒤 정통 사회민주주의 노선에서 벗어나 친기업적 색채가 강한 정책을 추진했다. 그는 2002년 페터 하르츠Peter Hartz를 위원장으로 하는 노동시장 개혁위원회를 구성했는데, 하르츠 위원회는 8월 이른바 하르츠 개혁Hartz Konzept을 입안했다. 이 개혁안은 노동시장의 유연성을 높이고 사회보장제도를 축소하고 법인세율을 낮추는 것 등을 핵심 내용으로 담고 있었다. 주요 지지층인 노동계가 강력하게 반발한 것은 말할 것도 없고, 당의 전통과도 거리가 먼 정책에 당내에서도 좌파가 강하게 반발했다. 보수파와 자유주의자들은 환영했지만, 실망한 당원과 지지자가 대거 이탈했다. 슈뢰더는 결국 신임을 묻기 위해 1년 앞당겨 2005년 11월 총선을 실시했다. 그러나 그는 이 선거에서 패했고, 원내 제1당이 된 기독교민주당의 온건 보수파인 앙겔라 메르켈Angela Merkel이 사민당과 좌우 대연정을 구성함으로써 정권을 넘겨받았다.

독일 최초로 여성 수상이 된 메르켈은 동독 출신으로 헬무트 콜에게 여성청소년부 각료로 발탁되어 중앙 정계로 진출한 인물이었다. 메르켈은 슈뢰더가 마련한 하르츠 개혁을 이어갔다. 이후 독일 경제가 되살아나면서 슈뢰더는 '정파이익보다 국가 이익을 더 중시하는 정치인'으로 재조명 받았다. 메르켈은 통일 후유증을 극복하고 독일을 유럽 최강국으로 우뚝 서게 만들면서 승승장구한 뒤, 자신을 발탁한 콜과 같은 장수 수상의 기록을 세우면서 2021년 12월 은퇴했다.

프랑스의 정치적 변화 1970년대 말에 프랑스의 경제 상황이 나빠지면서 정치적 추는 왼쪽으로 기울었다. 1981년 5월 대선에서 프랑수아 미테랑François Mitterand(1981~1995)이 재선을 노리는 지스카르 데스탱을 물리치고 사회당 출신으로 처음 대통령에 당선되었다. 20여 년에 걸친 중도 우파 정권이 드디어 막을 내렸다. 그러나 의회는 우파가 지배하고 있어서, 미테랑은 원활한 국정 운영을 위해서는 의회에서도 다수 세력을 확보할 필요가 있었다. 물 들어올 때 노 젓는다고, 그는 때마침 부는 좌경화 바람을 타기로 했다. 그는 곧장 다음 달 하원을 해산하고 총선을 실시하여 원내 안정 의석을 확보하는 데 성공했다. 정부 각료직 네 석이 공산당에 배정되었다.

미테랑의 당면 과제는 어려운 경제였다. 그는 방대한 재정 적자와 높은 인플레를 줄일 요량으로 물가와 임금을 동결했다. 그와 더불어 그는 노동시간 단축, 최저임금 인상, 사회적 혜택의 확대, 부자 증세 등 진보적 의제를 정착시키기 위해 노력했다. 그뿐 아니라 그는 여러 기간산업의 대기업과 주요 은행의 국유화도 단행했다. 그러나 그의 사회주의적인 정책들은 재정적 어려움으로 큰 성과를 거두지 못했고, 그의 정부는 국유화한 기업 일부를 사기업으로 돌려놓았다.

1986년 총선에서 좌파는 과반을 확보하지 못했다. 의회에서 수상을 선출하는 이원집정제에서 미테랑은 어쩔 수 없이 우파인 자크 시라크Chirac에게 수상직을 맡겼다. 그리하여 좌파 대통령과 우파 수상이 권력을 나누어 갖는 이른바 '동거정부' 체제가 만들어졌다. 프랑스의 이 독특한 정치 형태에서 관행상 대통령은 국방과 외교를, 수상은 경제를 비롯한 내정을 담당했다. 그러나 좌파와 우파의 동거는 불협화음을 내게 마련이었다. 시라크는 공영방송을 민영화하는 등 극우적 정책을 시행하는 바람에 민심을 잃었다. 경제가 호전한 데다가 자크 시라크의 인기가 떨어진 덕분에 미테랑은 1988년 5월 선거에서 그를 물리치고 재선에 성공했다. 미테랑은 1981년에 그랬던 것처럼 승리의 여세를 몰아 6월에 총선을 실시했다. 사회당은 다른 좌파 정당과 연합하여 가까스로 의석 과반을 차지하는 데 그쳤다.

집권 2기에는 소련의 해체와 동유럽 공산권의 붕괴 등 국제 정세가 요동치는 상황에서 미테랑은 사실상 내정에 매진할 여유가 없었다. 그는 유럽 통합운동에 힘을 쏟고, 걸프 전쟁 때는 미국을 도와 군대를 파견하기도 했다. 그러나 각료의 비리와 경기 침체로 민심을 잃어 1993년 3월 총선에서 사회당이 참패했다. 그 바람에 미테랑은 남은 임기 2년 동안 다시 우파와 '동거 정부'를 꾸려야 했다. 그러나 두 번째 동거는 큰 마찰 없이 지낼 수 있었다. 그는 1993년 9월 프랑스 대통령으로는 처음으로 한국을 방문했으며, 방문 중 그는 병인양요 때 프랑스가 약탈해 간 외규장각 도서의 반환을 약속하기도 했다. 그 약속은 오랜 실무적 논의 끝에 2010년 '대여' 형식으로 이루어졌다.

1990년대에 유권자의 성향이 오른쪽으로 옮아가 1993년 총선에서 보수파가 대승을 거둔 데 이어, 1995년 대선에서 와신상담하며 대권을 노리던 파리 시장 자크 시라크가 좌파 후보 리오넬 조스팽Lionel Jospin을 누르고 대통령에 당선되었다. 시라크는 경기가 살아나지 않아 지지율이 떨어지자, 분위기 반전을 노려 1997년 조기 총선을 실시했다. 그러나 오히려 좌파가 대승했다. 그는 결국 조스팽을 수상으로 하는 동거 정부를 꾸릴 수밖에 없었다. 그는 내정을 수상에게 맡기고 외교에 전념했다. 그런데 대통령 임기는 7년인데 의회 임기는 5년인 한, 이 어색하고 불편한 동거 정부는 생겨나기 마련이었다. 마침 2002년에 대선과 총선이 동시에 예정되어 있어서, 이 문제를 개선하기 위한 여야 간 합의가 이루어졌다. 그래서 2000년 국민투표를 통해 대통령 임기를 5년으로 줄이는 헌법 개정이 이루어졌다.

2002년 대통령 선거는 좌파에게 아주 유리한 상황이었다. 그런데 좌파의 난립으로 표가 너무나 분산하여 다들 승리를 점쳤던 조스팽은 3위로 밀려났으며, 극우인 국민전선의 장 마리 르 펜Jean-Marie Le Pen이 결선에 진출하여 모두를 놀라게 했다. 어떤 일이 있어도 극우는 막아야 한다는 공감대가 형성된 덕분에 자크 시라크가 몰표를 얻어 재선에 성공했다. 2003년 3월 미국이 이라크를 침략하자, 드골주의자답게 그는 이를 직설적으로 비판하면서 독자 외교를 펼쳤다. 그는 같은 달에 알제리가 독립한 지 40년 만에 대통령으로서는 처음으로 알제리를 공식 방문했다.

영국: 새처주의   1964~1979년 사이 보수당과 노동당은 정권을 서로 주거니 받거니 했다. 그러나 어느 정권도 영국의 병든 경제를 치유하지 못했다. 느린 경제성장과 실업은 1945년 이후 끊임없이 영국을 괴롭힌 문제였다. 방대한 복지 체제를 크게 훼손하지 않으면서 경제성장을 이룰 수 있는 해법을 찾는 것이 영국의 오랜 숙제였다. 현대화하지 못한 공업은 점점 더 경쟁력이 약해졌는데, 그에 더해 잦은 파업이 경제의 발목을 잡았다. 영국이 당면한 또 하나의 심각한 문제는 부유한 동남부와 항구적으로 빈곤한 지역인 미들랜즈Midlands와 스코틀랜와 웨일스 간의 뚜렷한 대조였다. 영연방 자치국에서 유입되는 '유색인'에 대한 영국인의 거부감으로 야기된 인종 문제 역시 해결책을 찾기가 쉽지 않았다. 그리고 북아일랜드의 가톨릭교도와 개신교도 간의 싸움은 그야말로 해결 난망의 과제로서, 그곳에서는 폭력 사건이 거의 일상사가 되다시피 했다. 북아일랜드 문제는 수많은 생명을 앗아가고 재산을 파손했지만, 영국 정부는 공권력을 동원하여 폭력을 줄이는 것 외에는 별 뾰족한 수가 없었다.

캘러헌 정부를 원내 투쟁으로 무너뜨린 보수당 지도자 마거리트 새처는 경제 및 사회 정책의 획기적 변화를 제안하면서 1979년 선거에서 승리했다. 영국에서 처음으로 여성 수상이 된 새처는 강력한 지도력으로 자신의 정책을 추진해 나감으로써 1983년과 1987년에 연이어 총선에서 승리하고 장기 집권했다. 그녀는 비슷한 시기에 미국을 이끈 로널드 레이건 대통령과 보조를 맞추며 함께 이른바 보수적 반동의 '신자유주의' 정책을 추진했다. 그녀는 국민의 희생, 유럽공동시장에서의 좀 더 유리한 대우 등을 요구하고 그것을 관철했다. 그녀는 탄탄한 정치적 기반에 힘입어 보수당의 체질을 바꾸고 영국 사회의 대대적 개혁을 시도했다. '철의 여인'이라는 별명을 얻은 새처는 많은 정부 소유 기업을 매각하고, 부자와 기업의 세금을 깎아주고, 긴축 정책을 시행하여 사회복지를 축소하고, 노동조합의 힘을 꺾어놓았다. 그녀는 '새처주의'로 불리는 경제정책으로 이른바 '영국병'을 치유했다는 평가를 받았으나, 그와 동시에 빈부 격차와 사회적 갈등의 심화라는 큰 대가도 치렀다.

외교정책에서 새처는 미국의 레이건처럼 공산주의에 대해 강경 노선을 견지했다. 그녀는 낡은 과학기술을 혁신하고, 영국을 세계 경찰로 재확립할 목표로 군사력을 크게 증강했다. 1982년 4월 아르헨티나가 앞바다에 있는 포클랜드 Falkland 제도를 점령하자, 그녀는 신속하고 단호한 군사 작전으로 섬을 다시 탈환했다. 그 섬은 영국의 몇 안 남은 식민 기지의 하나였다. 이 군사적 승리는 한때 위대했으나 지금은 이류 국가로 전락한 나라 국민의 상처받은 자존심을 달래주었다. 새처의 인기는 치솟았다.

새처는 1980년대 영국 정치를 지배했으나, 1988년 과세 문제로 앞날에 먹구름이 끼기 시작했다. 그녀는 지금까지 재산 정도에 따라 세대주에게 차등적으로 부과해 온 세금 대신, 18세 이상의 모든 주민에게 똑같은 액수의 세금을 부과하는 입법을 강행했다. 현대판 '인두세'라 불린 이 세금은 격렬한 반대를 불러일으켰다. 1990년 3월에는 런던에서 수만 명이 운집한 군중 시위가 폭동으로 번졌다. 한때 드높았던 새처의 인기는 뚝 떨어졌다. 그녀는 11월 결국 당내 반란으로 수상직을 내놓았으며, 존 메이저Major가 그 자리를 물려받았다. 새 수상은 전임자의 정책을 대체로 따랐으나 상대적으로 무기력했다. 메이저는 1992년 4월 총선에서 승리하여 자력으로 재집권에 성공했으나 유럽연합 가입 문제로 특히 큰 어려움을 겪었다. 그는 자당 의원도 설득하지 못해 마스트리흐트 조약의 비준에 번번이 실패하다가 1993년 7월에야 가까스로 비준 절차를 마무리할 수 있었다. 1990년대 중엽부터 실업률이 떨어지고 생산이 증가하는 등 경제도 조금씩 호전되었다. 그러나 그와 당의 인기는 좋아지지 않았다.

영국: 블레어의 '새 노동당'　　　오랫동안 국민의 선택을 받지 못한 노동당은 온건 노선의 젊은 지도자 토니 블레어Tony Blair를 중심으로, 1995년 생산수단의 공동소유제를 규정한 당헌 제4조를 폐기하고 면모를 쇄신했다. 노동당은 중도로

옮아간 '새 노동당'이라는 상표로 1997년 5월 총선에서 압도적으로 승리하면서 보수당의 18년 장기 집권을 끝장냈다. 블레어는 정계에 신선한 활력을 불어넣었다. 그는 '제3의 길'을 기치로 내걸고 좌파와 우파의 이념적 틀을 넘어선 실용주의적 정책 노선을 추구했다.

블레어 정부에서 스코틀랜드와 웨일스에 대한 자치권 이양 협의가 1999년 결실을 맺어, 두 지역은 각자 자체의 의회와 정부를 가지게 되었다. 무엇보다 블레어가 거둔 큰 성과는 북아일랜드 문제가 잠정적인 해결책을 찾은 일이었다. 북아일랜드의 모든 정파가 참여하여 협의한 끝에, 영국과 아일랜드 공화국은 1998년 4월 북아일랜드 의회와 자치정부 수립을 골자로 한 벨파스트 협정 Belfast Agreement에 조인했다. 이후 여러 난관이 있었으나, 1999년 12월 마침내 북아일랜드 정부에의 자치권 이양이 이루어졌다. 한편 노동당 정부는 1999년 11월 상원을 개혁하여, 상원의원 수를 700명쯤으로 제한하고 성직 귀족과 세습 귀족의 의원 수를 각각 26명과 92명으로 줄이는 성과를 거두었다.

2001년 총선의 압승으로 연임에 성공한 최초의 노동당 수상이 된 블레어는 내정에 소홀하고 대외 관계, 그것도 대외 전쟁에 전념한다는 비판을 받았다. 2001년 미국에서 9·11 테러가 발생한 뒤 미국이 테러의 배후로 지목한 아프가니스탄을 침공하자, 블레어는 그 전쟁에 적극 참여했다. 부시가 2003년 3월 이라크를 침공하자, 그는 이 전쟁에도 영국군을 참전시켰다. 그는 국내외의 비난을 받고 '부시의 애완견'이라고 비아냥거리는 소리를 들었다. 인기가 크게 떨어진 그는 2005년 5월 선거에 간신히 승리함으로써 노동당의 3기 연속 집권이라는 기록을 세웠다. 그렇지만 그는 당내에서 사퇴 압박에 시달린 끝에 2007년 6월 임기를 다 채우지 못하고 수상직을 고든 브라운 Gordon Brown에게 넘겼다. 브라운은 특히 노동 개혁에 관심을 기울였으나 이주 노동자 문제가 만만찮은 데다가, 2008년에는 세계 금융 위기라는 대형 악재가 터졌다. 노동당은 민심 이탈을 막지 못했고, 2010년 5월 총선에서 40대의 데이비드 캐머런 David Cameron이 이끄는 보수당에 정부를 넘겨주고 말았다.

이탈리아　　1990년대에 들어서서 재정 적자가 늘고 산업 생산이 줄어드는 등 이탈리아 경제 사정은 나빠지기 시작했다. 그런 상황에서 정치인과 기업가의 오랜 유착과 부패 문제가 불거졌다. 기독교민주당이 연정을 통해 40년이 넘도록 장기 집권을 하면서, 이탈리아는 탄젠토폴리Tangentopoli(뇌물의 도시)라는 오명을 얻을 만큼 정경 유착이 구조화되었다. 이에 검찰이 지도층의 부정부패와 타락을 일소하기 위해 칼을 빼 들었다. 밀라노 검사 안토니오 디 피에트로Antonio di Pietro 의 진두지휘 아래, 1992년 2월 '마니 풀리테Mani pulite(깨끗한 손)'라는 이름으로 시작된 정치권에 대한 전면 수사는 1996년 6월까지 계속되었다. 장수 수상을 지낸 베티노 크락시도 마니 풀리테의 칼날을 피하지 못했다. 크락시는 1994년 재판을 앞두고 해외로 도피했으며, 궐석재판에서 그는 27년형을 선고받았다. 수사 압박을 견디지 못해 자살하는 정치인과 기업인도 여럿 있었다. 1200명이 넘는 정치가와 기업가가 감옥으로 갔다.

　　마니 풀리테의 여파로 40여 년 함께 집권해 온 기민당과 사회당이 완전히 몰락했다. 공산당은 1991년 좌파민주당으로 변신을 꾀했으나 이미 미미한 존재로 전락한 터였다. 기존 정치권이 사실상 붕괴하고, 결국 제1공화국도 명을 다했다. 만연한 부패가 불러온 반동으로 1993년 4월 국민투표를 거쳐 헌법이 개정되었다. 공산권의 붕괴로 공산당의 집권 가능성이 사라진 터여서, 완전 비례대표제에서 전체 의석의 75%를 소선거구제로 뽑는 방식으로 의원 선거제도가 바뀌었다.

　　1994년 3월 제2공화국의 첫 선거가 치러졌다. 그런데 기존의 주요 정당이 모두 사라진 정치 무대에서 마니 풀리테의 혜택을 차지한 인물은 뜻밖에도 실비오 베를루스코니Silvio Berlusconi였다. 그는 여러 신문사와 텔레비전 방송국을 소유한 이탈리아 최고의 언론 재벌에다 축구 구단과 수많은 기업을 거느린 재벌 총수였다. 그는 사실 크락시를 등에 업고 언론 재벌로 성장한 적폐 청산의 대상이었다. 그러나 그는 자신이 뒷돈을 댔던 권력자들이 무너지는 와중에도 살아남았으며, 오히려 전진이탈리아당Forza Italia을 창당하고 무주공산 같은 정계에 뛰어들어 단

숨에 수상 자리를 꿰찼다. 베를루스코니는 극우 정당 북부동맹Lega Nord과 파시스트 정객들을 끌어들여 연립내각을 꾸렸는데, 그러나 아니나 다를까 베를루스코니는 자신의 부패 추문이 드러나 연립이 무너지는 바람에 7개월 만에 수상직에서 물러났다.

베를루스코니는 1996년 총선에서 유능한 경제학자로서 중도좌파 정당들의 연합체를 이끈 로마노 프로디Romano Prodi에게 패했으나, 2001년 5월 총선에서 중도우파 연합을 이끌고 재기에 성공했다. 그는 이번에는 2006년 4월 총선까지 자리를 지킴으로써 풍파 많은 이탈리아 정치 무대에서 유일하게 임기 5년을 다 채운 수상이라는 기록을 세웠다. 국민은 그가 추문을 달고 사는 인물임에도 경제를 살릴 것으로 기대하고 표를 주었으나, 부자는 사실 자신의 부를 불리는 재능을 가졌을 뿐 국가의 부를 증진하는 능력을 가진 것은 아니었다. 그가 집권하는 동안 국민의 기대와 달리 경제성장은 지지부진했고 실업과 재정 적자는 해소되지 못했다. 그 결과 2006년 선거에서 베를루스코니는 유럽연합 집행위원장 역할을 마치고 돌아온 프로디에게 다시 한 번 패했다.

그러나 프로디의 중도좌파 정부는 연정 내의 수많은 소수 정당 간의 알력으로 효율적인 정책을 펴지 못했다. 게다가 베를루스코니는 언론 매체를 동원하여 비판을 퍼부었다. 프로디 정부는 결국 2008년 초에 불신임으로 무너지고 말았다. 조기에 치러진 2008년 5월 총선에서 베를루스코니는 최초로 3선 수상이 되었지만 잇따르는 부패, 끊임없는 성 추문, 그리고 온갖 구설수를 낳았다. 베를루스코니는 2010년 12월 결국 의회에서 신임투표를 치렀는데, 예상을 깨고 승리했다. 그렇지만 경제가 악화 일로로 치달아 이탈리아는 국가 채무 불이행의 위기에까지 내몰리고, 청년 실업률이 30% 이상으로 치솟았다. 사퇴 압박이 거세지자 2011년 11월 마침내 수상직을 사임했다. 유럽연합 집행위원을 지낸 마리오 몬티Mario Monti가 자리를 이어받았다.

물론 베를루스코니의 탓만은 아니겠지만, 그의 오랜 집권기 동안 이탈리아는 그의 여러 실책 탓에 사회적으로나 경제적으로나 혼란을 거듭했다. 그 결과

1987년에 국내총생산 세계 5위의 경제 대국을 자랑하던 이탈리아가 남유럽의 세 나라인 포르투갈, 그리스, 스페인과 한 묶음이 되어 '돼지들PIGS'이라는 경멸 스러운 이름으로 불리는 신세가 되었다. 사실 이탈리아는 마니 풀리테를 전환점 으로 해서 1990년대 후반부터 쭉 선진국 가운데 가장 낮은 경제성장률을 기록 해 왔는데, 그 시기에 20년 가까운 기간 동안 베를루스코니는 수상으로든 제1 야당 지도자로든 이탈리아 정치의 중심에 있었다.

베를루스코니는 외교에서 능력을 드러내기도 했으나, 권력을 이용해 자신의 기업을 살찌우고 온갖 지저분한 성 추문을 일으키는 등 악명을 떨쳤다. 그는 2013년 8월 세금 횡령 혐의로 4년 징역형을 확정 선고받았다. 미성년자 성매매 와 수사 압력 행사 혐의는 지방법원에서 징역 7년형의 유죄 선고가 내려졌으나, 2015년 대법원에서는 무죄가 선고되었다. 그럼에도 베를루스코니는 계속 정계 에서 막강한 영향력을 행사했다. '깨끗한 손'이 정경 유착, 언론 장악, 회계 조작, 뇌물, 정치적 탄압, 성 추문, 막말과 망언 등 온갖 비리의 종합세트 같은 인물을 낳은 것은 참으로 역사의 아이러니라 할 것이다.

3. 20세기의 학문과 예술

1) 자연과학

19세기에 크게 발전한 과학의 진보는 가속도가 붙어 20세기에는 새로운 발견이 쏟아져 나왔다. 그 결과 이제 자연에서 탐구되지 않은 분야가 남아 있지 않을 정 도가 되었으며, 최근까지도 신비의 영역으로 남아 있던 많은 자연현상을 과학적 으로 설명하는 일이 가능해졌다. 그리고 과학 연구는 소수 연구자의 외로운 활 동에서 고도의 훈련을 받은 수많은 사람을 고용하고 국가나 기업의 엄청난 재정 이 지원되는 사회적 사업이 되었다.

천체물리학　19세기가 거의 끝날 때까지도 물리학은 뉴턴의 체계 안에 머물러 있었다. 우주는 거대한 기계이며, 거기에서 시간과 공간은 관찰자와 별개로 존재하는 객관적 실체였다. 그리고 물질은 더는 나눌 수 없고 단단한 원자로 이루어졌다고 생각되었다. 그러나 세기 전환기 무렵부터 물리학자들은 '고전 물리학'으로 만족스럽게 설명하기 어려운 일련의 문제에 직면했다.

20세기 과학의 헤아릴 수 없이 많은 성취 가운데 발견 그 자체로든 인간의 삶에 미치는 영향으로든, 아마도 가장 중요한 것은 인간이 한편으로는 우주의 끝을, 다른 한편으로는 물체의 가장 깊은 속의 구조를 들여다볼 수 있게 된 것이다. 천문학에서는 16~17세기에 일어난 것에 비견할 수 있는 '새로운 우주의 발견'이 있었다. 우주론의 이런 진전은 다른 과학적·기술적 발견으로 천문학자들이 우주를 더 멀리까지 관찰할 수 있게 됨으로써 가능해진 일이었다. 1900년 무렵 이후 거대한 망원경 덕분에, 별들은 은하와 비슷한 성운을 이루어 우주에 퍼져 있음이 드러났다. 은하 하나만 해도 2000억 개 별의 집합체였다. 성운들은 또한 빠른 속도로 서로 멀어지고 있음도 관찰되었다. 1917년 아인슈타인은 일반상대성이론에 근거하여 우주는 팽창하지도, 수축하지도 않는다는 정적 우주론을 발표했다. 그런데 1929년 미국 천문학자 에드윈 허블Edwin Hubble(1889~1953)이 새로운 우주론의 기초가 되는 현상을 발견했다. 그는 성운들이 서로 더 멀리 떨어져 있을수록 더 빨리 멀어지는 현상을 관찰했는데, 이는 곧 성운들의 전체, 곧 우주 그 자체가 팽창하고 있다는 결정적 증거였다.

천문학자들은 이 우주 팽창의 가설을 바탕으로 우주의 기원에 관한 과학적 가설을 세웠다. 러시아 출신 미국 천문학자 조지 가모프Gamow는 1948년 우주 폭발설을 제기했다. 그는 우주가 끊임없이 팽창하고 있다면 과거에, 아마도 150억 년쯤 전에 무한히 작았던 어느 순간이 있었을 것이며, 태초에 이 작은 우주는 상상할 수 없이 광포하게 폭발했을 것이라고 주장했다. 이 태초의 대폭발, 이른바 빅뱅big bang 이론은 1960년대에 새 유형의 관찰기구인 전파망원경으로 확인되었다. 이 기구는 별과 우주의 다른 물체가 방출하는 전파 신호를 탐지한다. 우주는 극단파의 전파 신호로 채워져 있음이 드러났으며, 이 전파 신호는 태초의 빅뱅에 의해 주어진 전자파 방사선의 잔존물로 생각되었다.

한편 오랫동안 이론적으로만 존재하던 블랙홀black hole이 2019년 4월 전파망원경을 통해 관측한 영상으로 모습을 드러냄으로써 그 존재가 입증되었다. 블랙홀은 빛조차도 빠져나가지 못할 만큼 중력이 강한 천체로서, 18세기 말에 그 존재가 이론적으로 제기되었다가 1915년 아인슈타인이 발표한 일반상대성이론에서 물리학적으로 개념화된 것이었다. 이 이론에 따르면 질량이 존재하면 시공간이 휘게 되고, 휜 시공간의 효과가 바로 중력이라는 것이다. 블랙홀은 시공간이 심하게 휘어서 어떤 입자나 빛도 바깥으로 빠져나갈 수 없는 영역을 가리키는데, 그것은 모든 빛을 빨아들여 깜깜하다 하여 그런 이름이 붙었다.

영국 물리학자 스티븐 호킹Stephen Hawking(1942~2018)은 블랙홀을 이해하기 위해서는 양자물리학과 상대성이론을 부분적으로 결합할 필요가 있다고 느꼈다. 이 두 이론을 결합해서 블랙홀의 특성을 파악할 경우, 블랙홀이 모든 물체를 삼켜버리기만 하는 것이 아니라 복사에너지를 방출한다는 놀라운 결과가 나왔다. 블랙홀의 열복사는 '호킹 복사'로 불리게 되었다. 호킹은 빅뱅 초기에는 무게가 100톤이 넘는 소립자가 있었다고 주장했다. 그리고 그는 1981년에는 우주에 시작과 끝이 없을 수도 있다는 가능성을 제기했다. 그렇지만 그의 이론물리학은 대부분 우주에 관한 것이고 직접 실험적 검증이 불가능한 것이 많아, 그는 그 흔한 노벨상을 받지는 못했다.

물리학　1895년에는 빌헬름 뢴트겐Röntgen(1845~1923)이 단단한 물체를 뚫고 지나갈 수 있는 극히 짧은 파장의 전자파를 발견했다. 이 전자파는 물체의 내부 구조의 모양을 사진판에 그림으로 남겼는데, 뢴트겐은 이 정체불명의 전자파를 엑스선X-rays이라 불렀다. 이듬해에 프랑스 물리학자 앙리 베크렐Henri Becquerel(1852~1908)은 뢴트겐의 엑스선 발견 소식을 듣고 그와 유사한 실험을 계속한 결과, 우라늄uranium에서 가열이나 다른 자극 없이 그 자체로 엑스선처럼 불투명체를 통과하는 광선이 방출된다는 사실을 발견했다. 2년 뒤 피에르 퀴리Pierre Curie (1859~1906)와 마리 퀴리Marie Curie(1867~1934) 부부는 그들이 발견한 라듐radium이 라는 원소에서도 그와 비슷하게 방사선이 나온다는 사실을 밝혀내고, 이런 현상을 방사능이라 불렀다. 이후 새로운 방사능 원소인 토륨thorium, 폴로늄polonium 등이 발견되었다. 이로써 원자는 불변하고 그 이상 쪼갤 수 없다는 종래의 정설이 깨어졌다.

영국 물리학자 조지프 톰슨Joseph Thomson(1856~1940)은 1897년 음전하를 띤 소립자, 즉 전자의 존재를 발견하여 원자의 구조에 관한 연구를 한 단계 진전시켰다. 뒤이은 연구에서는 방사선과 다른 유형의 광선이 원자보다 더 작은 입자의 흐름으로 구성되어 있다는 사실이 밝혀졌다. 독일 물리학자 막스 플랑크Max Planck(1858~1947)는 복사열을 연구하는 가운데 1900년 빛의 파장이 연속적인 것이 아니라 양자物子, quantum라는 입자로 불연속적으로 이루어졌다고 주장하면서 양자 개념을 도입했다. 그가 제기한 양자론은 상대성이론과 함께 현대 물리학의 양대 축을 이루고 있다.

네덜란드 물리학자 헨드리크 로런츠Hendrik Lorentz(1853~1928)는 1904년까지의 전자론의 성과를 종합했다. 원자는 물질의 기본단위가 아니라 그 자체가 좀 더 작은 입자들의 구성체임이 밝혀지면서 그 구조에 관한 연구도 이루어졌다. 전자를 발견한 조지프 톰슨은 전자들이 양전하를 띠는 원자에 골고루 박혀 있을 것으로 생각했는데, 이는 마치 푸딩에 건포도가 박힌 것처럼 생겼다고 해서 건포도 푸딩 모델이라 불렀다. 그런데 그의 제자 어니스트 러더퍼드Ernest Rutherford (1871~1937)는 1911년에 새로운 원자 모형을 제시했다. 그것은 양전하를 띤 원자핵과 그 주위를 도는 하나 이상의 전자로 이루어졌는데, 그는 그것을 태양계의 축소판으로 보았다. 그러나 그는 원자핵과 전자가 어떻게 태양계처럼 안정된 구조를 그대로 유지하는가에 대한 설명은 제시하지 못했다. 러더퍼드와 잠시 연구를 함께했던 덴마크의 닐스 보어Niels Bohr(1885~1962)는 2년 뒤 러더퍼드의 모형이 지닌 단점을 보완하는 모형을 제시했다. 그러나 닐스 보어의 모형도 전자가 하나뿐인 수소 이외의 원자에는 적용될 수 없는 한계가 있었다. 나중에 원자는 그들이 믿었던 것보다 훨씬 더 복잡하다는 것이 드러났지만, 그들의 원자 개념은 현대 원자물리학의 출발점이 되었다.

이런 방식으로 고전 물리학의 주요 가정들이 흔들리기 시작했는데, 마침내 알베르트 아인슈타인Albert Einstein(1879~1955)은 질량, 에너지, 공간, 시간 등과 관련한 물리학의 몇몇 주요 가정에 도전했다. 1905년 발표한 특수상대성이론에서 아인슈타인은 뉴턴 물리학이 우주를 정확하게 설명하지 못한다고 비판했다. 그는 관찰자와 상관없는 절대적인 공간과 시간은 존재하지 않으며, 그것은 단지 관찰자에 따라 상대적일 뿐이라고 주장했다. 이로써 뉴턴의 절대적 공간과 시간 개념은 폐기되었다. 상대성이론은 또한 19세기 물리학자에게는 당연한 것으로 보였던 물질과 에너지 간의 엄격한 구분을 허물어뜨리고, 그 둘이 서로 전환할 수 있는 것임을 보여주었다. 아인슈타인은 그 둘의 관계를 밝혔는데, 이를 방정식 $E=mc^2$으로 나타냈다(E는 에너지, m은 질량, c는 진공에서의 빛의 속도). 원자 안에 들어 있는 어마어마한 에너지를 설명하는 이 유명한 방정식을 바탕으로 제2차 세계대전 때 원자탄이 개발되었다.

아인슈타인은 10년 뒤 특수상대성이론에 중력을 통합하여 일반상대성이론으로 확장했다. 그는 빛이 중력장을 지날 때 휠 수 있다고 주장했다. 이 주장은 1919년 식蝕, eclipse의 관찰로, 1960년대와 1970년대에 미국 우주 프로그램이 수행한 다양한 실험으로, 1994년 허블 망원경 관측으로 확인되었다.

아인슈타인이 다른 많은 물리학자의 도움을 받아 일으킨 혁명은 17세기에 뉴턴이 일으킨 혁명만큼이나 큰 반향을 몰고 왔다. 뉴턴 이후 19세기가 끝날 때까지, 우주는 놀라울 만큼 광대하고 텅 비어 있기는 하지만 일반 사람도 이해할 수 있는 엄청나게 정밀한 기계였다. 그러나 아인슈타인 이후로 새롭고 매우 낯선 우주, 이를테면 상대성과 양자의 세계가 사람들 앞에 펼쳐졌다. 그 세계에서는 파동과 입자들을 구별할 수 없게 되었고, 하나가 아니라 여러 개의 공간과 시간이 있었다. 더구나 그 세계는 오직 복잡한 수학 공식으로만 묘사할 수 있고, 말로는 적절히 설명할 수 없을 뿐 아니라 보통 사람은 마음속에 그 모습을 떠올릴 수 없었다. 참으로 물리학의 새 세계는 사람의 일상적 경험에는 너무나 생소해서 대중의 생각에는 거의 영향을 끼치지 못했다. 그러나 그것은 과학자의 생각을 바꾸어놓았으며, 20세기의 철학·도덕·예술 등 많은 분야에서 큰 영향을 미쳤다.

물리학에서는 1920년대에 또 한 번 위대한 혁명이 일어났다. 닐스 보어의 지도를 받으며 원자구조론을 연구한 베르너 하이젠베르크Werner Heisenberg(1901~1976)는 양자역학의 새로운 방향을 제시하는 한편, 1927년 물리학의 새로운 개념인 불확정성 원리uncertainty principle를 제안했다. 고전 역학에 의하면 원자를 구성하는 입자의 위치와 운동량은 동시에 측정할 수 있다는 것이었는데, 하이젠베르크는 입자의 위치와 운동량을 동시에 정확하게 알 수 없다고 주장했다. 입자의 위치를 정하려고 하면 운동량이 확정되지 않고, 운동량을 정확하게 측정하려 하면 위치가 불확정해진다는 것이었다. 아인슈타인을 비롯한 많은 물리학자가 불확정성 원리가 원자 내부의 작용을 알 수 없게 만들 것이라고 우려했으나, 물리학자들은 개별 원자 대신 많은 수의 원자를 기초로 이론화한 '평균적 원자'를 통해 원자 작용을 예측할 수 있었다.

1930년대에 이르러 과학자들은 원소 간의 차이는 그 원소를 구성하는 원자의 여러 가지 소립자의 수가 서로 다른 데서 기인한다는 사실, 원자들은 가장 바깥쪽에 있는 소립자를 공유함으로써 결합하여 분자를 형성한다는 사실, 방사능·전기·빛과 같은 현상들은 원자를 구성하는 소립자가 방출된 결과이거나, 원자들 간에 소립자가 유동한 결과이거나, 원자들 안에서 소립자의 위치가 변동된 결과라는 사실 등이 알려졌다. 이 이론적 지식은 실제적 결과를 낳았는데, 반도체 원자들 사이에서의 전자의 유동을 이해함으로써 전자 부품의 소형화가 가능해졌으며, 그래서 텔레비전과 컴퓨터 같은 전자 기기를 소형화할 수 있었다.

원자의 구조와 관련해서 보자면, 1930년대 이래로 러더퍼드와 보어가 고안한 원래의 원자 모형, 즉 하나의 원자핵과 그 주위를 도는 여러 개의 전자라는 모형이 점점 복잡해졌다. 러더퍼드의 제자 제임스 채드위크Chadwick(1891~1974)는 1932년 양성자와 함께 원자핵을 이루는 입자인 중성자를 발견했다. 이탈리아 출신으로 미국에 망명한 엔리코 페르미Enrico Fermi(1901~1954)는 현대 물리학에서는 드물게 이론뿐 아니라 실험에서도 탁월한 과학자였다. 그는 인공 방사성 동위원소 생성에 탁월한 업적을 이루고, 1942년에는 세계 최초의 원자로를 완성해 원자핵 분열 연쇄반응을 제어하는 데 성공했다. 그는 핵무기를 제조하는 맨해튼 프로젝트에도 참여하여 핵폭탄의 아버지로 꼽히기도 한다.

이론물리학자들은 새로운 입자가속기를 통해 수많은 소립자를 찾아냈다. 1964년 페르미의 제자인 머리 겔만Murray Gell-Mann(1929~2019)은 원자핵을 이루는 양성자와 중성자가 가장 작은 입자가 아니라 쿼크quark라는 여러 종류의 소립자로 이루어져 있음을 밝혀냈다. 1964년 피터 힉스Peter Higgs(1929~)는 우주 공간을 구성하는 가장 기본적인 입자의 존재를 제기했는데, 이 입자에는 그의 이름이 붙여졌다. 힉스 입자는 우주 생성의 비밀을 밝힐 단서가 된다는 점에서 '신의 입자'라고도 불리는데, 가설로만 존재해 오다가 2012년 7월 유럽입자물리연구소 CERN가 오랜 실험 끝에 그 존재를 발견했다.

생물학　유기체의 기본 구조와 그것의 성장 및 재생산의 방법에 관한 연구도 크나큰 진전을 보았다. 이미 19세기와 20세기 초에 이 분야에서는 많은 성과가 있었다. 생물학자들은 유기체가 세포로 이루어졌고 성장과 재생산은 세포분열을 통해 일어난다는 사실을 발견했다. 그들은 세포가 분열할 때 세포핵이 분리되고 실 모양의 염색체가 생기는데, 이 염색체가 분리된 두 세포 간에 나뉘게 된다는 것을 관찰했다. 유전학자들은 생물의 형질은 유전자를 통해 한 유기체에서 다른 유기체로 전달되며, 유전자는 염색체 안에 존재한다고 믿었다. 그들은 세포핵 속에서 아미노산으로 구성된 단백질 외에 리보핵산RNA과 디옥시리보핵산 DNA의 존재를 확인했지만, 그 기능과 구조는 알지 못했다.

20세기 초까지도 염색체를 구성하는 단백질과 DNA 중 단백질이 유전자를 구성하는 주요 물질일 것으로 추정되었다. 20가지의 다양한 아미노산으로 구성된 단백질은 아주 다양한 특성과 기능을 가진 데 비해, DNA는 네 가지 물질로 구성되어 있어서 그 기능도 제한적일 것으로 생각되었기 때문이다. 그러나 20세기 전반기를 거치면서 여러 미생물학자의 실험을 통해 DNA가 유전자를 포함하는 분자임이 증명되었다.

그리고 1953년 미국의 제임스 왓슨Watson(1928~)과 영국의 프랜시스 크리크 Francis Crick(1926~2004)가 DNA가 이중 나선 구조로 되어 있음을 밝힘으로써, 비로소 유전자가 어떻게 한 세포에서 다른 세포로 전달되는지가 온전하게 알려지게 되었다. 그들의 설명에 따르면 DNA는 나선형으로 꼬인 한 쌍의 띠로 이루어져 있는데, 세포분열 과정에서 두 띠가 풀려서 서로 떨어져 각자가 분열한 새 세포로 유전자를 옮겨가고, 그런 다음 각각의 띠는 새로 형성된 핵 안에 정착하고 주위 물질과 화학적 결합을 해서 새로 짝이 될 띠를 만들어낸다. 이런 발견을 바탕으로 분자생물학자들은 세포의 내부 작용의 온전한 그림을 그려낼 수 있었다.

세포에 관한 이런 새로운 이해는 매우 중요한 실제적 결과를 낳았다. 1970년 대에 미국 생화학자 폴 버그Berg(1926~)는 DNA 띠를 유전자 가위로 자르고 유전자 배열을 다르게 해서 새로운 유형의 유전자를 만들어냈다. 그리하여 인간이 유전자 구조를 바꾸고 조작하여 새 유전자를 만드는 일이 가능해졌다. 1980년 대와 1990년대에 유전자 공학이라는 전혀 새로운 산업이 성장하게 되었다.

2) 사회사상과 종교

심층심리학과 무의식 세계　　지배 중간계급이 정치권력과 경제적 부 그리고 진보에의 낙관적 믿음을 가지고 자신만만하게 20세기로 발을 들여놓았지만, 확실성의 시대의 종말을 예고하는 조짐이 점점 더 많이 나타났다. 20세기에 들어서면서 현대 과학이 우주와 인간에 관한 기존 관념을 흔들어놓았는데, 심리학 또한 그에 못지않은 충격을 몰고 왔다. 물리학자들이 무한히 큰 우주와 무한히 작은 원자 세계를 탐구할 때, 심리학자들은 소우주라고 할 인간의 깊고 깊은 내면세계를 탐구해 들어갔다. 그러면서 그들은 인간이란 합리적 고려에 의해서만 행동하는 것이 아니라는 점을 지적하기 시작했다.

1872년 빌헬름 분트Wilhelm Wundt(1832~1920)는 최초로 인간과 동물을 관찰하고 시험하기 위한 실험실을 설립하고 실험 심리학을 창시했다. 러시아 생리학자 이반 파블로프Ivan Pavlov(1849~1936) 또한 심리학 연구의 새로운 전기를 제공했다. 그는 1900년 벨 소리와 동시에 개에게 음식을 주는 실험을 통해 개가 벨 소리만 들어도 침을 분비한다는 조건 반사 현상을 발견함으로써, 물리적 자극이 무의식적 과정에 미치는 영향을 증명해 보였다. 파블로프의 실험에 토대를 둔 조건 반사 심리학은 특히 미국에서 행동주의 심리학을 발전시켰다. 행동주의 심리학자들은 인간을 자극에 자동 반응하는 기계와 유사한 것으로 간주하고, 마음이나 영혼과 같은 개념을 무의미한 것으로 치부했다. 그들은 자극과 반응의 메커니즘을 연구하고, 그로부터 인간 본성에 관한 실증적 지식을 발전시키기를 기대했다. 행동주의 심리학은 또한 그 시대 유물론 철학을 강화하는 데도 한몫했다.

한편 다른 탐구자들은 정신분석의 방법을 통해 개인의 어두운 내면을 들여다보려고 했다. 오스트리아 정신과 의사 지그문트 프로이트Sigmund Freud(1856~1939)는 자유 연상과 꿈의 회상의 기법을 통해 환자의 내면 깊은 곳에 억눌려 있는 욕망과 기억을 표면으로 끌어냄으로써 심리적 장애를 치료했다. 그는 20세기 초에 환자를 치료하는 과정에서 환자 내면의 자아에 대한 단서를 찾아내고, 인간의 생각과 행동의 깊은 밑바닥에 잠재의식과 무의식의 심연이 있다는 사실을 발견했다. 무의식의 작동 방식을 연구하던 그는 이것이 단순히 정신 질환 환자뿐 아니라 일반인에게도 마찬가지로 적용된다는 점을 깨달았다. 그리고 그는 꿈이나 실언 등의 행위가 어떤 억압된 욕구의 무의식적 표출임을 발견했다.

그는 인간 행위의 합리성에 근본적 의문을 제기하면서 인간의 행동은 무의식에 크게 좌우된다고 주장했다. 그의 견해에 따르면 인간의 표면적 의식 아래 심층에는 성·사랑·권력·죽음 등에 대한 욕망이 억눌린 채 무의식 상태로 있는데,

이런 무의식이 인간 행동을 근원적으로 결정하는 요인이라는 것이다. 그의 주저인 『꿈의 해석 Die Traumdeutung』(1900)은 무의식이라는 미지의 세계를 탐구하는 정신분석학의 입문서가 되었다. 그의 이론은 학계에 열띤 논쟁을 불러일으켰으며, 그가 특히 성의 역할을 강조함으로써 모든 것을 성과 관련해서 해석하려 한다는 오해와 비난을 불러일으키기도 했다.

심층심리학은 학계뿐 아니라 반세기 전 진화생물학이 그랬던 것처럼 대중의 뜨거운 관심사로 떠올랐다. 인간의 숨은 내면을 드러냈다는 점에서 프로이트의 업적은 다윈과 아인슈타인이 가져온 사상적 혁명에 견줄 만한 것이었다. 그러나 프로이트 사상의 영향이 충분히 느껴지게 된 것은 1920년대에 와서의 일이었다. 이즈음에 이르러 무의식, 억압, 이드id, 자아ego, 콤플렉스와 같은 프로이트의 용어가 일반 대중 사이에도 회자되기 시작했다.

프로이트는 나중에 『문명 속의 불만 Unbehagen in der Kultur』(1929)에서 그의 이론을 종교와 문명 등 더 넓은 주제에 적용하기를 시도했다. 프로이트는 개인의 욕망과 사회질서 간에는 피할 수 없는 갈등이 존재하며, 문명이란 사회가 개인의 자연적 욕망을 억압하는 가운데 형성된 것이라고 믿었다. 그의 견해는 전통적인 도덕과 가치관 혹은 종교적 관념에 대한 매서운 도전이었다. 이 모든 것은 인간의 합리성과 의식의 통제라는 기초 위에 서 있는 것인데, 그의 주장에 따르면 그러한 전통들은 심층 심리의 실재와 들어맞지 않는 것이었다.

프로이트의 영향으로 곳곳에 정신분석학회가 설립되었고, 그의 주위로 촉망받는 정신의학자들이 몰려들었다. 그 가운데 오스트리아 출신 알프레트 아들러 Alfred Adler(1870~1937)와 스위스 출신 카를 구스타프 융Carl Gustav Jung(1875~1961)이 있었는데, 이들은 정신분석학을 확장하면서 프로이트가 개인적 편견에 의존하고 성 본능을 지나치게 중시한다고 비판하면서 결별을 선언했다. 아들러는 개인 심리학을 창시하고 인간 행동과 발달을 결정하는 것은 열등감에 대한 보상 욕구라고 주장했다. 그에 따르면 나폴레옹은 키가 작았기 때문에 위대해졌다는 것이다. 그는 '열등 콤플렉스'라는 용어를 만들어내기도 했다. 융은 분석심리학을 개척하고 그 중심 개념으로 집단 무의식을 제시했다. 그는 각 개인은 개인의 무의식을 넘어 정신의 가장 깊숙한 곳에 자리하고 있는 인류의 '집단적' 무의식의 영향을 받는다고 믿었다. 융은 인류가 오랜 세월 집단적으로 경험한 의식은 집단 무의식으로 전승되는데, 신화·전설·민담 등이 바로 그런 집단 무의식의 원형이 들어 있는 보고라고 주장했다.

분석철학　　과학의 발달에 가장 크게 영향을 받은 분야는 철학이었다. 아인슈타인의 상대성이론과 하이젠베르크의 불확정성 원리에 깊은 인상을 받은 많은 철학자는 객관적 실재를 설명하려는 노력을 사실상 포기했다. 그들은 대체로 그런 설명이 가능하지 않다는 데에 의견을 같이했다. 20세기에 가장 영향력 있는 철학은 분석철학과 실존철학이었다. 분석철학은 '존재 일반'에 대해서는 어떠한 유의미한 것도 말할 수 없다고 고백했다. 그러므로 그들은 제한된 범위의 지적 문제, 특히 수학적 논리의 적용에 관심을 집중했다. 제어할 수 없는 근대사회의 여러 힘에 의해 인간이 몰개성화하고 소외되는 현상을 지켜본 실존주의자들은 각 개인에게 개체성의 의식과 주체적 삶의 가능성을 일깨우고자 했다.

　분석철학은 언어를 철학적 탐구의 대상으로 삼는다. 분석철학은 그 안에 이질적으로 보이기도 하는 다양한 갈래를 포괄하고 있지만, 모두 논리적이고 언어적인 문제에 초점이 맞추어져 있다는 데 공통점이 있다. 과학의 발달로 학문적 정체성의 위기를 느낀 일군의 철학자들, 곧 분석철학자들은 철학적 세계관의 수립이라는 전통적인 철학의 임무를 포기했다. 그 대신 그들 사이에 개별 분과 학문이 모두 세계의 어느 특정 부분을 탐구 대상으로 하는 1차 학문이라 한다면, 철학은 이들 1차 학문의 논리적 혹은 개념적 체계에 대한 이해를 목적으로 하는 2차 학문이어야 한다는 인식이 대두했다. 그런데 1차 학문은 언어로 구성된 진술 체계이다. 따라서 분석철학자들은 2차 학문으로서의 철학은 1차 학문의 진술 체계, 즉 언어 체계의 분석을 그 핵심 활동으로 삼아야 한다고 믿었다. 철학에서의 이런 '혁명'을 처음으로 강령적으로 그리고 체계적으로 표현한 인물은 오스트리아 출신 루트비히 비트겐슈타인Ludwig Wittgenstein(1889~1951)이었다.

항공공학을 공부하던 비트겐슈타인은 버트런드 러셀Bertrand Russel(1872~1970)과 앨프레드 화이트헤드Alfred Whitehead(1861~1947)가 함께 쓴 『수학 원리Principia Mathematica』(1910~1913)를 읽고 수리 철학으로 관심을 돌렸다. 그는 1911년 철학에 수학적 확실성을 부여하려는 기대로 논리 실증주의적 분석 방법을 다듬어가던 러셀을 찾아갔는데, 이는 20세기 철학사의 운명적인 만남이 되었다. 그 뒤 비트겐슈타인은 1921년 발간한 『논리철학 논고Tractatus Logico-Philosophicus』에서 "철학의 모든 것은 언어 비판이다"라고 선언했는데, 이 선언이야말로 분석철학의 가장 집약된 표현이라 할 것이다. 빈 학파의 논리 실증주의자들은 이 논고를 거의 그들의 성서처럼 여겼다. 비트겐슈타인은 20세기 최고의 철학자로 꼽히는데, 그가 10여 년의 방황을 접고 케임브리지로 돌아왔을 때 친구 존 메이너드 케인스는 한 편지에서 "신이 도착했다"라고 썼다.

분석철학은 영국과 미국 등 주로 영어권과 스칸디나비아에서 유행했다. 그런데 분석철학은 깨달음을 주는 인문학으로서의 가치를 잃어버리고 한낱 상아탑 안에만 머무는 전문가들의 철학이 되었다는 비판에 직면했으며, 그와 더불어 일반인과의 접점이 옅어졌다는 지적도 받았다. 철학이 인간의 삶과 관련한 문제는 도외시한 채 지엽말단적이고 추상적인 문제에만 매달린다는 것이었다. 그리하여 20세기 후반기를 거치면서 분석철학은 하나의 통일된 입장을 공유하지 못하고 제각기 다양한 견해를 가진 세부 분야로 분화했다.

실존철학　실존주의 철학은 합리주의와 실증주의에의 반동으로 일어나 제2차 세계대전 이후 특히 독일과 프랑스에서 크게 유행했는데, 그 선구자는 한 세기 전의 철학자 쇠렌 키르케고르였다. 실존주의자들은 실존, 자유 선택, 책임, 불안Angst 등의 몇몇 개념을 키르케고르에게서 물려받았다. 그들은 우주에서의 인간의 벌거벗음과 단독자임에 관한 키르케고르의 언설에 감명을 받았다. 그들은 개인의 체험과 참여를 중시하고, 인간의 근원적 불안은 인간의 단독자임과 끊임없이 선택하고 결정을 내려야 하는 필요성에서 나온다고 주장했다.

독일 실존주의를 대표하는 철학자로는 마르틴 하이데거Martin Heidegger(1889~1976)를 꼽을 수 있다. 그는 멀리는 키르케고르, 가까이로는 에드문트 후설Edmund Husserl(1859~1938)의 현상학의 영향을 받았다. 하이데거가 실존철학의 대표로 여겨지는 것은 주로 그를 일약 철학계의 거장 반열로 떠오르게 한 『존재와 시간Sein und Zeit』(1927) 때문이다. 그는 이 난해하기 짝이 없는 저서에서 근대 이후 철학에서 주변부로 밀려난 존재론을 다시 논의의 중심으로 불러들였다. 그는 존재를 이해하는 유일한 존재자인 인간의 실존을 현상학적으로 혹은 실존론적으로 분석하고, 유한한 시간성 속에 있는 인간 존재는 '무'로 돌아가는 존재이며 그 존재 방식은 '불안'이라는 점에 주목했다. 그는 프랑스의 대표적 실존철학자인 사르트르에게도 큰 영향을 끼쳤으나, 정작 그는 실존주의자로 분류되기를 거부했다. 그는 20세기 독일 철학계의 거두로 인정받았지만, 다른 한편으로 나치에 부역한 지식인이라는 지탄을 받기도 했다.

장 폴 사르트르Sartre(1905~1980)는 다른 누구보다 실존주의 사상을 교육받은 대중에게 전달하는 데 큰 역할을 했다. 그는 나치 시절의 레지스탕스 경험을 통해 개인의 사회 참여와 행동이 주체적 삶에 필수적이라고 믿게 되었다. 그는 특히 전쟁 기간에 일상의 의사결정과 위험 부담에서 그것을 느꼈다. 실존주의는 이성이나 인간의 보편적 본질보다 '지금 여기'에 존재하는 각 개인의 실존을 중시하며, 사르트르는 이를 '실존은 본질에 앞선다'라는 말로 표현했다. 그는 인간은 신이 부여한 본질적인 목적이나 존재 이유를 가지고 태어나는 것이 아니라 그냥 세상에 내던져진 존재이며, 자신의 본질이나 존재 이유는 각자가 스스로 만들어가는 것이라 믿었다. 그에게 인간은 원래 아무것도 결정되어 있지 않고 모든 것이 자신의 선택과 결단에 달려 있으며, 그렇게 자유로운 존재이기 때문에 또한 그만큼 불안한 존재였다.

사르트르는 극한적 상황에서도 개인은 압도적인 힘에 대해 '아니오'라고 말할 절대적인 자유를 지닌다고 믿었다. 그러나 그 자유는 축복이기보다는 무거운 짐이다. 그는 "인간은 자유라는 저주를 받았다. 세상에 내던져진 이상, 인간은 자신이 행하는 모든 것에 책임을 져야 하기 때문이다"라고 말했다. 그는 『존재와 무*L'être et le néant*』(1943)에서 무신론적 실존주의를 개진했다. 한편 그는 마르크스주의자로서 활발하게 현실 문제에 참여했으며, 1968년 5월의 68운동 때는 청년들에게 정치에 적극 참여할 것을 촉구했다.

현대 개신교 신학   사르트르의 무신론적 실존주의는 20세기에 문명의 가치가 무너진 데서 나온 절망감의 한 반응이었는데, 그와는 다른 또 하나의 반응은 종교의 부활이었다. 18세기의 계몽사상 이래 종교와 기독교는 수세의 처지에 놓여 있었다. 그러나 20세기에 많은 종교 사상가와 지도자가 나타나 기독교에 새 활력을 불어넣었다.

키르케고르는 실존주의 철학의 길을 열었을 뿐 아니라 신학의 심대한 변화를 이끈 개척자이기도 했다. 기독교에 깊이 심취한 신앙인이자 신학자로서, 키르케고르는 일부 자유주의 신학자가 제시한 신의 존재의 합리적 증명은 부질없는 짓이라고 생각했다. 그는 기독교는 원래 부조리하여, 인간 이성을 초월하며 개인에게 모순되는 선택을 하도록 요구한다고 믿었다. 그러므로 그는 기독교도가 되기 위해서는 이성적 결단이 아니라 믿음에 의한 도약을 해야 하며 보이지 않는 것을 믿어야 한다고 주장했다. 20세기의 지도적 신학자들은 키르케고르의 이 근본적 견해를 자신의 방식대로 진전시켰다. 그들은 과학적 및 실제적 문제와 관련해서는 이성의 가치를 존중했지만, 틸리히가 말하는 '궁극적 관심'의 문제에는 이성이 답할 수 없다고 생각했다.

스위스 개신교 신학자 카를 바르트Karl Barth(1886~1968)는 성서를 역사적 관점에서 합리적으로 해석해서 예수를 도덕적으로 모범을 보인 인간으로, 성서를 인간의 종교적 경험의 기록이자 윤리적 지침서로 이해하는 자유주의 신학을 반대했다. 그는 또한 자연을 관찰하고 이성으로 분석하면 신을 깨달을 수 있다는 자연신학도 반대했다. 바르트는 신과 인간 간의 근본적 단절과 인간의 신에 대한 절대적인 의존성을 강조하고, 절대 타자요 초월적 존재로서의 신에 대한 인식은 이성이 아니라 오직 계시와 은총을 통해서만 가능하다고 주장했다. 그는 하느님의 거룩함, 하느님의 말씀, 그리고 그 말씀Logos의 화신으로 오신 예수 등을 강조함으로써 신정통주의 신학을 확립했다. 그는 또한 하느님의 심판과 기독교의 종말론적 본질과 교회의 죄를 밝혔으며, 모순에 가득 찬 신앙의 역설성과 신의 말씀에 담긴 파괴와 건설의 힘을 강조했는데, 그러한 그의 신학에 변증법 신학이라는 이름이 붙었다. 바르트는 20세기 최고의 개신교 신학자로 손꼽혔다.

바르트는 육체의 안위와 죽음의 위협 때문에 물질적 풍요와 불의에 타협하는 기회주의자들을 거짓된 기독교인이라고 강하게 비난했다. 그는 초기에 목회 활동을 할 때, 종교 사회주의운동에 참여하고 자본주의 사회의 모순을 복음으로 바로잡아 보려고 하다가 빨갱이 목사라는 비난을 받았다. 종교 사회주의운동은 자본주의가 노동자들의 착취와 소외를 가져온다는 사실을 직시하고 노동자 문제와 신앙의 관계를 정립하기 위한 개신교계의 신학 운동이었다. 히틀러가 권력을 장악했을 때 기독교계가 "하느님은 인간 영혼의 구원을 위해 예수를 보내고 경제적 및 사회적 구원을 위해 히틀러를 보냈다"라고 하면서 히틀러를 숭배하고 나서자, 바르트는 이를 비난하면서 활발하게 반나치 활동을 벌였다.

20세기의 많은 신학자는 전통적인 기독교 신의 이미지와 기독교적 우주관은 역사학과 과학의 폭격을 받아 박살이 났다고 믿었다. 그들은 성경이 많은 교육받은 사람에게 더는 믿을 수 있는 준거 틀의 구실을 할 수 없으며, 기독교가 계속 의미 있는 가르침으로 남아 있자면 신화적 이미지를 벗겨내고 과학 지식에 들어맞는 이미지를 창출해야 한다고 확신했다. 일부 종교 사상가들에게 이것은 "신은 죽었다"라고 말하는 또 하나의 방식이나 마찬가지였다. 그러나 바르트와 동갑내기인 폴 틸리히Tillich(1886~1965)에게 그 말은 단순히 고대의 신의 이미지가 역사 속으로 사라졌음을 의미할 뿐이었다. 이것은 기독교가 낡아빠졌다는 의미가 아니라, 기독교가 메시지를 전달할 새로운 형식을 찾아내야 함을 의미했다. 그는 현대인은 신을 모든 존재의 근거로, 자신의 문화와 삶의 중심으로 삼아야 한다고 권고했다.

독일 신학자 틸리히는 종교 사회주의운동에 참여했다가 유대인이 아닌 사람으로서는 처음으로 교수직에서 쫓겨났으며, 결국 1932년 미국으로 이주했다. 그는 신학과 문화의 상호 적용과 소통의 필요성을 강조하고, 신학이 평범한 일상적 삶에 적용할 수 있는 구체적 답변을 내놓을 수 있어야 한다고 믿었다. 그는 이른바 문화 신학을 제창했다. 그에게 문화란 특정 시대와 공간에서 주어진 인간 정신의 표현들을 총칭하는 것이었는데, 그런 맥락에서 그는 "종교는 문화의 내용이요, 문화는 종교의 형식이다"라고 생각했다.

틸리히는 신학적 진리를 포함한 모든 진리는 언제나 역사적 실재라고 주장했다. 즉, 진리는 플라톤 철학에서처럼 영원하고 변하지 않는 이데아의 세계에 있지 않고 '지금 여기'라는 구체적인 시간과 공간 안에서 발견된다고 보았으며, 이 점에서 그는 바르트와 날카롭게 구별된다. 바르트가 일생에 걸쳐 온전하고 순수한 복음이 무엇인지를 찾으려 했다면, 틸리히는 변하는 시대와 세계 속에서 복음을 해석하고 전달하기 위해 그 유동적인 특성을 강조했다. 그는 신앙이 신의 거룩함을 체험한다는 점에서는 확실하지만, 유한한 인간이 무한한 신을 받아들이는 것이어서 그로 인해 생기는 불확실성은 불가피하다고 주장했다. 그는 존재·비존재·무와 같은 하이데거의 용어를 자신의 신학 체계에 녹여내려 했는데, 그런 면에서 틸리히는 대표적인 실존주의 신학자로 분류되었다.

교회일치운동　　제2차 세계대전 이후 서양 기독교 세계에서는 서로 다른 교파 사이에 적대감이 두드러지게 줄어들고 기독교는 하나라는 의식이 증가했다. 이는 모든 교회가 전에 없이 넓게는 세속주의 그리고 좁게는 마르크스주의의 도전을 받은 덕분이기도 했다. 종교 지도자들은 많은 사람이 불가지론으로 향하고 있음을, 그리고 좀 더 통합된 전선이 기독교의 힘과 호소력을 강화할 것임을 깨달았다.

개신교 쪽에서 1948년 중요한 조치가 취해진바, 암스테르담에서 교회일치운동ecumenical movement을 위한 기구로 세계교회협의회World Council of Churches가 공식 창설되었다. 제네바에 본부를 둔 이 기구의 일차적 목적은 약 200여 개별 교파를 좀 더 긴밀하게 결합하는 것이었는데, 대다수 개신교 교단과 영국교회뿐 아니라 동방정교회 일부도 참여했다. 가톨릭교회는 처음에 거리를 두었다가 나중에 공식적 관계를 열었다.

가톨릭교회의 움직임　　가톨릭교회는 두 카리스마 넘치는 교황이 등장함으로써 부흥의 중요한 전기를 맞이했다. 1958년 교황에 선출된 요한 23세(1958~1963)는 78세 고령에 교황이 되어서 재임 기간은 짧았으나, 제2차 바티칸공의회(1962~1965)를 소집함으로써 교회의 극적인 부활에 불을 댕겼다. 제2차 바티칸공의회에는 러시아 정교회·콥트교회·루터교·장로교·감리교 등 다른 기독교 교단도 참관인으로 초빙되었다. 요한 23세는 교회통합운동에 전심전력했으며, 수백 년 동안 개신교와의 사이에 쌓여온 소통의 장벽을 허물어뜨렸다.

요한 23세는 이 공의회에서 가톨릭교회를 시대에 맞게 철저하게 쇄신하는 '아조르나멘토aggiornamento(쇄신)'를 그 목표로 제시했다. 아조르나멘토에는 이단이 아니라 '갈라진 형제'에 대한, 그리고 교회 울타리 바깥에 있는 무신론자가 아니라 '선량한 사람들'에 대한 겸양과 애정의 신선한 태도가 들어 있었다. 공의회는 많은 교회 관행을 자유화하고, 각 나라의 미사는 라틴어가 아니라 그 나라 말로 집행하게 허용했다. 교황은 창문을 열고 바티칸에 신선한 공기가 들어오게 하는 한편, 가톨릭교회와 다른 모든 기독교 교단 간에 희망의 대화가 오가는 새 시대를 열었다.

요한 23세의 사상과 감정은 1963년의 회칙「지상의 평화*Pacem in Terris*」에서 완벽하게 표현되었다. 이 회칙은 특별히 이성과 정서에 호소한 것인데, 모든 신앙과 사회제도의 조화로운 공존을 요청했다. 그 전해인 1962년에는 미국과 소련이 핵전쟁 일보 직전까지 가는 이른바 쿠바 미사일 위기가 있었는데, 교황은 그 때 평화를 호소하는 담화를 발표하는 등 위기 해소에 힘을 보탰다. 이 무렵은 또한 식민주의가 막을 내리면서 수많은 신생 독립국이 탄생하고, 노동자의 권리와 여성의 인권을 증진하는 운동이 탄력을 받는 시기이기도 했다. 그런 상황에서 발표된 이 회칙에는 세계 평화를 희구하는 요한 23세의 간절한 마음이 담겨 있었다. 그의 평화 사업은 그가 선종한 뒤 제2차 바티칸공의회와 바오로 6세(1963~1978)가 이어받았다. 바오로 6세는 동방정교회와 더욱 우호적인 관계를 확립하고 유대인에 대한 기독교의 전통적 적대감을 거부했다.

1978년 교황으로 선출된 요한 바오로 2세(1978~2005)는 폴란드 출신으로서, 비非이탈리아인이 교황에 선출된 것은 456년 만에 처음 있는 일이었다. 오래 재위하는 동안 그는 성직자들에게 전통적인 역할과 규율을 지키도록 요구하고 보수적 인물을 주교로 임명했다. 이런 정책 때문에 최대 가톨릭 국가 브라질에서 해방 신학의 선구자로 군부 독재에 저항한 동 에우데르 카마라Dom Hélder Câmara 대주교는 1985년 브라질의 사회 개혁을 반대하는 보수적인 후임자에게 대주교 자리를 넘기고 은퇴해야 했다.

요한 바오로 2세는 성직자 독신, 피임 용구 사용, 여성 사제직 허용 등과 같은 시대적 현안과 관련하여 어떤 변화의 조짐을 바라던 많은 자유주의 성향의 가톨릭교도를 실망에 빠트렸다. 여성 사제 문제의 경우, 영국교회는 오랜 전통을 깨고 1993년 여성을 사제로 서임하기 시작했다. 그러나 요한 바오로 2세는 로마교회의 변화를 단호하게 반대했다. 그는 낙태, 안락사, 사형 등을 포함한 이른바 '죽음의 문화'를 공격했다. 교황은 민감한 현실적 쟁점에서 가톨릭의 전통적 가르침을 재확인함으로써 많은 사람을 교회에서 멀어지게 했지만, 다른 한편으로 여러 차례 세계를 순방함으로써 비서양 세계에서 가톨릭교회를 크게 강화했다. 그리고 그는 유럽인에게 그들의 정신적 유산의 소중함을 깨닫게 하고, 물질주의적 욕망을 정신적 관심으로 억누를 필요성을 환기하게 하는 데 강력한 영향을 미쳤다.

다른 기독교와의 관계와 관련한 문제에서는, 교황은 동방정교회와 더욱 가까운 유대를 추구함으로써 바오로 6세의 길을 따랐다. 1995년 요한 바오로 2세는 동방정교회의 이스탄불 총대주교 바르톨로메오Bartholomeo를 바티칸에 초빙했다. 이 역사적 만남에서 그들은 개신교와 세속주의의 영향력을 견제하는 데 함께 노력하기로 했다. 그러나 그들은 종교적 활동의 영역과 관련해서는 이견을 좁히지 못했다. 공산주의가 몰락한 뒤, 가톨릭 주교와 선교사들이 역사적으로 정교회의 관할권인 옛 공산권 지역으로 들어갔다. 이런 침투에 대해 이들 나라의 총대주교들이 크게 분개했다.

역사철학　　독일 역사철학자 오스발트 슈펭글러Oswalt Spengler(1880~1936)는 독일이 제1차 세계대전에 패망하기 직전에 펴낸 『서양의 몰락Der Untergang des Abendlandes』에서 문명은 유기체와 마찬가지로 탄생, 성장, 노쇠, 사멸의 주기적 과정을 거친다고 주장했다. 그는 문명의 일생을 추적하고 서양 문명이 죽음의 단계에 이르렀다는 암울한 진단을 내렸다. 이는 세계대전과 러시아혁명 같은 극도로 혼미한 시대의 위기의식이 낳은 산물이었다.

　영국 문명비평가 아널드 토인비Arnold Toynbee(1889~1975)는 1934년 첫 권을 펴내고 1961년에야 마지막 12권을 펴낸 방대한 분량의 『역사 연구A Study of History』에서 세계의 모든 문명을 검토하고 독자적인 문명사관을 제시했다. 그는 슈펭글러의 유기체적 문명관을 받아들여 그가 찾아낸 세계의 26개 문명이 발생, 성장, 쇠퇴, 해체의 네 단계를 거치는 것으로 보았다. 그러나 토인비는 서양 문명의 멸망이라는 슈펭글러의 비관적인 결정론을 거부했다. 문명은 인간 삶에 대한 도전과 그 도전에 대한 응전 과정에서 발생하고 성장하며, 응전에 실패함으로써 쇠퇴의 길로 접어드는데, 쇠퇴 과정에 들어섰더라도 창조적 소수가 다시 응전에 성공함으로써 해체 과정을 막을 수 있다는 것이다.

3) 20세기의 문학

소설　　문학은 제1차 세계대전 이후 형식의 면에서 철저한 혁신을 겪었으며,

내용 면에서는 인간의 상황에 대한 새로운 통찰을 보여주었다. 문학에서 핵심 요소는 주관성의 강조였다. 지배적인 경향은 다른 분야에서와 마찬가지로 개인을 질서정연하고 의미 있는 환경에 맞추어진 객체로 보는 태도에서 벗어났다. 모든 사람은 독특하고 오직 자신의 내면적 체험을 통해서만 이해될 수 있다는 인식이 형성되었으며, 그러므로 작가들은 전통적인 것과는 전혀 다른 자세를 취해야 함을 느꼈다.

제1차 세계대전 이전에 대다수 작가는 작중 인물에게 대화와 행동을 제공하면서 바깥에서 이야기를 이끌었다. 이 기법은 거의 주관적 삶을 강조하지 않았다. 그런데 새 유형의 작가들은 작중 인물들의 마음이나 생각 속으로 깊이 파고들어 가기를 원했다. 그에 따라 독자 역시 인물 내면의 체험과 친밀해지게 된다. 그 효과는 때때로 '의식의 흐름' 기법에 따라 성취되었던바, 작가는 내적 독백이나 깊은 마음속의 생각이 떠오르는 것을 기술했다. 그 결과는 의미가 닿는 말과 허튼 말이 뒤범벅되고, 과거와 현재와 미래가 서로 뒤섞였다.

'내적 진실'을 전달하기 위한 노력으로 수많은 문학적 실험이 이루어졌다. 그런 많은 실험에서 정해진 줄거리와 다듬어진 인물이 실종되었다. 제임스 조이스 Joyce(1882~1941)는 새 문학의 개척자였다. 그는 자신을 작품의 주제로 삼았고, 자신의 경험을 고찰함으로써 그의 시대의 보편적 인간의 문제를 이해하려 했다. 『젊은 예술가의 초상A Portrait of the Artist as a Young Man』(1916)은 그의 삶의 첫 20년을 바탕으로 한 것인데, 주인공이 성장 과정에서 겪는 고뇌와 방황을 의식의 흐름 기법으로 다루었다. 『율리시스Ulysses』(1922)에서도 조이스는 더블린의 두 시민이 하루 동안 겪는 경험에 온갖 요소를 버무려 넣으면서 그들의 마음속 생각을 따라가며 이야기를 전개했다. 그는 많은 작가에게 신선한 영감을 주었다. 더블린에서 태어난 그는 자신의 작품에 대한 소송 위협이 이어지자, 결국 고국을 등지고 스위스로 이주했다.

많은 작가가 다양한 방식으로 '내면의 독백'의 방법을 활용했다. 그 가운데 가장 성공적인 작가는 『잃어버린 시간을 찾아서À la recherche du temps perdu』(1913~

1927)를 쓴 프랑스의 마르셀 프루스트Marcel Proust(1871~1922)였다. 그는 이 소설에서 세기 전환기 즈음 파리에서 만난 상류사회 인사들을 회상하면서 그들의 삶을 세밀하게 묘사했다. 비슷한 방식으로 실험한 또 다른 작가는 제임스 조이스의 동갑내기 영국 작가 버지니아 울프Virginia Woolf(1882~1941)였다. 빼어난 문학비평가이기도 한 울프는 『등대로To the Lighthouse』(1927)에서 작중 인물의 복잡한 내면을 드러내는 수단으로 조이스의 의식의 흐름 기법을 따랐다. 그녀는 또한 글쓰기 재능을 이용하여 여성의 평등한 기회라는 대의를 증진하기 위해 노력했다. 그런 견해는 수필집 『자기만의 방A Room of One's Own』(1929)에서 개진되었는데, 이는 뒷날 페미니즘의 교과서 구실을 했다.

독일 작가 헤르만 헤세Hermann Hesse(1877~1962)는 또 다른 방식으로 무의식을 다루었다. 그의 소설들은 새로운 심리학 이론과 동양 종교의 영향을 반영했으며, 다른 무엇보다 기계화한 도시 사회를 살아가는 현대 인간의 정신적 고독에 초점을 맞추었다. 『데미안Demian』(1919)은 한 젊은이가 밝은 면과 어두운 면의 양면성을 가진 세계와 인간 내면을 자각하면서 진정한 자아를 찾아가는 과정을 정신분석학적으로 기록한 성장담이었으며, 『황야의 이리Der Steppenwolf』(1927)는 자전적 요소를 많이 간직한 소설로서, 모순적인 삶 속에서 끊임없이 방황하면서 고통스럽게 자아를 찾아가는 고독하고 불완전한 인간상을 그렸다.

체크 출신 유대인인 프란츠 카프카Franz Kafka(1883~1924)는 몽상적이고 상징적인 작품에서 현대 세계의 실존적 딜레마를 잘 포착했다. 그는 개인들이 의미 없는 세계에서 의미를 찾기 위해 고군분투하면서 겪는 불안과 인간 운명의 부조리를 통찰하여 실존주의 문학의 선구자가 되었다. 병약하게 태어난 그는 평생 외로움과 싸우는 가운데 『변신Die Verwandlung』(1916)과 『심판Der Prozess』(1925) 등 여러 실존적 고뇌를 담은 소설을 남겼다.

많은 빼어난 작가는 전통적 저술 방법을 따랐다. 영국의 올더스 헉슬리Aldous Huxley(1894~1963)는 많은 주제를 다뤘는데, 그 하나가 미래 사회였다. 『멋진 신세계Brave New World』(1932)에서 헉슬리는 급속히 발달하는 과학기술이 언젠가 가져올 '그럴 법한' 세계를 풍자적으로 보여준다. 그것은 진정 멋진 세계가 아니라, 치밀한 계획 아래에서 인간이 공장에서 생산되고 인간성이 말살된 세계이다. 이와 다른 좀 더 음울한 디스토피아는 조지 오웰Orwell(1903~1950)이 1949년 발표한 『1984』이다. 이 소설은 전체주의 노선에 따라 건설된 미래 사회를 예언한 것으로서, 『멋진 신세계』보다 더 억압적 사회를 그렸다. 그 사회는 쾌락을 사회 통제의 기본 수단으로 삼는 『멋진 신세계』와 달리 심리적 테러를 통제 수단으로 사용한다.

소련에서는 도스토예프스키와 톨스토이를 잇는 위대한 문학이 나타났다. 보리스 파스테르나크Boris Pasternak(1890~1960)는 공산주의 혁명 전후의 러시아를 배경으로 한 서사시적 역사소설 『의사 지바고Doktor Zhivago』(1958)를 썼으며, 솔제니친은 노동수용소의 비참한 실상을 고발하는 여러 작품을 생산했다. 체코슬로바키아의 밀란 쿤데라Milan Kundera(1929~)는 환상과 현실을 혼합했는데, 환상을 도덕적 쟁점을 검증하는 데 사용하는 한편 인간 조건에 대해 낙관주의를 유지했다. 그는 바츨라프 하벨과 함께 1968년 '프라하의 봄'에 참여했으며, 조국이 소련군에 점령당한 뒤 1975년 프랑스로 망명했다. '프라하의 봄'을 배경으로 한 『참을 수 없는 존재의 가벼움L'insoutenable légèreté de l'être』(1984)에서 쿤데라는 인간의 정신은 비록 줄어들 수는 있어도 파괴될 수는 없음을 보여준다. 등장인물들은 조국의 정치적 억압에 절망하지 않고 사랑을 통해 더 나은 삶을 찾아 나아가려고 애쓴다.

라틴아메리카에서 20세기에 세계적으로 칭송받는 작가가 여럿 나타났다. 아르헨티나의 호르헤 루이스 보르헤스Jorge Luis Borges(1899~1986)는 향토성 짙은 시를 짓고, 40대에는 경험과 상상을 뒤섞어놓은 환상적인 단편소설을 주로 지었다. 그는 『픽션들Ficciones』(1944)을 펴낸 뒤 차츰 세계적 명성을 얻기 시작했는데, 그의 작품은 상당히 난해하기는 하지만 독자의 흥미를 자아내기에 부족함이 없다. 콜롬비아의 가브리엘 가르시아 마르케스Gabriel García Márquez(1927~2014)는 『백년의 고독Cien anos de soledad』(1967)에서 한 가공의 공동체 이야기를 통해 전쟁, 부패, 고립, 빈곤, 사랑, 희망, 절망 등 라틴아메리카가 겪은 모든 역사적 경험을 녹여냈다. 이 소설에서 마르케스는 사실과 허구를 넘나드는 이른바 '마술적 사실주의magic realism'를 선구적으로 발전시켰다. 초자연적 사건이 자연적 사건과 함께 발생하고, 먼 과거로의 회상이 마치 현재에서처럼 일어난다. 그러면서도 그 소설은 두 이질적인 것을 설득력 있게 결합했다.

미국에서는 이디스 워튼Edith Wharton(1862~1937)이 뉴욕 상류사회의 위선과 허위를 풍자한 『순수의 시대The Age of Innocence』(1920)로 당대 최고 작가라는 명성을 얻고, 여성으로서는 처음으로 퓰리처상을 받았다. 어니스트 헤밍웨이Ernest Hemingway(1899~1961)는 미국 문학사에서 20세기 미국 문학의 최고봉으로 꼽힌다. 그에게 노벨 문학상을 안겨준 말년의 걸작 『노인과 바다The Old Man and the Sea』(1952)에서 그는 대어를 낚으려는 늙은 어부의 불굴의 투혼을 군더더기 없는 건조하고 간결한 특유의 문체로 그렸다. 말년에 우울증에 시달렸던 그는 길지 않은 삶을 자살로 마감했다. 존 업다이크Updike(1932~2009)는 평범한 중산계급의 일상생활을 주제로 현대사회의 불안을 예리하게 파헤친 많은 화제작을 남겼는데, 『부부들Couples』(1968)에서는 성에 깊은 관심을 가진 부유한 시민들의 내밀한 사생활을 묘사했다.

시　　아일랜드 시인 윌리엄 버틀러 예이츠Butler Yeats(1865~1939)와 오스트리아 제국의 체크인 시인 라이너 마리아 릴케Rainer Maria Rilke(1875~1926)는 19세기 말에 풍미한 상징주의 작풍을 20세기로 이어갔다. 예이츠는 전설과 신화 속에서 아일랜드 민족정신의 뿌리를 찾고자 했으며, 시집 『갈대숲의 바람The Wind among the Reeds』(1899)에서는 아일랜드 민족주의를 서정적으로 표현했다. 그는 나이가 들어서도 왕성한 작품 활동을 이어갔으며, 후기의 작품인 『탑The Tower』(1928)은 그를 대표하는 시집으로 평가된다. 예이츠는 아일랜드인으로는 첫 노벨상 수상자가 되었는데, 엘리어트는 그에게 영어로 쓴 최고의 시인이라는 찬사를 보냈다.

프라하에서 태어난 릴케는 처음에 몽상적이고 낭만적인 시집을 여러 권 냈다. 그 뒤 그는 독일과 파리를 거쳐 1919년 이후 스위스에 정착했는데, 그곳에서 10년이나 걸린 연작 시집 『두이노의 비가Duineser Elegien』(1922)와 『오르페우스에게 바치는 소네트Sonette an Orpheus』(1922)를 완성했다. 그는 섬세한 감수성을 바탕으로 사랑·고독·신·죽음에 대한 깊은 성찰을 시구에 담았으며, 독일 서정시를 완성했다는 평가를 받았다. 그는 한국 서정시에도 큰 영향을 끼쳤는데, 윤동주의 「별 헤는 밤」에도 등장했다.

미국 태생 토머스 스턴스 엘리어트Thomas Stearns Elliot(1888~1965)는 영국에서 정신적 고향을 찾았다. 그의 초기 작품은 현대 문명에 대한 깊은 환멸과 공허함을 반영했다. 장시 「황무지The Wasteland」(1922)는 '의식의 흐름' 기법을 사용하여 제1차 세계대전 뒤 유럽의 정신적 황폐를 상징적으로 묘사했으며, 「네 개의 사중주Four Quartets」(1943) 역시 그의 시인으로서의 명성을 높여 주었다. 엘리어트 더 많은 대중에 다가가기 위해 연극에도 손을 댔는데, 순교자 토머스 베케트를 주인공으로 한 『성당의 살인Murder in the Cathedral』(1935)은 가장 성공적인 희곡이라 할 만하다.

로버트 프로스트Frost(1874~1963)는 소박한 농민과 자연을 노래하고 미국적인 삶과 정서를 잘 표현함으로써 미국민의 가장 큰 사랑을 받는 시인이 되었다. 그가 20대 중반에 쓴 「가지 않은 길The Road not Taken」은 한국에서도 널리 애송되는 시이다. 마야 앤절루Maya Angelou(1928~2014) 역시 미국의 매력과 희망을 노래했다. '흑인 여성의 계관시인'으로 불린 그녀는 1993년 클린턴 대통령 취임식 때 자신의 시 「아침의 고동에 대하여On the Pulse of Morning」를 축시로 낭송했으며, 자전적 소설 『새장에 갇힌 새가 왜 노래하는지 나는 아네I know Why the Caged Bird Sings』(1970)로 흑인 여성 최초로 베스트셀러 작가가 되었다. 앤절루는 문학 활동뿐 아니라 흑인 인권 운동을 비롯하여 아주 다양한 분야에서 왕성한 활동을 펼쳐 생전에 미국에서 가장 영향력 있는 흑인 여성 중 한 명으로 꼽혔다. 그녀는 최초의 여성 우주비행사이자 물리학자인 샐리 라이드Sally Ride(1951~2012)와 함께 2022년부터 발행되는 25센트 동전 뒷면에 새겨지기로 예정되었다.

희곡　　희곡 역시 시와 소설처럼 시대의 영향을 받았다. '미국 현대 연극의 아버지' 유진 오닐Eugene O'Neil(1888~1953)은 현대인의 심리적 좌절을 사실주의적으로 묘사한 『느릅나무 밑의 욕망Desire Under the Elms』(1924)과 인물의 욕망과 심리를 의식의 흐름 기법으로 묘사한 『이상한 막간극Strange Interlude』(1928) 등을 비롯한 많은 작품에서 다양한 연극적 실험을 했다. 사후에 공연된 자전적 희곡 『밤으로의 긴 여로Long Day's Journey into Night』(1956)는 그의 최대 걸작으로 꼽힌다. 한 살 차이의 찰리 채플린이 그의 사위였다. 오닐의 뒤를 이어 테네시 윌리엄스Tennessee Williams(1911~1983)는 『욕망이라는 이름의 전차A Streetcar Named Desire』(1947)와 『뜨거운 양철 지붕 위의 고양이Cat on a Hot Tin Roof』(1955) 등으로, 아서 밀러Arthur Miller(1915~2005)는 『세일즈맨의 죽음Death of a Salesman』(1949)과 같은 작품으로 미국 연극을 빛냈다.

1950년대 유럽에서는 의사소통의 부질없음, 비이성적이고 자기모순적인 인물, 원인을 알 수 없는 불안과 절망 등을 특징으로 하는 부조리극이 풍미했다. 아일랜드 출신으로 프랑스에서 작품 활동을 한 새뮤얼 베케트Samuel Beckett(1906~1989)의 『고도를 기다리며En attendant Godot』(1952)에서는, 두 명의 뜨내기가 서로 통하지 않는 무의미한 말을 주고받으며 누군지도 모르고 오리라는 보장도 없는 고도를 하염없이 기다린다. 극의 전개 과정에서 아무 일도 일어나지 않고, 아무런 줄거리도 없다. 미국에서는 에드워드 올비Albee(1928~2016)가 유럽 부조리극과는 다른 미국식 부조리극을 표방한 『미국의 꿈The American Dream』(1961)으로 명성을 얻었다. 그는 노골적인 음담패설과 선정성이 문제가 된 단막극 『누가 버지니아 울프를 두려워하랴?Who's Afraid of Virginia Woolf?』(1962)로 아서 밀러 이후 미국의 가장 뛰어난 극작가로 평가받았다.

4) 20세기의 예술

회화　　세기 전환기에 즈음해서 미술계에서는 문학에서처럼 물리학과 심리학에서 불어오는 불확실성과 무의식이라는 바람을 맞으면서 양식상의 혁신이 일어나기 시작했고, 제1차 세계대전을 겪으면서 다양한 양식이 발전했다. 19세기 말 반 고흐가 개척한 표현주의는 20세기에 들어와 독일에서 어느 정도 다른 방향을 취했다. 케테 콜비츠Käthe Kollwitz(1867~1945)는 자연보다 인간과 사회에 초점을 맞추었다. 그녀는 주로 여성의 정서적 삶을, 그들의 기쁨과 슬픔을 묘사했으며, 프롤레타리아 회화의 선구자라는 평을 들었다. 그녀는 값비싼 그림 대신 주로 판화 작업을 했다. 20세기 초에는 프랑스에서 잠시 야수파fauvisme라 불리는 또 다른 유파가 나타났다. 앙리 마티스Henri Matisse(1869~1954)를 비롯한 이들 야수파는 대상 자체보다 대상에 대해 느낀 주관적 감정을 강렬한 색채와 거칠고 강한 붓질로 표현했다. 마티스는 나중에 아프리카 원시 미술 연구에서, 그리고 동양 양탄자 문양의 연구에서 형태를 단순화하는 법을 배웠다.

현대 미술의 거장 파블로 피카소Pablo Picasso(1881~1974)는 스페인 출신이나 일찍이 파리에 자리를 잡았다. 그는 매우 다양한 양식의 그림을 그렸는데, 처음에는 꽤 전통적 방식으로 그림을 시작했다. 〈기타 치는 눈먼 노인Le vieux guitarriste aveugle〉(1903)은 가난하고 소외된 사람들에 대한 초기의 관심을 보여준다. 그 뒤 그는 곧 표현주의 양식을 거쳐 입체주의cubism라는 새 양식을 발전시켰다. 기하학적 구성의 몸을 가진 다섯 명의 벌거벗은 여인을 그린 〈아비뇽의 아가씨들Les demoiselles d'Avignon〉(1907)은 입체파 그림의 선구적 작품이다. 피카소는 〈게르니카 Guernica〉(1937)에서 스페인 내전 때 파시스트 공군의 공습으로 파괴된 소도시 주민의 공포와 참상을 생생하게 대형 화면에 담았다. 그것은 입체주의와 표현주의 기법을 사용하여 현대전의 끔찍한 비극을 고발한 그의 대표작이다.

입체파는 한 대상의 구성 요소를 여러 각도에서 기하학적 패턴으로 재구성한다. 예를 들어 바이올린을 다룰 때, 피카소는 악기를 분해할 뿐 아니라 각 부분을 자신이 원하는 각도에서 원하는 정도만큼 뒤틀어서 보여준다. 다시 말하자면 그는 바이올린에 대한 그의 생각과 느낌을 화폭에 투사하고, 그와 동시에 그림의 요소를 미학적으로 즐거운 구도로 배열한다. 그와 같은 작품은 당연히 일반

대중이 이해하기는 쉽지 않다.

제1차 세계대전의 악몽에 가장 큰 자극을 받은 화풍은 다다이즘dadaism이었다. 다다이즘은 삶의 무목적성에 주목했다. 루마니아 태생 프랑스 시인이자 미술가로 다다이즘 운동을 주도한 트리스탕 차라Tristan Tzara(1896~1963)는 서양 전통에 대한 경멸감을 드러내면서, "삶의 행동은 시작도 끝도 없다. 모든 것은 완전히 천치와 같은 방식으로 일어난다"고 말했다. '다다'라는 단어 자체가 아무런 의미가 없는 그냥 소리일 뿐으로서, 다다이즘의 가장 중요한 특징은 허무적 이상주의와 반항 정신이었다. 다다이스트는 과거의 모든 예술 형식과 가치를 부정하고, 비합리성·반도덕·비심미적인 것 등을 찬미했다. 회화의 모든 기존 규칙을 조롱한 다다 운동은 오래가지 못했다.

마르셀 뒤샹Marcel Duchamp(1887~1968)은 야수파와 입체파의 영향을 받은 뒤 프랑스의 대표적 다다이즘 화가가 되었다. 〈계단을 내려오는 누드Nu descendant un escalier〉(1912)는 그의 초기 작품 중 가장 파격적인 작품인데, 누드 형상을 마치 움직이는 기계처럼 묘사했다. 이 그림은 이미지가 해체되고 파편화해서 입체파 그림처럼 보이기도 한다. 그 뒤 뉴욕으로 간 그는 기성품 오브제ready-made objet를 작품화했는데, 가게에서 산 남성용 소변기를 〈샘Fontaine〉(1917)이라는 작품명으로 전시회에 출품했다. 청소부가 쓰레기인 줄 알고 버려서 지금은 사라진 이 작품은 기성품 개념을 최초로 미술에 도입한 작품으로 기억되고 있다. 뒤샹은 작품을 작가가 직접 만들었는지가 중요한 게 아니라, 일상적 사물을 새로운 목적과 시각에서 오브제로 선택함으로써 그 오브제는 예술품으로 창조된다고 주장했다.

제1차 세계대전 이후 나타나 20세기 화단을 풍미한 화풍은 추상주의abstractionism와 초현실주의surrealism였다. 현대 미술가들은 대상의 형태를 구체적으로 표현하지 않고 순수 조형의 요소인 점·선·면·색 등으로 자신의 감정이나 생각을 표현하려 했는데, 그러한 시도는 추상 미술에서 정점에 이르렀다. 추상 미술을 개척한 화가는 러시아 출신으로 독일에서 작품 활동을 한 바실리 칸딘스키Vasily

Kandinsky(1866~1944)인데, 그는 이미 1911년에 그런 그림을 그리기 시작했다. 그는 시각적 형태의 재현을 전면적으로 거부했으며, 미술은 색채에 초점을 맞추고 인간의 감각에 직접 호소해야 한다고 믿었다.

추상 미술은 여러 양식을 취했지만, 아마도 가장 자극적인 것은 추상적 표현주의abstract expressionism였다. 추상적 표현주의는 특히 미국에서 유행했다. 그 대표라 할 잭슨 폴록Jackson Pollock(1912~1956)은 마음속에 아무런 구상도 없이 그저 붓 가는 대로 그리기 시작하여, 거의 잠재의식적으로 내면에서 이는 강렬한 감정에 반응하는 방식으로 그림을 그렸다. 그는 그리는 동안 최종 모습이 어떠할지를 알지 못했다. 그는 때때로 바닥에 놓인 커다란 화폭에 물감을 쏟아붓고, 흩뿌리고, 방울로 떨어뜨리는 방식으로 작업을 했다.

초현실주의는 기성 질서와 전통의 파괴를 표방했던 다다이즘에서 뿌리를 찾을 수 있지만, 프랑스 시인이자 비평가 앙드레 브르통André Breton(1895~1966)이 1924년 「초현실주의 선언Manifeste du surréalisme」을 발표함으로써 명확한 형태를 갖추게 되었다. 초현실주의는 무의식 세계나 꿈의 세계, 혹은 이성의 속박에서 벗어난 공상과 환상의 세계를 그림의 주요 소재로 삼는다. 그래서 이 화파에 속하는 화가들은 현실에서는 시각적으로 나타날 수 없는 기묘한 형태를 화폭에 담았다. 그들은 또한 인간 경험상의 비합리적인 것, 폭력적인 것, 부조리한 것을 중요하게 여겼다.

스페인 화가 살바도르 달리Salvador Dali(1904~1989)는 초기에 피카소의 영향을 받아 입체파 화풍을 따랐으나, 프로이트를 접하면서 꿈과 무의식의 세계에 탐닉하게 되었다. 저 멀리 해안 절벽을 배경으로 앙상한 나뭇가지, 흐물흐물 흘러내리는 시계, 개미떼가 몰려 있는 회중시계 등이 이리저리 널려 있는 〈끈질긴 기억La persistencia de la memoria〉(1931)은 그의 대표작으로 꼽힌다. 벨기에의 르네 마그리트René Magritte(1898~1967)는 이미지와 언어를 모호한 관계로 비틀거나, 사물을 전혀 엉뚱한 곳에 배치하는 그림을 통해 합리적인 의식을 초월한 세계를 내보였다. 담배 파이프 그림 밑에 프랑스어로 "이것은 파이프가 아니다"라는 글을 써넣은

〈이미지의 반역La trahison des images〉(1929)은 전자의 예이고, 요새 모양의 성이 육중한 바위 꼭대기에 솟아 있고, 그 바위는 해변 위에 무중력으로 떠 있는 〈피레네의 성Le chateau des Pyrenees〉(1959)은 후자의 예이다. 마그리트는 팝아트pop art에 큰 영향을 끼쳤다.

조각   조각에서도 회화와 비슷한 경향이 일어났는데, 여기서도 전통적인 객관적 형태의 재현이 포기되었다. 가장 위대한 현대 조각가로 손꼽히는 영국의 헨리 무어Henry Moore(1898~1986)는 유럽의 전통적 조각에 거부감을 느끼고, 원시미술이나 고고 미술 등에서 조각의 이상적 모델을 발견했다. 인체의 형태를 뒤틀고 추상적 방식을 도입하기는 했으나, 무어는 전통적인 조각 양식을 완전히 버리지는 않았다. 그의 많은 조각상은 비록 뒤틀리기는 했으나 주제를 넌지시 일러준다. 그의 작품은 항상 인간의 신체와 관련성을 갖는데, 특히 〈어머니와 아이Mother and Child〉(1932)와 〈기댄 인물Reclining Figure〉(1951)은 그가 자주 다루었던 주제이다.

미국 조각가 앨릭잰더 콜더Alexander Calder(1898~1976) 역시 혁신적 작업을 시도했다. 그는 움직이는 조각을 고안한 최초의 조각가이다. 콜더가 1920년대 말 파리에서 첫선을 보인 〈서커스Circus〉는 선풍적인 인기를 끌면서 미술계에 신선한 충격을 주었는데, 그의 조각에는 곧 모빌mobile이라는 이름이 붙었다. 그는 여러 가지 모양의 금속조각이나 나뭇조각을 철사로 연결해서 만든 정교하게 균형 잡힌 조형물을 공중에 매달았다. 그의 조각은 공기 흐름이나 가벼운 접촉으로 흔들리고 움직였다. 기계공학을 공부한 콜더는 또한 움직임의 느낌을 전달하는 정적인 조형물을 만들 수 있다고 생각했다. 야외에 설치된 그의 거대한 조각품은 보는 사람이 그 주위를 도는 데 따라 마치 움직이는 느낌을 준다. 그런 그의 조각에는 움직이지 않는 모빌, 스테이빌stabiles이라는 이름이 붙었다. 그 빼어난 예가 미시건주의 그랜드 래피즈Grand Rapids시에 설치된 거대한 조각품 〈쾌속La Grande Vitesse〉(1969)인데, 그 도시 이름과 같은 뜻의 프랑스어 제목을 가진 이 작품은 거대한 곡면 강판이 역동적인 형태로 연결되어 있다. 시카고에 설치된 〈플라밍고*Flamingo*〉(1973) 역시 같은 부류의 작품이다.

스위스 조각가 알베르토 자코메티Alberto Giacometti(1901~1966)는 입체주의와 초현실주의의 영향을 받아 실험적 작품을 제작하다가, 제2차 세계대전이 끝난 뒤 주로 파리에서 작품 활동을 하면서 매우 독창적인 자신의 양식을 개발했다. 그는 주로 불규칙한 마감을 한 긴 막대기 모양의 청동 인물상을 제작했는데, 여성은 가만히 서 있고 남성은 걷는 것처럼 보인다. 자코메티는 사르트르 부부와 깊은 교분을 나누었는데, 고뇌에 찬 듯한 그의 조각은 실존주의자들의 비관주의를 표현한 것으로 해석된다. 〈걷는 사람*L'Homme qui marche*〉(1961)은 그의 대표작이다.

건축　건축은 회화나 조각에 비해 시대의 철학적 혹은 정신분석학적 영향을 훨씬 덜 받았는데, 이는 건축의 공리주의적 성격 때문이었다. 건축에서 혁신이 이루어진 것은 새로운 건축 자재의 이용과 공학기술의 발전 덕분이었다. 철골구조 공법이 등장하여 전보다 훨씬 높고 큰 구조물을 세울 수 있게 된 것이다. 지금까지는 높은 건물의 경우 엄청나게 두꺼운 석재 벽이나 버팀벽이 필요했는데, 이제 철재 골조로 건물의 무게가 전혀 다른 원리에 따라 분산될 수 있게 되었다. 그뿐만 아니라 철골조 덕분에 전보다 유리를 훨씬 더 넓은 면에 사용할 수 있게 되었다. 19세기의 건축은 여러 옛날 양식을 되살린 것으로서 어떤 양식도 그 시대의 정신이나 과학기술에서 나온 것이 아니었는데, 세기 말에는 마침내 변화가 일어난 것이다. 그리하여 20세기 건축은 전례 없는 양적 팽창뿐만 아니라 뚜렷한 양식상의 혁신도 이루었다. 20세기는 위대한 건축의 시대이기도 하다.

이러한 새 접근법의 개척자는 미국 건축가로서 주로 시카고에서 일한 루이스 설리번Louis Sullivan(1856~1924)이었다. 그는 비싼 땅의 좁은 대지 위에 공간을 최대한으로 활용하는 면에서 마천루의 가치를 인식했다. 그는 고층 건물의 골격을 '역사적' 장식의 외관으로 가려버리는 행태를 거부하고, 과감하게 건물의 골격을 그대로 드러냈다. 그는 형태보다 기능을 우선시하는 접근법에 큰 영향을 미쳤다.

설리번의 문하생 프랭크 로이드 라이트Frank Lloyd Wright(1867~1959)는 현대 건축의 진정한 개척자였다. 그는 건물은 과거의 형식 및 장식과 완전히 결별하고 형태가 기능을 따라가게 해야 한다고 주장했다. 그는 진정한 양식은 일이나 휴식 혹은 놀이 등 인간의 특정 활동에 적합한 공간을 제공하는 양식이며, 그 아름다움은 건축 자재 자체의 성격에 달려 있다고 생각했다. 그의 건축물은 그것을 차지한 개인의 필요와 욕구를 기반으로 설계되고 건자재의 자연적인 외양을 유지하기 때문에, 그는 자신의 양식을 '유기적organic'이라 불렀다.

라이트는 특히 주택 설계의 혁명을 가져왔다. 건물 내부로는 공간의 자유로운 흐름을 최대화하고 외부로는 그 공간을 주위의 자연환경과 어울리게 하려고, 그는 캔틸레버cantilever 공법을 효과적으로 이용했다. 펜실베이니아 서부 산속에 지어진 별장 낙수장Falling Water(1939)은 캔틸레버 공법을 사용한 유기적 건축의 빼어난 사례이다. 낮은 폭포 위에 지은 이 집은 버팀대 없이 주위로부터 튀어나와 공중에 뜬 것처럼 보인다. 집 내부는 공간이 트여 있고, 밖으로는 집이 자연과 접촉하고 있는 듯한 느낌이 든다. 오늘날 일반 주택에서 당연한 것으로 여겨지는 많은 것이 20세기가 시작할 무렵 라이트가 한 실험에서 연유한 것이다. 공공 건축물로는 뉴욕의 구겐하임 미술관Guggenheim Museum을 설계했는데, 그러나 그는 1959년의 완공을 보지는 못했다. 구겐하임 미술관과 낙수장을 포함하여 그의 작품 여덟 점이 2019년에 세계문화유산에 등재되었다.

미국 바깥의 건축가들은 라이트의 건축에 깊은 감명을 받았다. 그 가운데 가장 영향력 있는 인물은 독일 건축가 발터 그로피우스Walter Gropius(1883~1969)였다. 1919년 바이마르에 세워진 건축공예학교인 바우하우스Bauhous가 정치적 및 경제적 이유로 문을 닫자, 교장이던 그로피우스는 바우하우스를 데사우Dessau로 이전하여 건물을 대규모로 새로 지었다. 이 건물은 오늘날에는 평범해 보이지만, 1926년 세워질 때는 활발한 논쟁을 불러일으켰다. 바우하우스는 저명한 미술가, 디자이너, 건축가들이 교수로 참여하여 이후 1933년 폐쇄될 때까지 모더니즘 공예산업과 건축 설계의 요람 구실을 했다. 그로피우스는 라이트처럼 건축의 첫째 원칙은 기능에 충실한 것임을 강조했다. 바우하우스 건물은 오늘날 '국제' 양식이라 부르는 것의 모델이 되었다. 특히 공장과 사무실 등 대형 건물에 적용되는 이 양식은 기계 시대의 정밀성과 효율성을 적절하게 표현했다. 파리에 있는 유네스코 본부 건물(1958)은 그 좋은 사례이다.

국제 양식의 가장 빼어난 건축가로는 독일 출신 미국인 루트비히 미스 반데어로에Ludwig Mies van der Rohe(1886~1969)를 들 수 있는데, 그로피우스에 이어 바우하우스 교장을 지낸 그는 기능만으로는 아름다움을 확보하기에 충분하지 않다고 생각했다. 그의 초고층 빌딩들은 균형 잡힌 비례, 풍부한 건축 자재, 꼼꼼한 세부 처리로 눈을 즐겁게 한다. 뉴욕에 있는 시그램 빌딩Seagram Building(1958)은 그의 만년의 걸작이다.

스위스 태생 프랑스 건축가 르코르뷔지에Le Corbusier(1887~1965)는 주택 건설을 중심으로 많은 작업을 했다. 그는 '집은 사람이 살기 위한 기계'라고 생각했다. 집은 사람이 살기에 가장 효율적으로 지어져야 한다는 것이었다. 초기에 그는 주로 개인 주택을 지었는데, 교외 별장으로 지어진 빌라 사보아Villa Savoye가 가장 많은 사랑을 받는 건물이다. 그런데 도시 빈민의 주택 문제가 심각해지자 그는 공동주택으로 관심을 돌렸다. 마르세유에 건설된 대형 주거 단지 '위니테 다비타시옹Unité d'habitation(1952)'은 필로티pilotis로 떠받친 거대한 콘크리트 구조물로서 현대 아파트의 효시와 같은 것이다.

그런데 르코르뷔지에는 롱샹 근교 언덕에 세워져 흔히 롱샹 예배당Chapelle de Ronchamp(1955)이라 불리는 노트르담 뒤 오Notre-Dame du Haut 예배당을 통해 깜짝 변신을 시도했다. 이 예배당은 그동안의 표준적이고 규격화한 건물이 아니라 매우 특이한 형태를 띠고 있다. 기능성과 효율을 중시하던 건축가가 감상적이고 자유분방한 모습의 예배당을 건설한 것이다. 합리주의자들의 우상이었던 그는 롱샹 예배당으로 비합리주의자들의 우상도 되었다. 그는 만년에는 인도 펀자브의 주도 찬디가르Chandigarh 건설에 정성을 쏟았다. 모더니즘 건축의 아버지로 불리면서 현대 건축의 기초를 다진 그는 문하생 김중업을 통해 한국 건축에도 큰 영향을 끼쳤다.

음악　　20세기 초에는 음악에서도 회화에서처럼 인상주의를 뒤따라 표현주의가 나타났다. 표현주의 작곡가들은 내면 깊숙한, 심지어 잠재의식적 감정을 소리로 표현하고자 했으며, 그래서 그들은 르네상스 이래 음악의 전통이었던 장조-단조 체계를 버리고 여러 키key를 동시에 사용하는 다조 음악 혹은 무조 음악이라는 파격적인 실험을 했다. 빈의 작곡가 아르놀트 쇤베르크Arnold Schönberg(1874~1951)는 표현주의 음악의 선구자였다. 그는 1910년대에 들어와서 이전의 낭만주의에서 완전히 벗어났다. 그는 19세기의 대형 관현악 대신 현악 사중주와 기타 형식의 실내악을 작곡하면서, 전통적인 조성調性을 버리고 아무런 고정 키도 없는 무조 음악atonal music을 실험했다. 그는 또한 독특한 12음 기법을 고안했는데, 이는 작곡이 모든 음조와 화음 연결에서 벗어나는 것과 동시에 극단적 불협화음을 강조하는 작법이었다. 히틀러가 집권하자 유대인이었던 쇤베르크는 미국으로 이주해서 작곡 활동을 이어갔다.

쇤베르크의 생소한 무조 음악과 12음 기법은 많은 비난을 받았으며 대중의 인기를 얻지 못했다. 그러나 러시아 작곡가 이고르 스트라빈스키Igor Stravinsky (1882~1972)는 큰 성공을 거두었다. 그는 일찍부터 예술의 도시 파리에서 활동했는데, 역시 파리에서 활동하던 공연 제작자 세르게이 디아길레프Sergei Diaghilev (1872~1929)의 눈에 띄어 둘은 협업을 했다. 디아길레프가 창단한 발레단 발레 뤼스Ballets Russes가 1913년 5월 파리에서 초연한 발레곡 「봄의 제전Le Sacre du Printemps」은 음악계를 발칵 뒤집어놓았다. 박동하는 리듬, 날카로운 불협화음, 생소한 춤, 파격적 의상 등은 당시 사람들의 상식을 완전히 벗어난 것이었다. 청중은 폭동에 가까울 정도로 격렬한 거부 반응을 보였고, 공연장은 난장판이 되었다. 그러나 이로 인해 유명해진 「봄의 제전」은 관현악으로 연주되어 열렬한 갈채를 받았고, 스트라빈스키는 일약 전위파의 기수로 떠올랐다.

러시아에서 볼셰비키 혁명이 일어나자, 스트라빈스키는 프랑스에 정착했으며 이후에 작풍 또한 신고전주의로 전환했다. 고전주의와 바로크 양식 정신을 되살리려 한 음악 풍조는 양차 대전 사이 시기에 유럽 음악의 주류를 이루었는데, 그는 이러한 흐름을 선도했다. 그 뒤 제2차 세계대전이 끝나고 나서 그는 1945년 미국에 귀화했다. 그는 긴 생애를 통해 수많은 현대 음악 사조를 거쳤다. 그래서 그는 끊임없는 실험을 통해 현대 음악의 모든 사조를 아우른 거장이라는 찬사와 독자적 음악 세계를 구축하기보다 일관성 없이 돈벌이를 위해 그때그때 잘 팔리는 유행만 쫓아다닌 인기 작곡가라는 비난을 동시에 받았다.

뉴욕: 현대 예술의 중심 제2차 세계대전 이후 미국은 서양 미술계를 지배했으며, 그 미술은 전후 미국의 힘과 풍요를 반영했다. 뉴욕은 파리로부터 예술 도시의 명성을 넘겨받았다. 구겐하임 미술관, 현대 미술관The Museum of Modern Art, 휘트니 미술관Whitney Museum of American Art 등이 수많은 화랑과 함께 현대 미술의 발전을 뒷받침하고 세계의 미술 취향을 선도했다. 앤디 워홀과 제프 쿤스는 전위 미술로 세계의 이목을 뉴욕에 집중시켰다. 뉴욕은 음악의 중심 구실도 했다. 미국의 대표적 교향악단인 뉴욕 필하모닉은 레너드 번스타인Leonard Bernstein이 1958년부터 10여 년간 상임 지휘자로 활동하던 기간에 헤르베르트 폰 카라얀Herbert von Karajan이 지휘하는 베를린 필하모닉과 쌍벽을 이루며 전성기를 누렸다. 그리고 브로드웨이에서 공연되는 수많은 뮤지컬은 끊임없이 수많은 관객을 그러모았다.

4. 20세기 사회

1) 대중과 대중문화

소비사회의 도래　　유럽의 사회구조는 1945년 이후 많은 변화를 겪었다. 특히 눈에 띄는 것은 중간계급의 규모가 크게 확장되었다는 점이다. 기업가와 법조계·의료계·대학 등의 전문직과 같은 전통적 중간계급 집단에 새로 대기업과 정부 기관이 채용한 수많은 화이트칼라 관리와 행정 요원이 추가된 것이다. 이들의 지위는 고등교육을 통해 습득한 전문 지식에 달려 있었다.

전통적 하층계급에도 변화가 일어났다. 특히 농촌에서 도시 지역으로 대대적인 인구 이동이 일어나, 농업에 종사하는 사람 수가 극적으로 줄었다. 1950년대에 유럽 대부분 지역에서 농민의 수는 절반으로 줄고, 산업 노동자 규모도 커지지 않았다. 서독의 경우 산업 노동자는 1950년대와 1960년대 내내 전체 노동력의 48%를 유지했으며, 그 이후 화이트칼라의 수가 늘면서 산업 노동자 수는 줄어들기 시작했다. 그와 동시에 노동계급은 실질임금이 상당히 상승하여 중간계급의 소비 행태를 따를 수 있게 되었고, 그리하여 이른바 '소비자 사회'가 도래했다.

할부 판매제가 1930년대에 도입되어 1950년대에 널리 퍼졌는데, 노동자도 이를 통해 중간계급을 흉내 내어 텔레비전·냉장고·세탁기·진공청소기·전축 같은 가전제품을 사들였다. 대중 소비주의의 가장 두드러진 상징은 자동차였다. 제2차 세계대전 이전에 자가용은 유럽 상류층의 전유물이었다. 그 자가용이 전 유럽에서 1948년에 500만 대, 1957년에는 그 세 배, 1960년대에는 4500만 대나 되었다.

대중문화와 레저의 확산　　대중문화는 제1차 세계대전이 끝난 뒤 미국에서 경제적 번영의 물결을 타고 범람하기 시작해서 1920년대를 '광란의 20년대Roaring

Twenties'로 만들었다. 대중의 레저 활동은 세기 전환기 무렵 발달하기 시작했는데, 제1차 세계대전 이후 노동 패턴이 바뀌면서 그런 활동에 이용할 여유 시간이 부쩍 늘었다. 1920년 무렵에 이르러 서유럽에서는 많은 사무직 및 공장노동자의 하루 8시간 노동제가 일반화했다. 대중의 삶의 여건이 개선되면서 위락에의 요구가 놀라울 만큼 증가했다.

경륜·투우·축구 등 관중을 위한 스포츠 행사가 대중 레저의 중요한 요소가 되었다. 축구 시합 관중이 폭발적으로 늘었고, 1930년 월드컵 대회가 출범하자 국가적 경쟁의 열광이 일어났다. 관중이 증가하면서 1920년대와 1930년대에 대대적인 경기장 건설 붐이 일었다. 또 하나의 중요한 대중 레저 활동은 관광여행이었다. 제2차 세계대전 이전에 해외여행은 대부분 상층 및 중간계급의 몫이었지만, 제2차 세계대전 이후에는 수백만 명의 사람들이 편리한 단체여행을 통해 해외여행을 즐길 수 있게 되었다. 1960년대 중반에 1억 명이 넘는 관광객이 해마다 유럽 바깥으로 여행을 다녔다.

늘어난 여가, 더욱 편리해진 이동성, 개선된 소통 매체 등이 어우러진 결과 스포츠계와 연예계에서 현대적 '스타' 체제가 발달했다. 대중문화는 스타 배우, 스포츠 영웅, 스타 가수를 낳으면서 많은 사람에게 즐거움과 오락을 선사했다. 지식인들이 주위에서 일어나는 변화를 이해하고 설명하려고 애쓰는 동안, 대중문화 전파자들은 사람들의 힘든 삶의 무게를 덜어주었다. 대중문화는 제2차 세계대전 이후 그 역할이 더욱 중요해졌다. 대중문화의 역사는 곧 그것을 떠받치는 경제체제의 역사이다. 대중문화와 그 경제지원체제가 점점 더 서로 뒤얽히면서 레저산업이 등장했다. 산업사회는 레저의 제공을 중요한 경제활동으로 만들었다. 따라서 현대의 대중문화는 대량 소비사회와 떼어놓을 수 없이 긴밀하게 결합했다.

영화와 텔레비전　　과학기술은 여러 가지 방식으로 삶에 영향을 미치고 대중문화 확산에 결정적으로 이바지했는데, 특히 라디오·영화·텔레비전은 그 미치는 영향의 크기로 인해 대중문화의 새로운 차원을 열었다. 19세기 말 일련의 과학기술상의 발명으로 매스컴 혁명을 위한 길이 준비되었는데, 미국에서 대중을 위한 라디오 방송이 처음 시도된 것은 1920년 6월의 일이었다. 그 뒤 미국과 유럽 각국에서 항구적 방송 시설이 구축되는 한편, 전파 수신기인 라디오의 대량 생산이 시작되었다.

20세기의 가장 대중적이고 보편적인 예술 형식은 영화이다. 활동사진의 기술적 기초는 이미 1890년대에 발달했는데, 장편 영화가 나타난 것은 제1차 세계대전 직전 무렵이었다. 그때 이탈리아 영화 〈쿠오 바디스*Quo Vadis*〉(1912)와 미국 영화 〈국가의 탄생*The Birth of a Nation*〉(1914)과 같은 장편 영화가 만들어졌고, 영화가 새로운 형태의 대중오락으로 발전했다. 대중문화가 정치적 목적에 이용될 수 있음은 당연한 일이었다. 영화는 특히 선전에 유용했는데, 나치 독일의 선전상 요제프 괴벨스는 그 가능성을 놓치지 않았다. 그는 영화가 '대중에 영향을 미치는 가장 현대적이고 과학적인 수단'이라고 믿고 따로 영화 담당 부서를 설치했다.

초기의 영화인으로서 가장 저명한 인물은 런던에서 태어나 할리우드에서 활동한 찰리 채플린Charlie Chaplin(1889~1977)이었다. 그는 새로운 대중예술 형식인 영화를 사회적 발언과 익살의 수단으로 활용했다. 채플린의 저 유명한 캐릭터인 익살맞은 복장의 작은 떠돌이Little Tramp는 민중의 영웅이 된바, 그의 어릿광대짓에는 언젠가 형편이 나아지리라 낙관하는 파토스pathos가 배어 있다. 그는 언제나 비인간적 힘과 맞서 싸웠다. 채플린은 유성영화 시대로 접어들었음에도 무성영화로 제작한 〈모던 타임스*Modern Times*〉(1936)에서 현대 문명의 기계 만능주의와 인간 소외를 날카롭게 풍자하고, 첫 유성영화 〈위대한 독재자*The Great Dictator*〉(1940)에서는 히틀러와 파시즘 체제를 과감하게 고발했다.

세계 최고의 소비사회인 미국은 서양에서, 그리고 어느 정도는 세계에서 대중문화 형성에 가장 큰 영향력을 발휘했다. 미국은 영화, 음악, 광고, 텔레비전을 통해 특정 형태의 소비주의와 미국의 꿈을 전 세계에 확산했다. 영화는 제2

차 세계대전 직후 연간에 미국의 대중문화를 세계로 확산하는 주된 매체였으며, 그 뒤 수십 년 동안 미국 영화는 서양 영화 시장을 석권했다. 텔레비전은 1930년대에 개발되었으나 1940년대 말까지도 대중이 쉽게 이용하지 못했으며, 미국에서는 1950년대에 텔레비전 수상기가 널리 보급되면서 중산층 생활의 중심이되었다. 그 뒤 1960년대에 수상기가 전 세계에 보급되면서 미국 텔레비전 방송사가 싼값에 전 세계에 방송 프로그램을 팔았다. 위성 텔레비전과 그 외에 다양한 전자 기기의 발달로 특히 스포츠가 각광을 받는 레저산업이 되었다. 주요 스포츠 시합이 전 세계에 방영되어 팬들은 안방에서 경기를 즐길 수 있게 됨에 따라, 스포츠는 값싼 형태의 오락이 되었다.

대중음악과 팝아트　　대중문화의 하나로 미국에서는 브로드웨이Broadway를 중심으로 수많은 뮤지컬이 공연되어 관객의 사랑을 받았다. 프레데리크 뢰베 Frederick Loewe(1904~1988)와 앨런 제이 러너Alan Jay Lerner(1918~1986)가 함께 작업한 〈마이 페어 레이디*My Fair Lady*〉(1956)와 〈카멜로트*Camelot*〉(1960)는 엄청난 성공을 거두었다. 콜 포터Cole Porter(1891~1964) 역시 셰익스피어의 희극『말괄량이 길들이기』를 각색한 〈키스 미 케이트*Kiss Me Kate*〉(1948)를 작곡하여 브로드웨이를 빛냈다. 1970년대와 1980년대에는 영국에서 뮤지컬의 거장이 나타났다. 앤드루 로이드 웨버Andrew Lloyd Webber(1948~)는 〈슈퍼스타 예수 그리스도*Jesus Christ Superstar*〉(1971)와 〈오페라의 유령*Phantom of the Opera*〉(1987)과 같은 작품으로 세계의 관객을 사로잡았다.

미국은 뮤지컬로 세계의 대중음악에 크게 이바지했지만, 그보다 더욱 크게 이바지한 것은 재즈였다. 여러 세기 동안 고전적 음악을 창작하고 수출했던 유럽인이 재즈에서는 열렬한 수입자가 되었다. 재즈는 아프리카 리듬을 기초로 이루어진 음악적 혁신이었는데, 그것을 미국 고유의 음악으로 꽃피운 음악인들은 타고난 재능의 흑인계 미국인들이었다. 재즈의 가장 중요한 특성은 끊임없는 새로움과 해석자들의 즉흥성이다. 다른 어떤 유형의 예술적 표현보다 재즈는 전통

형식과 제약에 대한 저항 정신을 함축하고 있으며, 또한 현대인의 삶의 일부인 긴장과 좌절의 해독제 역할을 하는 것으로 여겨진다. 미국에서 '광란의 1920년대'는 또한 '재즈의 시대'였다.

재즈 음악의 가장 위대한 인물은 작곡가 겸 재즈 피아니스트 듀크 엘링턴Duke Ellington(1899~1974)과 트럼펫 연주자 겸 가수 루이스 암스트롱Louis Armstrong(1901~1971)이었다. 조지 거슈윈Gershwin(1898~1937)은 재즈 리듬과 고전 양식을 독특하게 결합하여 음악의 새로운 경지를 개척한 빼어난 작곡가였다. 그는 특히 재즈 기법을 따른 피아노 협주곡「우울한 광시곡Rhapsody in Blue」(1924)으로 세계에 그의 이름을 알리고, 대중 오페라「포기와 베스Porgy and Bess」(1935)로 일대 선풍을 일으켰다.

1960년대에 처음으로 대중화한 록 음악은 재즈와 비슷한 호소력을 지녔다. 그것은 흑인의 '리듬 & 블루스'와 백인의 컨트리country 음악에서 성장해 나왔으나, 그 자체로 독특한 음악 형식이 되었다. 록은 주로 청년층이 즐겼는데, 그 감각적 박자, 전자 확성기음, 솔직한 가사가 전 세계 젊은이를 흥분시켰다. 록 음악은 또한 대중매체를 통해 빠르게 엘비스 프레슬리Elvis Presley(1935~1977), 존 레넌Lennon(1940~1980), 마이클 잭슨Michael Jackson(1958~2009) 같은 대중의 우상과 전설을 만들어냈다. 록의 힘은 1980년대에 또 하나의 새로운 예술 형식인 뮤직비디오를 통해 더욱 확장되었다.

1960년대 초에는 미국 뉴욕에서 팝아트pop art가 나타났는데, 팝 아티스트들은 만화 캐릭터나 광고 이미지 혹은 유명인의 이미지를 따와서 미술 작품으로 탈바꿈시켰다. 유명 여배우 얼굴 사진을 실크스크린 기법으로 작품화한 앤디 워홀Andy Warhol(1928~1987)의 〈매럴린 먼로Marilyn Monroe〉(1962)와 옛 만화책에서나 볼 법한 촌스러운 아가씨 얼굴이 화폭을 가득 채운 로이 릭턴스타인Roy Lichtenstein(1923~1997)의 〈행복한 눈물Happy Tears〉(1964)이 그 대표적 작품으로 꼽힌다. 이들의 후예로 평가되는 제프 쿤스Jeff Koons(1955~)는 흔히 네오 팝 아티스트로 불린다. 워홀은 그의 작업실을 공장이라 불렀는데, 쿤스는 그야말로 '공장'을 차려

놓고 30여 명의 조수를 고용하여 작품을 생산했다. 그는 아이디어만 내고, 실제 제작은 전문 기술자의 몫이다. 풍선 조각인 여러 형태의 〈풍선 개*Balloon Dog*〉와 〈풍선 토끼*Balloon Rabbit*〉는 그의 작품 중 널리 알려진 것들이다.

2) 현대사회의 여러 현상

여성과 여권운동 제2차 세계대전이 끝나자 여성들은 전선에서 돌아온 병사들의 일자리를 위해 일터에서 밀려났다. 여성의 직장 생활은 줄고, 출산율이 증가하기 시작해서 서양 많은 나라에서 이른바 베이비붐baby boom 현상이 일어났다. 그러나 출산율 증가는 오래가지 않았다. 인구가 안정적으로 유지되려면 한 여성이 평균 두 명 남짓의 아기를 출산해야 하는데, 유럽 많은 나라에서 1960년대에 인구 증가가 멈추었다. 이후 인구가 조금씩 줄어들다가, 1990년대에는 출산율이 급격히 떨어져 유럽연합 국가의 산모 한 명당 평균 출산아 수는 1.4명에 불과했다. 이 출산율 하락은 주로 널리 시행된 산아제한 관행 탓이었다. 19세기에 발명된 콘돔은 이미 널리 쓰였지만, 1960년대에 개발된 경구피임약은 매우 효율적이어서 서유럽 모든 나라에 빠르게 퍼졌다.

아이를 덜 낳게 되면서 육아에 시간과 노력을 덜 빼앗기게 되자, 직장 생활을 하는 기혼 여성의 수가 크게 늘었다. 20세기가 시작할 무렵만 해도 노동계급의 아내도 먹고살 수만 있으면 가정에 머물렀으나, 세기 후반에는 더는 그렇지 않았다. 미국의 경우, 1900년에 기혼 여성이 여성 노동의 15%에 불과했는데 1970년에는 62%나 되었다. 그와 동시에 전체 여성 노동 인구는 계속 증가했다. 영국의 경우, 여성 노동자 수는 1970~1990년 사이에 전체 노동자의 32%에서 44%로 증가했다. 게다가 여성은 새 고용 분야로 진출했다. 많은 여성이 고등교육을 받음으로써 법률, 의학, 정부, 기업, 교육 분야에서 일자리를 얻을 수 있게 되었다.

그러나 여성의 사회 진출이 크게 늘었으나, 직장에서의 남녀 불평등은 별로 달라지지 않았다. 하는 일은 같아도 여성의 급료는 남성보다 낮았다. 1960년대에 여성 임금은 영국에선 남성 임금의 60%, 프랑스에선 50%, 서독에선 63% 정도였다. 미국의 경우, 1990년대 초에도 노동력의 절반이 여성이었으나 그들의 평균 임금은 남성의 70% 정도에 불과했다. 임금에서만 불평등한 게 아니었다. 대부분의 일자리에서 여성에게는 보이지 않는 유리 천장이 있어서, 그들이 더 높은 자리로 오르기는 쉽지 않았다.

많은 여성이 사회적 불평등에 분노한 가운데, 여권운동가들은 여성 스스로 자신의 삶의 근본적 조건을 바꾸어야 한다고 믿었다. 19세기 후반기에 여권신장운동의 주요 목표는 참정권 획득이었는데, 이 목표가 열매를 맺은 것은 대체로 여성의 세계대전 참여 덕분이었다. 영국과 독일 등 여러 나라가 1918년에 제1차 세계대전 수행에 이바지한 보답으로 1918년에 여성에게 참정권을 허용했으며, 이듬해에 벨기에와 오스트리아 등이, 1920년에는 미국이 그 뒤를 따랐다. 프랑스와 이탈리아는 제2차 세계대전이 끝난 뒤 1946년에야 여성에게 참정권을 확대했으며, 서양에서는 스위스가 가장 마지막으로 그 대열에 합류했다. 스위스에서는 1971년 일부 칸톤이 여성 참정권을 허용했으며, 모든 칸톤이 여성 참정권을 허용한 것은 1990년에 와서의 일이었다.

여성이 참정권을 획득한 이후 약 40년간 미국에서는 여성 권익에의 관심이 비교적 잦아들었다. 그러다가 1960년대에 여성의 사회 진출이 활발해지면서 여권을 위한 노력에 다시 불이 붙었으며, 이 노력은 1960년대 말의 학생 소요 사태와 어우러져 페미니즘 혹은 '여성해방운동'으로 발전했다. 여성해방운동은 1970년대 초에 이르러 전성기를 맞이했다. 여성들은 정치적 및 법적 평등만으로는 남성과의 진정한 평등은 이루어지지 않는다고 주장했다.

여성해방운동의 발전에는 프랑스 작가 시몬 드 보부아르Simone de Beauvoir(1908~1986)가 매우 큰 역할을 했다. 그녀는 실존철학자 사르트르와 계약 결혼을 하고, 서로 자유롭게 평생 지적 동반자 관계를 유지하며 스스로 '해방된' 삶을 산다고 믿었지만, 또 한편으로 여전히 한 여성으로서 남성과는 다른 사회적 한계에 직면해 있음을 깨달았다. 그녀는 『제2의 성Le deuxième sexe』(1949)에서 여성에 관한 수많은 편견에 전 세계적 관심을 환기했다. 그녀는 남성이 지배하는 사회에서, 여성은 여성으로 태어나는 것이 아니라 여성으로 만들어지는 것이라고 주장했다. 보부아르는 1970년대 여성해방운동에서 적극적 역할을 했고, 『제2의 성』은 '페미니즘의 성서' 구실을 했다. 그러나 좀 더 일반 대중의 반응을 불러일으킨 것은 주로 미국인 베티 프리던Betty Friedan(1921~2006)의 『여성의 신비The Feminine Mystique』(1963)였다. 프리던은 여성을 가정의 틀에 가두는 사회적 및 심리적 압박, 여성의 성애에의 잘못된 편견, 여성의 지력과 품행에 대한 낡은 고정관념 등을 지적했다. 그녀는 1966년 전국여성기구National Organization for Women를 결성하고 정치 활동에도 뛰어들었다. 1971년 『미즈Ms』라는 대중잡지를 공동 창간하고 편집장을 맡은 글로리아 스타이넘Gloria Steinem(1934~) 역시 페미니즘의 지도적 활동가이다.

1960년대 이후 여성 문제에서 가장 큰 쟁점의 하나는 피임과 낙태였다. 여성들은 1960년대와 1970년대에 피임과 낙태를 금지하는 법을 폐지하려 노력하면서, 일정 정도 자신의 몸에 대한 통제권을 얻었다. 가톨릭교회가 낙태를 강력히 반대했음에도, 가톨릭 국가들조차 1970년대와 1980년대에 피임과 낙태를 허용했다. 가톨릭 국가 프랑스는 1968년 피임기구 판매를 합법화하고 1979년에는 낙태를 합법화했다. 미국에서는 낙태가 1973년까지 불법이었으나, 그해에 연방대법원이 각 주에서 시행하는 낙태금지법을 무효라고 판결했다. 여권주의자들은 이 기념비적 판결을 여성이 '자신의 몸을 통제할 권리'의 승리라고 환호했다. 물론 그에 대한 격렬한 반대도 터져 나왔다. 낙태 반대론자들은 레이건 정부가 들어서면서 힘을 얻었다. 레이건이 보수 성향 인사들을 대법원 판사로 임명함으로써 그 구성이 결정적으로 바뀐 것이다. 1989년과 1990년에 일련의 소송에서 대법원은 낙태 문제를 다시 쟁점화하고, 낙태와 관련한 몇몇 주법을 합헌으로 판결할 수 있다고 내비쳤다. 낙태는 1995년 베이징에서 10년 만에 열린 제4차 유엔 여성회의Conference on Women에서도 중요한 의제가 되었다. 189개국 5000여 명의 대표가 참석한 이 회의는 모든 여성은 자신의 몸과 관련하여 성적 및 재생산적 권리를 갖는다는 선언이 담긴 '행동 강령'을 압도적 찬성으로 채택했다.

여성운동은 성적 관용의 분위기가 성장하면서 또 하나의 사회운동인 '동성애자 해방'운동의 대두를 자극했다. 역사적으로 경멸과 비난을 받아온 동성애자들이 자신의 성적 취향에 따라 자유롭게 살 권리를 요구하고 나섰다. 1970년대에 동성애자들은 차별 행위를 금지할 법적 및 제도적 변화를 촉구했다. 사회가 성적 다양성을 받아들이게 하려는 운동은 격렬한 적의에 부딪혔다. 이런 적대감은 1980년대에 남성 동성애자에 의해 감염되는 것으로 알려진 질병의 갑작스러운 출현으로 더욱 강중해졌다. 후천성 면역결핍증AIDS이라는 이 질병은 치명적이어서, 이 병에 대한 공포가 동성애자에 대한 전통적 편견에 더해졌다.

여성 활동가가 늘어나면서 1980년대와 1990년대에는 새로운 이슈가 제기되었다. 대학의 여성 교수들이 여성 연구의 새 학문 분야 개설을 통해 성에 대한 인식을 개혁하는 데 집중했다. 여성학 과정은 역사상 여성의 역할과 공헌을 강조했는데, 미국과 유럽의 대학에 널리 퍼졌다. 여성은 또한 반핵 평화운동과 손을 잡거나 혹은 생태학적 환경운동에 참여함으로써 여성운동의 활동 반경을 넓혀 나가기도 했다.

청년 문화　　적어도 중간계급에게 전후 시대는 풍요와 레저의 시대였다. 물질주의가 만연한 가운데 경쟁, 개인적 성취, 사회적 성공이 높은 가치로 추구되었다. 많은 젊은이가 이러한 문화를 고맙게 받아들였으나, 상당한 소수는 불편한 소외의 감정을 경험했다. 그들은 기존 질서 안에서 엄청난 위선과 불의를 보았다. 1960년대에 이르러 전후 세대의 많은 젊은이가 '대항문화counterculture'의 창조에 나섰다. 그들은 기성세대의 복장에 반발해서 자신의 스타일을 개발하기 시작했다. 장발, 수염, 청바지 등이 기존 가치체계에 대한 도전의 상징이었다. 많은 청년이 저항 문화에서 현실에서의 탈출구를 찾았다. 모든 종류의 권위를 거부하는 히피족hippie은 '전쟁 말고 사랑을!'을 외쳤다. 1969년 8월에는 뉴욕 근교 우드스톡Woodstock에서 40만 명의 젊은이가 운집한 가운데 거대한 록 음악 축제가 열렸다.

청년 문화는 주로 대학을 중심으로 형성되었으며, 그곳으로부터 사회로 퍼져 나갔다. 그리하여 학생들이 청년 문화의 주역이었는데, 그들의 관심은 처음에는 주로 캠퍼스 환경에 집중되었다. 제2차 세계대전 이후 대학생이 갑자기 늘었으나, 교육 여건은 그에 걸맞게 제대로 조성되지 못했다. 1960년대에 세계 곳곳에서 학생들의 불만이 항의 시위로 분출했다. 미국에서는 1964년 버클리Berkeley대학 학생들이 먼저 강의 거부와 연좌 농성 혹은 시위를 벌였는데, 그러자 곧 다른 수많은 대학이 뒤를 따랐다. 그리고 학생들의 개별 대학 차원의 요구는 곧 전체 사회적 요구와 결합했다. 그들은 베트남전쟁 반대, 군-산 복합체 세력의 견제, 아프리카계 미국인과 기타 소수민족에 대한 차별 중단 등을 주장했다.

미국에서 학생들의 반전운동의 열기는 1969년에 고조되어 미국이 전격적으로 캄보디아를 침공한 직후인 1970년 5월 4일 절정에 이르렀다. 이날 켄트Kent 주립대에서 폭력 사태가 발생하고, 이에 주 방위군의 발포로 학생 네 명이 사망하는 참사가 벌어졌다. 이 '켄트주립대 학살' 이후 학생운동은 급속하게 동력을 잃었다. 1960년대의 학생운동은 즉각적인 성공을 거두지는 못했으나, 이를 계기로 대학 개혁에 관심이 기울여지고 학생의 권리와 복지가 증진되었다.

학생운동과 청년 문화의 물결은 미국뿐 아니라 세계 곳곳으로 퍼져나갔다. 1968년 파리에서 일어난 학생 시위는 드골 정부를 거의 무너뜨릴 뻔했다. 멕시코시티와 도쿄에서는 격렬한 파업과 가두시위가 공권력에 의해 가까스로 진압되었다. 대학생에게 불만과 항의는 결코 새로운 것이 아니었다. 그렇지만 그전까지는 항의와 저항이 기성 문화와 질서에서 느끼는 청년들의 깊은 소외감과 그토록 밀접하게 연결된 적은 거의 없었다. 특히 독일 태생의 미국 사상가 헤르베르트 마르쿠제Herbert Marcuse(1898~1979)는 기존 질서에 반발한 유럽의 젊은이에게 사상적으로 큰 영향을 끼쳤다. 그는 고도 산업사회의 '일차원적 인간'이 변혁의 힘을 잃어버렸음을 비판하면서, 젊은이를 비롯한 새로운 소외 집단이 사회 변혁의 임무를 떠맡을 것을 촉구했다.

1970년대에 대학 교정은 특히 미국에서 다시 평온을 되찾았다. 일부는 1950년대의 무감각과 순응주의로 되돌아갔다. 그들은 개인적인 관심사, 내적 각성, 종교, 혹은 자기중심적 생활 방식으로 물러났다. 1980년대와 1990년대에 취업 기회가 줄어들자, 좋은 직장을 얻는 것이 대다수 학생의 첫 번째 관심사가 되었다. 그들의 태도가 바뀐 것은 그들 대다수가 이제 그전의 학생들이 얻고자 했던 자유로운 생활 방식을 이미 누리고 있기 때문이기도 했다.

관용 사회   관용 사회Permissive Society는 제2차 세계대전 이후 유럽에 적용된 또 하나의 용어였다. 19세기의 엄격한 예절과 도덕의 전범은 제1차 세계대전 때 처음 크게 금이 갔다. 그 뒤 1920년대에 마약, 노골적으로 묘사한 춘화, 새로운 성적 자유 등의 현상이 나타났다. 그러나 그런 현상은 주로 대도시에서 나타났고, 아주 소수의 사람에 국한된 것이었다. 그런데 제2차 세계대전 이후 특히 성적 태도와 성도덕에서 일어난 변화는 훨씬 더 뚜렷하고 광범한 것이었다. 그동안 성적 행실과 품행의 실상은 청교도적 윤리의 베일에 가려져 있었다. 성의 억압이 심리적 질병을 일으킨다는 사실을 밝혀낸 것은 프로이트였다. 프로이트는 성욕이 인간 행위에서 정상적이고 강력한 힘이라는 점을 밝혔다.

전통적 금기가 제2차 세계대전 이후 무너지기 시작했다. 허용permissiveness과 자기 충족self-fulfillment의 시대가 눈앞에 다가왔다. 도덕적·사회적·법적 제약이 느슨해지면서, 사람들은 본능을 조였던 고삐를 늦추고 좀 더 적극적으로 자기만족을 추구했다. 1960년대 중엽에 보급된 경구피임약은 자유로운 성의 추구에서 오는 걱정거리를 덜어주었다(그러나 1980년대에 에이즈의 출현으로 성의 무대에 새로운 걱정거리가 생겼다). 1960년대에 이른바 '성 혁명'의 전파에 앞장선 나라는 스웨덴이었는데, 유럽 다른 나라와 미국도 곧 그 뒤를 따랐다. 스웨덴에서 학교 성교육이 법으로 규정되고 동성애가 합법화 되었다.

서양 거의 모든 나라에서 문학 작품에 대한 합법적 검열이 크게 줄어들었다. 성인은 각자가 무엇을 보고 들을 것인가에 대한 유일한 판단자로 여겨졌다.

영국에서 1928년 출간되었던, 데이비드 허버트 로런스David Herbert Lawrence(1885~1930)의 성 문제를 노골적으로 다룬 소설 『채털리 부인의 연인Lady Chatterley's Lover』의 무삭제판이 1960년 음란저작물 금지법 위반 재판에서 무죄 판결을 받았다. 이는 이전 세대가 외설이나 음란으로 규정하던 것에 대해 좀 더 관용적으로 바뀐 세태를 반영한 것이었다. 특히 스칸디나비아 국가들이 검열을 완화하는 데 앞장섰는데, 덴마크 의회는 1969년 전례 없는 입법을 통해 성인을 대상으로 한 것은 어떠한 종류의 작품이든 출판할 수 있게 했다. 서양의 거의 모든 나라에서 검열의 벽이 무너지자, 고삐 풀린 성적 욕망에 영합하는 책자가 쏟아져 나왔다. 미국에서 1953년 처음 발행된 ≪플레이보이Playboy≫는 가장 성공한 성인 잡지로서 현대판 쾌락주의를 전파하는 데 앞장섰다(그러나 이 잡지도 디지털 시대를 이기지 못하고 2020년 인쇄판을 폐간했다). 출판물뿐 아니라 연극과 영화, 심지어 거실의 텔레비전에서도 대담한 성적 표현이 점점 더 예사로이 등장했다.

1960년대의 서양은 거의 모든 것이 허용되는 '관용 사회'가 되었다. 혼전 성행위가 거의 일반적 현상이 되고, 혼외정사 또한 큰 폭으로 증가했다. 1968년 네덜란드의 한 조사에 따르면 남성의 78%, 여성의 86%가 혼외정사를 한 것으로 드러났다. 영국에서는 1959년 매춘이 허용되었고, 극장의 검열제가 폐지되자 무대에 나체쇼가 등장했다. 도박도 허용되었다. 이혼 요건이 완화되자 이혼이 다반사가 되었다.

현대판 쾌락주의는 성의 영역에 한정되지 않았다. 1960년대에는 또한 마약 문화가 등장했다. 대학생들 사이에 마리화나가 널리 애용되었다. 청년들 사이에 만연한 성에 대한 새로운 태도와 마약의 사용은 1960년대에 기성 권위를 불신하고 구세대에 대한 반란을 기도하는 청년운동의 여러 양상 가운데 한 부분이기도 했다. 이에 다른 한편에서는 자유의 천박성과 퇴폐성을 우려하는 목소리가 터져 나왔다. 과도한 허용과 관용의 풍조 속에서, 사회를 지탱해 온 사회적 책임이라는 중요한 요소가 소홀히 취급되고 잊히는 것처럼 보였다.

핵 확산과 테러리즘　미국과 소련은 군사력의 우위를 차지하기 위해 경쟁적으로 어마어마한 재정을 핵무기 관련 개발에 쏟아부었다. 1950년대 동안 그 경쟁은 좀 더 효율적인 핵탄두, 그리고 좀 더 빠르고 정확한 운반 수단을 개발하는데 집중되었다. 이 경쟁에서 미국은 과학기술 면이나 핵탄두 수의 면에서 대체로 앞서갔다.

1970년에 이르러 미국과 소련은 각각 상대 쪽 인구를 완전히 쓸어버리고도 남을 핵무기를 보유했다. 그럼에도 양국이 더욱 많은 핵무기 확보에 몰두했던 것은 양쪽이 모두 '선제타격' 능력, 즉 기습 공격으로 적을 충분히 제압해서 반격을 무력화할 만큼의 능력을 확보하려 했기 때문이었다. 그러한 상태에서 양국은 방어 무기로 눈을 돌렸다. 만일 적의 핵탄두를 완벽에 가깝게 방어할 수 있다면, 그가 선제타격 능력을 획득할 수 있을 것이다. 그래서 1970년 무렵 탄도탄 요격 미사일 기지 건설 경쟁이 시작되었다. 그러나 이 경쟁 역시 어느 한쪽이 확실히 이기거나 지는 것으로 판가름이 나는 것이 아니라는 사실을 깨닫고, 미국과 소련은 끈기 있게 경쟁을 자제하기 위한 노력을 이어갔다.

좀 뒤지기는 했지만, 영국·프랑스·중국 역시 핵무기를 만들었다. 이제 한 나라가 일류 강국으로 대접을 받으려면 '핵클럽'에 들어가야 했다. 그러나 이들 어느 나라도 초강대국의 반열에 오르지는 못했다. 21세기에 들어와 중국의 위상은 달라졌지만, 적어도 20세기까지는 중국 역시 그러했다. 이들 나라는 선제타격 능력을 갖출 역량이 없었고, 핵은 단지 '최후 수단' 혹은 공격에 대한 억지력으로서 의미를 지녔다. 이들 나라에 뒤따라 몇몇 나라가 핵무기 개발에 나섰다. 1990년대까지 인도·파키스탄·이스라엘이 핵보유국 대열에 합류했으며, 21세기에 넘어와 이란과 북한이 핵보유국을 자처했다. 이러한 핵확산으로 세계는 언제 어디서 핵 재앙이 일어날지 모를 위험에 내몰렸다.

세계는 핵과 같은 거대 무력의 위협과 더불어 테러리즘이라는 또 다른 무력의 위협을 받고 있다. 무력이 지배하는 세상에서 테러는 종종 정규 군사력을 갖지 못한 집단에 남은 유일한 무기로 여겨졌다. 무장 집단이 벌이는 테러는 특히

1970년대 이후 세계 많은 나라를 괴롭히는 걱정거리가 되었다. 테러단은 정치적 목적을 위해 요인 납치와 암살, 민간인 무차별 총격이나 폭탄 투척, 비행기 공중 납치 등을 자행했다.

베트남전 반대 운동과 프랑스 68혁명의 여파로 서양 젊은이들 사이에 급진주의가 풍미하던 1970년 전후한 시기부터 한동안 극좌 테러 조직이 극성을 부렸다. 이들 조직은 주로 풍요로운 중산층 출신 젊은이로 구성되었는데, 그들은 자본주의를 비난하고 그 체제를 전복하기 위해 '혁명적 테러주의'를 채택했다. 극좌 테러 조직은 특히 독일, 이탈리아, 일본에서 활발한 활동을 벌였다. 그 세 나라 테러 조직은 서로 공조하기도 했는데, 공교롭게도 이들 나라는 모두 제2차 세계대전에서 패한 추축국이었다.

그 가운데 가장 악명을 떨친 테러 조직은 반제국주의와 마오주의를 기치로 내건 서독 적군파였다. 그 지도자 이름을 따 바더-마인호프단Baader-Meinhof Gruppe으로도 불린 독일 적군파는 혁명의 이름으로 은행 강도, 폭탄 테러, 납치 처단 등을 자행했다. 그들은 1977년에 루프트한자 비행기 납치 시도가 실패하고 수뇌부가 자살로 생을 마감한 뒤 급속히 무너졌으며, 1980년대를 거치며 조직이 사실상 해체되었다. 이탈리아의 극좌 테러 단체인 붉은 여단 역시 폭력 혁명을 통해 자본주의 체제를 무너뜨리고 이탈리아에 사회주의 체제를 수립하려 했다. 그들은 그 수단으로 유괴·납치·암살 등 테러 전술을 채택하고, 수많은 언론인·경찰·기업가·정치가를 살해했다. 그들은 1978년 3월에는 전직 수상 알도 모로를 납치한 뒤 교황의 석방 호소도 무시하고 살해했다. 이후 여론이 극도로 나빠졌고, 1980년대 후반에 붉은 여단은 세력이 미미할 만큼 약해졌다. 일본 적군파 요원 아홉 명은 혁명을 위한 국제 근거지를 마련하기 위해 평양행을 계획하고, 1970년 3월 일본 국내선 여객기 요도호淀號를 납치했다. 그러나 그들은 김포 공항 관제탑의 유도로 김포 공항에 착륙하게 되었고, 그 뒤 사흘간의 교섭 끝에 탑승객 전원을 풀어주고 일본 고위 관료를 인질로 삼아 평양으로 망명했다.

한편 테러는 호전적 민족주의자들이 타민족의 지배를 벗어나 독립국가를 건설하기 위해 택하는 수단이 되기도 했다. 그들은 그 대의에 동조하는 민족 구성원의 상당한 지지를 얻었기 때문에 오랜 기간 활동을 유지할 수 있었다. 아일랜드공화국군이 그런 경우였다. 그들은 영국의 지배 아래에 있는 북아일랜드의 독립을 위해 테러에 호소했다. 1970년 이후 20여 년 동안 그들은 정부 요인과 민간인을 공격하여 2000명 이상의 목숨을 앗아갔다.

아일랜드공화국군의 테러는 북아일랜드와 잉글랜드에 국한되었는데, 조상 전래의 땅을 유대인에게 잃은 팔레스타인 난민들의 테러 활동은 국제적 성격을 띠었다. 1972년 9월 뮌헨 올림픽 때, 팔레스타인 테러 단체인 검은 9월단Black September이 이스라엘 선수 두 명을 살해하고 아홉 명을 납치한 뒤, 이스라엘에 수감된 팔레스타인 정치범 200여 명의 석방을 요구하며 교섭을 벌였다. 그러나 서독의 서툰 구출 작전이 실패하고 인질은 모두 살해당했다. 세계 수억 명 시청자가 텔레비전으로 그 장면을 지켜봤다. 이 참사는 팔레스타인 문제가 다시 한 번 세계의 이목을 집중시키는 계기가 되었다.

1976년 6월에는 팔레스타인 인민해방전선PFLP 요원 두 명이 독일 적군파 두 명과 함께 프랑스 여객기를 공중 납치했다. 승객 254명 중 1/3이 이스라엘인이었다. 납치범은 우간다의 엔테베Entebbe 공항에 착륙한 뒤 각국에 수감되어 있는 동료의 석방을 요구했다. 교섭으로 시간이 지체되는 사이, 이스라엘은 특공대를 투입하여 납치범을 전원 사살하고 인질들을 구출했다. 이 '엔테베 작전'이 성공하자, 각 나라는 인질 구출 작전을 위한 대테러 부대를 양성하기 시작했다.

테러에 대비하기 위해 고도로 복잡한 장치들이 개발되었지만, 테러는 오히려 더욱 기승을 부렸다. 특히 1980년대부터 본격화한 자살 폭탄 테러는 다른 어떤 유형의 테러보다 많은 희생자를 냈다. 트럭에 폭약을 가득 싣고 목표물을 향해 돌진하는 방식도 있지만, 많은 팔레스타인 자살 테러리스트는 허리에 폭탄을 벨트처럼 두르고 이스라엘인이 모인 곳곳에서 자폭을 감행하는 방식을 택했다. 한 통계 자료에 따르면, 1994년부터 2004년까지 274건의 자살 테러가 발생해 6134명이 사망하고 1만 9529명이 부상을 당했다. 중동에서 처음 시작된 자살 테러는

21세기에 들어서서는 전 세계로 확산해서 때와 장소를 가리지 않고 벌어지는, 그야말로 대책이 없는 현대의 문제가 되었다.

가장 극단적인 자살 테러는 2001년 9월 11일 뉴욕에서 발생했다. 오사마 빈 라덴이 이끄는 반미 무슬림 테러 조직인 알카에다 조직원이 미국에서 항공기 4대를 공중 납치하여 2대로 뉴욕 세계무역센터에 돌진하여 쌍둥이 건물을 완전히 폭파했다. 세 번째 비행기는 워싱턴 근교 국방부 청사 펜타곤Pentagon에 돌진했으며, 네 번째 비행기는 원래 워싱턴을 향하다가 납치범이 공격을 받는 바람에 펜실베이니아의 외딴 지역에서 부서졌다. 이 테러 사건은 미국뿐 아니라 전 세계를 경악하게 했다. 인명 피해만 해도, 3000명가량이 목숨을 잃고 수만 명이 부상을 당했다. 불과 2년 뒤에는 오클라호마시의 연방 청사를 폭탄을 가득 실은 차량이 돌진하여 폭파하는 사건이 벌어졌는데, 이 재앙을 일으킨 범인은 미국 내의 자생적 테러리스트였다.

부시 대통령은 9·11 테러에 대응하여 '테러와의 전쟁'을 선포하고 알카에다와 여타 테러 조직 제거에 나섰다. 미국은 국제 공조 체제를 수립하고 10월에 이슬람 근본주의 집단인 탈레반이 지배하는 아프가니스탄을 공격했다. 탈레반은 알카에다에 테러 훈련소와 은신처 등을 제공하고 있었다. 미국은 10년이 걸려 2011년 5월 오사마 빈 라덴을 제거하는 데는 성공했다. 그러나 미국은 20년이 지나도록 아프가니스탄을 침략한 목적을 달성하지 못했으며, '테러와의 전쟁'으로 미국이 테러로부터 더 안전해지지도 않았다.

남북문제 1970년대와 1980년대에 진행된 '남북 대화'는 남반구의 개발도상국과 북반구의 선진 공업국 간의 차이를 개선하는 데 아무런 성과를 낳지 못했다. 1990년대에 들어서서 동서 간의 이데올로기 대립은 사라졌으나, 남북 간의 경제적 격차 문제는 1970년대보다 상황이 더 나빠졌다. 그리고 근래의 전 지구적 경제 상황은 개선의 전망이 별로 보이지 않는바, 부국은 더욱 부유해지고 빈국은 더욱 가난해지고 있다.

국가 간의 생활수준의 격차가 초래한 골치 아픈 부수적 현상은 더 살기 좋은 나라로 옮아가는 이민자가 급격히 늘어난다는 점이다. 유엔의 한 연구에 따르면 1973년에 250만이었던 난민이 1993년에는 1900만 명으로 놀라울 만큼 늘었다. 이들 중 많은 사람이 정치적 탄압, '인종 청소', 혹은 사회 혼란을 피해 나온 난민이다. 그렇지만 단순히 가난이라는 이유만으로 이주하는 사람의 수가 수백만 명씩 늘어난 것이다. 이 사태는 인도주의적 구호단체가 감당하기에는 너무나 벅차고, 각국 정부가 대처하는 데도 크나큰 어려움을 겪고 있다.

대다수 서방 산업국가가 이 이주민 문제에 직면하고 있다. 합법과 비합법을 막론하고 이민은 곤혹스러운 문제가 되었다. 특히 주거, 교육, 의료 등의 문제뿐 아니라 그에서 야기되는 재정적 부담, 일자리 경쟁, 이민 집단과의 사회적 알력 등이 기존 주민의 반발을 불러일으켰다. 반외국인 정서와 인종주의적 감정이 팽배하고, 독일과 프랑스와 같이 이민자가 특히 많이 몰리는 나라에서는 극우 정당이 그런 상황을 정치적으로 활용하고 있다.

과학기술 혁명　　노동자들의 특별한 기술이 요구되는 몇몇 공업에서는 유럽이 앞섰으나, 1950년대까지 과학기술상의 주요 개선은 언제나 서유럽보다 미국과 소련에서 더 열정적으로 이루어졌다. 화학제품과 광학기기의 생산은 그런 공업의 두 사례이다. 제1차 세계대전 이전에 발명된 자동차, 비행기, 라디오 같은 제품은 경제적으로나 군사적으로 엄청나게 중요해지기 시작했다. 새 화학 공정이 급속도로 발달하고, 합성물질이 자연 산물을 대체해서 다양한 용도로 쓰였다. 나일론과 레이온 같은 합성섬유, 합성고무, 플라스틱 등이 그런 것이다. 석탄은 동력원으로서 19세기에 누렸던 지위를 잃고, 석유와 휘발유가 갈수록 대량으로 사용되었으며 전기 역시 그러했다. 19세기 산업 발달에 가장 중요한 역할을 했던 철 역시 그 중요성이 줄어들었다. 알루미늄이 다양하게 사용되고, 수많은 강철합금으로 특수 목적에 맞는 새 금속이 생산되었다.

선진국의 경제성장을 추동하는 것은 과학자와 과학기술자의 일이었다. 인간은 원자력을 이용할 수 있게 됨으로써 무한한 에너지를 얻는 동시에 엄청난 위험을 떠안게 되었다. 생물학과 생화학의 발전도 명암의 양면을 지녔다. 왓슨과 크리크가 DNA의 이중 나선 구조를 밝혀낸 이후 반세기도 지나기 전인 2000년에 인간 유전체 지도 초안이 완성되었다. 유전공학이 비약적으로 발전해서, 인간은 유전자 조작을 통해 품종 개량을 하거나 유전으로 인한 질병을 예방하고 치료하는 엄청난 잠재력을 갖게 되었다. 1978년에는 최초로 시험관 아기가 탄생하고 1996년에는 체세포로 복제한 양 '돌리'가 탄생했다. 이렇게 인간은 생명 창조라는 신의 영역에 도전하기에 이르면서 또한 심각한 사회적 혹은 윤리적 문제에 직면하게 되었다.

제2차 세계대전 이후 과학기술적 성과는 사람들의 삶을 혁명적으로 바꾸어 놓았다. 전쟁 중 과학자들은 신무기 개발에 동원되었다. 영국 물리학자들은 1940년 레이더 시스템 개량에 중요한 역할을 했고, 독일 과학자들은 로켓과 제트 비행기를 개발했다. 컴퓨터 역시 전쟁의 산물이었다. 영국 수학자 앨런 튜링 Alan Turing이 독일군의 암호를 해독하려는 영국 정보당국을 돕기 위해 초보적 형태의 컴퓨터를 고안했다. 많은 전시 발명품이 파괴 목적으로 만들어진 것이지만, 제트비행기와 컴퓨터는 평시용으로도 매우 요긴하게 쓸 수 있는 것이었다.

특히 20세기의 모든 과학기술적 발명품 중 컴퓨터야말로 가장 혁명적이라 할 것이다. 1946년 최초의 진공관 컴퓨터 에니악ENIAC이 만들어졌는데, 이는 무게 30톤에 길이 25미터의 거대한 기계 덩어리였다. 그러나 실리콘 칩이 개발되면서 컴퓨터는 혁명적으로 발전했다. 1971년 손톱만 한 크기의 마이크로프로세서의 발명으로 집채만 한 크기였던 컴퓨터가 책상 위에 올라앉게 되었다. 인터넷은 전 세계 수십억 사람이 엄청난 양의 정보를 빠르고 쉽게 접근할 수 있게 했다. 이제 컴퓨터는 현대적 삶의 모든 영역에서 사실상 필수적인 기기가 되었다.

인구, 자원, 환경 위기　　과학과 과학기술의 발달은 인간의 삶을 획기적으로 향상시켰지만, 또한 그에 대한 반대급부로 환경을 파괴하는 엄청난 부작용도 낳왔다. 이미 1970년대에 이르자 생태학적 문제들이 너무나 심각하다는 사실이 분명해졌다. 대기 오염은 호흡기 질환을 유발하고 건물과 대형 기념물을 부식하게 했다. 강, 호수, 바다가 온통 오염되어 건강에 심각한 위험이 되었다. 죽어가는 숲과 사라지는 야생 생물은 인간에게 더욱더 심각한 경고를 보냈다.

일찍부터 몇몇 전문가는 인류가 처한 근본적인 위험, 세계 인구는 부양 불가 수준으로 증가하고 제한된 자원은 고갈되어 간다는 위험을 경고해 왔다. 한때 사라졌던 맬서스의 유령이 다시 나타났다. 세계 인구는 20세기를 지나가면서 가파르게 늘어났다. 1960년만 해도 30억에 불과하던 인구가 1980년에는 44억, 2000년에는 61억, 그리고 2020년에는 78억 명에 이르렀다. 문제는 식량 공급이 인구 증가를 따라가지 못한다는 점이다. 인구가 가파르게 증가하는 아시아·아프리카·라틴아메리카에 사는 가난한 지역 사람들은 이미 주기적 기아와 영양실조에 시달리고 있다. 지구 1/3의 부유한 지역에서의 과소비로 인해 식량 문제는 더욱 심각해졌다.

다른 자원들도 부족해지기는 마찬가지이다. 지구의 물과 광물 혹은 화석연료는 유한하다. 산업국가 주민들은 1973년 예상하지 못한 아랍의 석유 금수 조치를 통해 실상을 깨닫고 충격을 받았다. 금수가 풀린 뒤에도 네 배나 오른 석유 가격으로 그들은 지금껏 흥청망청 쓰던 자원의 소중함을 인식하게 되었다. 많은 과학자가 지구의 생명체가 살아남기 위해서는 인구를 조절하고 에너지와 자원의 소비를 줄일 필요가 있다고 주장한다. 독일 태생 영국 경제학자 에른스트 슈마허Ernst Schumacher는 저서 『작은 것이 아름답다Small is Beautiful』(1973)에서 병들어가는 지구를 구하기 위해서는 에너지 절약적이고 생태계를 배려한 소규모 중간 기술이 중요하다고 역설하고, 대량 생산과 대량 소비가 미덕인 사회에서 '검소와 절제가 미덕인 사회'로의 대전환을 실천 대안으로 제시했다.

원자력이 석유와 석탄 같은 화석연료의 대체물로 떠올랐다. 이것이 과학기술자들이 처한 곤궁한 처지의 또 하나의 사례이다. 원자로가 에너지 수요를 충족시키는 데 도움이 되는 한편, 그것은 운용상의 안전이나 방사성 폐기물 혹은 테러리스트의 플루토늄 악용 가능성 등과 같은 새로운 문제를 낳았다. 세계는 1986년 우크라이나 체르노빌Chernobyl의 원전 재앙을 계기로 그런 위험에 대해 경각심을 갖게 되었다. 2011년 3월에는 일본 동북부에서 일어난 지진과 그로 인한 쓰나미로 후쿠시마福島 원전에 사고가 발생해서 전 세계에 충격을 주었다. 전세계에 널려 있는 수많은 원자력발전소는 언제든 그와 같은 재앙이 일어날 가능성을 안고 있다.

그와 같은 특정 문제 너머에는 에너지 소비 증가, 산업 폐기물, 화학물질 사용 등으로 야기되는 환경오염이라는 보편적 위험이 도사리고 있다. 이러한 위험은 1984년 12월 인도 보팔Bhopal시에 있는 미국 살충제 공장에서 치명적 가스가 누출되는 사고로 극적으로 드러났다. 불과 몇 시간의 유독가스 누출로 주민 2800여 명이 죽고 20만 명 이상의 피해자가 발생했다.

근래에는 단순한 환경오염을 넘어서 지구 온난화 문제가 초미의 관심사로 떠올랐다. 온난화로 폭염, 폭우, 폭설, 가뭄 등 기상 이변이 속출하면서 지구적 재앙을 지적하는 경고음이 곳곳에서 울리고 있다. 히말라야와 같은 고산지대의 만년설뿐 아니라 남극과 북극의 얼음도 급속도로 녹아내려 매년 한국 크기의 얼음이 사라지고 있다. 그 결과 현재의 전 세계 해수면은 19세기 말보다 약 20cm 이상 높아졌는데, 그중 9.8cm는 1993년 이후 28년 사이의 상승분이다. 상승 속도가 갈수록 빨라지고 있는 것이다. 지금과 같은 속도로 지구 기온이 올라가면 멀지 않아 상상할 수 없는 재앙이 닥칠 것이라고 과학자들은 경고한다.

환경문제가 세계적 관심사로 떠오른 중요한 계기는 1972년 6월 스톡홀름에서 열린 유엔인간환경회의UNCHE였다. 스톡홀름 회의는 환경문제를 다룬 최초의 국제회의로서, 26개 원칙을 담은 '인간환경선언'을 채택하고 회의 개막일인 6월 5일을 '환경의 날'로 지정했다. 이 회의에 이어 열린 총회에서 유엔은 환경문제를 논의할 국제기구로 케냐 나이로비에 본부를 둔 유엔환경계획UNEP을 창설했다. 이 기구는 1987년 오존층 보호를 위한 몬트리올 의정서를 비롯한 많은 국제 환경협약을 맺고 지구환경 보전사업을 수행하는 등, 환경문제 해결을 위한 국제적 노력을 주도하는 기구로 발전했다.

1992년 6월 브라질의 리우데자네이루에서 채택된 유엔기후변화협약UNFCCC, 혹은 리우환경협약에서는, 세계 185개국이 지구 온난화를 방지하기 위해 이산화탄소를 비롯한 온실가스 배출을 제한하자는 데에 합의했다. 이 협약의 구체적 이행 방안을 마련하기 위해, 1997년 일본 교토에서 기후변화협약 당사국총회가 열려서 선진국 각국의 온실가스 감축 목표치를 규정했다. 선진국과 개발도상국, 혹은 각 국가 간의 이해관계 차이로 심각한 대립을 겪은 끝에 교토 의정서는 2005년 2월 공식 발효했다.

교토 의정서에서는 선진국만 온실가스 감축 의무가 있었는데, 이를 보완한 2015년의 파리기후변화협약은 195개 당사국 모두에 감축 의무를 부과했다. 지구의 평균기온은 산업혁명 이래 1.2℃쯤 올랐는데, 국제 사회는 2100년까지 산업혁명 이전 기준으로 지구 평균기온의 상승 폭을 2℃ 아래로, 가능하면 1.5℃ 아래로 억제하는 것을 목표로 잡았다. 국제 사회는 그 목표를 위해 2050년까지 온실가스 순 배출량을 영으로 만들겠다는 야심 찬 계획을 추진하고 있는바, 온실가스 배출 1위인 중국 등 25개국이 이른바 '2050 탄소 중립'을 선언했다. 유럽연합은 2021년 6월 28일 '2050 탄소 중립'을 회원국들에 법적 구속력 있는 의무로 부과하기 위해 유럽기후법European Climate Law을 채택했다고 발표했다.

한편 생태학적 의식이 성장하면서, 1970년대에 유럽 각국에서 녹색운동과 녹색당이 생겨났다. 녹색운동은 독일에서 가장 활발했는데, 녹색당이 1979년 창당되어 의회도 다수 진출했다. 녹색당은 스웨덴, 오스트리아, 스위스에서도 경쟁력을 갖춘 정당으로 성장했다. 녹색운동과 녹색당이 환경문제에의 관심을 환기하는 데는 큰 역할을 했지만, 결코 전통적 정당을 대체하지는 못했다. 녹색당을 구성한 여러 집단이 모든 쟁점에 합의하기는 어려웠으며, 게다가 전통 정당들이 환경 의제를 흡수해 버렸다. 민간 차원의 환경보호운동도 활발하게 전개되었는데, 그린피스Green Peace는 환경 단체로는 가장 큰 국제 비정부기구이다. 1971년 설립된 이 기구는 초기에는 핵실험 및 원자력발전소 건설 반대와 방사성 폐기물의 해양 투기 저지 등 반핵 활동과 고래와 같은 해양 동물의 보호에 주력했다. 그러다가 그린피스는 활동 반경을 넓혀 최근에는 기후변화 대응, 해양 오염 방지, 원시림 생태계 보호, 생물종의 다양성 유지 등과 같은 활동도 적극적으로 수행하고 있다.

지구 자체의 생존이 위협받고 있는 시대를 맞아, 우리는 서북부 아메리카에 사는 원주민인 하이다족Haida의 말에 한 번쯤 귀 기울일 필요가 있을 것이다. 그들에 따르면 "우리는 지구를 조상으로부터 물려받은 것이 아니다. 우리는 그것을 우리 자녀들로부터 빌린 것이다".

찾아보기

지은이

송 규 범

서울대학교 인문대학 서양사학과 졸업

서울대학교 인문대학 석사, 문학박사

서원대학교 역사교육과 교수

현재 서원대학교 명예교수

역서 및 저서: 『19세기 유럽 민족주의』(1984, 공역)

『영국의 역사』 상·하(2005, 공저)

『존 로크의 정치사상』(2015)

한울아카데미 2372

유럽인의 역사 2

ⓒ 송규범, 2022

지은이 **송규범** | 펴낸이 **김종수** | 펴낸곳 **한울엠플러스(주)** | 편집 **조인순**

초판 1쇄 인쇄 **2022년 4월 25일** | 초판 1쇄 발행 **2022년 4월 29일**

주소 **10881 경기도 파주시 광인사길 153 한울시소빌딩 3층**

전화 **031-955-0655** | 팩스 **031-955-0656**

홈페이지 **www.hanulmplus.kr** | 등록번호 **제406-2015-000143호**

Printed in Korea.

ISBN 978-89-460-7372-2 94920 (양장)   978-89-460-8171-0 (양장 세트)

    978-89-460-8177-2 94920 (무선)   978-89-460-8173-4 (무선 세트)

※ 책값은 겉표지에 표시되어 있습니다.

※ 무선제본 책을 교재로 사용하시려면 본사로 연락해 주시기 바랍니다.

제2차 세계대전과 집단기억
RICH트랜스내셔널인문학총서11

'기억이 역사를 지배하고 사회를 조직한다'
제2차 세계대전에 대한 기억이 형성한
오늘날의 국내외 정세를 고찰하다

제2차 세계대전의 종전이 70여 년이 지났는데도 우리는 여전히 이 전쟁을 유례없는 역사적 사건으로 기억하고 있다. 세부적인 차이는 있을지라도 한 사회 또는 나라가 이 전쟁에 대해 공통적으로 기억하는 바가 있는데, 이른바 제2차 세계대전의 '집단기억'이다. 집단기억은 사회구성원의 인식을 통제하고 사회를 조직한다. 당시의 집단기억은 곧 역사로 편입되고 이로써 인류와 사회에 내재된다.

『제2차 세계대전과 집단기억』은 "집단기억이 인식의 차이를 낳고 미래에 대한 구상의 차이를 낳는다"고 주장하는 박찬승 한양대학교 사학과 교수가 엮고 한양대학교 비교역사문화연구소가 기획한 책으로, 종전 70주년을 맞은 '제2차 세계대전'과 역사 연구의 주요 주제로 떠오르고 있는 '집단기억' 문제를 연계해 각국의 현지 필자들이 참여한 책이다.

동아시아에서 제2차 세계대전에 대한 각국의 집단기억 사이에 발생하는 충돌이 한·중·일 3국의 정세에 미치는 영향부터 러시아에서 푸틴 정권이 높은 인기를 얻는 데 대전에 대한 집단기억이 활용되는 실상까지 집단기억이 만든 오늘날의 국내외 정세와 각국의 역사, 문화를 적나라하게 보여주는 이 책은 여전히 긴 그림자를 거느리고 있는 이 전쟁과 전쟁 기억이 인류와 사회에 미치는 영향력을 실감하게 한다.

기획
한양대학교
비교역사문화연구소

엮은이
박찬승

2017년 6월 2일 발행
신국판
232면

역사를 소비하다
역사와 대중문화

**허구화된 역사, 즉 문화적 상품으로서의 과거는
대중의 상상력에 어떤 영향을 주는가?**

저자 제롬 드 그루트는 사회가 어떻게 역사를 소비하는지, 그리고 이런 소비를 읽어내는 것이 오늘날 대중문화와 재현의 문제를 이해하는 데 어떻게 도움이 되는지를 살펴본다. 이 책이 분석 대상으로 하는 문화적 영역은 방대하다. 컴퓨터 게임에서부터 TV 역사물, 『다빈치 코드』같은 베스트셀러 소설에서부터 유전자 계보학까지. 이를 통해 현대 대중문화 속에서 역사가 어떻게 작용하고 있는지를 파헤친다.

저자는 '문화유산'에 대한 학계의 논쟁 이후 박물관이 어떻게 변화해 갔는지, 과학기술이 발전한 뒤 온라인 게임이나 인터넷 계보학 등에서 대중이 역사에 접근하는 방식이 어떻게 달라졌는지 등을 면밀히 검토한다. 저자는 '대중' 역사학과 학계의 역사학 간의 관계에서 갈등적인 측면에 대해 강조하면서, 학문으로서의 역사학의 이론과 실천 방식에 대해 중요한 질문들을 던진다.

어떻게, 왜 그리고 언제 사회는 역사를 '소비하는가?' 역사를 하나의 상품으로 보는 것은 어떤 의미인가? 허구화된 역사, 즉 문화적 상품으로서의 과거는 대중의 상상력에 어떤 영향을 주는가? 이 책은 이런 다양한 질문을 던지려는 노력이며, 또한 지난 15년 동안 영국 등에서 벌어진 대중과 역사의 만남에서 생긴 커다란 변화를 담으려는 시도다.

지은이
제롬 드 그루트

옮긴이
이윤정

2014년 7월 7일 발행
신국판
560면

★ 2015년 세종도서 선정
(학술 부문)